新
思
THINKR

有思想和智识的生活

献给我的父母

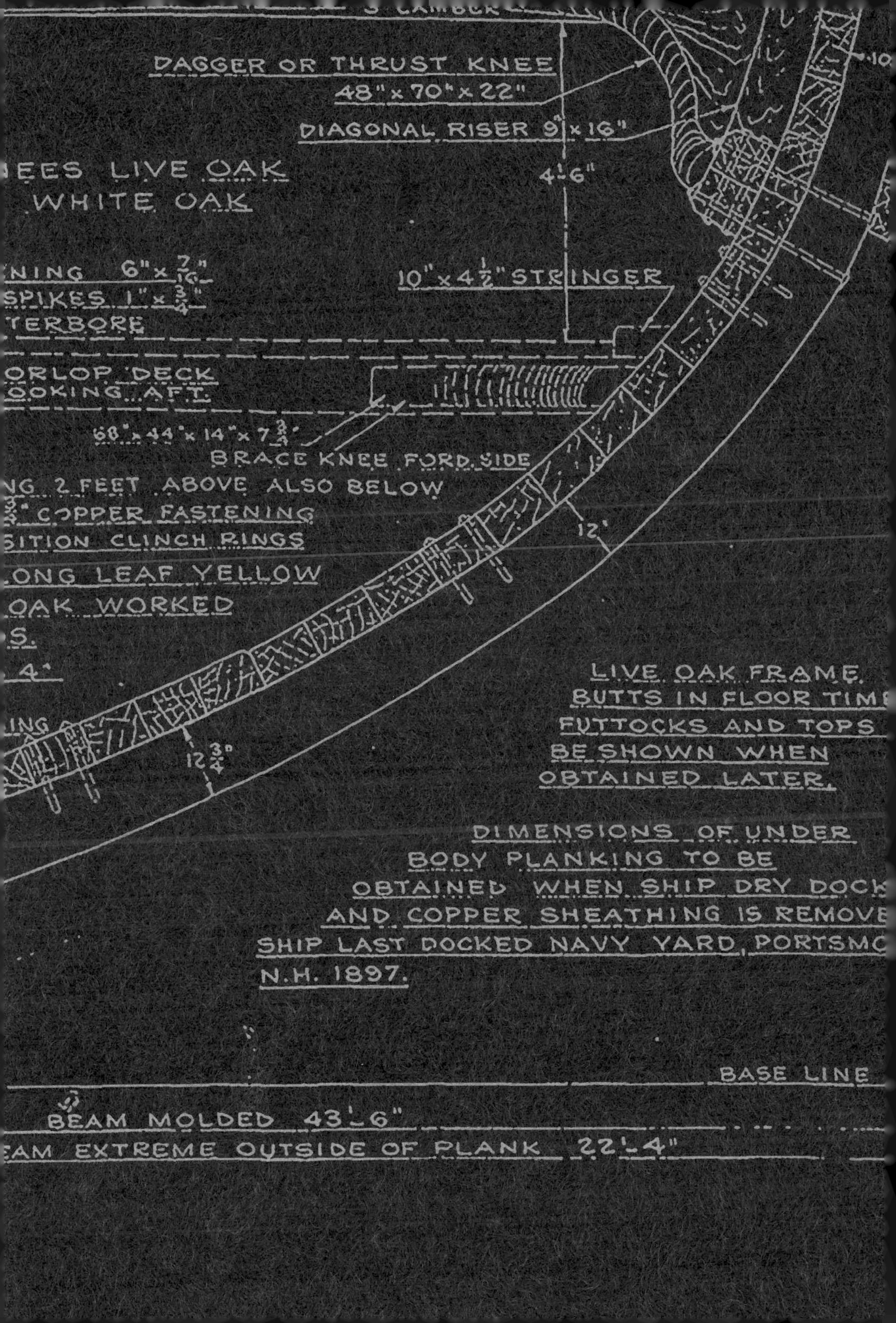

DAGGER OR THRUST KNEE
48" x 70" x 22"

DIAGONAL RISER 9" x 16"

4'-6"

EES LIVE OAK
WHITE OAK

NING 6" x 7/16"
SPIKES 1" x 3/4"
TERBORE

10" x 4 1/2" STRINGER

ORLOP DECK
OOKING AFT.

68" x 44" x 14" x 7 3/4"

BRACE KNEE FORD SIDE

NG 2 FEET ABOVE ALSO BELOW
3" COPPER FASTENING
SITION CLINCH RINGS

12"

ONG LEAF YELLOW
OAK WORKED
S.
4"

ING

12 3/4"

LIVE OAK FRAME.
BUTTS IN FLOOR TIM
FUTTOCKS AND TOPS
BE SHOWN WHEN
OBTAINED LATER.

DIMENSIONS OF UNDER
BODY PLANKING TO BE
OBTAINED WHEN SHIP DRY DOCK
AND COPPER SHEATHING IS REMOVE
SHIP LAST DOCKED NAVY YARD, PORTSMO
N.H. 1897.

BASE LINE

BEAM MOLDED 43'-6"

EAM EXTREME OUTSIDE OF PLANK 22'-4"

Ian W. Toll

SIX 六 FRIGATES 舰

美国海军的诞生
与一个国家的起航

The Epic History of
the Founding of
the U. S. Navy

[美] 伊恩 · 托尔——著
何文忠 吕望洋 唐海民——译

中信出版集团 | 北京

图书在版编目（CIP）数据

六舰：美国海军的诞生与一个国家的起航 /（美）伊恩·托尔著；何文忠，吕望洋，唐海民译 .-- 北京：中信出版社，2019.6

书名原文：Six Frigates : The Epic History of the Founding of the U.S. Navy

ISBN 978-7-5086-9620-1

Ⅰ.①六… Ⅱ.①伊… ②何… ③吕… ④唐… Ⅲ.①海军－军事史－美国 Ⅳ.① E712.53

中国版本图书馆 CIP 数据核字（2018）第 231283 号

Copyright © 2013 by Ian W. Toll
All rights reserved including the rights of reproduction in whole or in part in any form
Simplified Chinese translation copyright © 2019 by CITIC Press Corporation

本书仅限中国大陆地区发行销售

六舰：美国海军的诞生与一个国家的起航

著　　者：[美] 伊恩·托尔
译　　者：何文忠　吕望洋　唐海民
出版发行：中信出版集团股份有限公司
　　　　　（北京市朝阳区惠新东街甲 4 号富盛大厦 2 座　邮编　100029）
承 印 者：河北鹏润印刷有限公司

开　　本：880mm×1230mm　1/32　　印　　张：21.5　　插　　页：8　　字　　数：479 千字
版　　次：2019 年 6 月第 1 版　　印　　次：2019 年 6 月第 1 次印刷
京权图字：01-2018-8121　　广告经营许可证：京朝工商广字第 8087 号
书　　号：ISBN 978-7-5086-9620-1
定　　价：108.00 元

版权所有·侵权必究
如有印刷、装订问题，本公司负责调换。
服务热线：400-600-8099
投稿邮箱：author@citicpub.com

目　录

术语说明

木制帆船的时代产生了大量高度专业化的词语，今天我们很少有人能够在不使用参考书的情况下破译这些术语，因此“应该尽可能避免使用行话”这一规则似乎很是诱人。而另一方面，过去航海时代的语言又是现代英语必不可少的一部分。我们时常听到这样的话：史密斯的营销报告“大体上”（by the large）令人鼓舞，或者销售预测让琼斯“吃了一惊”（take aback），或史密斯是一个“彻头彻尾的”（through and through）营销人员，或者琼斯是一个“我行我素的人”（loose cannon），或者史密斯“泄露了秘密”（the cat out of the bag），或者史密斯和琼斯“打了一架”（at loggerheads）。我们听到这些话时，会停下来思考这些随着时间流逝和社会进步而变得过时的语言的微弱回声吗？对航海术语感兴趣就是对英语本身感兴趣。

但是，如果无法避免，非要使用行话的话，那么文本中应该如何定义，定义多少呢？如果不做定义，那就有让读者感到迷惑的风险。而相反，如果对每个不熟悉的术语都做定义，就会使行文读起来像一个词汇表。在本书中，我试图采用一个折中的方案，当叙事语境揭示其意义时，就直接使用或引用航海术语和短语，只在极少的情况下插入定义或解释。本书中的所有直接引用，无论是有关航海还是有关其他内容，均为原始来源的逐字记录，仅在某些地方为了清晰或可读性而将拼写和标点符号现代化。

兵者，诡道也。故能而示之不能，用而示之不用，近而示之远，远而示之近。利而诱之，乱而取之，实而备之，强而避之，怒而挠之，卑而骄之，佚而劳之，亲而离之。攻其无备，出其不意。

《孙子·计篇》

第1部

初创海军

1 建国初期的海权格局

1805年10月21日，在西班牙海岸附近的特拉法尔加角（Cape Trafalgar）海域，英国海军将领霍拉肖·纳尔逊勋爵（Lord Horatio Nelson）率领英国舰队击溃了法国和西班牙联合舰队，这场海战史称"特拉法尔加战役"，一举奠定了英国皇家海军无可争辩的海上霸主地位，并使得拿破仑进攻英国本土的希望化为泡影。

当时拿破仑正在东线战场与奥地利和俄国展开激战，联合舰队战败的消息传来，拿破仑怒火中烧，却并不惊讶。自1792年战争爆发以来，英国皇家海军无情地烧毁、击沉或俘获其射程范围内的几乎每一艘敌舰。法国人、西班牙人、俄国人、荷兰人、丹麦人都被英国海军教训过——对他们来说，似乎英国人天生高人一等，足智多谋，在海上更是如鱼得水，就像海豹或鲨鱼生来就比马或熊更熟悉水性一样。

可以毫不夸张地说，19世纪初英国的海军优势在全世界无可匹敌。两千多年前，罗马人就完全控制了地中海，但很少进入大西洋，更别提他们根本一无所知的远洋地区。在当今时代，世界所有海军加在一起可能也不是美国的对手，但这种说法从来没有在战争中得到过证实，而且目前许多训练有素的海军正在逐渐涌现。但是特拉法尔加战役后，英国迫使其他各个大国几乎都放弃制海权，躲在港口寻求庇护。法国海军的残兵虽然在几个法国港口苟活下来，却被英国海军封锁在港口内，动弹不得。从斯海尔德（Scheldt）河河口一直到土伦（Toulon），都有英国军舰。英国袭击哥本哈根后，丹麦海军便不复存在了；荷兰海军在坎珀当（Camperdown）被击溃后，从此一蹶不振；沙皇命令俄国船只不得离开波罗的海港口的锚地；西班牙海军先是在圣维森特角（Cape St. Vincent）遭受重创，又在特拉法尔加战役中一败涂地，此后，西班牙作为一个全球帝国的日子便屈指可数，再也无法实现其重夺直布罗陀的雄心壮志。

大西洋、太平洋、印度洋、加勒比海、北海、波罗的海和地中海都被庞大的英国舰队控制着，其基地分布广泛，地处无懈可击的战略要冲，其军舰可从查塔姆（Chatham）、希尔内斯（Sheerness）、普利茅斯、朴次茅斯、金塞尔、直布罗陀、马翁港（Port Mahon）、马耳他、哈利法克斯、百慕大、牙买加、巴巴多斯、安提瓜、开普敦、孟买、加尔各答、亭可马里、雅加达、槟榔屿和新南威尔士各港口扬帆起航。英国南部和西部海岸拥有巨大的海港和造船厂，凭借其高度发达的大型基础设施，建造、装备新船并为各种船舶提供补给。英国可以依赖大批经验丰富的海员，他们在为商船、捕鱼船、沿海贸易商船和战船提供服务的同时，学到了专业技能。英国广泛分布的殖民地给其带来了巨额财富，而这些财富反过来又被用于保护其与殖民地联通的贸易航线。

英国军舰在海上频繁出现，或执行护航任务，或执行封锁任务，或进行贸易战巡航，或运送军队和政要在各地来回穿梭。他们在港口短暂停留，立即投入繁忙的工作中。船员几乎没有上岸自由，他们不断忙着改装和补给，然后再次匆忙出海。船长若将舰船停泊在港口太久，将遭到同僚和上司的鄙视。海上的漫长岁月可能是对官兵最好的历练，从而使他们高效敏捷。随着反复的实践，每个操作都能成为习惯。海军战士们学会了齐心协力，相互鼓励，在执行航行任务和驾驶木船的过程中完成无数精细复杂的程序。参观英国军舰的外国海军军官，或作为战俘被带出境的外国海军军官对他们的所见感到沮丧。将自己国家的船与其相比，差距实在触目惊心。相比较而言，英国船更整齐划一，更纪律严明，更训练有素。

海军将领的坚强领导奠定了英国的海上霸权，而纳尔逊将军则厥功至伟，无人能出其右。他至今仍被誉为英国皇家海军之魂。他的石像比真人大两倍，从伦敦市中心一个高约 50 米的石柱向下凝视着白厅、英国海军部和议会大厦。纳尔逊出生在一个乡村牧师家庭，是家里的第三个儿子，身高 167 厘米，体重 60 千克，看上去身材瘦小，与世无争，温文尔雅，青春洋溢，甚至透着一股女性的柔美。他像春天的诗人一样激情无限，柔情满怀，将满腔的热情倾注到他所爱的女人身上，尤其是英国驻那不勒斯大使年轻美丽的妻子爱玛·汉密尔顿（Emma Hamilton），这段婚外恋情广为人知。纳尔逊给爱玛写了热情洋溢的情书，称她为“我最亲爱的爱玛，美丽的爱玛，好爱玛，伟大的爱玛，善良的爱玛”和“我亲爱的挚友”。他宠溺他们的私生女霍雷希娅（Horatia），并称她为“我最亲爱的天使”。他对军中所有战友都满怀热情和善意，不吝赞美，称他们为“兄弟连”——这令他想起他最喜欢的戏剧《亨利五世》——对待兄弟们他总是亲切和蔼，关怀备至，慷慨大方。他总有一种魔力，能将下属吸引到跟前，并争取他们的支持。

但纳尔逊也有不为人知的阴暗面。在他那仁慈和敏感的外表下，冷酷无情的内心几近野蛮。他勇气可嘉，却极端鲁莽。现在回想起来，他见证了许多不可思议的战斗，都幸存了下来。1794 年，在进攻科西嘉岛的战役中，一枚炮弹在他附近爆炸，沙尘和泥土溅得他满脸都是，他的右眼因此失明。在接下来的岁月里，他的瞳孔和虹膜都会出现一种朦胧的蓝色调，特别是他生气的时候，那目光令人胆寒。1797 年，在进攻加那利群岛（Canary Islands）的战役中，他的右肘被火枪弹击碎，在没有麻醉的情况下，他接受了截肢手术。被外科医生锯断骨头时，他没有抱怨，但认为使用冰冷的刀刃切开肉体会造成不必要的痛苦，故下令，将来所有的截肢手术都需采用加热刀片来进行。在纳尔逊 39 岁时，他需向政府提交一份记述其服役生涯的回忆录，其中写道：

> 该回忆录作者 4 次与敌舰队作战、3 次与巡航舰作战、6 次与炮台作战、10 次与破坏海港和船只的舰队作战，并连取 3 座城市……他协助捕获 7 艘战列舰（battleship）、6 艘巡航舰（frigate）、4 艘护卫舰（corvette）、11 艘不同大小的私掠船（privateer），并捕获和毁坏近 50 艘商船。他实际参与对敌作战超过 120 次，在战争中失去了右眼和胳膊，身体遭受严重创伤……[1]

该回忆录写于 1797 年，那时他参与的 3 次最伟大的海战——阿布基尔湾（Aboukir Bay）海战、哥本哈根海战和特拉法尔加海战——都还没有进行。

纳尔逊的海上战术简单、有效、残酷。他很少要小聪明，也没有心思考虑复杂的战术。他认为，为了获得有利阵位而试图在海上超越对手是浪费时间，远程射击是浪费弹药。纳尔逊选择直接将船迅速开入近距离射程范围内，这样就能在敌人船侧部署重型枪炮等主要火力，从侧面击溃敌军。针对海军的作战问题，他的想法是与敌军近距离接触，使两军舰队保持平行，在几乎可以碰到对方船体的时候命令炮手们竭尽全力地快速向敌军开火，装弹，再开火。他告诉一位同僚："打击海上敌军的最佳且唯一的办法就是靠得足够近。这样无论枪炮从哪个方位射击都能保证一击即中。"[2]他的下属不可能不了解他的心思。在特拉法尔加战役前夕，他写给下属："万一信号没看清或没能准确理解，将领们就指挥船只驶向敌军并向敌方靠拢，这总不会错。"[3]他怕这样还是不保险，因此战争一打响，他就在旗舰"胜利号"（Victory）的桅杆上挂出标志性信号：尽可能向敌军靠拢。

这一时代的军舰都配备了一系列所谓的大炮，这些巨型带筒钢铁武器长约 3 米，每个重 2 吨以上。炮的口径是基于它射出的实心弹的重量而定的。战列舰和巡航舰能搭载 18 磅或 24 磅的火炮*，这比同时期陆军使用的标准 6 磅野战炮重三四倍，更具杀伤力。开火时，枪炮发出的声响震耳欲聋，"好像可怕的雷暴，其间伴随着持续不断的电闪雷鸣"。[4]开炮时释放出大量白色的波状云和呛人的烟雾，这些都足以使人丧命。当枪炮回到后膛，这些炮手——一般是 10 到 12 个人控制一门大炮——开始一系列快速精准的动作，将弹药上膛，再次开火。炮手们用海绵通条擦拭炮膛，将火药固定在棉

---

* 早期火炮采用磅位制，以弹丸重量度量口径。1 磅约为 0.45 千克。——编者注（后文中脚注如无注明，均为编者注）

布弹药包中，用力塞进炮口，然后在火药上方垫上炮塞，再把炮弹和另一个炮塞盖在上面。弹药包的布料被刺穿后，一些点火药会落入火门。炮手们动作一致地操作这骇人的武器，就等着指挥官调整目标并下令开火了。火柴点燃引线，火炮一声咆哮，向后反坐，然后重复这一过程。

英国人喜欢在近距离平射（point-blank）的射程中攻击，"一炮对一炮"，因为他们的炮兵始终优于敌军。英国炮兵实力和武器本身没有关系，因为法国和西班牙舰艇也是这般武装的。它和英国炮手的准确度也无关，即使他们瞄得更准，也不起决定作用。唯一重要的因素是开火的**速度**。英国军舰开炮三轮时，敌军顶多开炮两轮，这还是在敌舰配备齐全、领导有方、训练有素的前提下才可能出现的状况；一般情况下，英国人已开炮两到三轮，而敌军只开过一次炮。这个悬殊比率使得战争朝着更有利于英军的方向发展，结果显而易见。

英国皇家海军的优势不仅在于射击，还在于它密集的训练。炮兵们无休止地演习，军官在一旁用秒表计时，并及时纠错。船员之间互相竞赛，押下赌注。提供的奖励有：双倍兰姆酒配额*或轻松的军事任务。战士们努力提高本领，并为日臻成熟的技能而感到自豪。凭借军事实践和团队精神，英国炮手成了运行流畅的战斗机器。英法两军交战时，即使双方配备势均力敌，通常也是法国军舰伤亡更大，死伤人数的差异十分显著。其中一场大溃败的例子[5]——当然

---

* 远洋航行的船只往往长期无法靠岸，很难得到新鲜的补给，淡水常有变质的风险，因此保质期更长、口感更佳的酒类饮品比在陆地上更为珍贵，每位水手只能得到极为有限的份额。

还有很多其他例子——是1758年“蒙茅斯号”（Monmouth）和“敬畏号”（Foudroyant）在卡塔赫纳（Cartagena）的一次交战，当时法国军械的总重量是英国的2.6倍，占绝对优势，但这场战役却以法国投降而告终，法、英死亡人数比例为4.5∶1。在1793年至1815年的漫长战争期间，法国俘获英国17艘巡航舰（其中有9艘随后被夺回），而在同一时期，英国俘获法国巡航舰多达229艘。

重型实心弹（round shot）是标准弹药，其主要优点是能够集中火力进攻某一个点。例如，它能够有效地在敌舰吃水线附近的船体上打出一个洞。这样就会导致海水漫灌，减慢船速，削弱船的机动能力，使船员无力战斗，最终导致船体沉没。如果瞄准高位射击，则可能会击落桅杆，或偏移几米，击落船帆，以防敌人逃跑。但通常来说，英国人只是简单直接地瞄准敌舰的炮台甲板射击，而这里也往往是炮手们战斗的地方。重磅炮弹可能会击穿船体，并伤及在另一边工作的船员。朝小型船只开火时，炮弹可能会“穿透船体”（through and through），击穿船的两侧并远远地落入海里。如果敌人的船体足够坚固，能够抵挡炮弹的进攻，炮弹碎片的猛烈爆炸也将摧毁周围三四米之内的任何人。海军炮火的威力如此巨大，以至于外科医生信誓旦旦地表示，他们曾目睹流弹划过的风致人毙命；因为他们检验时发现，这些尸体上没有一丝伤痕。但当大炮直接对准某个人开火，这场面就不堪入目了。弹丸将人的头颅直接打下来一点也不罕见。这时血浆、脑浆和骨骼碎片将溅得同伴满身都是。流弹能使人瞬间失去双手甚至双臂。一个水手回忆起当时看到的场景：一个人的上半部分头颅被实心弹削掉了，伤口十分整齐和对称；这使他非常惊讶，好像有人用一把锋利的大斧平挥出一道弧线，并击中了这个可怜人的鼻梁，两只耳垂还贴着他的脸颊。

英国军舰的甲板上装载着卡隆炮（carronade），这种炮得名于最初的铸造地苏格兰卡隆（Carron）。卡隆炮是一种曲射炮*，比长炮更短更轻便。因为更轻便，卡隆炮可以装在远离吃水线的高位，发射和装弹的速度也更快。卡隆炮在远距离射击中效果不甚显著，但在英国军官们青睐的近距离作战中却是致命的。法国人最先受到这种毁灭性武器的威胁，将其称为"魔鬼之炮"。最大的卡隆炮能发射 86 磅的巨大炮弹，而这些炮弹需要 2.5 千克重的火药来引爆。不过，发射子母弹（shrapnel），例如葡萄弹（grape）或榴霰弹（canister）时，这些炮弹的威力才是最强的。葡萄弹是拳头大小的铁球，被固定在帆布袋中，开火时就会爆炸。榴霰弹是圆柱体，内含手枪子弹，开火时的威力不亚于一颗克莱莫地雷（Claymore mine）。当然还有链弹（chain shot）和哑铃弹（bar shot），这些武器都用于摧毁敌人的索具，但也都能将人劈成两半。在开火前，这些武器都要在炉火中加热，直到它们变得灼热，通体明黄。海军陆战队员在高处瞄准敌舰的桅杆，用锃光瓦亮的步枪射向敌人甲板。此举的目的是杀死军官，打乱敌方指挥结构，使其船员陷入混乱。如果一艘船在被英国大炮、卡隆炮和狙击手连续猛攻之后仍没有投降，军官们会下令"跳帮"**。一群海员，为了吓唬敌军，脸上抹满煤灰，带着短刀、长矛、斧头、剑和手枪，跳上敌人的甲板。敌军若有反抗，一律格杀勿论。

纳尔逊和他的下属军官们青睐的近距离平射破坏力极大，这

---

* 曲射炮（snub-nose cannon），弹道弯曲的炮。

** 跳帮（board），两船靠拢后，跳到对方甲板上展开近身肉搏，以夺取控制权的进攻方式。

使得英国的敌人——特别是法国——不仅在海上遭遇溃败，而且士气一蹶不振。在其敌军看来，英国海军拥有战无不胜的光环，而这似乎预示着每场战役的结局。在特拉法尔加战役之前，法国和西班牙联合舰队中的军官情绪低落，悲观泄气。许多人更想留在安全的加的斯港，这样做至少能保存舰队；可他们别无选择，被迫出海。1805 年 8 月，拿破仑下令，要求法国舰队拿下英吉利海峡，以留出足够时间让法军占领英国。他的命令简单直白："起航！不要浪费一分一秒！带着整个舰队驶入英吉利海峡，英国就是我们的了。"[6] 稍有犹豫，拿破仑便走过来，对海军将领们破口大骂，称他们是叛徒，是懦夫。法军的目标甚至不是赢得胜利，而是败得体面，从而向自己和世界证明他们仍然可以勇敢地战斗。他们明知这次不仅会战败，而且会全军覆没，但还是与一个更强大的敌人进行了艰苦卓绝的战斗。

这场战役完全按照纳尔逊的预想进行。他的"胜利号"旗舰与法国旗舰挨得极近，故当弹药耗尽时，双方短兵相接了。"胜利号"上的军官们担心，枪炮的火焰会吞噬敌我双方的舰船。为了防止出现这种情况，每个炮手在向敌军开火后，都要泼洒几桶水到敌舰上被炮弹炸出的窟窿里。一位"胜利号"上的军官回忆当时的场景："上下左右全都是火……枪炮猛烈地攻击，震耳欲聋，甲板起伏摇晃，船舷绷紧变形。我感觉自己身处地狱，那里每个人都是魔鬼的面孔。嘴唇在上下开合，但想听到指令完全不可能，一切只能通过打手势来完成。"[7] 驻守在 110 炮的"皇家主权号"（Royal Sovereign）下层甲板的一名水手告诉他"尊敬的父亲"，他感到非常幸运，在战争中只失去了三根手指。"我不知道我的手指在哪里断的，”他坦承，“没有了手指我都不知道，直到要用到它们时我才发现。”[8]

英国舰队在特拉法尔加的胜利或许是海军历史上最具决定性的一场胜利。18 艘法国和西班牙的船被俘获或被摧毁，6 000 名法国和西班牙水手伤亡，2 万人被俘。英国伤亡人数达 1 700 人，但皇家海军没有损失一艘战船。在特拉法尔加战役后，拿破仑被迫承认，他永远没有机会率领军队侵占英国了。他把精力转向东方战场，武力征服领土，这一战略随着他对俄国的灾难性入侵以及十年后滑铁卢战役的惨败而告终。

纳尔逊的军官们劝说他，在“胜利号”的后甲板上露面时，不要佩戴奖章、勋章，也不要穿海军中将制服，他对这些言辞置若罔闻。“胜利号”几乎刚闯入敌阵，他就被敌军狙击手当胸击中一枪。当医生冲到他身边时，纳尔逊表示自己的伤情已无力回天，并拒绝进一步治疗。弥留之际，他让旗舰舰长吻了他。他希望能向爱人爱玛和女儿霍雷希娅问个好。“我已经完成了任务，”他最后说，“感谢上帝。”英国海军胜利和纳尔逊牺牲的消息同时传遍了英国的大街小巷。痛失这样一位令人敬重的海军将领，胜利的喜悦也随之被巨大的悲痛所淹没。[9]一位伦敦市民表示：“当时战争胜利的唯一标志就是街上到处贴满海报，上书‘唉，可怜的纳尔逊’。”一位外国游客写道：“英国好像遭受了巨大的灾难一样。”“海军连日来像无头苍蝇一样，”一名海员写道，“伙计们在战场上奋勇杀敌，而一坐下来就像小姑娘一样哭泣。”

纳尔逊的遗体在格林尼治的一副棺材里停放了三天。[10]棺材板取自法国“东方号”（Orient）战列舰的主桅杆。现场 3 000 名哀悼者静默地排着长队前来吊唁。1806 年 1 月 8 日，葬礼驳船在泰晤士河起航，其后跟随着 3 千米长的船队，将他的遗体一直运送到位于伦敦的白厅楼下。一支巨大的葬礼队伍将他的遗体送到圣保罗教堂中殿，在那里，巨大的穹顶被几千根蜡烛的光辉照亮。来自“胜利号”的 48 名水手护送军旗进场。在教堂门口，这些人突然扭打在一起，旗子被撕碎，每人都拿着一片或红或白或蓝的碎布片跑开了。

在这位遇难英雄下棺之前，哀悼者们合唱了这种场合常唱的爱国歌曲——《统治吧，不列颠尼亚》(*Rule, Britannia*)。那么这“神圣美丽的岛国，佩戴辉煌壮丽的王冠”的不列颠尼亚到底能统治什么？“不列颠尼亚统治海洋！”副歌唱道，因此，“不列颠人永不为奴！”尽管这歌词写于纳尔逊出世前，但“统治吧，不列颠尼亚”确实是纳尔逊之歌，或者更确切地说，是他本人的英勇战绩使之成为纳尔逊之歌。这首歌的歌词曾经只是一种修辞，但现在这位已经安息长眠的人将其变为了事实。

一艘名叫“安·亚历山大号”(Ann Alexander)的美国商船，满载一船面粉、烟草、腌鱼和苹果等货物，从纽约出发，航行到第 18 天时，碰到了几小时前刚刚获胜的英国舰队正撤离特拉法尔加。[11] 很显然，刚刚爆发了一场恶战，海洋里的垃圾漂浮物绵延数千米。海面上到处漂浮着巨大的桅杆、绳索、船帆的碎片，战死的船员的尸体很快会被淹没在波涛之下。纳尔逊将军已经牺牲，尸体已做过防腐处理。他的头发被修剪过，四肢被折成婴儿状，遗体朝下安置在一副盛有白兰地、樟脑和没药的棺木里。大多数英国船仍然受损严重，无法扬帆远航。未受伤的船员正在努力修复损伤，同时还要照顾数百名受伤的英国水手和数千名受伤的法国和西班牙战俘。“胜利号”派出一艘小艇，来到商船前询问是否可以购买一些商品，以投入修复工作。幸运的是，“安·亚历山大号”正载着一堆木材，卖家乐意出售，另外还卖给了他们一些面粉和苹果，卖了一个好价钱，买方支付的是英国金币。

这只是特拉法尔加战役的一个小脚注，并不是什么大不了的事，但这却是那个年代美国人在海洋上的典型写照。公海上到处都是悬挂星条旗的美国商船，却很少见到美国军舰。前三任美国总统——华盛顿、亚当斯和杰弗逊——竭尽全力避免美国卷入欧洲肆虐的战乱当中。唯一的例外是早些年在加勒比地区与法国爆发的短暂冲突，但这次区域性冲突的规模较小，主要是与法国私掠船的冲突，而不是与法国海军的冲突。并且这场冲突后来通过协商匆匆收场了。事实上，美国不想卷入战争，尤其不想卷入海战，因为美国商人正在“海外贸易”中迅速地赚大钱，只要政府持续保持中立，他们就能继续赚钱。

1805 年，美国只不过是大西洋西岸一条人烟稀少的狭长地带，以后西部大开发的兴起，将吸引数百万人从沿海地区不断西进。但在 19 世纪的头十年间，阿巴拉契亚山脉的另一边十分偏远，鲜为人知，土地贫瘠且险象环生。美国 600 万居民中，半数居住在大西洋西岸。这个广袤、灰暗、激荡、浩瀚的海洋充当了抵御外敌的天然屏障，同时也是通向世界的交通要道。人口中心像一连串岛屿，沿着海岸线集中分布，一面朝海，另一面被树林包围。道路徒有其名，当时只是暂时用作马车道，通向一个看似无尽的荒野。一路上要么泥泞不堪，要么充斥着残枝败叶，处处受阻。车夫需要不时停车，下车时手里都拎着斧头。每穿越一条小溪都算得上是一次历险，当摆渡的船夫喝醉了或卧床不起时，任何一条河流都无法跨越。这些赶路的人若能在森林里穿行几十千米而不迷路，就非常心满意足了。

美国这几个最大的城市——波士顿、纽约、费城、巴尔的摩——都是大西洋海港，拥有大量的专业海员和所有必要的配套产业，用以建造、装备、补给和修理船舶。每个城市的海边都有数不清的仓库、制绳工棚、造船工的棚屋、账房和船帆制造车间。造船厂吸引了大量的专业工人和工匠，包括木匠、填缝工、细木工、油漆匠、圆材工、木雕工、铜匠、制绳工人、铁匠和修帆工。造船工使用原始工具，手动操作木工车床，制造出桅杆*、圆材**、船首斜桁***等各种柱材。熟练的工匠先把木料锯成木板，然后蒸，再塑形，最后装配。那时没有精密仪器，但一个熟练的木工可以抡起一把大斧，沿着一根铅笔画出的线将木料准确地劈开。船厂工人每周工作六天，从早忙到晚，而且在白昼漫长的夏季，他们的每日工资和秋冬季节白天较短时一样。船厂整天充斥着锯子、扁斧、大斧的声音，以及

---

* 三桅帆船从船首到船尾的三根桅杆分别为前桅（foremast）、主桅（mainmast）、后桅（mizzenmast，简称 mizzen），每根桅杆又分为上桅（topgallant）、中桅（topmast）、下桅（lower mast），二者组合可对应桅杆的九个位置，如“前中桅”“主上桅”，有些舰船上桅上方还有顶桅（royalmast）。上桅帆和中桅帆有时要进一步分为上帆和下帆，如“主中桅上帆”“后上桅下帆”等。前桅和主桅的下桅帆分别为“前桅帆”（foresail）和“主帆”（mainsail），二者统称为“大横帆”（course）。后下桅一般不挂帆，只在后桅斜桁（mizzen peak）上挂后纵帆（spanker），下设帆下桁（boom），用于调整航向。

双桅和单桅帆船的桅杆及船帆名称与三桅帆船有所不同，由于本书基本没有涉及，不再详述。

** 圆材（spar），用于制造桅杆、帆桁、帆下桁等杆具的圆形木料，常指帆桁。备用的圆材捆到一起后，可提供一个临时的平台，名为轻甲板（spar deck）。轻甲板又指代前甲板（forecastle）和后甲板（quarterdeck），其中前甲板是船头到前桅之间的甲板区，主要是水手的活动区域，后甲板是主桅到船尾之间的甲板区，主要是军官和乘客的活动区域，也是迎宾的场所。

*** 船首斜桁（bowsprit），船头向斜前方伸出的部分。

填缝、锯木、修琢和敲打的声音。日复一日，海岸线上下，新建的船只隆隆而来，驶入大海。每艘新船扬帆起航后都能为下一艘新船的龙骨腾出位置。

巴尔的摩的斯库纳帆船*快速行驶，突破英国封锁，将谷物、面粉、桶装干玉米、干鱼、腌肉、大米、奶酪和其他食物运送到法国、荷兰和德意志港口，供应战争肆虐的欧洲大陆。巨大的横帆船由来自塞勒姆和波士顿的远洋水手驾驶，绕过好望角，开往东印度群岛，偶尔也会长途跋涉，从合恩角开到南太平洋，到广州见识繁荣的中国贸易。美国商船在苏门答腊收购胡椒，在中国收购茶叶、咖啡、丝绸和香料，在马来西亚则收购象牙、檀香和奇异而美丽的漆盒。北极圈北部和南太平洋中心处出现了来自楠塔基特（Nantucket）和新贝德福德的饱经风霜的捕鲸船。新英格兰和宾夕法尼亚的货船运载了牛、羊、马和猪，以及大量的铲子，堪称海上畜牧饲养场。动物在狂风中受到惊吓很容易出现伤亡，而这些死伤的动物需要吊出船舱口，丢进大海。

纽约商人沿着纽约湾海峡一路历经风浪，去加勒比地区，满载面粉、三文鱼、白兰地、干火腿、桶装腌猪肉和腌牛肉、豌豆、蜡烛、肥皂、黄油、鲱鱼、红葡萄酒、玻璃器皿、油、杜松浆果、奶酪、靛蓝染料、云杉木和山核桃。他们可能会带着朗姆酒、咖啡、糖、甜椒、糖浆和黑砂糖直接返回美国，也可能会继续漫长的旅程，横渡风急浪高的大西洋，抵达欧洲。小小的褐色单桅纵帆船**、双桅

* 斯库纳帆船（schooner），当时北美十分常见的一种纵帆船，大部分为双桅，也有多桅的品种。

** 单桅纵帆船（sloop），又称斯卢普帆船，体形小，速度快。

横帆船[*]、斯诺型帆船[**]、独桅纵帆船[***]、双桅小帆船[****]和其他从事海上贸易的船从朴次茅斯、纽伯里波特、伊普斯威奇、布里斯托尔、新伦敦、巴尔的摩、查尔斯顿等上百个美国港口出发，满载着糖、面粉、棉花、水稻、玉米、茶、香肠、杏仁、果脯、陶器、清漆、生铁、栎木板、酒、鞋、皮革、眼镜、扑克牌、书、香水、香粉等上千种货物。

一个马里兰人对于他在西印度群岛遇到的美国船只和水手的数量感到惊讶。西印度群岛为欧洲的蔗糖殖民地，食物主要从美国进口。“我看到我国许多船队频繁穿梭于这些岛屿之间，看起来好像我们的船是从石头缝里蹦出来的，而且装备精良，”他说道，“……就像卡德摩斯的士兵[*****]，只不过这些人是从海水中冒出来，而不是从泥土里钻出来的。”[12]

站在美国商人的角度来看，拿破仑发动的世界战争使海洋更加危险，但同时也使海洋更加有利可图。只要美国避免卷入战争，美国商船就将收获暴利。不同港口货物价格的差距扩大了：一桶面粉在纽约卖 8 美元，但在阿姆斯特丹也许就能卖到 18 美元；一袋棉花在萨凡纳卖 11 美元，在布雷斯特也许能卖到 23 美元。价格差距越大，利润越多。每多一个主要海运国家参战，商业竞争都会大幅减

---

* 双桅横帆船（brig），又称布里格帆船，两根桅杆均挂横帆，航速快，易操纵，可携带 10 到 18 门火炮，常用作战船或商船。

** 斯诺型帆船（snow），当时最大的双桅帆船，得名于古荷兰语“snauw”，意为“鸟喙”，用以形容其尖锐的船首。

*** 独桅纵帆船（cutter），又称卡特帆船，特点与单桅纵帆船相似，但桅杆位置比单桅纵帆船靠后。

**** 双桅小帆船（ketch），又称凯趣帆船，两根桅杆均挂纵帆，主桅在前，后桅较短。

***** 卡德摩斯是希腊神话中的人物，曾与巨龙交战。杀死巨龙后，他拔下龙牙，种进地里。龙牙中长出一些士兵。卡德摩斯在这些士兵的帮助下建造了一座城堡。

少。交战国船只可能会被敌军立即捕获，而中立国船只则成了进出口贸易最安全的工具。不借助中立国船只的话，这些货物将永远无法抵达目的地。美国中立成就了一笔巨大的买卖：美国出口量获得爆炸性增长，船舶吨位增加，海外贸易空前繁荣。当拿破仑发愿称霸旧世界时，新世界的好时代正滚滚而来。

商人、船主和船长意识到现在比以前赚钱更容易。一艘250吨重的商船能装约6个现代海运集装箱的货物，需要花费1.5万至2万美元来建造、装备和供给。[13]在战争年代，一次成功的海上之旅将为船主赚得不少钱。一段长达半年的航程挣的钱足够20年生活的开销，极为诱人的经济利益驱使人们进行海上贸易。商人们纷纷建起了壮观的乔治王朝风格的豪宅，舒适通风，却并不招摇，他们用低调的黑色锻铁建造围栏，用以圈定地界。他们的办公室位于靠近码头的账房里，二层小楼的窗户被厚重的窗帘遮住，房间里摆放着发霉的椅子和沾着白兰地和雪茄味道的沙发。他们四周陈列着图表、地球仪、油画、船模和来自世界各地的古董。沉重的胡桃木桌子上堆放着大摞文书，书架上摆着分类账簿。如果愿意的话，他们可以在街上随意抛撒大把金币。财富如潮水般源源不断地涌入港口。每一艘船归来后的第二天都将给工人发薪。在夏秋旺季，每天共有250艘船进入美国海港。

没人心存幻想。商业蓬勃发展，是因为欧洲正在打仗，别无他因。和平终将结束这种繁荣，也将使美国不再中立。一个纽约商人在1787年，也就是法国大革命前两年和欧洲战争爆发前五年表明了心迹。他给西印度公司的生意伙伴写信道："假如英国和法国开战（唉，可怕的战争！），届时你们的港口还会不会对我方开放，我们作为中立国还能不能与你们做生意呢？”[14] 从 1792 年战争爆发到 1807 年特拉法尔加战役后两年，美国出口（再出口）贸易额增长了 4 倍多，年均达 1.08 亿美元。[15] 后来直到 1835 年，美国的人口增长了一倍多，贸易额才重回昔日的巅峰。同时，在这 15 年间，美国商业船队的规模增至以前的 3 倍，总吨位超过 100 万，拥有 1 万多艘船，约 6.9 万名海员。[16] 这还不包括无数的“不定期商船”——在外国港口的水域之间来回穿梭、未曾返回家园的美国船只。单单一年的面粉出口量就需要 400 艘船来运输。美国这样一个孤立的小国，在船舶吨位和货运规模上已经超越了其他海洋大国，当然英国除外。如果照这种势头发展下去，美国这样一个没有殖民地也没有海军的国家将取代英国，拥有世界上规模最大的商业运输船队。

美国海军历史始于美国独立战争，这并不是一个值得骄傲的开始。乔治·华盛顿将军和大陆军坚持抗战并最终取得胜利。大陆海军绝大多数时候都是遭到令人蒙羞的惨败。

1775 年，在费城召开的大陆会议任命了一个“海洋委员会”，并责成其 7 名成员组建一支海军。委员会每天晚上在城市酒馆二楼的一个私人房间举行会议，这里距离费城海滨只有一个街区。大家挤在火炉前，伴随着酒吧喧嚣的噪声，这一小拨勇敢无畏的新手创建了美国海军。马萨诸塞州 39 岁的代表约翰·亚当斯后来回忆起这些会议时，表示这是“我在国会工作的四年中最令人愉快的经历”[17]；但他也不无遗憾地意识到，不单是他自己，该委员会集体都缺乏经验。“很奇怪的是，”他告诉他的好朋友埃尔布里奇·格里（Elbridge Gerry），“我从来没有了解过过去的海洋，或者海洋支配权，而我却受命去进行这样的调查。这是我的命运，也是我的职责，因此我必须尝试。”[18]

从一开始，委员会便努力就最基本的战略和战术问题达成共识。海军是用于保卫国家的海岸线或护航，还是用于进行贸易战或运送外交人员去欧洲？海军需要哪种船？这些船是买还是自己造？该装备什么样的武器？配备什么样的人员？军官的委任根据政党分赃制*进行。在这种制度当中，政治影响远比航海技术和其他资历更重要。路遥知马力，日久见人心。那些无能、懦弱、腐败或不服从命令的军官逐一暴露，许多最早一代的美国海军军官都是这副德行。在某些军舰上，军官和水手一样醉酒逃亡；军官起居室要么被对手袭击，要么因为私仇而被蓄意破坏；尉官和见习军官因长期不和而决斗，并互相偷窃彼此的私人财产；从其他海军叛逃的欧洲军官投靠美国后骗取官职；有影响力的人物游说他们的国会代表，让不守规矩的儿子和侄子们入伍；军官们公然互相抨击，甚至在报纸上大肆抨击对手。亚当斯说，当时国会被这样一群军官包围，他们“就像猴子抢坚果一样，竞相争名夺利”。[19]

最早悬挂美国国旗出海的战舰是商船改装而来的，造得不牢固，战时极易被摧毁。在1775年末，委员会按照费城两个造船师——约翰·沃顿（John Wharton）和约书亚·汉弗莱斯（Joshua Humphreys）的设计，授权建造13艘轻型巡航舰。因为英国不鼓励在殖民地建造军舰，所以美国造船厂普遍缺乏相关经验，常犯一些耗时费钱的错误。没有一艘巡航舰按时完工，但工期延误还不是问

* 政党分赃制（spoils system），又称政党分肥制，指执政党领袖以官职作为酬劳，答谢竞选时为自己出过力的人。这种任命制度任人唯亲，存在严重弊端，现已基本被淘汰。

题的关键所在。所有船下水后都要在停泊处或码头停留一年或更久，等待军械、索具、补给和船员安排到位。如何武装船只是一个严重的问题。英国禁止在殖民地制造重型大炮，美国国内也没有铸造厂具备足够的熔炼、精炼技术以铸造大型海军舰炮。出海的大陆巡航舰通常装备低劣，因此很快就被迫返回港口修理。许多船的桅杆都腐朽了，在狂风中啪啪直响。从英国或俄国进口的精细帆布供应不足，因此海军采用大麻和黄麻混合的船帆，并戏称之为“麻布袋”。这种麻布帆太重了，在微风中无法驱动。

批评者指出，与其让半成品或损坏的巡航舰闲置在美国港口，还不如不造，这样更加有利于美国独立战争。停在港口的巡航舰必须受到保护，以防英国突袭。华盛顿出离愤怒，因为不断有人要求派陆军保护军舰。他认为，应该是海军支援陆军，而不是陆军支援海军。这一说法不无道理。1777 年 7 月，当英国入侵部队朝费城方向进攻时，华盛顿敦促位于特拉华河的巡航舰凿船自沉，以免被俘。国会无法吞下这么苦的药丸，但当敌方巡洋舰*和炮艇（gunboat）攻击特拉华河，整个大陆海军全军覆没时，这个问题就迎刃而解了。这个结果部分是英国人，部分是美国自己的船员造成的。在美国独立战争期间建造的 13 艘巡航舰中，有 7 艘被捕获并被收编至英国皇家海军，另有 4 艘被己方摧毁以防落入敌手。

只有在欧洲，大陆海军才可能在一定程度上获得成功。1778 年法国参战时，它位于英吉利海峡的港口对美国军舰和私掠船开放，为其在英国最繁忙的海道上展开一天的航行提供了良好的落脚

---

* 巡洋舰（cruiser）在现代是一种大型战舰，但在当时并非特定的战舰类型。凡是机动性良好、适合执行巡航任务的战舰，如巡航舰、护卫舰等，都可称为巡洋舰。

点。本杰明·富兰克林在巴黎担任美国特使，发誓要“用我们的小巡洋舰在海洋霸主的沿海水域给他们一点颜色看看”[20]。美国独立战争时期，人们最怀念的海军英雄是一位苏格兰人，他叫约翰·保罗·琼斯。1778 年和 1779 年，他在英国沿海水域指挥了两次打了就跑的成功巡航。琼斯对英格兰和苏格兰几个偏僻的海港发动突然袭击，缴获几十艘舰船作为战利品，公然挑战前来追捕他的英国皇家海军巡洋舰，此举使得英国人发现在家也缺乏安全感。“保罗·琼斯就像一个幽灵，误导英国的海军，威胁英国沿海安全，”伦敦《晨报》(*Morning Post*)这样报道，“刚一发现他，他就不见了。”[21] 他被称为“亡命徒”“肆意妄为的强盗”“卑鄙无耻的家伙”[22]。1779 年 9 月 23 日，美国海军取得了一场真正举世瞩目的胜利，琼斯从此声名远扬。琼斯是由法国商船改造而来的 40 炮“好人理查德号”(Bonhomme Richard)的船长，在英国东海岸弗兰伯勒角(Flamborough Head)迎战 50 炮的“塞拉匹斯号”(Serapis)巡航舰。在 4 个小时的激战后，“塞拉匹斯号”船员折损过半，英国人投降了。“好人理查德号”上的一名见习军官说，他所在炮组中的幸存者被打得衬衫只剩领子，“有几个人骨肉分离，在极端的痛苦中死去”[23]。“好人理查德号”在进入港口前沉没了，琼斯将船员转移到“塞拉匹斯号”上，并插上美国国旗，驶入泰瑟尔岛(Texel)。

美国私掠船战争对英国贸易造成了重大打击。私掠船是私人拥有和筹资建造的战船，被授权打劫敌军船只。捕获的船和货物归船主所有，他们会将每次巡航劫获的战利品给官兵分红。在战争期间，大陆会议和各州分发了大约两千份私掠船许可证，单在马萨诸塞州就发了一千份。狂热的私掠生意一方面是受到爱国情怀的影响，另外一方面是受到贪婪本性的激发，而后者显然是主因。大多数美国商人和船主将他们的战时资本转移到了私掠行业。大批私掠船袭击了美国海岸边的英国补给船队，另外一些船则在英吉利海峡巡航，并将劫获的战利品运送到法国港口。他们的大获全胜可以体现在英国日益增加的海运保费上，而这些保费是用英国的商业利润支付的。

美国人得感谢他们的法国盟友，因为在美国独立战争期间，法国海军起到了至关重要的作用。1781 年 9 月，查尔斯·康沃利斯（Charles Cornwallis）将军准备从约克敦逃跑，弗朗索瓦·德·格拉斯（François de Grasse）海军少将率领一支由 28 艘船组成的舰队对他围追堵截，成功迫使对方缴械投降，从而结束了这场战争。信差给华盛顿送信时称，格拉斯的舰队已经停在亨利角（Cape Henry）附近的林黑文湾（Lynnhaven Bay），总司令听完后立刻跳下马，将帽子举过头顶挥舞庆祝。9 月 5 日，格拉斯的舰队在弗吉尼亚角（Virginia Capes）迎战一支由托马斯·格雷夫斯（Thomas Graves）将军率领的英国舰队。双方的船都没有被俘或被毁，但英国舰队撤离了并返回纽约，任由康沃利斯的军队待在那里听天由命。弗吉尼亚角战役早于特拉法尔加战役 24 年，是法国在大型舰队作战中最后一次击败英国皇家海军。

美国独立伊始，大陆海军所剩无几，几乎全部退役。船只被公开拍卖，军官被解职，船员退伍；他们离开时通常拿不到欠薪。当时美国建成的最大一艘战列舰刚刚下水，然后被作为礼物赠送给了法国人。美国海员重返他们熟悉的和平年代，将希望寄托在商船、货运船和捕鱼船上。美国当时已破产，负债累累。依据《邦联条例》，国会没有权力筹集资金。公众也厌倦了战争。人们普遍担心，武装部队如果保持完整，可能会试图夺取政权，并对新生的共和国实行军事专制。美国人推断，万一他们需要海军保护，法国盟友会再次前来救援。

大陆海军的最后一艘军舰是“联盟号”（Alliance）巡航舰。战后担任财务总监的革命金融家罗伯特·莫里斯（Robert Morris）写道：“这艘军舰现在只是一个花钱机器，我觉得我们没有办法养它。”[24] 这艘军舰于 1785 年被卖给一个私人买家，后来被遗弃在特拉华河的一个泥坝边，残破不堪，一直待到 20 世纪 20 年代。

这场大溃败让亚当斯如芒在背。1780 年，他在国会委员会上说：“在浏览一长串美国被俘和被毁的船只名单时，我不禁想起美国海军的发展进步史，这不免让人心酸落泪。”[25] 美国在建造、武装和供应军舰过程中消耗了大量的财力和人力，可这些舰船从未对敌人造成过沉重打击。罗伯特·莫里斯说过，如果美国人民不愿承受财政负担，海军就没有存在的必要：“除非有专门的财政收入来支付，否则谈论海军、陆军或其他军队都不过是徒劳……每个爱国的美国人都希望美国拥有一支强大的舰队，但也许获得它的最好方式是无为而治，直到有一天民众感觉到真正需要这样的舰队。他们现在不愿意花钱。”[26]

人们认为美国独立能为航运和贸易开拓利润丰厚的新市场。革命小册子的作者允诺，一旦摆脱英国的税收和贸易限制，商业便会繁荣，美国便会兴盛，这一切将超出他们最疯狂的想象。在戴维·拉姆齐（David Ramsey）1778 年想象的战后世界里，美国船只将“不再受限于贪婪继母的自私规定”，而会“紧跟利益的步伐”[27]。

托马斯·潘恩（Thomas Paine）在《常识》（*Common Sense*）中说："我们计划发展商业。如果一切进展顺利，我们将与整个欧洲维持和平与友好，因为美国成为自由港符合欧洲各国的共同利益。"他还补充道，美国的食品出口"将永远有市场，因为欧洲人爱吃"。[28] 1782年流行的一本年历的封面描绘了一个寓言场景，题为"得意扬扬的美国和愁眉苦脸的大不列颠"。[29] 美国被描绘成一个女人，坐在图左边的海岸上。一行说明这样描述她："一手握着橄榄枝，邀请所有国家的商船共同做生意，另一只手高举自由的帽子。"她脚下的港口中是高悬法国、西班牙和荷兰旗帜的船只。在图片的右侧，大不列颠坐在对岸，脚边的海港废弃了，她在"为失去与美国的贸易而哭泣"。

可希望很快就破灭了。美国贸易总是依赖于能通往英国的西印度殖民地。土地贫瘠的加勒比群岛上奴隶众多，经济单一，完全依赖蔗糖和咖啡种植，曾经包揽美国2/3以上的食品出口。然而，从1783年开始，英国的枢密令禁止美国船只进入英属西印度群岛的任何港口。这项措施影响面广，极具毁灭性。传统市场被切断后，美国的面粉、牛肉、猪肉、咸鱼、海军补给品、钢铁和其他出口的主要商品价格跌了30%至50%。[30] 到1788年，来自英属西印度群岛的船只数量已经降至美国独立战争前的一半。[31] 欧洲处于和平年代，战争给贸易带来的巨大商机要若干年后才会涌现出来。

失业的海员和造船工人在海港码头周围游荡，甚至露宿街头；仓库空了一半；所有的家庭都寄希望于教会的仁慈和济贫工程；债主取消了对房屋和农场的赎买。一位英国官员说："《独立宣言》让新英格兰商船队首当其冲地受到损失，造船业的衰退和帝国的分裂严重影响了他们的油和鱼在国外的市场。”[32] 由于传统市场上咸鱼的需求被切断，曾经在格兰德班克（Grand Bank）捕捞鳕鱼和马鲛鱼的船开始在海滩上腐烂。不知道有多少新英格兰渔民移民到了加拿大新斯科舍省，因为在那里，他们捕的鱼可以在英国市场上合法出售。一个商人写道：“我们西印度群岛的生意比战争前差 10 倍，天晓得这有多糟糕。”[33] 贸易几乎陷入僵局。商人要求内地农民清偿债务，很多农民就此被关进监狱。1786 年末，独立战争时期的老兵丹尼尔·谢司（Daniel Shays）上尉在马萨诸塞州西部率领农民发动起义，袭击并关停了位于北安普敦（Northampton）、伍斯特（Worcester）、康科德（Concord）、汤顿（Taunton）和大巴林顿（Great Barrington）的法院，最终攻占了一个位于斯普林菲尔德（Springfield）的联邦军械库。在 1787 年“谢司起义”被镇压之前，许多美国保守派都怀疑民主政府可能撑不下去了。

在独立战争之前，英国商人承诺会在美国建造商船，因为那里木材丰富价廉，建成后，它们的首航目的地就是英国，并在英国登记注册。战后，英国商业法规对这种做法明令禁止。伐木工、绘图工、造船工人、堆场工人和造船业的各类专业工匠都举步维艰。据一位法国旅行家记载，1788 年，马萨诸塞州纽伯里波特市仅有 3 艘船下水，而早在 16 年前行业的鼎盛期，一年可下水 90 艘船。他还发现朴次茅斯已“化为废墟，妇孺都衣衫褴褛……一切都在衰落”。[34] 在向国会提交的一份请愿书中，波士顿造船工人们抱怨说造船业的衰落“导致许多以前在各行各业工作的公民失去了经济来源和生活依靠”。[35] 波士顿人警告称，农业将面临与商业一样的命运，“因为海港的穷困最终将导致对农产品的需求减少”。

雄心壮志的商人们开始在世界其他地区寻找新的贸易伙伴。于是，印度洋和太平洋上第一次出现了悬挂星条旗的美国船。1785 年，360 吨重的纽约商船“中国皇后号”（Empress of China）绕过好望角，航行到广州，第二年返航时，满载丝绸、棉布、茶叶、瓷器和桂皮。[36] 此次航行投资了 12 万美元，获利 3.7 万美元。许多船开始效仿，满载北美花旗参运往中国市场。仍然独立的孟加拉政府在东印度公司前哨地区向美国船只提供最惠国待遇。美国人在波罗的海和地中海也开拓了新的市场。经常去教堂的罗得岛和马萨诸塞州商人显然没有什么良心上的不安：他们在新船的下甲板上每隔十几厘米就安上一个环形螺栓，然后用这种特别建造的船装满成桶的朗姆酒，去几内亚海岸交换奴隶。

美国独立战争后的外交政策有一个主要目标，那便是获得新的出口市场。贸易领事们被派往 19 个外国港口。法国最有希望取代失去的英国市场，因为它的经济规模和殖民帝国（特别是法属西印度群岛）都很大，而且它是美国的主要盟友。1784 年，《独立宣言》的起草者、弗吉尼亚战时总督托马斯·杰弗逊被任命为“全权公使”，负责与欧洲贸易伙伴协商新的商业条约。1784 年 7 月 5 日，他乘着“刻瑞斯号”（Ceres）定期邮船从波士顿出发，这是他第一次出海。

杰弗逊身高 189 厘米，身材瘦削，骨骼清奇，但“身体结实，充满力量，十分健康”[37]。他红润的脸庞长满雀斑，眼睛呈淡褐色，头发棕黄。虽然杰弗逊觉得这长达 19 天的跨大西洋航行令人不快，但他每天都仔细记录经纬度、风速、风向、气温，描绘映入眼帘的塘鹅、海燕、海鸥、鲨鱼和鲸鱼。“刻瑞斯号”在怀特岛上的西考斯登陆。一周后，杰弗逊乘坐一条小船穿过英吉利海峡，来到勒阿弗尔。船舱横梁太低，他匍匐在地才能爬进去睡觉。

在凡尔赛宫，杰弗逊充当一名商务专员，向法国人推销美国出口的鲸油、皮毛、船、海军补给品、钾肥、谷物、牲畜和烟草。他说，作为回报，法国制造的商品可以出口到美国，取代以前美国进口的英国货。路易十六的外交大臣韦尔热纳伯爵（comte de Vergennes）赞同这一说法，但巨大的法国商业利益集团绝不允许任何人突破贸易壁垒。1784 年 8 月，法国颁布法令，向美国船只开放法属西印度群岛，随之而来的市场竞争激怒了法国船主。法国外交部因而有些犯难，开始动摇。“法国外交部也想贯彻法令，”杰弗逊告诉詹姆斯·门罗，“但总有一天他们会妥协的。”[38] 正如他所预测的那样，法国很快便出台了反制法令，削弱了美国的特权。

一些较小的欧洲政权愿意与美国发展贸易关系，于是美国又与荷兰人、瑞典人和俄国人签署了新的协议。普鲁士的腓特烈二世于 1785 年 7 月与美国签署了一项贸易协议，不过他私下里认为美国这个国家长不了。美国与奥地利和葡萄牙的谈判拖延了多年。不管怎样，这些协议都不能取代痛失的英国市场。美国必须主动向不久前还是敌人的英国让步，这一点逐渐变得清晰起来。这个重担落到了约翰·亚当斯身上，1785 年 5 月，他被任命为第一任美国驻英国大使。

伦敦的报纸用一片嘘声来“欢迎”这位来自前殖民地的大使。据说亚当斯“肥得流油”，是个“冒名顶替的家伙”和“宣扬自由的伪君子”。“美国大使！”《公共广告报》（*Public Advertiser*）讽刺道，“天啊！什么声音！……这在外交使团中是个奇特的现象。到底是什么更令人愤慨，是任命此人的人傲慢无礼抑或是迎接他的人悭吝刻薄？这很难说。”[39]

由于丈夫受到攻击，阿比盖尔·亚当斯（Abigail Adams）很气愤，写信向杰弗逊发泄。她将一则新闻报道定性为“虚假的——如果女士能使用更糙的形容词的话，我会说真他娘的假。但我会用一个具有同等表现力的说法来替代，那就是和英国人一样假”。[40]她觉得周边社区举办的拳击比赛十分恐怖：“我一再惊讶地目睹还不到10岁的小男孩们脱去上衣开始搏斗，直到鲜血淌满全身。围观群众将他们团团围住，为胜利者鼓掌叫好，催促他们继续战斗，不让试图阻止的人进入拳击场。”她认为英国报纸的侮辱等同于街头流氓的暴行。“他们在这样的脾气和原则的影响下成长起来，谁还会对他们的行为放荡和胡编乱造感到惊讶呢？”[41]

杰弗逊安慰她道：“我不会为了十个这样财大气粗、妄自尊大、恃强凌弱、言语恶毒、信口雌黄的食肉动物而牺牲一个礼貌待人、自我牺牲、感情细腻、热情好客、性情开朗的法国人。”[42]他半开玩笑地解释了英国和法国礼仪之间的区别：“我猜一定是英国人吃了太多动物饲料，使得他们与现代文明格格不入。”[43]

到达后不久，亚当斯由33岁的外交大臣卡马森勋爵（Lord Carmarthen）陪同，前往圣詹姆士宫觐见乔治三世。亚当斯严格遵守礼仪，一进入王宫就深鞠一躬，走到宫殿的中间时又鞠一躬，来到国王面前时再鞠一躬。亚当斯做了一个简短的演讲，宣称“作为外交使节觐见陛下，我感到十分荣幸”，并说，他希望他的使命“能修复过去两国人民的优良品质和美好心情。尽管两国远隔重洋，由不同的政府治理，但拥有共同的语言，共同的宗教，血脉相连”。[44] 国王看上去十分动容，这次会见“像对待其他任何国家的外交大臣那样亲切而友好”。[45]

但亚当斯很快得知，24 岁的英国首相小威廉·皮特领导的政府无意让美国重回英国的贸易体系。与英国首相在唐宁街 10 号的一次早期会面中，亚当斯向极不情愿的卡马森勋爵提出了一项“贸易条约”，该条约将为英国船和美国船建立互惠的驶入权。英国大臣们并没有彻底否决这一提议，但他们搪塞，似乎想无限期地拖延下去。亚当斯开始怀疑这是一个阴谋，怀疑英国企图重申对前殖民地的主权。“这些人十分相信美国已经厌倦了独立，”他在当年 8 月写道，“他们认为美国渴望回归，且目前已处于混乱状态，国会不再具有权威性，政府也毫无影响力可言，无法制无纪律，整个国家化为一片贫困而混乱的废墟……他们愿意相信这个。”[46]

但英国的贸易限制不仅是为了刁难对方，还是由于英国人对制海权的充分理解，以及海权对大英帝国的繁荣和安全所做出的贡献。这个庞大的海上贸易机构——英国海员驾驶的忙于“海外贸易”运输的英国船——可以被视作英国海军力量的源泉。谢菲尔德勋爵（Lord Sheffield）在他的一篇论文中就这一问题据理力争：严禁外国船进入英国港口，这是“我们建立海上强国的基础……如果我们反其道而行，允许任意国家与我们的岛屿进行贸易往来……那英国的海运业将毁于一旦”。[47] 即使是亚当·斯密，这个自由市场的空想家，都曾在《国富论》中提及商业排斥这一原理：“大英帝国的防御很大程度上依赖众多水手和舰船。”[48]

亚当斯意识到，在英国白厅，只有海外贸易才是第一要务。“‘船和水手’仍然能点燃英国人的激情，”他告诉杰弗逊，“英国对其他国家拥有的每一艘船和每一个海员……都心存嫉妒。”[49] 目前，他们似乎比其他任何人都更惧怕美国海军和海员。亚当斯告诉马萨诸塞州州长詹姆斯·鲍登（James Bowdoin），英国抵制自由贸易措施，是出于军事而不是经济方面的考量。“他们脑子里想到的只有海员和海军，以及能在战争爆发伊始从海上对敌军发动猛烈攻击的能力。”[50]

与英国和平共处后，皇家海军不会再对美国商船构成威胁，但美国船也失去了皇家海军在 1776 年之前为之提供的保护伞。美国星条旗第一次在公海领域和外国海港出现，但只在满载货物且毫无防备的商船上出现过，从来没在战船上出现过。一双双贪婪的眼睛观察着这个新兴国家的船只，就像饿狼盯着羊群一般。英国让人们知道，美国人不再享有英国的保护。饿狼注视着众多肥胖迟缓的绵羊，并没有发现一个牧羊人。

美国商船第一次遇袭是在地中海。这里有史以来就有海盗出没。此地的海盗来自的黎波里、突尼斯、阿尔及尔和摩洛哥这四个巴巴里邦国，它们的海盗船在北非沿岸古老的海港附近游荡。自从 8 世纪伊斯兰征服北非以来，这些尘土飞扬的小城邦名义上已宣誓效忠土耳其苏丹，但基本上是自治的。巴巴里诸国坐落在地中海边缘，背靠北非沙漠，几乎没有农业或工业来支撑。它们的传统生计是当海盗，它们一贯的受害者是海岸附近往返于地中海贸易航线的外国商船。海盗将捕获的船员用锁链拴住，运回港口囚禁起来，这些船员要么被当作苦力使用，要么在奴隶市场被出售。妇女会被强奸或卖身为妾。囚犯若不服从命令或试图逃跑的话，可能会被活活烧死或刺死。白人奴隶主在美国也是这样对待撒哈拉以南的非洲人的，但是这并不妨碍海盗袭击事件在美国造成轰动，激发恐怖小说和戏剧的诞生。

因为北非伊斯兰教区信仰真主安拉，并且每天向麦加祷告五次，海盗船又经常与异教徒开战，所以这里常常由于宗教而发生冲突。但是，这些海盗背后的真正动机不是源于宗教或政治，而是源于经济。的黎波里的一位权贵坦率地承认了这一点。他曾告诉一位美国外交官，如果禁止掠夺奴隶，他的人民将毁于一旦，他很可能会人头落地。“我不害怕战争，”他说，“这是我的营生。”

18 世纪晚期，欧洲主要国家可以毫不费力地消灭地中海海盗。即使是单独行动，英国的两三支海军特遣舰队*，辅之以陆路入侵，也能消灭这四个巴巴里小国。但这四国的海盗船一直被默许，甚至可能被怂恿干这种勾当。从 17 世纪中叶开始，一个勒索保护费的组织出现了，想要确保船舶安全通行的国家每年要向每一位巴巴里君主缴纳保护费。在大多数情况下，支付保护费的决定只是单纯反映一个冷酷的事实，那就是与频繁防护这条至关重要的地中海贸易路线的成本相比，保护费便宜多了。但英国在玩一个更阴险的游戏，它将海盗持续不断的威胁视作对小型海运对手的经济竞争力增长的一种遏制。

18 世纪 80 年代中期，每年有 100 艘美国船和 1 200 名美国水

---

* 特遣舰队（squadron）是为执行特定任务而组建的舰队。squadron 还可指代大型舰队（fleet）的分舰队，或中型舰队。

手向地中海港口运送 2 万吨糖、面粉、米、咸鱼和木材，返航时满载葡萄酒、柠檬、橙子、无花果、鸦片和橄榄油。[51]1785 年 7 月，两艘美国船“玛丽亚号”（Maria）和“多芬号”（Dauphin），被阿尔及尔海盗俘获。22 名船员被运送到阿尔及尔，和其他国家的奴隶一起被关入地牢。他们穿着粗布衣裳，睡在一条肮脏的毯子上，每天只能吃一小块面包。大多数人被当作船舶装卸工、脚夫、搬运工和牲口来使唤。有些人被迫沿着 15 千米的小路搬运石材和木材，送入城外的山里，干活时身后还拖着沉重的手铐和脚镣。他们经常遭受殴打和鞭刑，一直生活在恐惧之中。美国领导人备感压力，决意打击海盗，拯救他们被奴役的同胞，并防止海盗进一步攻击。

俘虏写信给正驻扎在巴黎的托马斯·杰弗逊，乞求他筹集资金来赎回他们。“我们苦不堪言，或许您根本无法想象，”其中一个俘虏写道，“希望阁下能行行好，将我们的痛苦遭遇告诉国会。希望他们能采取措施，快些来拯救我们。”[52] 俘虏所面临的困境使杰弗逊“义愤填膺而又备感无力”[53]，他请求法国政府提供援助。韦尔热纳伯爵同意与阿尔及尔的总督进行调解，但他坚持认为美国必须像所有欧洲海洋强国一样，向巴巴里诸国交保护费。韦尔热纳伯爵补充道，由于美国在地中海没有海军力量来保护自己的船，所以美国还应多交点保护费。“金钱和恐惧是阿尔及尔的两大法宝。”[54]

谈判没有结果。阿尔及尔的总督要求美国支付一大笔钱，以换取和平条约（该数额从来没有实际确定，但很有可能高达数十万美元）；另外还需单独支付一笔 59 496 美元的赎金，用于释放被关押的 22 名美国囚犯。阿尔及尔索要的赎金数额惊人，往后其他巴巴里国家可能会相应效仿。国会不大可能批准这么大笔的数额。人们甚至怀疑，国会即使批准，也未必凑得出这大笔的现金。谈判拖延下去，俘虏仍然被奴役，美国船仍要避开地中海航行。

虽然阿尔及尔是巴巴里诸国中最强大的邦国，但如果不与巴巴里四国统治者签署双边和平条约，那美国船在地中海航行也不会安全。1786 年 2 月，亚当斯在伦敦会见了的黎波里大使。亚当斯告诉杰弗逊，此次会面闹了笑话，但他忍不住分享这件乐事："这事真的荒唐，滑稽在所难免。"[55] 某天晚上，亚当斯拜访大使官邸，当时他只想留下自己的名片，却见仆人出来迎接，并告知大使在家，可以马上见他。仆人将他带到会客厅，介绍给大使，请他在火炉边的扶手椅上坐下来。大使不会说英语，但两个人能通过不流畅的意大利语和法语进行沟通。氛围逐渐融洽起来，仆人递上两根烟筒。递给亚当斯的烟筒有 1.8 米长——"和拐杖一样长"，吸烟时，他不得不把烟筒搁在地上。他在这种糟糕的情境下：

> 抽着烟筒，与大使阁下吞云吐雾。不一会儿，咖啡端上来了。我端了一杯，然后大使也倒了一杯。品着咖啡，抽着烟筒，我倒希望他能再玩点花样，嗅嗅鼻烟壶。我一本正经地学着他的动作，旁边两位秘书也欣喜若狂地看着。官位稍高一点的那位兴奋地用法语大喊："先生，您是一个土耳其人！"

最初的礼貌寒暄过后，大使开始谈正事。他说，美国和的黎波里正在打仗。亚当斯沉着地答道："听到这个消息我很遗憾……（我）从没听说过有谁在跟的黎波里打仗。"大使解释说，的黎波里正在与所有基督教国家作战，直到双方签署和平条约为止。他补充道，只要来笔划算的买卖，“支付 3 万金几尼给他手下，再付 3 000 英镑给他自己……美国与的黎波里就能相安无事了。此外，这笔钱必须在君主签署的条约送到时用现金支付”。[56]

亚当斯完全可以嘲讽一下这种交保护费的惯例，但他还是冷静地评述道：“若我们能立即与贵国友好协商，并支付必要的钱款，这样是最明智不过的了。”亚当斯告诉杰弗逊，攻击海盗船只会加剧美国的经济损失：“目前我们在地中海有 200 艘船，仅船上的货物就价值 20 万英镑，还不算对我们产品价格所造成的影响。”回想美国海军近期遭遇的大溃败，亚当斯怀疑国会不会派遣战舰前往地中海。他提醒杰弗逊，早在美国到达地中海之前，这套保护费制度就存在了：“在穆罕默德的标准面前，基督教国家的政策让自己所有的海员都沦为懦夫。若能让美国海员重拾信心，那这份荣光将被载入史册。如果我们一开始就怀着一颗诚挚的心，那么我们必将实现目标。但是，要让人民认同它却困难重重。这令我备感沮丧。”[57]

但杰弗逊却另辟蹊径。他告诉亚当斯，他认为“最好通过战争手段实现和平”。[58]下面是他列出的理由：一、符合正义；二、捍卫荣誉；三、这将赢得欧洲的尊重，而尊重能保障利益。杰弗逊根据自己获得的可靠情报，预估阿尔及尔总共只有不超过 12 艘三桅小帆船*和4艘桨帆船**，且阿尔及尔在四国中实力最为强劲。海盗船是用于突袭没什么武装的商船的，在传统的欧洲军舰面前，会很轻易

---

* 三桅小帆船（xebec 或 xebeck），16 至 19 世纪地中海特有的船种，船首斜桁很长，后桅距船尾较近。

** 桨帆船（galley），又称加莱桨帆船，古代地中海的主力战船，可以桨帆并用。

地败下阵来。俘获的阿尔及尔船员可用于交换美国俘虏。杰弗逊建议打造一支装配 150 门炮的舰队，初步预算为 45 万英镑，以后每年的经费为 4.5 万英镑。

三周后，亚当斯承认杰弗逊的观点“十分伟大，十分重要”。但亚当斯不相信美国人民和领导人已准备好了重建海军或在地中海一战。“我们根本不应该和他们打，”他写道，“除非我们决定与他们永远斗下去。我担心，对我们的人民来说，这个想法太难接受了。”亚当斯预测，更有可能出现的结果是，美国付出巨大的代价来打仗，最后只能换取和平。他悲观地认为，整个辩论过程都无关痛痒。他告诉杰弗逊，国会太过孱弱且犹豫不决，这导致美国无力应对来自巴巴里四国的威胁：“我觉得国会既不会出钱，也不会出力……你的作战计划和我的谈判计划都不会被采纳。”[59] 他们无法得出有效的解决方案，因为当时缺乏彻底的宪政改革，以纠正美国政府的缺陷。

若干年后，约翰和阿比盖尔的儿子约翰·昆西·亚当斯成为美国第六任总统。他十分看重托马斯·杰弗逊和詹姆斯·麦迪逊之间的合作关系在历史上的重要性。“这两个伟人相互影响，”他写道，“这是一个奇迹，就像物理世界中磁体神秘无形的运动……而且未来的历史学家可能会发现，我们国家许多历史的谜底离开了他们就不能被轻易揭开。”[60]

麦迪逊被其家人和老朋友称为“小杰米”[61]，因为他身高只有 164 厘米，体重还不到 64 千克。他习惯穿全黑的衣服，看起来像医生或校长。他讲话低声细语，表情严肃，像个老学究。那些不认识他的人觉得他冷漠无趣，但在一小拨挚友面前，他却展现出冷面幽默的机智，且爱开粗俗的玩笑。

麦迪逊出生在弗吉尼亚州最古老最富有的家庭之一，在奥兰治县一个 2 000 公顷的烟草种植园里长大。11 岁之前，他就读完了父亲的所有藏书。他家里请了一位苏格兰家教来种植园生活，并教他拉丁语、希腊语、法语、数学、历史、哲学、神学和法律。后来在回忆这位家教的时候，麦迪逊说："我这辈子所拥有的一切大都拜他所赐。"[62] 麦迪逊 19 岁时去北方新泽西州的普林斯顿读大学，并用两年时间完成了大学三年的学业，于 1771 年 9 月顺利毕业。回到弗吉尼亚州后，麦迪逊进入宣布独立的地方议会，并在那时成为托马斯·杰弗逊总督的密友和顾问。他于 1780 年 3 月当选为大陆会议代表。宣誓就职时，他是最年轻的成员。

像许多 18 世纪的知识分子一样，杰弗逊和麦迪逊认为政治和政府工作单调乏味，与其说是一项事业，倒不如说只是一种职责。他们是国际"文学共和国"（republic of letters）的忠实成员，热情地致力于科学、哲学、历史和艺术的研究。他们崇尚理性、经验主义、言论自由和出版自由，支持科学探究、地方自治、个人权利和国家的长治久安。正如杰弗逊后来所说，在这些人的眼中，他们是正在进行世界革命的先锋，"反对凌驾于人的意志之上的一切暴政"。[63] 这是一场还未取得胜利的革命，到头来很可能会失败，或者就像哲学家康德在 1784 年所说的那样："我们生活在一个还未开化的时代。我们生活在启蒙时代。"[64]

在巴黎时，杰弗逊提出要帮麦迪逊买书，为他挑选"一些奇特的老书或有用的新书"。[65] 在塞纳河沿岸的书店和书摊边，杰弗逊能花上数小时翻书，“动手翻遍每一本书，把与美国有关的一切罕见而有价值的知识都储存下来备用”。[66] 他在巴黎给麦迪逊写第一封信时就随信附赠了 45 本书，其中包括 37 卷本的《方法论百科全书》（*Encyclopédie méthodique*）；1785 年只一批“文化货物”就包含了 207 本书。麦迪逊正致力于用新宪法取代《邦联条例》，“只要是能解释现有各州宪法（和法律）的”，他都特别感兴趣。[67] 要是能有这些书，他将十分开心，其中包括“罗马帝国衰落期的历史学家”的著作、“帕斯卡写给外省人的信”、“海事法”、“阿姆洛（Amelot）的中国游记”和“一些希腊、罗马作家出的书，这些书卖得很便宜，且值得拥有，但不在学校的经典名著之列”。[68]

这两个弗吉尼亚人的跨洋通信主要涵盖政治和外交领域以外的主题。例如，在一封很典型的信中，在长时间讨论更有趣的主题之后，两人才开始关注政治和公共事务；即使谈起沉闷的公事，也很可能只是在信末略带歉意地附带一提。信中专门讨论了布丰的地球内热论、“在巴西和利马发现的隐姓埋名的研磨工”、动物磁性、热气球、北极光、尼姆（Nîmes）的方形神殿（Maison Carrée）——杰弗逊称之为“遗留下来的最美丽珍贵的古迹”——以及在西伯利亚发现的一个地下城，里面有“一尊骑手雕像，颈部缠绕着一条长达 60 米的金链”。麦迪逊发给杰弗逊一本莫希干语的小册子，以帮助这位朋友“收集我能找到的美国印第安人的所有词语，就像收集亚洲人的词语一样。如果人们有相同的血脉，那么可以从语言上发现端倪”。[69]

杰弗逊送给麦迪逊的这些古董和小玩意，当时在美国还比较罕见：一个口袋指南针、一盒磷光火柴、一个计步器、一个可伸缩的望远镜和一个阿尔冈圆灯，据说圆灯的灯光和七八根蜡烛一样亮。

作为回报，麦迪逊给杰弗逊回赠了几十个北美植物标本，杰弗逊一直想将这些植物移植到其他地方，其中包括美洲山核桃、苹果、糖枫树、蔓越莓、李子树、槲树、蜡杨梅、常青的美国金银花、三刺的金合欢，还有杜鹃花和山茱萸树。他还提出要给杰弗逊寄送北美“神奇的动物”样本。“我可以毫不费力地获得我们所共有的和我们这边比较稀有的一些四肢动物的皮毛，”他答应说，“如果需要，还可以把它们制成标本。当然，我还可以给你寄点活物过去。”[70] 在1786年6月的一封信中，麦迪逊先是写了一段关于弗吉尼亚州政治运动的文字，然后写道：“接下来我要写点更有意思的东西，介绍一下两天前我对四肢动物所做的研究的结果。我说的四肢动物是黄鼠狼。”[71] 麦迪逊对这种动物及其内部器官的描述足足写了八长段，附表中还记录了38个不同的解剖数据。

麦迪逊是公认的“民族独立”运动的领导人之一，他提倡制定一部更强有力的宪法，以加强国会的立法和税收能力。杰弗逊写自法国的信描述了他在巴黎、伦敦和其他欧洲首都遭遇的外交上的挫折和失败，这给外交事业增添了不少逸闻。杰弗逊写道，欧洲大国善于利用美国各州之间的互相嫉妒，这样一来，情况只会变得更糟，直到“我们作为一个国家紧紧团结在一起，对外界始终保持尊重”。[72] 外交政策必须是“最高中央政府的专属职权领域”，而“内部管制才是各州自己的事情”。他告诉麦迪逊，让美国谈判人员拥有商业报复权力是至关重要的。这种权力可以凌驾于各州的法律政策之上，在每个海港强制执行。“我想英国可能会快人一步推行这种政策。这是一个利益至上的国家。”[73]

在麦迪逊的敦促下，弗吉尼亚州邀请各州派代表参加1786年9

月在马里兰州安纳波利斯举行的全国会议，目的是“形成必要的贸易规则以实现共同利益”。[74]纽约州派出的代表是亚历山大·汉密尔顿，他是麦迪逊以前在大陆会议的同僚。美国早期历史上最不可或缺的一段伙伴关系就此形成。

在一个看重出身和血统的时代，汉密尔顿以一个破碎家庭私生子的身份降生在这个世界上。他生于内维斯，在圣克罗伊长大，起初是名小店员，在一个小小的英属西印度商船航运公司工作，1772年移居纽约，在国王学院（今哥伦比亚大学）获得学位，1775年加入大陆军，担任华盛顿将军的副官。在约克敦，他曾率领军队向英国堡垒大胆进攻。以上校军衔退伍后，他与纽约实力雄厚的斯凯勒家族联姻，学习法律并进入律师界，在国会和纽约州众议院任职，1786年成为一名华尔街律师精英，带头批评《邦联条例》的“软弱无力”。汉密尔顿白手起家的经历十分传奇，但他最伟大的功绩远不止于此。

他暗红的发色中带点金色，皮肤苍白平滑，且易生雀斑。灰蓝色的眼睛上方横亘着两道笔挺精致的眉毛。他穿着量身定做的西装、齐膝短裤和背心，皮鞋上点缀着抛过光的黄铜纽扣和银色搭扣，使得这身打扮无可挑剔。他将头发留长，正如他的儿子詹姆斯描述的那样，“编成一条小辫，然后（在发尾）用黑丝带系起。他给刘海上油、搽粉，接着从前额向后梳成一个大背头”。[75]在现代10美元钞票上的肖像中，汉密尔顿那不苟言笑的表情展现出了自信心、进取心和无穷的活力，但在眼睛和嘴角处也展现出了热情和机智。

汉密尔顿作为美国民族独立主义者的职业生涯始于1777年至1778年间那个寒冷的冬天，当时大陆军驻扎在宾夕法尼亚州的福吉谷（Valley Forge），天降大雪，士兵们饥寒交迫。福吉谷在后世被看作叛军身陷绝境仍不放弃的精神象征，但当时的人更为关注40千米外费城政府的玩忽职守和昏庸无能，而非军队的英雄主义。华盛顿说，军队当中某些人“历经千辛万苦，从怀特马什（White Marsh）跋涉到福吉谷”。[76]他们衣不蔽体，饥寒交迫，像熊崽子一样蜷缩在洞穴里。战士们仅依靠一点可怜的给养勉强度日。与此同时，大陆会议正在争论怎样说服各州为这场战役提供更多资金支持。在汉密尔顿看来，很明显，民众已经对议会失望。因为它再三犹豫，争论不休，频繁地将民众置于“饥饿、死亡的危险境地之中”。[77]代表们一向只在乎各州的狭隘利益，当战争需要他们时，他们则声称自己服务于“联邦的共同利益”。

只有五个州参加了安纳波利斯会议。由于没有达到法定人数，改革不能实行。但会议批准了一项由汉密尔顿起草的决议，承认“联邦政府制度中的重大缺陷”，并呼吁第二年在费城举行一场制宪会议。麦迪逊回到弗吉尼亚后，拜访了弗农山庄（Mount Vernon），说服乔治·华盛顿以其巨大的威望来促成此事。*

麦迪逊借助杰弗逊从欧洲给他寄回的书，对联邦制和古代共和国的法律和历史进行了详尽的研究。他出席了费城的制宪会议，用一篇题为“美国政治制度的罪恶”（Vices of the Political System of the United States）的文章开始了辩论。他和弗吉尼亚州的其他代表拟订了14项提案，这些提案统称为“弗吉尼亚方案”（Virginia Plan）。华盛顿当选会议主席，公开表示支持这个方案，而他的支持

---

* 1783年英国承认美国独立后，华盛顿解散大陆军，隐居于弗农山庄。

是至关重要的。1787 年 9 月 17 日，制宪会议制定了一部宪法草案，并将其送交邦联国会，10 天后再由邦联国会送交各州批准。

宪法草案中关于海军的部分仅限于几条宽泛的条款：第一条赋予了国会“配备和供给海军”以及“制定管控陆海军的条例”的权力；第二条任命总统为“合众国陆海军总司令”。第一条还赋予了国会“设置并征收税金、捐税、关税和其他赋税”的权力，这一点同样重要，因为这大量的资金需要用作“合众国的共同防御和全民福利”开支。

宪法草案被批准的机会并不大，汉密尔顿和麦迪逊的老家——纽约州和弗吉尼亚州的反联邦主义情绪尤为强烈。汉密尔顿想通过发表一系列文章来促进宪法草案被批准。他投入了高强度的工作中，在 4 个月内完成了 51 篇文章。麦迪逊撰写了 29 篇，纽约人约翰·杰伊带病创作了 5 篇。所有发表的文章都用的是“普布利乌斯”（Publius）这个笔名。1787 年 10 月到 1788 年 5 月，他们的作品刊登在纽约的 4 份报纸上，1788 年春天收录成册，书名为《联邦党人文集》。

汉密尔顿的《联邦党人文集》为“商业的兴盛、航运规模的扩大和海洋运输业的繁荣”（第 11 篇）做了生动的示范。美国注定要发展海上贸易，“政治家们的小伎俩”永远不可能“控制或改变这种势不可当且亘古不变的自然规律”。欧洲的几个主要国家决意压制美国的海上贸易——“在我们迅速成长为超级大国之前修剪我们的羽翼”。如果美国决意维护自身的海洋权益和得之不易的独立，“我们就必须尽快努力建立一支海军”（第 24 篇）。麦迪逊指出，这个国家漫长且未设防的海岸线十分脆弱。那些靠海而居的人应该会对这项海上保护条款“非常感兴趣”（第 41 篇）。没有海军保卫他们，他们在面对“冒险家们放肆的掠夺时”将毫无招架之力，并迟早会“屈服于这些突如其来的侵略者的肆意勒索，在恐怖袭击中被迫缴纳赎金”。

反对者警告称，建立海军将损害各州利益，扩大联邦政府的权力，增加公共债务，导致税收更高，并且军费开销将摊到国内贫困内陆的小农场主身上，这些人甚至从来没看到过海。一个叫威廉·麦克莱（William Maclay）的宾夕法尼亚人宣称，拟建海军只不过是一个借口，是用来提高税收，以及养活“一大批负责收税的官员”的，然后，“美国的自由将不复存在”。马萨诸塞州的一位老兵指出，没有哪个国家的军舰能够入侵美国领土，因为“他们不可能在陆地上行船”。[78] 一些人提出，美国注定会在西部发家致富，所以国家不应该为了争夺制海权，花费大量时间和金钱建造军舰。“不，先生，”佐治亚州的詹姆斯·杰克逊（James Jackson）说，“为了农业收益，为了美国西部吃苦耐劳的男儿们，为了美国的自耕农，我们要奔走呼号，我们最终将获得支持。”弗吉尼亚州的威廉·格雷森（William Grayson）说，等到美国广袤的内陆地区住满了人，海军时代才会到来，因此，只有那时，“半个世纪以后”，“谈论如何建造海军”才是明智之举。[79]

1787 年 10 月 27 日，《联邦党人文集》第 1 篇在纽约发表。12 月 7 日，特拉华州成为第一个批准《宪法》的州，宾夕法尼亚州、新泽西州、佐治亚州、康涅狄格州和马萨诸塞州紧随其后。在随后的 6 个月里，马里兰州、南卡罗来纳州和新罕布什尔州也相继批准。那年夏天，美国最大的两个州，也就是弗吉尼亚州和纽约州，分别于 1788 年 6 月 25 日和 1788 年 7 月 26 日以微弱优势投票通过了《宪法》：弗吉尼亚州为 89 : 79，纽约州为 30 : 27。新政府于 1789 年 3 月 4 日正式成立。

法国建筑师、设计师皮埃尔·朗方（Pierre L'Enfant）在纽约领导并举办了一场伟大的胜利庆典。这是一场空前绝后的盛大游行，长约 2.5 千米的游行队伍蜿蜒穿过街道。一位身穿蓝色外套，系红色腰带的大元帅带领着游行队伍。紧随其后的是 13 个身披白色外套和蓝色斗篷的各州代表。贸易协会的代表们手持横幅，标示着他们分别是铁匠、木工、印刷工、鞋匠、制革工人、铜匠、五金商、玻璃制造商等。农民们高举着横幅，上面写着“上帝加速耕耘”；商船船长们的横幅上写着“出口大于进口”；面包师傅则携带着一块巨大的面包，条幅上写着“联邦面包”。一支炮兵连驾驶着野战炮向前行进，哥伦比亚学院的师生殿后。伴着游行乐队的演奏，队伍不断前进。报纸估计游行者的人数超过 5 000。在游行接近尾声时，在鲍灵格林宽阔的草坪上，人们在一顶巨大的帆布帐篷下举行了宴会，尽情享用牛肉、羊肉和火腿。[80] 一条横幅悬挂在入口处，上书“独立，与法国结盟，和平”。[81]

亲历者指出，游行中最令人印象深刻的是那个房子大小的、装有轮子的巡航舰模型。这个早期的现代游行花车由纽约船员建造，龙骨长约 8 米，横梁长约 3 米，3 根高耸的桅杆配备了齐全的侧支索*、拉索和微型帆，还有 32 个微型礼炮由 30 名船员和穿制服的军官来操控。它被放置在 10 匹白马拉着的马车上，穿过整条街。船头

* 支索（stay），用于支撑桅杆的缆绳。支索上的三角帆为支索帆（staysail）。

是一个纽约人的雕像，这艘船以他的名字命名。他是海上贸易的忠实推动者，几乎凭一己之力促成了纽约州对宪法的批准。船梁上刻着他的名字——“汉密尔顿”。

2 六舰诞生

1793 年 10 月 8 日，美国驻葡萄牙公使戴维 · 汉弗莱斯（David Humphreys）发表了一封“致美利坚合众国全体州长，地方行政长官，民事、军事长官和其他相关人员”的公开信。从里斯本出发的船只将这封信送往了各地。信的内容简明扼要：

> 我诚挚地恳请你们，尽快向所有从事航运业的美国公民，尤其是去往欧洲南部的那些公民发出警告，需谨防被阿尔及尔人俘获……葡萄牙和阿尔及尔达成了12个月的停战协定。于是，上周六晚一支阿尔及尔巡洋舰队穿过直布罗陀海峡进入了大西洋。[1]

具体来说，这是一支由 8 艘船组成的舰队，包括“4 艘巡航舰、3 艘三桅小帆船和 1 艘 20 炮的双桅横帆船”，其目的无疑是“向悬挂美国旗帜的船只挑衅”。[2]

随着这条可怕的情报传遍地中海，美国商人和船长们开始惊慌失措起来。他们的信函中无不透露出骇人的恐惧。美国驻里斯本领事爱德华 · 丘奇（Edward Church）给时任美国首位国务卿的托马斯 · 杰弗逊写信道：“一听到这个惊天大阴谋，我就彻夜难眠——

原谅我这样说——大西洋上又有海盗了——愿上帝保佑我们。”[3]由于18世纪通信条件有限，1793年10月中下旬到11月初，整个海事界都在焦虑中等待消息。从里斯本发出警告一个月后，暂无可靠消息表明阿尔及尔舰队抵达过葡萄牙、西班牙或地中海的任何主要港口。每艘驶往里斯本、加的斯或直布罗陀海峡的美国船都面临着潜在的威胁。

最后，在11月中旬，从阿尔及尔本地传出了确证的消息。一位居住在敌方海港、受外交保护的领事汇报：“10月下旬，阿尔及尔巡洋舰俘获了10艘美国船，船长和船员共110人被带到阿尔及尔，充当国王的奴隶。他们和其他所有的美国俘虏都身处痛苦的窘境。”[4]在被俘获的船中，有从鹿特丹驶往马拉加的只装有压仓物的纽约“希望号”（Hope），满载谷物和玉米驶往里斯本的罗得岛“乔治号”（George）双桅横帆船，还有弗吉尼亚州彼得斯堡的“派遣号”（Dispatch），它满载白糖、染料和菝葜，从加的斯运往汉堡。

阿尔及尔海盗攻击商船的战术简单有效且野蛮残酷。他们驾驶大三角帆船、三桅小帆船、波拉卡帆船*和费卢卡帆船**扬帆前进，速度足以赶超航行中的商船，而风平浪静时则可划桨行驶。在撞击逃跑的商船时，海盗会用长长的大三角帆斜桁钩住这艘倒霉船的护栏。凶狠的海盗们提着长枪短剑蜂拥上船，船员但凡反抗的，一律格杀勿论。这些俘虏被剥去衣服毒打一顿，然后被锁在船舱里，运回阿尔及尔囚禁起来或是卖为奴隶。

---

* 波拉卡帆船（polacre），与三桅小帆船非常像，常出没于地中海区域，前桅与后桅往往装配大三角帆。

** 费卢卡帆船（felucca），地中海常见的小型帆船，装配大三角帆。

阿尔及尔人允许一些美国俘虏写信回家，以期从他们的家人那里获得赎金。戴维·皮尔斯（David Pierce）曾经是科尔切斯特的斯库纳帆船“杰伊号”（Jay）的船长。他驾驶一艘满载葡萄干、无花果、葡萄和葡萄酒的货船，从马拉加运往波士顿，航行 4 天后在大西洋被俘。他写道：

> 上岸后，我们无一例外都被套上锁链，夜以继日地做苦力，但每天的食物只有两小块黑面包和水，晚上被关禁闭……他们登船后，剥去我们的衣服，让我们几近全裸，然后将我们带到甲板上，关进缆索盘中，什么也不给，甚至连毯子也不给盖。我们一直待在那里，直到抵达岸上，连换洗的衬衣也没有。相较于现状来说，死亡会是极大的解脱……如果哪天能够免于监工的一顿胖揍，那我们就十分高兴了，因为他常常拿着大棍子打我们。心地善良的人经常心存愧疚，因为他们说我们都是基督徒。[5]

地中海曾经遍布美国船只。现在，短短的几个星期内，美国船只就全都消失了。船员能勇敢地战胜北大西洋上最可怕的冬风，却对北非的奴役感到恐惧和胆寒。开往直布罗陀海峡的船不管付多少工资，都没有人愿意来。海运保费涨了两三倍，美国国债暴跌，商人破产。

美国与地中海断绝贸易往来是一项巨大的损失。因为在 1793 年，欧洲又一次卷入战争，而战争总是能让人大发横财。在直布罗陀海峡另一边，进口食品和海军补给需求旺盛。数以万计的英国士兵和水手被派往位于直布罗陀、梅诺卡、马耳他和西西里岛的海军基地，军需官慷慨地供给他们“各种吃喝”。此地有大量财富可供攫取。“如果能在地中海自由地航行，”戴维·汉弗莱斯哀叹道，“我们的产品将会占据多么广阔的市场！”[6]

一些美国人发现了英国背信弃义的证据。英国商人无所不用其极，将美国和其他中立国家视作经济上的对手，阻止它们从中获利。英国政府从中斡旋，促使葡萄牙和阿尔及尔在10月达成停战协定，这使得阿尔及尔人突破了地中海的束缚。据报道，英国外交官说服葡萄牙的玛丽亚女王，使其拒绝为美国商船提供海军护航。这些国家仿佛是要联合起来发动一场抵制美国贸易的傀儡战争*。“英国和西班牙似乎在密谋怎样能最有效地削剪我们的双翼，”爱德华·丘奇写道，“因为他们都十分嫉妒美国能一飞冲天。”[7]

12月中旬，费城的各大报纸刊登了俘虏的新闻。随着圣诞和新年的到来，冬天冰封了航行的河道，突发的阿尔及尔绑架案引起了全城的关注。

1793年，费城之于美国就如同伦敦之于英国、巴黎之于法国一样，在国内地位举足轻重：它们是各自国家的政治、经济和文化之都。那时，费城拥有5万人口，是北美最大的城市。在讲英语的国度里，只有伦敦比它面积大。游客都认为这里有全美最好的剧院、图书馆、旅馆和酒馆。这里还诞生了全国最著名的科学家、慈善家、诗人、医生和艺术家。费城的各大报纸，无论好坏，发行量都是其

---

* 傀儡战争（proxy war），指大国挑起但不直接参与的战争。

他各地比不了的。成排的商店在窗外悬挂着艳丽的遮阳篷，展示着各式各样的进口奢侈品。这里的房产价格在北美大陆上也最为昂贵。与纽约和波士顿地形复杂的黑暗小巷相比，费城的街道宽阔向阳，笔直相交，形成了一个完全对称的矩形网格。鹅卵石铺就的道路上，层层叠叠覆盖着树木的影子。到了晚上，四盏悬挂在优雅铁杆上的鲸油路灯会全部点亮。妇女们走在铺有砖块或石板的人行道上，裙裾竟一尘不染。许多豪华排屋都附带私人花园，里面种着玫瑰、杜鹃花、木兰或常春藤。壁纸、冰窖、步入式衣柜和室内卫生间都是奢侈品，只有富人才买得起，富人也特别讲究这些东西。

费城是一个多文化、多宗教、多语言的社会，按照 18 世纪的标准来看，这座城市如此包容多元文化，实属罕见。身穿皮围裙和手工夹克的熟练工人和机械师与那些穿戴精美的商人、律师和牧师一起在人行道上来来往往。第五代英国人后裔和新移民的德意志人、瑞典人、威尔士人、苏格兰–爱尔兰人、爱尔兰人、法国保皇党流亡者和谐共处。自由的黑人、美国印第安人、穿鹿皮的拓荒者和一脸凶相的水手都不会引来异样的目光。

最重要的是，费城是联邦政府所在地。自《宪法》批准以来已经过去了四年半，乔治·华盛顿目前正在他美国总统的第二个任期上。城里的大街上常能见到四个穿制服的马夫驱赶着六匹白马，驾驶他那辆华丽的奶油色马车。几位建国时期的高级政治家在这届政府中担任要职，这一代人后来被统称为“建国之父”。约翰·亚当斯为美国首任副总统，托马斯·杰弗逊为首任国务卿，亚历山大·汉密尔顿为首任财政部长，前大陆军将军亨利·诺克斯（Henry Knox）为首任战争部长。国会是一栋简朴的两层红砖建筑，被称为国会大厦，位于栗树街（Chestnut Street）和第五街、第六街之间的宾夕法尼亚州议会大厦以西。这两座建筑中间隔着一个公共庭院。天气好的时候，参议员和众议员们就躺在院里的长凳上或垂柳的树荫下打盹。院子四周垒起约 2 米高的砖墙，墙上开了一扇高大的拱门，这扇门直通胡桃街（Walnut Street），正对着胡桃街监狱这座不祥的建筑。

早在美国船被阿尔及尔人俘获之前，总统和他的顾问们就在担心，在这个越来越无法无天的世界里，美国会无力自保。法国大革命进行到第四个年头时，发生了残暴的彻底转折。派出军队、船只并提供资金帮美国赢得独立的法国国王路易十六，于 1793 年 1 月 21 日在巴黎被送上断头台，他的首级被高悬于看热闹的暴民之上。不久之后，6 月，雅各宾派的激进领导人夺取了权力，开始对国内敌对势力进行血腥恐怖的镇压。同月，欧洲传来消息称，英国、西班牙和荷兰已对法国宣战，其目的是帮波旁王朝复辟。整个欧洲大陆都在进行战争动员。

在 1793 年的秋天，也就是战事的早期阶段，人们就能清晰地预见到，这将是欧洲史无前例的一次战争。大革命时期的法国和敌国之间的冲突，大概是真正的第一次世界大战——因为它波及多个大陆和海洋。这是一场势不两立的政治理念之间的较量。战争结束后，欧洲要么完全受革命者统治，要么完全受君主统治。这将比 18 世纪早期的帝国战争更残酷、更漫长，它预示着将来的战争不是在一国国王和其军队与另一国国王和其军队之间发生，而是民众相互开战，或者国王与民众开战。

华盛顿严格遵循中立政策，1793 年 4 月发表的史上著名的“中立公告”就能很好地说明这一点。美国当时的军队里只有700个农村来的小伙子，连一艘武装船只都没有，保持中立可能是它唯一明智的选择。不过华盛顿这项政策还有一个经常被人忽视的作用，那就是允许美国的商船在战时大力发展海外贸易是有好处的。北方商人生意兴隆，南方种植园主的商品出口价格也可提高。提高关税将为联邦政府创造收入，这对汉密尔顿制订的整个财政计划和经济计划都至关重要。

然而，在1793年的后几个月，美国连能否保持中立都要打个问号了。英法两国都对美国的中立态度非常不满，均以严禁向敌方港口运送战时违禁品为借口，侵吞美国货物。战争带来混乱，尤其是在公海这些法外之地，美国船只受到越来越多的海盗的劫掠。海上货物被英国、法国和阿尔及尔船只俘获的新闻如潮水般涌来。陆上也传来消息称，印第安人袭击了美国边境居民（很可能是受了英国的挑唆），西部边境正面临崩溃的风险。英军可能会故技重演，像15年前一样再次侵占费城，这并非杞人忧天。在战火纷飞的年代，美国的不设防只会助长外国侵略。汉密尔顿在《联邦党人文集》第11篇里发出的警告竟一语成谶："一个软弱的民族会遭到鄙视，甚至被剥夺保持中立的权利。"

在阿尔及尔危机之前，有关建立海军的议题还没有被提上日程。即使是支持建造海军的人，也倾向于接受这种说法，那就是联邦政府仍被独立战争时期背负的债务压得喘不过气，无力供养一支军队。政府唯一切实可行的做法是将美国海员整编为一支海军民兵——"将目前所有海员记录在册，并安排适龄海员在要求的时间内服役”，[8]但国会始终按兵不动。在一份典型的1793年前的决议中，参议院批准了建立美国海军的想法，但也只是在“公共财政允许”的前提下。

阿尔及尔袭击美国商船的消息顿时改变了这个问题的政治立场。1794年1月2日，充满分歧的众议院通过了一项决议，宣布“应建造一支保护美国贸易不受阿尔及尔海盗袭击的海军舰队”。[9]另外，该决议还任命了一个特别委员会来研究情报人员的报告并确定建造军舰的类型。该委员会，加上来自北部海港的商家和船主组成的国会议员们，在1月20日汇报了调查结果：

> 委员会获取的最佳情报显示，阿尔及尔的海军力量包括一些大小及装备不一的轻型船只……船上共计282门枪炮……这些船（除了两三艘外）通体细长，且较相同装备的基督教国家的船来说尺寸偏小，船员们普遍缺乏大船操作经验。[10]

最后他们得出结论：一支中型舰队就足以对付阿尔及尔。委员会随即建议国会划拨适当资金，以建造一支六舰规模的海军舰队。建造军舰、粮食补给和海军官兵3个月工资预计需花费60万美元。现在看来，这个预估的数字近乎荒谬。

自2月16日起，众议院就这项拟建海军的提案开始了长达一个月的激烈辩论。从外交事务到军事战略与战术，从财政政策和税收到外贸收益，再到国家荣誉的意义，这场辩论涉及的范围之广，程度之复杂，实属罕见。同时，这个过程也暴露了一些关于美国民族认同感的根本问题。美国应不应该建立海军？美国是否应该像欧洲国家那样，向巴巴里诸国缴纳保护费？从事海外贸易的商人是否应该自己解决问题？建造海军会令美国破产吗？会让美国陷入欧洲战争的泥淖吗？难道美国不应投入所有的资源和精力用于国内发展？

国会尚未出现正式的党派纷争，政党这个概念还没有完全确立，但是政党制度下的意识形态已经开始分裂，这是众人皆知的。参议员和众议员分成两派，分别拥护华盛顿内阁中的两个关键人物，那就是国务卿杰弗逊和财政部长汉密尔顿。他们互相责怪对方，在总统面前对每个重要议题都持相反意见。汉密尔顿的追随者称自己是“联邦党人”，这个词源于宪法辩论。杰弗逊的追随者觉得“共和党人”这个词不错，并在此后将其作为党名。*

尽管杰弗逊是公认的共和党领袖，但事实上麦迪逊才是该党的主要组织者、战术家，以及活力的源泉。麦迪逊是第 3 任众议员，虽然国会的领导体系尚未形成，但毫无疑问，他控制了参众两院的共和党投票集团。麦迪逊和共和党人提出，对于这个在独立战争期间负债累累的国家来说，海军是完全无力维系的。他们警告称，一旦建造海军，它就将成为一个自动供给式的有机体，随着规模的扩大，花销也会越来越大。连汉密尔顿都在《联邦党人文集》第 34 篇中表示，英国每征收 15 先令的税收，就有 14 先令用于偿还海军债务。法国在大革命之前出现了财政危机，这在很大程度上是由高昂的海军军费造成的。[11] 共和党人认为，美国会像那些欧洲的海上大国一样，被迫对人民课以重税。这难道不正是引发美国独立战争

---

* 现代共和党起源于后期，与杰弗逊的共和党并没有任何直接的历史渊源。——作者注

的原因吗？

共和党人主张限制联邦政府的规模和范围，这一点从他们反对建造海军就能看出。政府机构掌握在联邦党人手中，受联邦党人影响和支配。随着党派分裂加剧，共和党人开始对联邦党人军事机构的日益壮大表示担忧，因为联邦党人身后站着一排排的政党拥护者，身穿制服，全副武装。革命一代对英国军队烧杀劫掠的恶行依然刻骨铭心，因此他们深深厌恶常备军。虽然海军绝不会对内陆农场、家庭和村庄构成同样威胁，但这样的场面也不难想象：多艘船只满载全副武装的作战队员，突袭叛乱的沿海地区并攻占港口。

共和党人认为军国主义和专制集权差不多，因此海军就相当于国王和暴君的玩物。来自宾夕法尼亚州的共和党参议员威廉·麦克莱坚决反对建立海军，他多次在日记中对这场辩论进行辛辣的讽刺。“所有人无时无刻不在讨论着建造军舰，”他抱怨道，“我听说人们为此争议不断。”他深信“联邦党人故意夸大美国面临的险境，以使国会宣战”，因为“发动战争往往是为了解决国内的纷争，而非应对国外的问题”。有人认为美国人可能会“放弃清白的共和体制，就像所有其他国家一样，为了一小撮公民，将痛苦强加到我们这些凡夫俗子身上”，麦克莱对这种想法深恶痛绝，认为“这对子孙后代而言，实属弥天大罪”。[12]

早期的国会辩论是出了名的混乱。议员们想开口就开口，不是提出新的论点，就是反驳几天前或几周前提出的意见，或是重申已经提出的论点。尽管如此，在关于海军的辩论中，联邦党人远比他们的对手更规范、更协调。

支持海军提案的首要原因立足于简单的成本和收益计算。共和党人反对建立海军是因为成本过高，但如果不建海军，那又得花多少钱呢？联邦党人称，保护海上贸易符合整个国家的利益。1794 年春天，跨大西洋的海运保费已升至船只和货物总价值的 25%。这样一来，美国每年将额外支付 200 多万美元的贸易成本。这笔费用不仅由商人承担，而且由出口农产品的农场主和进口商品的消费者共同承担。联邦党人说，以盐为例，海盗的威胁导致进口盐的成本每蒲式耳至少提高一到两美元。仅第一年增加的成本就相当于拟建海军总成本的 3 到 6 倍。[13] 联邦党人的第二个撒手锏是唤醒大家对国家荣誉的共鸣，这是他们论点的一大特色，具有无与伦比的强大力量。那些共和党人就没有任何民族自豪感吗？美国近来不是刚战胜了地球上最强大的国家吗？

1794 年 3 月 10 日，众议院投票表决，以 50∶39 通过了一项海军军备供给的法案。紧接着，参议院也迅速以口头表决通过了该法案。3 月 27 日，这项法案由华盛顿签署生效。该法案授权战争部购买或建造 6 艘巡航舰。其中 4 艘定额配备 44 门火炮，另外 2 艘配备 36 门火炮。该法案规定了海军官兵的数量、等级和军衔，列出了工资和军粮配给的细节，并授权总统任命 6 名舰长，每名舰长监督一艘船的建造和下水工作。当时，该项目总计需要 688 888 美元的巨额资金支持。

共和党人开始设法以另一种方式达成自己的心愿。他们增加了一项条款，规定巡航舰的唯一用途是打击海盗，维持地中海秩序。如果能与阿尔及尔成功达成休战协定，建立海军的计划须立即中止，这样海军将和从前一样，不复存在。

众议院的投票表决没有严格的党派区分。几个来自北部沿海和城市地区的共和党人所代表的地区强烈支持建立海军，所以他们投票支持联邦党人。结局表明南北之间存在潜在的竞争，以海运为主的沿海地区和以农业为主的内陆地区之间存在对立。尽管如此，这两个处于萌芽期的政党发现，在海军这个问题上，还是存在一条泾渭分明的界限，能够区分和界定彼此。联邦党人已经成为（并且此后也一直是）海军支持党。共和党人则以反海军主义作为核心思想，且这种思想将一直持续到下一代人诞生。

在 3 月 10 日投出的 39 张“否决”票中，也有麦迪逊一票，他是事实上的共和党人领袖。这是命运安排的历史转折点，但经常被人忽视。如果这个弗吉尼亚人拉到另外 6 张选票，就能阻止建造这 6 艘巡航舰了，而这些战舰于 20 年后，将在他的总统任期中发挥重大作用。

国会通过了法案并加以授权，联邦财政也已准备好拨付大笔资金。现在所有的目光都转向战争部长亨利·诺克斯，他的部门将担负起巡航舰建造和下水的主要职责。

诺克斯最初是波士顿一家书店的老板，美国独立战争早期曾在华盛顿手下担任大陆军炮兵军官，最终升到了少将军衔。1776 年冬，他出色地完成了独立战争早期最重要的后勤任务之一。当时他负责监督运输 59 门重型大炮，从泰孔德罗加堡（Fort Ticonderoga）途经尚普兰湖运往波士顿。大家用雪橇拖着大炮，痛苦地一步一步翻越伯克希尔山。英军没想到多切斯特高地（Dorchester Heights）上竟出现了叛军炮兵阵地，且自己位置恰好在叛军射程之内。英国人被迫撤出波士顿，再也没有回来。

战争部位于栗树街和第五街的拐角处，在州议会大厦和国会大厦的斜对面。狭小的房间里生着火炉，诺克斯将军和另外 6 个办事员就在这里负责整个美国的国防建设。诺克斯胃口极好，体重曾飙升至约 140 千克。他讲话时喜欢夸张地挥舞一根金手杖。他生性开朗，意气风发，习惯众人听命于他。下属惹他发怒时，他会以一种猛烈低沉的“雷鸣般的嗓音”大爆粗口。[14]

国会要求诺克斯从舰船本身的设计、装备、用人、建造和成本等层面考虑问题。建造巡航舰所涉及的技术和后勤问题令人生畏。这将是一项艰巨而又复杂的任务。诺克斯自然会感到迷茫，或许还对此重任感到一丝恐惧。他是船长的儿子，却一辈子都在岸上度过。他承认自己对造船工程的复杂性一无所知，于是本能地求助于那些了解该行业的朋友、熟人和同僚。就此而言，他应该为首都费城所处的位置感到庆幸。

费城连接整个特拉华河流域的海洋和内陆，四处遍布适宜耕种的肥沃农田。沿特拉华河绵延数千米的两条河滨主路，完全是海运业的地盘。横帆船的船首斜桁从靠近码头的仓库上方突出十几米，精心雕绘的船头雕像凝视着河滨大道上的行人。尽管费城距河流入海口约 160 千米，但它是当时北美最大的海港，很可能也是世界上最大的淡水港口。1793 年，美国总出口的 1/4 以上——价值近 700 万美元的出口货物——会通过费城码头出海。[15] 更为重要的是，费城曾是美国最大的造船中心。1793 年，费城建造了 8 000 多吨的船舶，是美国其他任何造船中心的两倍。[16] 这座城市也诞生了许多国内最德高望重的造船师和建造工人。诺克斯与这个专家团队进行接洽，邀请他们去自己的办公室，参观他们的造船厂，并仔细研究他们的计划。他为完成这项任务可谓竭尽所能，就差在费城河滨随机询问路人的意见了。

这座城市的顶尖造船师无一例外都是教友派成员，俗称贵格会信徒（Quaker）。特拉华河西岸的“格林乡村小镇”是一个多世纪前由威廉·佩恩（William Penn）建立的，作为逃避欧洲宗教迫害的贵格会信徒的避难所。18 世纪晚期，大量移民导致教友派人数减少至城市人口的 1/5，但他们节俭谦卑和崇尚平等的美德深深植根于城市的法律和习俗之中。

贵格会信徒相信“内心之光”，即每个人本真的优良美德。他们认为，每个人的开悟能力无高下之分。他们提倡一个颠覆性的观点，即基督教福音的朴实教义应该严格应用于实际生活中的每一个方面。没有人能够分辨出一个贵格会信徒是贫是富，因为他们都穿着普通的粗布衣服，衣服上没有花边、丝带或银色纽扣。女信徒头戴小软帽，身穿普通的白蓝色裙子，手帕高高地紧系在脖颈处；男信徒则戴着宽边帽，身穿纯灰色外套，马裤搭配白色长袜，脚蹬一双方头鞋。贵格会信徒不会脱帽向地方官鞠躬或宣誓。他们没有教堂，也没有牧师。信徒们鄙视那些“拿钱办事的神职人员”。他们在普通的小木屋里做礼拜，这里远离权威，无论男女老幼，任何人都可以随意发表意见。贵格会提倡的社会平等教义超前了两个世纪。男女、贫富、主仆之分是没有意义的，无论是印第安人还是欧洲人，黑人还是白人，他们在上帝的眼中都一视同仁，他们都是“朋友”，因此理应获得平等的权利和礼遇。贵格会信徒是最早提议废除奴隶制的一群人，当此举行不通时，他们直接买来奴隶放生。

威廉·劳顿·史密斯（William Loughton Smith）是南卡罗来纳

州的国会议员，他将美国联邦比作一桩麻烦不断的婚姻。他说：“各州都带着一身的坏习惯和小毛病，承诺与其他州同甘共苦，白头到老。北方各州接受了我们的奴隶制，我们也认可了他们的贵格会。”[17]

然而，贵格会中有一条教义与其他同胞之间的冲突尤为激烈。这条教义叫作“和平声明”，它谴责战争以及一切“战前准备”。贵格会提倡的和平主义是绝对的和无条件的，即便是抵御外敌入侵也不能成为发动战争的理由。贵格会信徒不仅拒绝服役，还会想方设法阻止其他人服役。这意味着贵格会信徒不会协助建造防御工事或兵营，不会缴纳任何集体防御措施税，也不会为军事或后勤补给做任何贡献。严格说来，贵格会的教义甚至反对救治受伤士兵，因为这样做会鼓励其他人参战。

批评人士指出，贵格会的和平声明只不过是其懦弱甚至贪婪的托词罢了。“他们不是军人，”有人写道，“而是一群不中用的傻瓜，他们宁愿闷声发大财，而不是凭着英勇壮举获得好名声。”[18]独立战争时期，人们对贵格会越发不满了。当时很多贵格会信徒宣称，他们支持这项正义的事业，但拒绝参战。拒服兵役者要罚款，要蹲监狱。托马斯·潘恩（一个成长于伦敦的贵格会信徒）《常识》一书的附录中包含一篇对“人民宗教社团贵格会”发表的演讲。他写道，和平主义是送给所有暴君的礼物，因为它“会导致人们对任何政府都毫无怨言与反抗”。

我们既不为复仇，也不为征服而战；既不因骄傲自大，也不因万丈豪情而战；我们不用坚船利炮糟蹋整个世界，也不蹂躏全球以掠夺战利品。我们是在自家的葡萄树底下受到攻击，在我们自家的房子和土地上遭到袭击……

如果携带武器有罪，那么挑起战争肯定更加罪无可恕。因为蓄意攻击和正当防卫有天壤之别。因此，如果你们真的是在凭良心传道，不愿意让你们的宗教成为政治的包袱，那么你们理应通过向敌军宣讲这些教义，来说服这个世界。因为他们也全副武装。[19]

不是所有的贵格会信徒都对抨击和平声明的言论无动于衷，独立战争在他们的队伍中撕开了一道裂缝。1775 年 4 月，当列克星敦和康科德大捷的消息传到费城时，30 个年轻的贵格会信徒组成了一支民兵队，开始在公共绿地上演练。另一些人则加入大陆军或登上私掠船。纳撒内尔·格林（Nathanael Greene）少将在罗得岛长大，是贵格会信徒，独立战争期间在华盛顿手下担任军需官，后来担任美国南方战场指挥官。许多参了军的贵格会信徒被“逐出教会”。有些人设法恢复了自己的身份，也有些人再没恢复过。

这些叛教者当中，有一个已经 42 岁的费城造船商，名叫约书亚·汉弗莱斯。他出生在费城西郊的梅里恩镇（Merion，今哈弗福德）。14 岁时，他去了费城，在当时城里数一数二的造船师乔纳森·彭罗斯（Jonathan Penrose）手下当学徒。在青春期快结束时的某个当口，不知道怎么的，他转而师从另外一位贵格会信徒，即造船师约翰·沃顿。1771 年沃顿去世时，年仅 20 岁的汉弗莱斯成了一个年轻的造船大师，有了自己的船厂。美国独立战争爆发后不久，他积极响应，于战争期间在造船业大获成功。他无视和平主义者的反对，为费城客户配备了十几艘私掠船，建造了“伦道夫号”

（Randolph）——最早的13艘大陆巡航舰之一。在战后的费城中，汉弗莱斯是最忙碌、最抢手的造船商之一。他的造船厂主要位于城南河滨，在萨瑟克区（Southwark）附近，毗邻一座古老的瑞典路德宗教堂。

和许多专业造船商一样，约书亚·汉弗莱斯从来没有出过海，并且他也承认，自己连一艘壮观的欧洲战列舰都没见过。但在30年的职业生涯中，他设计、建造、维修过大约300艘商船，他对船舶构造的了解，远远超出驾驶他建造的舰船出海的船长们。无论是受爱国主义情感的驱使，还是为了获得经济回报，抑或是出于单纯的职业热情，汉弗莱斯都全情投入，设计新的巡航舰。他如饥似渴地寻找并阅读有关战舰构造的书籍。每当提起关于设计和建造军舰的话题，他总是滔滔不绝。汉弗莱斯在这一领域的渊博知识让诺克斯赞叹不已，因此他十分渴望得到汉弗莱斯的建议。

为了体现汉弗莱斯设计的精巧，我们需要简单介绍一下当时的三大类军舰。当时最大的战舰被称为战列舰。战列舰又大又沉，行驶速度相对缓慢，火炮通常装在两个全副武装的炮台甲板上，一些额外的武器则安装在前后甲板上。这些战船至少会装载74门火炮，船材尺寸十分巨大，足以抵挡敌人的猛烈进攻。巡航舰是一种中型战舰。每艘巡航舰的主炮都安装在一个全副武装的炮台甲板上，有些额外武器通常也装在前后甲板上（和战列舰一样）。一艘巡航舰上装备的火炮少则20门，多则40门到50门，大多数是配备28门到38门。第三类船包括各种各样的“未定级”战船，尺寸较小，像三桅小帆船、单桅纵帆船和双桅横帆船，这些船通常装载不到20门火炮，而且全装在上甲板。这些战舰由尉官或资历最浅的船长指挥。*

巡航舰平衡了力量和速度之间的关系。它比战列舰轻，吃水浅，却拥有足够强大的火力，对任何一艘商船或私掠船都能构成威胁。巡航舰是一种很适合在公海航行的帆船，且用途多种多样。巡航舰可以打头阵，探察敌情，或驶向远远的地平线，侦察海湾和港口，或逆流而上驶入江河，给旗舰带回情报，纳尔逊将军称之为“舰队之眼”。巡航舰还适合长期单独巡航，与其他敌军巡航舰开战，劫掠敌军货物，或运送显贵到远方的驻地。巡航舰要尽量避免与敌战列舰交战，因为如果开战，巡航舰会毫无还手之力。

独立战争期间，美国船工曾对建造巡航舰这样的特殊挑战感到气馁。巡航舰必须建得比商船更大更坚固。巡航舰比商船重得多，只有配备更高的桅杆，更长的帆桁**，才能让船在水中迅速行驶。巡

---

* 在风帆舰时代，现代海军意义上的军衔制度尚未完善，校尉级别的军衔只有四级，很难完全以现代军衔来对应。这四级军衔从高至低依次为：

船长（captain），或称舰长，大致相当于现代海军的中校和上校，可指挥所有级别的战舰。在一般情况下，资历较浅者指挥中小型战舰，资历较深者指挥大型战舰。

校官（master commandant，即皇家海军的 master and commander，1838 年起简化为 commander），大致相当于现代海军的少校和中校，可指挥小型战舰和未定级战船。作为船长的副手时，在特殊情况下可代理指挥大中型战舰。该军衔所对应的职务往往由大副（first lieutenant）代理。

尉官（lieutenant），大致相当于现代海军的上尉、中尉和少尉，可指挥未定级战船。常在大中型战舰上担任副官，资历最深者为大副，其次为二副，再次为三副，其余以此类推。虽然从严格的军衔级别来说为船上第三等军官，但在实际情况中等级往往仅次于船长，表现优异者也会直接晋升为船长。

见习军官（midshipman），大致相当于现代海军的准尉，通过考试后可成为尉官。

校尉级别的军官通常只在单艘战舰上担任职务，舰队司令一般由将官担任。然而 1862 年戴维·法拉格特（David Farragut）获少将军衔之前，美国海军未设将官军衔，舰队司令常由资历较深的舰长出任，任职期间获准将（commodore）头衔。需要注意的是，准将不属于军衔，只是一种临时职位，而且此处所说的舰队并非建制单位，凡是两艘及以上战舰组成的船队，其指挥官无论军衔如何（多为资深舰长），都可称为准将。

** 帆桁（yard），与桅杆垂直、用于挂帆的横杆。

航舰主要是作为浮动炮台或重型海军大炮的可移动平台来使用的。这个平台设在较高的位置上最富有成效。上甲板的火炮可以在恶劣天气下进行远距离射击，即使在船帆受到重压，船体严重倾斜时，也可以向下风处开炮；它们还可以朝下射向小型敌舰的甲板。但是火炮的位置过高，也会抬高船的重心，破坏船的稳定性。一旦重心不稳，长时间令人恶心地横摇，舰船会葬身大海。在恶劣的天气下，巡航舰要借助锚链孔、炮门甚至舷墙来应对风浪。舰船整体结构承受的巨大拉力将使船体迅速老化。由于巡航舰需要装载重型火炮，所以它天生就缺乏稳定性，这是不可避免的。在设计巡航舰时，造船师面临的最大挑战是尽力解决这个固有的缺陷。[20]

约书亚·汉弗莱斯提议建造全副武装且能快速航行的超大型巡航舰，船体重量超过 1 000 吨，甲板长度不短于 53 米，在炮台甲板装备 30 门 24 磅火炮，另外在上甲板装备一小组卡隆炮。“这比任何一艘欧洲巡航舰都好，”汉弗莱斯写下了他脑海中的设计方案，“如果有人在（敌军）附近，只要不是风平浪静的天气，我方巡航舰都能掌握主动，可以根据具体情况选择是战斗还是撤退，不会被动挨打；在大风天气里，我方巡航舰哪怕面对双甲板的战船也能占据优势。”[21] 还有一次他是这样表述的：“在大风天气里，这样的巡航舰远胜过双甲板战船，在微风中则能躲避战斗。”[22]

汉弗莱斯预计，这种巡航舰强大到足以战胜敌军落单的巡洋舰，因为它配备了 24 磅火炮，这种武器在约 900 米的射程范围内能击穿 60 厘米厚的实心栎木板。与敌军战列舰作战时，美国巡航舰具备的最重要的且独一无二的优势是：能自主选择应战还是撤离；不是跑得比对手快，就是火力比对手猛。在恶劣天气下，当敌军战列舰被迫藏起下甲板火炮以免被摧毁时，汉弗莱斯的巡航舰就有可能成功歼灭这艘战列舰。在较正常的天气下，当一艘战列舰可以集中全部火力大举进攻时，巡航舰就应快速扬帆，“彻底逃脱”。

建造巡航舰主要是为了防御阿尔及尔海盗，但是汉弗莱斯也在考虑美国与欧洲的超级大国之间爆发战争的潜在可能性。英法两国掠夺美国航运船只，且都与北美利益攸关，这可能会给美国带来战乱。与英国或法国爆发海战的可能性是一个政治敏感的话题，国会仍然有强烈的反海军倾向，原因之一是担心美国军舰让国家陷入讨厌的战争。汉弗莱斯意识到这些问题的敏感性，所以他在写给国会的信中措辞很委婉。他的表述虽然是含蓄的，但观点却很坚定：巡航舰设计出来后，应该能与一个或多个欧洲海上强国进行海战。

历经几代人后，英国已经建立了一个评级系统，将所有战列舰和巡航舰分成六个等级。一艘船的等级通常是以配备的火炮数量来确定的。皇家海军中有许多尺寸和样式不一的船。有一些是新船，有一些则是服役多年的旧船，还有很多俘获自法国、西班牙或荷兰的船。几十年来，庞大的英国舰队从来没有过整齐划一的分级体系，这套评级系统意在整理混乱的秩序。第一、第二、第三和第四级都是战列舰。第五和第六级才分别是重型和轻型巡航舰。但在 18 世纪末，这种等级评定制度很快就过时了。英国舰队主要有两类军舰：74 炮战列舰和 36 炮或 38 炮巡航舰，几乎所有的新工程项目都在建造这两种船，而其他等级的战舰，不论大小，都可能会重建或退役。导致这些变化的原因错综复杂。一方面是为了在战术上应对敌舰而做出相应改变，另一方面能缓解皇家海军人手短缺的问题，再有就是节省造船成本。然而不管什么原因，一个重要的事实是，英国舰队和法国、西班牙舰队在一定程度上变成了 74 炮战列舰和巡航舰的二元组合。

作为一个人口稀少的小国，美国无望与欧洲主要的海军舰队势均力敌。要达到这一目标，至少需要两代人的努力。目前即便双方用同样的船，美军也不是对手。在提议建造一艘龙骨、框架以及船材尺寸近似于 74 炮战列舰的重型巡航舰时，汉弗莱斯实际上是打算建造介于皇家海军巡航舰和战列舰之间的混合体。他独特的见解在于，欧洲人的二元组合舰队没有结合两者的优势。此外，欧洲海军没能够意识到这种混合体的优势，无疑暴露了其战术弱点，美国人日后可以在海战中对此加以利用。

虽然汉弗莱斯没说，但他可能会补充的一点是，如果美国再次与英国开战，目中无人的英国巡航舰舰长们将主动向已不可同日而语的美国船发起进攻。英国人的自大和轻敌将构成一个强大的引力场，无情地把他们卷入这场注定失败的战斗。

这位专业的造船师气质传统且保守。[23] 他肩负重大责任，自然会较为保守。在评估舰船设计或建造过程中未经实践检验的创新举措时，他不难想象出自己在战死船员的孤儿寡母责难的注视下涕泗横流的场面。通过为一位老者做长时期的学徒工，汉弗莱斯进入了这个行业，后来也通过这种方式，成了一个小有名气的造船大师。他的技艺是代代传承下来的，如果要完全改变这种技艺，那只能逐渐地、一点一点地、断断续续地改变。1794 年，一艘新下水的舰船与服役了 50 年的舰船也没有太大的不同。

汉弗莱斯设计的巡航舰是超常规的，因此备受争议。据一位费城造船厂的竞争对手称，该设计被“从瑞典教堂区到肯辛顿（Kensington）上区的所有主要造船商一致拒绝”。[24]

针对汉弗莱斯的批评并不完全公平。他的同行都是当地有贵格会背景的造船商，他们组成了一个不好对付的小圈子。毫无疑问，他们是汉弗莱斯的竞争对手，而且都竞争不过汉弗莱斯。因此这些同行十分嫉妒他能迅速在专业领域里登峰造极。此事还关系到联邦政府这一大笔投资能否成功。他们主要的反对原因是舰船的尺寸太大。有些人认为框架过重和龙骨过长会导致结构有缺陷。另一些人认为应减少火炮的重量和数量。人们还担心舰船的吃水深度。其实大家反对这种设计最根本的原因是，世界其他地方都不存在这种尺寸的巡航舰。他们问，既然英法两国都不打算建造这种巡航舰，那么美国为什么要这样做？我们为什么不相信几个世纪积累下来的经验和智慧？

1794 年 2 月，国会仍在就巡航舰法案进行商议，汉弗莱斯被传唤到位于栗树街的战争部讨论他提议的设计。一到那里，他就发现竞争对手之一乔纳森·彭罗斯（汉弗莱斯最初拜师学艺的老彭罗斯之子）已经与诺克斯部长一起坐在办公室了。小彭罗斯正在向诺克斯部长施压，极力说服他选择一种更传统的设计——结构更加轻巧的 36 炮巡航舰。接着双方开始争辩起来。汉弗莱斯回忆道，彭罗斯指责他的设计规模“不切实际，这些船建造出来，将会毫无用处。因为这样建造的船不够牢固”。汉弗莱斯随即辩解道：“巡航舰尺寸加长，将使我们优于欧洲，双方交战时，欧洲所有的巡航舰都将失去威力甚至毫无用武之地。我方海军将保持领先地位，因为小型巡航舰根本不是我们的对手。”[25]诺克斯想让这两个造船大师得出一个折中方案，但他们不干。

彭罗斯手下还有另外一个年轻的贵格会造船师。这个人叫乔赛亚·福克斯（Josiah Fox），是一个英国人，30岁出头，家境富裕。他于1793年去了美国勘查木材资源。他曾教彭罗斯家的儿子们学习制图技术。福克斯是在普利茅斯的皇家造船厂完成学徒生涯的，因此他自称“在公认海军最强大的英国最好的造船厂跟着最棒的造船师做过学徒，这在美国造船师当中是独一无二的”。[26] 他还声称能独自设计出“又轻又快”的船。

汉弗莱斯恳请福克斯对他的设计进行一次正式评估，时间可以定在4月中旬。福克斯的回应直截了当，他认为汉弗莱斯设计的巡航舰腰部外板太低，船头和船尾太尖，并且船体中有太多的大空洞，这削弱了整个船体结构。设计上应该增加倾斜度（船的首尾两端适当抬升，与龙骨形成稍大一些的夹角）。从根本上说，福克斯担心汉弗莱斯设计的巡航舰太长，与横梁不相称。这将大大削弱船体结构，导致船在下水试航时发生断裂。

关于巡航舰设计的辩论，史料是残缺不全的。由于关键人物都住在费城，因此他们可以在战争部的会议中面对面地交换意见，没有留下纸质记录。诺克斯征求了费城顶级造船师的建议，并极力促使他们达成共识。这一点似乎很明显。他不仅看重汉弗莱斯和福克斯这种专家的意见，还听取了约翰·沃顿的建议，或许还采纳了小彭罗斯的一点提议。

顾问们各执一词，这让诺克斯头疼不已。在5月写给约翰·沃顿的一封信中，他询问了几个关于汉弗莱斯设计的问题，并且列举了一系列反对的意见。他问道：

船体太高还是太矮？船的首尾两端太尖还是太圆？船舱深度与横梁宽度的比例合理吗？对舰船的长度你有什么看法？这种长度的船有什么优势和劣势？[27]

如果说反对汉弗莱斯的设计主要是因为它异于欧洲通用的战船，那么汉弗莱斯回应称，美国没有能力模仿竞争对手。“美国率先使用这类船是至关重要的，因为欧洲还没用过这种船。这将成为发展美国弱小的海军力量的唯一途径。这将迫使其他国家模仿我们，而非我们一味模仿他们……在某种程度上，这将使美国在海军事务中处于领先地位。”[28]

4月15日，在巡航舰法案通过两个多星期后，战争部长诺克斯向总统提出了建议。他主张根据汉弗莱斯的设计建造巡航舰，他表示该设计“将船的强度、持久性、航行速度和武器装备完美结合，即便不高人一筹，也至少和所有欧洲国家的巡航舰势均力敌”。第二天总统表示认可，并敦促他尽快开始工作。

到月底时，汉弗莱斯向战争部提供了一套44炮巡航舰船体模型的半成品。龙骨约45米，横梁约13米、舱深约4.3米。6月，汉弗莱斯获知自己被任命为“总工程师”。他将作为联邦政府的全职雇员，所有时间都用于建造巡航舰。由于汉弗莱斯没有从已进行了几个月的在建项目中获得报酬，所以他的受雇日期倒推了两个月，从1794年5月1日开始算起。

那个拥有皇家造船厂背景的英国年轻人也给诺克斯留下了深刻印象。当初这个年轻人批评过汉弗莱斯设计的巡航舰尺寸。7月，乔赛亚·福克斯受雇于战争部，担任绘图员，听命于他贬低过的人，也就是汉弗莱斯。尽管观点有分歧，汉弗莱斯起初仍然公开高度评价福克斯，承认这个小辈在英国的受训经历帮助他成了“一流的绘图员”。[29]但双方仍有争论。汉弗莱斯很快就开始指责这位同僚在制作模型时“自以为是”，另派他去做“制造切割木材用的模具”这样不体面的工作。最终，这两个贵格会造船师开始疯狂仇视对方，两人绝不在公开场合同时露面。在 1797 年 7 月的一封信中，福克斯自称“军舰设计师”，汉弗莱斯气坏了。他答复道：

> 先生，即使是战争部长下令，我从此以后也不再听命于你了。因为你自称“军舰设计师”。你应该知道，以我在美国政府中的地位，不需要听命于“军舰设计师”。你也知道我是这个部门的负责人，你给我写信时，请用“海事处职员”的语气。当部长大人觉得不再需要我时，你大可以向其他人炫耀这个头衔，以满足自己的虚荣心。[30]

回信上写的收信人是“战争部海事处职员乔赛亚·福克斯先生”。

获取巡航舰最快最省钱的方式是购买和改造现有商船。第二个选择是建造新船，这显然需要更长的时间和更大的成本。但从一开始，总统和他的顾问们就偏好后者。建造新船意味着战争部将严把质量关，汉弗莱斯有机会在铺设龙骨和安置帆桁时测试他的设计理念。

华盛顿总统希望在 6 个不同的海港分别建造这 6 艘巡航舰，这些海港是以“富有且人口众多”为标准挑选出来的。这样既能带来经济效益，又能确保那一小撮费城的贵格会信徒不会垄断国家建造战舰的专家资源。诺克斯提议在波士顿、纽约、费城和巴尔的摩建造 4 艘较大的 44 炮巡航舰，这在国会提案中有详细说明。约书亚·汉弗莱斯将在他的萨瑟克造船厂建造费城的 44 炮巡航舰。两艘 36 炮巡航舰将分别在新罕布什尔州的朴次茅斯和弗吉尼亚州的诺福克建造。华盛顿总统下令做出了一个变动。他希望其中一艘 44 炮巡航舰在他的家乡弗吉尼亚州诺福克建造，而在巴尔的摩建造一艘较小的船。

就在几年前，《宪法》的反对者认为，没有哪个中央政府能有效地管理这个原有 13 个州的国家。建造巡航舰将检验这一假设。联邦政府短暂的历史上最大的采购计划将涵盖地图上方圆近 1 000 千米的范围，在首都和遥远的地方之间通信将耗费几个星期甚至几个月的时间。

费城人大失所望，他们显然希望整个建造项目都在首都进行。一个当地的船长抱怨说，在 6 个城市建造巡航舰似乎是“在搞大排场以取悦个别人”[31]。他给诺克斯写信，指出战争部的计划需要 6 个不同的代理商和 6 个造船师，并（深谋远虑地）预测，受通信间隔的影响，工程将无限延期。诺克斯直截了当地回复道，总统决定的事情不会改变，并补充说，“这种分配方式公平且明智……对大力支持该决定的地方或州政府来说大有裨益”，而且“节省几千美元的成本算不得什么，通过公平分配使大家满意才是更重要的”。这是政治分肥的一个早期例子，不过当时还没有这个术语。

不出所料，政府对遥远的在建项目尽可能加以控制。战争部不仅将合同外包给私人造船公司，还租用了6个海港的船厂，将这些船厂改造成联邦军用设施，并称之为“海军造船厂”。造船主、监管人、文员、工匠和船厂工人受聘成为全职雇员，每个人都直接受战争部管辖。若是某个商人特别熟悉当地供应商，那他就会被聘为采购专员或“代理商”。这些人为造船项目采购材料物资，并从中抽取提成。

各城市的造船主在7月份收到了指令。指令强调，他们必须“坚定不移地”按照来自费城的图纸和模型进行建造。为了将项目花销控制在预算之内，“无论材料还是劳动力……都要最经济实惠的”。另一方面，每个造船主都要确保“只有质量最佳的材料才能进入造船工地”。[32]

诺克斯最后亮出了诱饵：各海港建造巡航舰的业绩将为战争部提供参考，以此来“确定将来如何将此类工作做到最好……而表现最佳的地方可获得永久性的巨大收益”。

新式海军正在组建的传言掀起了一股求职狂潮。华盛顿和战争部收到大量信函，都是为写信人的儿子、侄子或朋友谋求一官半职的。这个场景十分眼熟：在共和国早期，不断有人为自己的亲朋好友索求政府要职。华盛顿自就职之日起就一直被围攻。那些富二代、名门之后和政客认为自己天生拥有特权，伸手索取时从不犹豫。朋友、同僚、亲戚和熟人纷纷前来，求他们赏赐个一官半职，例如做邮递员、文员、海关检查员或法官。他们直接给总统写信，并且希望能得到总统亲笔回复。回复这些信件花费了华盛顿大量时间。

总统能敏锐地觉察到联邦机构对他压根就不信任，特别是在他的家乡弗吉尼亚州。如果没有他的支持，那里不可能批准宪法。为了巩固新政府的威信和权威，华盛顿始终坚持所有的联邦官员都应满足美好德行和优良品格的严苛标准。不了解某个求职者时，他会向可靠的第三方咨询，有时会去问代表各州的参议员们。即使在社交或政治层面比较尴尬，他也会拒绝不合适的职位申请。

作为目睹过大陆海军溃败的军人，总统知道海军军官团队的素质远比巡航舰的质量更重要。与优秀的舰船搭配糟糕的军官相比，糟糕的舰船搭配优秀的军官更能组成一支优秀海军。3 月里，当一位老朋友强迫华盛顿给他儿子谋份差使时，华盛顿直截了当地说："要做一艘巡航舰的指挥官，他不符合我的预期……我顶多让他当尉官或见习军官。但即便如此，此时此刻我仍然不同意。因为这要看他的战时表现，到时一切就明朗了。"[33]

国会授权为 6 艘巡航舰招募整编的海军军官，但起初只会任命 6 个人，也就是 6 位舰长。每个人都要监督各自巡航舰的施工情况。首先被任命为舰长的是独立战争时期的一位海军老兵，名叫约翰·巴里（John Barry），1778 年至 1781 年，他曾指挥"罗利号"（Raleigh）和"联盟号"大陆巡航舰。巴里是费城人，在国会有很多朋友，华盛顿在任命其他 5 位舰长时还要听取他的建议。巴里告诉一位朋友，尽管"任命舰长可获得巨大利益……但总统从一开始就决心在其权责范围内保持公平公正。大家都对任命情况感到满意"。[34] 在确定另外 5 名船长的人选时，巴里的意见可能起着决定性的作用。论资排辈的问题，照例是个火药桶。[35] 为了避免内讧，战争部将舰长按资历排位，以他们在早期战争中开始服役的日期为准。名单最末、等级最低的那个人似乎是事后加上去的，这个人从来没有在海军任过职，不过他在独立战争中成功地领导过几次私掠任务。这个人叫托马斯·特拉克斯顿（Thomas Truxtun），是长岛亨普斯特德（Hempstead）人。虽然当时他名不见经传，但将来他为塑造军官团队文化做出的贡献，比名单排位靠前的那些人都要大。

特拉克斯顿前往巴尔的摩筹备造船厂，以建造一艘 36 炮巡航舰。他经过特拉华州的纽瓦克，来到马里兰州的一个名叫埃尔克岬（Head of Elk）的小村庄。他在那里不得不下马，因为要过埃尔克河，必须乘坐一条小船，而且要两手拽着横跨两岸的一根绳索才能过河。抵达对岸后，还需要赶一整天的路才能到巴尔的摩郊外。

这座城市主要的造船区集中在费尔斯角（Fells Point）附近，但特拉克斯顿喜欢戴维·斯托德（David Stodder）的船厂，它位于小河下游约 1.5 千米处。若条件合适，还能开拓更大空间。厂子坐落于哈里斯克里克（Harris Creek）的河口处，在城东一个树木繁茂、幽静隐蔽的地方，但距离也并不算远，不至于让工人们不愿意加入造船队伍。该场地的基础设施似乎可以满足一个海军造船厂的需求：一个设备齐全的大型铁匠铺，几顶为造船工人和桅杆工人搭建的帐篷，另外还有一条通往城镇的路。帕塔普斯科（Patapsco）对面是磨石角（Whetstone Point）和只剩断壁残垣的堡垒遗迹，这些堡垒都建于美国独立战争时期。这个船厂位于一个天然盆地的边缘。这个盆地很深，能容纳一艘船下水试航。

特拉克斯顿暴露了北方人对南部海港的海事和造船能力的天然鄙视。他告诉战争部，巴尔的摩“缺乏能工巧匠，工人少且好逸恶劳，这里的所有材料都比美国东北部要贵”。[36] 他估计，在费城建造同样的船，成本会低 20%。更糟的是，特拉克斯顿听到船厂有传言称造船主戴维·斯托德已通知他的下属，说他不喜欢汉弗莱斯的设计，让工人们别理会从费城发来的图纸。特拉克斯顿为此去找他对质，斯托德温顺地收回了他的话。

船厂建造工作的第一步是打牢龙骨墩的底座。人们将砂石倒入帕塔普斯科海岸边潮湿的洞里。这些洞彼此相隔 1.5 米，每个洞里都会插上一根巨大的木桩。每根木桩顶部都固定着一个栎木“盖”，木材纹理与滑道相同，这样就形成一个龙骨墩。这些墩块将承受共计 1 000 多吨的栎木、松木板、铜覆皮*和铁螺栓的重量。朝向海水的斜坡每隔 30 厘米会向下倾斜 2.5 厘米。第一批用作龙骨的木材运到厂里后，工人们仔细地把它们切开，然后用楔子和螺栓将其精准地嵌接在一起。龙骨一旦完工，就可以开始制作舰船的框架了。

北美洲拥有丰富的船舶建造原材料。这里的森林仿佛能提供世界上最珍贵的船木，且取之不尽。北方白栎木板材可用于建造船体框架和舱板，松树、云杉和雪松可用来制作船桅、帆桁和甲板横梁。河流通向枝繁叶茂的树林深处，人们将原材料从河里运到海上。大麻纤维可以用来制作绳索，黄麻做填补缝隙的材料，亚麻可以做帆布。铁匠用矿石和高炉冶炼生铁，然后将其锻造为铁螺栓、铁钩、铁环、铁钉、尖钉、舵栓、舵枢和链盘。

华盛顿和他的顾问们不想节省成本，要把这些巡航舰造得经久耐用。造船者和船厂工人已经习惯了为贪图便宜的商人造船，因此

---

* 铜覆皮（copper sheathing），保护船底的薄铜皮。

必须消除这些造船者的坏习惯。龙骨铺上后，每个造船工地的监工、代理商和主管舰长都对质量控制负有连带责任。但在开工之前应先挑选建材，也就是木料，然后砍伐森林，并将木材运送到造船厂。

汉弗莱斯严格遵守建造规格。他写道，船梁和甲板应选用卡罗来纳州松木与红杉木。但最重要的一点是——他对此的要求十分明确——框架的主要部分，包括船肋*、船首斜桁撑杆、锚链孔、船头木材、支柱、肘板**、船尾板和尖蹼板***，必须用栎木建造。

南方栎树（*Quercus virens*）仅生长于美国东南部地区，且只长在从弗吉尼亚州南部到得克萨斯州东部的约 32 千米宽的滨海区域。这种树美得令人震撼。约翰·缪尔（John Muir）知道这种树，称之为“我此生见过的最壮观的树”。[37] 一位早期的欧洲博物学家认为南方栎树的外观像“一棵巨大的苹果树或梨树……这树冠如华盖，枝繁叶茂。橄榄形状的树叶闪耀着墨绿色的光芒……这算得上是世上最大最美的庭荫树”。[38] 一棵成熟的南方栎树高 12 米至 21 米，树枝至少可以向外延伸 23 米，树荫能覆盖三亩地。树干十分巨大，周长可达 6 米，但树枝只有 1.5 米至 5.5 米高，因此整棵树看上去矮壮结实。枝杈与树干形成 90° 角，呈水平状延伸至离地面很近的地方，一般人能直接用手触摸到它。在生长的过程中，它的茎脉里会塞满厚厚的黏胶，使它变得越来越厚重茂密。这种栎树每立方米重达 1 200 千克，是所有栎树中最沉的一种。[39] 树干似乎不可能承载这么多沉重的树枝，因为每根树枝都重达数吨，并且呈 90° 角向外

---

* 船肋（futtock），船肋骨部位的弯曲板材。

** 肘板（knee），用于连接和固定两个部件的板材。

*** 尖蹼板（breasthook），用于连接船首两侧的肘板，可起到加固作用。

延伸。人们只要看看这树，再想想其特殊的几何结构，就能对其非比寻常的强度有所了解。

欧洲人在北美定居后不久，造船师就意识到了南方栎树作为建材的非凡潜力。它拥有强韧的质地以及抗海风与防腐的能力，因此非常适合用作建造船体框架的主要承重材料。树干和树枝之间的连接处可以充当完美的“短木材”，用于制造肘板和船肋，以保证船舶结构的完整性和持久性。木匠都赞赏其均匀的质感、平直的纤维、稳定的平整性和精细的微粒。据说南方栎树经过适当加工后，使用寿命是白栎木的 5 倍。但造船厂的工人也害怕切割、制作、处理南方栎树产生的额外工作量，新一批原材料运进来时，他们直翻白眼。想把一颗钉进栎树里的钉子拔出来基本是不可能的。斧头砍上去会弹开，用锯子也是无用功。没有什么木料比干燥的栎木更能让造船工锋利的工具变钝。[40]

福克斯在费城忙于生产“模具”，砍伐队会利用这些模具来匹配与巡航舰大小和形状相近的木材。模具是按照所需的木料尺寸设计出的实物大小的三维模型，由轻型木板条制作而成。每块木料的尺寸都会按计划用粉笔标在通常位于大型仓库二楼的“放样间”的深色光面油漆地板上。然后是采集尺寸信息、切割板条并仔细编号，再整个打包，运到森林去。砍伐队将模具组装好，依据其来测量和切割原木。

采集建造巡航舰用的木材会比想象中更难、更贵也更耗时。建造这 6 艘船，每艘都需要几百棵南方栎树。由于汉弗莱斯设计的舰船尺寸巨大，框架材料只能选用最大、最古老的树木。为了找到特定的木材，砍伐队不得不行至偏远荒凉的地带——佐治亚州人迹罕至的海岛，来寻找南方栎树。

一个名叫约翰·T. 摩根（John T. Morgan）的波士顿造船师同意率领第一支木材砍伐队远征探险。他希望完成这项艰巨任务之后，能担任一艘巡航舰的主建造商。整个建造项目都指望着他的远征能大获成功。1794年8月初，摩根抵达佐治亚州海岸边的圣西蒙岛（St. Simon Island），他被眼前的情景惊呆了。还没抵达的工人们来了之后不得不在沼泽边的棚屋里住下，忍受无穷无尽的雨水、泥泞的沼泽以及蚊虫的叮咬。“我已经收到了模具，”他在信中告诉汉弗莱斯，“但我没有人手；就算人手足够，到现在也不见得能砍倒一棵树，因为自从和你分别后，天晴的日子不超过十天……在国内还从没见过这么多的雨水。”[41] 所有的补给都必须由海路运来。探险队需要定期补充食物、毯子和医疗用品等等。他们需要带上大车、若干头牛，还有饲养牲口的粮草，将木材运出森林。

9月23日，90个“勤劳勇敢的斧手和木匠”从康涅狄格州新伦敦出发，于10月中旬抵达圣西蒙。[42] 到达后不到一个星期，许多新英格兰人就染上了顽疾，可能是疟疾。一位目击者表示，他们营地里的场景就像大战一场后的野战医院。[43] 除了3个人之外，所有的幸存者都表示，给再多的钱也不能留下。他们决定在圣诞节前出海外逃。摩根也患了病。“我自9月4日以来一直生不如死，”10月里他向汉弗莱斯抱怨道，“上周六，我的一个学徒发烧死了。我现在也发烧了。这里的每个人都生了病。如果我留在这儿，等到所有树木都砍光时，我也会死。”[44]

“如果你在这儿，”他补充说，“你会诅咒这种树的。”

10月下旬，担任尚未建造的费城巡航舰指挥官的约翰·巴里舰长，从费城乘坐“斯古吉尔号”（Schuylkill）双桅横帆船前往圣西蒙，评估岛上的情势。[45] 该船停泊在北岸，船长在戈夏耶斯断崖（Gashayes Bluff）上了岸。他发现摩根“与两个生病的小伙子在一起，身边没有工人，一棵树也没砍倒”。巴里派人增援。从大陆带来的16个奴隶（工资大概是支付给它们的主人）开始修建从营地进入岛内的道路。

摩根好像嫌事还不够多，担心自己找不到足够大的南方栎树来向汉弗莱斯交差。“这些模具这么长，太吓人了。”他承认道。[46]“罗盘部件”，也就是尖角肘板和尖蹼板，是最大的难题。只有最大的南方栎树——五十棵树里大概能找到一棵——可以满足需求。但最大的南方栎树往往是最难得到的。南方栎树沿着小溪和沼泽分布在岛上的偏远角落。如果砍下来的木材不能漂在水上，就需要由牛群来帮忙将其拖过树根和灌木丛。12 月，摩根汇报说：“只剩 4 头牛还活着了。”[47]

费城开工 6 个多月后，汉弗莱斯收到了第一批木材，这已经是摩根第一次踏上圣西蒙岛的 4 个月后了。汉弗莱斯“对这些木材非常满意”。但他对第二批货不甚满意。这批货是两周后寄到的，同时寄来还有给汉弗莱斯夫人的一箱佐治亚产的橘子。“你的来信和橘子安全送到，”他在信中告诉摩根，“但橘子已经被木材的味道熏坏了。我相信你肯定从来没碰到过这种情况，否则也不会送橘子来。即使是最愚昧无知的黑鬼也知道这样不行。”[48]

早些时候，这些军舰仅仅被编为“巡航舰 A—F 号”。后来命名时，因为它们是新联邦政府时期的产物，所以战争部准备的名单上的每一个名字都代表美国的一个机构或是宪法的象征。华盛顿（也许不以为然）没考虑那么多，顺手选取了名单上的前 5 个名字，它们分别是："美国号"（United States）、"总统号"（President）、"国会号"（Congress）、"宪法号"（Constitution）和"星座号"（Constellation）。第 6 艘巡航舰即将在弗吉尼亚州诺福克开工建造，后来它被命名为"切萨皮克号"（Chesapeake）。

1794 年底，诺克斯部长准备了一篇进度报告。他以辩解的口吻，要求国会不要忘记："任何建材和物料都不太可能是现成的，甚至根本就不存在拿来就能用的材料。既然没有现成的材料，那就只能自己去制造或是改造。做船用的木头得有人去森林里砍；做大炮用的生铁得有人去矿上采；而亚麻和大麻，也许还没长出来呢。"[49] 诺克斯承诺"建材很快就可集齐，届时项目将迅速推进"，预计巡航舰将在 12 个月内完工。至于建船的开支，他未做预测。

直到 1795 年夏天，最后的模具才交给砍伐队；而到了年底，所有的船连一半都还没有造好。[50] 尽管所需木材几乎全部运到，堆放在船厂，但汉弗莱斯的这艘造于费城的"美国号"巡航舰，仅仅搭了局部框架；特拉克斯顿在巴尔的摩建造的"星座号"巡航舰，也仅仅是用四处随意堆放的木材粗糙地搭建了大致的框架而已。只有内行才能看出这堆杂乱的木材最后能组装成类似于船的结构。诺克斯连续两年通知国会自己需要额外 12 个月的时间来完成巡航舰的建造工作，这令他十分难堪。

1796 年 2 月，美国与阿尔及尔的外交谈判终于取得了成果。华盛顿总统要求参议院批准一项新条约，他表示，这条约将"马上带来和平，将我们不幸的同胞从痛苦的囚禁中解放出来"。这和平局面将花去美国人近 100 万美元，其中包括贿金、赎金和保护费。其中有一个条款尤为丢人：美国将建造一艘 32 炮巡航舰，赠送给阿尔及尔的帕夏作为礼物。该条约的花费等于当年美国联邦政府年度总支出的 13%。参议院未经辩论就批准了此项条约。[51]

当天，华盛顿给国会传递了第二条信息。根据共和党在授权建造巡航舰的法案中添加的修正条款，巡航舰建造计划应立即停止，因为美国与阿尔及尔达成了休战协定。现在，总统恳请国会继续造船，否则美国将面临“整个制度彻底紊乱”的风险。[52] 国会决定满足他一半的愿望：进度最快的三艘巡航舰——“美国号”（建于费城）、“星座号”（建于巴尔的摩）和“宪法号”（建于波士顿）——即将完工下水，可以继续建造；其余三艘难以为继，即将烂尾，最终也许会被劈了当柴烧。

3 法国入侵的隐忧

1797 年 3 月 4 日，星期六。这天一大早，费城的上空就阴云密布。美国新当选的总统约翰·亚当斯于中午前离开其下榻的圣弗朗西斯酒店，登上了一辆刚花 1 500 美元置办的新马车。他告诉妻子阿比盖尔，这辆新马车优雅别致，很适合总统乘坐。与他前任的豪华马车相比，这辆车显得特别低调。他前任的马车配备了 6 匹马，连同一群穿得笔挺周正的随从，在费城的大街小巷招摇过市。亚当斯对自己两匹马的马车很满意，他说这是两匹“聪明的小马”。[1]

亚当斯抵达国会大厅时，阳光穿透阴霾，午后顿时变得清爽明朗。他走入了众议院一楼会议室，在主席台就座，紧挨着刚宣誓就任副总统的托马斯·杰弗逊。室内和走廊上被围得水泄不通，人群寂静，大家都紧张地等待着。片刻过后，华盛顿走了进来，他身穿一套黑色的天鹅绒华服，身后跟着一列仆从。亚当斯写道，他脸上的神情“和这天气一样平静明朗”。[2]

观众和与会者再次回忆起这个场景时，几乎压抑不住自己强烈的情感。亚当斯后来提起这场仪式时说：“所有人都声泪俱下——有的热泪盈眶，有的泪如雨下，还有的眼泪像断了线的珠子。”[3] 主席台上的三个人分别是上届总统、当届总统和当届副总统。他们都是美国独立战争时期最杰出的政治家。这场仪式标志着美国国家权力的第一次平稳过渡。亚当斯后来说，这场必要的民主仪式使人们看到了“日落西山后另一轮红日升起（尽管少了些壮观）的景象，让人既陌生又感动”[4]。

华盛顿离任，造成民众的极大恐慌。8 年来，他威风八面，给民众以慰藉。人们都以为他能在费城日益激烈的党派斗争中游刃有余。他离任后，大家不免担心立宪政府难以挺过来。亚当斯和杰弗逊既是老朋友，又是政治对手，他们在竞选中互相驳斥，亚当斯几乎没有胜算。然而选举结果却是，杰弗逊陷入了担任副总统兼反对派领袖的尴尬境地。

双方的争议点是法国。20 年前，《独立宣言》就在费城这个地方签署，而此刻美国正面临着自独立战争以来最可怕的外交政策危机。美国人偏袒英国，法国革命政府对此感到愤怒，且开始授权私掠船袭击美国货运船只。国务院收到证词，其中描述了 300 艘美国商船被劫的详细情况，且每天都会传来商船被劫的最新消息。1796 年 12 月，当新上任的美国大使出现在巴黎时，法国拒不承认这位大使。驻费城的法国公使皮埃尔·阿代（Pierre Adet）公开指责新任美国总统与英国结盟。

亚当斯身着一件珍珠灰绒呢外套，腰间皮带上挂了一把剑，一只胳膊下夹着一顶别着帽徽的帽子。亚当斯没戴假发，因为假发已经过时。他那稀疏的头发上了头油，整齐地梳在脑后。亚当斯高 170 厘米，这在当时算得上中等身高。但是他与华盛顿和杰弗逊站在一起，就会显得又矮又胖。因为这两人身高都超过了 180 厘米。反对派习惯于嘲讽亚当斯的外貌。但就算亚当斯真的超重，那也不能否认他经常从事重体力劳动这一事实，他那又厚又糙的农民手臂能很好地证明这一点。

他头天晚上没睡好，身体和四肢都颤抖得厉害，他甚至时常担心自己会突然昏厥。[5]他很清楚自己不是一个伟大的演说家，却铿锵有力地发表了一篇长达 2 300 字的就职演说。

亚当斯说，美国独立面临的巨大危险来自国外，来自肆意的挥霍腐败以及像瘟疫一样蔓延的国外势力。他警告称，外国人企图操纵美国的民主进程，如果美国人不加以抵抗，那么外国人将会“统治我们，而非我们自己人统治自己”[6]。

他简要地介绍了与法国之间的潜在危机。他说话时语气柔和，情绪平稳。他个人“对法国表示尊重，因为在法国生活过 7 年，而且真诚地希望美法两国能继续保持友好，因为这符合双方的荣誉和共同利益”。但这只是他要保持美国在欧洲战场中立地位的“固执己见”，美国舰船必须受到保护以抵御交战国的侵袭。

亚当斯清楚这场美法危机将决定他作为总统是否成功，能否赢得连任，还将决定他的历史地位。他首先寄希望于一系列外交协商。与法国缔结新的条约，可立即消除与前盟友发生海战的可能性，并且能平息国内政治。但亚当斯是资深的外交大使，他知道外交是有局限性的。和平解决危机不太可能，但至少要让法国同意美国中立，允许英美贸易继续安全地进行。如果法国提出过分的要求，亚当斯绝不会妥协。当月，他给儿子约翰·昆西·亚当斯写信，吐露了自己的心声：“我就职时，美国与法国误会重重。只要不违反信仰，不玷污荣誉，我就会努力调和双方的矛盾。但如果要我们不忠不义，丧权辱国，法国就尽管来吧。美国**不怕**。”[7]

法国是美国的首个盟友。法国提供军队、舰船和资金，帮助美国赢得了独立。法国大革命似乎是美国独立战争的翻版与合理化证明。对许多美国人来说，法国不可能与美国为敌。然而，在1796年，美国这个独立的主权国家与法国的首战一触即发。这两国关系何以至此呢？

1778年，法国为了阻击英国，才出钱出力地支持美国独立战争。路易十六和他的幕僚不可能意在开创成功反抗君主的先例，但这两国之间确实存在强有力的情感及思想上的纽带。法国是许多美国革命理想的摇篮，而对充满理想主义情怀的年青一代法国贵族来说，美国简直就是重塑人类文明的世外桃源。在美国，拉法耶特侯爵（marquis de Lafayette）被尊称为独立战争的英雄。拉法耶特反而很崇拜华盛顿。他用蹩脚的英语，坚称自己是“将军的儿子”，甚至将儿子取名为乔治·华盛顿·拉法耶特。没有哪个美国人能像本杰明·富兰克林那样激发法国人的想象。他在巴黎度过了9年外交生涯，深受法国人爱戴，还被尊为北美新大陆上清白正直的鲜活代表。后来，他被看作法国大革命的守护神。当时流行的口号是：“他从天上抓住闪电，从暴君手中夺取王权。”[8]

1789年春夏之交，美国报纸首次刊登了巴黎动乱的消息。起初是5月召开三级会议，接着6月召开国民议会，然后是7月攻占巴士底狱。8月，《人权宣言》获得批准。美国人发现这与《独立宣言》和《权利法案》如出一辙，《人权宣言》也确实是以二者为蓝本的。在早期风平浪静的阶段，也就是从1789年春到1791年秋，法国大革命让美国全民欢欣鼓舞。受人爱戴的拉法耶特处在巴黎各项活动的中心，格外引人注目，当时他担任制宪议会副议长和国民自卫军司令。他将巴士底狱的钥匙寄给了乔治·华盛顿，上面镌刻着："这是养子对养父的敬意，是尉官对将军的敬意，是自由传教士对主教的敬意！"[9] 美国的大街小巷充满了浓浓的怀旧情绪，所有独立战争的象征、音乐和宏大场面都一一重现。自由旗杆又竖立在城市广场上，男人们又戴上自由帽，就像1776年那样。每逢节假日和公民盛宴时，星条旗都会和法国新的三色革命旗一起出现：这红白蓝三色旗帜是由拉法耶特设计的，以取代之前波旁王朝的王家白旗。

然而自1792年年中起，有不安的消息传来。巴黎的街道上开始出现暴徒。8月份，一群人聚集在杜伊勒里宫外，王室家庭成员被严密守卫，群众咆哮着，要取国王的首级。他们屠杀了国王的约500个瑞士卫兵，并将他们的头颅插在长矛上游街示众。拉法耶特受到谴责，被迫逃离法国，随后他被奥地利人抓住，并被投入监狱。9月，随着外国军队兵临城下，法国国内反革命阴谋的谣言在巴黎无党派人士中传得沸沸扬扬。1 000多名囚犯，包括妇女、儿童和教士，被几乎随机地从牢房中拽出来砍成碎片。王后的闺密朗巴勒公主（princesse de Lamballe）被奸杀，然后被肢解，头颅悬挂在长矛上，吊在玛丽-安托瓦内特家的窗户下。《独立宣言》最早的译者拉罗什富科（La Rochefoucauld）在马车上被劫走，而后被石块砸死，他的妻子和年迈的母亲对此无能为力。

这场大屠杀的细节是如此离奇，以至于许多美国人都感到难以置信。杰弗逊坚持认为这不过是英国的宣传。但在1793年3月下旬，华盛顿再度宣誓就任美国总统后不久，骇人听闻的消息传到了费城。路易十六被送上了以他父亲名字命名的公共广场上的断头台。在他的头颅应声落地，掉入篮子后，"共和国万岁"的欢呼声在巴黎街头此起彼伏，“人们都将帽子扔向空中”。[10]

共和党人为这一行为辩护。麦迪逊说，如果路易十六是叛国贼，那么他应与庶民同罪，杰弗逊也同意君主“应当像其他罪犯一样受到惩罚”。[11] 在美国的大街小巷，人们饮酒作乐，打发无聊时光。剧场每晚都演奏法国的革命歌曲，如《马赛曲》和《一定会胜利》(*Ça Ira*)。男男女女彼此互称“公民先生”和“公民女士”。费城人排队观看路易十六的蜡像被推入断头台模型的展览。观众看到“铡刀落下，切断头颅，嘴唇变紫”这一幕时，兴奋异常。在波士顿，12 个武装分子举行仪式，屠杀了一头“上层社会的牛”。牛头和牛角被架在自由广场的一根长矛上。[12]

华盛顿、汉密尔顿和联邦党人担心主张革命的高涨情绪会使美国与英国渐渐疏离，陷入战争。公众游行示威大多无害，但一些示威者威胁要直接采取行动。民主团体通过决议，谴责“欧洲诸国联合对法国发起不公正的残酷战争”，并宣称“美国与法兰西共和国休戚与共”。[13] 亲法民兵在公共绿地上进行演习，旧式野战炮也已准备就绪。约翰·亚当斯怀疑，美国人为了庆祝法军瓦尔米(Valmy)大捷而鸣放的礼炮，可能比法国在这场战役中开炮的次数还要多。海事官员和造船师在海港装备私掠船，准备与英国商人一决高下。英国大使警告称，如果美国将港口转变为法国私掠船大本营，皇家海军将发起反击。

对此，华盛顿于 1793 年 4 月 22 日提出史上著名的中立宣言，其中规定美国公民必须“对交战国保持公正友好”。如果有美国人“投身、协助或煽动敌对行为”来针对交战国中任意一方，那么此人将被起诉。

然而，中立宣言发布没多久，一个名叫爱德蒙-查理·热内（Edmond-Charles Genet）的新任大使就从法国带来了300张私掠许可证。热内到达查尔斯顿后，在一周内授权了4艘私掠船。这4艘船被命名为“共和党人号”（Republican）、“激进派革命分子号”（Sans-Culotte）、“反乔治号”（Anti-George）和“爱国者热内号”（Patriote Genet）。船员和军官均为美国公民。热内授权法国驻查尔斯顿领事没收任何可能被带入港口的英国货物并公开出售。一周后，法国“埋伏号”（Embuscade）巡航舰在特拉华河沿岸的格雷斯费里下锚，随它一同入港的是被俘获的“格兰奇号”（Grange）英国商船。杰弗逊向詹姆斯·门罗描述当时的场景：“‘格兰奇号’映入眼帘时，城里成千上万的自耕农将码头围得水泄不通。之前从来没有过这样的盛况。当英国国旗降下，法国国旗在众人头顶迎风飘扬，群众一片欢腾。”[14]

虽然国务卿对法国革命事业深表同情，但是“格兰奇号”是在美国领海内被俘的，他别无选择，只能通知热内，该船必须归还给船主。热内庄严地宣布，他会按照杰弗逊的要求做，但这只是“向美国政府表达我们的尊重和友谊”的自愿行为。他说，1778年的《美法友好与通商条约》（the Treaty of Amity and Commerce, Franco-American）授权继续开展私掠行动，阻击英国，他也正打算这样做。7月6日，宾夕法尼亚州州长汇报说，一艘名叫“小民主主义者号”（Little Democrat）的法国私掠船已准备从费城出发。汉密尔顿和诺克斯部长想在墨德岛（Mud Island）上架起一排火炮，由宾夕法尼亚民兵操控，以防该船出航。然而，在采取这项行动之前，“小民主主义者号”就已扬帆起航，向下游驶往切斯特了。杰弗逊要求热内停止航行，热内拒绝了。

之后的内阁会议决定请求法国政府召回这位大使。事实证明，这样做毫无实际意义。派遣热内到美国的吉伦特派已被其竞争对手雅各宾派密谋发动的政变驱赶下台。当消息传到美国时，热内请求继续待在美国，并获得了允许。

1793 年秋天，雅各宾派实行恐怖统治，法国陷入了最阴暗的泥淖。雅各宾派觉得敌人无处不在，因此展开一场大屠杀。每个人都有嫌疑，每个人都会被公开批斗。每天都有人在断头台上被草草地处决。当时的记录表明了断头台的行刑效率。有一次是 25 分钟内有 32 颗人头被砍下，另一次是 5 分钟内有 12 颗人头被砍下。[15] 巴黎街头尸体堆积成山，鲜血溢满水沟，公共卫生状况突然恶化。在里昂，雅各宾派对断头台的砍头效率失去了耐心。于是行刑者将死刑犯绑在一起，先用大炮轰，再过来刀剑并用，将幸存者一一杀死。

美国保守派对此感到厌恶。他们认为，法国大革命已陷入了一个毫无意义的怪圈，恐怖和反恐周而复始，最后将以独裁而告终。“丹东、罗伯斯庇尔、马拉等人都满腔怒火，”约翰·亚当斯在给儿子的信中写道，“恶龙的种子已经在法国生根发芽，怪兽马上就会现身了。”[16]1794 年爆发的威士忌暴乱，是一群穷困潦倒的拓荒者在宾夕法尼亚州西部领导的反税暴动，最后以失败告终。这似乎证实了联邦党人的担忧：动乱已经被本土激进分子引进美国。为了镇压暴动，华盛顿派出一支 13 000 名民兵组成的军队，这比他在独立战争时期指挥过的任何军队规模都要大。军队还没到达现场，叛军就撤退了。但这一事件更验证了联邦党人的设想，即无政府的混乱状态是民主制度的普遍现象。“我们仿佛已能看到特拉华河岸边尸体横陈，河水被鲜血染红的景象，”一位联邦党人编辑警告称，“……甚至深受人民爱戴的总统，头颅也会从断头台上滚落。”[17]

联邦党人对法国大革命愈演愈烈的态势十分恐惧并厉声痛斥，同时他们也希望减轻法国大革命对美国造成的影响。不管英国存在什么样的瑕疵，其制度仍是首选。保守派十分钦佩英国的立宪政府，因为它制衡了君主、贵族和平民三者的利益。华盛顿派出特使约翰·杰伊前往伦敦，寄希望于签订条约，以避免战争，缓和英美两国在海上的敌对状态。《杰伊条约》实际上是美国向英国的让步，它承认了英国的制海权，并制定了各项规则，以使美国在海外贸易中获利。条约签署的消息传来，引发了政治交锋。杰弗逊嘲笑它是“唯利是图的标志”。[18]麦迪逊说这项条约是受巨大的利益组合的驱使而强加到美国身上的：这是在“银行、英国商人和保险公司”的指使下，“贵族、英国式崇拜和重商主义”施加的影响。[19]全国各地开始放火焚烧杰伊的肖像。在纽约一次乱糟糟的会议中，汉密尔顿发言捍卫《杰伊条约》，一名抗议者用石头砸向他的头部。华盛顿也支持该条约，于是 1795 年 8 月参议院批准了此条约。

《杰伊条约》虽然阻止了英美关系的破裂，却无疑造成了法美关系的破裂。法国认为该条约宣告英美正式结盟，这就打破了 1778 年的美法同盟，算得上最卑鄙低劣的背叛。1796 年夏天，法国新一届革命政府，即督政府颁布法令，规定法国将“没收、搜查、捕获中立船只，就像英国人之前所做的那样”。美国驻法公使詹姆斯·门罗在法令生效 5 天后就接到了通知。他被告知，法国只是在推行针锋相对的政策。美国不再是其盟友，因此，法国新政策将对美国和其他中立国家一视同仁。其昔日的敌国怎样对待它，法国就怎样对它。法国驻美大使被召回，且没有任命其他大使。这让两国关系雪上加霜。至此两国外交关系完全破裂。

然而，真正的危机不在于法国对美国的官方政策，而在于法国和法属西印度群岛上贪婪的私掠船和腐败的捕获物法庭*。法国以国家政策为名，允许海盗在公海横行。国务卿蒂莫西·皮克林（Timothy Pickering）汇报说，法国私掠船在1795年共俘获316艘美国商船。他声泪俱下地控诉被俘美国海员的遭遇，波尔多当局对美国航运公司实施的非法禁运，以及西印度殖民地官员制定的拒不付款法案。法国的暴力掠夺越发频繁，且日益严重。私掠船船员意识到美国海军并不可怕，于是离美国海岸更近了。1797年春季，航行季节开始时，私掠船在美国海岸附近徘徊，甚至驶入河流和港湾，捕获与陆地近在咫尺的船。私掠船虎视眈眈，或停在特拉华湾的河口处，或停在新泽西州桑迪胡克（Sandy Hook）附近水域，或停在长岛湾（Long Island Sound）的平静水域，或停在布洛克岛（Block Island）的背风面，美国对此无能为力。

与大革命时期的法国发生冲突，不仅仅是外交政策危机，还是一场国内政治危机。它使美国民众两极分化，有可能导致分裂，甚至爆发内战。在杰弗逊及其追随者看来，1776年和1789年在历史中将永远紧密关联。这两次革命使美国与旧的封建制度划清界限，将所有暴君及其仆从拒之门外，其他国家也难免效仿。杰弗逊写道："我坚信自由的风潮目前势头良好，它将席卷全球。"[20] 他将英国看

---

* 捕获物法庭（prize court），对海战中捕获的船只及财物分配进行裁决的海军法庭。

作“旧时的余孽”，看作贪污腐败、血腥镇压、军国主义、特权专制和君主制度的堡垒。虽然杰弗逊不主张为法国助战，但他提倡亲法的中立政策，并且将激怒法国归咎于联邦党人，因为这些联邦党人在欧洲战争中明显偏向英国。

相比之下，亚当斯对法国人并不感兴趣，对法国革命也没有信心。他觉得这些人狂热、多变且不可靠。他亲自见识过法国外交文化里惯用的花招诡计，并得出结论：贪污腐败和愤世嫉俗是法国社会的流弊。他对法国的天主教持有偏见，一直怀疑法国大革命，甚至在 1789 年到 1790 年这令人兴奋的年月里也不例外；他还认为后来那些血腥的事件证明了他最初的直觉。最重要的是，他认为法国人没有能力自治，革命也将以专制主义而告终。“法国人无力再组建共和政府，就像费城街道上的雪球无法在炎炎烈日下坚持一周。”他对埃尔布里奇 · 格里如是说。[21]

亚当斯希望他和杰弗逊搁置政治分歧，重续此前的友谊。但他将对此大失所望。杰弗逊已预见到法国危机将摧毁亚当斯的政治生涯。“我知道，永远没人能在走出这间办公室时保住原有的名声，”他写道，“蜜月期同样是短暂的，片刻的狂喜将换来多年的折磨和仇恨。”[22] 华盛顿曾是稳定政局的力量，崇高的地位和名望使得他超然于党派分歧之上。华盛顿退休后，杰弗逊预测，“下任美国总统只会是某一个政党的主席”。[23] 他和麦迪逊谋划着与新政府脱离关系。他们在等待时机，直到政治风暴击倒亚当斯。

若是新任总统想在当年 3 月就将费城的天际线尽收眼底，他大可以穿过庭院至州议会大厦，并爬上三层楼梯，登两架梯子上到钟楼。在那个高度，他能俯瞰城市美景，一览陡峭的木瓦屋顶和砖砌烟囱，以及点缀其中的各处教堂的白木尖顶。往西约 400 米，城市逐渐消失，映入眼帘的是砖窑和填埋场，更远处是田园牧歌式的郊外，有草地、池塘和果园。在北面，费城周边区域的低山丘陵之外，沼泽地沿着长长的河堤延伸，道上全是宽轮货车，这些车将农产品从日耳曼敦的北部山区运到城里。南边是莫亚门兴镇（Moyamensing），一片绵延起伏的麦田和牧场依围栏而建，其间散布着几家农舍，这里将来是南费城。

东边是宽广泥泞的河流，流速缓慢。从联邦大街（Federal Street）一直到沙卡蒙森（Shackamaxon），河流逐渐变浅，并向东流，靠岸的地方几乎半点空地都没有。码头上船舶林立，船只的桅顶横杆高悬于河滨大道（Front Street）的无窗仓库之上。拥挤的船只在约 14.6 米深的泊地摇荡着。独桅纵帆船、驳船、鲱鱼船和双桅轻型帆船*在主锚地定期来往，将补给品直接卖给停泊在此的大型商船。

河滨的最南端是造船区，也就是萨瑟克区这个不太值钱的地段。船架和船体都正在建造中，与河流垂直并向河中倾斜。焦油坑中不断升起浓烈的黑烟。“美国号”巡航舰是目前在建的最大船体。虽然龙骨几乎在两年半前就已完工，但这艘船仍没有竣工，外形就像民宅和酒馆间高高耸立的一所教堂。现在船体全部贴上木板，被坚固的支柱撑起，四周都是脚手架。船的舷墙比斯旺森街（Swanson Street）和克里斯蒂安街（Christian Street）高出约 18 米，与亚当斯

* 轻型帆船（shallop），一种小型帆船，常装配一到两面帆。

可前往的有利位置——州议会大厦的钟楼——高度一致。从约 2.5 千米之外的地方看过去，这艘船在下午的阳光下白得发亮。这天是星期六，也是工作日。一批填缝工和木匠已蜂拥而至，来到这艘船上工作。

汉弗莱斯的船厂里是一片热火朝天的场景。建造巡航舰所需的用品是通过马车、手推车或货车运进门的，物料从码头上的轻型帆船、驳船和平底达勒姆船*上卸下。汉弗莱斯每天都会在账簿上记录当天新到了哪些物料：油漆桶、沥青桶、铜片、缆绳、滑轮、锚、螺栓、钉子、铁钩架、紧固件、长帆布和绳索等。当仓库满仓时，新到的设备和用品就会被临时扔在院子里的任意空角落。

填缝工密封船体时要费尽心思。他们在废绳索上涂抹热焦油，然后用锤子捣碎废绳索，填在船板之间的接缝中，最后覆盖上一层热沥青。其他人正在赶巡航舰的舷内工程，安装内部甲板和舱壁，在天花板上铺板，整合框架木材的外露边缘。12 根白栎木做成的“对角横梁”被固定在龙骨中，并通过螺栓连接到船体内部。这是汉弗莱斯的另一项颇具争议的创新，他认为此举能增加船体的纵向强度，减少舰船下水后的“中拱”（船首和船尾下垂，导致船的中部像猪的脊背一样向上拱起）程度。

“美国号”巡航舰是城里最著名的景观之一。行人从码头的主干道出发，在河滨大道上沿河向南走约 1.5 千米，就能到达船厂的门口。船头像古老的中世纪城堡城墙一样，高悬于游客的头顶之上。这是到此时为止在费城建造的最大的船。海员和游客们吹嘘自己见

---

* 达勒姆船（Durham boat），北美河道上常见的大型平底货船。

过更大的船，但即使是一艘重达 2 000 吨、龙骨深入水下 5 米到 7 米的英国舰船在海上看起来也微不足道。

“美国号”巡航舰是美国有史以来最昂贵的军事资产，但安保措施却差得出奇。游客们大摇大摆地进入船厂，仿佛船厂是自家开的一样。他们登上脚手架，爬上内侧的工作台，和商人闲聊。汉弗莱斯想到了可能会有人蓄意破坏。若在凑巧的地方点燃一根火柴，整个工程都将化为灰烬。战争部派出一队士兵在巡航舰上站岗放哨，但汉弗莱斯还是不满意。他指出，卫兵们似乎终日饮酒作乐。他们没有阻止每天来到造船厂的人群，而是将参观门票收入囊中。这些士兵觉得这个工作实在太无聊，或喝得酩酊大醉时，便擅离职守。那年 3 月，汉弗莱斯写信给战争部长抱怨道：

> 非常遗憾，我必须告知你，护卫队在巡航舰安保工作中有许多不规范的行为……上周六早晨，我发现其中有几个人喝得酩酊大醉。我开始密切监视他们的一举一动。那天晚上，大约 9 点钟，哨兵居然睡着了。到了 10 点左右，哨兵已离岗休息去了，没有人值班。这严重违背了值晚班的命令。11 点到 12 点，依然没有人值班，步枪就放在值勤柜中，我把枪拿出来，带到房间，现在还在那儿放着。我肩负的职责不允许我对此种行为保持沉默。[24]

在这些充满好奇的人当中，有许多还是费城有头有脸的人物。汉弗莱斯总是充当导游的角色，随时带领联邦官员、国会议员和各种达官显贵参观船厂。其中最知名的游客有乔治 · 华盛顿和玛莎·华盛顿，后来还有约翰·亚当斯。汉弗莱斯是一个无所畏惧的联邦党人。他的忠诚可能与金钱利益有关，因为联邦党人既主张建立海军，又是执政党；但是汉弗莱斯本能地听命于高级官员，这也是他生活的时代中的一个典型特征。在18世纪90年代，还没有“在野党”这种概念，对汉弗莱斯这样的人来说，批评国家首脑是大逆不道的行为。1797年4月5日，在党派纷争的背景下，本杰明·富兰克林的外孙贝奇（Bache）被胖揍了一顿。

贝奇是一名编辑，任职于声名狼藉的反对派报纸《奥罗拉通用广告报》（*Aurora General Advertiser*）。该报报社位于高街112号的一个两层楼的印刷厂，每周出版6天。该报只有1 700名读者订阅，这个基数不能用来量化其影响力，因为贝奇的社论会被转载至全国其他反对派报纸。贝奇曾嘲笑华盛顿总统的王室做派，说他有“浮夸的马车、华丽的宴会和俗气的长袍”“像猴子一样一味地模仿国王”。[25]他写道，独立战争期间，如果自己那声名显赫的外公不去说服法国进行军事干预，华盛顿的无能只会导致战争失败。他甚至指责40年前英法北美战争中华盛顿在战场上的残暴行为。1796年的总统大选中，贝奇支持杰弗逊，反对亚当斯。他嘲讽亚当斯“肚子肥”[26]。联邦党人对贝奇尤为厌恶，称其为“刺儿头”、“无耻浑蛋”和“恶毒谣言的制造者”[27]。

4月5日下午，在亚当斯的就职典礼过去一个月后，贝奇和两个朋友步行至萨瑟克，并获准登上“美国号”巡航舰。他们爬上脚手架，走上炮台甲板，在船尾的船长室瞭望台驻足停留，欣赏河景，随即登上舱梯，走到后甲板。就在这时有人按铃，听到铃声后，“12到15个工人来到甲板上……沿船舷站立”。贝奇没有意识到袭击将至：

> 因此，我仍然想当然地站着看铃，就在这时，我的头部遭到重重的一击。我一开始以为是有什么东西落在我身上了，然后又挨了一下，紧接着，在来势汹汹的人群面前，我感到自己像一个懦弱的浑蛋。背后遭受了两次暴力袭击，我变得不知所措。我无力自卫，更别提还手了……我已经知道，行凶者发动此次懦弱的背后袭击是汉弗莱斯指使的。建造这艘巡航舰的人是他父亲。[28]

殴打事件是克莱门特·汉弗莱斯（Clement Humphreys）指使的。他既是约书亚·汉弗莱斯的大儿子，又是其徒弟。由于寡不敌众，贝奇的朋友们将这名受伤的记者抬出船厂。接下来的两天，他在家里卧床休养。

在“美国号”准备下水的最后几周内，巡航舰几乎施工到了疯狂的地步。汉弗莱斯必须要小心记账，以防设备物资被浑水摸鱼的人带出船厂。汉弗莱斯的账簿记录了分配材料和物资给各工作组的详细情况。大小钉子和廉价的舰首旗发放了数千份，同时发放的还有排水泵、沥青桶、嵌缝材料、皮革、起子、螺丝刀、泥子桶、玻璃板等。账簿上同样记载了每天早上分发的干活工具，有长柄重锤、坡口锤、羊角锤、嵌缝木槌、螺旋钻、刨子，这些都要在晚上悉数归还。木匠和他的工友们开始在军械室安装架子和储物柜，或在下层甲板钻孔挂钩，使海员的吊床能来回移动。锤子击打钉子的声音从黎明时分一直持续到夜幕降临。工人们在风口钉上里衬，在梯子上钉上帆布，给压舱铁上栓，给淡水泵固定锡皮里衬。船头分布着4块止轮楔和1千克长钉以确保安全；4.5千克长钉用于“在狂风大作时保护火炮”。[29]

随着白天渐长渐暖，进入船厂参观的游客人数大增。汉弗莱斯再次向战争部抱怨道：

> 我们绝对有必要将码头与当地居民隔离开来。在我看来，没有任何方式能比增加40名训练有素的（男性）护卫更可靠。我希望你能考虑这件事，如果可行，就请派遣适当兵力。[30]

他告诉战争部，他打算于5月10日下午让“美国号”在涨潮时试航。[31]巨大的船体已经完工，看上去干净美观，大木钉已被削过，以便船底板能平稳顺滑地航行。两只巨大的铁锚已扎入地面，锚链穿过锚链孔，拉紧绞盘，将巡航舰牢牢固定住。所有的试航装备，包括底边板、阻断交叉件、前后楔子都已安装调试好。

这次试航将是费城最伟大的盛况之一。天刚蒙蒙亮，就有几十个人占据了船厂的绝佳位置。上午晚些时候，城南已经聚集了“大量观众”，将街道围得水泄不通。他们或步行，或骑马，或乘坐马车，大量人群向南涌入河滨大道，码头上观众林立。有人爬上了房顶，有人在河堤未被他人占领的草地上伸长了脖子眺望。宾夕法尼亚州民兵身着制服，在大街上巡游。舰船一旦下水，炮队营就准备鸣放礼炮。有些报道称，围观群众超过3万人。不管有多少人围观，这肯定是北美有史以来规模最大的一次集会。

离河岸不远处，停泊着几艘私人游艇和帆船，船上挂满了五颜六色的小旗子。“索菲亚号”（Sophia）双桅横帆船载着三名内阁成员顺流而下，这三位分别是国务卿、战争部长和财政部长。

汉弗莱斯的担心不无道理。像“美国号”这么大尺寸的舰船下水，即使所有条件都十分成熟，也需要倾尽全力才能完成。[32] 这至少在费城是前所未有的，因此整个过程几乎是一次考验。他担心水位会低得不正常，因为一股强劲的西北风阻挡潮水灌入河流。如果下水滑道设得太陡，舰船可能会迅速下滑，并撞击到河床；而如果滑道太新，或没有涂上足够的润滑油，又或者空气太潮湿，巡航舰则可能会停滞不前。下水是否成功，取决于能否在合适的时机做出恰当的安排。100 多人正在船下或轻甲板上待命。几乎全费城人民，包括大多数美国联邦政府的高级官员即将见证此次下水事件。一旦失败，这将成为一场灾难，也会令个人蒙羞。若是如此，这位贵格会造船师将永无翻身之日。

下午 1 点刚过，潮水涨至最高处。汉弗莱斯下令将止滑木块从龙骨下移开。与此同时，这艘重达 1 500 吨的栎木和铜铁混合而成的庞然大物提前滑向了河流。观众欢呼雀跃，礼炮还没来得及发射。在那一瞬间，汉弗莱斯明白了，他和其他任何人都无法阻止这艘船下水试航，这船想下水，实际上也**正在**往水里去。此时最要紧的是在码头撑柱毁掉船体之前敲掉露出地面的部分，他连忙喊工人动手。甲板上的人们知道舰船正在下水，纷纷扛着斧头冲过去，砍断系固设备。大约 30 名工人在龙骨下待命。当巨大的船身在他们头顶上方隆隆作响时，他们迅速躺倒，并紧贴地面，无人受伤。巡航舰滑入河中，溅起一串浪花，旁观的船肯定也被颠得上下波动。

汉弗莱斯表示他对此次“美国号”的下水工作非常满意。他在上船测量后发现，中拱仅约3厘米，这远低于同等尺寸舰船约5厘米的平均拱高，这一点令他“满意到难以言表的程度”[33]。他在报告中未提及，观众显然也没有注意到的是，巡航舰在下水时还是撞上了河床，造成龙骨和舵钮严重受损。

新闻报道称，该船下水整整一小时后，两条河滨大道仍被回城的人堵得水泄不通。

亚当斯总统虽然热衷海军建设，但他更爱妻子。他没有目睹“美国号”巡航舰下水，因为那天阿比盖尔要从马萨诸塞州归来。亚当斯一大早就离开费城，直到下午才在城北40千米开外的地方遇到阿比盖尔。阿比盖尔跳下自己的马车，上了亚当斯的马车。他们在布里斯托尔停下用过晚餐后，于傍晚时分乘坐马车回城。

亚当斯就职后没过几周，欧洲便传来糟糕的消息，令人忧心忡忡。法国督政府已正式废除1778年的《美法友好与通商条约》。美国驻法大使查尔斯·科茨沃思·平克尼（Charles Cotesworth Pinckney）已被驱逐出境。新出台的一些法令使得法国对美发动的贸易战愈演愈烈：在美国船上发现的任何英国货物，不管违禁与否，一律没收；美国船需要携带一本花名册，按规定格式陈列所有船员的名字，如果船长不能提供花名册，或者提供的格式不规范，那么这艘船和船上的货物都将被没收；一旦在敌船上发现美国水手，就将其当作海盗绞死。法国军舰和私掠船公然俘获美国船，不管这些船运载什么货物，以及运往何方。这些船被带往法国港口，那里的海事法庭是出了名的腐败，在草率的诉讼程序后，以判刑收场。法国已经在全球范围内有效地向美国贸易全面宣战。

亚当斯发现自己别无选择。该事件迅速发酵。对法宣战或许合情合理，但即使最终有巡航舰能驶入大海，要让其适应海战可能还得花费数月时间。“美国号”巡航舰固然强大，但它无法组建成一支海军。此外，美国即使已经在军事上做好准备，在政治上却不尽然。美国在与法交战一事上仍没有达成举国共识。共和党人确信，这个危急局面将促成美英结盟。过早宣战可能会加剧美国南部和西部的分裂。

亚当斯寻求联邦内阁的意见，并接受了他们的建议。这些人都是华盛顿政府的元老级人物。每位部长都赞成这种做法：再尝试最后一次，争取外交和解。（这些人口径如此一致，是因为他们都咨询过汉密尔顿。汉密尔顿当时正在纽约的一家私人律所当律师。）亚当斯总统被说服了。这项新的外交提案如果成功，将结束这场危机；如果失败，它将激起民众殊死一搏的情绪。在等待结果的当口，美国就有可能陷入战争的泥淖。

打定主意后，亚当斯要求国会议员返回首都，自 5 月 15 日开始召开特别会议。南北各州的立法委员在返回费城途中遭遇了春日的一场倾盆大雨，不得不在泥泞的道路上艰难前行。由于会期将至，他们四散进城，筋疲力尽，浑身污垢。当天国会没达到法定与会人数，但 5 月 16 日人数便足够了。中午时分，亚当斯致开幕词。

亚当斯宣称，法国“在美国胸口狠刺了一刀”。[34] 这种将美国大使拒之于门外的行为，“既不把我们当盟友，也不把我们当朋友，更不当我们是主权国家”。法国和世界其他国家必须明白一点：“我们不是下等人，不会活在担惊受怕和低人一等的殖民阴云笼罩下，不会全然不顾国家荣誉和利益，成为外国势力的可悲的统治工具。”

一个三人组成的两党和平使团将立即前往法国，尝试最后一次谈判。在此期间，美国应加强武装力量。民兵改组为临时军队，同时新建三支常备军，分别为骑兵团、步兵团和炮兵团。但最需要的，亚当斯说，还是不惜成本、全力以赴地建立海军：

> 美国拥有漫长的海岸线，极易受到侵袭，海军比其他军队更能保卫海岸线。美国物产丰富，论技艺，美国军舰设计师和航海探险家与其他国家不相上下，当然也不乏指挥官和船员……
>
> ……在我看来，有必要对巡航舰进行武装，并为手无寸铁的商船等弱小船只保驾护航。[35]

如果说两个月前亚当斯的就职典礼创造了两党友好的氛围，那么这次特别会议则打破了魔咒。共和党人轻视和平使命的重要性，他们认为总统推动海军建设是为了挑唆法国全面开战。贝奇在《奥罗拉通用广告报》上写道，这次就职演说不过是“一个失去理智的男人”[36]发出的政治口号罢了。他想知道亚当斯是否“在过去三周吃了太多胡椒，以至于他的声音听起来像是反高卢的”。[37]提起上年11月亚当斯以微弱优势当选总统时，贝奇怀疑这位“三票胜选总统”违背国家意志，将美国拖入战争，并为所欲为。他戏称亚当斯为“胖嘟嘟阁下”。[38]

亚当斯挑选他的老朋友埃尔布里奇·格里担任三名外交特使之

一。此人仍深受杰弗逊和共和党人的尊重和信任。在写给格里的信中，亚当斯否认共和党人的指控，否认是他令国家陷入战争。“至于轻易与法国宣战，我知道没有人愿意这么干，但是这毕竟已经发生了。是法国对美宣战，我们并没有向法国宣战。”[39]

总统的海军计划获联邦参议院批准通过，但众议院仍分歧严重。联邦党人和共和党人的分歧体现在 56∶48 的选票上。但一些议员几乎总是缺席，还有一些人喜欢跨越党派界限。众议院的共和党人数了数人头，发现他们没有足够票数彻底否决亚当斯的海军计划，故他们使出议会拖延战术，破坏修正案，以期达到同样的目的。

詹姆斯·麦迪逊放弃了其众议员职位，回到弗吉尼亚州老家。共和党中似乎没有哪个人有能力或政治影响力来填补他的位子。但是，来自宾夕法尼亚州西部的第二任国会议员出现了，顺理成章地成了他的接班人。艾伯特·加勒廷（Albert Gallatin）是一个土生土长的日内瓦人，后来他移民至美国淘金。1780 年，19 岁的他先是抵达波士顿，此后不久便迁居至宾夕法尼亚州西部。他在哈里斯堡担任制宪会议代表，首次踏入政坛，当时他反对批准宪法。1794 年当选众议员后，加勒廷认为当务之急是迅速偿还美国国债，因为债务是一切政治犯罪的根源。他成立了众议院筹款委员会以制衡财政部，并借助对财务强大的把控能力，弄清了联邦政府的真实借贷数额，而联邦政府的贷款规模是汉密尔顿有意不让人了解的。

6 月 24 日，加勒廷站出来反对建造及武装巡航舰。建造巡航舰一年将花费约 35 万美元，另外还需 50 万美元来武装巡航舰。加勒廷说，美国无力负担这笔庞大的费用。盘算下来，6 ~ 10 艘巡航舰最多只能为5%的美国商船贸易保驾护航。加勒廷指出："因此，这些军舰不仅毫无用处，还会让美国万劫不复。"[40]共和党人提议将整个海军议题送交相关委员会进行研究和讨论，想至少把此事拖到秋季会议。这一提议未能实现，他们便提出一项修正案，限制在美国领海部署巡航舰。但此举也以失败告终。

7月1日，"一项为海军提供军备的法案"正式签署生效。该法案以78∶25的绝对优势在众议院获得通过，但共和党的修正案驳回了总统要求建造9艘小战船的诉求，并施加一年的法律期限。该法案批准对3艘巡航舰进行武器装配和人员配备，并详述了人事、薪资和补给问题。国会拨款20万美元用以建造和武装巡航舰，另有10万美元用来发放工资和补给。联邦党人大失所望。在对这个重大国防建设项目进行充分讨论后，大家一致认为夏天太湿热，不适宜开工。驻费城的英国公使表示："一切备战和防卫措施都太过谨慎，且装备太过寒酸。"[41]

会议临近尾声时，天气异常闷热。用第一夫人的话来说，这座城市已成了"烤箱"。两党纷争的激烈程度再创新高。当约翰·亚当斯辗转得知副总统四处批评他的对法政策时，他怒火中烧："这是典型的酸葡萄心理，一心想出名，想找到金矿，但实际上软弱无力，愚昧无知。"[42]杰弗逊坦承他对社会文明程度的普遍下滑感到遗憾："人们过马路时如果遇到相识已久的熟人，都会将头转向另一边，避免与之碰面，唯恐点头致意。"[43]

"美国号"巡航舰下水后，战争部长詹姆斯·麦克亨利（James McHenry）担心灾难在巴尔的摩重演。战争部命令汉弗莱斯离岗几天，前往南方去“商讨关于‘星座号’巡航舰入水（浮在水面）且使船体无损的最佳方案”。[44]

巴尔的摩在建的36炮巡航舰工程在托马斯·特拉克斯顿舰长的专门监督下取得了进展。虽然仍未完工，但船体填缝细密，造船工人正用一层薄薄的铜皮将船身包裹起来。毫无防护的木制船体在海水中浸泡几个月后会几乎化为礁石。藤壶和贝类以及其他的海洋生物聚集在水位线以下，会减缓船速，影响船只机动性。更糟的是，喜食木头的蛀船虫（*teredo*）可以吃掉整个船体。用螺栓在船体上固定一层铜皮，能阻止大多数海洋生物破坏船体。此举是公认的防虫良方。汉弗莱斯坚称“美国所有的战船都应包裹铜皮，这至关重要”。[45] 由于美国轧铜业刚刚起步，成千上万的铜皮都需高价从英国进口。

汉弗莱斯来到巴尔的摩后，和该船建造师戴维·斯托德在滑道的终端流域进行测探。他们发现岸边水深约5米，中央水深约9米。“美国号”巡航舰吃水达6米。造船师认为海水涨潮时水深将增加约1米，由于“星座号”比费城制造的姐妹舰要小，且帕塔普斯科河床全是软泥，不像特拉华州是坚硬的河床，因此前者顺利下水的概率更大。然而从来没有“星座号”大小的船开进过帕塔普斯科河。另外，对船厂外围海水深度的测量不容有半点差错。

特拉克斯顿发现很难在巴尔的摩找到足够的技术熟练的工人，因此他要求尽可能多派费城人到南方增援“星座号”的下水工作。汉弗莱斯承诺“竭尽所能地增派人手”，但他警告称这非常困难，因为“很多人不喜欢巴尔的摩”。[46]

“星座号”计划下水试航的新闻在巴尔的摩见诸报端：“在风

向、天气和潮汐允许的情况下，美国‘星座号’巡航舰将于1797年9月7日星期四下水试航。”[47]像在费城一样，下水仪式吸引了10多万人围观。其中大多数人是徒步穿过长达400米的湿地，从城市来到斯托德船厂的。军队守卫要么是从附近的磨石角派遣过来的，要么是从当街游行、身着五彩制服的本地民兵里选拔出来的。地面哨兵拦住人群，而其他哨兵则在甲板上站岗。舰船入海前，他们将一直守在那里。如同4个月前的特拉华河一样，一队五颜六色的私人游艇在离河岸不远处下锚停泊了。

“星座号”巡航舰比“美国号”轻20%（按吨位计），但与双桅横帆船、双桅小帆船相比，仍算是一个庞然大物。巴尔的摩造船师习惯了建造小船，这个巨大的家伙肯定令他们大开眼界。在一列沉重栎木的支撑下，“星座号”像飞拱一样拔地而起。在海上航行数月后，水位线以下的崭新铜皮会变绿变油，但是现在却闪耀着古铜色光泽。滑道上已经涂满了价值120美元的牛油。特拉克斯顿穿着制服，站在后甲板上，他将驾船驶入帕塔普斯科河。

200个工人正在从事高难度工作。斯托德要求所有人“令行禁止”。站在一旁的鼓手重申了他的指令。早晨9点多钟，海水涨潮了。信号发出后，船周围的所有人齐声敲击木槌，击打船体下方沉重的木楔子。这动作“就像一群老兵进行军事训练一样整齐划一”。[48]这协调有力的打击，逐渐将船体从龙骨墩上抬了起来。

斯托德的话一说完，人们就拆除支柱，移走锚桩，砍断绳索。巡航舰突然前倾，顺着滑道溜下来，一头扎进河里。数千名观众欢呼雀跃。船厂里的大炮发出轰鸣声。位于船腰处的步兵向海上发射了16响礼炮，每一响都代表一个州。整个过程就像鸭子划水一样轻松自然。

特拉克斯顿松了一口气。“这是我见过的最棒的舰船下水过程，”他告诉汉弗莱斯，“下水时没有碰到任何东西，没有发生任何事故……没有歪，也没有急转向。”[49]“这艘船壮观而庄重的下水仪式无可匹敌，”一位目击者报道称，“它似乎能意识到这种场合有多么庄严和高贵，这让人难以置信。”[50]

每年的七八月份，酷热难耐。18 世纪时，卫生标准低下，城市生活令人不堪忍受。费城人和其他的城市居民一样，将他们的生活垃圾扔进家门口沿街的下水道。粪便、动物尸体和鱼头在太阳下炙烤，整个城市弥漫着一股腐烂的恶臭气息。暴雨能洗净街道，故大受欢迎。但在漫长的夏季干旱时分，成堆的垃圾喂饱了街头的流浪狗、流浪猪和流浪山羊。

像所有的大型海港一样，费城极易在夏末时节暴发黄热病。就在 4 年前，也就是 1793 年初秋，近 1/10 的费城人死于这座城市有史以来最严重的传染病。18 世纪的医生猜想，发烧是由“大气层的特殊结构”——致命的“恶臭体液”和地面散发出的“有毒蒸气”导致的。[51]但很少有人怀疑真正的肇事者是埃及伊蚊（*Aedes aegypti*）。来自热带流域的船将这种蚊子带来，并将其带入了费城河滨区的人口集中地。在闷热的夏季，当窗户敞开，凉风吹进来时，携带致命病毒的蚊子轻而易举地进入了费城千家万户。

1797 年 8 月 1 日，也就是国会休会、议员们离开费城 3 周后，本杰明·拉什（Benjamin Rush）医生去宾街码头附近的一个店主床边问诊。患者说自己头痛、头晕、打寒战、恶心，这些症状与夏天常发的一些疾病无异。然而在接下来的5天里，他出现晚期出血症状，这表示他已经到了黄热病晚期。患者开始严重脱水，皮肤变得通红粗糙，眼睛出现黄疸并布满厚厚的红血丝。如果这是一起典型病例，那么在两天内他的眼、鼻、耳和肛门会开始大量出血，血液甚至可能像汗液一样从毛孔渗出来。他的舌头会由干燥光亮变得蜡黄，继而变暗变黑，他会开始大量呕吐，呕吐物是黑色颗粒状，就像研磨后的咖啡豆一样。他会陷入一种无意识的精神错乱，出现幻觉，对臆想出的恶魔大吼大叫，甚至还可能会攻击身边的人。

第五天，店主死了。在接下来的一周，附近的几个居民也染了病，死亡人数迅速上升。很快，每天开始新增50例患者。人们对1793年的黄热病记忆犹新，公众已做好了最坏的打算。政府发布警告信息，并计划隔离感染社区，这加剧了民众的恐慌。出城道路上全是难民。在宽街以西的空地上，一连串脏兮兮的帐篷城如雨后春笋般涌现，临时医院就设在斯古吉尔（Schuylkill）河边的窝棚酒馆（Wigwam Tavern）里。由于政府工作人员大批出走，联邦政府也停摆了。截止到8月底，估计已有35 000名居民撤离。留下来的少数人对这座城市世界末日般的怪异寂静感到恐惧。

萨瑟克区是疫情重灾区，当时“美国号”巡航舰仍停在那里的汉弗莱斯码头（Humphreys Wharf）。为了修复舰船下水时受损的底部，该船被倒向一侧，这样工人们才能修理龙骨部分。在这漫长艰苦的过程中，人们需要堵住所有炮门和锚链孔，使其滴水不漏。船底被钉上木板，这让工人有了立足之地。船的下桅杆被装备成吊杆起重机。人们用缆绳将船系在岸边，巨大船体开始一点一点地倾斜。直到轻甲板几乎与地面垂直，工人们才能修理船底的损伤部位。

8月下旬，巴里舰长汇报说，艰难的维修工作已经完成，压舱物和淡水桶已被运上船舱储存起来。他还请求战争部同意将船停泊在河流下游。船长急于将巡航舰从河滨移走，因为他说这里暴发过“持续不断的黄热病疫情”。大多数索具装配工和工匠都收拾好金银细软带家人逃命去了。

汉弗莱斯已经回到哈弗福德镇，暂避乡间。他难为情地通知战争部，寄给他的信件可以“放在琪琳夫人开的巴克酒馆。这家酒馆就在收费公路边上，离我家2.5千米远”。[52]起初，他希望黄热病会慢慢消退，这样在冬天之前巡航舰就能下海了。但是到了9月下旬，货车里的死尸仍堆积如山，被埋在乱葬岗，他就不那么自信了：

> 我希望能尽快返回费城。直到昨天我还满怀信心，能将巡航舰顺利完工，使之在河流冰封前扬帆起航。但这场不幸的传染病和船厂附近的死亡人数使我暂时无法归来。死亡人数比1793年那次还要多。据我所知，没有任何一家人幸免。造船厂的有些职员也在乡间别墅里病倒，现在已经去世了。[53]

汉弗莱斯暂居乡下的这段时间里，从波士顿传来不幸的消息。44炮的巡航舰“宪法号”下水失败。支柱和阻挡物被移开后，“宪法号”朝着波士顿海港滑行了8米左右，然后停下，船身被卡在下水滑道中。尤其令人难堪的是，总统约翰·亚当斯也是成千上万名大失所望的观众之一。波士顿的建造师，乔治·克莱格霍恩（George Claghorn）上校在两天后又尝试了一次。巡航舰又向前滑行了近10

米，突然再次中途停下，观众又一次败兴而归。

“我不禁同情这艘巡航舰的状况，克莱格霍恩上校肯定也感到痛心疾首，”汉弗莱斯给战争部写信道，“如果你觉得我能为建造师提供什么帮助的话，我很乐意效劳。”[54] 由于汉弗莱斯在“美国号”一事上受到羞辱，有人怀疑他正暗自得意。果不其然，他提出，此次事故应归咎于私自更改他的船体设计。[55]

在随后的几周，波士顿船厂的工人加大滑道的倾斜角，重新在上面涂抹油脂，并将其与相邻码头隔断。10 月 21 日正午时分，“宪法号”巡航舰第三次下水，围观人数大不如前。观众得到了回报：这艘巨大的巡航舰轰鸣着向下滑去，并一头扎入水中，在海港周边溅起一圈浪花。

和过去一样，寒冷天气的到来终止了黄热病的蔓延。从 10 月下旬开始，难民们零零散散地返回到城市，起初只是试探性地居住一阵子，后来才成群地涌入。一时间，久闭的窗户又打开了，商店又开业了。停泊在马库斯胡克（Marcus Hook）数周的舰船终于重返城市码头。联邦政府官员及工作人员陆续返城，众议员和参议员们也相继抵达，参加第五届国会第二次会议，政府逐步恢复了日常工作。

亚当斯曾希望在河流冰封前让“美国号”出海，以免冬季受困。但随着黄热病的消退，工人们陆续回到萨瑟克区，很明显此舰在 1797 年是无法出海了，这让人很沮丧。船体倾斜后，整个框架都承受了重压，这使得甲板和干舷上的缝合处有裂开的地方。填缝工不得不大量重复他们早期的工作。用上压舱物后，船体被拖进航道，在萨瑟克区只能远远看到河上的船体形状，看不到中桅和绳索。这艘船没有配备火炮和补给，也没有船员。海军陆战队的一名代理中尉下令开始募兵入伍。新兵上船后，他们解散了从米夫林堡（Fort Mifflin）派遣过来的守卫军。20 名男子登上了这艘预计能承载 400 多名海员的大船。

战争部连续施压，要求尽快完成这三艘已下水巡航舰的武装、配备和粮食补给方面的工作。麦克亨利部长下了最后通牒，敦促戴维·斯托德“尽力在最短时间内”完成“星座号”的装配工作，“你要全力以赴，动用全部时间、智慧和力量，使其迅速且完好无损地驶离巴尔的摩……如果这艘船因为你而出现差池，那么你将难辞其咎”。[56]

但黄热病还袭击了巴尔的摩费尔斯角。“星座号”的建造工作被迫中断。“星座号”会在帕塔普斯科浅湾度过 1797 年至 1798 年的冬天，四周冰川消融后，它将停在退潮的河床上。斯托德担心“星座号”的泊位经不住“狂风大作”的冲击。[57] 巴尔的摩也没有能牢牢固定住 1 200 吨的船的重锚。想到“星座号”可能会撞向帕塔普斯科河岸，战争部马上从新罕布什尔州的朴次茅斯调了一只重锚，送到巴尔的摩。

汉弗莱斯和特拉克斯顿船长就桅杆和帆桁的长度、直径和布置问题发生了争执。当时还没有既定原则来指导造船师制造桅杆和帆桁，结果往往是按照各造船商的意愿建造，因船而异。这是一个技术问题，且至关重要。鉴于巡航舰尺寸巨大，大家都认为有必要采用超大船帆，为舰船提供充足动力；但如果船桅和帆桁过大，船也不能航行。

战争部倾向于听从特拉克斯顿的意见，此人最喜欢在航海细节问题上为他人出谋划策，而且他确实对此问题思考良多。“主桅杆的长度，”他写道，“等于横梁宽度的两倍加上这个数字的六分之一；主帆桁的长度，等于横梁宽度的两倍。”[58] 按照特拉克斯顿的公式设计“星座号”，会导致桅杆过高，顶部过重。他提议由其他船长来判断该尺寸是否可行。“我建议海军军官过目，”特拉克斯顿补充道，“因为不经常出海的人基本不可能对这一重要问题做出正确判断。”他此话是在暗示，军舰设计师，尤其是汉弗莱斯，不该享有决策权。

汉弗莱斯对此一笑置之。这两个人已相识多年。以前汉弗莱斯还帮助特拉克斯顿建造及修理过船只。他甚至还可能将特拉克斯顿的这番话理解为毫无恶意的玩笑话。而且，在这个等级森严的社会，海军舰长比造船商高一到两级。汉弗莱斯承认自己这位“德高望重的朋友是一名资深的海军军官”，但他指出，自己在“建造、修理、加固船只方面也很资深。只是很多时候特拉克斯顿没有注意到罢了”。[59] 他认为特拉克斯顿设计的桅杆太大，并警告称，如果巡航舰桅杆过大，那么它在波涛汹涌的海上就无法保持稳定。

为求省事，战争部授权每位船长根据自己的判断，为辖下的巡航舰选择桅杆和帆桁尺寸。汉弗莱斯的意见没有被采纳，但他的判断将被证明是正确的。

在巴黎进行的外交谈判仍没有半点消息。由于海陆大战肆虐，三位美国特使担心他们的信差被中途拦截。为了防止这种情况发生，他们让信差迂回前进。逆风赶路使得行程耽搁更久。即使以当时的标准来看，这种延误也是令人沮丧的。国会也无能为力。战争抑或和平，依赖自法国传来的消息，可法国那边毫无动静。

1797 年 11 月 23 日中午 12 点 15 分，亚当斯在第五届国会第二次会议上致开幕词。不管巴黎会谈结果如何，他说，美国必须拥有一支海军。在这个充斥着“自负、野心、贪婪和暴力”的世界，没有海军防护，美国的海上贸易就难以为继。亚当斯说，贸易对美国人民来说是至关重要的：“人的天赋、秉性和习惯都与贸易息息相关，人们生活的城市建立在贸易之上并依托贸易而存在，农业、渔业、艺术和制造业与之关系密切，且必须依赖于贸易。总之，是贸易让美国繁荣兴盛，如果不重视贸易，或是贸易被破坏，人民必定会陷入贫穷与悲惨的境地。”[60]

但是，当众议院领袖建议为建造 3 艘巡航舰提供额外资金时，共和党人表示反对，而这一次还有几个联邦党人应和。这些人似乎被无尽的延误和超支激怒了。一位议员表示，国会还不如把钱投入大海。众议院组建了特别委员会，来调查自 1794 年起“造船开销巨大和工程无止境延期”的原因。为什么巡航舰建造工程逾期若干年，超支数十万美元？ 6 个月前刚刚拨款 20 万美元，怎么这么快又花光了？汉弗莱斯怎么能在一个月内就花了 7 000 美元？这事该怪谁？

麦克亨利部长拿出厚厚一摞资料和数据，开始长篇大论地为自己辩解。大部分信息明显是约书亚 · 汉弗莱斯找麦克亨利签字时提供的，麦克亨利的发言通篇都是汉弗莱斯早前写给战争部的信件中的内容。报告中提到在森林中砍伐栎树有多么艰难，将物资运送到六个不同的建筑场地是多么不容易，还指出黄热病疫情在费城和巴尔的摩暴发是工期延误的原因。

汉弗莱斯是个高傲的贵格会商人，国会有人指责他贪污浪费时，他火冒三丈。他在早先寄给托马斯·特拉克斯顿的信中写道："经费紧张时，我在船厂里炸毁了一切不必要的东西……我不觉得这属于犯罪行为，但我已做好准备与这些控告者当面对质并回答任何相关讯问，对此我问心无愧。"[61]

3 月 4 日，恰逢亚当斯宣誓就职一周年，一包急件送抵位于第五街和栗树街交叉口的美国国务院。美国国务卿蒂莫西·皮克林破译了开头几段，然后匆忙赶往总统办公室，向亚当斯做简短汇报。解码需要几周时间，接下来只能逐步了解事情的原委。随着细节逐渐展开，亚当斯意识到这些信件会引起轩然大波。这不仅是任务失败或法国政府对谈判兴趣不大这么简单。在巴黎的几个月里，三位美国特使多次受到侮辱和威胁。他们甚至被告知，若想直接谈判，要付出代价。他们需要向外交部长夏尔–莫里斯·德·塔列朗–佩里戈尔（Charles-Maurice de Talleyrand-Périgord）行贿。

塔列朗是有史以来最伟大的政治幸存者之一，他能在法国历史最为动荡的时期适应每一次政权更迭。霍勒斯·沃波尔（Horace Walpole）将他比作"一条蜕了皮的毒蛇"，拿破仑后来称他为"长丝袜里的一堆垃圾"。[62] 他充分发挥聪明才智，在法国旧制度行将就木的最后几年，担任天主教主教，同时也做投资者、政客和狡猾的谋士。1795 年至 1796 年初，他被流放到马萨诸塞州西部，靠商品期货和房地产投机生意大发横财。在此期间认识他的一个美国人回忆道："他面无表情，与小孩说话时都恶意挖苦……谁不知道他呢？可谁又真正了解他呢？"[63]

如果美国特使希望这位外长的在美经历能使其主张和平，那么他们很快便要大失所望了。法国需要钱来资助与保王派联盟的持续作战，而私掠船体系是丰厚的收入来源。塔列朗自己也需要钱，他既要满足奢靡的生活，又要维持大权在握。在拿破仑·波拿巴这位年轻的科西嘉将军赢得一连串战争的胜利后，法国像征服者一样，逐渐习惯对欧洲其他国家颐指气使。为什么美国不能自降身段，充当另一个靠贿赂和朝贡活命的属国？

美国特使到达巴黎后，苦苦等待了好几周。最后他们获准面见塔列朗时，他似乎很不耐烦，几乎要立即将他们扫地出门。几天后，塔列朗的三位代表——让-康拉德·奥廷格（Jean-Conrad Hottinguer）、皮埃尔·贝拉米（Pierre Bellamy）和吕西安·霍特瓦尔（Lucien Hauteval）走上前来对三位特使说，若他们不向塔列朗行贿 5 万英镑，就不会有任何谈判。“我也不藏着掖着，”其中一个中间人说道，“……你们必须花钱，花一大笔钱。”[64]

国会的共和党人对这些信件的劲爆内容还一无所知，他们寄希望于找到法国政府愿意谈判的蛛丝马迹。共和党人一脚踏入预先设下的圈套。4 月 2 日，星期一，在对即将发生的事情早有预谋的一部分联邦党人的支持下，众议院投票通过决议，要求获得信件的完整副本和大使收到的最初指示。亚当斯毫无保留地于第二天早上给国会递交了一套完整的、未经编辑的信件全译本。他没有披露塔列朗三位代表的名字，而是将其用“X、Y、Z”来替代。结果，这场闹剧成了历史上有名的“XYZ”事件。

众议院清空走廊，锁上大门，举行三天封闭会议。信件复印了 1 200 份。果不其然，一些影印本很快就被泄露给了报纸。共和党人原本想以这些信件为武器诘问总统，此时却突然发现，其实法国对待特使的态度糟糕透顶，比亚当斯事先透露的情况恶劣多了。现在全国都将知晓这件可耻的事情。阿比盖尔·亚当斯注意到，共和党人“瞠目结舌，双唇紧闭”。[65] 芬诺在《美国公报》(*Gazette of the United States*)中写道，此次信息泄露“就像巨大爆炸物引发的冲击”，杰弗逊像是“一个尴尬的庞然大物般无地自容”。[66]

亚当斯命令特使马上回国，国务院任命克莱门特·汉弗莱斯为外交信使，携带总统指令前往巴黎。克莱门特·汉弗莱斯因为一年前在“美国号”甲板上殴打本杰明·富兰克林的外孙贝奇，曾被起诉定罪，但联邦党的支持者已替他交了罚款。共和党人将此次任命解读为对殴打这个反政府编辑的奖励。杰弗逊在他的日记中写道：“总统……选择让克莱门特·汉弗莱斯，这个年少无知的造船匠之子前往法国送信，他对法语一窍不通，唯一的优点是在船上围殴贝奇，并为此遭到起诉和罚款。”[67] 共和党编辑詹姆斯·卡隆德(James Callender)指责道：“汉弗莱斯的这场官司展示了那些为他的蓄意谋杀拍手叫好的人有多么兴高采烈，那些替他交罚款的人有了胆量就敢大开杀戒。”[68]

但亚当斯的公众支持率激增。4 月 10 日，一大群人聚集在他家门外，参加每周集会。两天后，费城最重要的一些联邦党人在高街上的邓伍迪酒馆(Dunwoody's Tavern)集会，批准了一系列支持总统政策的决议。约书亚·汉弗莱斯也在其中。重复最多的祝酒词是：“敬约翰·亚当斯。愿他像参孙一样，杀掉成千上万与杰弗逊串通一气的法国人。”[69]

麦克亨利部长要求国会动员备战。他警告称，法国私掠船仍游弋在美国各大港口附近。若无力阻挡，这将“向世界展示美国是多么软弱无能”。[70]政府的防御计划中需要军舰、海港防御工事、军械、轻型武器、火药和其他军事用品及设施。两周之内，美国国会就授予了总统武装、募兵及配置额外 12 艘战舰的权力。这项法令引发了新一轮的商船改建工作，使得海军用船数量增加，大型巡航舰可与小型舰船一起巡航。国会还拨款 40 万美元用于巡航舰的武器装备、人员配备和食物补给。

共和党人极力反对总统，艾伯特·加勒廷承诺，即使“被打上雅各宾派的标签，被视为受到外国操控”。[71]他日复一日、绞尽脑汁地反对总统建立海军。统计数据表明，美国贸易逐年发展，即使在遭到交战国掠夺时也是如此，因此他提出：“没有海军保护，中立国家的贸易照样可以运转。”[72]对北部海港的商人来说，建立海军是好事；但其建造成本将对中部农村造成沉重负担。如果税金不足，美国会增发国债，向最初主张兴建海军的北方商人和投资者借钱，利率为 6%。加勒廷说，联邦党人是在制造战争恐慌，为了“争权夺利，把我们拖上财政、法律和军事专制的贼船”。[73]

在政府的支持下，政治天平已经发生了倾斜。一些众议院共和党人支持联邦党人建立海军。“战争还是和平，”杰弗逊给麦迪逊写信道，“现在要靠投掷硬币来决定了。”[74]

1798 年 3 月，早春时节，帕塔普斯科河面上的坚冰开始消融，战争部命令托马斯·特拉克斯顿“全力修复停泊在巴尔的摩的‘星座号’巡航舰……‘星座号’下水这事一秒也不能再耽搁，须将大炮、弹药、淡水和其他补给运送上船，解决收尾工作，配备海员和陆战队员，为下海做好万全准备”。[75]

特拉克斯顿生于长岛的亨普斯特德，父亲是乡村律师。他是家中独子，父亲希望他继承衣钵，学习法律，但他公然反抗，年仅12岁就离家出走，在一支商船队里淘金。独立战争以前，他曾被迫在皇家海军服役，有人举荐他做见习军官，但他拒绝了。1798年，特拉克斯顿成了一个富商船长，这是他在纵横海上30年中最辉煌的成就之一。他曾三次绕道好望角，两次前往中国，一次前往印度，通过海上贸易赚得盆满钵满。他这几次航运就已为10个孩子赚足了钱，无须再次出海，故联邦政府120美元的月薪也就不值一提。他公开宣称，自己已对金钱没有感觉了。“有谁是为了生计才进海军服役的吗？”他问道，“难道不是为了追求名誉？”[76]

特拉克斯顿收集了英国经度委员会在格林尼治出版的所有书和图表，而且他已经掌握了一门复杂的学问，可通过观月来判断经度，这需要进行精确的天体观测和烦琐的对数计算。这门学问令许多军官灰心失望。特拉克斯顿出版了一本书，想把这一技术简化至可操作的程度，书名为《经纬度相关的评述、说明和范例》（*Remarks, Instructions, and Examples relating to the Latitude & Longitude*）。他给美国战争部寄了几本，建议其他船长都读读看。

特拉克斯顿坚信一点，那就是尉官和见习军官的人选至关重要。“没有了军官，海军还剩什么？战舰无法自行运转，”特拉克斯顿告诫麦克亨利，“如果要建立一支海军，那就必须让军官来管理。”[77]他自己虽然大部分时间从事海上贸易，但还是对那些习惯商船作风的人充满警惕。海军军官需要努力学习，关注细节，乐于奉献，以卓越的言谈举止践行自己的职责。“海上贸易中懒散的那一套行不通，”他说，“每个公民都是自己的主人。但是在他进入海军或陆军服役后就不再如此，他必须严格服从命令。”

美国海军的希望仰仗于第一代见习军官，也就是在晋升阶梯最底层的年轻军官们。这些“年轻的绅士”在服役时几乎没有任何海上经验，他们将在海军服役的过程中进行学习。他们必须证明自己值得晋升，要么就自行退出。那些胸怀大志的人，特拉克斯顿警告称，必须克服商船高官身上常见的不良习气，因为这将造成毁灭性的影响。

> 如果这帮蠢货，无论是军官还是见习军官，在赌博、吟诗、吹笛子或乱拉小提琴，他便无心学习，只专注于娱乐消遣了。他应该记住，不应任由傻瓜影响他的行为或唆使他放弃勃勃野心，追求荣誉和利益对他同样重要。[78]

特拉克斯顿还分管巡航舰上的220名普通海员的招募工作。战争部授权他招募“净身高168厘米以上”的18岁至40岁之间的男性。[79]外科医生需在场证明每个水手“机能正常、身体健壮、没有罹患坏血病和肺痨”。他们的服役期限为一年。二等水手（ordinary seaman）月薪10美元，一等水手（able seaman）每月15美元。水手可以预支两个月薪水，前提是他的上司确信他不会携款潜逃。预支薪水的海员若当了逃兵，那么损失将从他的上司工资中扣除。[80]

战争部强调，海军服役将完全基于自愿原则。这里不存在英国式强行征兵，也不会有任何的欺骗或强迫。“重要的是，入伍者应为自愿服役，不得使用任何间接手段诱骗他们。因此神志不清的人不得应征，任何人都要等入伍24小时后才能宣誓。”[81]为“星座号”

招募足够的海员以填补其人员缺口绝非一件容易的事。巴尔的摩港和美国其他的主要海港一样蓬勃兴盛，每天都有船只离港，商人们竞相出高价哄抢最优秀的、最资深的船员。大多数水手更愿意来一趟两三个月的西印度之旅，而不是一年期的军舰服役。许多人在英国皇家海军服役过，不愿意再遵守那种规章制度。

特拉克斯顿命尉官约翰·罗杰斯（John Rodgers）负责“星座号”的船员招募工作。罗杰斯是土生土长的马里兰州格雷斯港（Havre de Grace）人，大块头，高个子，黑头发，脸庞棱角分明。虽然他只有 25 岁，但他在 10 多岁时就已经指挥了处女航。接受海军任命之前，他的一艘商船被法国私掠船掳走。他将成为美国海军早期的主要人物之一，服役 40 年，3 次参与作战，并最终成为海军委员会（Board of Navy Commissioners）主席。

特拉克斯顿命令罗杰斯在费尔斯角海事区的克洛尼酒馆（Cloney’s Tavern）设立报到点。他必须谨慎控制成本。“募兵产生的火、蜡烛、酒、房租费用，人均不得超过一美元。”船长警告道。[82] 另一方面，募兵站应该设在繁华街道，好让海军和“星座号”给人留下好印象。特拉克斯顿同意“适当体谅大伙，允许大家在分别之际热闹一点”。每个宣誓过的水手，都会得到一套“破烂儿”，或者说水手制服。其中包括一顶羊毛帽、一件外套、一件背心、两条羊毛裤、两条麻布裤、四件衬衫、四双鞋、四双袜子、一个搭扣，以及一条毛毯。此外，“星座号”将运来一批厚厚的羊毛大衣，分发给那些在严寒的甲板上站岗的水手。

罗杰斯每天都在费尔斯角蹲点，连续守了 5 周，但招募进展仍然缓慢。通常一整天下来，他都招不到一个人。即使战争部授权加薪，罗杰斯也只招到了100个人，这还不到所需人员的一半。其余的只能到切萨皮克湾南部的其他海港招募了。

4月22日，狂风呼啸，“星座号”拔锚启程，航行在帕塔普斯科河的主航道上。这里位于岩石角（Rock Point）滩涂以北，壮观的白色岩石守在海湾入口处。“星座号”随即驶入世上最大、最壮观的河口之一，即切萨皮克湾。它是由40条河流与弗吉尼亚角每天两次的海潮共同形成的咸水湾。“星座号”驶过圣克莱尔角（Cape St. Clair）和塞文河（Severn River）南岸安纳波利斯的一个小港口，驶过数千米内没有安全港口的西岸峭壁，驶过东岸蒂尔曼（Tilghman）和夏普群岛（Sharp's Islands）漫长的森林海岸带，驶过大片30米高的火炬松林，驶过长满大米草和野生稻的沼泽地，驶过满是牡蛎壳和枯木筏的无尽泥滩（成群的水鸭、针尾鸭和大蓝鹭在旁嬉戏），驶过科夫角（Cove Point）和德拉姆角（Drum Point）。现在“星座号”来到了帕塔克森特河河口处。在这里完成补给后，它将继续沿着海湾前行。

船上军官汇报说，该船首次航行十分顺利。它挂着两组中桅帆、大横帆、船首三角帆和支索帆，“一路超越那些挂着轻帆的同行船只”。“星座号”就“像一条小船”，极易操控。[83]

1798年1月和2月，特拉华河河面被冰雪覆盖，但在春季解冻开河航行后，战争部通报巴里舰长，“美国号”停在那里会阻碍商船往来，下令将该巡航舰停到城南下游一个制绳工棚的对面。[84]

天气渐暖，这对舰船嵌缝极为不利。温度和湿度的起伏让船缝持续开裂，雨水渗入铺位和最下层甲板。约书亚·汉弗莱斯眼看着就要结束“美国号”这反复的补缝工作了，却被告知“甲板、干舷和其他部位都缝隙大张，麻絮松动，这些部分都需要在驶离特拉华河之前就进行修补”。[85]

船可能已经漏了，但“美国号”已被明显改造为一艘全帆装战船。用作下桅支索的新制麻绳已经装上船，刚入伍的新兵每天练习在粗绳外面绕细绳、卷缠、拼接、打结、系帆、移接、捆绑和打包。巴里监督着修帆工人，将上年从英国进口的帆布裁剪为成套的船帆。[86] 油漆工在船头做着最后的收尾工作，他们将一座女性雕像立在船头。雕像的配饰寓意重大：“她的头发蓬松卷曲，披散着垂在胸前……右手握着一支长矛和贝壳串珠，它们分别象征着和平与战争。她的左手边则是一本联邦宪法……纪念碑的基座上雕刻着鹰和美国的标识，还有商业、农业、艺术和科学的象征。”[87]

要找到与之匹配的火炮非常困难，这一度令人沮丧。陆军处曾希望推进国内铸造厂的发展，但沉重军械的铸造是一项复杂工艺，国内还没有掌握此技能的五金商。海军从塞西尔铸造厂（Cecil Foundry）购买了几十种武器，这家铸造厂位于费城和巴尔的摩之间的埃尔克河河口附近。后来才发现很多武器都不中用。巴里舰长警告战争部，劣质火炮容易在战斗中爆炸。这种事故不但会导致人员伤亡，而且会使幸存者感到恐惧并丧失信心，进而导致他们不敢使用其他武器。巴里表示，为舰船配备 20 门质量过硬的火炮，好过配备 100 门“质量低劣的火炮”。[88]

万不得已时，只能把沿海防御工事的地面大炮转移到巡航舰上。巴里极力劝说纽约州州长约翰 · 杰伊将 26 门 24 磅火炮运到加弗纳岛（Governor Island）的要塞。5 月，这些火炮经海路运抵“美国号”巡航舰。从巴尔的摩磨石角要塞卸下的一批12磅火炮，经海路运抵纽卡斯尔，继而被安装在新建的栎木炮架上，吊装在巡航舰的轻甲板上。“美国号”的军械师制造的军火弹药和轻型武器库存惊人，有霰弹、榴霰弹、双头链弹、手枪、步枪、喇叭枪（blunderbuss）、燧石、绒布弹药盒、点火装置、雷管、点火物、带鞘弯刀、登船长矛等。一些较小的武器装备便宜易得，然而另外一些却并非如此。战争部希望从加尔各答进口500吨硝石以制造火药。皮克林国务卿要求向英国大使澄清并承诺这批物资将用于和那些“永世与英国为敌的国家作战”。[89]

从费城出发，顺流而下160千米，海拔高度降低约30米，方可到达外海。“美国号”顺流而下，先后停泊在墨德岛和马库斯胡克，然后停在切斯特市。由于满载船员、武器、储备和淡水，该船每到一地都吃水颇深。

在感潮河段*驾驶这么一艘大船，是对航海技术的顶级考验。船员不断用测深锤来探测水深，重锚挂在吊锚架上，随时都可落下。如果风向与潮水相逆，船可能会横在河中；潮水与风向一致时，则几乎无法掌握船的方向。就算巡航舰能不顾一切地顺流而下，也达不到舵效航速**。随着吃水渐深，船很容易撞到浅滩。这时可能不得不抛锚，等待风向或潮流变化。

6月13日，巡航舰停泊在切斯特，为完成3个月的巡航任务进行淡水补给。增加的重量使船吃水更深，船尾下沉了约6.5米。领航员焦虑万分，他要求在到达特拉华入海口处的纽卡斯尔前停止增

---

* 感潮河段（tidal river），水位和流速受海潮影响明显的河段。

** 舵效航速（steerageway），能使舵生效的最低速度。

加额外的补给。

波士顿传来了令人失望的消息，44炮的“宪法号”下水还遥遥无期。装备精良的货船在世界各地穿梭往返，但大型巡航舰仍停靠在波士顿港口，人员短缺。招募广告已在整个滨水区四处张贴，敦促“新英格兰勇敢顽强的海员”前往福尔街的报到点，那里“有热情的招待，丰富的娱乐节目，或许还能马上拿到工钱”。[90] 但号召没能得到充分响应。

波士顿海军代理商斯蒂芬·希金森（Stephen Higginson）将此归咎于军官。他告诉战争部，塞缪尔·尼科尔森（Samuel Nicholson）船长仅仅是个“粗俗暴躁的水手”，既闹腾又虚荣，船员们都看他不顺眼。至于大副，“据说他毫无节操，一看就不是正经人”。外科医生“尽干一些违背道德、不合体统和不称职的事情。城里人相信他连一条狗都救不活”。[91]

国务卿的一个侄子得到了为“宪法号”提供补给的承包权，他抱怨“湿的副食品”（桶装腌肉）需在仓库放4个月，等到必要的文书批下来才能运上船。他担心这些肉会腐烂，造成浪费。他告诉叔叔，战争部连配备一艘巡航舰都够呛，更别提配备一支舰队了。

> 某些机关，还有某个部门及其代理商，让我们看不到任何获益的希望，至少从**这艘**巡航舰获益无望。我相信在建造过程中也出现了可耻的资产浪费现象。我认为，这全应归咎于（战争部的）**愚昧无知**……我不知道还能做些什么。那样一艘大船就躺在泊位上，这相当令人惋惜。[92]

许多方面将矛头指向战争部。约翰·巴里将“美国号”装备的延期归咎于麦克亨利部长，他刻薄地评论说：“毕竟是年轻的初学者，大家得体谅。”[93] 即使是亚历山大·汉密尔顿，这位曾力挺麦克亨利的良师益友，也被迫承认此人“力不从心”。华盛顿总统两年前对他发出的温和警告，可能是对他业绩做出的最具毁灭性的评价。这位三军总司令曾劝他“深思熟虑，但也要及时有效地执行。不要将今天的任务拖到明天完成”。[94]

早在1798年3月，需要对巡航舰项目的推进不力做出解释时，麦克亨利就承认他已不堪重负，并卸任了一部分职务。“XYZ”事件发生后，国会有意斥巨资组建海军。但国会议员也痛苦地意识到，追加的投资经战争部之手后将大幅缩水。4月30日，在共和党的反对声中，国会通过了一项在内阁设立海军部的法案，并由总统签署生效。亚当斯和他的顾问开始寻找候选人来担任新的海军部长一职。

同年春天，费城陷入了战争狂热之中。在萨瑟克区这个联邦党人战斗的温床，约书亚·汉弗莱斯在吉姆·卡梅伦（Jim Cameron）的小酒馆主持了一场喧闹的宴会。为了容纳人潮，桌子都支到了外面的巷子里，上面搭着两片帆布。亚当斯总统作为嘉宾出席。畅饮过后，客人们喝得酩酊大醉，开始“喧嚣怒吼，像一百头公牛在咆哮”。[95] 大家举杯共祝“襁褓中的美国海军，能像宙斯之子赫拉克勒斯一样，在摇篮之中就除掉玷污美国荣耀的巨蟒”，不久之后又祝“雅各宾派灭亡的消息传遍全世界”，然后再祝“所有入侵者的鲜血染遍大西洋”。一位共和党编辑的报道称：“上百名坚定的联邦党人至少举杯了 32 次，每次举杯都欢呼 9 声，不多也不少……每个人都在空中挥舞着帽子和假发，像小丑一样欢呼雀跃……还进行了一些违法乱纪的暴力活动。”[96]

当栗树街新剧院的管弦乐队奏响曾风靡一时的法国革命颂歌，如《马赛曲》和《一定会胜利》时，剧院的观众开始大声抗议。一位联邦党编辑谴责这些歌曲，称其为“高卢人的鬼哭狼嚎……令听众备受煎熬”。由于第一夫人位列席中，歌手吉尔伯特·福克斯（Gilbert Fox）翻唱了一首爱国歌曲《哥伦比亚万岁》（*Hail Columbia*），观众狂热地欢呼，他又重返舞台演唱了四遍。[97] 某些音乐家拒绝演唱这首歌曲，也许是因为他们对联邦党人的暴行心生厌倦。如贝奇在《奥罗拉通用广告报》上报道的那样：“室内的所有民众都心生警惕，他们觉得这群联邦党人刚从精神病院逃出来。”[98]

联邦党人戴着黑色“帽徽”，或系着独立战争时期美国士兵佩戴的那种玫瑰形丝带。共和党人为了支持法国大革命，自 1789 年起佩戴红色或三色帽徽。联邦党人的黑帽徽正是与之唱反调。这些不同颜色的政党象征让首都费城陷入了共和党人口中的“帽徽恐惧症”。在一些社区，谁要是戴着另一种颜色的帽徽，就有可能遭到攻击。一名国会议员称有次他在教堂外的台阶上看到两个女人扭打成一团，因为她们都试图“扯下对方胸前的徽章”。[99]

亲政府的民兵组织遍布全市。年轻人在募兵站前排着长队加入骑兵、掷弹兵或麦克弗森（MacPherson）的蓝军。蓝军队伍扩张到 600 多人。[100] 阿比盖尔·亚当斯对这突如其来的、如大坝决堤般的军事热情感到高兴。她写道：“这座城市从前被懒惰麻痹，受贵格会束缚，如今已成为一所军事学校。每天清晨，鼓点和横笛声一起，

‘兄弟连就开始操练’。”[101]

种种迹象表明她的丈夫目前正面临着巨大压力。他开始暴瘦，脸色变得苍白憔悴，牙齿渐渐掉光。阿比盖尔担心他抽太多雪茄。约翰·亚当斯从未受到过美国民众如此热烈的欢迎。他总是公然宣称，只要他是对的，便不在乎公众认同与否。民众对其政策表现出源源不断的支持，他对此甚感欣慰，并敦促支持者们发动战争。他给一群加入过志愿军的波士顿年轻人写信道：“武装起来，我年轻的朋友们，武装起来吧，尤其是在海上武装！”[102]

群体暴力威胁着共和党人。5 月 7 日，全市民兵组织集结起来，经过总统官邸。饱含爱国情感的年轻人受酒精驱使，成群结队在大街小巷招摇过市。一些人拆掉路灯，往费城图书馆石阶上的富兰克林雕像上抹泥巴。入夜后，暴徒们聚集在本杰明·富兰克林的外孙贝奇家外，怀孕 5 个月的佩吉·贝奇（Peggy Bache）独自带着 3 个小孩在家。有几个人建议放火，但他们最后只砸了门窗。这群醉醺醺的酒鬼整夜在街头狂欢，在臆想出的卖国贼窗下高唱爱国歌曲。卡特巷的居民彻夜难眠，抱怨“兄弟连”一直唱到凌晨 4 点，并希望他们去“祸害”其他地方。[103]

费城的贵格会信徒德博拉·洛根（Deborah Logan）后来回忆起当时敌对的氛围：“友谊瓦解，商人被赶走，人们跟风退出共和党……许多先生全副武装，因为随时都可能遇到人身攻击。”[104] 联邦党人在共和党领袖身边安插了不少间谍。杰弗逊发现自己“被大肆围追堵截”，[105] 只得迂回行进，以便不被人跟踪。受联邦党人控制的邮局工作人员拆阅他的私人信件。许多共和党人感到自己再也无法忍受费城这种被压制的氛围，国会会议尚未结束便启程回家。

杰弗逊多年后写道："没有目睹过那段灰暗时期场面的人，无法想象那种被迫忍受的痛苦和人格侮辱。"

高层联邦党人设法让市民相信，外国人与本土卖国贼串通一气，密谋让法国入侵美国本土。一个费城联邦党民兵组织的募兵广告是这么写的："小伙子们，你们的国家正遭受外敌入侵！恐怖的法国怪人会烧毁你们的家园和农场，侮辱并杀害你们的妻子和儿女！"[106]支持汉密尔顿的《美国公报》发问："现在难道不该质问叛徒是谁吗，到底谁是将国家出卖给法国的叛徒？……谁家成为法国人的度假胜地，谁经常和法国人在一起？"

国会的联邦党人颁布了《客籍法和镇压叛乱法》(Alien and Sedition Acts)，这或许是美国史上最臭名昭著的法律。该法规定，如果有记者、作家在新闻或社论中散布"虚假、诽谤、恶意的"言论，可能引发民众"反对政府官员，仇视国内好人"的情绪，联邦地方行政官有权对其提出起诉。[107]贝奇警告道："美国的良民最好管住自己的嘴，拿笔当牙签用。"[108]

杰弗逊在圣弗朗西斯酒店的套房里解除了反对党的防御战线。他告诉麦迪逊，"XYZ"事件的曝光令共和党人"无比震惊，这是自美国独立以来从未有过的震惊"。[109]有几位众议院的共和党人已经撤离首都，另外有些人则改换立场，加入主战一方。杰弗逊写道："因此，和平主义者现在唯一能尝试的，只有支持每个合理的防御和备战措施，尽可能避免战争真正爆发。"[110]

但反对党的票数不再足以反对联邦党人的海军和军事建设。祝酒词中经常用到的一句新口号在报纸上广为流传："百万建国防，一分不朝贡。"从4月一直到7月中旬，国会通过了20条单行法，以全力备战。1798年的海军预算将达到140万美元，超出过去所有海军支出的总和，占据当年联邦无息开支的30%。亚当斯下令对法国和法属殖民地实行常规的贸易禁运，并签署了一项正式宣言，宣布废除1778年的《美法友好与通商条约》。法国外交代表的国书被收回，美国海军船只有权抓捕所有游弋在美国领海内外的法国武装船只。临时军队正在组建，海岸线上到处都在建造沿海防御工事。代理商已开始在各海港为新的战舰采购物资、改造船体、装配武器补给以及招募船员。美国似乎将在夏末时分卷入一场全面海战。

麦迪逊，作为其家乡弗吉尼亚州的立法代表，从未像杰弗逊过去那样与亚当斯过从甚密。目前他对这个新英格兰人的厌恶之情溢于言表。他说，联邦党人曾经密谋煽动民意，纯粹为国内政治服务。他们勾起了人们对法国入侵的恐惧，以证明他们惩罚竞争对手是有道理的。“在家乡失去自由应算作抵御外部风险的代价，不管这风险是真是假。这也许是一个普遍真理。”[111]

4 美法准战争

1798 年 7 月 4 日，当国会就《客籍法和镇压叛乱法》进行辩论时，“星座号”巡航舰正在北纬 32°18′，西经 73°42′，距南卡罗来纳州海岸约 600 千米的海域上航行。从下午到傍晚，东风呼啸，掀起惊涛骇浪。特拉克斯顿舰长下令收紧中桅帆，然后加派人手去取下上桅帆桁。次日早上 8 点，北风肆虐，“带来飓风和暴雨”。[1]“星座号”在无帆的状态下任由狂风推动前行。西北风持续推进，猛烈地刮着海平面，掀起一阵阵巨浪。

“星座号”正经历第一次海上风暴，特拉克斯顿对其表现并不完全满意。虽然火炮都安置妥当，“所有的火炮都尽可能隐藏起来了”，但这艘船还是进了很多水，这让特拉克斯顿大为光火。他将此归咎于上甲板填缝工作没做好。虽然船舱到处湿漉漉的，但并没有什么致命的危险。链泵抽水的速度比海水涌入的速度要快。特拉克斯顿和“星座号”上的其他资深海员经历过更加恶劣的海上状况。

次日，“星座号”在猛烈的西南风中无帆前进，海上“掀起阵阵惊涛骇浪”。[2]晚上，风速终于开始减弱，船员系好支索帆和后桅帆，然后收起前中桅帆。特拉克斯顿命令“星座号”顺风调向（wear），向西北方前进，在迅速和缓的天气状况下扬帆起航。[3]水手们将湿衣服和吊床拿到甲板上晒干，然后就去“修复船在大风天气中出现的各种小破损”。

舰长命令大家严阵以待。他坚称：“每一个人，无论何时，不管是白天还是夜晚，都需要在警报拉响时立即采取行动。”[4]即使在恶劣天气里，船员也要操练大炮和轻型武器。炮手及其战友将火药分别装进步枪、手枪、喇叭枪、榴弹炮和重型大炮。他们还清理了重达24磅的实心弹表面上的污点和炮膛中的锈屑。特拉克斯顿强调，需特别训练驻守在帆索高处的船员，命令见习军官和船员练习“如何使用和装载榴弹炮，以及如何向敌军的甲板开炮……如果运作良好，这些榴弹炮常常能在短时间内消灭整个甲板的敌人”。必须随时严密监视，他告诉尉官，“每看到一面帆都必须立即通知我，不管在白天还是在夜晚”。[5]所有人要共同努力，树立一个新的规范。“我们需要培养这支襁褓中的海军，使之组织有序，这项工作必须得做。”

“星座号”此次处女航的任务，是从切萨皮克湾入海口的亨利角巡游至美国南部边界，即佐治亚州和西属佛罗里达之间的圣玛丽河（St. Mary's River）。“星座号”开始搜寻法国私掠船，并“尽一切可能保护美国商船”。[6]在卡罗来纳海岸边繁忙的航道上，“星座号”每天要和十几艘船打交道，却没有发现任何法国私掠船的踪影。随着时间流逝，特拉克斯顿的航海日志中逐渐流露出了沮丧的情绪：

> 7月3日，星期二：我们在西北方看到两艘帆船后，追了上去。其中一艘为波士顿“斯特林号”（Sterling）武装船，从北卡罗来纳州伊登顿（Edenton）前往苏里南，还有一艘斯库纳帆船同行。晚上7点，与之进行交流后得知该船行驶了36小时，

没有发现巡洋舰。

7月11日，星期三：9点钟看见一艘船在西北方向顺风而行，船员各就各位，迅速追上去。10点钟得知是“南卡罗来纳号”（South Carolina）从查尔斯顿驶往费城，船长约翰·杰曼（John German）说已行驶两天，没有发现巡洋舰。

7月16日，星期一：下午2点，发现一艘向北航行的帆船，追了上去。6点得知“佩吉号”（Peggy）斯库纳帆船从马提尼克开往查尔斯顿。此船……也没有发现任何战舰的踪影。

8月2日，星期四：上午10点，在西南方向发现一艘帆船，追了上去……这艘“伊丽莎号”（Eliza）帆船自萨凡纳驶往波士顿，行驶两天，没有看到任何法国巡洋舰，也没听说有谁见过。

8月5日下午，“星座号”到达距南卡罗来纳州罗马角（Cape Roman）约80千米的海面，当时一条鲸鱼突然从“星座号”旁边浮出水面，喷出“一根巨型水柱”。[7]特拉克斯顿听说过鲸鱼撞船事件，被毁船只的尺寸没比“星座号”小多少。于是他下令开火，希望将鲸鱼吓跑。然而还没开炮，鲸鱼就沉下去了。几分钟后，它再次冒出水面换气，这次离船没有那么近了。次日下午突降大雨，特拉克斯顿写道：“大雨倾盆，这雨量也许能达到甚至超过地球上任何一场雨的雨量。事实上，雨水无法通过排水口迅速流出甲板，这就导致大水漫过舷缘。”[8]

遗憾的是，他没有见到敌船。特拉克斯顿觉得是时候将“星座号”开回港口补给淡水和食物了。8月15日，“星座号”又一次来到亨利角，驶入切萨皮克湾。次日中午，它直达汉普顿锚地（Hampton Roads），并停泊在苏埃尔角（Sewell's Point）。透过北岸树木，汉普顿镇上成片的屋顶清晰可见。炮手的两个副手“表现得异常糟糕……桀骜不驯”，[9]故两人被带上镣铐，关到诺福克监狱去了。

当“星座号”在海上挣扎前行时，首任海军部长正在履行职务。亚当斯总统推选本杰明·斯托德特（Benjamin Stoddert）来担任该职务，这位47岁的成功商人出生在乔治敦的一个新兴小港口，该港口位于波托马克河航线的起点。在任命斯托德特时，亚当斯已经过深思熟虑，他认定：在外贸船装配方面经验丰富的商人，最有资格监管1798年的海军组建工作。这个商人应该深谙如何与造船师讨价还价，无论是在人员和供应的管理细节方面，或者是在沉闷的记账核算方面，还是在判断海员的可靠性方面都应颇有一套。控制成本的本能在每个商人的血液中流淌，还有谁能比这种人更好地看住公家的钱包？

斯托德特以前做过骑兵军官，这位独立战争时期的老兵，曾在布兰迪万河（Brandywine）战役中受过伤。他曾通过贩卖烟草发迹，先是从波托马克盆地的农民手中购买烟草，然后出口到欧洲，卖给生意伙伴。他的豪宅位于波托马克岬，从窗户望去，能看到长河缓缓地向南流动。再往东边去是一片低地荒野，新的联邦城便选址于此。这简直让人难以置信。国会和联邦政府计划迁都。

斯托德特于1798年6月12日到达费城，在栗树街139号的两个相邻办公室设立了新部门，工作人员包括一名主管、四名助理和一个信差。[10] 大量的工作在等着他。办公桌上堆满了申请文职和军职的表格，麦克亨利在海军管理生涯的后期对这些全然不顾。斯托德特上任时，整支美国海军舰队就是三艘巡航舰加上十几艘各式各样的斯库纳帆船、双桅横帆船和小战船，军官共计 59 名。两年后，舰队将扩充到 49 艘船，共装载 1 000 多门火炮，配备 700 多名军官。

斯托德特对前任留下的账目感到费解，甚至绝望。组建舰队有赖于迅速有效的日常管理，即批准供应申请、支付薪水、命令运送武器和弹药、保持账户收支平衡，以及维系复杂的工人与承包商关系网。记账这项苦差可能不是海军业务中最令人振奋的，但斯托德特明白这项工作必不可少。他要求国会批准以年薪 500 美元招聘文员，国会意识到优秀的会计能有效控制财政拨款，于是便同意了。[11]

在与海军承包商谈判时，斯托德特锱铢必较，像是在花自己的钱一样。8 月，他命令供应商坦奇 · 弗朗西斯（Tench Francis）“以你认为合理的价格把‘伏尔泰号’（Voltaire）上面那 134 吨麻绳全部买下来，船主的帆布也有多少买多少”。[12] 他提醒代理商不要被海军承包商狡猾的谈判策略所欺骗。发现运送到“美国号”的食物已经腐烂变质后，斯托德特严厉训斥了与供应商签订合同的财政部职员。“面包和鱼是怎么变质的？毫无疑问，卖面包的人应该召回这批货。他应该召回，你要坚持让他这么做。如果他不干，就以欺诈公众的罪名起诉他。”[13]

斯托德特任命约书亚 · 汉弗莱斯为美国海军总造船师，并授权他在全国范围内监督海军造船业务。但是，汉弗莱斯强行施威于其他城市的造船师，此举遭到强烈反抗。各港口造船的技术、风格和设计各异，许多术语已演变成方言，外人无法理解。[14] 要一个造船主听从其他地方的造船主，这违背了行业传统。汉弗莱斯提议打破中世纪以来业内“独门手艺秘不示人”的束缚，使手艺变得开放透明。造船是一门“高尚的艺术”，他和一个同行说，“我认为我有义务向造船业的朋友们传达我掌握的每一条信息”。

6 艘巡航舰中的另外 3 艘也分别在纽约、诺福克和新罕布什尔州的朴次茅斯恢复建造了。汉弗莱斯的前助理、从英国移民而来的乔赛亚·福克斯被任命为主造船师，负责在诺福克建造 38 炮巡航舰。这艘船很快被命名为“切萨皮克号”，于 12 月 10 日铺设龙骨。造船师福尔曼·奇斯曼（Foreman Cheesman）在纽约为 44 炮的“总统号”铺设龙骨。“总统号”将与“美国号”和“宪法号”采用同样的建造方式。汉弗莱斯建议奇斯曼从其他巡航舰的建造过程中吸取教训。“‘美国号’巡航舰上的许多军官认为‘美国号’前桅太靠前了，”汉弗莱斯写道，“为避免重蹈覆辙，我认为你最好将‘总统号’前桅往后挪半米。”[15] 他还劝奇斯曼将“总统号”炮台甲板升高 5 厘米，这将为两边军官室的舱门留下足够的空间，还能使炮台甲板多出一门炮位，同时可极大地“改善军官们的生活条件”。

7 月 13 日，“美国号”从特拉华角（Delaware Capes）出发，与 20 炮的“特拉华号”（Delaware）同行。它们奉命与一艘小战船和一艘独桅纵帆缉私船在波士顿会合，然后一起前往加勒比海。

在驶往波士顿的途中，“美国号”在几小时内就超过了“特拉华号”，不得不多次收帆减速，让这艘小船跟上。巴里舰长写信给汉弗莱斯说，他对这艘大型巡航舰的速度和操纵性很满意：“这艘巡航舰对舵轮的响应比其他所有船都要好，速度也能超过其他所有船。”[16] 领航长詹姆斯·莫里斯（James Morris）补充说，该船转向灵活（“舵轮只转一圈半就够了”），速度飞快（“我们一直以 12 节[*] 速度行驶，而且可以驶得更快”），而且能迎风而行（“当船以 9 节速度逆风而行时，我看到巴伦先生拿着一支蜡烛从船头走到船尾”）。[17] 巴里唯一抱怨的是这艘巡航舰“太脆弱”，它承载了太多重量，且集中于重心上方，以致船体过度倾斜。他承认部分原因在于船员将柴火和备用木材堆放在甲板之间，而不是放在底舱，这种做法非常不专业。他将通过合理装载木材，并添加 20 吨至 25 吨重的压舱铁块来纠正这一点。

特拉克斯顿对“星座号”首次出海的表现态度比较谨慎。他从来不相信约书亚·汉弗莱斯的造船理论，不会在航行 6 周后就更改自己的判断。他觉得“星座号”太长，并指出船体已明显向上拱起了。他抱怨说，船体过窄限制了供应补给的装载空间：“这艘船装载了三四个月的淡水和食物补给，一旦快速航行，船体就会下沉。”[18] 特拉克斯顿还不满地指出，巡航舰 6.7 米左右的吃水深度会使它在浅水中寸步难行。

但当特拉克斯顿看到巴里对“美国号”的溢美之词时，他求胜心切的一面就表现了出来。他告诉斯托德特，不要相信巴里关于费城建造的巡航舰“那堆言过其实的废话”。特拉克斯顿断言，“星座号”比其他巡航舰速度更快，这一点迟早会得到证明：“在巡航期间，每次追船，我们都只需半帆就够了，很快就超过了最快的帆船，其中一些号称‘飞行者’。因此，要是我们与‘美国号’和‘宪

---

* 节（knot），航海速度单位，1 节的速度相当于每小时航行 1 海里，12 节的速度相当于每小时航行 12 海里。

法号’相遇，如果你听说‘星座号’同时赶超这两艘巡航舰，不必感到惊讶……无论在哪种情况下，‘星座号’都是我见过的最容易操作的舰船。”[19]

虽然他们不愿意承认，但舰长和军官应该对早期巡航时巡航舰表现不稳定承担责任。他们倾向于使用巨大的桅杆和帆桁，以及大口径重型火炮。他们认为高耸的桅杆能让船铺上更多帆布，这样或许能提高航行速度；大型火炮则能使之在战斗中增加打击力。但是这些优点是以毁掉舰船的适航性为代价的。在恶劣的天气里，一艘超负荷航行的巡航舰将通过炮门和锚链孔来排水。借风前行时，船体将向下风处倾斜，甲板倾斜的角度像房顶一样，主舷支索扣板会被压入海里。英国海军军官凭借来之不易的经验清楚这一点，尽量避免使用过高的桅杆和过度武装的军舰。美国人还没有吸取教训。

约翰·巴里是几位舰长中最难辞其咎的一位。他执意为“美国号”配备巨大船帆，战争部也放任他这么做。在试航后，汉弗莱斯下令将船带回特拉华州，重装小号桅杆。“除了巴里舰长，几乎所有的军官都认为‘美国号’桅杆过大，”汉弗莱斯告诉一位同行，“我赞同缩小桅杆。”[20]巴里甚至在后甲板上建了一个驾驶室，其他同行都认为这是多此一举。

特拉克斯顿告诫正负责将商船改造成战船的巴尔的摩海军代理商，谨防过度武装的“愚蠢行为”。他警告说，火炮超重会使军舰“不稳定且容易倾覆……所有这些缺点证明，大炮不是越多越好。配备少数几门质量过硬的火炮，效果会更好”。[21]但特拉克斯顿还没打算承认，“星座号”自身也是过度武装了——它拥有 24 个炮位，每门炮长约 2.5 米，重约 2 吨。

在诺福克的小插曲过后，特拉克斯顿率领“星座号”重返大海。他下令航行至古巴，拯救一支由60艘到80艘美国商船组成的船队。报告显示，哈瓦那被30艘到40艘法国私掠船组成的舰队封锁，显然它们准备出航抢劫美国船。然而“星座号”顺利到达古巴水域后，却没有发现敌军。于是“星座号”在狂风肆虐的大西洋上护送一大批美国船返航，于10月27日安全抵达汉普顿锚地。特拉克斯顿略带失望地告诉斯托德特，他在北美海岸遇到的每艘船都“不曾发现任何法国巡洋舰，也没听说有谁见过……因此可以确定……它们是向南行进了”。[22]

斯托德特已经得出了相同的结论：春天里横行的法国私掠船已经驶离北美海岸。虽然最早的海军巡逻队只俘获了敌军不到6艘私掠船，但这也算保卫了美国主要海港的航道。[23]此举使得海上保险费用下降。去往西印度群岛的航程保费从高峰期的30%降到10%至20%。1798年年末，支持海军的联邦党人已经可以理直气壮地表示，海军证明了自己物有所值。

斯托德特正在酝酿一项更具雄心的计划，准备于下一阶段实施，这一阶段后来被称为“美法准战争”。他计划在背风群岛建立一个永久的美国海军基地。这将把冲突从美国海岸防御战升级为对法国私掠船大本营的进攻战。它还将表明，海军绝不是私人海上警力，其部署不能由塞勒姆、费城和纽约的商人利益决定。世界的另一端，如地中海和波罗的海，发出了大量护航请求，斯托德特全都拒绝了。他优先考虑的是压制加勒比群岛的私掠船，大部队几乎全都集中在那里。“如果我们任凭商船被掳至加勒比群岛，那么就算我们能在自己的海岸线上提供保护，似乎也是徒劳的，”[24]斯托德特给正在昆西避暑的亚当斯写信道，“在法国人的地盘上不断攻击他们的巡洋舰，这至少能在一定程度上减轻他们对我们的骚扰。”[25]

斯托德特说，南方攻略的目标应该对准法属殖民地瓜德罗普岛。“据可靠消息，已有60艘到80艘法国私掠船从瓜德罗普岛驶出。这个岛屿粮草充足，而这些粮草都是私掠船掳获的战利品。”[26]附近几个岛屿仍在英国人手里，可以作为美国军舰为美国商船提供南北向护航的基地。

美国的大型巡航舰太重了，不能将小型私掠船赶到浅滩上，因此行动必须得到小型武装船只的支持。特拉克斯顿建议装备一队吃水较浅的斯库纳帆船，这种船能在近海岸追击逃逸的私掠船，也能在静水中用桨划动前行。他写道，已派遣几艘这样的船在马坦萨斯和哈瓦那之间巡航，它们“俘获私掠船的概率，比巡航舰和其他大型战舰高10倍……能完全搅乱整个私掠船体系”。

斯托德特监督了几艘小商船改造为战船的工作，确保小船的数量达到要求。巡航舰也将在西印度群岛完成一项重要任务。只有巡航舰才能让私掠船意识到，美国海军是一支堪比英法海军的真正海军。此外，不断有传闻称，法国巡航舰正在背风群岛进行海上活动。据说有两艘船正在瓜德罗普岛的一个港口进行武器配备。如果特拉克斯顿能证实这些说法，斯托德特说，他应尝试向一艘敌舰开火，因为“如果能制订出有效的计划来掳获这些巡航舰，这将是大功一件”。[27]

特拉克斯顿将指挥“星座号”和三艘较小的战船组成的一支小型舰队。他将在被英国人称为圣基茨岛的圣克里斯托弗岛上建立一个作战基地，并且在“背风群岛与波多黎各的海域之间巡航，注意圣马丁岛和维尔京戈尔达岛；如果认为圣克里斯托弗岛和波多黎各之间的海域有其他需要留意的地方，也可前去巡航”。[28]特拉克斯顿奉命与约翰·巴里统筹协调，巴里将指挥一支由“美国号”“宪法号”和另外几艘相当强大的舰船“组成的规模稍大的舰队”，驻扎在南边的向风群岛，具体地点是多米尼克岛的鲁珀特王子湾（Prince Rupert's Bay）。

被俘的法国私掠船员与战俘享有同等权利。然而，在西印度群岛，私掠船和海盗船之间的区别有时是难以确定的。任何一艘无法提供私掠许可的武装船只的船员都将被视为海盗，对海盗的惩罚在整个航海界是尽人皆知的。“给你们的指令中没有提到尊重海盗，”特拉克斯顿在命令中指示，“你们知道如何对待他们。”[29]

诺福克商人代表团要求“星座号”出海时带上他们的船，特拉克斯顿对此并不感到惊讶。在“星座号”试航成功后的6个月里，它每次出海，身后总是跟着一队商船。然而在寒冬时节，只有几艘坚固的商船还在出海。“星座号”这次只给4艘船护航。1798年的最后一天下午，巡航舰带着小船队出海航行。“我们欢呼着向美国告别，决心要么征服法国，要么灭亡。”船上的修桶匠以利亚·肖（Elijah Shaw）写道。[30]随着新年的到来，“星座号”升起上桅帆，拉直锚索，收起船锚，藏起火炮，在凛冽的寒风和汹涌的波涛中发出信号，使船队保持队形。

这个季节，天气异常恶劣，风向捉摸不定，水流多变。特拉克斯顿对拖在“星座号”后面的商船队感到沮丧。1799年1月10日，他对无能的“小约翰号”（Little John）斯库纳帆船失去了耐心，“命令当值军官转告该船，再不提速跟紧船队，就要朝它开炮了”。[31]

驶离诺福克 13 天后，“星座号”瞭望员看到了安提瓜岛。[32] 特拉克斯顿与英国军舰“协和号”（Concorde）相遇，并从其舰长处得知，在瓜德罗普港口发现了两艘法国巡航舰。1 月 17 日，“星座号”与接受护航的船队分道扬镳后，在海上逆风航行，抵达圣基茨岛的巴斯特尔锚地（Basseterre Roads），停泊在离城镇 800 米远的水域，水深约 18 米。

巴斯特尔是典型的加勒比风光。沙滩上长满了迎风摆动的椰树，优美的天蓝色海湾上满是耀眼的白沙。这座小镇到处都是低矮的石头建筑，大都沿沙滩而建。背后是一大片甘蔗田，山那边则是种植园。阿木依伽山（Mount Liamuiga）海拔 1 156 米，是一座休眠火山，陡峭的山腰上是一片热带雨林，里面住着一群喧闹的猴子。霍拉肖 · 纳尔逊将军曾在圣基茨岛待过一段时间。1787 年，年轻的纳尔逊舰长就是在这个港口统领背风群岛的皇家海军分舰队的，他还在旁边的尼维斯岛上娶了妻子范妮（Fanny）。

巴斯特尔锚地并不是一个优良的天然海港。它只是岛屿西侧的平滑海岸线上一处内凹的区域。这里没有码头，游人必须将船直接开到海滩上。有时因为风浪太大，船体在岸边会严重受损。特拉克斯顿选择巴斯特尔作为集结地，是因为它靠近瓜德罗普岛的私掠船大本营。若不是因为圣基茨岛的战略位置，这位海军准将肯定会优先选择附近的安提瓜岛的英吉利湾（English Harbour）。

差不多就在到达巴斯特尔时，特拉克斯顿听说美国海军的“反击号”（Retaliation）斯库纳帆船被俘了。“反击号”的舰长是威廉 · 班布里奇（William Bainbridge）尉官，此人年仅 24 岁，是新泽西州普林斯顿人。[33] 11 月 20 日黎明时分，一直在瓜德罗普东部巡航的“反击号”在东南方向发现三艘船。通过其高耸的船帆可以明显判断出，其中两艘是巡航舰。班布里奇误以为这些是驻扎在背风群岛的英国船，故直到遭受敌军火炮攻击时，班布里奇才开始退避。这两艘法国巡航舰分别是 40 炮的“志愿者号”（Le Volontaire）和 36 炮的“起义号”（L'Insurgente）。当“起义号”向小小的“反击号”开炮时，班布里奇意识到自己火力严重不足，便投降了。这是美国军舰自独立战争结束以来首次向敌军投降。“反击号”上的军官被关押在法国巡航舰上，船员则被投入瓜德罗普岛上一个“肮脏的监狱”。

英国总督邀请特拉克斯顿出席晚宴。特拉克斯顿在赴宴时从总督口中了解到，“志愿者号”仍停在瓜德罗普岛，而“起义号”已经出海。有消息称，“起义号”是载着已被废黜的瓜德罗普总督维克多・休斯（Victor Hughes）前往法国了，但这一情报很快就将被证明是错误的。

特拉克斯顿在来到背风群岛后的第一周里一直在安排巡航细节。巴里指挥的舰队将为来自向风群岛的美国商船护航，以确保它们在圣基茨岛安全停泊；之后特拉克斯顿的舰队负责将它们护送到巴哈马以北相对安全的水域。特拉克斯顿麾下的所有军舰都将执行护航任务，空闲时这些军舰将在背风群岛巡航，阻击敌军私掠船。

特拉克斯顿在抵达驻地的三周内，派舰队执行了三次前往北方的护航任务。虽然护航工作能有效保卫航道，但特拉克斯顿急于开战，并不满足于让巡航舰停在泊地。“星座号”巡航了几天，先后前往安提瓜岛、圣尤斯特歇斯岛、圣巴泰勒米岛（St. Bartholomew）和圣马丁岛，然后到了蒙特塞拉特岛（Montserrat）南部。“星座号”围绕着瓜德罗普岛航行，国旗在船上迎风飘扬。它一面警惕敌人的火炮，一面诱敌深入。

“星座号”的尉官和见习军官们自上年夏天处女航之后就一直在特拉克斯顿手下服役，只有极个别除外。在这位海军准将看来，每位军官各有千秋。现在，每当有军官令特拉克斯顿大失所望时，他都会以带着强烈个人色彩的话语斥责这名军官。当“星座号”在瓜德罗普岛沿海巡逻时，一个名叫约翰·登特（John Dent）的年轻见习军官被特拉克斯顿训斥了一通：

> 你目无海军规章条例，目无肩负的责任义务，毫不在乎见习军官的头衔，我将你遣送回家都没问题……你不服从命令，不注重提高自己，漫不经心，不修边幅。我看到你在船尾，都觉得丢人。
>
> 要是我的儿子……像你这样，违犯禁令，拒不听劝，我就不只是解雇他这么简单，我还会剥夺他的继承权，让他自力更生。[34]

但登特仍然留在了船上，他肯定已经改过自新了，因为此人很快晋升为尉官，并最终升至舰长。

2 月 2 日，狂风肆虐，“星座号”驶入瓜德罗普圣派恩港（St. Pine Harbor）的南岸，以躲避法国港口火炮的侵袭。一时间炮火连天，几颗重磅炮弹没击中目标，落入海中。特拉克斯顿数着炮声，等待着炮台停火。然后，“星座号”以两倍的炮弹回击，但也没打中目标。此时，瞭望员呼叫甲板，汇报说一支7艘船组成的护航舰队正向西南方向行驶，特拉克斯顿命令“星座号”全力追逐。护航舰队的第一艘船是英国战舰“艾略特号”（Elliot），前往利物浦，该船在交战水域仍为一群美国人提供了友好的保护。灵活的“星座号”很快便追上了其他船，但所有船都是美国船或英国船，没有法国船。运气总是这么差。“星座号”回到圣基茨岛，进行淡水和食物补给。

“美国号”正在执行护航任务，从巴巴多斯驶往马提尼克岛（Martinique），身后跟着10艘船。当天上午8点，“美国号”发现下风方向有一艘斯库纳帆船，开始追逐；下午3点时，终于赶上了。这是一艘6炮的私掠船，名为“爱国号”（L’Amour de la Patrie），追逐过程中它不顾一切地企图逃跑。而此时它正位于“美国号”的射程范围内。“美国号”向逃离的斯库纳帆船发射了3枚24磅的炮弹。第三发炮弹击穿了它的两舷。“爱国号”迅速进水，开始下沉。“美国号”上的一名军官事后回忆道，私掠船船员“发出了他听过的最悲凄的嚎叫声。虽然据说法国废除了所有宗教，但他们仍不忘用手势、表白信仰和抗议这些老办法来祈求神的保佑”。[35] 船体下沉，有60名船员得救。

2月6日，“星座号”返回海上。2月8日，特拉克斯顿在日志上写道：“24小时内天气多变，暴雨倾盆，海浪扑面而来。”[36]“星座号”在巴布达岛和圣巴泰勒米岛之间停了下来，船员们开始打结和拼接索具。此时港口没有任何船。奇怪的是，两天来没有一艘船出现。但在2月9日中午，瞭望员在尼维斯岛（亚历山大·汉密尔顿的老家）东北方向五六里格*的地方发现南方有一艘船正向西前进。“星座号”立刻向迎风面转向（haul）并开始追击。特拉克斯顿通过望远镜打量着这艘陌生船只。它尺寸巨大，棱锥状的帆布高耸入云。他在航海日志中写道：“我觉得这是一艘战舰。”[37]

中午12点半，也就是发现这艘船几分钟后，它改变了航向，开始向西北航行，很快便行驶至“星座号”下风方向约5里格处。特拉克斯顿有能力发起进攻，将其击垮。他不知道这是什么船，它可能是英国船或美国的其他巡航舰，但他决心靠近一探究竟。

此时特拉克斯顿还不知道，他追逐的是法国36炮大型巡航舰“起义号”，该船于11月袭击并俘获了美国海军的“反击号”斯库纳帆船。“起义号”被誉为行驶速度最快的法国军舰之一。它之前是向北驶入巴哈马追击英国商船去了，而不是像特拉克斯顿听说的那样驶往欧洲。三周前，“起义号”曾逃脱“宪法号”的追击。

“起义号”舰长米歇尔–皮埃尔·巴瑞奥特（Michel-Pierre Barreaut）爬上高处，站在前中桅帆的帆桁上察看追赶他的船。这个法国人觉得此船肯定是艘巡航舰，但他还不知道这是美国船还是英国船。不管是谁，他都无意靠近。哪怕逃跑，他也不想卷入战争。法国人在西印度群岛处于劣势，目前的首要任务是维持该地的海军力量。对法国巡航舰来说，摧毁敌国商船比攻击敌方军舰更能为国家做出贡献。

在追逐一小时后，“星座号”已靠近至彼此可见旗语的距离。特拉克斯顿命令通信官发出英国海军的暗号：前中桅上悬挂蓝旗，

---

* 里格（League），长度单位，航海中1里格等于3海里（约5.6千米）。

主中桅上挂红白蓝旗。这艘来历不明的巡航舰没有回应，于是“星座号”在后桅斜桁上升起美国军旗。[38]这是美国海军的暗号，对方依然没有反应。

特拉克斯顿命令“星座号”各就各位，准备战斗。仿佛是作为回应，“起义号”降下美国旗，升起三色旗，并迎风开了一炮，以示确认。

水手长哨声响起，巡航舰上传来人们四散奔跑的脚步声，整艘船都活动起来。船员们将步枪、长矛、斧头和喇叭枪别在腰上。卧铺舱的吊床被用来织网筑垒。海军陆战队员和瞭望水手攀住侧支索，通过绳梯爬上桅杆。木匠们将炮台甲板上的舱壁从头至尾地清理了一遍。炮手们围着武器，尉官们拿着推杆站在旁边。

最开始，“起义号”位于西北方向，在圣基茨岛和萨巴岛之间，但现在法国人开始振作精神，右舷迎风调向（tack），与风向呈约90°角。他们或许是想利用天气来占据优势，也就是从上风处阻击敌军。“星座号”从尼维斯岛南岬角的滩涂南侧驶过，通过调整路线来挫败敌人的意图。这将是一场艰苦漫长的追逐战。

尽管风越来越大，但特拉克斯顿还是命令船员满帆前进。特拉克斯顿将巡航舰用到极限，它在狂风中前进，帆桁很容易被风刮走。当时的场景可以想见：“星座号”在水中挣扎，狂风侵袭着船梁，泡沫翻滚晃荡着，来回冲击围栏，船头溅起的水花沾湿了前桅的舰首旗，顶桁在压力下明显弯曲，索具发出嗡鸣声。

“星座号”在此次追逐大战中更胜一筹，但风力渐大，天空渐暗，似有不祥之事将要发生。厚厚的灰色云层在上风方向堆积，在斑驳的海上快速移动。每个船员都知道，暴风雨即将来临。双方舰长不得不做出选择，到底是缩帆慢行还是冒着桅杆或帆桁损坏的风险继续全速前进，万一桅杆折断，这场追逐战也就结束了。这既是对船上索具拉力的考验，也是对航海技术和各位船员的考验。追赶者和被追者都满帆前进，双方舰长都渴望成功。

在疾风骤雨的冲击下，“星座号”朝下风方向猛烈地倾斜。所有水手放松了所有的船帆。风雨拍打帆布，发出喧嚣的怒吼声。除了一根帆下桁，其他所有的桅桁都安然无恙。一名船员后来回忆时说，这帆下桁“断裂时发出的噼啪声前所未闻”。[39] 但如果注定要失去一根桅杆或帆桁的话，帆下桁好过中桅或其他帆桁。暴风雨过后，“星座号”船员扯起船帆，继续在温暖的加勒比海中全速前行，“像匹赛马一样”。[40]

在前方不远处，暴风雨也逼近了“起义号”。巴瑞奥特舰长命令船员收紧上桅帆，但船员在帆桁上时，风墙撞击船体，并将主中桅击断，顿时有一大堆桅杆、索具和船帆落在甲板上。船员们用弯刀和斧头清扫残骸。这是一次灭顶之灾，巴瑞奥特舰长明白，此刻“起义号”已没有逃离的希望了。起初，他试图改道驶往圣尤斯特歇斯岛避难，但随后他逆风而动，右舷迎风调向，等待“星座号”到达。巴瑞奥特后来告诉政府，造成“此次不幸的唯一原因”是战舰损失了中桅。[41]

随着“星座号”与逃走的“起义号”距离越来越近，24 磅火炮的巨大重量使得“星座号”的船体朝下风方向严重倾斜。为了保持船体稳定，特拉克斯顿不得不用光迎风炮，收起背风炮。这就是过度武装造成的巨大风险。“星座号”可以利用天气优势，从上风处迎敌；从战术上说，这是特拉克斯顿不可错过的宝贵优势。然而，他在作战时需要使用背风炮。“星座号”距离“起义号”的船尾仅有一链*长时，特拉克斯顿决定放弃上风位置，绕到“起义号”前方，在其下风方向行驶。

3 点 15 分，两艘巡航舰距尼维斯岛西部只有几里格，“星座号”靠拢至射程范围内。法国舰长在“起义号”船尾栏杆处清晰可见，他高呼要赌一把。特拉克斯顿第一次无话可说，他甚至拒绝回应。在他眼里，美法即使还未宣战，两国也已明显存在战争态势。法国授权私掠船在这整片水域追击美国商船，法国军舰曾俘获美国军舰。“起义号”要么反抗，要么投降，没有任何商量的余地。当“星座号”上的艉炮可以瞄准敌人时，特拉克斯顿下令右舷炮轮流射击。

24 磅火炮从前往后依次发射，炮弹蹿出去后，闪着刺眼的光，释放出一股浓烈的白烟，随即被风吹散。美国炮手采用英式手法发炮，直击“起义号”船体。双弹射击**令“起义号”损伤极其严重，两船交火才半分钟法军就死伤 20 人。

“起义号”立即发射舷炮反击，攻击“星座号”的桅杆索具。“星座号”前中桅的最上端被击中，摇摇晃晃地似乎要掉下来。18 岁的见习军官戴维·波特（David Porter）和海军陆战队员以及轻型武器作战员共同驻守在艏楼上，试图向甲板汇报。由于炮火声太大，无法引起特拉克斯顿的注意，他放弃请示，直接爬上去割断了吊索，使帆桁落下，以减轻残破桅杆上的压力，防止其断裂坠落。

“起义号”的甲板上到处都是尸体和垂死的伤兵，余下的船员也似乎不听舰长指挥了。许多人弃炮逃跑，有的甚至冲进舰长室。

---

* 链（cable），长度单位，1 链等于 0.1 海里，约为 185 米。

** 双弹射击（double-shot），以两倍的弹药装填并发射，威力巨大，但射程会缩短。

或许巴瑞奥特舰长已觉察出“起义号”火力比不上对手，所以他命令舵手靠近“星座号”，准备让船员跳帮肉搏。但该船已失速，无法展开此机动。这使得该船损失惨重，因为“星座号”趁机绕到“起义号”前方，舷炮齐射，迎头采用双弹射击。下风处的“星座号”绕过损伤惨重的“起义号”船头后，在与其平行的航线上行驶。两艘船上的炮手都从甲板的一侧跑到另一侧去开炮。“星座号”的左舷炮门洞开，发射出的炮弹闪烁火光，呼啸着向前，消失在一阵烟雾里。“起义号”的右舷炮立刻进行反击。现在两艘巡航舰共同迎风行驶，陷入了一场以牙还牙的持久战。

“星座号”的炮台甲板上有一名炮兵极为恐慌，弃炮逃跑。他的上级是 21 岁的安德鲁·斯特雷特（Andrew Sterrett）尉官，一个巴尔的摩人。斯特雷特拔出剑，在船上追赶这名惊慌失措的年轻人，堵住并杀了他。后来他向兄弟们吹嘘：“我不得不和这个伙计刀剑相向，结束这个**懦夫**的性命。在**这艘**船上，一个人哪怕只是面色苍白，都会被处死，你们千万不要大惊小怪。”[42]

“星座号”发射的一枚 24 磅炮弹命中“起义号”的船身，击落一门大炮，摧毁了另一门大炮的支架，同时造成数人死亡。据战后不久出版的《克莱普尔美国每日广告报》（*Claypoole's American Daily Advertiser*）报道，燃尽的炮弹沿着炮台甲板滚动，被一个法国军官拾起，他将这枚炮弹拿给船尾的巴瑞奥特过目，作为“起义号”12 磅炮的火力不如“星座号”的证据。[43]

两船曾一度分开。法国水手们重新规划被“星座号”阻断的航行线路。美国巡航舰损伤很小。下午 4 点刚过，特拉克斯顿将“星座号”开到横对“起义号”船尾的阵位，准备再次发动猛烈的舷炮齐射。约翰·罗杰斯说，那时若是开了火，“星座号”“肯定已经送它下地狱了”。[44]

巴瑞奥特不得不承认，他的船处境凄惨：主上桅帆落在主桅楼驻守的海员身边，像一块皱皱巴巴的纱布；后纵帆“已被蹂躏得千疮百孔”，巴瑞奥特命令手下将其收起以减轻后桅的负担；主中桅和后中桅均已毁坏，掉落在甲板上，不能用了；几门大炮被摧毁；前桅帆的张帆索和转帆索被炸成碎片，数不清的绳索无力地吊在空中，垂在海里。“起义号”伤亡惨重：甲板上到处都是死伤船员，一时间血流成河。水手长和低级军官都不在甲板上，舰长只看到一个人驻守在前甲板上。[45]

巴瑞奥特纵观整个“星座号”，发现它几乎毫发无损，只受了一些轻伤：索具被毁，损失了一根前桅帆桁，炮弹在帆布上炸出了几个洞，但它仍然能正常航行，火炮依然可以正常使用。虽然巴瑞奥特可以继续战斗，但他后来说，“对我而言，与更强的对手作战是迟早的事”。他说，“起义号”已经“是一个没有索具和船帆的光秃秃船体，仅剩 12 磅炮可进行防御”。他向前走上舷梯，告诉大副，他打算投降。大副答道：“您决定吧。”下午 4 点 15 分，三色旗从后桅斜桁上降了下来。

在“星座号”的后甲板上，特拉克斯顿召见尉官罗杰斯，并命他找 1 名见习军官和 11 名船员负责押解船员。然后“星座号”放下一艘小艇，让这批船员划过去。罗杰斯登船接管被俘舰时，眼前敌人的惨状让他激动得发抖。“虽然我不想让您觉得我血腥，”这个血腥的尉官给斯托德特写信道，“但我必须承认，看到 70 个法国海盗（您知道我有正当理由这么称呼他们）在血泊中挣扎，其中 29 人死亡，41 人受伤，真让我很高兴。”[46]

巴瑞奥特及其大副被押往“星座号”。[47] 这位法国舰长希望能恢复对这艘战败巡航舰的所有权。虽然他清楚法属西印度殖民地对美国商船进行了残酷的掠夺，但他也知道，两国从未公开宣战。登上“星座号”后他对特拉克斯顿说：“我们两国并没有交战。为什么射击法国国旗？”特拉克斯顿关注的是，随着夜间狂风暴雨的来临，如何有效管理两艘遍体鳞伤的巡航舰和几百名战俘，他拒绝与对手辩论。他问明巴瑞奥特和被俘船的名字，然后说：“先生，你是我的俘虏。”巴瑞奥特及其大副被卸下随身武器，然后被押了下去。

“星座号”上有 3 名瞭望水手被大炮或轻型武器击中了。其中一个当场死亡，另一个伤重不治。第 4 起伤亡发生在尼尔·哈维（Neil Harvey）身上，他因擅离职守被斯特雷特尉官处决。“下面是‘星座号’上的死伤船员名单，”见习军官波特在给父亲的信中写道，“约翰·安德鲁斯（John Andrews）的双腿在艏楼被击中，乔治·沃特（George Water）被炮弹击中后背，塞缪尔·威尔逊（Samuel Wilson）大腿被炸飞，伤势过重而死，还有一个人因为胆小懦弱而被处决。”[48]

战后几个小时，风力持续增强。夜幕降临时分，在波涛汹涌的海上运送“起义号”的囚犯和伤亡人员实在太危险，所以罗杰斯和押解船员不得不让这艘船帆受损的巡航舰返航，将 173 名囚犯运回圣基茨岛。[49] 他们基本上没有时间处理死者，尸体还躺在甲板上原来的位置。原来严严实实地扣在舱口的栅栏已被扔在囚犯旁边，所以每个舱口必须安排一个人携带喇叭枪、弯刀和手枪负责守卫，

“如果哪个囚犯没有获得允许就擅自登上甲板，格杀勿论”。

在狂风中航行了两天三夜之后，“起义号”终于被带到巴斯特尔锚地北端的布拉夫角（Bluff Point）。如果城里的英国殖民者对这艘陌生巡航舰的身份起疑，只消用望远镜看看就知道了：一面美国军旗在后桅斜桁的法国三色旗之上迎风飘扬。

巴瑞奥特舰长告诉特拉克斯顿，此次交战将对两国外交造成严重后果。他说，消息传到巴黎后，法国政府会对美宣战。特拉克斯顿指出，“起义号”在几个月前俘获了美国海军“反击号”斯库纳帆船，且“起义号”的航海日志表明该船还俘获了其他几艘美国商船。此外，他是奉命在海上搜寻法国武装船只，一旦遇到，就全力进攻。“这个法国舰长告诉我，我已挑起了美法战争，”特拉克斯顿给斯托德特写信说，“如果真是这样，那我非常高兴，因为我讨厌半途而废。”[50]

瓜德罗普岛的新任总督艾蒂安·德富尔诺（Etienne Desfourneaux）将军表达了相同的震惊和愤慨。总督下令派遣一艘悬挂休战旗的小船前往圣基茨岛，以法兰西共和国的名义要求归还“起义号”及其船员。两天后总督收到答复，特拉克斯顿不仅拒绝了这一要求，而且宣称他将继续攻击所有出现在西印度群岛的法国武装船只，“直到美国总统下令禁止”。[51]特拉克斯顿补充道，美国人民“希望与法国和整个世界和平共处，但这需要建立在公正和体面的基础之上，否则我们将摒弃这种愿望。是的，先生，我们蔑视这种想法”。

特拉克斯顿提出交换囚犯，但德富尔诺断然表示瓜德罗普岛没有监禁任何一个美国人，特拉克斯顿绝对是信口雌黄。总督拒绝交换囚犯，使局面陷入两难境地，因为这支美国的小规模舰队无法为“起义号”上俘获的囚犯提供补给。特拉克斯顿解决这个难题的办法是，将法国海员转移到圣基茨岛的英国监狱，并批准52名法国军官乘船至瓜德罗普岛，每人都签署了假释协议，承诺“无论是在海洋还是在陆地上……都不会与美军刀剑相向”。虽然巴瑞奥特舰长对“起义号”被俘提出抗议，他还是对自己和其他狱友受到的人道主义待遇表示感谢。“高尚的人应具有勇敢和仁慈这两种品质，您兼而有之，”他在给特拉克斯顿的信中写道，“我真诚地表示感谢，并保证将您的慷慨之举转告给法国民众。”[52]巴瑞奥特从帽子上摘下一根羽毛送给特拉克斯顿，而这位美国准将转手就将此作为礼物送给了他的侄子。

罗杰斯晋升为“起义号”代理舰长，正等海军部的批准。1799年2月至3月初，他负责监督受损战舰的修理工作，奉海军准将之命，“在舰船配备上尽可能节省”。根据海军的奖赏条例，“星座号”的每位官兵都将得到一份奖励。特拉克斯顿怀疑政府会从中扣除修理费用。“星座号”上共31名官兵被调到“起义号”上。加上从其他舰船调来的人手，“起义号”船员将达到124人，连满员的1/3都不到，执行返航任务是够了，但遭遇实力相当的对手时，人数还是不够。为了安全起见，两艘巡航舰将一起驶向北美。

巴里和“美国号”已在4月初回国，因此背风群岛航道基本无人防护。随着越来越多的美国商船抵达西印度群岛，特拉克斯顿认为有必要让“星座号”在南方多停留一段时间。但舰队的食物所剩无几，并且“星座号”上船员的一年兵役也已期满。直到5月7日，也没有收到斯托德特发出的新指令，舰长别无他法，只好继续航行。

安然无事地航行了两周后，“星座号”和“起义号”于5月20日周一下午抵达汉普顿锚地，停泊在克雷尼岛（Craney Island）海湾。特拉克斯顿命令罗杰斯在“起义号”后桅斜桁美国国旗之下升起法国三色旗，悬挂三天，“与民同乐”。[53]

诺福克成了凯旋的“星座号”巡航舰及其战利舰的第一停靠港口。市长和其他行政官员喜出望外，先是让当地民兵连上街游行庆祝，并鸣枪16轮致敬，然后为舰长和军官们准备了庆功宴。美国东海岸的大小报纸都在报道“星座号”大快人心的凯旋，剧院里出现了匆匆改编而成的戏剧和歌曲，商人出售此次战争的纪念品，其中包括“英勇的特拉克斯顿的同款圆军帽”。[54]新罕布什尔州一次宴会上的祝酒词被广泛引用，其中影射了法国外交部长塔列朗拒绝美国的外交提议一事：“特拉克斯顿舰长，最受欢迎的美国驻法国特使，经过第一次会面后得到承认。”[55]亚历山大·汉密尔顿受邀出席了为特拉克斯顿舰长在纽约汤鼎咖啡馆（Tontine Coffee House）举办的晚宴。几个英国商人和承保人筹集了500几尼，委托伦敦交易所为特拉克斯顿打造一只银鼎，以感谢他给予英美的共同敌人沉重一击。

在费城，共和党领袖预测，“起义号”被俘将导致冲突升级，但亚当斯总统却非常开心。“我希望其他所有官员都能像特拉克斯顿一样充满激情，”他告诉斯托德特，“如果你想让他收敛一些，虽然这的确是你应该做的，但请你以非常温和的方式去做……我不会让世界浇灭这股激情。”[56]

在催讨悬赏金和船员被拖欠的奖金时，特拉克斯顿会充分释放他的激情。被俘船会在拍卖会上进行出售，或由联邦政府购买，而收益的一部分将分给捕获船上的每位官兵。每个人根据军衔分成，舰长拿走最大一笔（占总数的15%）。如果被俘船的实力不如捕获船，那么船员和联邦政府各得一半收益；而如果被俘船与捕获船实力相当，或者比捕获船实力更强，它将成为“俘获者的专属财产”，船员将获得与其等价的全部金额。因此，“星座号”和“起义号”的实力强弱与特拉克斯顿及其手下利益攸关。

特拉克斯顿认为“起义号”实力更胜一筹，胜在船员数量上：“起义号”约有409名船员，而“星座号”仅有316名。还有船上配备的大炮数量：“起义号”40门大炮，“星座号”38门。但这些数据是有误导性的，也可能是他故意误导。“起义号”搭载了50多名乘客，这些人对战斗几乎没有贡献。更重要的是，“起义号”比“星座号”重量轻了近30%，它以12磅炮为主要武器，而“星座号”配备的是24磅炮。从任何客观角度衡量，这艘被俘船都比不上“星座号”，但特拉克斯顿和他手下的军官软硬兼施，试图说服同胞（或许包括他们自己）相信，“星座号”战胜了一个更强大的对手。

6月在诺福克成立的海事法庭从大副约翰·罗杰斯那里收集了证词。罗杰斯报出了两船的火炮和船员的数量，但法院并没有强迫他（他也没有主动）提供关于武器口径，或两艘巡航舰的尺寸和重量的细节。在此证词的基础上，法庭裁定，“起义号”实力更强。海军代理商威廉·彭诺克（William Pennock）主持的调查小组随后对“起义号”进行查验，估值12万美元。

当时正在起草阶段的海军规章条例规定：“任何欺骗、企图欺骗或纵容欺骗美国的军官都将被永久解雇……并受到军事法庭的处罚。”[57] 法律规定，政府收缴的所有战利品都应存入基金账户，以供养伤残的军官、水手和海军陆战队员。因此罗杰斯企图欺骗海军，此举将剥夺伤残老兵的抚恤金。虽然特拉克斯顿没有出庭做证，但他支持法院判决，并试图拿走全部12万美元。亚历山大·默里（Alexander Murray）舰长也驻扎在诺福克，他相信特拉克斯顿在幕后有强大的操控能力。“有一点可以肯定，他的话在这里就是法律，”他给部长写信道，“这可能不是他的错，人有时会被荣誉冲昏头脑。”[58]

斯托德特没有上当，虽然他还没亲眼看到“起义号”，但他收到了来自乔赛亚·福克斯关于船体尺寸的调查报告。他知道“起义号”的实力略逊一筹，也明白12万美元估值过高。他告诉特拉克斯顿：“在我看来，诺福克几位大佬的定价远超出该船的实际价值。我估计这艘船已航行7年了，做工粗糙，损耗惊人。船身上的铜皮应该马上更换。”[59]斯托德特部长要求约书亚·汉弗莱斯对这艘船进行合理估值，“不多也不少”。依据福克斯的图样和详细的调查笔记，汉弗莱斯对该船估值84 500美元。[60]斯托德特考虑过不服从海事法庭的裁决，上诉至联邦地区法院，但这将引起海军部和国内最著名的海军英雄之间的诉讼争端，导致“令人不快的情况”出现。[61]因此斯托德特给特拉克斯顿报价，就以汉弗莱斯的估值84 500美元为准。“我希望大家能接受这个报价，”他写道，“你知道我的处事原则，我真的认为这个价格能令人满意。不能再多了。”

特拉克斯顿也担心关于两艘巡航舰实力强弱的说法在法庭上站不住脚，故接受了这个报价。扣掉代理商的佣金和成本后，他将拿到8 000多美元。[62]这是一大笔钱，大约相当于现在的200万美元。但是，“星座号”上的许多水手未能领取到自己应得的部分，他们天真地将其贱卖给了投机者。

乔治·华盛顿已同意重新出山，担任临时陆军的总司令，统领1万名官兵。1798年11月10日，这位全副武装的老将军率领着骑兵连开进费城，欣喜若狂的群众夹道欢迎。

阿比盖尔·亚当斯说，决定将华盛顿重新请回来，“是迫于时代的需要。当时总统也没和他人商量，就做出了这个决定”。[63]但约翰·亚当斯对组建陆军并无真正兴趣。美法准战争进行到第二年时，他对海军越发偏好了。“32年来，我一直偏爱将浮动炮台和木墙作为国家的战争防御系统。”他在给波士顿海洋协会（Boston Marine Society）的一封复信中写道。[64]当年8月，一支强大的英国舰队在埃及海岸战胜了法军（纳尔逊参与的尼罗河战役）。这使亚当斯确信，组建美国陆军成本太高，且没有必要。“目前在这里看到法国陆军的可能性几乎为零。”他告诉麦克亨利。[65]

还有另一个因素影响着总统的决策。亚当斯违背自己的意愿，任命亚历山大·汉密尔顿为陆军副总司令。因为华盛顿曾扬言，若他无权自行挑选属下，就拒绝担任陆军总司令。汉密尔顿少将有效地掌控了军队，他分配军官的任务，将忠于他的那些中尉安排在关键军团任职。亚当斯开始明白汉密尔顿怀有征服野心，如果有机会，汉密尔顿会率领一支“解放大军”攻下路易斯安那和西属佛罗里达，甚至通过墨西哥进军中美洲和南美洲。通过与英国海军合作，圣多曼格岛（St. Domingue Island，现名伊斯帕尼奥拉岛）和法国的其他西印度殖民地也可收入囊中。征服这些地方后，汉密尔顿会雄赳赳气昂昂地骑马返回美国，后面跟随着徒步的凯旋之师。

历史的轨迹通常都是这样。伟大的共和国常常被国内的成功将领颠覆。这是恺撒大帝曾经的征伐历程，他曾横渡卢比孔河*；这也是拿破仑当时正在沿袭的轨迹，他已在意大利北部大败奥地利人，正在返回巴黎。在最糟糕的局面下，汉密尔顿的野心可能会膨胀到颠覆立宪政府的地步，尽管他曾为缔造和培养这个政府付出无数心血。18 世纪 90 年代，国内的政治动荡已使得汉密尔顿和所谓的高级联邦党人开始严重怀疑宪法**无法**保留，甚至不值得保留。

阿比盖尔曾经警告说，如果机会允许，汉密尔顿将“成为第二个拿破仑”，亚当斯也同意这种说法。“要么他疯了，要么我疯了。”亚当斯说。据埃尔布里奇 · 格里回忆，当时亚当斯在会谈中说，他“认为汉密尔顿和一部分人正努力组建一支听命于汉密尔顿的军队，从而成立一个以汉密尔顿为首的王室政府，并准备成为英国的一个省份”。[66] 多年以后，亚当斯告诉记者：“我一直在说造船！造船！汉密尔顿就是热衷于组建军队！军队！他拥有西塞罗的胆小虚荣，马克 · 安东尼的放荡不羁，以及恺撒大帝的勃勃野心，目的就是要取得 5 万人的指挥权。我的目标是保卫祖国，而我知道，唯有组建海军才能达到此目的。”[67] 同时，亚当斯开始意识到，他的内阁，这群华盛顿政府的当朝元老，除了斯托德特，其他人都效忠于汉密尔顿。内阁的审议被详尽转述给汉密尔顿，甚至受到他的远程操控。亚当斯开始任用自己的顾问，除非实在有必要，否则不与内阁商讨任何事情。

即使在 1797 年秋，法国外长塔列朗提出愚蠢的要求，企图向美

* 公元前 49 年，恺撒率部渡过卢比孔河，犯下叛国罪，从而引发内战。

国外交官索贿，亚当斯也愿与法国谈判。1798 年年底，美国国会中许多联邦党人强烈呼吁对法宣战，但亚当斯向国会宣布，若法国承诺不再羞辱美国特使，美国政府将与法国恢复外交关系。如果法国政府首先保证这一点，亚当斯说，他将派第二支代表团前往巴黎。

法国有理由与美国保持友好交往。法国督政府观察到，英美互信关系有不断回暖的趋势，于是开始担心法国在加勒比地区和北美大陆殖民地的安全问题。法国私掠船专门对中立的海洋国家商船，尤其是在欧洲和西印度群岛之间运送食物的美国商船进行骚扰。塔列朗得知美国"XYZ"事件引发了舆论风暴，明白自己做得有点过分了。为了平息此事，他直接下令释放西印度群岛上的美国战俘。亚当斯通过美国在其他欧洲国家首都的特使获悉了这些举措，得知法国渴望与美恢复外交关系。

1799 年 2 月 18 日，亚当斯在没有咨询内阁，也没有提前通知的情况下传话给参议院。杰弗逊坐在参议院议长的位置，阅后大惊失色："我命海牙常驻公使威廉·万斯·默里（William Vans Murray）作为美国全权公使前往法兰西共和国，因为此人总是寻求维持与恢复和平的每一种可能性。"[68]

许多仍然渴望正式宣战的高级联邦党人顿觉五雷轰顶。"如果让世界上最肮脏的灵魂和最有才的大脑挑选一种最尴尬、最具毁灭性的方式，"马萨诸塞州参议员西奥多·塞奇威克（Theodore Sedgewick）说，"选出来的恐怕就是实际采取的这种方式。"[69]阿比盖尔·亚当斯满意地察觉到，新英格兰主战派"像一群惊弓之鸟，谁也没准备好"。[70]皮克林国务卿告诉他的同僚们，他不但与该决定无关，还公开反对。"唯一能保证美国荣誉和安全的谈判，"他说，

“是由特拉克斯顿俘获‘起义号’开启的。”[71]

汉密尔顿指出，彻底反对亚当斯在政治上是不明智的，他要求其追随者努力为此次行动增派两名强硬派特使。参议院批准了由威廉·万斯·默里、首席大法官奥利弗·埃尔斯沃思（Oliver Ellsworth）和北卡罗来纳州州长威廉·R. 戴维（William R. Davie）组成的三人代表团。

亚当斯告诉斯托德特，新一轮谈判结果待定，海军作战应该坚持不懈地进行。“我也不认为我们应等着法国表现出任何想要调解的迹象，”他写道，“我正采取一切法律授权的国防措施，尤其是海防措施。”[72]但还需一艘巡航舰，运送埃尔斯沃思和戴维横跨大西洋。这项艰巨的任务将落在约翰·巴里舰长和“美国号”军舰身上。

本杰明·斯托德特将妻子和七个孩子从乔治敦转移到费城，一家人搬进了栗树街与第九街和第十街交会地的一处舒适居所，离海军部不远。这位新任部长工作表现良好。他已赢得总统的信任。1799 年，亚当斯在美国马萨诸塞州度过了整个春夏和初秋，在这 7 个月间，总统全权仰赖斯托德特指挥美法准战争中的所有军事行动。事实上，在联邦党人愈演愈烈的党内斗争中，斯托德特是唯一没有与汉密尔顿结盟对抗对亚当斯的内阁成员。“斯托德特机智过人，事业成功，精力充沛。”财政部长奥利弗·沃尔科特（Oliver Wolcott）在 1799 年年末写道。[73]

在应对美法准战争部署的同时，斯托德特还从长远角度规划了海军的发展，主张建造一支战列舰舰队（没有成功），并制定规则来改变混乱、浪费和管理不善的局面，但该计划在 1794 年着手建立海军时被搁置了。总之，部长十分重视见习军官的征募和晋升，这些人能一路升至指挥官的级别。如果没有一支“热诚英勇的”军官团队，海军“还不如把船烧了”。[74]

美军在西印度群岛缺乏基地和补给站，因此为美法准战争进行部署变得更艰难了。1799 年春末，“美国号”、“宪法号”和“星座号”返航，因此战区没有太多的海军，可当时有大量商船驶离美国港口。斯托德特希望“宪法号”于 6 月 1 日返回南方，但这艘船直到 7 月 23 日也没能离开波士顿。痛苦的经验告诉斯托德特，这艘大型巡航舰需要在港口停留 6 周至 8 周，进行整修、食品补给和人员配备。此外，海军是一支全志愿兵部队，所以募兵工作时时刻刻都得考虑。作为一名商人和船主，斯托德特清楚其中的门道。要给船员结清工资，使得他们在岸上花光每一分钱。“我认为你最好精简船上岗位，将这两个月服役期满的船员遣散回家。”[75] 斯托德特于 5 月写信给巴里舰长时说。“美国号”一直停在特拉华河，准备前往法国执行议和任务。“船员越早遣散，越早花光身上的钱，他们就会越早再次报名参军。”

海军在 1799 年年中大获全胜，表现为法国私掠船俘获的美国商船数量急剧下降。[76] 前一年，共有 89 艘美国船在瓜德罗普岛周边水域被俘，但在 1799 年只有 38 艘被俘。总的来说，1799 年法国俘获的美国船数量下降了近 2/3。国会进行的一项研究表明，美国海军使全国避免了价值 900 多万美元的航运损失。海军部署已经证明，美国有能力战胜欧洲强国，保卫海上贸易，此举也阻止了法国督政府正式宣战，避免了冲突升级。

海军指挥官之间的明争暗斗也使该水域不得安宁。斯托德特奉命解决舰长特拉克斯顿、戴尔和塔尔博特之间关于军衔和资历的恶意竞争。在1794年的舰长名单上，特拉克斯顿位列第六，也就是最后一位，他是唯一没有在独立战争时期在大陆海军中服役过的（当时他在开私掠船）。但是，1796年，6艘巡航舰中有一半停工后，舰长名单上分别名列第三和第五的理查德·戴尔（Richard Dale）和赛拉斯·塔尔博特（Silas Talbot）被解除了职务。没了委任状，他们又回到各自以前的岁月，当起了商船船长。难道特拉克斯顿这位最高效、最成功的海军军官，从背风群岛俘获敌军巡航舰并凯旋后，排名还在塔尔博特和戴尔之下？还是说他已经取代了他们？各方对此事都特别感兴趣，因为据说国会准备设立海军将官军衔，而个人资历会决定能否晋升。

“在海军初创时期，对军衔的贪恋是魔鬼。”斯托德特在给亚历山大·汉密尔顿的信中提到，而他近一年都没有关注特拉克斯顿、戴尔和塔尔博特的争斗。[77]但是，到1799年仲夏，此事已无法再拖延。赛拉斯·塔尔博特被任命为“宪法号”舰长，这艘船已经装备齐全，供应充足，正准备驶离波士顿港。7月初，塔尔博特通知斯托德特，他将辞职，离开这艘巡航舰，除非委任状上依然保持1794年他原本的排名。斯托德特讨厌最后通牒，并且倾向于站在特拉克斯顿一边，但他将此决定交给了亚当斯总统，总统叹了口气：“真不该让‘宪法号’下水，我会尽全力阻止它出海的。”[78]

亚当斯当时正在波士顿以南10千米的昆西（Quincy）避暑，所以塔尔博特有机会亲自去游说总统。7月14日上午，他乘坐“宪法号”的舰长专用艇，从楠塔斯克特锚地（Nantasket Roads）驶往布伦特里，行驶了不到13千米的路程。经过一小段车程后，他到了总统避暑地的门口。塔尔博特的计谋得逞了。他在总统的会客厅进行长谈，回顾了自己的职业生涯，提出了要求。亚当斯没有给特拉克斯顿同样的机会就决定支持塔尔博特。塔尔博特舰长拿着总统亲自签署的委任状，返回了“宪法号”巡航舰。

无论这个决定是否正确，“宪法号”都趁机出海了。“逆风停航9天后，”亚当斯于7月23日给斯托德特写信道，“‘宪法号’趁着轻快的微风，在中午之前就已驶离港口。这悦目而壮观的景象使得数千名联邦党人沉浸在美好的祝福和喜悦之中。”[79] 尽管确定塔尔博特军衔一事已“无法挽回”，他补充说，他还是希望特拉克斯顿不要辞职：“我绝不会看轻特拉克斯顿舰长的功绩和才干。我尊重他，敬佩他，听说他最近的光荣事迹后，我甚至喜欢这个人。”

特拉克斯顿将“星座号”开到纽约，在那里将船上的24磅火炮换成了18磅和32磅舰炮。8月1日，他收到斯托德特的一封信，得知了总统的决定。斯托德特劝他“在回信之前至少先考虑一天”，[80] 但特拉克斯顿在当天下午就将委任状寄回费城。此后不久，他告诉“星座号”上的军官们：“就像我不愿意我的军舰输给实力不如自己的敌人一样，我也不愿意军衔输给实力不如我的人，那不是我的性格……因此，在这样的情况下我还是辞职比较好。”[81]

特拉克斯顿经过半天的陆路旅程，到达其位于新泽西州珀斯安博伊（Perth Amboy）普莱森特维尤（Pleasant View）的私人豪宅。他的房子前方是一条长长的车道，道路两旁种植着伦巴第白杨，花园环绕房子四周，向拉里坦湾（Raritan Bay）海岸倾斜，与斯塔滕岛（Staten Island）和桑迪胡克上的灯塔仅一水之隔。他告诉朋友，他已接受了与家人在岸上的宁静退休生活。他本来就财富可观，再加上

“起义号”战利品结算的奖金，余生即使不赚钱也能养活自己了。

但是没过几天，特拉克斯顿就开始后悔他的鲁莽决定。在海上度过大半生后，宁静的乡村生活使他感觉压抑。“我必须承认，”他告诉一位朋友，“目前本应是共赴国难之时，我却过着无所事事的生活，这让我羞愧不已。”[82] 8月，特拉克斯顿了解到，海上发现另一艘法国巡航舰，可能就在美国海岸附近。于是这位前美国海军舰长给朋友和熟人写信，倾诉他对亚当斯和塔尔博特的不满，但也表明自己希望“再有机会去会一会那些法国人”。

斯托德特部长当然希望这位最佳指挥官回到军中。他从费城来信说从来没正式接受特拉克斯顿的辞职申请，而他的委任状随时都可以拿回去。他在到达珀斯安博伊后接连收到朋友和同僚的来信，他们都劝他重新考虑一下。9月份，乔治·华盛顿邀请他参观弗农山庄。他们的谈话没有留下记录，但后来特拉克斯顿暗示，如果国家需要，他会重新服役。

10月，斯托德特给特拉克斯顿提供了两个选择。他可以执掌“总统号”，该舰还在布鲁克林海军造船厂的船坞上，即将下水。它是按照“宪法号”和“美国号”的规格建造的，建成后，这艘44炮巡航舰将威力无穷。另外，特拉克斯顿也可以选择重新率领“星座号”，该船已返回诺福克，准备驶往西印度群岛。委任状将还给他，资历仍然不变。部长还承诺，“星座号”不会与“宪法号”在同一驻地执行任务，这样特拉克斯顿憎恨的对手赛拉斯·塔尔博特就无法对他发号施令。

“总统号”十分引人注目，它比“星座号”更大更强。但这艘新建的巡航舰最快也要在春末才能航行，而特拉克斯顿已经等不及要重返大海了。他乘坐岸边一艘单桅纵帆船驶向汉普顿锚地，并于11月下旬重新率领“星座号”远航。他对船员的讲演没有记录在册，但他很有可能重复了6月份说过的话：“海洋是我们赢取胜利桂冠的领域。让我们转动绞盘，愉快地起锚，扬起船帆，连呼三声，追寻敌军的踪迹，直到发现他们，就像从前一样。”[83] 1799年圣诞节，“星座号”在亨利角巡航后向南驶去，再次开往圣基茨岛。

经过26天的航行，“星座号”来到了熟悉的小安的列斯群岛水域，于1800年1月20日停泊在巴斯特尔锚地。背风群岛舰队的大部分船都安全地停泊在这里，目前归特拉克斯顿指挥，这些船包括“约翰·亚当斯号”（John Adams）、“亚当斯号”（Adams）、“巴尔的摩号”（Baltimore）、“皮克林号”（Pickering）和“雄鹰号”（Eagle）。

上级不愿意看到港口出现如此多的美国军舰。斯托德特的命令已经强调了舰队“不间断巡航”的重要性，因为只有舰船积极在海上巡逻，海上航线才能变得更安全。“你们怎样冒险都不为过，”斯托德特在信中写道，“我们没有什么可畏惧的，只有缺少进取心才真正可怕。”[84] 斯托德特部长还要求特拉克斯顿派船独立巡航，取代集体巡航或成对巡航，这样可以扩大巡航范围。他警告说：“总统最讨厌的，莫过于看到我们的报告中经常大段大段地说我们的三四艘舰船从西印度群岛港口开始巡航……却丝毫没有发现敌军的蛛丝马迹。”

在抵达圣基茨岛后不久，特拉克斯顿接到情报称，两艘法国军舰停泊在瓜德罗普岛，一艘是44炮巡航舰，另一艘是28炮护卫舰。他计划把“星座号”驶向稍远海域，“给他们一个公平交手的机会”，出来作战。船上装满了补给、木材和必需品，而这些将被转移到克拉克森（Clarkson）的船厂里。特拉克斯顿十分自信，甚至可以说是自信过头了。他命令“星座号”的木匠将最下层甲板多余的东西清除干净，并且“路上不能有一根绳索……因为他决心在一周之内往船上装500名囚犯”。[85]

1月30日，“星座号”“以最佳状态”[86]从圣基茨岛出发，在东南信风的呼啸声中逆风航行。第二天早上，“星座号”遇见了亚历山大·默里舰长的“起义号”，该船正护送一队商船驶向北方。那天下午没看到什么船，但2月1日太阳升起时，瞭望员看到东南方向约2里格处有一艘大船。起初特拉克斯顿以为这是一艘英国巡航舰，“星座号”悬挂了英国军旗，但这船还在继续航行，没有要回应的打算，并迅速扬帆，明显是在加速前行。特拉克斯顿拿望远镜观察后得出了结论：“这是一艘至少装载了54门炮的法国巡航舰。”[87]

他说对了，这是54炮的“复仇号”（La Vengeance）巡航舰，威力无穷。除了320名船员，此船还运载了80名乘客（主要是法国士兵）、36名美国战俘，以及一大笔钱。它正在返回法国，舰长F. M. 皮托（F. M. Pitot）没料到会遇上敌舰。他顺风航行，扯起所有船帆，希望能在下风方向一路领先。

“星座号”全力备战，在午后的强风中穷追不舍，“每一寸帆布都用得恰到好处”。[88]到了晚上，“星座号”点亮应急灯（battle lantern），继续追击。[89]船员们连续12个小时坚守在战斗岗位，低声交谈，将火炮推进推出，测试推杆，还有一些人靠“像古时候的斯巴达人一样梳头发”来打发时间。夜幕降临后一小时，“星座号”

蓄势待发，特拉克斯顿在背风船舷通道处拿着扩音器开始喊话。8 点钟左右，他俯身探过栏杆，向皮托高喊“向美利坚合众国投降”。[90]

法国人的艉炮开了火，特拉克斯顿放弃了谈判。“星座号”并没有立即还击，因为特拉克斯顿希望将船驶到一个合适位置，使所有舷炮都能瞄准敌舰。命令传至所有炮组指挥官：“不要随意开炮，要瞄准目标，直击船身……别管有多大噪声，有多混乱，只管在恰当时机，尽快装弹开火。”

“复仇号”开始左舷迎风调向，舷炮瞄准“星座号”后齐射了一轮。“复仇号”的舷炮瞄准的是“星座号”高处的索具。“星座号”也迎风而行，与敌舰保持平行，火炮瞄准敌舰后部。一弯半月低垂在西方的天空。海面能见度很差，双方都看不清对方的船身。

“星座号”的火炮射程大约是 270 米，进入射程范围后，特拉克斯顿舰长下令开火。这是一次向船舷精确瞄准的双弹射击。“复仇号”立刻回击。两艘船上的炮手都以最快的速度装填炮弹并射击，但没几发命中的。两艘巡航舰并驾齐驱，从中程无情地炮轰对方。特拉克斯顿写道，这是“两艘巡航舰之间展开的一次猛烈交锋”。

“复仇号”比“起义号”更大更重，“星座号”上的火炮却比原来轻。在法国船的猛烈攻击下，“星座号”付出了沉重的代价，特别是索具——所有的前桅帆都被击落，“星座号”因而失去机动能力，船员不得不装上新的支索。“复仇号”企图扬帆逃跑，“星座号”在其后追击，又展开新一轮火力较量。有两次，双方几乎要接舷了，两位舰长都做好了跳帮的准备。在战斗的紧要关头，“星座号”上的亲历者表示，皮托舰长“命船员攀上索具并聚集到船舷后部，登上‘星座号’”，但美国海军陆战队和瞭望员使用轻型武器挡住了他们，“使得法国船员一边咒骂一边后退”。[91]

激战一个小时后，法国巡航舰甲板上死伤遍地。皮托舰长用扩音器向手下喊话，炮弹不断从他身边飞过，击中了他旁边一个尉官的手臂。皮托有可能准备投降（各报告的说法并不一致），但美国人在黑夜中看不清楚法国三色旗是否被击落，故战斗继续进行。

凌晨 1 点钟，开火 5 小时后，法国船归于沉寂。特拉克斯顿猜测皮托已经投降，然而“星座号”的主桅由于此前被炮火击中了很多次，在那一刻马上就要坠落了。大多数的撑杆和侧支索已被炸飞。目前要集中保护桅杆：船员快速跑到制缆索处，试图修复损坏的侧支索，撑起临时撑杆，但“星座号”仍在海上打转。桅杆失去了重心。最后它在甲板上破裂，倒向船舷，与大量残骸一起落入海里。瞭望员也跟着跌入大海，只有一个人生还。其中一名死者是来自纽约的见习军官詹姆斯·贾维斯（James Jarvis），年仅 13 岁。在甲板上，一名水手被压在了坠落的桅杆下，无法动弹，数小时也无法将其救出。艾萨克·亨利（Isaac Henry）医生说，“星座号”现在已成为“你见过的最标准的残骸”。[92]

月亮已落下，四周漆黑一片。激战结束后几个小时，在远处尚可看到法国人的灯光，但它很快便从视野中消失了。凌晨 4 点，法国人的信号枪响了。清理“星座号”甲板上的残骸要花费数小时的时间，人们用小斧头乱砍，任由大量损毁的桅杆、帆布和索具扔在一边。

“星座号”受损后，迎风前进的希望不大。圣基茨岛现在仍在上风方向约 250 千米处。特拉克斯顿下令驶往牙买加，即向西约 1 100 千米的地方，远离圣多明各和古巴这样的敌对小岛。“星座号”

目前已有15人死亡，25人受伤。在激战过后，艾萨克·亨利进行了6次“截肢手术”，处理了“多起非常严重的皮肉伤”。[93]特拉克斯顿现已将“复仇号”的问题放置一边，因为他目前首要关注的是挽救危在旦夕的舰船，挽救那些筋疲力尽的船员。

抵达牙买加需要一周时间。直到2月8日，受损巡航舰才缓缓驶入罗亚尔港（Port Royal），在那里，英国人“友好地接待了他们”。海德·帕克（Hyde Parker）将军将“星座号”当作贵宾礼待，做客“星座号”。9名重伤船员被转移至岸上的医院。

但仍然没有法国船的消息。“很难猜测，”特拉克斯顿给斯托德特写信道，“法国巡航舰到底是沉没了，还是停在了圣托马斯岛或库拉索岛（Curacao）。就算并未沉没，它在西印度群岛也一定无法修复。该舰上有600人，在这5个小时的战斗中，船员一定损失惨重。我们集中火力攻击了其船身。”[94]“星座号”上有几位军官认为自己看到“复仇号”沉没了。离开“星座号”时，“复仇号”的水泵正在拼命工作。

特拉克斯顿和军官们负责监督“星座号”的修理工作。当务之急是更换主桅。然而西印度群岛上物资供应稀缺，英国人不可能有备用桅杆。他们不会优先考虑修理美国佬的巡航舰。“星座号”将使用应急帆索返回美国港口。3月1日，即大战后一个月，“星座号”从牙买加出发，护送14艘美国商船回国。

直到“星座号”安全返回汉普顿锚地，特拉克斯顿才听说了“复仇号”的下落。和他猜的一样，它驶向了荷属库拉索岛，也就是现委内瑞拉海岸附近。[95]它差点在此次战斗中沉没，当时船体已灌入约1.8米深的海水，船身上有大约200个洞。普通乘客也帮着舀水。有些人用的工具是“桶和木碗”。在战斗期间，一些美国战俘获准走下甲板，帮助抽水，填堵炮眼。“复仇号”费力地穿过墨西哥湾，“境况十分悲惨，除了前后桅的下半截，其他桅杆都不见了；除了船头的斜桅支索，没有一条绳索是原装的”。[96]

到达库拉索后，皮托特意将这艘破船开到城镇附近的海滩，没有进入港口。目击者报告称，这艘法国船已经“散架”了，侧支索和绳梯“被切断，你几乎看不到任何制缆索。总之，船身上下到处都是炮眼”。[97] 它仅存的两根桅杆“被双头实心弹击中，却没有倒下，人们都感到惊讶”。[98] 为了感谢美国战俘帮忙挽救“复仇号”，皮托舰长释放了他们。

虽然“复仇号”吨位比“星座号”略小，但装载的舷炮重得多，共计 559 磅，而“星座号”只有 372 磅。“星座号”与火力比它整整高了半倍的敌舰交战，但这艘法国军舰却最终战败。皮托舰长汇报说有 28 人死亡，40 人受伤。但库拉索岛上的一些消息却称伤亡人数在 160 人左右。如果这是事实，“复仇号”与“星座号”的伤亡比是 4∶1。在某种程度上，这可能是因为传统的法国战术偏好射向高位的索具，而不是射向船体，但是美国炮手的工作速率才是最关键的因素。按皮托舰长自己的说法，“复仇号”发射了 742 颗炮弹，而火炮较少的“星座号”，却发射出 1 229 颗炮弹，美国炮手的速度比对手快了将近一倍。

特拉克斯顿舰长的招待会跟一年前一样，“星座号”上的官兵尽情享受宴会、欢歌、祝酒、诗篇。虽然敌人逃跑了，但没几个人认为这船没有打胜仗。国会投票决定授予特拉克斯顿一枚金质勋章。

然而共和党人指控特拉克斯顿破坏了和平谈判的前景，甚至海军的一些支持者都认为，美法准战争应仅限于保护贸易和护航任务，而不是与法国军舰开战。“复仇号”遭受重创，《奥罗拉通用广告报》发表社论称，这是一桩“可怕的交易”。[99]“这种屠杀外国人和导致本国同胞遇害的疯狂行径从何而来？”皮埃尔·杜邦·德·内穆尔（Pierre du Pont de Nemours）问杰弗逊，“这两个国家什么时候和解或申请仲裁？”[100]

汉普顿锚地停满了巡航舰，它们都需要忙碌的戈斯波特（Gosport）海军造船厂加以关注。“切萨皮克号”项目已于前一年12月在诺福克启动，它目前几乎只有一个船体，停泊在伊丽莎白河上。从西印度群岛驶来的“起义号”刚刚抵达，它在古巴岸边的风暴中失去了前桅。2月24日，“星座号”抵达前的一个月，在朴次茅斯建造的“国会号”已经入港。它在暴风雨中被刮掉桅杆，一根也没剩下。船上的军官公开内斗，船员几乎要哗变。

1月6日，“国会号”从罗得岛纽波特出发，同行的还有一艘造于塞勒姆的“埃塞克斯号”（Essex）定制巡航舰。此次航行目的地是东印度群岛，它们奉命将滞留在那里的美国商船护送回国。“国会号”除了前一年8月下水试航时从新罕布什尔州的朴次茅斯巡航到纽波特之外，没有其他航海经历，此次亚洲行将是它的处女航。詹姆斯·塞夫（James Sever）舰长负责率领该船。这个朴次茅斯人是1794年收到海军委任状的。

从纽波特驶出后的前5天，天气苦寒，偏北风带来的雨雪和冰雹降落在甲板上。然而在第11天时，北风转为南风，一时狂风大作，在波涛汹涌的海面下起温热的雨。“国会号”和“埃塞克斯号”失联了。“国会号”的固定索具是在新英格兰的冬天装起来的，气温陡然升高令涂满焦油的麻绳伸展开来，明显松弛了。加固索具，让战舰顶风停航，都无济于事。第 12 天一大早，主桅开始断裂，裂缝位于甲板上方约 2.5 米的地方。四副纳撒尼尔·博斯沃思（Nathaniel Bosworth）顺着侧支索向主桅楼上攀爬，五名船员紧随其后。船员们拼命地想把主中桅砍断，以保住下桅，但他们还没来得及办到，整个主桅就连同后中桅一起断裂并坠入海中。博斯沃思淹死了，其他人死死抓住残骸而获救。许多船帆严重受损，索具毁掉大半。塞夫舰长写道：“‘国会号’独自在海中苦苦挣扎。”[101]12 点半时，前中桅歪向一边，几分钟后又发现，舰首斜桁也严重受损。下午 3 点半，舰首斜桁掉了，不久之后前桅剩余部分也没影了。这艘巡航舰不幸被刮走所有的桅杆，“任凭风浪摆布”。

在接下来的几天里，“国会号”上的船员奋勇挽救这艘残破的大船。巨大的海浪打在轻甲板上。小艇脱离船尾吊柱，被大海吞没。船上的许多船员觉得一切都完了。装置应急桅杆需要整整 10 天时间，最终该船挣扎着返回了北美海岸。2 月 22 日，历经 6 周的残酷考验后，“国会号”载着疲惫的船员安全抵达亨利角和切萨皮克湾。雪上加霜的是，在航行至汉普顿锚地的途中，应急桅杆落入海中，它不得不停泊下来，装置另外一根应急桅杆。

巡航舰得救了，但是纪律已经败坏。塞夫舰长要求军事法庭对大副约翰·科尔迪（John Cordis）的抗命行为进行审判，而科尔迪则反过来控诉塞夫无能。“国会号”桅杆折断之前，大副曾建议在暴风雨来临前顺风行驶（scud）。迎风舷上的侧支索被风拉紧时，他说，可以放松背风处的索具。这样可以让船顺风而行，而且可随风向变化而调整。塞夫驳回了此项提议，他说：“先生，我的判断才是最佳决断。”[102]结果，“国会号”迎着狂风前行。如果塞夫接受了他的意见，科尔迪告诉斯托德特部长，“我们那些桅杆就不会损失掉”。[103]（比“国会号”更小更轻的“埃塞克斯号”按照科尔迪的建议采取了措施，桅杆和索具在风中毫发无损，因此尉官的观点被证明是正确的。）

斯托德特的直觉告诉他应站到指挥官一边，但有迹象表明，低级军官已经对塞夫舰长失去了信心。海军陆战队中尉本杰明·斯特罗瑟（Benjamin Strother）想要辞职。“这整个工作令我作呕，我想你只要在‘国会号’上服役一周，就会完全同意我的看法。”他跟威廉·伯罗斯（William Burrows）少校说道。[104]他以晕船为借口提出辞职——“我几乎一直在晕船，我相信哪怕再待一年我还是会晕船”——他还拐弯抹角地找了其他理由。3月，当“国会号”停泊在汉普顿锚地时，一帮水手试图控制这艘巡航舰。他们被逮捕并被关了起来。4月9日，科尔迪与名叫帕特里克·布朗（Patrick Brown）的水手互殴。布朗不肯住手，直到其他军官威胁要向他开枪，他才就此作罢。

4月中旬，见习军官约翰·杜波依斯（John Duboise）向海军部申请调岗。斯托德特答复说：“你们很快就不会跟塞夫待在一起了。如果他上了‘国会号’，你们就会被调离。但不要向其他见习军官提及此事，因为‘国会号’上已经发生太多的动荡和骚乱了。”[105]在收到回信前，杜波依斯与另一名见习军官塞缪尔·库欣（Samuel Cushing）发生冲突，“杜波依斯向其脖子开了一枪，对方立即死亡”。[106]杜波依斯害怕以谋杀罪名被逮捕，便逃跑了。

诺福克海岸挤满了受损的巡航舰，格外引人注目。造船师乔赛亚·福克斯和造船工人们不得不超负荷运转。要完成全部的工作缺乏足够人手。当年3月，斯托德特下令，优先考虑已满员的“国会号”，毕竟大量官兵需要领薪水。福克斯无疑更愿意继续装配“切萨皮克号”，毕竟这是他自己设计建造的船。3月20日，斯托德特向福克斯进一步强调了其命令：“‘国会号’满员了，‘切萨皮克号’船上至今没有一个海员。你可以调用‘切萨皮克号’上任何一个有用的人……只要‘国会号’一天没完工，就别理会其他的事情。”[107]

“星座号”抵达汉普顿锚地已经好几天了，特拉克斯顿舰长可没有心情一直等待在牙买加无法获取的主桅。他对福克斯说：“你来调兵遣将，为‘星座号’制作主桅，先将斯托德特的命令放一边……你应该为‘星座号’的帆桁采购合适的材料……我希望你无条件服从此命令，办不到的话，无论你找什么借口我都不会听的。”[108]

不管巡航舰的修理顺序到底如何安排，斯托德特都非常乐意把权力交给他最喜欢的舰长。诺福克港已怨声载道，这消耗了部长太多的时间和精力。虽然特拉克斯顿将于4月10日在纽约奉命成为“总统号”舰长，但斯托德特要求他留在汉普顿锚地，直到“国会号”上的麻烦彻底解决。他鼓励特拉克斯顿“把在诺福克肩负起来的责任当作自己的分内之事去行动，就好像自己已经是将军……甚至整支海军的总司令那样”。[109]特拉克斯顿一点就透。他迅速采取行动，在海军业务的方方面面实行独裁统治。驻地的一位海军陆战队中尉形容他是“暴君”，“习惯于别人向他臣服”，要求“绝对服从他至高无上的意志”。[110]这位指挥官自己签署了一项命令：“授予托马斯·特拉克斯顿美国海军总司令之一切权力。”[111]

“国会号”上的断桅令塞夫的航海技术备受质疑，但军队哗变、官兵无能和公然抗命已使得整支海军沦为笑柄。特拉克斯顿告诉斯托德特，他打算“制止‘国会号’上军官们的这些恶劣行为，尽量不引起公众太多关注，避免制造太多麻烦”，[112] 以保护海军的地位和声誉。

4 月 29 日，军事法庭在停泊于伊丽莎白河的“切萨皮克号”上开庭审理“国会号”的案件。本次庭审由特拉克斯顿和另外两位舰长主持。上午 9 点时，塞夫舰长才匆匆赶到，腋下夹着航海日志，旁边跟着领航长和几名尉官。主控告人是大副科尔迪，然而他并没有现身。法庭宣告他身体不适，故不能出庭。法官当庭大声宣读了科尔迪署名的信函。信中内容与他早前的说法自相矛盾，而且在每个重要的细节都证实了塞夫的说法。法院很快就做出了判决：“我们一致裁定塞夫舰长无罪释放，他已竭尽所能地阻止此次桅杆折断而引发的事故。”[113] 塞夫被认定为一个“非常专注、谦虚、坚定的军官，这位绅士身上的优良品质非常值得美国海军将士学习”。

整个诉讼程序都是提前精心策划过的。特拉克斯顿与大副科尔迪进行了一桩幕后交易。为了让科尔迪翻供，特拉克斯顿同意科尔迪（特拉克斯顿口中的“好船员”）调入“切萨皮克号”，受塞缪尔·巴伦（Samuel Barron）领导，保留官阶。几名军官与“国会号”上的大部分船员会跟他一起调走。那些意图兵变者被判处鞭刑 48 次至 100 次不等，罪魁祸首在遭受处罚后被扫地出门，且“日后不得在任何一支美国海军舰队上服役”。[114]

随着“切萨皮克号”人员渐满，而“国会号”几近空无一人，特拉克斯顿催促福克斯将注意力转移到前者身上。5 月 22 日，这艘诺福克建造的巡航舰首次出海。“满帆前进时，甲板乐队演奏起总统进行曲，”《诺福克先驱报》（*Norfolk Herald*）报道称，“驶过泊在港口的船只时，它鸣放了13响礼炮，随后各船都大方地做了回应……河道旁的码头和房屋挤满了观众，船经过小镇时，人群爆发出三次欢呼声……因此，‘切萨皮克号’使得美国海军的力量增长了不止一点点。”[115]

将“国会号”开出港口会更加困难。很少有海员愿意在塞夫手下工作。“我担心‘国会号’招募工作有难度，”特拉克斯顿说，“人们对塞夫舰长的偏见非常大。事实上，我担心他的军纪观念不正确。纪律是靠潜移默化而生效的，不能只靠严厉的规定。”[116] 尽管华盛顿传来了许多措辞尖锐的指令，但“国会号”还是在港口沉寂了半年后，直到7月才从诺福克起航。即便如此，船上的氛围依然很不融洽。10月，亚历山大·默里舰长参观过这艘船后，告诉斯托德特，他“对‘国会号’上持续蔓延的不满情绪感到十分遗憾”。[117] 他说，塞夫舰长“是一位见多识广的绅士，但他缺乏做船员的专业技能”。

包括总统几名内阁成员在内的汉密尔顿派全力反对亚当斯派遣第二支和平代表团前往巴黎的决定。这些人认为此政策会使美国在欧洲面前表现得懦弱胆小，他们还担心这会让美国与英国关系破裂。这个问题还存在一个重要的潜在影响：陆军的命运。亚当斯认为新陆军是多余的，且成本过高，对此他毫不掩饰。“军团到处都要花钱，”他告诉麦克亨利，“且美国比其他任何国家花得都多。”[118] 如果此事由他决定，他说，陆军“活不过两周”。

亚当斯1799年春夏和初秋时分都不在首都，他的党内对手正是利用了这一点。忠诚无比的斯托德特在一封“完全用暗码写的”极其机密的信件中警告他，有人正酝酿着大阴谋，他们想要阻止和平使命的启动，“这些心怀鬼胎的人将利用你长期不在首都”[119]而阴谋颠覆总统的决策。觉察到反对派的行动后，亚当斯终于在9月的最后一天离开了昆西，在两个星期后抵达托伦顿。为了逃避费城一年一度的黄热病疫情，联邦政府已经从该地撤离。该地到处都是难民，幸运的是亚当斯总统在当地找到一间两室套房。

汉密尔顿将军的大本营设在纽瓦克，为阻止此次和平出使，他直接前来拜访亚当斯。两人在亚当斯下榻的寓所会面，大概就在卧室边上的小会客厅里交谈了几个小时。据亚当斯说，汉密尔顿“雄辩的口才和洋溢的热情将此次谈话引向高潮”。[120]汉密尔顿认为，英国很可能在欧洲战争中战胜法国，过早与法国实现和平对美国不利。他甚至预测，路易十八和波旁王朝将在圣诞节前后复辟。亚当斯后来说，汉密尔顿对欧洲事务的“一无所知”着实让他吃了一惊，“听他讲话我心情相当畅快，我从没听谁说过这么傻的话”。[121]

第二天，亚当斯宣布了决定。特派团将尽早出发。“总统已经决定派专员前往法国，”汉密尔顿给已返回弗农山庄的华盛顿写信道，“我的深思熟虑使我反对此措施，因此我深感遗憾。”[122]

亚当斯特别希望首席大法官埃尔斯沃思和州长戴维乘坐“美国号”巡航舰前往法国。约翰·巴里舰长可能不是海军中最活跃、最高效的指挥官，但他在现役军官中级别最高，而且“美国号”目前是舰队中最大最强的两艘战舰之一（另一艘是“宪法号”）。无论它将特使送至法国哪个港口——无论是洛里昂、勒阿弗尔还是瑟堡，该巡航舰都将被密切关注。亚当斯认为“美国号”要表现强势，这一点十分重要。斯托德特试图说服总统派一艘较小的船，以免“花费大量时间转移武器”，但亚当斯固执己见，做出的唯一让步是允许“美国号”将特使运到后便返航，而不是停泊在法国港口等待谈判结果。

约翰·巴里年老体弱，喜欢将舰船尽可能长时间停泊在港口，此事尽人皆知。斯托德特在信件中谈及此事时比以往更加不客气了。他要求巴里考虑一下，“美国号”在不需要大修的情况下长时间停泊，这将给舰队其他船树立一个坏榜样。“因此，我要催促你尽快起航，”6 月 17 日他写道，而此时“美国号”正停在特拉华河，“如果有什么事情需要我做，请通知我，马上就能给你办妥。我希望你这周就能起航。”[123]

使节们将在罗得岛纽波特会面。斯托德特敦促巴里在特使们抵达的那一刻就起航：“你应当马不停蹄地将粮草储备运送上船，因为你随时都可能要出海。”[124]斯托德特亲自为两位公使安排了食宿，为他们配备了两名秘书和两名仆人。他告诉巴里，此次航行应该“充分备上最好的补给……宁可多备一些，也不可少备”。10 月 31 日抵达纽波特后，埃尔斯沃思和戴维称赞“‘美国号’上的食宿准备得最充分也最令人满意”。[125]

11 月 3 日，“美国号”在航行了三周半后抵达里斯本港。麻烦接踵而至。从美国来的船需接受严格的隔离检查，因为“可怕的黄热病疫情蔓延，几乎摧毁那个国家”。[126]“美国号”受逆风影响，滞留在塔霍河上好几周，最终于 12 月 21 日驶向洛里昂。巴里曾预测此次航程需要七八天左右，但在圣诞节前夕，比斯开湾狂烈的北风呼啸，直到 1 月 2 日才有所好转。[127] 等到能再次观测天象时，人们发现“美国号”已漂进了大西洋。

埃尔斯沃思和戴维的航海热情迅速消散，他们要求舰船在欧洲大陆的任意海岸登陆，他们将从陆路行至巴黎。1800 年 1 月 11 日，“美国号”在西班牙北部拉科鲁尼亚海岸附近登陆，但新一轮强风迫使船员收起中桅，“美国号”不得不暂时躲在阿雷斯湾（Bay of Ares）。[128] 它在那里因缆绳断裂丢了两个锚。这艘巨大的巡航舰几乎迷失了方向。特使们登上一艘小渔船，[129] 这艘船将他们带到了普恩特斯（Puentes）的欧梅村（Eume），他们可以从这里经由陆路前往拉科鲁尼亚，然后再到巴黎。

在拉科鲁尼亚他们得知了雾月政变的消息。33 岁的拿破仑·波拿巴自任第一执政，独揽法国军事大权。拿破仑渴望通过与美国及其他中立国建立良好关系来孤立英国。12 月，他宣布，法美关系将遵循路易十六 1778 年颁布的《美法友好与通商条约》。塔列朗费尽心思，渴望重新夺回外交部长的宝座，他给美国特使发去通关护照，同时向他们保证，法国新政权将以周全的外交礼仪来接待他们。法国政府希望特使能尽早抵达巴黎。

10 月 3 日签署的《莫尔泰丰坦公约》（Convention of Mortefontaine）结束了美法敌对状态。人们在巴黎北部的莫尔泰丰坦举行了盛大的庆祝活动，该公约就是以这座庄园的名字命名的。这是“自法国大革命开始以来最辉煌的时刻”，拿破仑向数百名达官显贵中的一位出席者说。[130] 他把持续了三年的美法准战争称作“家里的口角”。[131] 双方交换礼物，在相互敬酒之后，两国重拾熟悉的法美同盟关系。

1800 年 11 月，关于和平的传言首次传到美国，公约的副本也于 12 月中旬送抵华盛顿。虽然法国不需要对海上劫掠给美国造成的估值 1 200 万美元的损失做出赔偿，但美国不再受 1778 年的《美法友好与通商条约》的约束，不用再对法国承担义务。这次签署的公约备受商船队和船主欢迎，他们从未对获得赔偿抱太大期望，他们最希望的是结束这种敌对状态。在等待公约批准期间，斯托德特命令所有海军指挥官停止主动攻击法国的武装船只。护航行动仍在继续。公约签订的消息传出后，加勒比海的敌对状态有所缓和，美国船遇袭概率明显降低。1801 年开春时，美国船几乎不再遇袭。美法准战争结束了。

此次事件的结果为约翰·亚当斯洗刷了冤屈。再次派代表团前往巴黎的决定，在当时极具争议，但此举维持了美国中立，恢复了和平。他将美国从瓦解和内战的边缘拉了回来。正如他所说的，他“将船驶入了和平安全的港口”。[132] 但与此同时，他牺牲了自己连任的机会：由于汉密尔顿派公开反对，联邦党分裂了。

20 年前，亚当斯一直与大陆海军带给人的失望紧紧联系在一起；当了总统后，他从早年最糟糕的错误和灾难中吸取教训，引领海军走向了重生。在美法准战争中，美国向欧洲证明了自己有能力在北美海岸之外的地方发展军事力量。美国已经建成一支规模虽小，但实力不容小觑的舰队，岸边的基础设施也已齐备，可以维持舰船的海上运作。44 炮的“美国号”、“宪法号”和“总统号”巡航舰，放在世界任何一支海军里，都是同级别中最强大的军舰。优秀的军官们在晋升阶梯上迈出了坚实的第一步，有朝一日他们将全面接管海军的指挥管理工作。

亚当斯退休后，这位前总统继续推动发展海军力量。“我一直在给同胞们提建议，今后也将继续提建议，就像地米斯托克利（Themistocles）之于雅典，庞培（Pompey）之于罗马，克伦威尔（Cromwell）之于英国，德威特（DeWitt）之于荷兰，柯尔贝尔（Colbert）之于法国，”他在1802年给特拉克斯顿的信中写道，“国家之间的贸易和权力纷争必定是由海军来决定的……（因此）应充分建设海军。”[133] 亚当斯自昆西寄来的信中，不停重复一句像格言似的话：“海神的三叉戟才是统治权的象征。”

第2部

前往的黎波里海岸

5 巴巴里的敲诈

1800 年的总统竞选中，亚当斯对阵时任副总统兼反对党领袖的托马斯·杰弗逊，这在美国历史上几乎能算是一场最为激烈的总统大选。年轻的民主政治仍在萌芽阶段，人们还无法界定什么是可接受的虚夸言辞，什么是彻头彻尾的诽谤，结果，这场大选充斥着个人诽谤，谣言四起，丑闻频传，这是美国人民从未见过的现象。

联邦党人的重要代表、耶鲁学院校长蒂莫西·德怀特（Timothy Dwight）在集会上警告称，如果杰弗逊赢得选举，"《圣经》将被扔进火坑，我们神圣的信仰将变成雅各宾派狂热的舞蹈，我们的妻女将受辱，子孙将成为伏尔泰的门徒和马拉的骑兵"。[1] 纽约的一家联邦党报纸预测，共和党倘若胜利，美国将会涌现出大批法国和爱尔兰式的"抵制欧洲"的革命分子，他们将施行雅各宾派恐怖统治，镇压"一切爱好秩序、和平、美德和宗教的人"。[2] 谣言首次提到了萨莉·赫明（Sally Hemings），据说这个住在蒙蒂塞洛的女奴给杰弗逊生了几个孩子。*

共和党方面给予回击，反复强调对总统不利的所有因素。一张竞选传单称亚当斯"公开支持君主制"，企图"对广大民众施行政

---

* 研究人员将杰弗逊的男性亲属后代和萨莉·赫明子孙后代的 DNA 样本 Y 染色体进行比对，得出了令人意外的结论：杰弗逊与赫明有染的传闻是真实的。——作者注

治奴役”，说他是一个好战的财阀，是英国王室派来的间谍。一些更加低俗的共和党报纸提醒大家关注一个不争的事实：亚当斯肥胖又苍老，牙都掉光了。让亚当斯尤其难堪的是，他腹背受敌。他向法国派遣第二支和平代表团的决定遭到联邦党人高层的坚决反对。一本题为《亚历山大·汉密尔顿谈美国总统亚当斯的性格与公共品行》（*Letter from Alexander Hamilton Concerning the Public Conduct and Character of John Adams, Esq., President of the United States*）的充满敌意的小册子将针对亚当斯的党内攻击推向高潮。汉密尔顿在这篇前后矛盾的奇怪文章里勉强支持了亚当斯的连任，这是因为他无法接受杰弗逊当总统。但此举已造成了伤害。亚当斯承认，与汉密尔顿决裂将导致他失去连任的机会。

在 16 个州的选举人团票中，杰弗逊和亚当斯分别得到 73 票和 65 票。纽约州的选情至关重要，因为联邦党人在此州势力强大。共和党副总统候选人阿龙·伯尔（Aaron Burr）的努力确保了普选以微弱优势胜出。但是原版美国宪法的缺陷（于 1804 年在第十二修正案中修正）导致了一个反常的结果：在总统选举中副总统候选人无法单独竞选，宪法只规定获得第二多选举人团票的候选人成为副总统。伯尔与杰弗逊一样，获得 73 张选举人团票。共和党的竞选伙伴在选举人团票上打成平局。虽然大家都知道杰弗逊竞选总统，伯尔竞选副总统，但问题是两人谁将当选总统？这一问题交由众议院裁决，而此时众议院仍被联邦党人控制。

无耻的伯尔不再支持杰弗逊，而是谋划着一笔交易，确保自己当选总统。联邦党人对这两人都无好感，他们密谋将此次选举结果作废，并让参议院临时议长当总统。另外，汉密尔顿和亚当斯都试图在若干议题上得到杰弗逊的承诺（包括“维持海军”的承诺），作为联邦党提供支持的回报，但杰弗逊拒绝为他正当赢得的职位讨价还价。投票陷入僵局，宪法危机蔓延。身为共和党人的宾夕法尼亚州州长威胁要派本州民兵去华盛顿游行。

最后，汉密尔顿进行干预，挽救了僵局。带着些许的不情愿，他号召其众议院的追随者选举杰弗逊，而不选伯尔，因为（他说）伯尔十分危险，而“从杰弗逊的性格推断，他应能顺应时势，不会暴力执政”。[3]1801 年 2 月 17 日，在第 36 次投票时，众议院投票选举托马斯·杰弗逊为第三任美国总统。

两周后，也就是 3 月 4 日，快到正午时，杰弗逊离开了新泽西大道（New Jersey Avenue）和 C 街交会处的公寓，艰难地走过充满车辙的泥泞道路，来到尚未完工的国会大厦。四周满是砖窑和建筑棚屋，“泥巴、刨花、木板和建筑垃圾”散落一地。[4]工人将用于制造砖块的泥土从地里挖出来，形成一个个坑洞，洞里灌满了脏水。车夫将马匹和车辆随意停放在空草地上。除了这条位于国会大厦北边的主泥土路，整座山上都长满了灌木和野蔷薇，行人只能从小路穿过。国会大厦北侧和南侧都铺设了木板路，能让人从一侧走到另一侧，而不会陷入泥里，路上还覆盖着临时搭建的木屋顶。众议院在尚未完工的南侧开会，会场是一个椭圆形砖体结构，通风不良，众议员们戏称其为“烤箱”。北侧的参议院会场已差不多完工，总统就职典礼将在这里举行。参议员挤到会场的一侧，另一侧留给众议院的同僚，而这些人大多站着，把座位留给女士。现场人数估计多达一千。一名亲历者回忆说，会场“如此拥挤，估计连一只苍蝇都飞不进来”。[5]

即将离任的总统亚当斯于凌晨4点到达费城。与阿比盖尔会合后，他踏上了返回昆西的漫长旅途，开始退休后的生活。共和党人指责亚当斯缺席典礼，觉得这太过任性。此举还让联邦党人没有机会表明他们成为在野党后仍会忠于宪法。亚当斯和杰弗逊在十几年内都不会再和对方说话了。

杰弗逊一直不情愿发表公众演说，不喜欢被推到一大群人面前，于是他低声细语地讲话，只有坐在讲台前面的极少数人才能听到他的声音。人们直到仪式结束、拿到打印的文稿时，才知道他说了什么。无论最初的亮相表现如何，杰弗逊的第一次就职演说是他职业生涯中最重要的公开声明之一，可与《独立宣言》一起作为美国民主尝试的有力证明，字里行间都是鼓舞和命令。杰弗逊说："一个沃野千里的新兴国家，带着丰富的工业产品跨海渡洋，同那些自恃强权、不顾公理的国家进行贸易，向着世人无法预见的天命疾奔。"自治的美国是"世界最大的希望"。美国受惠于大自然和大洋的阻隔，幸免于"地球上1/4地区发生的那场毁灭性浩劫"。他提出了一句外交孤立主义的倡导者常常引用的格言，该格言经常被张冠李戴到乔治·华盛顿头上："我们天赐良邦，其幅员足以容纳子孙万代。"美国人民将同所有国家"真诚友好，而不与任何国家结盟"。

杰弗逊说，18世纪90年代的党派敌对与压制使国家偏离正轨，这是旧世界阵痛和骚动的回响，现在，一切都将被宽恕。其中令人印象最为深刻，且被广泛引用的一句话应是新任总统向政敌宣告停战时说的："各种意见分歧并不都是原则分歧，我们以不同的名字称呼原则相同的兄弟。我们都是共和党人，我们都是联邦党人。"

杰弗逊悄无声息地离开了国会大厦，返回了他位于康拉德与麦克曼（Conrad & McMunn）公寓的住所。他和其他30多位公寓住客在餐厅就座时，杰弗逊习惯性地坐在离壁炉最远的位子上，拒绝在彰显总统地位的主座落座。执政的前两周，杰弗逊都住在这间公寓里，在紧挨着卧室的私人会客厅处理联邦政府事务。[6]在那里，他能饱览波托马克河沿岸“茂密森林的宏伟风光”。

这位新任总统57岁了，但他依然像30岁一样身体健康，充满活力。杰弗逊身高188厘米，“像炮筒一样立得笔直”。[7]在蒙特塞洛工作多年的埃德蒙·培根（Edmund Bacon）回忆道：“他就像匹精良的骏马，一块赘肉都没有。他拥有钢铁般的体质，十分强壮。”随着岁月的流逝，他的一头齐肩长发变得花白，脸色红润，皮肤因长期的户外运动而有些脱皮。他的眼神热切而友善。有人说他的眼睛是灰色的，有人说是蓝色的，还有人说是淡褐色的，亲戚朋友对此说法不一。只有在后世描绘的形象（如半身像、浮雕或剪影）中他最醒目的特征才显得很突出，那便是他卡通式的大下巴。

杰弗逊和蔼可亲，平易近人。这似乎与联邦党在竞选时炮轰他的观点相悖。玛格丽特·贝亚德·史密斯（Margaret Bayard Smith）是华盛顿《国民通讯报》（*National Intelligencer*）一名编辑的妻子，同时也是早期华盛顿社会的一位忠实记录者。她的父母都是联邦党人，从小她就耳濡目染，坚信杰弗逊是“一个野心勃勃、蛊惑人心的政客，行为粗俗不堪，举止笨拙无礼”。[8]她描述了大选后不久，在经历过一位不速之客的来访后，自己是怎样改变看法的：

某天清晨，我独自坐在客厅里，这时仆人打开门，门口站着一位绅士，希望与我丈夫会面。我面对陌生人时一般坦诚而小心，但这位访客态度严肃且拘谨，使我有些不自在。不过这种冷淡的氛围只是暂时的。我一边请他落座，一边告诉他不必拘礼。待他入座后，我不小心将他的手臂碰到座椅旁的桌子上，他转向我，露出慈爱的表情，声音温和轻柔，随即我们开始闲聊……

我不知道这是怎么回事，但他的举止、表情和声音立刻打开了我的心房。当他偶然问起我们新家的情况时，我坦率地告诉他我对目前的住所和环境有哪些满意和不满之处。我不知道他是谁，但他对我描述的乏味细节也很感兴趣……这使我大大地松了一口气。他的言谈举止是那么和善温柔，我都忘了他并不是我的朋友。这时门开了，我先生史密斯走了进来，向我介绍这位访客是杰弗逊先生。

我感到脸颊火辣辣的，心怦怦直跳，随后一个字也说不出来了。不仅如此，我太尴尬了，几乎听不见他和我丈夫之间的任何谈话内容。

在3月的最后一周，杰弗逊搬进山顶的行政大厦，那里位于国会大厦以西约2.5千米处。这座用白色砂岩建造的大房子在几十年后被称为白宫。这座矩形建筑北侧有4根爱奥尼亚式立柱，面朝宾夕法尼亚大道（Pennsylvania Avenue）和总统广场。透过朝南的窗户能将远处的波托马克河和亚历山大港尽收眼底。和华盛顿的所有建筑一样，这座官邸也尚未竣工，地上满是建筑工棚、木材垛和石匠住的棚屋。一位访客抱怨说："在漆黑的夜里，你根本找不到路，可能会掉到坑里，也可能被一堆垃圾绊倒。"[9]

里面的 23 个房间寒冷透风，四壁空空，散发着浓浓的油漆和石膏味道。杰弗逊住在主层的西南角，办公室和起居室分开，书和个人文件堆在桌上，房间里还珍藏着他的"科学仪器、地图、地球仪和园艺工具"。[10] 与书房相邻的曾是个客厅，现在用作接待室。还有一个椭圆形的客厅专门用来接待访客。东厅原本是为公众招待会而准备的。阿比盖尔·亚当斯之前在这里晾衣服，现在它被一分为二，用作总统的私人秘书梅里韦瑟·刘易斯（Meriwether Lewis）的卧室和办公室。

杰弗逊说，他和刘易斯就像两只老鼠住在一座大教堂里一样。事实上，他们由专员悉心照料，其中包括一名管家、一名车夫、一名法国厨师、一名侍从、一名贴身用人，还有几名帮厨和女佣。"我们认为这是一幢舒适的乡村住宅，"杰弗逊搬进后不久给女婿写信道，"这里社会风气优良，不像封闭的小镇一样炎热、难闻和喧嚣。"[11]

杰弗逊总是在黎明前起床。天气寒冷时，仆人在他的房间里放上一堆干燥的柴火，总统一早便开始亲自生火。他在绿色台面呢铺就的便携式书桌上从早上 5 点连续工作到上午 9 点。这张书桌是他在 1776 年自己设计的，《独立宣言》也正是他在这张桌子上起草的。那张设计精巧的转椅也是他按照人体工程学自行设计的。他字写得飞快，不怎么需要编辑。他正是靠这些信件来完成总统需承担的大量工作的。上午 9 点后，他会会见内阁官员、国会议员和其他人，如果没有人来，他就继续写信。在任职的第一个月里他写了 116 封信，第一年里写了 677 封信，每一封信都留有备份。11 月，他表示自己的日常生活“始终如一。我每天在书桌前坐 10 到 13 个小时，中间有 4 小时用来骑马、用餐和短暂休息”。[12]

杰弗逊每天的主要运动和抛下办公室工作的方式是骑在马背上闲逛。每天下午 1 点整，他都会离开办公桌，前往马厩。那时爱尔兰车夫和马倌詹姆斯·多尔蒂（James Dougherty）已经为总统的马匹装好了鞍辔。杰弗逊喜好进口的镀金马镫和豹皮马鞍。他是一个专业骑手。他的外孙托马斯·杰弗逊·伦道夫（Thomas Jefferson Randolph）说：“从他从容又自信的骑姿，一眼就能看出他是马的主人。他骑的通常是纯种的弗吉尼亚马。马稍微有点倔强，他就用鞭子无情地抽打，这是他唯一会表现出不耐烦的行为。”[13]

长时间奔驰在哥伦比亚特区满是车辙的马车道和骑马专用道上，能让他亲自视察首都的情况。法国设计师皮埃尔·朗方设想“大小中心广泛分布于此，形成一套系统”，[14] 由宽阔大道相连，这些道路像车轮的辐条一样，从主要公共建筑斜向延伸出去。杰弗逊被这个宏伟的愿景深深地折服了，但是，它仅仅是一个愿景——这在 1801 年还远不能成为现实。这还不仅是朗方的城市设计有没有完工的问题，有人怀疑它根本就**不可能**完工。雄心勃勃的街道计划设想了一座伟大的城市，一个人口重镇，一块贸易和艺术的汇集地。实际上，这里曾是一片未开辟的低地荒野，人们到处都能看到孤零零的公共建筑或废弃破败的小村庄。

杰弗逊骑马时不允许仆从跟随，他更愿意独来独往。他沿着哥伦比亚特区的主干道宾夕法尼亚大道东西向骑行。这条大道以宾夕法尼亚州命名，是为首都从该州迁出所做的补偿。它始于乔治敦，一路穿过 M 街的石溪（Rock Creek）和白宫附近的小村庄，继而穿过第二街石桥下的鹅溪（Goose Creek）和国会大厦周围的小村庄，然后在新泽西大道向南穿过一片边远山区，一直到达波托马克河东部支流（Eastern Branch）的海军造船厂，至少这条路理论上是这么规划的。1801 年，其主要路段还布满树桩，而最糟糕的路段似乎延伸至周围的荒郊野外。石溪上的一座桥坍塌了，碎成一堆石头。其中一段路途经石溪和行政村，穿过一个陡峭山坡，这里路况太差，马车几乎无法通行。在白宫和国会山之间有一条辅道穿过“台伯溪（Tiber Creek）沼泽”，这是一块荆棘、山楂、黑莓和野生玫瑰丛生的潮湿低地。有一条石板路从白宫延伸至国会大厦，有条铺满碎石的小径从国会大厦通向白宫，但这两条道路尚未相交就被废弃了。涨潮时，宾夕法尼亚大道经常被淹没，行人若试图从西面抵达国会山，就必须沿着高地向北绕行一段漫长又曲折的弯路，或者在波托马克河乘船顺流而下。

访客们将此地比作一个古老城市的遗迹：曾经辉煌兴盛，现在却杂草丛生。[15] 朗方的街道规划似乎与实际景观搭不上什么关系，甚至可以说毫无关系。人们只有通过乡间小路才能到达主路口，而且路标都隐藏在草丛中。在沼泽、灌木丛和草地里步行或骑马数千米，也遇不到一个人。对所有投入巨资的房地产投机者来说，这里都是块金融坟场。这些人曾看好此地的未来，然而从几十幢住满流浪汉的烂尾建筑中可以明显感觉到经济的萧条。一幢建筑仍然挂着醒目的红色标志：酒店。在 1800 年联邦政府到来之际，该区只有 109 座用当地砖石建造的房屋。[16] 大多数常住居民生活在简陋的木屋或茅草屋里，众议员和参议员住在公寓里，就像挤在预科学校宿舍的男生们一样心满意足。

1807 年，一位弗吉尼亚州国会议员在白宫和国会山之间的宾夕法尼亚大道骑马时不慎坠落，事后他写道："仔细想想，在一个寒冷的夜晚，有人在美国首都的中心位置重伤后差点没命，这里远离世人，叫天天不应，叫地地不灵。你应该能体会我当时的处境。"[17]

根据多年后他外孙的讲述，有天下午，杰弗逊骑马回来时，旁边跟着几个朋友。这些人是应邀来共进晚餐的。他们骑着马，在专用道上疾驰。有人遥遥领先，有人远远落在后面。当总统骑马来到小溪边时，一个徒步的陌生人走过来询问能否顺路载他一程。杰弗逊一手将那人拉到马背上，然后在溪对岸放他下马。

> 杰弗逊把他放下来继续前行时，后面的人追了上来。他们问这个人，为什么那么多人从他身边过去，他都没叫他们捎他一程？他回答说："看其他人的面相我就不想叫。但那位老绅士看起来好像会帮我，所以我叫了他。"听说刚才载他一程的是美国总统时，他大吃了一惊。[18]

谁将担任杰弗逊政府的主要官员，大家都心中有数。詹姆斯·麦迪逊将担任国务卿，艾伯特·加勒廷担任财政部长，他们是公认的共和党领袖，而且拥有与总统同等的智慧和政治才干，杰弗逊对他们充满信心。他们几乎可以说是共同主导政府，因此杰弗逊这届总统任期的统治曾被形容为"三头政治"。两个新英格兰人的加入给内阁带来了地缘平衡：马萨诸塞州的律师利瓦伊·林肯（Levi Lincoln）被任命为总检察长，来自马萨诸塞州北部（后被分出去成为缅因州）的亨利·迪尔伯恩（Henry Dearborn）被任命为战争部长。

寻找一位合适的候选人来担任海军部长却是个难题。自1794年第一艘巡航舰龙骨的铺设之日起，共和党人就不停地抱怨海军账目中的超支浪费。在总统选举期间，他们威胁要彻底除掉海军。共和党大佬都不愿意主持一个面临裁员甚至可能解散的机构，杰弗逊认为此事不足为奇。同时也很少有政治上可靠的共和党人具备掌管海军部所必需的海事经验，“共和党当中几乎没有掌握航海技能的人”，[19]合格的共和党候选人十分稀缺。

1800年12月至1801年3月期间，纽约的罗伯特·利文斯顿（Robert Livingston）、巴尔的摩的国会议员塞缪尔·史密斯（Samuel Smith）、新罕布什尔的约翰·兰登（John Langdon）和费城的威廉·琼斯（William Jones）先后受邀担任海军部长，然而他们都婉拒了。杰弗逊开玩笑地对加勒廷说：“我们需要为海军部长一职做招聘广告。”[20]拒绝接踵而至，他的恳求也更加直接。3月，总统再次去找国会议员史密斯，请他重新考虑上年12月被他拒绝的这份工作。杰弗逊告诉史密斯，他肩负“道义”，“如果你拒绝，我们到哪去找能替代你的人？”[21]

史密斯同意暂时挂职。他保留了国会议员的席位，以战争部长的名义监管海军部的日常事务。直到7月15日，杰弗逊才终于找到了合适的候选人。塞缪尔·史密斯的哥哥罗伯特·史密斯（Robert Smith）同意担任该职，他在巴尔的摩获得过丰富的海事法务经验。罗伯特·史密斯是独立战争时期的老兵，像其前任斯托德特一样，参加过布兰迪万河战役。他从两岁起就住在巴尔的摩，而且和麦迪逊一样毕业于普林斯顿大学。任命史密斯的决定似乎颇具争议，因为他给几位同僚留下了很差的印象，这些人都怀疑他的工作能力。据了解，这项任命的一个主要好处是，它可以将史密斯这个在马里兰州具有强大政治影响力的共和党家族与杰弗逊政府捆绑到一起。

即将担任财政部长的加勒廷打算消除汉密尔顿任内所有的国内税、积债和政府集权机构遗留的影响。他将无限的精力投入工作当中。“这项工作冗长乏味，需要付出最艰辛的劳动，我须尽职尽责地完成任务，”提起前两年的工作生涯时他回忆道，“为了让自己全面了解并胜任此项工作，合理管控所有的细节问题……我夜以继日地工作，因此积劳成疾，肺部出了问题。”[22]

加勒廷的首个目标是消除国家债务。1800 年美国国债高达 8 300 万美元，但平摊到美国每个男女老幼身上时为人均 15 美元，这算不上高。随着人口和经济规模的扩大，即使未偿本金没有减少，债务负担也已稳步下降。但被汉密尔顿称为“国家之幸”的国债却被杰弗逊派斥为“道德败坏的缘由”。公共债务带来高额税收，也招致腐败和压制，这成了金融投机者的温床。杰弗逊写道，这将使美国重蹈“英国负债和腐败的覆辙，必将引发革命”。[23] 在加勒廷给总统的第一份报告中，他提议以每年 730 万美元的速度偿还国债，这将使两届总统任期内的债务本金总额减少 3 230 万美元。[24]1808 年时，债务余额将为 4 560 万美元。如果该项政策持续下去，到 1817 年债务余额将削减为零。

这个时间安排相当有挑战性，因为联邦政府每年总收入还不到 1 100 万美元。由此引发了第二个问题：该怎么征税？杰弗逊派不仅讨厌公共债务，还憎恶征税，尤其厌恶征收强加到土地和个体公民身上的国内消费税和财产税。独立战争导致美国人的反税意识根深蒂固，华盛顿和亚当斯都被迫召集军队镇压因征税而造成的暴动。在1800年的总统竞选中，共和党人将此问题利用到极致，杰弗逊派说，税收“与自由人的天性为敌”。[25]

借助共和党反税的说辞入主白宫的杰弗逊，试图一举消除所有消费税和财产税。加勒廷对此观点深表关切，告诉总统说，“如果这届政府不减税，那就永远都不会减税”。[26]但他担心减税会影响国债的偿还，毕竟这才是头等大事。杰弗逊派在算计中陷入悖论，他们减税和减债的目标相互矛盾，除非联邦支出可以压到最低。

杰弗逊在第一次总统就职典礼中承诺“创造一个明智节俭的政府……绝不从劳苦大众手中夺食”。在私人信件中，他更犀利地表达了这一点：共和党人将“针对公共财政的浪费问题进行改革，赶走那些吸血鬼”。[27]杰弗逊充分利用了无须国会批准即可使用的总统职权，与其内阁一起开除了他们认为冗余的联邦公职人员。国务院关闭了除马德里、巴黎和伦敦以外的所有美国驻外大使馆，财政部的内部税务检查员被全部解雇。“我们正寻找并废除众多无用的职能部门，”6月时杰弗逊告诉他的女婿，“砍掉多余的工作岗位。”[28]他告诉詹姆斯·门罗，目前已查证出的联邦政府浪费的严重程度甚至超出了共和党人原先的估计：“世界各地大大小小的机构，不仅一无是处，而且为害不浅，它们公开欺诈和贪污公款的数额远远超出了表面上的盈利。这些事谁都没想到，我们正尽可能静悄悄地处理这些事情。”[29]

在杰弗逊总统任期的第一年，陆军、海军和海军陆战队记录在册的共有6 479名军人和文职人员，占所有联邦雇员的70%以上。[30]

削减预算的斧头不可避免地落到了武装部队身上。除了杰弗逊派对常规军队和海军的厌恶外，与法国结束敌对状态也成了减少军费开支的一个原因。杰弗逊就职的前一天，离他的就职仪式不到24小时，约翰·亚当斯签署了一项《和平编制法》(Peace Establishment Act)，授权他的继任者大规模地遣散海军。任期将满的国会率先颁布了这项法律，希望阻止即将上任的共和党人采取过激行动，毕竟有些共和党人威胁要裁撤海军。

在美法准战争的高潮时期，服役军官达700名，服役战船49艘，其中大部分是由商船和桨帆船改装而来的。[31]《和平编制法》将海军军官团队减至9名船长、36名尉官和150名见习军官。舰队中仅有13艘巡航舰将继续服役，其中7艘将“被卸下装备和帆索，后备搁置”，并存放在特制的棚屋里。海军中的小型船只，包括双桅横帆船、斯库纳帆船、桨帆船，将被卖给私营业主，继续之前的商船业务。数百名军官拿了4个月薪水，随即被遣散。留下来的军官如果没有立即服役，薪水将被减半。即将离任的海军部长本杰明·斯托德特表示，裁员是“一项最痛苦的工作，幸运的是我不用做这个工作”。[32]在新政府上任的最初几周内，斯托德特的继任者，代理海军部长塞缪尔·史密斯给约2/3的现役海军军官写信道，军队不再需要他们。他给“国会号”塞夫舰长写的解聘函措辞严谨：

> 《和平编制法》强加给总统一项艰难的任务，这项法案命令他从海军所有舰长中挑选9名留任，其余的人员需要离任……虽然十分不情愿，我还是要尽早通知您，您不能继续

留下服役了……请您与“国会号”事务长确认遣散费的发放账户……请放心，总统会准确评判您对国家做出的贡献。[33]

某些海军军官认为其中掺杂了政治因素，于是宣称效忠共和党，但史密斯否认其决定掺杂了任何党派因素。“请记住我这句话，如果你认为政党政治是挑选军官的标准，那就大错特错了，”他告诉一名曾写信给他、企图保住工作的尉官，“更好的衡量标准是任人唯贤、忠心服役和各州均等。我们将以这些标准管理这个部门，这样的规则不会辜负你们和其他美国人的赞许和期待。”[34]

杰弗逊决定巩固哥伦比亚特区的所有沿岸军事设施，在今称安那考斯迪亚河（Anacostia River）的波托马克河东部支流的华盛顿海军造船厂开始实施。4 月 17 日他给塞缪尔·史密斯写信道：“如果我们在和平时期无法将这 7 艘巡航舰停泊在波托马克河东部支流，我真的会很懊恼。因为如果这些船能置于海军部眼皮子底下，只要派少量兵员看守就可以了。”[35] 将这些船转移到波托马克河的行为遭到大多数联邦党人的憎恶，因为此举有损费城、巴尔的摩和纽约的海上利益，但他们却又无力阻止。将巡航舰停在华盛顿最公平实惠，杰弗逊告诉国会：“除了能确保安全，这些船就在政府部门及其代理机构的眼皮子底下，并且能自己说了算……它们保存得很好……随时能应战。”[36]

1801 年，华盛顿海军造船厂只不过是波托马克河东部支流岸边上孤零零的几座棚屋、仓库、码头，与国会山之间隔着茂密的树林。造船厂周边曾围着的“木板栅栏”很快就会换成石墙。工厂里面是一座给负责人住的二层砖房，一个石砌的厨房，一个马厩，一个车库和一个干草棚。河道里只有一小部分水域可以利用，因此人们正在用挖出的泥土和碎石填充河边浅滩。木板码头沿着木桩，一直延伸到河道里。造船厂东侧的仓库距码头约 6 米。一排毗邻的小屋都是工匠开的店，这些工匠包括金属制版工、船帆工、军械工、锡匠、铁匠、箍桶匠和造船工。没有什么是永久的，这就是一整个建筑工地，每幢建筑几乎都在兴建、拆除、扩建，或者在修缮。50 名海军陆战队队员奉命于每天早上 5 点钟到造船厂报到，他们将协助主承包商进行巡航舰的长期储备工作。海军陆战队营房还在施工，所以海军陆战队队员不得不在帐篷和临时小屋里度过整个夏天。

巡航舰退役时，需要驶过所谓的“壶底”（Kettle Bottoms），也就是马里兰角（Maryland Point）附近的波托马克河下游的一段危险流域。领航员测深后汇报说，他可以保证驾驶任何一艘吃水不超过 6 米的船驶过这段险滩。44 炮巡航舰满载而行时吃水约 7 米，因此有必要卸下补给，倒掉淡水，将压舱物移到船头，以“保持平衡”。每艘船靠近波托马克河东部支流的河口时，船长都要准备一份完整的货物清单，列举船上所有的补给品、小艇、家具、日常用品和索具。一旦抵达码头，船上所有的索具、绳索、缆绳、帆和所有其他杂物都将卸掉，结清船员工资。每艘退役舰艇都会配备一支由 16 名骨干船员组成的团队驻守。每艘后备舰艇的年均维护成本，包括船员的工资和口粮在内大概是 15 300 美元，如果让这些船继续服役，开销会是这个数字的 10 倍。[37]

“美国号”巡航舰停泊在切斯特附近的特拉华河流域，5 月 17 日前往弗吉尼亚角，6 月 6 日抵达波托马克河东部支流。水手长威廉·怀特黑德（William Whitehead）汇报称，巡航舰的底部铜皮可能无法修复了："拉动缆绳的时候，我常常看到缆绳被铜皮割损，特别是船在锚前的时候。我还看到纱线断掉，像被刀割的一样。"[38] 亚历山大·默里舰长率领的"星座号"也在特拉华河流域，位于费城下游距墨德岛约3千米的位置。因急需修理，"星座号"驶往汉弗莱斯造船厂南方的一座码头。由于"星座号"将被搁置后备，史密斯于4月11日给默里写信说，"不必再花钱修理这艘船"。[39]

然而，4月12日夜里凌晨1点，"星座号"遭遇了毁灭性的打击。西北风肆虐，"星座号"主锚被拽起，导致这艘船漂到下风处搁浅了。致命的是，搁浅发生的时候是在高潮水位，"还没来得及援救，潮水就迅速退去，船就侧翻了"。[40] 船员们立即封闭舷窗，但军官们还没来得及收拾私人物品，海水就迅速灌进船舱。船员们取下帆桁和中桅，在下甲板被完全淹没之前将船上货物尽可能地搬走，但损失已然不可挽回了。这艘巡航舰一半沉在河里，距此地仅几百米的萨瑟克海滨正是其姐妹舰"美国号"4年前下水的地方。

约书亚·汉弗莱斯、默里船长和船员全力奋战了3周，才扶正"星座号"。他们将索具及船上所有备用品拿出来，放在码头上晾干。5月3日，"星座号"重又浮在水面，且驶入码头。笨手笨脚的工人们将"船身上的淤泥清洗干净"。"星座号"停在那里，索具"杂乱地散落一地……其中大部分要么被切断，要么磨损严重"。"星座号"那年显然无法离开特拉华河了。12月，默里给史密斯写信说，冬季风暴肆虐，危机四伏，不宜再走那条航道。[41] 虽然不情愿，但史密斯被迫接受了船长的说法。默里在早前的信中已然问道，既然该船能以每天3美元的开销停泊在费城码头，为什么还要雇一队船员一路护送它到华盛顿？

造船师警告杰弗逊，一直后备闲置的船会快速老化。搁置在波托马克河东部支流的巡航舰可能面临的风险是“在6到8年内完全腐烂，到时要花费三四百万来修理”。[42] 增加的船舶修理费很可能超过停放舰船预存的看管费用。杰弗逊相信，一个可行的解决方案是在波托马克河岸边建造一个巨大的干船坞*，以便军舰停靠。总统说：“这样就可以妥善保养这些船，确保它们在战争伊始便能马上投入使用。”杰弗逊一心想建干船坞，于是他与本杰明·亨利·拉特罗布（Benjamin Henry Latrobe）开展了合作。这位生于英国的建筑师和工程师将作为公共建筑鉴定人，负责干船坞的设计工作。他们想在河岸开辟一个巨大的内港，四周装上水闸，并引入石溪、台伯溪或波托马克河上游的活水。该内港预计长约240米，宽约84米，有巨大的顶棚覆盖，大到足以容纳12艘巡航舰，也就是说能容纳整支海军。船一旦驶入船坞，就用清水擦洗，然后通风晾干。支持者坚信这些船能妥善存放100年。虽然好处被夸大了，但毫无疑问，干船坞能显著延长木制船的寿命。

杰弗逊叫人建了一个干船坞的等比例模型并在白宫展出。他预计该项目将耗资约100万美元，耗时1年完工。杰弗逊在1801年和1802年向美国国会发表年度国情咨文时，先后两次强调“节约现有资源”，但这一理念还从未获得支持。反海军派不相信干船坞会降低舰船的长期维护成本，支持海军者不愿意看到杰弗逊令整支舰队退役。**

---

* 干船坞（dry dock），又称旱坞，建于岸边，整体低于水面，可通过闸门和排水系统控制坞内水位，便于修理和建造大型船只。

** 美国第一座干船坞建于诺福克海军造船厂，于1833年投入使用。——作者注亨利·亚当斯（约翰和阿比盖尔的曾孙）在关于美国第三任总统杰弗逊的书中写道："几乎其他所有的美国政治家都可以一笔带过，大致几笔就能勾勒出所有早期的总统画像……但杰弗逊的画像只能用细铅笔一点点描摹，而要想让这画像惟妙惟肖，需要用半透明的阴影营造出一种变幻莫测的感觉。"[43]

亨利·亚当斯可能是首位研究杰弗逊矛盾性的历史学家，但他不会是最后一个。尤其在过去的20年里，学者和传记作者都对这位总统的生活和职业生涯中表现出的虚伪和口是心非十分关注。杰弗逊对外装扮成一个谦逊、质朴、节俭的农民，可私下里非常喜好美食、美酒、豪宅和骏马；他批评政府挥霍浪费，欠下大笔公共债务，自己却奢靡无度，造成个人债务堆积成山；他迷恋机械发明和创造，却反对工业化；他谴责金融投机者，却在房地产领域大肆投机倒把；18世纪90年代诽谤盛行，他对此痛心疾首，却安排人手去抹黑自己的政治对手；他宣称"如果非得要加入一个党派才能上天堂，那我宁愿不去天堂"，[44]可他却是首个公认的美国主要政党领袖；杰弗逊是美国式自由最伟大的代言人，他发誓"与控制人们头脑的任何形式的暴政势不两立"，却有两百多号男女妇孺立契卖身于他，其中有些还是他的血亲。正如塞缪尔·约翰逊博士（Dr. Samuel Johnson）所问的："为何我们听到驱使黑奴的那些人对自由的呼声最高涨？"[45]

考虑到这一点之后，就不难发现杰弗逊在事关海军的言行上都很不一致了。在18世纪80年代担任驻法公使时，他赞成建造巡航舰，支持让巡航舰在地中海巡逻，原因如下："一、符合正义；二、捍卫荣誉；三、这将赢得欧洲的尊重，而尊重能保障利益。"[46]15年后，作为强烈反对海军的共和党的领袖竞选总统时，他宣布自己赞成“适当建设可以保卫海岸和港口不再受侵略的海军力量，反对花费巨资筹建将我们拖入无止境战争的庞大海军……无止境的战争会连累我们，增加公共债务，并最终拖垮我们”。[47]他直接插手传播反对海军的专著，即托马斯·库珀（Thomas Cooper）的《政治算术》（*Political Arithmetic*），认为约翰·亚当斯建立海军符合北方商人和船主的利益，却“**完全**由消费者、农民、技师、工人来买单”。他向约瑟夫·普里斯特利（Joseph Priestley）这位英国牧师和政治理论家抱怨道，联邦党人搞得“航运乱套了，贸易也乱套了，最糟糕的是海军也陷入一片混乱”。[48]

杰弗逊和大多数美国人想的一样，海军问题的背后是一个更大的问题：应该冒多大的风险来保护航运和贸易？杰弗逊认为美国的命运取决于西部，取决于内陆地区的定居与开发。如果一定要开展对外贸易，那就当是无法避免的罪恶而容忍它。他不信任北部海港的商人，觉得这些人与其他同胞比起来，天生就不那么爱国。他决心削减这些人的政治影响力。“商人心中没有祖国，”他后来写道，“他们所站立的地方无法让他们产生依恋和归属感，吸引他们的只有利润。”[49]1786年住在巴黎时，杰弗逊曾受邀协助《方法论百科全书》的编辑编写美国各州的词条。他以罕见的、直言不讳的方式评价了罗得岛州，可能是因为他担心翻译中会引发歧义：

> 善良的公民道德高尚，怀揣着对祖国的热爱，耕耘着这片土地。而无良商人最缺乏的就是道德情操和爱国情怀。商人主要居住在海港城市，而善良公民则深居内陆。现在的情况是，

罗得岛和康涅狄格州的领土中的天然良港区已独立成罗得岛州，而内陆则成为康涅狄格州，尽管该州也有较短海岸，但没有良港。因此，康涅狄格州几乎没有一个人经商，而在罗得岛州则没有一个人不经商。[50]

杰弗逊补充说，罗得岛州面积不超过2 600平方千米，几乎没有任何农业，根本就不能独立成州。他预测，罗得岛州最终将被联邦除名，或合并到康涅狄格州。

但杰弗逊不承认他反对贸易，或者说，他否认自己希望每个美国人都务农。在这一点上，他并不像批评人士说的那么教条主义。和所有南方的种植园主一样，他深谙美国出口海量过剩农产品的重要性，并承认需要用船将这些产品出口到国外市场。在就职演说中，他鼓励"农业为主，贸易为辅"。虽然农民在所有公民中无疑是"最宝贵、最富有朝气、最独立、最善良"的群体，但政党领袖也不能决定公民谋生的手段。美国人从母国继承了"航运和贸易的爱好"，他们"决定以海洋为生"，因此当选的国家政要有义务"保证他们在商品运输、渔业和其他海洋业……拥有平等的权利"。[51]

杰弗逊从未与党内最极端的反对海军者结盟。他打算建造一支美国海军，但有三个条件：首先，建造目的、设计和部署必须以**防御**为基础；其次，它不能成为任人唯亲的工具，也不能成为海运和造船行业的利益相关者腐败的根源（这些人正好与联邦党人勾结）；最后，也是最重要的一点，它必须经济实惠。

实际上，要想满足最后一点，美国便无法建造一支强大到与欧洲列强相抗衡的海军，因为强大海军的建造成本将超过其保护的贸易价值。“建造一支能与欧洲强国匹敌的海军，这对我们的同胞来说是愚蠢的浪费，”杰弗逊在《弗吉尼亚州笔记》(*Notes on the State of Virginia*)一书中写道，“如果这样做，那就是将高昂的军费强加到我们头上，要知道军费开支的负担使得欧洲工人饿着肚子睡觉，眉梢滴下的汗水能打湿面包。”而另一方面，小规模海军能够打击海盗，维持海上航线的治安，这才是建军的目的。基于这种考虑，杰弗逊于 1786 年首次提议发起军事行动打击巴巴里海盗，且从未动摇。杰弗逊的职业生涯以矛盾的选择而闻名，可在打击海盗这一点上，他的观点从未改变。

1801 年 3 月 13 日，杰弗逊在就职典礼后的第 9 天收到了几封发自地中海的恼人信件。的黎波里的统治者优素福·卡拉曼利(Yusuf Karamanli)在宫殿召见了美国领事詹姆斯·卡思卡特(James Cathcart)，扬言要派海盗船袭击美国商船。他告知卡思卡特，如果美国政府立即给的黎波里送 225 000 美元的现金作为礼物，将来每年再纳贡 25 000 美元，就可以避免这些袭击。为了和平，这位帕夏补充说，他会给出 6 个月时间，等待美国总统的回复。

优素福的最后通牒公然违反了美国与的黎波里之间的条约。这项于 1796 年协商、次年由参议院批准的条约，使两国之间建立了“永久牢固的和平与友谊”，这是阿尔及尔帕夏亲自担保过的。美国政府在条约签订后便一次性支付了现金 56 000 美元，作为交换，优素福曾承诺不会再派海盗船袭击往来于利润丰厚的地中海贸易航线的美国船。条约第 10 条规定：“双方不再进行任何定期纳贡，欠款自此已清。”[52] 但现在优素福矢口否认自己同意过这样的条款，坚称

“没错，美国是花了钱来获得和平，但美国没有付出任何代价来维持和平”。[53]

卡思卡特勇敢地回应优素福：“哪怕是美国最吝啬的公民，也宁愿花光最后一分钱，流尽最后一滴血，而不会同意向的黎波里的王室进贡。”[54]之前，美国各位公使发表过同样勇敢的言论，但很快就同意向巴巴里诸国支付一笔数额更大的贡金。优素福当然会认为这次与以往没什么不同。

这些信件写于5个月前，即1800年10月中旬。即便杰弗逊想在截止日期前回复，也没有足够的时间。新任总统只能假设，就算现在还没动手，的黎波里的巡洋舰也会从下个月开始袭击地中海上的美国船只。他下令在主要海港广而告之：开往直布罗陀及更远海域的船只会遭遇危险。

杰弗逊的前任曾试图靠奉承、许诺、贿赂和偶尔威胁来解决巴巴里海盗问题。1795年与阿尔及尔人签订的条约曾导致当年巡航舰的建造工程短暂停工，该条约本应成为维护整个地中海和平的关键。美国相信阿尔及尔作为巴巴里四国中规模最大、实力最强的国家，在整个伊斯兰北非世界中拥有左右全局的影响力，因而希望“最强大尊贵的”阿尔及尔帕夏能允许美国特使强势处理与其他三国，即摩洛哥、突尼斯和的黎波里的关系。在此前提下，乔治·华盛顿首肯，参议院批准了这项代价高昂、丧权辱国的条约，从而助长了盛行北非伊斯兰地区长达3个世纪的海盗敲诈行为。

美国特使威廉·伊顿（William Eaton）与阿尔及尔帕夏第一次会面后，对他进行了有趣的描述：

> 我们看到一只毛发蓬乱的巨大野兽，一屁股坐在垫着绣花丝绒坐垫的矮板凳上，后腿向后收拢，模样活像一个裁缝，或一头熊。我们走向他时，他伸出一只前爪，就像在接吃的东西。引路的人大叫："亲吻帕夏的手！"总领事优雅地鞠躬，并吻了一下，接着我们都一一鞠躬亲吻。此时，那只野兽看上去态度和缓，还咧嘴轻声地笑了几次……大家能相信吗？这禽兽此时的海军力量还不足两排战舰，就已有七个欧洲王国、两个共和国和一个大洲向他纳贡？确实如此。[55]

美国花了将近 100 万美元给阿尔及尔纳贡，其中包括现金和各种礼品。此前 10 年间，阿尔及尔海盗船扣押了 122 名美国人质，之后释放了 85 名，其他人都在被俘期间死了。这些礼物当中，包括一艘新建成的"新月号"（Crescent）轻型巡航舰。"新月号"由汉弗莱斯设计建造，制作十分精良。船身干燥，能迎风航行，速度很快。毫无疑问，该船适合用作海盗船，以袭击较弱的欧洲海洋国家的舰船。该条约还承诺美国每年会缴纳各种海军补给和武器弹药，具体包括"火药、引线、子弹、炸弹、桅杆、帆柱、帆桁、锚链、缆绳、帆布、焦油、沥青、木板、横梁、板条和其他必需品"。1795 年，这些军需货物年均花费初步估计为 21 600 美元，但随着这些货物越发紧俏，实际成本是预估的 3 到 4 倍，因此美国发现自己正在向该政府赞助的海盗业提供重要的资金来源。

条约中有一项要求阿尔及尔帕夏为这些敲诈来的东西保密，美国的谈判代表们寄希望于的黎波里和突尼斯不会索要同样的大笔款项。（摩洛哥于 1786 年签署了一项相对善意的条约。）起初，这个策略貌似会取得成功。美国特使分别与的黎波里和突尼斯签订条约，规定分别于1796年11月纳贡56 486美元，1797年8月纳贡10.7万美元，价钱相对合理。但条约签署后，的黎波里帕夏和突尼斯大公马上就怀疑他们被骗了。越来越多的美国船驶入地中海。这个遥远而相对陌生的国度所拥有的商业财富显然远远超乎他们的想象。美国向阿尔及尔大笔纳贡的谣言传到他们的耳朵里。于是他们索要更多的钱，更多的礼物，更多的海军补给。

为了拖延时间，地中海的美国领事给北非统治者送出华丽的礼物：银鼻烟盒、钻石戒指、缀满珠宝的金表、宝剑、红宝石、绿宝石、精美的丝绸和亚麻，还有轻型火器。美国政府委托著名的英国枪匠H. W. 莫蒂默（H. W. Mortimer）设计了一支黄金火枪，作为礼物送给突尼斯大公。莫蒂默开出的525美元的账单上这样描述该武器：

> 这是一支极佳的火枪，枪管和保险都由黄金打造，优雅至极。枪身的金色雕饰工艺华美异常，是以这个王国不曾用过的方式制作的。枪把、枪管和保险上的装饰设计无与伦比。战利品雕饰包括头盔、帽子、盔甲、战斧、攻城槌、矛、剑、弯刀、鼓、笛、喇叭、军号、戟、弓箭、旗帜、大炮、盾牌等等。水果和鲜花在铺着天鹅绒布的红木桌上摆出漂亮的形状。[56]

阿尔及尔帕夏在巴巴里诸国中的影响力并不像传言中那样强大。的黎波里和突尼斯嫉妒阿尔及尔，渴望向美国勒索同等款项。在得知阿尔及尔收获了“新月号”后，突尼斯大公坚称突尼斯也应该有一艘新巡航舰。在感谢杰弗逊提供的“所有军需、海军补给品和上好的珠宝”之后，突尼斯大公很快就言归正传：“我坦白讲……如果你也能给我一艘船的话，那再好不过了。”[57] 最令人担忧的一个事实是，美国指望与阿尔及尔帕夏建立的稳固友谊无法用金钱买到。阿尔及尔帕夏极其易怒，要么是因为没按时纳贡，要么嫌贡品太少，或两者兼而有之。与其说他想帮助美国人，不如说他想得到更多补偿。1801 年 1 月，在送了一封代表美国利益的信到的黎波里后，帕夏找到美国驻阿尔及尔领事理查德·奥布赖恩（Richard O’Brien），向他索要礼物。由于资金匮乏，奥布赖恩东拼西凑了 500 美元，买了 2 块平纹细布、12 匹好布、2 块手帕、2 件上衣、2 块亚麻布、18 千克白糖和 1 袋咖啡。[58] 帕夏挑拣着这些廉价的东西，抱怨道：“没有手表吗？也没有戒指吗？”但还是通通笑纳了。

1800年9月，一艘名为“乔治·华盛顿号”（George Washington）的 32 炮改装商船从特拉华湾驶向阿尔及尔，船上载着当年的贡品，有钱，有海军补给品，还有其他各种礼物。这是第一艘驶入地中海的美国军舰。船长是威廉·班布里奇，尽管他两年前率领的“反击号”斯库纳帆船在西印度群岛败给了法国“起义号”，他还是由尉官晋升为舰长。该船停泊在阿尔及尔港，进入了 200 多门岸炮的射程范围内。帕夏捎话说，他希望“乔治·华盛顿号”将阿尔及尔大使一行送到君士坦丁堡的奥斯曼王宫。随行人员将包括 100 个成年人和孩子，并且带着各种礼物，其中包括羚羊、马匹、鹦鹉、绵羊、鸵鸟，以及（若记录属实）4 只狮子和 4 只老虎，就像带着一个动物园。班布里奇拒绝此次航行，帕夏立刻威胁要撕毁与美国之间的条约，并要让美国在海上一败涂地。“你给我纳贡，”他对班布里奇说，“因此你就是我的奴隶。”[59]

班布里奇最终屈服于总督的威胁。当阿尔及尔人要求降下星条旗时，屈辱达到了无以复加的地步。这艘以不久前刚辞世的首任美国总统命名的船被迫听命于阿尔及尔“新月号”。后来班布里奇为此行为辩解，称他当时没有其他选择。“我希望永远不再被派去阿尔及尔纳贡，”他写道，“除非授权我将贡品从炮管子里向他们打出去。”[60]

“我受不了所有这些贿赂、贡品和遭受的屈辱，”杰弗逊上任不久后私下对麦迪逊说道，“我知道，这些海盗胃口越来越大，除非动用武力，否则无力阻止。立刻武装反击这群傲慢无礼的家伙会更加经济体面。”[61]

《和平编制法》规定总统可以保留 6 艘现役巡航舰，可以随意派遣其出入地中海。杰弗逊命令这些巡航舰在汉普顿锚地集结编队。造于纽约的 44 炮“总统号”巡航舰将作为旗舰出征，随行的还有两艘私人建造的定制巡航舰，分别是“费城号”（Philadelphia）和“埃塞克斯号”。一艘名为“企业号”（Enterprise）的斯库纳帆船作为后勤船，也将编入舰队。该舰队正在增添人员和补给，预计将于 1801 年 5 月 1 日出海。

杰弗逊意识到派遣此舰队的决定可能会引发战争，于是他在下令起航前与内阁进行商议。加勒廷直到 5 月 13 日才抵达，两天后白宫召开了会议。杰弗逊将两个问题抛给内阁部长们，并亲笔记下他们的回答。[62]第一个问题是：“是否命令停泊在诺福克的舰队启程前往地中海？”如果回答是肯定的，那么第二个问题是：“此次航行的目的是什么？”内阁一致赞成下令派遣巡航舰起航，“以保卫我们的贸易，同时在实战中操练海员”。[63] 这将成为一支以和平为使命的“观察舰队”，但一旦发现的黎波里正在酝酿对美作战，此舰队将奉命打击的黎波里的舰队，甚至直捣的黎波里老巢。

杰弗逊和他的顾问们一致认为托马斯·特拉克斯顿是美法准战争中的英雄，是海军中最得力的军官。虽然他是一个坚定的联邦党人，但杰弗逊还是有意授权他指挥这支舰队。特拉克斯顿被即将离任的海军部长斯托德特召回首都。他于杰弗逊的就职典礼两日后抵达，并在康拉德与麦克曼公寓拜访了新任总统。特拉克斯顿表示，这是一次亲切又愉快的会面，但这位性情急躁的舰长继续要求获得比赛拉斯·塔尔博特更高的地位，他不知疲倦的游说很快就使得新政府丧失了耐性。特拉克斯顿去找他的老朋友——现任副总统的阿龙·伯尔，此举犯了战略性的失误。他显然还不清楚伯尔是总统讨厌的政敌，而且伯尔在政府部门中没有话语权。他的下一步行动是绕过各层级部门，直接向杰弗逊陈情，但杰弗逊粗暴地拒绝了特拉克斯顿的请求，因为这个问题已经被“丝毫不逊色于我”的前总统亚当斯解决了。[64]

特拉克斯顿愤恨而沮丧地宣布，他将谢绝担任地中海舰队的总指挥，声称这是因为“为和平而出航会让我无法施展”。[65] 史密斯默许了此申请，将特拉克斯顿薪水减半，并命令华盛顿此前钦点的6艘巡航舰舰长之一理查德·戴尔去诺福克报到并担任总指挥。当戴尔在5月22日登上“总统号”时，特拉克斯顿向他保证，这是“有史以来最出色的巡航舰”。[66] 6月1日，这支舰队驶向直布罗陀海峡。

6 远征地中海

20年前，杰弗逊在法国从事外交工作期间就屡次接到警告：巴巴里诸国完全有能力向任何想要进入地中海贸易航线的国家进行敲诈勒索。他们毗邻过往船只的通航要道，故很难封锁其港口，也无法打击其本就缺乏的海上贸易——所有这些因素加起来，导致向巴巴里诸国宣战成本高昂，且让人气馁。唯一可行的军事选择是大规模海军作战或部队登陆，但这两种选择都比长期贿赂和纳贡成本更高，风险更大。

虽然杰弗逊已被多次警告，但他似乎注定要以一种艰难的方式吸取教训。1803年，美国与的黎波里的争端没有解决，效果甚至还不如1801年。杰弗逊正尽力节省政府开支，他注意到在地中海维持一支舰队的军费比单纯贿赂优素福还要高。执政两年后，杰弗逊总统似乎对鹰派政策的效果产生了怀疑。

美国与的黎波里开战的前两年证实了一点：优秀的军官比坚船利炮更重要。从华盛顿调兵到直布罗陀再返航，整个过程需要3个月时间，直布罗陀到的黎波里之间的航程又至少需要3周时间。海军准将从美国海岸启程后，就像是被派往另一个星球一样。如果他骄傲自满、效率低下或软弱无能，那只能等几个月的航程结束后才能有人来纠正这些错误。

理查德·戴尔从航行伊始，便在横跨大西洋时经历了一阵疾风骤雨。总统及其夫人也在这段航线上经历过汹涌波涛和狂风暴雨。旗舰的甲板接缝裂开了，海水开始大量渗入下甲板。1801 年 7 月 1 日，当这支历经磨难的舰队进入直布罗陀海湾时，戴尔了解到，的黎波里确实已在 6 周前对美宣战。戴尔奉命派出舰队中的大部分战船封锁的黎波里。然而，从一开始，此次封锁就软弱无力、时断时续。这座陌生港口四周环绕着神秘的珊瑚礁和岩石，导致美国深水巡航舰无法安全地靠近主航道。肆虐的狂风在岸边掀起巨大浪花，将封锁的舰船刮到宽广海域，或使之面临被冲到敌军海滩上的风险。与盛行西风搏斗了两三天后，舰队在马耳他岛发现了距离最近的安全海港。该舰队无力在海上维持足够的常规军力，舰船需要频繁返回港口进行补给和配备。

由于封锁困难，又担心损失舰船，戴尔感到万般沮丧，只得集中精力为美国商船保驾护航。8 月 1 日，此次航程中唯一一次交火爆发了。安德鲁·斯特雷特尉官（此人曾在“星座号”特拉克斯顿手下服役，并在与“起义号”交火时处决了一个懦弱的美国水手）率领“企业号”斯库纳帆船参与了对雷·穆罕默德·鲁斯（Rais Mahomet Rous）将军率领的 14 炮的黎波里桨帆船的作战行动。在长达3个小时的鏖战中，配备更多武器的的黎波里桨帆船损失了60人，而“企业号”却毫发无损，[1] 这实在令人难以置信。这艘的黎波里桨帆船两次降下国旗，而当美国人靠近来占领它时，又继续战斗。斯特雷特认为自己无权将这艘桨帆船扣为战利品，便下令砍断其船桅，将其火炮扔进大海。之后这艘残破的大船获准返回了的黎波里。优素福暴跳如雷，命令毒打那位将军，并强迫他将羊内脏挂在脖子上，倒骑驴背，游街示众。

1801 年 12 月，杰弗逊首次向国会发表国情咨文时，承认在海军行动方面，共和党内部可能“出现了一些意见分歧”，但“地中海仍然需要一支小型武装力量”。1802 年 2 月，国会授权“全力追捕及俘获的黎波里帕夏及其臣民的所有船只、货物和个人财物”，并授权海军招募美国海员，服役期为两年。[2] 史密斯部长派遣一个支援舰队前往地中海，其中包括“星座号”巡航舰和“切萨皮克号”巡航舰。戴尔的船将返回美国，遣散船员，进行必要的维修和装配。

美国政府仍然视特拉克斯顿为最有才干的海军军官。1802 年 1 月，史密斯部长命他率领支援舰队驶往汉普顿锚地。特拉克斯顿奉命前往诺福克，准备“切萨皮克号”的航行任务。“切萨皮克号”是 6 艘巡航舰中最小的，特拉克斯顿觉得它太寒酸，无法担当旗舰，还是青睐其老部下“星座号”。以其中一艘 44 炮巡航舰作为旗舰他也可以接受，但因为种种原因，没有一艘可供使用。“切萨皮克号”上的尉官大多是没受过训练的年轻人，看样子他得再提拔几个见习军官来填补职位空缺。军官们普遍缺乏经验，这迫使特拉克斯顿在巡航舰出海的烦琐细节上事事亲力亲为。

特拉克斯顿决定让史密斯派一位旗舰舰长过来，帮他解决问题。这个人在舰长名单上必须位居特拉克斯顿之后，但此人也要能在“切萨皮克号”及船员问题上运筹帷幄，以使得准将能更好地管理舰队以及准备对敌作战。特拉克斯顿不是在请求增派一名旗舰舰长，他是在发号施令。他通知海军部长，“我无法不顾自己的名声”，这位心怀不满的准将下了最后通牒，如果没有旗舰舰长与

"切萨皮克号" 同行，"我将马上辞职"。[3]

威胁要辞职可能是种以退为进的策略，但史密斯已受够了特拉克斯顿的狂妄自大和居高临下的语气。由于目前没有合适的旗舰舰长能被派往"切萨皮克号"，史密斯于3月13日回复："我不得不考虑您的辞职请求。"[4] 史密斯没有给特拉克斯顿回复的机会，便将他的名字从海军名录上划掉，并命令理查德·瓦伦丁·莫里斯（Richard Valentine Morris）立即前往诺福克，担任"切萨皮克号"舰长和支援舰队的总指挥。

如果史密斯能预见到任命莫里斯可能产生的一系列后果，他或许会想尽一切办法满足特拉克斯顿。莫里斯是美国独立战争时期著名的金融家兼外交官古弗尼尔·莫里斯（Gouverneur Morris）的侄子，史密斯选择他，简直是个灾难。莫里斯不听劝告，执意带着怀孕的妻子和幼儿一同启程。4月14日"切萨皮克号"从诺福克出发，在波涛汹涌的海面上扬起了船帆。5月下旬抵达直布罗陀后，莫里斯汇报道："我从没坐过这么颠簸的船。为了防止桅杆翻滚到舷外，我们费了九牛二虎之力。"[5] 接下来7个月的大部分时间里，莫里斯将巡航舰停在港口，不慌不忙地进行修理。

莫里斯奉命"指挥所有的海军力量围困的黎波里"，[6] 但从一开始，莫里斯就根本不屑于封锁的黎波里。低级军官都认为莫里斯夫人才是这船上真正的老大，私下里都称她为"女司令"。她整日盘算的都是如何将旗舰长时间停在港口。莫里斯夫人在马耳他医院产下一个男婴，而此时"切萨皮克号"已在瓦莱塔巨港（Grand Harbor of Valetta）连续停泊了5个月。为了服从命令，莫里斯派亚历山大·默里舰长率"星座号"前去封锁的黎波里，但默里很快意识到，“星座号”吃水深，不适宜在的黎波里的未知浅水区域作战，而戴尔率领的“总统号”巡航舰反倒更加适合这种环境。的黎波里桨帆船和炮艇熟悉浅水区的航道，故能够沿岸航行，顺势离港。

杰弗逊和内阁成员很快便失去了信心。封锁失败还不是最糟糕的；莫里斯的调度过于缓慢，导致总统和部长们很难及时知悉地中海的战况。“我有时觉得我们应仔细调查莫里斯的一言一行，”杰弗逊告诉加勒廷，“莫里斯在直布罗陀的进展简直令人震惊。”[7]1803年9月，莫里斯被召回美国。他将面临法庭的质询，被海军除名。

到目前为止，美国所做的一切不过是让海军力量在地中海露了个脸。巴巴里舰队的桨帆船和费卢卡帆船不是美国大型巡航舰的对手，故不敢直接发起挑战。但海军优势起不到作用。这些海盗可以从港口出发，俘获手无寸铁的商船，并在舰队做出反应之前撤退到安全的地方。这种小伎俩永远不会对美国巡航舰构成直接威胁，但是正如一位突尼斯大臣告诉美国驻突尼斯领事威廉·伊顿的那样，“苍蝇飞进人的喉咙尽管无法致命，但会让人作呕！”[8]

但还有另外一个更需要考虑的因素。美国的海军行动徒劳无功，已导致美国在地中海的威望受损。特使们警告说，美国在这片区域有可能沦为笑柄，结果可能削弱将来美国与其他巴巴里国家的谈判地位。1802年8月，伊顿向麦迪逊表达了他的关切：“我们这两次行动非但没有任何效果，反而让敌军数量和美国耻辱与日俱增。如果继续同样的作战模式，那么结果也会是一样的……（突尼斯）大臣朝我脸上吹口哨，然后说：‘这些都是鬼扯！我们看到了你们是怎么跟的黎波里打仗的！’”[9]

继续向优素福行贿可能更加实际。“我真诚地希望你能说服自己，授权谈判代表同意……每年向的黎波里纳贡，”加勒廷在 8 月给总统写信道，“我认为向的黎波里进贡，不比向阿尔及尔纳贡更丢人。”[10] 由于减免债务是重中之重，财政部长劝杰弗逊仔细“计算一下，花钱买和平是不是比发动战争的成本低”。在次年 5 月的内阁会议上，杰弗逊将问题抛给各位部长：“我们应该向的黎波里花钱买和平吗？”[11] 大家一致给出了肯定的答复。

但是杰弗逊还没打算将巡航舰从地中海撤回。正如他审慎地告知麦迪逊的那样，他将继续追求“坚定而正义的做法，辅以适当的宽容”。[12] 换句话说，美国海军将继续在地中海炫耀武力，但在能以合理价格购买和平时，美国外交官一定要及时行贿，缴纳赎金和贡品。为了换取新的和平，他们将向的黎波里统治者纳贡。然而，在交易完成之前，战争还将继续。

杰弗逊已对前两位海军准将大失所望。史密斯部长认定，第三位准将爱德华 · 普雷布尔（Edward Preble）应该能弥补前两任犯下的错误。

1803 年 5 月 21 日清晨，波士顿港口上空白云朵朵，清风拂面。[13] 这是一年中最繁忙的月份，形形色色的船只准备出海运载货物。美国“宪法号”巡航舰停在港口，这是 6 年前从附近的哈特造船厂下水的一艘 44 炮巡航舰。虽然这是约书亚 · 汉弗莱斯设计的，但他从来没有见过这艘船。“宪法号”与“美国号”建造规格相同，从船头雕像到船尾栏杆长约 62 米，排水量超过 2 000 吨。它肯定是当天停在港口的最大的一艘船。

然而，船上所有的火炮、桅杆、小艇和船锚都早已被卸下，大多数船员也被解散。在这样停放了十几个月后，它看起来孤独又凄凉。起初，船体漆成赭红色，腰线是一条黑色列板，最上面的两块嵌板分别是蓝色和红色的，船尾栏杆是金色的，但是现在油漆都风化脱落了，给人感觉这艘大船已经失宠，遭到了冷落。若要使这艘船重拾昔日风采，需做大量工作；要想令其恢复适航性，要做的工作就更多了。

新任舰长是爱德华·普雷布尔，他来自法尔茅斯（今波特兰），马萨诸塞州北部（后被分出去成为缅因州）的一个海港小镇。普雷布尔瘦小精干，鼻子尖挺，眼神像猛禽一样冷酷而敏锐。他"一看就是常年出海的人"，皮肤黝黑，头发紧紧地梳在额前，看上去像一个古罗马将军。他患有溃疡，每次发作都会脾气暴躁好几周，其下属很快便会了解，此人会毫无预兆地发飙。

美国独立战争时期，普雷布尔正值青春年少，在马萨诸塞州海军服役并担任见习军官。1781 年 5 月，他率领的 26 炮"捍卫者号"（Protector）被俘。普雷布尔不幸被关进臭名昭著的"泽西号"（Jersey）监狱船。"泽西号"曾是一艘 64 炮的皇家海军战列舰，但在 1781 年，该船已是一艘受损且腐朽的废船，一直停放在纽约伊斯特河（East River）的沃拉博特湾（Wallabout Bay），也就是现在的曼哈顿大桥附近。[14]"泽西号"上战俘的死亡率几乎超过 50%，据估计有 11 000 名美国囚犯在关押于下甲板时死亡。垃圾和尸体散发出一股恶臭，往来船只都不敢靠近它的下风面。新来的囚犯在胳膊上割一个小口，从已感染天花的人身上抽点血或脓液，揉进创口，以这种方式来预防天花。一名幸存者在接受《奈尔斯纪闻》（*Niles' Register*）的编辑采访时称："为了与'泽西号'上另一个囚犯争抢一只饿死的老鼠的腐烂尸体，我打了这辈子最凶狠的一场架。”[15]每天早晨，卫兵都会打开舱口盖，向下喊话，让还活着的人把头抬起来。他们把尸体运到海滩上，扔在浅沟里，上面撒一层沙子，就算葬礼了，尸体的头和四肢还露在地面上。下雨时，尸体会被冲进河里，漂浮在海上。

普雷布尔是幸运的，他被关在“泽西号”上仅两个月就被假释，而后获准移居纽约。然而，在那几周里，他几乎死于伤寒，且余生都饱受病痛的折磨。

战后，普雷布尔在几艘商船上当过船长或押运员。在美法准战争初期，他于1798年4月接到海军尉官委任状，一年后就晋升为船长。1799年，普雷布尔作为美国“埃塞克斯号”军舰的指挥官奉命驶往雅加达，将几艘被困的美国商船护送回国。这是美国军舰行驶过的最长航程，也是它们首次绕过好望角。

普雷布尔希望在三周之内率“宪法号”出海，但用铁耙和钩篙检查船体后，发现铜覆皮“已破烂不堪，布满了一个个小窟窿，里面尽是水草和海藻”。[16]原先的嵌板是1797年斥巨资从英国进口的，现在不得不扒下来扔掉，进行更换。倾侧修理和包铜工作至少需要七八周时间。

普雷布尔才抵达几天，就让波士顿海军机构变得热火朝天。在“宪法号”闲置期间，其舰炮被安置在卡斯尔岛（Castle Island）的海岸炮台上，以守卫进出波士顿内港的交通要道。这些巨大的舰炮必须一个接一个地从港口运到查尔斯顿码头（Charlestown Wharf）。检查堆放在查尔斯顿仓库中的索具和补给品时，普雷布尔十分沮丧。他断定其中一些硕大的焦油麻绳卷还能使用，但其他很多索具都已腐烂，不能用了。该船需要新锚索，船上的大部分火药也必须丢掉，同时还须制造配备新的锚块和索具。

5 月 28 日，风平浪静。该船绕过海港到达梅伊码头（May's Wharf），在这里更换铜覆皮。这项工作复杂又烧钱，但至少铜不必从欧洲进口了，因为一个名叫保罗·里维尔（Paul Revere）的企业家在当地开设的工厂里能生产出质量上乘的铜皮。普雷布尔写道，里维尔生产的铜皮“质量上乘，厚度适中”。[17]

里维尔曾是一名受人尊敬的银匠，同时是独立战争时期的老兵，但他在马萨诸塞州以外并不特别出名。[18] 如果来自未来的时空旅行者告诉他，有一天他的名字会被每个美国学童挂在嘴边，他做梦都会笑醒。他只是个手艺人，一名光荣的制板工。但在 1861 年 1 月，他去世 40 多年后，《大西洋月刊》（*Atlantic Monthly*）将刊登一首由亨利·沃兹沃思·朗费罗（Henry Wadsworth Longfellow）创作的诗歌：

> 听，我的孩子们，你们听啊
> 保罗·里维尔在午夜狂奔。
> 四月十八日是他七十五岁高龄。
> 如今世间还有谁能，
> 记得那些岁月的峥嵘。

他们屏住呼吸，睁大双眼，聆听这个故事：人们秘密计划着在北教堂的钟楼放上灯笼，警告人们英军即将来袭——“陆地来犯就放一个，水路就放两个”。里维尔深夜从乡村疾驰到列克星敦和康科德，唤醒睡梦中的民兵，拉开美国独立战争的序幕。在《保罗·里维尔的夜奔》(*Paul Revere's Ride*)发表后，里维尔的名字与本杰明·富兰克林和塞缪尔·亚当斯一样为后人熟知。历史遗忘了里维尔的两名同伴：威廉·道斯（William Dawes）和塞缪尔·普雷斯科特（Samuel Prescott），他俩的名字与这首诗歌不押韵。

在亚当斯执政期间，本杰明·斯托德特曾大力宣扬培养国内铜板轧制业的重要性，并承诺通过联邦财政向里维尔的初创企业提供1万美元融资。在杰弗逊赢得大选后，里维尔起初以为这笔贷款会泡汤，但是经过顽强的游说，他还是设法拿到了这笔钱，并在1802年年底就还清了债务。1803年，里维尔的工厂靠销售铜覆皮、螺栓和螺钉创收14 610美元。里维尔最大的客户是美国海军，但（字面意义上）最高端的客户是在波士顿设计马萨诸塞州议会大厦的布尔芬奇（Bulfinch），里维尔为其设计的穹顶制造出了1 800米的铜皮。由于需求迅速扩大，原铜稀缺，生产受到了限制。里维尔通过纽约、费城和普罗维登斯的代理商，美国市场上有什么铜料，他就买什么铜料。他建议"对公家舰船上剥下来的旧铜皮进行再加工"，[19] 此外，开往地中海的美国军舰应在士麦那（Smyrna）停留，因为他们可以在那里买到高质量的铜，再将其作为压舱物运回波士顿。

1803年6月11日，薄雾笼罩，阴雨绵绵。"宪法号"船体向右侧倾斜，直到龙骨完全离开水面。"尽管船身倾斜得厉害，但桅杆暂时没什么问题。"[20] 左舷铜板被撕下，里维尔用螺栓将新嵌板在船身上固定，然后一点点地松开船索，使船身慢慢恢复平衡。6月21日，所有水手控制绞盘，让大船向左侧倾斜，让龙骨与右舷齐平，然后重复一遍前几日在左舷做的工作。到了6月25日，困难都解决了："下午 5 点，铜板铺设完毕，木匠们爆发了九次欢呼，填缝工和水手们齐声应和。"

"宪法号"授权的满员定额为 400 多人，但填补缺额将是一个不小的挑战。海军部长规定，每位一等水手月薪为 10 到 12 美元，这比 1798 年美法准战争期间的工资低了 1/3。虽说水手的市场工资下降了，但还没有降到招不到人的地步。6 月 26 日，普雷布尔汇报说，如果不加薪，他就无法招至满员。[21] 波士顿劳动力市场越发供不应求，渔民们都出海了，许多商船已经给最好的水手预付了工钱。普雷布尔报告说，只有月薪高于 13 美元，而且能预支两个月薪水，一等水手才会考虑应征入伍。在等待史密斯的答复时，这位海军准将派遣一名尉官前往纽约，另一名尉官前往普罗维登斯，寻找得力的海员。

在出海的最后准备阶段，"宪法号"停在波士顿的长码头（Long Wharf），这个巨大的码头始于州街（State Street），一直延伸到港口近 800 米外的水面上。船员登船后集合，被分为不同小组轮值夜班。巡航舰上的生活开始变得像日常海军服役时一样了。守卫轮换值班，两条船舷通道都有哨兵站岗。船员忙于安装索具，装载压舱物和淡水，重新填塞甲板缝。7 月 29 日，有人发现炮架"质量很差，必须送到岸上进行更换"。8 月 4 日的航海日志中写道："我们夜以继日地搬运补给品，四周都是照明灯。"[22]

8 月 12 日黎明时分，"宪法号"沿着主航道航行，穿过数十个横亘在港口与大海之间、被绿植覆盖的小岛，如伯德岛（Bird Island）、加弗纳岛、卡斯尔岛、斯佩克特克尔岛（Spectacle Island）等，而后停泊在总统锚地（President Roads）和纳罗斯水道（Narrows）之间的水域，距波士顿约 13 千米。次日清晨，“宪法号”在清新的海风之中扬起两组中桅帆，上午 8 点时，已驶过灯塔一段距离。普雷布尔表示满意：“这船行驶得很稳，船上官兵都很健康。”[23]

微弱的逆风使这次波澜不惊的横渡行动进程缓慢，但能躲过使其几位前任备受折磨的恶劣天气，普雷布尔已然非常庆幸。在航行期间，普雷布尔将他的意志强加于旗舰官兵身上。他和特拉克斯顿一样，是个不轻易妥协的老顽固，会为了微小的差错而厉声训斥下属。但特拉克斯顿是个平静的教化者，普雷布尔却不仅很容易发飙，还会不停地讽刺和羞辱。许多年轻的军官更喜欢权责分明的工作环境，因而对新的管理方式感到万分苦恼。

普雷布尔在“宪法号”宽敞的大厅里制定出了 107 条长期有效的规程。[24] 如果有军官“以随便的态度处理分内哪怕最琐碎的事情”，那么他们将被问责。军官要为普通船员树立正直谦恭的好榜样，“明令禁止一切侮辱、亵渎和所有淫秽、伤风败俗的行为”，军官不可容忍“人与人之间任性卑劣的行径”。普雷布尔和特拉克斯顿一样，认为军官出于礼节，要能叫出每个船员的名字。普雷布尔下令严禁船员穿“最好的衣服”打扫舰船时，听上去甚至像一位焦虑的母亲。他还要求，当船员清洗甲板时，军官要“命他们脱下鞋袜，再把裤腿卷起来”。

9 月 6 日，瞭望员在桅顶看到了圣维森特角。“宪法号”将要驶入西班牙和摩洛哥之间的狭长海域。随着船离海峡越来越近，两岸的陆地逐渐靠拢过来。将两大洲和两大洋隔开的直布罗陀海峡，最窄的地方只有约 13 千米宽。南北两块巨大的巉岩，自古以来就被称为海格力斯之柱：南边是穆萨山（Jabal Musa），北边是直布罗陀巨岩（Rock of Gibraltar）。直布罗陀海峡的航行条件是出了名的差，表层有一股强大的洋流从大西洋向东涌入地中海，深层则是一股寒流从地中海向西进入大西洋。当盛行西风钻进漏斗般的狭长海峡时，即刻便会形成狂风压境之势；而当罕见的东风逆流呼啸，海峡激起大浪，整片海域就会像“沸腾的茶壶一般”。

9月10日夜里，四下浓雾笼罩，一片漆黑。“宪法号”的当值军官注意到一艘军舰大小的陌生船只突然驶到眼前。准将立刻警觉起来，匆匆上了甲板。见习军官查尔斯·莫里斯（Charles Morris）在其自传中描述了接下来发生的事件：

> 船员们安静而迅速地集结完毕，然后准将大声向对方喊话：“来者何船？”对方没有回答，而是向我们抛出同样的问题。我们报了“宪法号”的名字，然后又问了一遍对方是谁。……对方还是没有回答，而且又问了一遍我们是谁。我们再次回复这是“宪法号”，然后又重复了一遍问题。对方回复的仍然是那个问题：“来者何船？”
>
> 准将的耐心貌似已经消耗殆尽，他拿着喇叭，大声说道：“我再问你们最后一次。如果还是没有合理的答复，我就要开炮了。”对方立刻回应：“你们敢发一枚炮弹，我们就回敬一轮齐射。”普雷布尔随即喝问：“来者何船？”“英王陛下的84炮‘多尼戈尔号’（Donegal）军舰，由英国海军准将理查德·斯特拉恩爵士（Sir Richard Strahan）指挥。派艘小艇划过来。”普雷布尔当时欣喜异常，兴高采烈地回复道：“这里是美国44炮‘宪法号’巡航舰，由美国海军准将爱德华·普雷布尔率领，派人

> 上船前我先道歉。”随后他转向船员说道：“不用交战了，小伙子们。”
>
> 对话到此为止。过了不久，从对面陌生船只方向划过来一艘小艇。此人是“梅德斯通号”（Maidstone）巡航舰上的一名尉官。这名军官此行的目的是为刚才的唐突表示歉意。他表示，他们在我方打招呼时才看到我们的船，另外非常重要的一点是，他们需要时间来集结船员，这主要是因为我方明显不是英国人，他们也没有想到在这里遇见美国军舰。这些误会导致他们在回复军舰名字时有些滞后。这些借口还算差强人意。两船自此各奔东西。[25]

“宪法号”上的年轻军官对普雷布尔的处理方式感到震惊，印象深刻。从波士顿出发后，这些军官不得不忍气吞声，在这个死板的暴脾气手下干活。此人极易突然发飙，使大家无法忍受船上的生活，现在他们看到一个真正斗志满怀的人。如果普雷布尔打算以同样的态度对的黎波里发动战争，军官们很愿意忍受他偶尔的暴脾气，于是这位海军准将及其下属军官之间的“敌对关系”立马“大幅度缓和”了。舰队向着形成一支凝聚力超强的武装力量迈出了重要一步。“宪法号”差点向一艘英国巡航舰开火，而这艘巡航舰就在距离皇家海军一个主要军事基地几千米远的海域，但普雷布尔和任何一名低级军官似乎都对此不以为意。

次日下午 1 点，“宪法号”上的瞭望员向甲板汇报称，东北方向就是直布罗陀巨岩。巡航舰在 3 点半驶入海湾，停泊在约 42 米深的水中，向驻军鸣放 15 响礼炮致敬。驻军的炮台那边也传来 15 声炮响以示回应。

直布罗陀是英国海军在地中海保持至高无上地位的关键，英国绝对不会让它冒半点风险。直布罗陀巨岩是地球上最坚固的堡垒。站在“宪法号”甲板上张望的人肯定看到了此壮观景象，这是英国军事力量的宏大展示。英军在岩石上炸出数条地道，当作炮位，数百门重型大炮可以从高处射击自陆路或海路来犯的敌军。为了从港口抵达这里，人们不得不骑着骡子，沿着一条危险陡峭的漫长山路蜿蜒而行。任何敌军都不可能以武力强占这块地盘，只有当防御者都饿死了才能将此地据为己有，而防御者们拥有大量弹药及食物补给。

在直布罗陀湾，普雷布尔发现了一艘隶属于其舰队的船，即威廉·班布里奇率领的美国“费城号”巡航舰。“费城号”的火炮下停泊着三艘较小的船：一艘是美国商船“西莉亚号”（Celia），波士顿的双桅横帆船；一艘是摩洛哥22炮的“麦博卡号”（Mirboka）海盗船，“费城号”在听说该船俘获了“西莉亚号”，正将其押往丹吉尔后，前去追击，并将两艘船一同截获；还有一艘是摩洛哥“米苏达号”（Meshouda），该船在几个月前试图冲破美国封锁进入的黎波里时被俘获。

班布里奇在“麦博卡号”上发现了一项确凿的罪证：俘获所有美国船的命令。摩洛哥这个传统意义上最温和的巴巴里国家要对美宣战了吗？如果是的话，普雷布尔将同时与两国作战，这可不太妙。

但目前尚不清楚摩洛哥是否真的想对美宣战。起初，“麦博卡号”上的摩洛哥人否认对美国商船心怀不轨。当摩洛哥舰长与俘获美国船的命令当面对质时，他承认，是丹吉尔总督授权此项行动的。

但他补充说，摩洛哥国王不知道此项命令，可能会极力否认自己与此命令有关。“西莉亚号”上的美国船员证实，他们没有受到伤害，只是当“宪法号”现身时，他们要被迫隐藏在“费城号”船下。显然，摩洛哥人内部有些混乱，彼此之间存在分歧。

普雷布尔希望通过灵活的外交手段加上向丹吉尔展示美国海军实力来快速解决此次事件。普雷布尔需要腾出手来对付的黎波里，他根本无意与摩洛哥产生任何冲突。他敲定了行动方案：将“麦博卡号”的摩洛哥舰长及其6名军官转移到“宪法号”上，剩下的92名船员全部留在直布罗陀的监狱船上，该船将停在直布罗陀海湾，由1名尉官和5名押解船员看守。

普雷布尔的前任因没有成功封锁的黎波里而一直备受谴责，班布里奇的“费城号”将奉命向东行驶，收拾这个烂摊子。“费城号”此次航行将护送所有东行的美国商船，这些船已集结在直布罗陀海湾和西班牙海岸的马拉加附近。一旦摩洛哥的事情处理完毕，“宪法号”和舰队其余各船将启程前往的黎波里与“费城号”会合。

“宪法号”抵达还不到48小时，另外两艘美国轻型巡航舰便从东方抵达了：一艘是“约翰·亚当斯号”，由原“星座号”上特拉克斯顿的大副约翰·罗杰斯率领；另一艘是“亚当斯号”，由归来的莫里斯准将率领。两艘船都在回国途中，在直布罗陀停留只为补给，等时机成熟，会穿过海峡。莫里斯和罗杰斯一致认为，他们应与“宪法号”一同驶向丹吉尔，展示更加强大的海军实力。

丹吉尔距离直布罗陀只有约48千米，但很难穿过海峡向西航行。“这里逆风逆水，很难航行。”普雷布尔在9月22日写道。[26] 9月25日，“宪法号”抵达丹吉尔，普雷布尔得知该国国王及朝廷还远在阿卡莎河（Alcassar River）另一端的穷乡僻壤。大雨灌满河床，只有借助“充气的山羊皮筏”才能越过这条河。[27]随着夜幕降临，“宪法号”上的船员们目睹了戏剧性的一幕。巨大的烽火信号点亮了里夫山（Rif Mountains），给摩洛哥沿岸村庄发出警报。

舰队在两周内巡航于西班牙特拉法尔加角和摩洛哥斯帕特尔角（Cape Spartel）之间，两次返回直布罗陀。“宪法号”上的摩洛哥战俘被以礼相待，其中级别最高的两位分别是“麦博卡号”舰长和一位毛拉，他俩共同住在普雷布尔的客舱里。上船的最初几天，所有的摩洛哥人每天都能和普雷布尔准将同桌共进晚餐，“之后，他们在半甲板*用餐，由普雷布尔的仆人照料”。[28]见习军官亨利·沃兹沃思给一个表妹写信时难掩喜悦地表示，他已经与摩洛哥舰长成为好朋友，“他邀请我战后和他一起回家，然后给我娶四房太太”。[29]

10 月 6 日，舰队乘着轻快的东风，短暂航行一阵后，返回了丹吉尔湾。从港口的景象可以很明显看出，国王回来了。2 500 名官兵沿海滩集结。下午 1 点半，他们开始前进，“端着轻型武器向小镇和城堡连续射击”。当美国国旗悬挂于领事馆上空时，港口炮台鸣放了 18 响礼炮，“宪法号”也鸣放 18 响礼炮作为回应。

普雷布尔后来得知，双方鸣炮时，国王就站在港口防坡堤要塞，用望远镜观察“宪法号”巡航舰。他被“宪法号”的尺寸和武器装备所折服。丹吉尔的防御工事又破又旧，许多大炮很久都没用过了。据见习军官拉尔夫·伊泽德（Ralph Izard）说，摩洛哥人“鞋

* 半甲板（half deck），位于主桅与船舱之间的轻甲板下方。

子都在颤抖，生怕我们轻而易举地捣毁他们的城市。因为你可能不知道对方炮台目前的悲惨境地。他们确实有几门火炮，但炮架已经腐烂。再用几次，这些火炮就将彻底坏掉”。[30] 国王似乎有意维持和平。作为善意的表示，他向舰队赠送了10头牛、20只羊和40只家禽。[31]

10月10日上午，普雷布尔与几名外交官和军官上岸商议停战事宜。[32] 国王的卫兵带领他们穿过一条长长的狭窄通道，将他们护送到城墙边的室外宫廷。片刻之后，国王露面了，并在台阶上坐下。摩洛哥人屈身行礼，美国人脱帽致敬。见习军官伊泽德这样描述当时的情景：

> 想象中的摩洛哥国王应该威风八面，但我却看到一个身材矮小的男人裹在羊毛斗篷里，坐在街道中央一座古老城堡的石阶上，旁边还围着一群武器用布包裹着的卫兵。这令我大失所望……我们拿着帽子，站在国王面前，双方通过一名翻译进行交谈。国王说，他对总督的失误感到十分遗憾，他要惩罚这位总督，“直到我们满意为止”。[33]

国王对双方产生的误解表示遗憾，称他已下令释放所有被俘的美国船。他向普雷布尔保证，摩洛哥希望与美国和平共处。他请求美国人释放“麦博卡号”和“米苏达号”，以此来表达对摩洛哥的善意。

就这么简单。国王责成摩洛哥总督和舰长停止任何针对美国舰船的敌对行动，违者将遭受“严厉的惩罚”。[34] 国王重申他将恪守其父亲于1786年签署的条约。

普雷布尔已经决定归还“麦博卡号”，他说，“即使该船再强大十倍，我都不信我们的军官愿意乘坐这样一艘可怜的军舰横渡大西洋”。[35]他不甘心的是放弃“米苏达号”，因为（所有报告都称）这曾是的黎波里的船。普雷布尔怀疑国王在讨价还价，但他最终同意将此船作为“礼物”送给摩洛哥，并约定只要美国与的黎波里之间仍有冲突，就将其一直泊在港口。普雷布尔向史密斯部长汇报时指出，该国“大西洋海岸线如此之广，且地处海峡，这种区位优势会干扰我国贸易，故适当做出让步，与之保持良好关系非常符合我国利益”。

“宪法号”与回国的船告别后，在“新一轮狂风暴雨”来临前穿过了海峡。10月15日上午，它在1个月内第4次行驶至直布罗陀湾，在水深约27米的地方抛锚。普雷布尔有理由感到高兴，他减少了来自摩洛哥的威胁，并且在3周之内不费一兵一卒就完成了任务。现在他和优素福之间毫无障碍了，可以派遣整支军队对战的黎波里。

普雷布尔一直在处理摩洛哥人的相关事宜。来自费城的25岁尉官查尔斯·斯图尔特（Charles Stewart）作为驻地高级军官，一直驻扎在直布罗陀。他率领着小型战船“塞壬号”（Siren），“麦博卡号”和“米苏达号”就停泊在其火炮之下。

直布罗陀曾被认为是美国海军的一个安全庇护所。英美两国和平共处。“宪法号”和“梅德斯通号”在有惊无险地避免了冲突之后，一笑泯恩仇。普雷布尔曾拜访当地高级文武官员，都被以礼相待。除极个别外，英国军官们出于本能，都对前同胞表现得彬彬有礼，因为他们拥有共同的语言、文化和职业。大多数美国军官都是联邦党人，他们主张建立更亲密的英美关系。英国船坞和地中海海岸设施都欢迎美国巡航舰，因为美国人愿意消费，能促进商业发展。

不过，当“宪法号”远在丹吉尔时，爆发了一场关于逃兵问题的争执。10 月 7 日，三名在美国舰队服役的英国籍船员被暂时分配到被俘的“麦博卡号”后，上岸寻求补给。进城后他们就逃上泊在海湾的“美杜莎号”（Medusa）英国巡航舰，加入了英军。斯图尔特尉官给“美杜莎号”舰长约翰·戈尔（John Gore）写信，提出正式抗议，并要求归还这三名“重犯和逃兵”。[36] 戈尔的答复谦恭有礼，但拒绝归还三人，理由是“他们是英王陛下的子民，已开始重新履行效忠英王陛下的职责”。[37]

在接下来的日子里，斯图尔特和戈尔往来了一些信件，争论在不断升级。戈尔不仅拒绝归还逃兵，表示这些人“重新回到祖国怀抱，不能轻易将其送回美国或交给其他任何国家”，[38] 他还想要争取另外两名服役于“麦博卡号”上的英国籍船员。更令人担忧的是，戈尔让其尉官传达口头威胁，他大概是不敢在信中写出来：如果美军拒绝放行在美国舰队服役的英国籍船员，他们就会以武力夺取。

欧洲战争规模不断扩大，导致专业海员稀缺。这些人会说流利的英语，收帆和掌舵都很熟练，无须再教。无论是英军还是美军都不怎么关注现役船员的国籍。船员常被诱导逃离某支海军，并在另一国海军重新入伍。每个对军官心怀不满的船员都是一有机会就放手一搏。

普雷布尔归来后，斯图尔特向其展示了与戈尔舰长之间的信件的副本，并补充说：“你能感觉到我们与英国海军之间很容易发生争执，并引发不快。”[39]“美杜莎号”已经出海，但将于几天后返回。在其返回后，普雷布尔给戈尔写了一封措辞强硬的信。如果不立即归还这三人，普雷布尔写道，他将上诉至驻地的英国将军，并且向美国政府陈述事实。“贵方一提出申请，我国军官就立即归还了英国海军或陆军逃兵，我们亦有权期待贵方能表现同样的慷慨大度。”[40]

普雷布尔清楚，有大量英国籍船员在他手下的舰队服役，这在美国军官中是一个公开的秘密。斯图尔特曾担心，如果皇家海军颁布一项政策，要求召回所有英国籍海员，“这样美国将失去很多船员”。[41]普雷布尔几乎不可能声称其手下的普通海员中没有人出生于英格兰、苏格兰或爱尔兰。于是，他巧妙地运用文字游戏来避重就轻，告诉戈尔：“我手下任何一艘船上都没有**英国臣民**，我只知道他们都是**美国公民**，并宣誓效忠美国政府，自愿服役。”[42]

普雷布尔回避的这一点是：英国出生的船员有权成为美国公民吗？美国政府声称他们有权成为美国公民，但英国政府坚称他们无权这么做。普雷布尔有着律师般的谨慎，他并没有真正承认他手下的一些船员是出生于英国的美国公民。他近期的目标是追回逃兵，切断潜逃路线，他明白更多人可能会尝试逃跑。“蒙茅斯号”舰长乔治·哈特（George Hart）提了一个条件：遣返英国军舰上所有的美国海员，相应地，美国军舰也要归还“相同数量的英国海员”。[43]普雷布尔不会这么做。美国海军是志愿服役，不能就这样违背船员意愿，将其移交给外国海军。普雷布尔清楚，这么做属于背信弃义的行为。

在向史密斯部长汇报时，普雷布尔指出一个显而易见的事实：英国政府主张自己的权利和特权，却不承认他国的权利和特权。“英国经常从美国商船上掳走没有护照（没有美国公民身份）的船员，就算是有护照的人，也常常会被掳走。如果美国军舰也从英国商船上掳走美国船员会怎样？……为什么我们没有同样的权利从英国船上强征没有护照的英国船员？就像他们从我们船上强征美国船员一样？”[44]普雷布尔清楚，答案就是英国有 800 艘战舰在海上，而美国却在经历过 1801 年至 1802 年的大裁军后，还剩不到 10 艘战舰。

根据见习军官沃兹沃思的记录，英国巡航舰停在靠近“宪法号”的位置，以此欢迎更多逃兵加入。10 月 12 日，在“阿尔戈斯号”（Argus）上服役的一名船员跳入海湾，游向“多尼戈尔号”英国军舰。一艘小艇将他拉了上去，归还给了“阿尔戈斯号”，他因此被监禁起来。两国海军的低级军官一旦在城中相遇，便开始互相谩骂。有传言称，一名英国军官说皇家海军旨在“向所有有需求的人提供保护，当然前提得是英国人”。[45]10 月 19 日夜里，双桅横帆船“塞壬号”上的几名美国军官在伯纳德酒馆与一群英国军官相遇，产生了些“误会”，但（据其中一名美国军官向上级汇报时称）“没有发生骚乱，也没有其他不当言行……我们就一直待在那个房间里，气氛友好而愉快”。[46]

在开航前的最后一周，普雷布尔决定将舰队移师直布罗陀湾的对面，这里靠近西班牙的阿尔赫西拉斯，远离英国舰队的航行范围，十分安全。在狂风暴雨中，“宪法号”于此停泊数日，船员们都忙着清理甲板。

普雷布尔在处理粮草储备和舰队出海的各项琐事时，做出了一个重要的决定。此前，普雷布尔曾打算将行动基地设在马耳他，因为它靠近的黎波里。但是，马耳他和直布罗陀一样，也是英国的海军基地，“战舰在马耳他离岸太近了，无法阻止（逃兵）。故我决定将锡拉库萨作为集结地……这个海港非常棒，十分安全，也容易进出。”[47]“宪法号”于11月14日清晨起航，目的地是西西里岛。

7　损失主力舰

在直布罗陀海峡与“宪法号”分开后，“费城号”沿西班牙海岸向北快速行驶至纳奥角（Cabo de la Não），而后离开往东，途经马略卡岛和梅诺卡岛南端，穿过前往突尼斯湾的航道，最终于1803年10月3日抵达马耳他瓦莱塔巨港，整个航程历时14天。

普雷布尔命令威廉·班布里奇舰长率领“费城号”迅速赶至的黎波里，抵达后立即严格封锁港口，直到旗舰或其他船前来接替。班布里奇在马耳他的停留时间不能超过24小时。普雷布尔清楚，其前任已在港口浪费了好几个月的时间，他决定让舰队尽可能长时间地在海上巡航，尤其是在地中海商贸航道最为繁忙的夏季。

大家都认为“费城号”是一艘好船，虽然比不上“宪法号”，但也是一艘吨位达1 240吨的重型巡航舰。尽管“费城号”不是最初建造的六艘巡航舰之一，但实际上理应成为六舰之一。“费城号”是一艘“定制”的船，由费城商界签下的私人合同委托约书亚·汉弗莱斯在1799年至1800年间建造，故名“费城号”。它与“美国号”出自同一个造船厂，后租借给海军使用。在美法准战争期间，“费城号”在西印度群岛俘获了5艘法国私掠船。它是地中海特遣舰队里除“宪法号”外最大的船，占整个舰队军事力量的1/3。

班布里奇29岁，身高182厘米，身材魁梧。浑圆的胖脸上留着一圈令人印象深刻的络腮胡，从耳根顺着下颌一直延伸至下巴。他出生于新泽西州的普林斯顿，父母在独立战争期间忠于英国，父亲是一名医生，曾担任英国军队的外科医生。在战争结束时，班布里奇只有 8 岁。他当时年幼，并不能完全理解父亲的选择及其可能产生的后果，但在《巴黎和约》签订后，他的家庭财产被没收，这时他才明白了忠于英国意味着什么。

班布里奇是一个彬彬有礼的绅士，也是一个资深水手，广受其他军官欢迎和尊重，但是普通海员却并不喜欢他。即使在那个年代看来，他都是一个冷酷的严守纪律者。他毫不掩饰地表示，海员们都是顽固不化的无赖，不值得一丁点儿尊重。有一次，一名海员走到他跟前，试图恭敬地跟他打招呼，但班布里奇打断了他："我根本不允许海员和我说话。"在给普雷布尔的一封信中，班布里奇总结了他对普通海员的看法："我相信，没有人比普通海员更加堕落了。在铁一般的纪律之下，他们相安无事地服役，但如果没有纪律，他们就是一群乌合之众。"[1]

在海上的头几天，班布里奇用武力威吓的手段来执行船上纪律。在大多数船上，船长的卑鄙勾当都是由水手长及其同伙代劳的，可班布里奇毫不犹豫地自己挥拳教训了一个捣蛋鬼。1802 年，一个名叫约翰·雷（John Rea）的普通海员写了本书，专门攻击班布里奇，称其"蛮不讲理，缺乏人性"。[2] 此人 1800 年曾在"乔治·华盛顿号"上于班布里奇手下服役。如果约翰·雷这本 24 页的小册子情况属实，那么班布里奇曾在航行期间用剑敲破一名酗酒水手的头部。这次攻击不但敲破了这个可怜海员的头颅，导致其头骨破裂，整个人猛烈抽搐，更恶劣的是，在受到袭击时，受害者的手脚都上了锁链，动弹不得。班布里奇还不解气，又命人将这个还在流血的船员抓起来，施以鞭刑。惩罚完毕后，班布里奇舰长表示："我对这种该死的浑蛋没有丝毫同情。"

但船员们不喜欢班布里奇，除了因为他残酷的暴行外，似乎还有更重要的原因。海军中人人皆知，班布里奇统领的"反击号"在1798年向法国投降，而后在1800年统率"乔治·华盛顿号"时被迫悬挂阿尔及尔的旗帜。后来他在这两起案件中都被当庭赦免，但海员都十分迷信，认为班布里奇是个倒霉的家伙。在船员的眼里，幸运与否事关重大——所有人都希望能在幸运的船长手下航行，尽量避免在一个倒霉的船长手下服役。海军士兵和水手普遍相信这样的说法，即班布里奇是在暗星照耀下航行的，因此灾祸、失败、厄运将无可避免地与他和他统领的船如影随形。事实上，班布里奇本人似乎已经接受了此种无法避免的不幸，经常将自己比作"逆境中成长的孩子"，并向爱德华·普雷布尔承认，"厄运伴随着我的整个海军生涯"。

10月31日清晨，"费城号"上依稀能看见的黎波里（跟现在一样，这一天对迷信的人具有特殊意义）*。在黎明的第一缕曙光中，瞭望员在东面城市海岸附近发现一艘当地的船，班布里奇下令全力追赶。上午11点，这艘逃跑的船进入了"费城号"火炮的射程范围内，班布里奇下令艏炮开火。又过了一个小时，追逐仍在继续。测深员不断将测深锤抛进海里，报告说水深为13米至18米。11点半时，的黎波里的城墙和屋顶都已清晰可见。"费城号"驶进了海港入口

* 10月31日是万圣节前夜，西方普遍认为这是冥界最接近人间的一天。

处的浅水区，班布里奇放弃了追逐，命令舵手逆风停泊。

“费城号”此时已陷入致命的危险之中，而船长和船员都毫无察觉。船头逆风而向，航速为 7 至 8 节。突然，船身倾斜、震动，而后停了下来。船头翘起来约 1.8 米，甲板像一块干燥的土地一样突然固定住，一动不动。甲板上的船员探过船舷往下看时，看到了船体下面油腻腻的绿色铜皮底下的礁石。“费城号”触礁了。更糟糕的是，巨大的冲击力使得暗礁的边缘直接卡住前链*，船体的 1/3 暴露在浅滩之上。这片区域在之后的航海图上被称为“喀琉沙礁”（Kaliusa Reef），但“费城号”的海图上并没有发现此地存在这块礁石。班布里奇后来说：“这次触礁出乎意料，好像发生在地中海中央一样。”[3]

班布里奇立即下令逆风扬帆，将火炮运至船尾，以抬升船头。测深员将测深锤从船尾栏杆上拉起来，然后汇报道，如果“费城号”能够离开礁石，水深足以令船浮在水面。但狂风伴随着海浪，猛烈地击打着右舷。正如班布里奇预测的那样，当火炮被转移到船尾后，船头从礁石上抬了起来。但是狂风和巨浪更加猛烈地将船推向浅滩。触礁两个小时后，“费城号”整个船身已经静止不动，并严重向左舷倾斜，海水开始经由下风处的炮口涌入。

船身“撞上礁石不可移动”后，班布里奇命令下属返回后甲板，召开紧急会议。大家一致认为“费城号”此刻已陷入绝境，需采取极端措施，将火炮扔进大海，并将储备的淡水倒掉。

“费城号”的窘境从岸边的城里清晰可见。的黎波里人冲到港

---

* 前链（forechain），用于固定前桅侧支索的链条。

口，启动炮艇。9 艘船驶出港口。下午 3 点左右，他们已进入这艘被困巡航舰的射程范围内。

“费城号”上的大部分火炮已被扔到海里，剩下的几门安装在船尾。由于船的倾斜角度比较尴尬，这些火炮很难瞄准。的黎波里船员很快意识到他们能肆意靠近这艘巡航舰。他们装配了 18 磅和 24 磅铜炮，以稳定的火力向“费城号”开火，主要瞄准其船桅，以防止其逃跑。班布里奇说，巡航舰此刻就像“一个人双手被绑在柱子上，被另一个人用武器攻击，毫无招架之力”。[4]

傍晚时分，“费城号”上的船员采取了一些更加绝望的行动，想要减轻船的重量。船员用斧头砍断前桅和所有支撑索具，把淡水桶和补给箱吊出舱口，仓促地扔出船外，同时一根根地砍断锚链，任凭锚落入海里。班布里奇后来写道：“为了将船从礁石上救下来，所有能做的都做了，但一切都是徒劳！”

在触礁 4 个小时后，船长召集精疲力竭的军官一起召开了第二次会议。所有人都认定“费城号”大限将至，再也没有什么办法可以将其从礁石上解救下来。指望“费城号”上剩余的几门火炮来抵御的黎波里的炮艇也不现实，进一步抵抗将导致船员的伤亡。在班布里奇短暂的海军生涯中，他第三次发出命中注定的指令，降下美国国旗，并向“机遇垂青的敌军”投降。[5]

在的黎波里人登船前的最后一刻，船员开始毁船，木匠带着工友在船底凿洞，炮手“旋开龙头和固定销子”，[6] 使冰冷的海水涌入船舱，淹没弹药库。炮弹被扔进水泵，无法再用了。班布里奇将旗语通信手册撕成碎片，然后交给一名见习军官，命他烧了或丢进海里。晚上 6 点，夜幕降临，胜利的海盗爬上船舷，俘获了这艘意外落入他们手中的战舰。

的黎波里军中似乎毫无纪律可言。据船上的外科医生乔纳森·考德里（Jonathan Cowdery）说，一些的黎波里官兵之间的争吵升级至混战互殴，军官们拔出刀剑，“砍断几个人的手臂，据说还有几个人被杀了”。[7]

的黎波里人用手势和（混杂了法语、西班牙语、意大利语和阿拉伯语的）几句地中海通用语与俘虏进行交流，指挥俘虏们爬上炮艇，然后将他们运到城里。在随后的混战中，许多美国人被殴打、被洗劫。的黎波里人翻空了他们的口袋，扒下他们的衣服，抢走他们的手表、钱、书、手帕和手套，考德里医生的手术器械和一支银色铅笔被抢走了。“野蛮人如此强横粗暴地对待俘虏，这让我们极为愤慨，”班布里奇说，“没有什么神圣不可侵犯，没有什么能逃脱这些人的搜刮……刀剑被夺走，口袋被清空，有些人甚至连靴子都被扒掉，看有没有藏东西。这些野蛮人将我们的外套扒下来后，兴高采烈地穿在自己身上，好像当作其英勇行为的奖赏，这些纯凭运气获得的财富似乎让他们十分满足。”[8]

这些超载的船到达内港时，一些俘虏被扔进大海，他们不得不游上岸，或者蹚水上岸。载着班布里奇和几名军官的船停泊在帕夏城堡脚下的一个码头。“在一大群暴民不绝于耳的叫喊声和欢呼声中”，[9]他们被驱赶着走上街头，来到一条通道，“通道两边都是可怕的禁卫军，手持闪闪发光的军刀、火枪、手枪和战斧”。[10]急匆匆地“七弯八拐，上了几段台阶”后，他们被领进了一个富丽堂皇的大厅，大厅墙壁由搪瓷制成，大理石地板上面铺着奢华的土耳其地毯。战俘们被迫围成一个半圆，坐在一个庄严的宝座前面。

过了一会儿，优素福·卡拉曼利走了进来，后面跟着一干扈从和警卫。优素福 35 岁，正值壮年。他身材高大，体格健硕，长长的黑胡须颇具“男子气概和威严仪态”。他穿着一条绣着金色花边的天蓝色丝质长袍，镶钻的皮带上挂着一把黄金宝剑，头上戴着华丽的白色头巾。当他从宝座向下凝视这些战俘时，班布里奇后来写道：“他的脸上浮现出亲切的微笑，表现出内心的满足感。”[11]

优素福似乎愿将战俘当作贵宾般以礼相待。短暂的接见后，军官们在“欧式风格摆放”的餐桌上享用了一顿豪华的晚餐。[12] 他的仆人似乎是马耳他和那不勒斯的奴隶。俘虏的身份与这奢华的环境如此不协调，一定让军官感到无比震惊和混乱。他们一定知道，一旦被巴巴里诸国俘获，几乎没有重获自由的机会。虽然饭桌上的谈话没有留下任何记录，但是不难想象每个人都因震惊而沉默用餐的场面。

晚饭后，这些军官被一队警卫护送出城堡。他们步行了一小段距离，穿过城市，抵达了上一任美国领事詹姆斯·卡思卡特原来的住所。战前他就住在的黎波里。他们获知，自己在被囚禁期间将住在这里。这房子又大又舒适，内庭十分宽敞，壮观的门廊左右各竖着一排古老的大理石柱，但由于空置多年，许多房间都没有家具。第一天晚上，班布里奇和其他人舒舒服服地睡在“铺着垫子和毯子的瓷砖地板上”。[13]

他们的大部分个人财物，“除了身上穿的，甚至有部分身上穿的”，[14] 都被偷走了，不知道这些绑匪是否会给他们提供食物或其他必需品。的黎波里人提议将他们的衣服（掠夺自触礁的“费城号”）以 1 200 美元的高价卖回给这些军官，但美国人没有钱，即使有钱，他们也不会买。

第二天，丹麦领事尼古拉斯·尼森（Nicholas Nissen）前来救济，带来了床垫、毯子和几篮石榴、大枣、橘子。尼森仅仅是在做慈善，帮助这些美国军官在被囚禁期间尽可能过得舒服点。他向当地银行家引荐了班布里奇，并协助他谈下了一笔300块西班牙银圆的借款，“来缓解他和手下军官的燃眉之急”。[15] 班布里奇还向的黎波里外交大臣西迪·穆罕默德·迪斯（Sidi Mohammed Dghies）借了500银圆，利息为15%。

的黎波里人熟悉欧洲军队的荣誉假释习俗，同意在美国军官保证不逃跑的前提下给予他们一定程度的个人自由。11月5日，迪斯派他的私人秘书带着法语写的假释信前往军官的住所，每个人都在上面签了名。守卫放松了，战俘们获准爬上楼梯，走到房顶的露台上，饱览“港口、大海、城镇、宫殿及毗邻乡村”的壮观景色。[16] 看到许多的黎波里人“穿着我们的制服在城里跑来跑去”，他们非常生气。

班布里奇抓紧时间打好为自己辩护的基础。在“费城号”投降之前，他与手下军官协商过。现在他要求这些军官以白纸黑字写下他们认同他的行为。军官们服从了他的命令，每个人都签署了一项声明，表示“我们完全赞成您对昨天那起不幸事件所采取的行动……相信我们，先生，我们的不幸和悲伤完全比不上我们对您的同情”。[17]

班布里奇在正式信函中展现出了真切的痛苦之意。他在被俘后第二天给史密斯部长写信道：“阁下，灾难迫使我和您进行此生最为痛苦的通信，我十分遗憾地通知您，我率领的‘费城号’美国巡航舰在的黎波里以东七八千米的地方触礁了。”[18] 班布里奇预料到人们会指责他应该死战而不是投降，于是他告诉普雷布尔舰长："有些狂热分子可能会说，将'费城号'炸掉才是最好的结果。但我认为在上帝或人类面前，这种言行是站不住脚的。我从来不认为我有权剥夺306条活生生的生命，仅仅因为他们在我手下服役。"[19]

失去"费城号"似乎还不是最糟的。11月1日或2日，一股猛烈的西风掀起惊涛骇浪，提高了水位，在"费城号"自己的木匠及其工友的帮助下，这艘受损的巡航舰逃离了浅滩，成功驶入的黎波里内港。在接下来的几天里，潜水员从礁石处下潜，成功地找到大量火炮和大部分被丢弃的其他装备。起初班布里奇向上级担保，"费城号"已彻底没救了，现在却被迫承认他错了。"我们不是上帝，无法预知风向，也无法得知海浪上涌，并且即使我们得知了这一切，也无济于事。"[20]

虽然班布里奇努力保持镇静，但他这段时间内写的私人信件却表明他处于自杀的边缘。他认为，当"费城号"被俘的消息传到美国后，他将被视为无能而备受谴责，甚至被视作懦夫。高人一等的军衔使其陷入孤立，手下的军官都不跟他待在一起。在那些漫长而无所事事的时间里，他老是在想同胞会怎么看他，怎么评价他。如果不能被解救出去，他将永远没有机会来为自己、为"费城号"的投降做出辩护。他告诉妻子苏珊："每天我的脑子里都在不断地想这些事情……这些想法挥之不去，就像一个溃疡，在侵蚀我的心。"[21]

在11月1日写给苏珊的信中，班布里奇感慨道："'费城号'触礁时，要是敌军把我的脑袋轰掉了，那将是上帝对我仁慈的豁免。"班布里奇确定，不管他蒙受了多大的耻辱，苏珊都会永远爱他，这成了支撑他活下去的动力：“哪怕全世界都抛弃我，我相信她也一定会张开双臂欢迎我。她的爱给予我的支持和安慰无人能比。”

对于军官来说，被囚在的黎波里的这段时间其实就像在热带海滨的悠长假期。见习军官们自娱自乐地在院子里捉蝎子，而尉官们则接受了尼森的邀请，到丹麦领事馆与其共进午餐。“费城号”上的船员们却没那么幸运。一个名叫威廉·雷（William Ray）的普通海员将他们遭遇的困境记录了下来。此人 34 岁，是康涅狄格州索尔兹伯里人，当过店主、校长和报纸编辑，全都以失败告终。这份回忆录于 1808 年正式出版，名为《奴隶的恐惧——的黎波里的美国水手》（*Horrors of Slavery, or the American Tars in Tripoli*）。

在“费城号”投降后几个小时，船员们被重兵带往城墙下的一个潮湿牢房。这间牢房长约 15 米，宽约 6 米，能容纳两百多名囚犯。光线通过天花板上的一个小孔和两扇装着栅栏的窗子照进来。“我们一点东西都没吃，”雷写道，“饥饿像普罗米修斯的秃鹫，开始啃噬我们的生命。”[22] 最后，每个人都分到一小块不可能让人吃饱的粗面包。那晚他们睡在寒冷潮湿的地上，地上全是坚硬的鹅卵石。有几个幸运的家伙从海里捞了一些又薄又破的帆布碎片，其他人就将衬衫卷起来当枕头。由于房间不大，无法使所有人都伸展开来，有些人坐着睡，有些人就站着睡。

清晨，在日出前，战俘们就被“铿铿锵锵的枪栓声”唤醒。他们被分成几个小组，带到城市的各个地方上工。那些稍微慢半拍的人会遭到看守的毒打。有些人被迫将石头、泥土、石灰和砂浆搬运到施工现场，另外一些人从井里打水后运到城堡，还有几个人被迫划船到“费城号”，在那里整晚干活，以将船驶离礁石。

晚上回来时，俘虏之间爆发了一场混战。有人试图强行冲到狱友前面进入牢房，以便占据足够大的地盘睡个好觉。他们的食物是此前从未见过的粗麦粉，根据雷的描述，“几乎没有磨过，非常粗糙，既没有过筛也没有脱壳”，还有小块的大麦黑面包，饥肠辘辘的战俘们“抓过来就狼吞虎咽”。船员们在海军服役时已习惯了各种恶劣的条件，因此在这种糟糕的环境下也表现出了惊人的适应能力。雷怀着钦佩之情观察着周围的战友：“在最绝望的这段时间，他们还能蹦蹦跳跳，唱歌，插科打诨，许多人看上去活泼开朗，就好像在参加宴会或婚礼一样。”

第三天，在施工现场，一些美国人设法从监工眼皮子底下逃走，溜进了城，四处找酒喝。当时卖酒的都是犹太人和基督徒。的黎波里的大部分街道都是房屋之间的狭窄小巷，只够一个人通过。这些房子显然是由古代废墟中的边角料建成的，其中的一些大理石碎块上面还残留着希腊语和拉丁语的“雕刻和铭文，大部分已经磨蚀得不太清晰”。城门口悬挂着小偷的断掌，城门里是一长排低矮的小砖房，这是城里的集市。每家店铺门口，都有一个老板裹着毯子，盘腿坐在地上。人们可以买到“南瓜、胡萝卜、大头菜、大葱、橘子、柠檬、酸橙、无花果等，也能用其他小玩意儿和杂货来交换”。

那些擅离工地的船员被捉时，被施以“笞跖刑”（bastinado）。雷描述了这种刑罚：

这种折磨犯人的工具被称为**藤条**，一米多长，中间有人腿般粗，两端细长。在与藤条中心等长的两处穿孔，绳索朝中心弯曲，两端穿过孔洞并打结，这样形成一个圆环。然后，受罚的人趴在地上，脚穿过圆环，条绳两端各有一人，同时扭动条绳，将战俘的脚掌和脚踝紧紧地缠在一起，将脚底抬起，几乎与地面平行。一个土耳其人坐在他的背上，两名男子各拿一根竹竿，或手杖般粗细的枣树枝，长约一米，又硬又沉。男人脱掉衣服，或卷起袖子，使尽浑身力气，愤怒地抽打这名战俘的脚底板。他们以这种方式处罚了我们好几个人，他们痛得一边在地上打滚，一边诅咒这些施暴者。

“费城号”的船员中有些是英国籍，一些人想要通过宣称自己是英王陛下的忠实臣民而获释，要求英国领事前来干预。班布里奇船长认可了这一基于“利益和人性”的想法。[23]但“费城号”上几名叛逃过来的英国人都鄙视这一说法，认为“他们憎恶的政府是不会前来解救他们的，因为它容忍强征海员，而且认定他们更愿意臣服于优素福而不是乔治三世”。英国政府没有认领过任何战俘，据说纳尔逊也曾说过，他情愿“让这些无赖都被绞死”，也不会为这些背叛英国加入他国海军的人说情。

还有一种方法能逃避监禁，那就是“变成土耳其人”，即同意皈依伊斯兰教。的黎波里不能奴役穆斯林，任何愿意改变信仰的俘虏最后都被释放了，但有些奴隶主会阻止其奴隶改变信仰，这样他就不会失去奴隶。

11 月 8 日，“费城号”上的一名船员表示他有意改变信仰。此人叫约翰·威尔逊（John Wilson），之前是“费城号”上的艇长（舰长专用艇的领航员），出生在德意志地区，学过点地中海通用语。他谎称在“费城号”投降之前，班布里奇舰长将19盒金币和一大袋金子扔到海里，然后又谎称战俘们正密谋发动起义，占领该城。他明显是在编故事，期待谣言能传到优素福的耳朵里。作为合作的奖励，威尔逊被提拔为他前战友们的监工。雷表示，这是一个“背信弃义的卑鄙小人”。11月20日，“费城号”上的另一名船员，来自罗得岛的17岁的托马斯·普林斯（Thomas Prince），也同意改信伊斯兰教。他获准离开监狱，被带往宫殿，成为优素福的仆人。

“费城号”投降10周后，的黎波里港口的炮台鸣响礼炮，标志着斋月的结束。清真寺和房屋都被照亮，人们穿着最好的衣服出门，在街头狂欢。班布里奇舰长受邀与优素福和整个外交使团参加庆祝盛宴。“费城号”上悬挂着鲜艳的旗帜，与停在港口的其他所有船一同鸣炮致礼。

11月24日，“宪法号”与英国皇家海军38炮巡航舰“亚马孙号”（Amazon）在撒丁岛西南几千米的海域相遇，从其舰长口中，普雷布尔得知“费城号”投降了。普雷布尔在日记中写道，他已知悉“费城号”被俘，“这条令人悲伤痛苦的情报……对美国来说，‘费城号’投降和船员被俘会产生极为严重的影响，令人震惊至极……”[24]普雷布尔担心阿尔及尔和突尼斯会趁机对美宣战。他担心舰队的军事力量锐减30%至40%后，敌对势力会扩大。“我真心为班布里奇的残酷命运感到遗憾，”普雷布尔给妻子玛丽写信道，“我不知道他们以后会怎样。我猜很多人再也回不了家了。”[25]

普雷布尔率领“宪法号”驶向马耳他，希望能够在那里收集到更多关于这一可怕事件的情报。11月27日，在清新的北风的吹拂下，旗舰停在瓦莱塔巨港附近。普雷布尔担心逃兵事件再次发生，决定不让“宪法号”停进瓦莱塔这个英国港口。一名尉官带着精心挑选的船员乘船去了港口，几小时后带回一捆班布里奇舰长的信件。这些信件不仅证实了“费城号”及其船员被俘的消息，而且普雷布尔现在得知，的黎波里人已将船从触礁处弄了出来，目前正忙着在的黎波里内港对它重新舾装。后面这条消息加剧了损失造成的痛苦。普雷布尔损失了一件有力武器，而敌人则增加了一件有力武器。

整个下午狂风呼啸。尉官从瓦莱塔返回并将小艇安全地悬挂在吊艇架上后不久，“宪法号”就开始在呼啸的北风和“波涛汹涌的大海”中艰难前行。[26]普雷布尔命船收起大横帆和支索帆，顶着强劲的北风行驶，经过24小时的痛苦航程，终于在11月29日抵达西西里岛的下风处。锡拉库萨港口停着特遣舰队的另外两艘船，分别是“企业号”和“鹦鹉螺号”（Nautilus）。还有一艘“旅行者号”（Traveler）军需船，最近刚从美国抵达。

普雷布尔登陆后拜会了马尔切洛·德·格雷戈里奥（Marcello de Gregorio）总督。这位总督显然十分欢迎舰队的到来。美国海军有钱，它的出现会阻止巴巴里巡洋舰在西西里海岸附近行动。总督慷慨地允许舰队使用其兵工厂，为小艇和圆材提供遮风避雨的地方，还有“能装5 000桶补给的极佳军火库，并且这些都是免费的！”[27]锡拉库萨人将码头上的船开走，以方便参观“宪法号”，当地贵族争相邀请军官们到家里做客。普雷布尔认为他将集结点从马耳他撤到西西里的决定是正确的：“这里的居民非常礼貌友善。我们的水手也不会当逃兵。”

舰队在港口停泊了两个星期，其间改装和补给的各项事宜，事无巨细，普雷布尔都亲自处理。恶劣的天气导致将数百桶淡水装上“宪法号”及其僚舰的行动被迫推迟，“旅行者号”的货物也不得不推迟上岸。“宪法号”准备了一套新帆，“企业号”从头到尾装配了新的帆和索具。

普雷布尔被称为“强硬派”，在纪律方面要求极为苛刻。舰队停泊在锡拉库萨港口时，他没有辜负此种名声，鞭刑在“宪法号”上几乎是家常便饭。11 月 29 日，几名海员因为“醉酒、玩忽职守和盗窃船上的朗姆酒”而被鞭笞了二三十下。作为总指挥，普雷布尔有权惩罚他手下任何一艘船上的船员，于是他毫不犹豫地行使了这项权力。12 月 1 日，“企业号”指挥官小斯蒂芬·迪凯特（Stephen Decatur, Jr.）尉官收到一张便条：“今天下午，你属下船员在岸上装配索具时，大都醉醺醺的。这无疑是军官疏于管理所导致的。我要求你对他们的玩忽职守进行质询，这是你必须做的，对此我肯定会密切关注。你的一名船员对我无礼，已被戴上镣铐关在船上。”[28]

普雷布尔计划率舰队驶向的黎波里，尝试于冬季封锁海港。即使在温暖的夏季，其前任的封港行动也屡次失败，但普雷布尔认为他们在后勤方面没做好，他坚信自己能成功。另一方面，他向史密斯部长承认，“费城号”被俘“令我悲恸欲绝，并且打乱了我目前的作战计划”。[29] 他要求再派两艘巡航舰来加强兵力。他承诺，他率领的这支舰队将让优素福俯首称臣。

“费城号”被俘的消息在地中海尽人皆知，班布里奇遭到了疯狂的指责，这一点他早就预料到了。詹姆斯·卡思卡特在意大利海岸来航（里窝那的旧称）给麦迪逊国务卿写了封信，信中充满了一名平民对战死沙场的热情：“与‘费城号’同归于尽才是无上荣耀的行为。人人都渴望永垂不朽，一切伟大光荣的爱国主义情怀都指引我们将船炸毁，国家荣耀需要这样的牺牲。”[30] 舰队里的低级军官对班布里奇几乎同样毫不同情。见习军官沃兹沃思对班布里奇的投降非常反感：“我们最好的一艘巡航舰被抛弃了，居然连美国小船都会做的一丁点儿抵抗都没有就投降了。”[31]

普雷布尔在不同的场合就该问题发表了各种不同的意见。在给班布里奇的信中（送至的黎波里，由丹麦领事尼森转交），他只表达了同情和安慰。他于12月19日写道：“我对你及你手下的官兵遭此不幸深表同情。目前的情势令人痛心，这给你的朋友们造成了难以言喻的沉重影响。”[32] 普雷布尔毫不怀疑班布里奇已经竭尽全力挽救“费城号”，他说，失去这名“最有价值的指挥官”令他深感惋惜。

然而在写给海军部的官方信件中，他又换了一副腔调。“对此损失我本不应冒昧发表意见，”但他在写给史密斯部长的信中还是说出了自己的观点，“‘费城号’上的官兵个个都发誓宁死不屈，如果真有这种决心的话，那他们就既不会战死也不会被俘！”[33] 他又讥讽地补充说，该船在落入敌手前居然没有凿船自沉，这一点令人十分惊讶。

平安夜前一晚，“宪法号”在的黎波里附近海面与“企业号”一同向南驶向非洲海岸。天刚破晓，桅顶的瞭望员就在西南方向发现了陆地，几分钟后再次向甲板汇报，在同一方向发现一艘船。

普雷布尔下令在后桅斜桁上升起英国军旗。船员开始扬帆，“宪法号”全力追逐。风向转为西南风，这艘陌生船只不得不迎风行驶。若下定决心逃跑，这艘船可能已经逃到了的黎波里海港。然而很明显，该船没有怀疑英国旗帜只是一个计策。由于他们没有理由害怕皇家海军，就没有逃跑。上午10时许，在的黎波里东北方向约14千米处，“宪法号”奉命向该船船首开了一炮。

这是艘悬挂的黎波里旗帜的双桅小帆船，排水量约为60吨。该船名叫“马斯迪科号”（Mastico）。该船船长刚走上“宪法号”的后甲板，普雷布尔就下令降下英国军旗，升起美国星条旗，这样一来，“‘马斯迪科号’上的人都感到无比困惑”。[34] 但在1 500吨级巡航舰的枪炮之下，这艘双桅小帆船没有任何逃脱的希望。

普雷布尔通过翻译审讯船长和军官，得知该船于前一天晚上从的黎波里出发，要前往君士坦丁堡。船员包括1名土耳其奴隶主、7名希腊人、4名土耳其平民、2名的黎波里军官、10名的黎波里士兵，以及进贡给大奥斯曼土耳其的42名撒哈拉以南的非洲奴隶。虽然该船被俘时高悬的黎波里旗帜，但船长坚称该船属于奥斯曼帝国。船员当中的几名土耳其人的存在使得普雷布尔很难抉择，普雷布尔最不希望与奥斯曼帝国产生争端。这艘双桅小帆船上的文件都是用阿拉伯语写的，需要一些时间来将其准确翻译成英文。普雷布尔决定派押解船员将其送到锡拉库萨，待其验明正身后再决定如何处置。

“马斯迪科号”的官兵被作为战俘带上“宪法号”，押解船员在“企业号”的护送下，向北行驶。当晚正值平安夜。起初“宪法号”面朝的黎波里港行驶，但天空中突然乌云密布，领航长纳撒尼尔·哈拉登（Nathaniel Haraden）在航海日志中写道：“北方风雨欲来。”[35]冬天封锁计划暂时被搁置，普雷布尔必须将巡航舰开到安全的海面，抵御即将来临的狂风。

圣诞节早上，暴风雨来临。此时需要举全船之力使“宪法号”从下风岸转向上风岸行驶，因为下风岸正巧是敌人的领土。在船舷栏杆边一字排开的囚犯似乎希望这艘船被毁掉。领航长哈拉登表示：“沉船的恐惧加上无可挽回的被奴役命运使得这个冬季的海岸十分危险。”

一连几天，天空中狂风大作，大雨倾盆，海面上波涛汹涌，海面下暗礁遍布，“宪法号”收紧中桅帆，苦苦挣扎着，上桅杆和帆桁已经断落在甲板上。“宪法号”艰难地迎风向北一点一点地行驶，最后在马耳他附近追上了“企业号”和“马斯迪科号”。“马斯迪科号”遭受重创，无法继续航行，于是“宪法号”拖着它前行。12月30日，饱受风雨蹂躏的舰队抵达锡拉库萨，锚定在防波堤外水深约9米的地方。

在锡拉库萨，一名来自马耳他的意大利医生指出了对“马斯迪科号”不利的一些情况。他认出船上的两名的黎波里高级军官，并发誓说“其中一人是优素福的心腹，另一人在军中身居要职”。[36]对“马斯迪科号”更不利的是，普雷布尔从一名英国领航员（此人10月31号在的黎波里）那里了解到，“马斯迪科号”参与了俘获“费城号”的行动。这艘双桅小帆船当天悬挂奥斯曼帝国的旗帜，停泊在的黎波里内港。“费城号”巡航舰显然已经受困时，“马斯迪科号”“装载了100多名携带火枪和军刀的的黎波里士兵，降下土耳其旗帜，再悬挂上的黎波里旗帜，然后袭击了‘费城号’”。

有人在“马斯迪科号”上船员的财物中发现了属于“费城号”

军官的物品，普雷布尔认出了属于戴维·波特尉官的佩剑和皮带，他心中的所有疑问也就随之打消了。该船到底属于的黎波里还是奥斯曼帝国已经无关紧要了，普雷布尔说："如果属于的黎波里，那么这就是战利品；如果属于土耳其，那么这就是海盗船。"[37]

"马斯迪科号"这个战利品没什么价值，美国军官们估计这艘船的价值不超过 1 800 美元，但经济价值并不重要。当舰队官兵们欢庆 1804 年新年时，普雷布尔想出了一项重要行动，该行动如果成功，那么他就离战争胜利近了一大步。

是否应该赎回"费城号"上的官兵？这个问题不能不考虑。不久之前有过先例，美国政府支付了巨额赎金将阿尔及尔俘获的美国海员解救回来。"费城号"被俘的消息传到华盛顿之前，总统的内阁已经投票批准向的黎波里支付一笔赎金。杰弗逊和麦迪逊并不反对在地中海花钱消灾，他们只是想让美国民众的钱花得物有所值。

等消息传回美国，再等杰弗逊及其幕僚消化领会，然后将命令带到锡拉库萨，这可能需要好几个月的时间。普雷布尔不能让舰队闲置，干等华盛顿的新指令。这样做会使自己遭到斥责，像其前任那样断送海军生涯。他别无选择，只能尽力而为。

地中海大多数主要港口都驻有美国外交领事。他们很难驾驭，几乎不受号称他们上司的麦迪逊国务卿的监管，毫无底线地以权谋私，长期窝里斗。但尽管他们有万般不是，初创期的外交使团成员还是比任何人都清楚怎样与巴巴里诸国打交道。

几名领事各自私下里向优素福的大臣们进行言语试探，打听

“费城号”官兵的赎价是多少。12 月中旬，美国前驻的黎波里领事詹姆斯·卡思卡特告诉麦迪逊：“如果政府要马上赎回我国同胞，并按帕夏的条款与的黎波里媾和，至少要花 30 万美元，还不包括领事礼物和每年 10 000 到 15 000 美元的纳贡……”[38] 前驻阿尔及尔领事理查德·奥布赖恩得到的数字基本相同，每名船员赎金 600 美元，军官 4 000 美元，总计 282 800 美元。求和需要额外一次性支付 10 万美元。现任驻阿尔及尔领事托拜厄斯·利尔（Tobias Lear）在平安夜表示，预计人均赎金 1 000 美元，共计 30.7 万美元。求和另需 15 万美元。[39]

当然，这解决方案只能通过长期谈判后才能达成。优素福最初要价 300 万美元。“真是狮子大开口。”[40] 普雷布尔冷冷地说道。

如果 50 万美元能保美国在地中海安全无虞，优素福的条件也还划算，但还需要考虑其他因素。作为一个位于大西洋另一边的新兴国家，美国神秘莫测。就像詹姆斯·卡思卡特所说，巴巴里诸国尚未确定“美国到底属于哪一级别的国家”。[41] 美国是像英国和法国一样，是一个值得尊重的军事强国？还是像那不勒斯、葡萄牙、荷兰、丹麦、瑞典一样，能被肆意敲诈勒索？或是介于两者之间？的黎波里战争将给出答案。如果支付太多，突尼斯和阿尔及尔会将此和平解决方案视为美国软弱的致命标志，也开始漫天要价。更糟的是，他们或许会认为，这个国家富饶又毫无防守之力，对其长期作战有利于迫使美国不惜代价来获取和平。

奥布赖恩提醒普雷布尔注意另外一个重要因素：的黎波里统治者已经背弃早前与美国签订的条约，难道他不会故技重施？为了面子，他可能会维持一两年和平，放任其海盗船攻击二流商业国家；

可是“一旦那些国家屈服于他的淫威，那么我们的麻烦又会到来。当然，结果是这片海域会出现更多巡航舰”。[42]

普雷布尔从各种渠道广泛收集的黎波里海港防御工事的情报。1804 年 1 月，普雷布尔已在心中拼出了即将对付的敌人大致准确的图像。的黎波里的众多炮台共有 115 门火炮，控制着通往港口的各个水道。据说港口的许多火炮和炮架都又旧又破，有的甚至在鸣礼炮时也无法开火。的黎波里人一直依赖炮艇来防御港口，但炮艇上没有索具，并且冬天会被拖到海滩上。优素福显然认定美国不会在春天前发起攻击。

威廉·班布里奇在军官牢房的露台上用望远镜观察过的黎波里港口的防御情况。他写了一封密信，并通过丹麦领事尼森转交到马耳他，信中警告称，从海路无法夺取该城。“暗礁和浅滩为的黎波里港口提供了天然的屏障，这座城市的防御能力非常强，我们的海上攻击产生不了什么影响……”他在 1 月 14 日写道，“（优素福）只有在一种情况下才会向美国低头，这就是派遣 8 000 到 10 000 人的兵力在的黎波里城附近登陆，将其团团围住。在我看来，这样做之后，胜利将易如反掌。”[43]

但普雷布尔没有 8 000 到 10 000 人的兵力，连 1 000 人都没有。地中海全部的美军力量只有 1 艘巡航舰、1 艘双桅横帆船和 3 艘斯库纳帆船，共计约 100 门火炮，700 名官兵。而且“阿尔戈斯号”双桅横帆船还驻守在直布罗陀，以确保美国商船安全穿过海峡。普雷布尔不知道增援部队何时出现，也不知道是否会有增援。但外交使团中自命为普雷布尔顾问的那些人似乎确信这位海军准将能凑够船只、人手和武器，主动提出了猛攻的黎波里以使其投降的战术建议。奥布赖恩设想用能携带重炮的大型浮动炮台进入内港，从那里“向城里开炮，摧毁海军炮台，侧面进攻优素福的宫殿和城堡”。[44] 他敦促普雷布尔让政府加紧建造74炮战列舰以及6艘更大的巡航舰。

“费城号”巡航舰（很快就将更名为“真主的礼物”）也开始参与的黎波里的防御，目前它停泊在距岸边1 200米的主航道上。“费城号”上的大部分火炮已经从浅滩中寻回，并被重新安在炮台甲板和轻甲板上。的黎波里是否有能力给这艘大型巡航舰配备船帆、索具和人员还未可知，只知道优素福曾向突尼斯和阿尔及尔公开叫卖该船。但只要它停泊在敌军港口，后桅斜桁高挂的黎波里旗帜，火炮装填就绪，“费城号”就将是的黎波里一个强大的战略堡垒。更糟的是，它出现在这里对美国是个羞辱，象征着美国海军在地中海海域的无能。

几名美国军官似乎不约而同地想要摧毁“费城号”。多年以后他们也不确定这一建议是谁首先提出来的。普雷布尔说，他在听说“费城号”被俘的那一刻就决定这么做了。“要摧毁它需冒很大风险，”他在12月给史密斯写信道，“此举无疑会牺牲很多人，但这件事必须要做。”[45] 的黎波里监狱中的班布里奇主张用小艇将携带炸药的一小队船员送进港口。小艇要在夜幕的掩护下偷偷靠近目标。班布里奇预测，如果对的黎波里人进行偷袭，炸掉“费城号”的行动“将很容易实现”。[46] 25岁的尉官斯蒂芬·迪凯特是“企业号”斯库纳帆船的指挥官，他自告奋勇挑选船员，亲自行动。几名同行后来证实，这一提议是由他最先发起的。

另外一名军官在多年后接受传记作者采访时，试图确切地描绘出斯蒂芬·迪凯特引人注目的优秀品格：“我对他的外貌和举止印象深刻。他很引人注目。我常在脑海中想象英雄人物的样子，想象我最喜欢的诗人荷马笔下的英雄。迪凯特正是英雄的化身。”[47]迪凯特出生在马里兰州滨海地区的一座小木屋里，在费城海边长大。他身材高大，肩宽体健，头发黝黑卷曲，一双棕色的大眼睛闪烁着骄傲的光芒。他浑身都散发着魅力，据说当他身穿镶金边的蓝色海军制服走进房间时，单凭迷人的外貌就真的让很多年轻女性激动得昏倒。那时没有哪位军官比迪凯特更能代表18世纪理想的浪漫英雄人物了。对迪凯特来说，打仗就是为了个人和国家的荣耀，他一心一意地追求着这个目标。

毫无疑问，迪凯特是自告奋勇领导此次危险任务的，但他不是唯一一个自愿前往的人。杰弗逊时代的海军低级军官认为，晋升的唯一希望是在战争中勇立军功，但的黎波里战争提供的机会寥寥无几。摧毁“费城号”的这项任务如果成功，将会使参战者成为国家英雄，军官也能迅速获得晋升。可以想见，普雷布尔不缺自告奋勇者。最终他选择迪凯特担任指挥，表示他相信这位年轻的尉官能够率队获得成功。他也暗暗断定迪凯特值得晋升至更高的军衔，进入终生在海军服役的高级军官阶层，并担负起率领整个海军迈向成功的责任。

普雷布尔短暂考虑过夺取“费城号”的各种可能性：重新夺回，然后迅速准备好出海，安全驶离的黎波里港。但获悉了舰船状态、港口防御情况和航道面临的困难后，他打消了这个念头。“我对‘费城号’的情况非常了解，想要带它离港简直难如登天，”普雷布尔后来给史密斯部长写信道，“绝对有必要将其摧毁，这样对我预定的攻城计划比较有利，我决定要这么做。”[48]

被俘的“马斯迪科号”将载着突袭部队前往敌军海港。普雷布尔说，美国舰队的其他任何船都不能担此重任，因为“敌人太熟悉我们的巡航舰和斯库纳帆船了，一旦敌军发现，他们就会拉响警报”，[49]但这艘的黎波里本土的船看上去和北非沿海地带的小商船没什么区别，它可以很轻易地假扮成一艘普通的商贸船，谎称是为英军驻守在马耳他的守备部队运送补给后归来的船。如果计谋得逞，该船驶入港口必然不会引起怀疑。普雷布尔亲自给它取了一个新名字：“无畏号”（Intrepid）。

1804 年 1 月 30 日，普雷布尔下令将“无畏号”上的囚犯转移到旗舰上。这艘受损的双桅小帆船被拖到锡拉库萨内港进行修理。该船装备了 30 天的淡水和补给，供 75 名船员使用。

1 月 31 日，普雷布尔下令出征。迪凯特将他的船员从“企业号”转移到“无畏号”上。“无畏号”将与查尔斯·斯图尔特尉官率领的“塞壬号”双桅横帆船一同驶向的黎波里北部。“塞壬号”在海面上等待，“无畏号”和“塞壬号”的小艇则在夜幕的掩护下偷偷溜进海港。“登上‘费城号’巡航舰，烧了它，然后适时撤退。”[50]普雷布尔指示道。安全逃离之前，迪凯特必须确定“费城号”已被完完全全、彻彻底底地摧毁。突击队要点燃弹药库、卧铺舱和驾驶舱中的可燃物。“大火烧起来后，用两门 18 磅火炮射击主舱口，将其底部炸掉。”

“摧毁‘费城号’的意义十分重大，”普雷布尔说，“我对‘无畏号’和‘企业号’信心十足。”

2 月 3 日晚，船队在微风拂面的宜人天气中驶出锡拉库萨。为了防止消息泄露，海员们此前都不知道这次任务的目的。“塞壬号”上的船员被召集到船尾，船长向他们大声宣读了普雷布尔的信，信上解释了所有细节。随后，海员“十分开心，发出三次由衷的欢呼”。[51] 当军官询问有谁志愿加入突击队时，船上每个人都举起了手。[52]

“无畏号”行驶速度缓慢，它被“塞壬号”拖着前行。航行的最初几天，天气异常温和，但两艘船在 2 月 7 日夜里抵达的黎波里以北海面后，天上开始乌云密布。又一场冬季风暴在北方酝酿，很像“宪法号”6 周前经历的那场狂风。“无畏号”和“塞壬号”在水深约 11 米的位置下锚，旁边一排礁石构成了的黎波里港的外部屏障。那天夜里“黑暗且有雾”。[53] 一名领航员带领几名船员乘小艇去侦察航道。回来后，他说：“如果我们硬要进去，那么可能永远也出不来。因为前面风大浪高。”[54] 迪凯特决定在日出之前让“无畏号”驶回较远的海面，这样它就不会被的黎波里哨兵发现了。“塞壬号”船员试图拉起左舷的船首锚，结果失败了，因为锚卡在了岩石底部，几名船员被绞盘棒撞倒，“受了重伤”。[55] 黎明即将来临，“塞壬号”舷缘在海浪中左右摇晃，斯图尔特终于下令剪断缆绳，丢下船锚。这艘双桅横帆船跟着双桅小帆船重又回到海上，离岸约 16 千米。

他们接连 5 天与地中海最恶劣的天气做斗争，船帆几乎都被刮走了。由于尺寸较小，“建造粗糙”，“无畏号”遍体湿透，拥挤不堪，惨不忍睹。这艘船在波涛汹涌的海面上下颠簸，左右摇晃，船员们严重晕船，即使是那些能吃下东西的人也生病了，“部分原因是食物腐烂变质”。[56] 船舱饱受老鼠和害虫的侵扰。船上士气低落，一些船员认为这项任务注定要失败。他们窃窃私语，说他们已经在的黎波里海面上露面了，敌军肯定在防备他们的袭击。历经折磨后，迪凯特仍表现出绝对的信心和决心。大家都说，在那痛苦的5天里，他卓越的领导使得船员没有陷入完全的绝望之中。

2月12日，大风终于减弱了。"塞壬号"和"无畏号"已被吹散，而且向东漂了很远。这两艘船都通过辨认北非海岸线的地标，特别是城东几千米处的托古拉山（Mount Togura），驶回了的黎波里。2月15日，两艘船会合了，军官们在"无畏号"上召开了会议。迪凯特决定在次日晚上发起行动。"塞壬号"上的9名船员带着弯刀、手枪和火枪，乘小艇到"无畏号"上加入了突击队。

2月16日黎明时分，空气清新，天气宜人。午后微风拂面，"无畏号"悬挂英国国旗，朝着港口靠近。甲板上仅有的6到8名船员都乔装打扮成马耳他人。他们故意用随随便便和漫不经心的方式行驶，制造出这是一艘普通商船的假象，以至于城里的英国领事馆也升起国旗来呼应。"无畏号"似乎会在天黑前到达港口，于是迪凯特下令将梯子、水桶和圆材放到船尾水下拖拽，以减缓速度。黄昏时分，风停了，"无畏号"的行驶速度降到2节，那些拖拽物被拖回了船上。同时，"塞壬号"在渐弱的微风中已远远落后，其小艇也迟迟没有到达港口的入口。迪凯特决定让"无畏号"单独行动。

"无畏号"的左后舷被难以察觉的微风推动，使这艘小艇沿着航道向港口漂去。几个小时过去了。航道两边耸立的防波堤炮台和优素福城堡的巨大石墙，笼罩在低悬于西方的一弯新月朦胧的月光里。双桅小帆船上塞了80名船员，他们大部分藏在船舱下，或俯卧在挡风舷后。他们武装到了牙齿，死一般安静。

停泊在航道中的“费城号”上的的黎波里守卫仔细打量着这艘靠近的船。“无畏号”看起来就是艘普通的马耳他商船，他们没理由怀疑。但早些时候他们在远海发现了“塞壬号”，它的出现让的黎波里人紧张不安。

“无畏号”进入喊话距离后，船上的马耳他领航员萨尔瓦多·卡塔拉诺（Salvador Catalano）用阿拉伯语向守卫喊话。他将迪凯特之前编好的故事讲了一遍：这艘双桅小帆船去给驻守在马耳他的英军运送牲畜，刚刚返回的黎波里。由于该船在大风中遭受重创，两个船锚都失去了，它需要帮助，能否获准将其拴在巡航舰上过夜？

守卫们放松了警惕，同意了。风已完全停息，港内水平如镜。如果不用绳子拖拉，这艘双桅小帆船似乎无法接近巡航舰。“费城号”放下一艘小艇，带着一根粗缆绳，朝双桅小帆船划去。“无畏号”也放下一条船。两船相遇，系紧缆绳。“无畏号”上的船员开始不断拉缆绳，使船距目标更近。

最危险的时刻到了。“费城号”上炮门洞开，炮栓被取出，而且随时有可能识破“无畏号”的真面目。距离越来越近，“费城号”上的的黎波里人能俯视“无畏号”的甲板了。有人注意到“无畏号”并不像卡塔拉诺说的那样丢了船锚，还有人看到一名士兵俯卧在甲板上，他喊道：“是美国佬！”

卡塔拉诺立刻紧张了，对迪凯特大喊跳帮。迪凯特发现两船之间尚有距离，果断地回答：“一切听从我的命令。”船员们又坚持了关键的几秒。“无畏号”离得更近了。守卫们似乎有些困惑，有的大喊这是一个圈套，但其他人却仍然不太确定。“无畏号”终于来到“费城号”的前索条下，迪凯特大喊道：“跳帮！”

“这一声令下实在动人心魄，”医生的助手刘易斯·黑尔曼（Lewis Heermann）后来回忆说，“此前所有人都凝神屏息，而现在，登船者蜂拥而上，跃过船舷。转眼间，所有人都登上了巡航舰。”[57]

“费城号”舷栏比“无畏号”高3米多，船员像攀登城墙一样爬上“费城号”的船体。迪凯特第一个跳起来抓住“费城号”前链，80名船员紧随其后。此次精心设计的突袭如此迅速、如此集中，以至于迪凯特滑过舷墙时，突击队员们已经挤满了费城号的甲板。一些人越过舷栏，一些人冲过炮门。为了将响声降至最低，他们只用带刃兵器：刀剑、长矛和匕首，没有开枪。

夺取“费城号”的战斗短暂又野蛮。的黎波里人被打了个措手不及，无心恋战，几乎没有抵抗。有的跑到前甲板，有的跑到右舷栏杆旁，一路“惊呼和尖叫”。[58]还有约莫十几个人匆匆登上小艇，划到安全的地方。大多数人直接跳进海里，然后游到岸边。约有20个人迎战攻击者。他们的勇气换来的是被砍、被劈、被刺，千疮百孔的尸体被扔进港口。突击队只俘获了一名囚犯，此人已严重受伤，预计活不过当晚。突击队员中只有一位受了轻伤，无人死亡。

战斗在10分钟内就结束了。迪凯特下令摧毁“费城号”。烧毁“费城号”和此次任务的其他步骤一样，经过了周密的事先安排。突击队分成几支小队，分别到不同位置点火。各队均提着一支灯笼，每人手持一根约7.5厘米长的松脂浸过的鲸蜡。易燃物从“无畏号”传至“费城号”的甲板上。小分队把易燃物拿到下层，放置在贮藏室、弹药库、驾驶舱和卧铺舱当中。几分钟内一切便准备就绪了。迪凯特在轻甲板上从头走到尾，每走过一个舱口都停下来大喊："点火！"每个人都用灯笼里的火点燃蜡烛和那些易燃物。

大火迅速蔓延，人们不得不爬上梯子逃生。黑尔曼说，下甲板"很快就笼罩在令人窒息的浓烟之中"。[59] 当火势蔓延至卧铺舱时，后舱口浓烟弥漫，一名军官差点被困在最下层甲板。他跑向船头，登上梯子，才侥幸逃脱。等到最后一名船员回到"无畏号"甲板上，迪凯特自己才跳下去。"费城号"舱口"火光冲天，火势大得吓人"。[60]

迪凯特尉官登船后，"无畏号"马上拼命撤离，以免大火波及自身。"无畏号"扔下船头的缆绳，开始全速后退。其主帆下桁与巡航舰纠缠在了一起，船首三角帆在火焰旁飘动，十分危险。船尾缆绳卡住了，船员快速冲过去用剑砍断。有人把长桨当作撑杆，想将船撑开，但所有方向的风都朝向大火，"无畏号"不停地被吹回。最后，迪凯特派一组船员乘坐小艇，拖着"无畏号"船头向前行驶，它才得以扬帆起航。

此时港口响起了警报声。停泊在附近的两艘三桅小帆船开始用轻武器射击"无畏号"，很快城堡和港口的炮台也开始射击。美国人很幸运，敌人的炮击极其不准，只有一次差点射到逃跑的"无畏号"，但炮弹仅穿过上桅帆。[61] 船员们牢牢地握住船桨，沿着航道划了出去。逃出了敌军的射程范围后，他们开怀大笑，逗趣歌唱，并停下来回望仍在熊熊燃烧的"费城号"。

所有人都将铭记眼前这一幕。城堡和城墙都沐浴在温暖的橙色幽光之中。大火烧到巡航舰浸满焦油的索具时，一时火光冲至桅顶，"呈现出一条非常壮观的火柱"。[62] 晚上 11 时许，仍在燃烧的船桅和桅楼悲壮地落入港口。大炮被火焰烧得滚烫，开始接二连三地射击，有一些炮弹射向了城堡。午夜时分，锚链被烧为灰烬。这座漂浮的地狱漂向了岸边。第二天早上 6 点，约 65 千米外的“塞壬号”甲板上，船员们仍能看到南方地平线处遥远的火光。[63]

8 求援与整备

威廉·班布里奇和被监禁的“费城号”军官们从梦中惊醒了。唤醒他们的是“从该城一端传到另一端的极为可怕的喊声和尖叫声，以及从城堡传来的一阵炮击声。我们起床打开面向港口的窗户时，看到‘费城号’陷于熊熊火焰之中”。[1]班布里奇本就极力主张将该舰摧毁，所以他对此事必定是很欢迎的。然而，他就算再兴高采烈，也不能不为该舰的官兵担心：帕夏会对囚犯实施报复吗?

班布里奇有充足的理由感到焦虑。优素福从宫殿的窗户向外注视着。“无畏号”在炮台那笨拙的炮火中撤到了安全区域，他因无能为力而怒火中烧。在“费城号”一路燃烧到吃水线之前，被俘军官们所在的领事馆就被一队重兵包围了。他们不再享有自由，而且不许再接待访客和接收邮件，直到另有通知。外科医生乔纳森·考德里正为数十名的黎波里病人治病，其中包括优素福家族的成员，突然被告知不许再巡诊。警卫暗示，这些军官将很快被转移到城堡高墙内的监狱里。因为担心被关在锡拉库萨的的黎波里高级军官遭到报复，优素福不敢直接打击这些美国海军军官，只好把气撒在“费城号”的普通水手身上，下令强迫他们进行“额外的劳动”。[2]

班布里奇向迪斯提出了抗议，说美国人与突袭毫无关系。他们没有向普雷布尔发送可用于策划和实施此次行动的信息（这是谎话）。班布里奇说，军官们签署的荣誉假释令足以保证他们不会逃跑。他补充说，无论美国战俘的待遇有何改变，“都阻止不了准将以战争方式行事……阁下会发现，美国人在和平时期是真正的朋友，但在战争中是勇猛的敌人”。[3]

作为回应，迪斯拜访了班布里奇，并向他保证，这些军官将继续被视为高级战俘。他主动提出允许他们与家人和朋友通信，但他们的信要先送给迪斯“审查”。

3 月 1 日，美国军官在卫兵的护送下从领事馆搬进了城堡内把守严密的一组套间里。考德里描述这个住所时写道：“非常黑暗，烟雾弥漫，只有从天窗能透进来微弱的光亮。”[4] 军官们抱怨这里空气闷热，还有“有毒的爬虫”。[5] 他们的抱怨可能是夸大其词，因为班布里奇只是说：“我们的情况不如以前舒适。”[6]

班布里奇不顾周围越来越严密的大网，继续实施高效的侦察行动。他淡淡地称之为“魔法援助”。很可能他买通了警卫来为他偷寄信件。在“费城号”被烧毁之后不久，他向普雷布尔发了一张便条，提醒他锡拉库萨的舰队可能会面临一场反击。在这张用密语写成的便条中，他警告说，的黎波里水手们将把自己伪装成来自某一基督教国家的商人：“我们的巡洋舰应该对每一艘舰船都实施检查……不要相信任何船旗和制服，也不要以为自己停泊在那里就不会受到攻击。最出乎意料的事情往往最有可能发生。”[7]

突击“费城号”之后没过几天，三名被杀卫兵的尸体被冲上了的黎波里和米苏拉特（Mesurat）之间的海岸。他们身上到处都是刺伤。帕夏和他的大臣们相信，迪凯特的突击队在这些人投降后处决了他们。3 月 5 日，迪斯给班布里奇写信表示抗议，他质问道："各国有多久没有屠杀过战俘了？"[8]

班布里奇答应向准将询问杀人的情况，但补充说，他确信他们"当不起**屠杀**的罪名……先生，您可以放心，美国总是以最人道的方式对待战俘，会在他们停止反抗时给予宽大处理，这是无可争辩的事实"。[9]

这项屠杀战俘的指控有根据吗？这项指控于 1828 年 4 月得到了作为医生助手的突击队成员刘易斯·黑尔曼书面证词的证实。黑尔曼做证说，攻击者夺取"费城号"之后，放火烧船之前，在其右前舷设了瞭望哨，以防敌人夺回"费城号"。瞭望哨"不断就敌舰的抵近与撤离做出报告，其间有足够时间执行**杀死所有战俘**的命令，也足够从双桅小帆船上拉一部分用于防御的弹药、轻武器和长矛"。[10]

在随后给班布里奇和迪斯的信函中，普雷布尔断然否认了这一指控。他说，的黎波里人"制造对立和恐慌时就该知道会有如此结局……在战争中操弄危险武器的人，必须面对伤亡，但我绝不会容忍或鼓励肆意的残暴行为"。[11] 他邀请迪斯派一名代表打着休战旗来当面询问那位被活捉的黎波里战俘。他在战斗中受了重伤，"但因为受到善意对待和悉心照顾，现在已安然无恙了"。[12]

迪凯特的成功令普雷布尔欣喜若狂。前一年 11 月"费城号"及其舰员的投降让他几乎打算求和了。现在，他趁机虚张声势，要迫使优素福接受条件。"我希望在夏末以前，让他把已被烧毁的'费城号'的官兵无条件交还给我。"他告诉史密斯。[13] 普雷布尔计划在

6月下旬或7月攻打的黎波里，那时天气会更暖和，舰队可以在海面上安全巡航。在1804年的3月和4月，准将策划夏季的战役时，“宪法号”及其僚舰系泊在锡拉库萨。

普雷布尔相信，锡拉库萨完全适合作为美国地中海特遣舰队的海军基地，但他手下的军官对这座古城并不太喜欢。见习军官拉尔夫·伊泽德告诉他的母亲，他发现锡拉库萨很“可憎”，以至于他6个星期没有上过岸。华盛顿·欧文第二年冬天来到这里，记下了他的印象：“街道阴暗简陋，满眼贫穷、污秽和苦难。看不见贸易和工业……全都是屈从、贫困和不满。”[14]军官上街散步时，后面跟着一队乞丐。天黑后，他们还得打跑想要行窃的小偷。甚至贵族也穷困潦倒。有位坎纳雷拉男爵（Baron Cannarella），是个颇有地位的贵族，在斯蒂芬·迪凯特举行的晚宴上企图往口袋里装两把银匙，被逮个正着。一位警觉的管事端出一个托盘，问道：“您看完了吗？”

由于古罗马和古希腊文学被认为是教育每个年轻人的基石，所以大多数美国军官多少会说一点拉丁语和希腊语，每个人都对这座城市宏伟的古代遗迹印象深刻。“宪法号”在港口边上古老的林仙泉（Fountain of Arethusa）旁把每个淡水桶都灌满了。可以自由外出的军官参观了被改建成天主教堂的著名的密涅瓦神庙，黛安娜神庙的遗迹，古罗马圆形剧场，堤喀（Tyche）、奈阿波利（Neapolis）以及阿克拉丁那（Achradina）旧址。他们发现了一些明显来自古迹中的大理石碎片，许多“满是雕刻和碑文，但大多已遭到污损和破坏”。[15]大名鼎鼎的埃特纳火山从山顶到山脚都结着冰，矗立在北面。普雷布尔是一位历史迷，遗憾的是工作太忙，没空看风景。他告诉妻子，希望有朝一日能作为一名游客回来。

然而，在许多军官的眼中，这座城市的光辉历史只不过凸显了它没落的程度而已。据古代历史记载，锡拉库萨曾经是25万人的家园，而1804年，这里只有1.2万人。“约翰·亚当斯号”事务长约翰·达比（John Darby）写道：“（锡拉库萨）昔日的辉煌与今天的简陋形成的惨淡对比，真的令人伤感。”[16]昔日那个有着“令世界恐惧的舰队和军队”的富强城邦，如今已遭毁坏和遗忘，已“称不上是国家了”。

美国海军有很多钱可以花，有大把大把的美元。这支舰队的存在是对当地经济的有力推动，新的旅馆、小酒馆和商店开起来了，现金也流通起来了。来自地中海其他港口的商船涌进了锡拉库萨，希望在这里卸载货物。锡拉库萨的女人喜欢美国军官和他们的钱，一点也不害羞。约翰·达比观察到，在西西里岛“违背结婚誓言不再被当作不可饶恕的罪行”，[17]而西西里女性，无论是否已婚，都喜欢“美国军官胜过世界上任何其他国家的军官，她们自己的国家也不例外”。军官们经常去看据说是西西里岛最好的歌剧，并把钱扔向舞台，以此向他们最喜欢的演员表示感谢。有人说，首席歌手塞西莉亚·丰塔纳·贝尔托齐（Cecilia Fontana Bertozzi）被“斯科奇号”（Scourge）的船长约翰·登特尉官“非常慷慨地”包养了。[18]

美国军官对锡拉库萨民事当局的态度专横又傲慢。大家都知道，锡拉库萨能否一直繁荣，取决于美国舰队是否留在这里。“我们想干啥就干啥。”一个年轻的见习军官吹嘘道。当地公共卫生法要求从马耳他进港的船只接受为期8天的检疫，军官们要么买通检疫机关，让工作人员睁只眼闭只眼，要么就断然拒绝检疫。4月，斯蒂芬·迪凯特派出一艘武装船，在锚泊港内的法国私掠船上抓捕了一名逃兵。总督马尔切洛·德·格雷戈里奥提出抗议，称该行为违反了西西里的中立立场，下令关闭城门，拘留了当晚在锡拉库萨的九名美国军官。两名那不勒斯官员从港口乘小船来到“宪法号”，告诉普雷布尔，在有争议的水手被送回法国船之前，大门不会打开。得知总督的做法后，准将大发雷霆。“你们知道他是一个控制不住脾气的人，”亨利·沃兹沃思写道，“因此，桌子、椅子和那不勒斯军官的帽子在舱内四处乱飞，当光线再次照进舱室时，这两位信使才被找到。他们被彻夜拘留在船上，吓得精神失常了。”

格雷戈里奥改了口，开了门，不再坚持送还逃兵。他的屈服证明美国人确实可以将意志强加于民事当局。他们变得越发傲慢和蛮横了。“我们以前在锡拉库萨已经有很大的权力，现在更是完全不受任何人的控制，”沃兹沃思吹嘘道，“我们解除了他们卫兵的武装，打开了他们的大门，违犯了他们的法律，却毫发无损。”普雷布尔有几周待在马耳他，当时格雷戈里奥恳求他回来：“我不得不极为遗憾地告诉您，您强制众人遵守的纪律已难以为继，因此这里的居民不断向我索赔。”

普雷布尔意识到，他对总督的粗暴行为为年轻军官树立了一个不良的榜样。他担心损及海军及其军官的声誉，后来提醒他的继任者塞缪尔·巴伦准将，要重拳打击那些最出格的作恶者。“你会发现，杀鸡儆猴是很有必要的，而且越早动手越好。”

在1804年，莽撞的年轻人常会携着枪支、穿着军装、带着过分的荣誉感，以“荣誉事务”或“面谈”为名进行决斗。

决斗在整个贵族阶级当中非常普遍，亚历山大·汉密尔顿就是在这一年于威霍肯（Weehawken）被阿龙·伯尔枪杀的，而海军和海军陆战队的军官之间的决斗，简直像传染病一般泛滥。据一位历史学家统计，在1798年至1848年间，有36名海军军官在82场决斗中被杀害，其中一半军官是在1815年以前死于决斗的。[19] 1806年，美国国会通过了一项全面禁止陆军军官决斗的法律，但可能因为海军的大多数决斗发生在海外，超出了美国民事管辖权，所以这项禁令直到将近60年后才被推广到海军。海军机构和国会的实权人物认为，决斗行为虽然恶劣，但基本上属于个人的事情，政府不该去管。官方的默许使这一习惯得以在军官群体文化中扎下根来。可以预料的结果是，枪战几乎不断，特别是在代表海军未来的见习军官和年轻的尉官之间。

决斗源于中世纪的“司法决斗”* 实践，并且在此后的若干世纪里演变成为贵族成员之间解决个人争端的一种手段。男人之间持剑或持枪的当面对峙本身并不是目的，而是在所有非暴力选项用尽之后的最后解决手段。决斗之前，有一个通过中间人（或称助手）进行的仪式性谈判的过程。声称自己遭到侮辱的一方可能会通过调解或其他消除误会的方式与对方冰释前嫌。如果找不到这样的解决办法，助手就会与双方协商决斗的时间、地点、武器和条件。助手起到的是教练、辩护人、证人和裁判的作用。

---

* 司法决斗（judicial combat），最初是日耳曼人解决纠纷的一种方式，直到中世纪仍被采用。在双方各执一词而又没有证人的情况下，当事人可通过决斗分出胜负。胜者的说法会被当成事实，负者则被判败诉。

决斗的规则几个世纪以来几乎没有变化，统称为“决斗准则”。美国最广泛采用的是“克朗梅尔准则”（Clonmel Code），这是1777年由一群爱尔兰人制定的，“规定在爱尔兰普遍采用的”准则，包含26条细则。[20]这些细则具体规定了何时及何种情况下可以下战书，如何选择武器和距离，不同冒犯方式对应的不同开枪次数，以及什么情况下允许避免决斗。其中包括以下几项规则：战书必须在“受辱后第二天早上下达，而不是当天晚上，因为这样可以避免一切头脑发热的鲁莽行动”。当一位先生说另一位先生撒谎时，“双方必须互射两枪，然后指责者正式道歉；或互射三枪，然后指责者做出解释；或持续开枪，直至其中一方严重受伤”。在某些情况下，比如一名男子袭击了另一名男子，根据克朗梅尔准则，双方**必须**进行决斗。“因为在绅士之间，任何情况下都严禁打人。对于这种侮辱，没人会接受口头道歉。”

决斗是启蒙时代哲学家批评甚至嘲笑的对象。几乎所有的美国开国元勋都把这种做法称为中世纪的遗物。本杰明·富兰克林说，决斗是“什么都解决不了的凶残行径”，杰弗逊将其斥为“最野蛮的申诉”。[21]华盛顿对此习俗的厌恶更具影响力，因为他是一名军人。他设法阻止大陆军的下属军官之间的决斗；在大多数情况下，他的愿望都得到了尊重。甚至亚历山大·汉密尔顿，美国历史上最著名的决斗牺牲品，也对这种做法持否定态度。在1802年的一次决斗中，汉密尔顿失去了他的大儿子菲利普。为报辱父之仇，这个年轻人死得十分悲壮。1804年6月，他的政敌阿龙·伯尔向他下战书时，汉密尔顿表示不想决斗，因为他“坚决反对决斗的做法”。[22]当他得出“不可能”在免遭同僚鄙视的情况下“避战”的结论后，他才同意参加决斗。为了解决这一进退两难的困境，他写道，他计划“保留并放弃我的第一枪”。可他的对手伯尔没有错过这个机会。

政治领袖似乎一致宣称他们厌恶决斗，但海军和海军陆战队的年轻军官对这种观念最多只能有保留地同意。像华盛顿这样的老英雄可能强烈反对这种做法，但他们已经获得了反对的特权，因为他们已经在战斗中证明了个人的勇气。而且谴责这种做法不同于放弃这种做法，更不是禁止这种做法。很少有杀了对手的决斗者受到起诉。阿瑟·辛克莱（Arthur Sinclair）船长谈到一位下属之死时表示：“军人之间经常因为傲慢无礼而发生那些事情，他们必须冒着生命危险来挽救远为珍贵的东西，也就是他们的声誉。”[23] 这是一种典型的观点。海军军官参与决斗非但不会为职业生涯带来负面影响，反而常常会有所帮助，因为一个证明自己能“经受考验”而不退缩的人在同僚和上司眼中的地位会得到提高。

可以想见，在地中海进行决斗的大多数是最年轻的和级别最低的军官。在 1815 年以前海军的 18 名决斗死亡人员中，有 12 名是见习军官，4 名是尉官。[24] 许多志愿加入美国海军——或受家人逼迫加入海军——的年轻人都是狂躁而叛逆的小伙子，不太可能在需要长时间枯坐的职业中发展。有个 18 岁的小伙子，因为“无所事事的工作……与其欲望产生的能量不相称，心生厌倦”，所以想成为见习军官，许多军官都和他一样，是由于极度渴望冒险的生活而参加海军的。然而，一旦上了船，他们就发现这里的日常工作比岸上的生活更加单调乏味。严格的约束，辛苦的劳作，无聊的生活，暴露无遗的隐私——军官起居室无法为青春期过量的激素提供多少发泄渠道。

这个问题在1801年至1803年理查德·戴尔准将和理查德·莫里斯准将的第一和第二地中海特遣舰队里达到顶峰。1802年7月，作为“费城号”的舰长，塞缪尔·巴伦训斥了手下的尉官，因为他们没能让舰上的见习军官遵守纪律。“我有充足的理由对该舰见习军官的行为不满。”他写道：

> 这些年轻人完全无视命令，一点责任心都没有，除了制造噪声和混乱并为别人树立恶劣榜样以外，一无是处……
>
> 上头已经下令，值班军官不得在甲板上谈论任何与职责无关的事情，且必须随身携带武器，但这两条命令都被无视了。他们通常结成小组，或是坐在舷缘、通道上，或是倦倚在罗经柜*、绞盘或后甲板的炮台上，更多情况下是围坐在炮台甲板上一张桌子旁，脱口而出的是任何正直的水手都耻于使用的语言。他们放肆地在舰上喧闹，士兵和其他人有样学样。没有什么能比这艘舰船上的乱象更加无序和混乱了。[25]

就连最微不足道的分歧也可能引发决斗。有一名见习军官因另一名见习军官戴着帽子进入军官室而感到被冒犯了。另外一名见习军官向共同进餐者发起挑战，是因为对方把水溅到了他正在写的信上。有两名见习军官在为某个瓶子是绿色还是黑色争论之后，差点儿就决斗了。“有件令人不快的事，我不能不提，”詹姆斯·巴伦舰长1803年1月从马耳他写信给他弟弟时说道，“那就是范戴

* 罗经柜（binnacle），舵轮旁边放置罗盘的柜子。

克（Vandyke）先生的情况。他现在正躺在那儿，等待死亡带走一处极其恐怖的重伤给他造成的痛苦，那是他与海军陆战队中尉奥斯本（Osborne）决斗时受的伤。两天内他此生的航程就将结束了，而这一切只是为了一场台球的开球权。”[26]

在某些情况下，双方似乎都记不起最初的分歧是什么了。没关系。一旦挑战的机制开始运行，敌对双方就几乎无法在名声不受玷污的情况下脱身。“我目前无法告诉你这两个年轻人是因为什么吵起来的，”约翰·罗杰斯在提到一次造成一名低级军官死亡的决斗时写道，“但是，从我能够收集到的信息来看……应该是一件非常微不足道的事情。事实上，他们发起决斗似乎不过是出于好胜斗狠的动机，而没有其他原因；到了决斗场上，又羞于不战而返。”[27]

早期海军中最奇怪的决斗之一，是1798年斯蒂芬·迪凯特和理查德·萨默斯（Richard Somers）之间无伤大雅的玩笑所引发的决斗。当时他们都是“美国号”巴里舰长手下的见习军官。这两个年轻人自认为是形影不离的朋友，有一天他们在军官休息室开玩笑，迪凯特笑着叫萨默斯“傻瓜”。两人都没把它当回事。不料第二天他们的几位同僚拒绝在军官室与萨默斯同坐一张桌子，因为经过详尽讨论之后，他们一致认为，迪凯特使用“傻瓜”一词构成了侮辱，萨默斯必须挑战，否则就应被视为胆小鬼。萨默斯和迪凯特抗议说，他们之间的玩笑是无害的。迪凯特并非真的认为萨默斯是个傻瓜，萨默斯也并没有为这句话生气。迪凯特提出请全体军官吃饭，对此事进行更详细的解释，但他们的同僚拒绝了邀请。

萨默斯的愤怒回应是发出挑战，但不是挑战迪凯特。他请迪凯特作为助手，向其他军官一一挑战，轮番决斗。这一多重挑战被接受了。在第一场决斗中，萨默斯持枪的胳膊中了一枪；第二场，他的大腿中了一枪。迪凯特提出替他的朋友进行第三场决斗，但萨默斯拒绝了。由于出血严重，萨默斯坐在地上，而迪凯特扶着他拿枪的手臂。第三次交火后，所有人都同意萨默斯已经消除了人们对其勇气的任何怀疑，于是后续的决斗都取消了。

决斗本应是一种仪式，通过展示个人勇气来维护双方的荣誉和声誉，但有些决斗是在致命的条件下进行的，几乎可以肯定会有一方死亡，甚至双方都丧命。1802 年 10 月，“星座号”上海军陆战队的两名重要军官詹姆斯·麦克奈特（James McKnight）上尉和理查德·劳森（Richard Lawson）中尉在意大利来航就进行了这样的决斗。劳森提议用大口径滑膛式燧发手枪以相隔三步的致命距离进行决斗。当麦克奈特的助手拒绝这些条款时，劳森在“星座号”的军官中散发了一份书面声明，称他“证明了这位出名的对手是一个胆小鬼”。于是麦克奈特同意两人以相隔六步的距离用手枪对决。如果两个人都没打中，他们就会把枪一扔，改用短剑决战，而这种情况基本不可能发生。在第一次交火中，劳森便射中麦克奈特上尉的心脏，杀死了他。[28]

麦克奈特的一位同僚把遗体带到了来航的验尸官处，在那里他“见证了一个终生难忘的场景，目睹了一位共事的军官心脏被切开，我可以证明，子弹正中心脏中央……我离开了这个血腥的场所”。他把“星座号”各位军官的捐款收了上来，为麦克奈特举行了一场体面的葬礼。该巡航舰的舰长亚历山大·默里是海军中对决斗批评最直言不讳的人之一。他建议在麦克奈特的墓碑上刻一段碑文，上面写明这位逝者“不幸成为错误荣誉观的牺牲品”。

由于决斗在皇家海军也很常见，也因为美国和英国军官在直布罗陀、马耳他和其他地中海海港都有接触，他们之间的摩擦导致决斗也许是不可避免的。正如普雷布尔在直布罗陀发现的那样，对逃兵的激烈争夺是英国和美国军舰在共同使用的任何港口中都存在的一个常见问题。美国独立的阴影仍然留在英国人的记忆当中，必然会有一些英国官员对美国的存在感到怨恨，并认为它弱小的海军很可笑。但有多少英国军官对美国怀有敌意，就有多少英国军官以真正的热情将美国人视为同胞。在某些情况下，这两国军官能相处甚好，但在另一些情况下就不行了。“英国军官见到我们精良的舰船和高超的操作技能后，对我们更加嫉妒和猜疑了，”见习军官沃兹沃思于1804年3月写道，“我们在岸边见面，为的是彼此争斗，互相侮辱。”[29]但几乎在同一时刻，普雷布尔正在马耳他作为贵宾出席总督亚历山大·鲍尔爵士（Sir Alexander Ball）、海军上将理查德·比克顿爵士（Sir Richard Bickerton），以及殖民地其他各位军政要员同时在场的晚宴。普雷布尔报告说，英国人“已经做出友好对待美国人的一切保证”。[30]

这种亲切友好的态度并非上层官员特有的待遇。据见习军官梅兰克森·伍尔西（Melancthon Woolsey）的回忆，“波士顿号”（Boston）巡航舰上有一群见习军官于1802年7月4日在马耳他上岸庆祝独立日。[31]在瓦莱塔的街道上，他们遇到了一群来自皇家海军“蒂格雷号”（Tigre）军舰的见习军官。也许有人以为他们之间会有敌意的言语，因为美国人在庆祝一个标志着英国重大失败的节日，结果却恰恰相反，他们手挽着手来到一家咖啡店吃冰激凌。第二天，“波士顿号”的见习军官邀请他们的新朋友到美国巡航舰上吃饭。“蒂格雷号”的见习军官是中午到的，一直待到那天晚上10点才离开，这让美国东道主（如伍尔西所说）“几乎像前一天一样开心”。

然而6个月后，另一群美国见习军官在马耳他请假外出了。他们是“纽约号”巡航舰上的，该舰当时锚泊在瓦莱塔巨港内。1803年1月下旬某个夜晚，他们上岸去圣马克街（St. Mark's Street）的玛莎马斯切托剧院（Marsamuscetto Theatre）看歌剧。在剧院里，一位名叫约瑟夫·班布里奇（Joseph Bainbridge）的年轻美国军官——威廉·班布里奇的弟弟——听见一人用英格兰口音说：“那些美国佬绝对受不了火药的气味。”[32]

班布里奇（如果美国方面对该事件的记述可信的话）选择不予理会，因为这话并没有对着他说。幕间休息时，大厅里有一个陌生人从他身旁经过，粗鲁地用肩膀撞了他。这第二次的侮辱也被班布里奇无视了，所以那个陌生人又撞了他一次。这次班布里奇紧握的拳头砸在对方的脸上。这个陌生人是英国商务部的文员约翰·科克伦（John Corcoran），第二天他向班布里奇发出了挑战。[33]

班布里奇选择斯蒂芬·迪凯特作为他的助手。[34]迪凯特指出，科克伦更年长，更有经验，枪法也更好。为了弥补班布里奇的劣势，迪凯特提出，双方以相隔四步的距离决斗。选择更为传统的决斗距离也可以，但是这样的话决斗地点就必须由班布里奇挑选。英国人勉强同意以相隔四步的距离与这个年轻人一战。在第二次交火中，班布里奇的子弹击中了科克伦的面部，他倒在地上，口吐鲜血，几分钟后就死了。

在那天的日志中，亨利·沃兹沃思写道：“今天上午，‘纽约号’的见习军官班布里奇先生和居住在瓦莱塔的英格兰人科奇兰（Cochran，原文如此）之间进行了一场决斗。后者头部中枪，瞬间死亡。他们以相隔四步的距离开火，交替开了两枪。班布里奇先生明显有理，并在整个事件中表现得令人钦佩，我十分高兴。”[35]

鲍尔总督下令进行司法调查，而且可能已经要求将班布里奇和迪凯特转交民事当局受审。莫里斯准将没有接受，把他们都送回了美国。这件事情看起来很快就平息了，因为两名军官都在次年夏天回到了地中海，鲍尔总督也热情地招待了莫里斯的继任者。

决斗的频率似乎与海军作战的频率成反比，这毫不奇怪。低级海军军官穿着镶有金色花边的立领军服，像斗鸡一样暴躁而不可一世。他们祈求着战争，就像农民祈雨，律师求讼。战争是他们的职业，为他们的侵略性提供了最为实际的发泄口，也为他们的晋升提供了最大的希望。对于地中海特遣舰队的低级军官来说，并没有足够的战争供他们征战。普雷布尔准将在制订夏季作战计划时，决心把这个问题也一并解决。

根据1804年的通信记录，普雷布尔报告“费城号”及其舰员投降的公文于3月份，即迪凯特成功突击并烧毁该舰的一个月后抵达了华盛顿。杰弗逊总统和他的内阁于是得知优素福手中握有307名美国战俘和一艘44炮巡航舰，但还没有得知该巡航舰已被摧毁、双方至少已回到势均力敌的状态这个令人感到安慰的消息。

杰弗逊和他的部长们都大失所望。的黎波里战争实际上是他们首个任期外交政策记录上唯一的瑕疵，在其他一切方面，共和党政府都可以为自己感到骄傲。美国与欧洲所有列强都能和平共处。

1803 年 5 月流产的《亚眠和约》*，以及英法之间战火的重燃，为美国的出口和航运结关带来了预料之中的帮助。最重要的是，不久前一次性买下路易斯安那领地**的交易将国家的领土翻了一番，还解决了西部边界国际冲突的一个潜在来源。相比于这一切，北非海岸城邦的勒索算不得什么大问题，但他们还是比一般情况下更为恼火。

有一天，收到普雷布尔的公文和班布里奇的公函后，杰弗逊将整个包裹转发到了国会。过去他往往会支持国会就地中海海军作战的规模和开支做出的判断，但现在他明确而坚定地表示，想要更多的舰船和更多的人员。"这个意外使得增援势在必行，我们在地中海的投入必须加大，要超过上一次为海军拨款所设想的额度。"[36]

杰弗逊和麦迪逊一致认为，比失去那艘巡航舰及其舰员更为糟糕的，是美国驻欧各国，尤其是驻巴黎和莫斯科大使的鲁莽行为。他们此前自作主张，请求东道国为被俘舰员向帕夏求情。"我们的外交人员在有关损失'费城号'上的所作所为令我感到前所未有的痛心，"杰弗逊在 4 月 27 日写给海军部长的信中说道，"他们似乎认为，我们现在彻底没希望了，没有资本了，于是他们用在欧洲各国宫廷乞讨施舍的乞丐行为把我们给卖了。"[37] 杰弗逊不愿意看到拿破仑或俄国沙皇宣称他们有信心说服优素福释放被俘人员："如果那样的话，我们的远征军就会乖乖缴械，我们正当的复仇欲望就会无法满足，我们自己就会颜面扫地。"他急于向世界表明，美国有能

---

* 《亚眠和约》，英法 1802 年 3 月缔结的休战条约。

** 路易斯安那领地（Louisiana Territory），1803 年美国从法国手中购得的土地，范围远大于现在的路易斯安那州，总面积约 210 万平方千米，美国中西部除五大湖之外的绝大部分地区都属于该领地。

力在没有其他大国干预的情况下迫使的黎波里接受条件。他指示史密斯："立即打击……不得延误，这至关重要。"

另一个使人尴尬之处在于，有些军官的朋友和家人想尽办法要把他们赎回来。麦迪逊向一个费城人解释说，私下提供赎金可能会吊起帕夏更大的胃口，从而"使政府部门的谈判受挫"，进而可能会"延长那些不幸者的痛苦"。[38]

共和党控制的国会对杰弗逊增援的愿望迅速做出回应，只花了6天便通过一项"进一步保护美国商业和海员免遭巴巴里诸国侵害的法案"。[39] 这项法案赋予总统随时选择继续实施对的黎波里作战的广泛权力，包括"在必要时对美国军舰进行武器装备、军官配置、人员配备和兵力使用等"。

对于成本这个至关重要的问题，国会的回答是针对所有进口商品新征收2.5%的从价税，收入将预留在一项专用的"地中海基金"之中。自1801年起，加勒廷部长和激进的反税收共和党普通党员就一直抱怨海军开支增长过快。因此地中海基金是法案实施的必要条件。从那一刻起，的黎波里战争将由受益的航运和商业承担开支。

杰弗逊下令再派4艘巡航舰，配备好人员，做好出海准备。其中有3艘属于最初的6艘巡航舰："总统号""国会号""星座号"。第4艘是在塞勒姆建造的"埃塞克斯号"定制巡航舰。"约翰·亚当斯号"军需船将满载支援舰队所需的物资随航，（除许多其他物资以外）包括6吨板油、70吨面包、450蒲式耳豌豆和1 500加仑糖蜜。[40]

为支援舰队任命指挥官时，海军部陷入了进退两难的境地。用史密斯部长的话来说，爱德华·普雷布尔已经做到了"健全的头脑、强烈的热情和无畏的勇气所能成就的一切"。[41] 但是，如果4艘巡航舰驶往地中海，就要指派4位舰长，可史密斯找不出这么多资历比普雷布尔低的舰长。根据传统和规则，资历最老的舰长到达地中海驻地后会自动成为新的准将，普雷布尔就只能降级才能得到增援。这是又一个海军死守论资排辈的规则因而削弱其作战效能的案例。史密斯希望普雷布尔能作为“宪法号”的舰长留在地中海，但他知道这位骄傲的新英格兰人是不可能泰然自若地容忍降级的。

新任准将是塞缪尔·巴伦，39岁，弗吉尼亚人，商船船长的儿子。巴伦被誉为一名好水手，但他在1799年一次黄热病发作期间差点儿死了，自此遭受慢性病的折磨，每当他出海航行的时候，身体状况似乎都会恶化。他将指挥“总统号”作为旗舰。他的弟弟詹姆斯·巴伦，也是一位舰长，将负责指挥“埃塞克斯号”。剩下的两位舰长约翰·罗杰斯和休·坎贝尔（Hugh Campbell）将分别负责指挥“国会号”和“星座号”。在杰弗逊向国会提出增兵请求的第二天早上，史密斯告诉华盛顿海军造船厂的一名尉官：“‘总统号’和‘国会号’必须尽快做好出海准备。为此，我们要求你们付出最艰苦的努力。”[42]

“总统号”和“国会号”基本裸露的船体系泊在航道边缘，坞墩、滑车、索具和帆桁都给拆掉了，全都被小心翼翼地保存在干燥的棚子里。这两艘舰船的桅楼和桅盖已从较低的桅杆上拆卸下来，甲板上也已铺上了涂满沥青的大帆布“帐篷”。几个月来，造船厂里的常驻人员大多无所事事，靠睡觉和喝酒消磨时光。现在，为了让这两艘舰船重新服役，他们的劳动量暴增。像往常一样，华盛顿技术工人严重短缺，必须从巴尔的摩和费城的海事中心招人。4月7日，史密斯接到消息说，约书亚·汉弗莱斯在费城雇了十五六人，并希望在巴尔的摩再雇五六人。因为与战争相关的航运业繁荣发展，所以各地工资都很高。而工人们之所以愿意迁到位于荒野之中的首都，不过是因为联邦政府愿意多付给他们工资。

到6月的第一周为止，两艘巡航舰都一直锚泊在汉普顿锚地，“总统号”将在这里接收一具新的舰首斜桁。诺福克的大部分商业中心在4个月前的一次大火中被毁，包括仓库、商店和私人住宅在内的300多栋建筑已经化为灰烬。一名目击者称，这场灾难是“最惨不忍睹的景象，浓烟滚滚，火光冲天，人们哭着喊着在街上抢救细软，在极其可怕而动荡不安的雪夜露宿街头”。[43]杰弗逊为受难者捐赠了200美元的慈善救济。由于诺福克的海事产业仍在遭受灾难的冲击，海军的资助对该地经济来说比以往任何时候都更加重要。

“国会号”开始从戈斯波特海军造船厂接收圆材和缆绳，也招募了一些额外的水手，（罗杰斯写道）“都是巴尔的摩那些糟糕的破船上的水手，这些人完全不适合服役，我不得不把他们遣散”。[44]舰长仔细清点了舰上的储存物资，发现“国会号”丢失了“许多极其重要的物品”。[45]他确信自己被华盛顿海军造船厂的一名零售商骗了。罗杰斯直接写信给那个人说，保证会把他告到海军部，随后又补充道，他打算在地中海之行结束返回首都时，亲自伸张正义。他写道：“如果你在这段时间内没有受到惩罚，请放心，我将亲手报复你对我带来的伤害。你一定很希望我不能活着回来吧。”

罗杰斯乐观地报告说：“‘国会号’可以在24小时内出海。”[46]即使这是真的，也不会有什么区别，因为其他巡航舰在拖后腿。“总统号”正在诺福克的码头上接收舰艏斜桁，“埃塞克斯号”锚泊在波托马克河上的马里兰角，“星座号”仍在华盛顿等着一根锚链，海军部发出一系列紧急通知才让它在6月13日起航。

6月19日，海军准将巴伦指控“总统号”的二等水手罗伯特·奎因（Robert Quinn）传阅一封“蓄谋发动一场全面兵变”的书信，要求舰队官阶第二高的约翰·罗杰斯舰长召开军事法庭。

罗杰斯的第一任上司托马斯·特拉克斯顿曾表示鞭笞是最后的手段，迫不得已的情况下才能勉强使用。但罗杰斯在海军中以铁血纪律出名，军事法庭的判决体现了他对残酷的嗜好。奎因被判剃光头发和眉毛，前额被烙上“叛贼”一词。然后他将“被整个舰队鞭笞”。他被绑定在一艘小艇的竖栏上，戴着顶白色帽子，帽子上用粗体字母写着“叛贼”一词。小艇划过整个舰队的锚地，依次停靠在每艘舰艇旁边。每停到一艘舰艇边，就有一个水手长爬下来，用一根新的九尾鞭鞭打他。他总共将被鞭打320下。在某些情况下，如此严重的鞭刑相当于被判了死刑。在英国军队里，有过罪犯已经咽气而鞭打仍在继续的先例。

惩罚于6月25日上午8点执行，奎因幸存了下来，但严重残疾，“不配在美国旗帜下服役……被放在一艘小艇的托架里拖上岸”。[47]一周半后，天雾蒙蒙的，“总统号”发出信号起锚。下午3点45分，4艘巡航舰朝直布罗陀海峡驶去。

“费城号”被摧毁让优素福非常愤怒，也十分困惑。这些美国人究竟是什么样的人？他们为何要这样坚决打这么一场耗资巨大、徒劳无益的战争？他的大臣们难道没有说清楚吗？的黎波里将遣返囚犯，签署新条约，而只要求20万或者30万美元这么点钱？这笔钱难道不比葡萄牙和瑞典用100万美元换取和平要合算得多吗？这难道不是远低于美国维持其地中海特遣舰队的开支吗？

在他的宫殿里，优素福的话语一如既往的勇敢和好战，但他同时也试探性地提出了恢复和平的建议。他在马耳他的代理人找到普雷布尔，提出休战5年，无须支付金钱，且立即开始。普雷布尔拒绝了，他只接受立即交还美国俘虏和“稳固的和平”。[48] 他还怀疑优素福的建议不是真的。优素福可能只是在拖延时间，也可能是他的代理并没有获得充分授权来进行谈判。普雷布尔并不反对赎回“费城号”的船员，如果赎金可以讨价还价，降至10万美元左右的话；但他绝不会为和平支付任何赎金，也绝不再纳贡。“要不是我的同胞情况糟糕，”他告诉史密斯，“我才不会跟优素福讲和，我一定要迫使他来祈求我们赐予他和平，迫使他来签署任何强加给他的条约。”[49]

失去“费城号”的消息传到巴黎时，美国驻法国大使罗伯特·利文斯顿请求第一执政拿破仑·波拿巴的政府对优素福进行干预，以确保释放美国囚犯。由于波拿巴的外交部长就是塔列朗，美国政府不得不乞求5年前向美国特使索贿的同一个人来提供协助，而此人的索贿行为正是美法准战争爆发的直接原因。然而在1803年，路易斯安那领地的交易促进了两国的友好合作，法国政府显然倾向于代表美国施加影响。塔列朗发出指令，让的黎波里的法国公使博纳旺蒂尔·博西耶（Bonaventure Beaussier）调解谈判，使优素福理解“第一执政的热切愿望，和平解决对双方都是有利的，可尽快结束引发两国冲突的战争”。[50]

但普雷布尔舰长从来不相信博西耶，当法国领事告诉他，和平的代价是美国支付优素福25万到50万美元时，普雷布尔尖刻地说道："帕夏向您提出这个数字是没有意义的，连这个数字 1/10 的赎金他都别想得到。索要赎金与和平谈判必须分开，因为我们不会为和平支付一个子儿。"[51]

有一个计划在美国的地中海特使之间已经讨论好几年了，普雷布尔表现出了浓厚的兴趣。该计划是向优素福流亡的哥哥哈迈特（Hamet）提供财政和军事支持，他有意竞争的黎波里的宝座。优素福也是以同样的方式获取政权的，卡拉曼利王朝前几代均是如此：杀死所有的对手，连血亲也不放过。哈迈特幸运地逃脱了。1795 年 6 月，优素福哄骗他哥哥离开的黎波里去捕猎羚羊，然后发动政变，夺取了政权，关上城门拒绝哈迈特归来。

有了美国的支持后，哈迈特许诺率领阿拉伯人和马穆鲁克军队经陆路行进，先攻占德尔纳，然后占领班加西，最后从防御薄弱的内陆一侧攻击的黎波里。"通过这些手段，"该计划最积极的倡导者威廉·伊顿写道，"我坚信，敌人会在自己的沙发上被活捉，而那时我们的同胞将从锁链下逃脱，重获自由。"[52] 优素福将被吊死在城墙上，美国人可以在签署新条约时占据主动了。不付赎金，不用纳贡，就获得永久的和平？那是当然！将的黎波里高官作为人质处在美国羁押之下，以确保以后不再侵略？必须如此。美国可以在护卫的黎波里港的主要炮台永久驻军？同意。的黎波里释放所有基督徒奴隶，不只是美国人，而是所有的马耳他人、意大利人和其他每个欧洲国家的人？哈迈特没什么可失去的，得到什么都是赚的，就同意了。

哈迈特的马耳他代理人希望普雷布尔提供的是：火药 500 桶、6 门铜炮和 8 万到 9 万西班牙金币。[53] 普雷布尔对此密切关注。"要是能早点注意到这个男人和他的看法就好了。”1804 年 1 月他对史密斯说道。

詹姆斯·麦迪逊在这一计划于两年前第一次提出时有所顾忌。美国这个孤独的民主国家，本着良知，推翻优素福这个腐败、专制和敌对的政府，难道是为了让对美国友好的另一个腐败、专制的哈迈特政府取而代之吗？然而，这位国务卿经过深思熟虑后断定，公然违反几年前签署的条约并挑起战争的是优素福。“虽然干预他国内部纷争与美国总的情感和观点相左，”麦迪逊给威廉·伊顿写道，“但将别人的敌人与雄心为我所用，来对付共同敌人……并非不公平。”但是，从美国承诺支持哈迈特的那一刻起，麦迪逊警告说，美国就必须保护其利益。将其作为谈判筹码，用完便弃之一边，这是不光彩的。如果哈迈特夺回王位的行动最终失败，美国必须“以最温柔的态度对待他的不幸，**尽可能恢复他之前的地位**”，[54] 甚至在与优素福的最终解决方案中坚持一个对其有利的条款。与此同时，博西耶告诉优素福，美国人正在谋划让他哥哥夺回王位。优素福声称对此漠不关心，因为他的哥哥“没有手段，常常喝醉，无法获得支持者”。[55]

与哈迈特正式结盟需要钱，这需要杰弗逊给出更多明确指示，也需要国会的批准。在此期间，普雷布尔继续策划和准备其夏季行动。他最需要的是吃水浅的炮艇。三年的战争已经无可辩驳地证明，巡航舰和双桅横帆船组成的舰队不适合攻击的黎波里。甚至在来地中海之前普雷布尔就知道这行不通。1803 年 7 月，在给停泊在波士顿的“宪法号”进行舾装时，普雷布尔已要求史密斯部长授权购买或包租炮艇，这些炮艇“必须按地中海特有的方式来建造和装帆”，可以用来“俘获或摧毁的黎波里商船，给的黎波里海岸带来麻烦”。[56] 史密斯认可这一想法，但他指出，美国国会没有授权。

现在普雷布尔再次呼吁：“如果允许我花费 10 万美元打造我认为合适的额外海军力量，我将攻占的黎波里或一举消灭它。我相信，在巡洋舰的保护下，我们的炮艇很容易就可以攻占或者摧毁的黎波里。”[57] 普雷布尔也不愿意等待立法机构的批准。普雷布尔自信他会取得成功，确信国会日后将补发他的费用。事实上，美国国会已经采取了行动，可他是后来才知道的。3 月 26 日通过的法案授权组建支援舰队，创办地中海基金，授权总统“在地中海雇用或租借他认为数量合适的炮艇”。

美国国会授权的同一天，班布里奇坐在监舍的一张桌子前，用青柠汁给普雷布尔写了一封信。用果汁写的字迹的黎波里人检查不出，但是用蜡烛加热后就变得清晰可辨。班布里奇向准将保证，一个吃水浅的小型舰队，只要装备精良、人员齐备，就可突破的黎波里的海港防御：“我坚信，如果你能武装约 18 到 20 艘船，你就能摧毁所有的炮艇，这将为和平创造最有利的结果。每艘的黎波里的炮艇配备 25 到 30 人，全是些残忍的恶棍……朝的黎波里城内开几炮会造成巨大损失，引起极大恐慌。他们的炮台情况糟糕，炮手能力很差。”[58]

早在 1804 年 1 月，普雷布尔就开始咨询能否从土伦、来航或那不勒斯获得两三艘臼炮舰（bomb ketch）以及三四艘炮艇。詹姆斯·卡思卡特领事被派遣到来航寻找所需要的舰船，他在那里给普雷布尔准将寄了一张装有 24 磅或 32 磅炮的典型地中海臼炮舰的设计图。这样的船用栎木、榆木和松木建造，配备“帆、桨、锚、缆绳”，但不包括炮，每艘造价为3 776美元。[59]承包商需要4个半月来建造这4艘船，可普雷布尔没有那么多时间。卡思卡特还写信给美国在马赛的商务代表，但在法国建造武装船只需要法国政府的批准，而法国不愿将自己牵连进与的黎波里的冲突之中。与此同时，佛罗伦萨铸造厂估计需要一年才能建造出美国臼炮船需要的4门臼炮。

普雷布尔把注意力转向了更便宜、更快的替代方案。他要借用意大利的炮艇。意大利一直在与的黎波里作战。通过美国商务代表的工作，普雷布尔的提议传到了西西里岛和意大利本土的几个海港。有一些迹象表明，那不勒斯王国可能愿意帮助美国的舰队。为了提出正式申请，5月7日普雷布尔和“宪法号”驶离巴勒莫前往那不勒斯湾。5月9日下午1点，“宪法号”从伊斯基亚和卡普里岛之间穿过，当晚日落之后不久，这艘巡航舰在离人口稠密的滨海湾约1.5千米处落锚。这是一个宁静无月的夜晚，西南偏西方向有微风吹来。维苏威火山的巨大火山口在港口上方若隐若现，因为离得非常近，所以远比从锡拉库萨看到的埃特纳火山景色更为壮观。

两年前另一艘美国巡航舰“波士顿号”停泊在那不勒斯港的时候，见习军官梅兰克森·伍尔西就在舰上。他的日记记录了他对那不勒斯的印象：

> 我们刚一下锚停泊，就有一艘小船载着一个乐队，停泊在我们船尾，给我们演奏小夜曲。天黑之前，我们被好多小船包围了，有的卖水果，有的表演杂耍。其中一个杂耍演员引起了我的特别注意。用杯子和球耍了几个花样后，不知是要激发我

们的怜悯还是要让我们感到惊奇，我说不准，他竟然将一根钎子插进鼻孔里约 15 厘米。他还以一种最令人惊讶的方式模仿鸟类不同的叫声。[60]

“宪法号”到来的第二天早晨，普雷布尔起床后，拜访了那不勒斯王国首相约翰·阿克顿（John Acton），受到了令人愉快的接待。阿克顿建议普雷布尔将其租借炮艇的请求写在一封信里，由他转交给斐迪南国王。当天普雷布尔准将就将信件交给了阿克顿。“在那不勒斯，我公务缠身，没有去看庞贝古城、罗马时期的古镇赫库兰尼姆和这个国家引以为傲、访客如云的名胜古迹。”[61] 普雷布尔在信中对玛丽说。那不勒斯这个城市规模不大，人口和房屋却很密集，这让他非常震惊：“那不勒斯就其面积而言也许是世界上人口最稠密的城市。这些房子都有五六层高，居民相互都不认识。”

5 月 13 日，普雷布尔收到好消息。那不勒斯王国将提供 6 艘炮艇，2 艘臼炮舰（专门用来发射重磅炮弹的船舰），6 门 24 磅大炮，以及“适量”的实心弹、火柴、子弹、火药和其他物资。[62] 所有这一切将以“友好出借”的名义无偿提供给美国人。这些船在墨西拿，一旦它们可以出海了，美国人就可以前去接管。

9　进攻的黎波里

1804年7月25日凌晨2点，“宪法号”、借来的意大利炮艇和臼炮舰组成的小型舰队与“塞壬号”、“阿尔戈斯号”、“企业号”和“斯科奇号”会合了。普雷布尔现在已有15艘战舰：旗舰、3艘双桅横帆船、3艘斯库纳帆船、2艘臼炮舰和6艘炮艇，配有1 060名士兵。[1]在两年半的战争中，这是在的黎波里附近集结过的规模最大的美国海军部队。

汹涌的波涛向海岸奔涌而去，虽然普雷布尔准将迫不及待地想对该城发起攻击，但他不得不承认条件并不适宜。到目前为止，这是一场熟悉的考验。一个星期以来，舰队被迫分散开来，远离海岸，等待天气好转。在偶尔的晴朗天气中，甲板上的水手可以看到远处的的黎波里城墙和港口防御工事。瞭望员从桅顶透过望远镜发现在海湾南部沿线有一群士兵的营地，一支貌似全副武装、人员齐备的炮艇小型舰队，以及外围诸炮台的共计115门大炮。

7月30日上午，风力增强至烈风级，普雷布尔命令舰队拉开距离，以便每艘舰艇都能获得安全的海面航行空间。“宪法号”在收起双帆的状态下停泊着。7月31日，“风刮得很猛，海浪汹涌”，前桅帆和后中桅帆被撕成碎片。第二天晚上，也是大同小异，“前桅帆被从头至尾劈成了两半”。船员收起上桅桁，并装上了辅助支索以加固桅杆。那晚“宪法号”整夜都“在低帆状态下”顶风停航（heave）“在惊涛骇浪中”。[2]

8月3日早上，风势终于减缓，舰队设定了驶往的黎波里的航线。根据午时的观察，“宪法号”位于防波堤炮台东北大约3千米处。普雷布尔发出信号让其他舰船靠近旗舰，使他可以直接对各位船长发话。他的计划很简单：炮艇和臼炮舰将分成两个分队，并排驶往的黎波里。他们要与位于海港入口处礁石外面的敌军炮艇交战。“宪法号”和其他巡洋舰将在海面上游弋，必要时可以在远距离射击。

15分钟后，小艇分散，开始前进。12点半，“宪法号”迎风调向，在其后方向岸边行进。

优素福动员他的人民迎接预料之中的攻击。“不管敌人打算发动什么样的进攻，帕夏都已经准备好迎战，”博西耶3月份向法国政府报告说，“这个港口装有大炮，另有12艘炮艇守卫通道。现在这位国君亲自负责警备，日夜奔忙，检视一切。”[3]有14名造船木匠从西班牙来到这里，建造新的炮艇。“费城号”的上百名被俘水兵被强征来安装新的炮台。由于担心妻儿的安全，优素福把他们都搬到了内陆。的黎波里一如既往地做好了迎接海上进攻的准备。

这是一个晴空万里、阳光灿烂的日子。这座城市及其港口和防御工事从旗舰的后甲板上清晰可见。普雷布尔的小望远镜把整个景象拉至眼前：的黎波里的炮艇站满全副武装的守军；气势雄伟的砂岩炮台上矗立着裹着黄铜的大型野战炮；城堡中巨大的建筑物白墙如雪；桅杆和塔楼上飘扬着色彩斑斓的旗帜；清真寺的穹顶和尖塔高高耸立；屋顶和露台挤满了看热闹者的人。东边是半圆形曲线的长长海滩，海滩上是一排被人精心照料过的椰枣林；椰枣林的后面是帕夏家翠绿的花园，长着盛开的芙蓉，芬芳的茉莉、石榴，还有夹竹桃。向西看去，城墙外面是一片片种着大麦和烟草的田地，在更远处，只剩下“一眼望不到边的沙漠”。[4]

在港口礁石外面，排列着 3 队共 22 艘的黎波里炮艇。每艘炮艇上装有一座可发射 24 磅或 32 磅炮弹的黄铜炮，配备 30 到 50 名士兵。

下午两点半，“宪法号”发出了总攻信号：一面蓝旗下挂一面黄蓝相间的旗帜，再下面挂一面红蓝相间的旗帜。美国小型舰队抵近敌人防线时，一艘臼炮舰向防波堤炮台发射了一枚炸弹；炸弹一响，的黎波里炮艇和炮台立即开了火，“一瞬之间，整个舰队都卷入了战斗”。[5] 炮弹落在臼炮舰两边，激起高高的水柱和浪花。理查德·奥布赖恩从“宪法号”前甲板的右舷向下看去，只见舰首下面的海水“完全被敌人的炮弹激起的泡沫遮住了”。[6]

由斯蒂芬·迪凯特指挥的第一炮艇分队用 24 磅的炮弹开火了。在的黎波里炮艇开始向礁石屏障以内撤退之前，每艘美国炮艇都有时间进行 3 次射击，3 次重新填弹。迪凯特的小艇在一条宽约 3.5 米的水道上冒着帕夏城堡里大炮射来的密集炮火冲了上去。在距敌艇大约 18 米处，他们发动了一连串致命的霰弹和火枪射击，同时速度不减，准备跳帮。

迪凯特的小艇与第一艘敌艇接舷了。他和另外 19 名跳帮者越过了舷缘，跳到敌艇上面。[7] 他们挥舞着手枪、长矛、斧头和短剑，一路或砍、或刺、或劈、或射，在敌艇甲板上杀出了一条血路。这是海军有史以来最激烈、最血腥的战斗。15 分钟后，跳帮组占领了该艇。伤亡比例给人的印象是，要么是守军拒绝投降，要么是进攻者残酷无情，或两者兼而有之。在 36 名的黎波里艇员中，16 人死在甲板上，15 人受伤倒地，只有 5 名俘虏被俘时没有受伤。美方无人死亡，4 人受伤。“我发现徒手搏斗不是小孩玩过家家。要么杀人，要么被杀，”迪凯特说，“有些土耳其人死得像汉子，但更多的人死得像娘儿们。”[8]

2 号炮艇由斯蒂芬·迪凯特的弟弟詹姆斯指挥。他向的黎波里编队的第二艘炮艇驶去。等抵近至 20 多米的时候，美国人进行了一轮精准的火枪和喇叭枪齐射。还没有倒下的的黎波里人降下旗帜，詹姆斯命令手下停止射击。当他跨过舷墙去占领投降的敌艇时，有一个甚至多个枪口抬起来开了火。迪凯特额头中弹，在两船之间落了下去。当美国人赶过去将他们的指挥官从海里救起时，幸存的的黎波里人拿起桨开始向内港划去。

斯蒂芬·迪凯特的 4 号炮艇拖着俘获的小艇驶回旗舰的安全区时，向 2 号艇靠了过去。从见习军官托马斯·布朗那里，迪凯特了解到这次诈降的情况。他低头看去，只见弟弟头部被射穿，性命难保。4 号炮艇原来的艇员大多被配属到所俘敌艇，因此迪凯特人手不够——但是他毫不在意，仍然追击溃逃之敌。那天下午，斯蒂芬·迪凯特第二次登上一艘敌艇，他身后跟着 9 个人。这是一次鲁莽的行动——该艇上有 24 名守军，而且他们战意十足。迪凯特和手下又刺又砍，再次在敌人的甲板上杀出一条血路。与该艇艇长交手时，迪凯特的弯刀恰好在十字护手处断了，让他变得手无寸铁。这两个人扭打起来，摔倒在甲板上，趴在舷缘旁。的黎波里人抽出一把长长的阿拉伯弯刀，眼看就要刺入迪凯特敞开的胸膛，迪凯特掏出手枪，在对手身侧扣动扳机，给了他致命伤。另外四个的黎波里人朝着还躺在甲板上的迪凯特冲过来，作势要把他剁成碎片。就在此时，迪凯特的仆人和一名海军陆战队二等兵手持战斧和弯刀飞奔过来，加入了战阵，合力将四人杀死。被杀和受伤守军的比例再次体现了这次战斗的野蛮程度。21 名的黎波里人死亡，只有 3 人被活捉。

6 号炮艇是由领航长约翰·特里普（John Trippe）指挥的，他们正在进行同样艰苦的战斗。特里普带领一群海军陆战队员跃上敌阵第三艘炮艇——但跳帮组还没全部登船，两艘船便分开了。特里普和几名海军陆战队员发现自己陷入了面对 36 人的肉搏战当中。与特里普扭打的敌方艇长，是“一个相当健壮、勇敢的人，大约 24 岁，身高不止 180 厘米。在参战之前，他在《古兰经》上发誓，要么胜，要么死”。[9] 两人在甲板上滚来滚去，其他的黎波里人包围过来，趁特里普俯伏在甲板之际朝他又砍又刺，伤了他 11 刀。一个美国海军陆战队员手持战矛冲过来加入混战，刺穿了的黎波里指挥官的身体，后者临死前向手下大喊为他报仇。

15 分钟后，战斗结束了，“20 名土耳其人躺在血泊中”。[10] 特里普阻止手下屠杀俘虏，甚至将几名幸存者从海里拉了上来。这次的伤亡率意味着特里普表现得比迪凯特要仁慈：在敌艇的 36 名艇员中，有 22 名被俘，其中 15 人没有受伤。美国人放下船桨，从港口撤离时，遭到港内大炮的猛烈攻击。一个名叫雅各布·波士顿（Jacob Boston）的水手报告说，一枚炮弹在离他肩膀不到 15 厘米的地方呼啸而过：炮弹带起的风在经过之处留下了深深的瘀痕。另一颗炮弹打断了桅杆，但特里普和被俘炮艇安全地逃出了射程。

从“宪法号”甲板望去，普雷布尔准将见到美国炮艇的进攻战线进入了防波堤炮台的射程范围内，还看见两队的黎波里炮艇准备重新穿越礁石屏障。[11] 他发出信号："掩护各艇！""宪法号"向内港驶去，双桅横帆船和斯库纳帆船随后跟进。这艘旗舰的艏炮和右舷炮台的前几门舰炮打出了一连串葡萄弹，顿时令敌艇陷入混乱。该舰来到离礁石几百米远的地方后，顺风转向并向西而行。这一机动使得"宪法号"的左舷诸炮全部面向帕夏的城堡、敌人的小型舰队和防波堤炮台。该舰三次舷炮齐射，发出震耳欲聋的响声，炮弹把敌防御工事炸得砖石横飞，瞬间把敌炮淹没在滚滚烟尘里。

旗舰向西行驶时，岸上的大炮又活跃起来。[12] 这是一个危险的时刻。"宪法号"暴露在猛烈的炮火之下。敌炮在三四百米开外，有着安装在固定平台上的优势。幸运的是，的黎波里炮手的射击水平很差劲。他们瞄不准目标。据领航长哈拉登估计，他们朝"宪法号"开了两百炮，几乎所有的炮弹都要么打远了，要么打近了。许多炮弹落在该舰附近，在舷墙上方激起高高的浪柱，把甲板上的水手打得浑身湿透。准将本人也逃过一劫——他正站在右舷通道上，这时敌人的一发炮弹打中了他身旁的 24 磅大炮。这一发炮弹炸得弹片乱飞，把一名海军陆战队员的手臂"炸成了碎片"。普雷布尔的衣服被炸破了，但他却毫发无伤。

盛行东风把旗舰渐渐带离了战场。普雷布尔别无选择，只能掉头朝向北方。在调整到另一条攻击线路的过程中，"宪法号"有将近一个小时无法参与行动。该舰从东北方向驶近后，再次发出信号："掩护各艇！"然后又一次驶入城堡和防波堤炮台的炮口之下。它的第一次舰炮齐射"把的黎波里人赶出了城堡"。有一炮击中了城内一座清真寺。"宪法号"甲板上的水手们惊讶地看着它的尖塔颤抖着摔碎在地上，宣礼员每天在这个塔座召唤信徒祈祷五次。

下午 4 点半的时候，风越刮越猛，巨浪重重地拍击着岸边。普雷布尔发出了撤离的信号，炮艇开始撤往海上。“宪法号”派出了舰长专用艇和小艇，以协助拖带炮艇。5 点，整个舰队在城市北部约 3 千米处会合。受了致命伤的詹姆斯·迪凯特被抬上了旗舰，不久后外科医生就宣布其死亡。

进攻者赢得了辉煌的胜利。的黎波里 3 艘炮艇被捕获，52 人被俘虏，估计有 44 人死亡。敌人在港口防御工事、城堡和城镇中的伤亡不明，但想必人数不少。相比之下，美国的损失却出奇的轻：13 人受伤，1 人死亡。没有损失一艘舰艇。

虽然遭受了海岸炮台猛烈的攻击，但“宪法号”并未受到需要返回友军港口维修的那种损伤。一发 24 磅的炮弹在高出甲板大约 6 米的地方直接命中“宪法号”主桅，但桅杆并没有倒下，而且似乎仍足以支撑船帆。十几发或更多的葡萄弹在它的舰体外炸开了，但都没有造成严重伤害。索具基本上都被打掉了，主顶桅帆桁和主上桅帆桁全给打飞了，侧支索都软塌塌地垂挂着，失去了用处。前甲板的舰首旗可能需要几个小时的打结和拼接才能修好。

52 名的黎波里战俘被带上“宪法号”。其中一半人受伤，4 人凌晨死亡。8 月 5 日，普雷布尔派人打着休战旗把 14 名受伤最严重的伤者送回的黎波里，要求他们送还同样数量的“费城号”战俘，然而迪斯拒绝释放任何美国俘虏。

“费城号”的外科医生考德里被传唤到城堡里，受命照顾的黎波里伤员。他很不情愿承担这项新的责任，结果干了些违背希波克拉底誓言的事情。他写道：“他们命令我给一个马穆鲁克人包扎伤口，他的手被喇叭枪打碎了。我用钝刀把他的手指切得只剩一根，并用很粗暴的方式把它们包扎起来。我希望在这个地方失去作为一名外科医生的信用，因为我勇敢的同胞们都立了功，我希望我手里也满是受伤的土耳其人。”[13]

8 月 5 日和 6 日，舰队在的黎波里以北约 10 千米的海面上准备发动第二次进攻。有些水手受命去把被俘炮艇的三角帆装具改成他们更熟悉的单桅纵帆装具。美国人再一次被迫等待天气变化。“偏南西风在岸边掀起的浪太大，不宜进攻。”事务长莫里斯写道。[14]

此前有很多人讨论了往城墙上发射炸弹的想法。威廉·班布里奇 6 月 22 日在监狱里用青柠汁写了一封信，信中他向普雷布尔保证，的黎波里的居民“对炸弹感到害怕，他们的房子建得很不结实”。[15] 他预测，对该镇进行一次爆炸袭击将造成大批难民离开此地，优素福迫于压力，会结束这场战争。但是在 8 月 3 日的交战过程中，臼炮舰的表现很糟糕。[16] 每个 26 英寸（约 66 厘米）口径的臼炮都发射了几枚炮弹，但几乎所有的炮弹都落在了城墙上。他们没有达到预定的射程。要想有效果，这些臼炮舰必须驶到离城墙更近的地方，但这将置它们于港口大炮的射程之内。

查尔斯·斯图尔特尉官相信他有解决办法。在城市西面，海岸线向内缩进，形成一片浅水湾，海滩弯而长。的黎波里港内的大炮覆盖不了这片海湾。他推断说，这些臼炮舰可以不受干扰地抵近抛锚，将炮弹从西侧城墙射入城内。的黎波里人的应对方式可能是让他们的炮艇穿过岩石屏障进入西部海湾，但他们如果这样做，就会暴露在“宪法号”的掩护火力之中。理查德·奥布赖恩反对这个方案，他说：“我认为，在脸上打一拳比在屁股上踢一脚好。”[17] 但普雷布尔倾向于试一试。他推断，如果没有成功，还有的是机会对这个城市进行第二次正面攻击。

8 月 7 日上午 10 点，普雷布尔准将下令发出信号：“并排前进！”[18] 天气温和，但逆风和洋流使舰队手忙脚乱。每艘船都必须停在港口炮台的射程之外，同时还要避免被风吹到岸上。显然，美国人还没有适应此地的海流。炮艇和臼炮舰都被风浪带离了阵位，到了西面很远的地方，艇上精疲力竭的船员不得不顶着海流连续数小时划船。直到午后，第一艘臼炮舰才在距城墙约 2.5 千米的地方锚定。在这个距离，臼炮可以攻击到这个城市的西部。它们造成了相当大的破坏。爆炸声在城镇回荡，浓烟在屋顶上方升起。

其他船慢吞吞地驶进锚地时，遇到了意想不到的炮火。优素福因为预见到了这次袭击，命人匆忙建造了两座小炮台，以火力覆盖西部海湾。于是双方展开了一场炮兵对决。更大、更危险的海岸炮台“几乎完全被摧毁”[19]，新建的墙壁上炸开了大洞，所有的大炮，除了一门之外，都被轰得七零八落。然而，每当炮艇停止射击，炮台上剩下的那一门炮就顽固地发动反攻。

在下午 3 点左右，一支由 15 艘的黎波里炮艇组成的小型舰队驶出防波堤炮台的安全区，发动了一次短暂的突袭。他们把所有炮口都对准了最靠近城市的第一艘美国臼炮舰。炮弹落在这艘小船的两侧，而且（普雷布尔写道）“船上每个人的衣服都被炮弹溅起的海水打湿了”。那艘臼炮舰的舰长别无选择，只好把锚缆砍断，撤到安全距离之外。的黎波里炮艇对“宪法号”心怀忌惮，又划回了礁石和港口防御工事的安全区内。

3 点半，一阵震耳欲聋的爆炸声惊得每个人都转过头去。詹姆斯·考德威尔（James Caldwell）尉官指挥的9号炮艇爆炸了。考德里医生从帕夏城堡的屋顶目睹了这一事件："我看见同胞们血肉模糊的肢体飞向空中。"[20] 普雷布尔看见一道夺目的白色闪光和一股浓烟。见习军官罗伯特·斯彭斯（Robert Spence）在爆炸中生还，他当时指挥着9号炮艇的艏炮组。"我在空中飞了一段距离，这时又发生了一次爆炸，"他后来写道，"我周围漂着支离破碎的胳膊、腿和躯干。"[21] 斯彭斯认出了考德威尔尉官，他"没了胳膊没了腿，面部残缺不全，无一可以辨别的特征，只是通过他的服装我才认出他来；他还没有死，但马上就沉了下去"。

这一事件似乎使攻防双方都感到震惊，所有的炮都沉寂了几分钟。烟雾飘散后，9号炮艇只剩下艇首部分。斯彭斯命炮组成员装弹并开最后一炮，但他们准备这样做时，艇首和大炮都沉到了水下。幸存者们带着傲然的英勇姿态，在下沉时发出了一声欢呼。斯彭斯"不懂泅水的艺术"，[22] 得救之前一直抓着一叶桨。所有在爆炸中没有丧生的人都被其他艇船救了起来。

9号炮艇的爆炸给舰队带来了重大打击。10名美国人当场死亡，包括詹姆斯·考德威尔和见习军官约翰·多尔西（John Dorsey）。另有6人受伤，其中4人重伤，2人致命伤。普雷布尔将爆炸归因于从海岸炮台射来的一颗炮弹的直接打击，但更有可能的原因是，弹药库被来自9号炮艇艏炮那火热的炮塞触发而爆炸。[23]

战斗持续了两个小时。的黎波里人愈战愈勇。其他几艘美国炮艇也遭到猛烈攻击。6号炮艇的三角帆斜桁被打飞了，导致它几乎不可能驶到更为安全的距离之外。由斯蒂芬·迪凯特指挥的4号炮艇被一发24磅炮弹击中，水线以上的船体被炸出了一个洞。8号炮艇也被击中船体，冲击产生的碎片导致两名船员死亡。

到了 5 点半左右，普雷布尔看够了，“宪法号”发出了撤军信号。天黑之前，小艇又被拖带着，随舰队返回了较远的海面。

在白天的行动中，臼炮舰和炮艇向的黎波里及其防御工事发射了 48 枚重磅炮弹和 500 多发实心弹。[24] 重磅炮弹大多落在城里的犹太区，那里有无数的私人住宅被破坏甚至被完全摧毁。这次攻击的战略意义值得怀疑。只要他的统治是安全的，优素福就不需要为臣民的福祉做出行动——无论是穆斯林还是异教徒，他当然不会被的黎波里犹太人所遭受的苦难打动。对帕夏来说，最重要的是，这次攻击并没有削弱他的防御能力，而美国 9 号炮艇的毁灭，则鼓舞了他的部队和水手们的士气。来自边远地区的部落居民涌入城市，参加了战斗。他们穿过街道，在空中挥舞着武器，大声叫喊：“我是我父亲的儿子！”[25]

8 月 17 日，美国阵亡者的遗体被冲上了城西的海岸，被一名的黎波里巡逻人员发现了。考德威尔尉官只能靠右肩的肩章认出来。考德里医生获准前去查看那些遗体，发现“他们的身体已在海滩上腐烂……散落在海岸各处，相隔好几千米，被狗撕成了碎片”。[26] 的黎波里人不会埋葬他们，也不允许美国囚犯这样做。

舰队正在撤退时，“阿尔戈斯号”发出了信号：“你们看到的陌生船只是友军。”[27] 当天早些时候，普雷布尔准将派该舰北上，去侦察地平线上的一艘帆船。这艘新船天黑后不久加入了舰队：这是“约翰 · 亚当斯号”，塞缪尔 · 巴伦准将所率领的支援舰队的军需船。据其报告，支援舰队已在去往的黎波里的途中。

史密斯部长发来的公文传达了一个不好的消息，即爱德华 · 普雷布尔在特遣舰队的指挥地位将被取代，更糟糕的是，他将位居约翰·罗杰斯之后排名第三。信里的文字很注意安抚普雷布尔的自尊心。史密斯坚称，“我们采取这项必要措施，并非对您没有信心”，并补充说，“您的整个行为已得到美利坚合众国总统毫无保留的认可，他对您的信心丝毫未减”。[28] 但普雷布尔极其失望：“在这胜利的时刻遭到撤换，我悲伤的感受难以言表，只有处于我这种痛苦境地的军官才能体会。”[29]

知道巴伦很快就会来取代他后，普雷布尔决定再试一轮谈判。[30] 8月9日，他写信给法国领事博西耶，提出了和平解决方案：为“费城号”舰员支付8万美元赎金和1万美元“领事礼金”。这一提议不合时宜。如果说第一次进攻使优素福感到惊慌，那么第二场进攻则恢复了他的信心。新提议无非证实了优素福的印象，认为他占了上风。他向法国人宣称，少于30万美元他坚决不干，尽管博西耶私下告诉普雷布尔，这个数字很可能会降到15万美元。

那一天，优素福叫来了考德里医生，傲慢无礼地说了一通。医生是这样转述的：

> 他说什么用2美元就可以把这次轰炸对他的城镇造成的所有破坏修补好啦，什么那些炮弹只打伤了一个人啦，什么美军为美国俘虏向他报的价只有每人50美元啦，什么他会在两个月内赚取这笔钱啦。他问我，我认为我的国家会给多少钱来赎回我。我告诉他我不知道。他说就算给2万美元他也不会放我走。我回答说，那我就继续当他的奴隶好了。他拍拍我的肩膀说，我必须心甘情愿地和他待在一起。[31]

两天后，普雷布尔让自己的处境变得更加糟糕了。普雷布尔一边留意着随时可能在地平线上出现的支援舰队，一边再次提高报价：10 万美元赎金和 2 万美元给领事的好处费。如果博西耶没错的话，现在的差价只有 3 万美元了。这仗要继续打下去，将使双方付出更大的代价。但是在 8 月 11 日晚，法国领事馆没有升起旗帜。普雷布尔知道了答案：优素福拒绝了这些条件。

舰队开始准备第三次进攻。但天气再次成为的黎波里最好的防御。一连九天，北风劲吹，波涛汹涌，从未间断。为海港防御而设计的炮艇，只有在风平浪静的条件下才能安全操控。舰队一次又一次地向该城抵近——8 月 12 日、16 日、17 日和 22 日——普雷布尔一次又一次地判断条件不适合并终止进攻。各种磨损开始显现：擦伤、索具丢失、船帆撕裂、滑轮破碎，官兵们全都精疲力竭。

最严重的是，给养和淡水都没有多少储备了。8 月 18 日，据领航长哈拉登记载，“宪法号”上有 14 000 加仑的淡水。[32] 按照每天消耗 600 加仑的速度，该舰可以维持 23 天。但是，正如普雷布尔观察到的那样，舰队中有些舰船“面对这条令人沮丧的海岸已经有 5 个多月了，一次都没有前往过友港”，因此这些船不得不从旗舰上获取补给。普雷布尔提供的补给量十分有限：5 品脱，包括用于煮饭、煮豌豆以及勾兑烈酒的水。[33]8 月 15 日，他给驻马耳他的海军代理商写了封信，光是信中的语气就足以表明其处境之危险：

> 我们的水快用光了。一艘船可能不保险，所以我恳求你租借两到三艘船，立刻装上水，至少要给我送 300 大桶，越快越好。如果 8 天内连一艘都到不了，我们将全军覆没。我的水只够舰

> 队用 14 天了。不要因为价高就不租船。给我们送一些新鲜肉品、蔬菜、苹果、甜瓜等……帮忙装货的小艇和人员，能雇多少雇多少。务必在 24 小时内派遣一艘过来，其余各船随后。[34]

8 月 18 日晚，斯蒂芬·迪凯特尉官和艾萨克·昌西（Isaac Chauncey）尉官乘两艘载着几名桨手的小艇来到的黎波里港的外围。[35] 他们的任务是对该港及其布防进行侦察。他们在夜色的掩护下抵至防波堤炮台哨兵的射程以内，近到甚至能看到城墙上的士兵。午夜过后，他们回到"宪法号"上，报告说的黎波里炮艇艇首向东，成一列横队系泊在炮台到城堡一线。

6 天以后，天气条件似乎适合夜间进攻。舰队向该城进发，并于当晚 8 点抛锚。午夜时分，风完全停了下来，普雷布尔命令臼炮舰划桨前行，进入港口。第一发重炮是凌晨 2 点发射的，而后一直轰炸到天亮。臼炮舰总共发射了 15 到 20 枚炮弹。在攻击期间，岸上炮台无一开炮。清晨 6 点，臼炮舰撤离，舰队也整体撤到离该城约 6.5 千米的安全海域。

关于轰炸结果的报告说法不一。领航长哈拉登认为他在帕夏城堡的外墙上看到了一个约 12 米宽的裂口。见习军官科尼利厄斯·德克拉夫特（Cornelius DeKrafft）的日记是有关的黎波里战争的宝贵历史记录。他写道，那天夜里的炮击造成"敌两艘炮艇和一艘桨帆船沉没，成果相当显著"。[36] 但考德里医生坚持认为，每一枚炮弹都打得太近了，并补充说，"这样的尝试与其说是恐吓了的黎波里人，不如说是鼓励了他们。帕夏当时高兴得很"。[37]

过了两晚，又一次中断攻击后，普雷布尔开始为巴伦迟迟没有到达感到困惑。“约翰·亚当斯号”早在3个星期前就到了，它应该比大型巡航舰慢得多才对。

8月27日，天气温和，风向有利。美国炮艇锚泊在“西部通道”附近。这里的礁石只容较小的船航行。凌晨3点左右，他们朝的黎波里的小型舰队开火，持续炮击了两个小时。大多数炮艇发射了约40发炮弹，还有几艘发射了逾50发。哈拉登估计他们射出了600发24磅炮弹和同样数量的葡萄弹。在这次袭击中，的黎波里有两艘桨帆船被击沉，一部分防波堤炮台被夷为平地。

黎明前一小时，港内的大炮如梦初醒，但是美国的炮艇一艘都没被击中，只有索具中弹。拂晓时分，一艘的黎波里炮艇穿过西部通道，抵至离美方最东端舰艇约45米的地方。最近的美国炮艇发射了一颗葡萄弹，炸死了4名的黎波里水手，炸伤2人。的黎波里炮艇退到了礁石屏障中。

普雷布尔准将在旗舰后甲板上观察着。这里远远超出了港内大炮的射程，他担心各炮艇可能弹药不足。当黎明的曙光在东方地平线上升起时，“宪法号”进入了72门岸炮的集中火力范围内。“约翰·亚当斯号”事务长约翰·达比写道：“在抵近和交战的过程中，准将的旗舰展示了我见过的最优雅的景象。炮闩拉开，引线点燃，炮台火光通明，所有船员都在甲板上忙碌着。它径直抵近堡垒下方，遭受着海岸炮台猛烈的炮击。”[38]

遵照普雷布尔的信号，各炮艇开始起锚，撤离战斗。“宪法号”顺风向防波堤炮台驶去，炮艇官兵为之欢呼。距敌军约350米远时，旗舰迎风转向，收起船帆，连续发动了九轮舷炮齐射。接二连三的炮火击沉了一艘的黎波里炮艇，重伤了另外两艘。这两艘炮艇及时冲上海滩才免于沉没。港内防御工事哑火了，的黎波里炮兵争相逃命。“我们对他们实施的每一次齐射，都会让他们的炮台严严实实地覆盖在阵雨般的石块与尘土之中。”哈拉登在航海日志中写道。[39]“宪法号”在抵近过程中遭受了猛烈的炮击，有很多炮弹穿过索具，把各种支索和缆绳打成了碎片。[40]船体遭受了19发实心弹和无数葡萄弹的打击，但这些炮弹都只陷进了木板，未穿透船体，没带来严重的损伤。“宪法号”的栎木船材发挥了效力。

7点9分，“宪法号”改变航向，避开攻击，远离了海岸。它拖带着几艘炮艇和臼炮舰，迎风航行到11点，然后在离海岸约8千米的海面上锚定。舰队只损失了“约翰·亚当斯号”上的一艘小艇。这艘小艇被岸炮发射的双头炮弹击沉。3名船员死亡，1人重伤。

的黎波里的亲历者一致认为，这次炮击造成了相当大的损失。考德里医生被“一阵猛烈而持续的炮击声，以及四周炮弹的呼啸声和撞击声”惊醒，他说“许多人非死即伤”。[41]已被摧毁的“费城号”的两名士官写信给普雷布尔时报告说：“您已破坏了许多房屋，杀死了几个土耳其人，把三座炮台里的人全部赶了出来。”[42]在东面的花园里，一头骆驼被一发炮弹打死。荷兰领事安托万·祖凯特（Antoine Zuchet）刚从床上起来，“一枚炮弹就打穿我卧室的墙，掠过整张床，嵌入对面墙内，造成了很大的破坏……我差点儿被切成两半”。[43]

这座城堡遭受了猛烈的轰炸。有一份报告说，优素福起床大约5分钟后，一枚炮弹打穿了他卧室的墙。威廉·班布里奇差点被打死，当时一枚32磅炮弹砸穿了军官牢房的墙壁，并“从离他身体只有几厘米的地方飞过”。[44]这位舰长被人从一堆石头和灰泥中挖了出来，此后几个月里走路都是一瘸一拐的。

后来又刮了四天强劲的东风，舰队再一次在海面上漂荡。在海上的几周时间里，“宪法号”在敌人的炮火和天气的共同作用下损失了几面宝贵的船帆。在8月的最后一天，一面前桅帆和两面主中桅帆被风吹走。换了别的准将，早就会把整支舰队带回马耳他或锡拉库萨进行长期休整了。一些低级军官对于普雷布尔没有尽早这样做感到惊讶。但普雷布尔只想趁巴伦的舰队还没到来尽快解决问题。8月29日，他派“阿尔戈斯号”双桅横帆船带上给迪斯和法国领事博西耶的公文，打着白色休战旗前往的黎波里港。这一最新提议的主要目的是安排交换战俘，但普雷布尔重申，他愿意提供赎金，以换取的黎波里手中余下的战俘。博西耶对普雷布尔接连不断地提出自掉身价的和谈请求甚为不满，他的回答很尖刻：

> 我不能不认为，这一步极为失策，也最不利于贵国利益。因为此时此刻，此举必定会被理解为你处境不妙，而且会让国君胃口大开。如果一开始实施威胁，随之进行有力的进攻，而不进行任何谈判，那就会好得多。
>
> 因此，准将先生，你别无选择，只能持续不断地进攻这座城市，尤其要攻击城堡，直到你觉得对方能答应你提出的条件为止。如果你不这样做，那么回答就是多余的。你必须坚持不懈，直到帕夏在各方面都受到骚扰的情况下自己要求进行和谈。[45]

普雷布尔将他最后的希望寄托在了这样一个计划之中：派一艘

《泰晤士河上纳尔逊的送葬队伍》（*Nelson's Funeral Procession on the Thames*），1806年1月9日。丹尼尔·特纳（Daniel Turner）绘，1807年

亨利·诺克斯。吉尔伯特·斯图尔特（Gilbert Stuart）绘，约1805年

南方栎木，这种北美本土的硬木是一种非常珍贵的造船木材。图片来源：维基百科

约书亚·汉弗莱斯的造船厂正在建造“费城号”。托马斯·伯奇（Thomas Birch）的手工上色版画《备战保卫商业》（*Preparation for War to Defend Commerce*）显然低估了该舰的实际尺寸

约翰·亚当斯。吉尔伯特·斯图尔特绘，1800 年至 1815 年

托马斯·杰弗逊。伦勃朗·皮尔（Rembrandt Peale）绘，1800 年

1799 年 2 月 9 日，“星座号”俘获法国巡航舰“起义号”。约翰·威廉·施密特（John William Schmidt）海军少将绘

托马斯·特拉克斯顿。油画，奥兰多·拉格曼（Orlando Lagman）仿巴斯·奥蒂斯（Bass Otis），1965 年

爱德华·普雷布尔。绘制者不详，1805 年至 1807 年

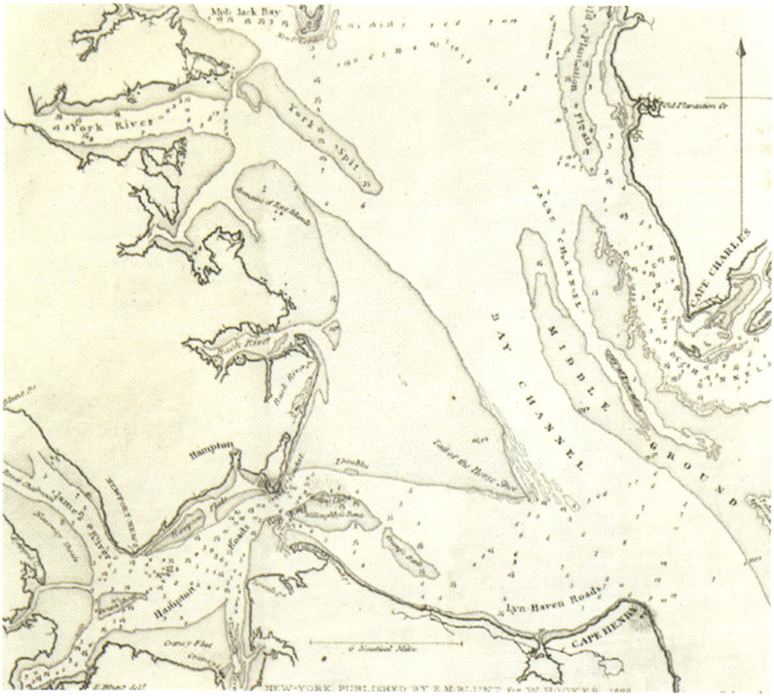

《切萨皮克湾入口图》（*Chart of the Entrance to Chesapeake Bay*），1822 年。威廉·胡克（William Hooker）制

威廉·班布里奇。约翰·韦斯利·贾维斯（John Wesley Jarvis）绘，约 1814 年

斯蒂芬·迪凯特。约翰·韦斯利·贾维斯绘

1804 年 2 月 16 日，“费城号”在的黎波里港被焚烧。爱德华·莫兰（Edward Moran）绘，约 1897 年

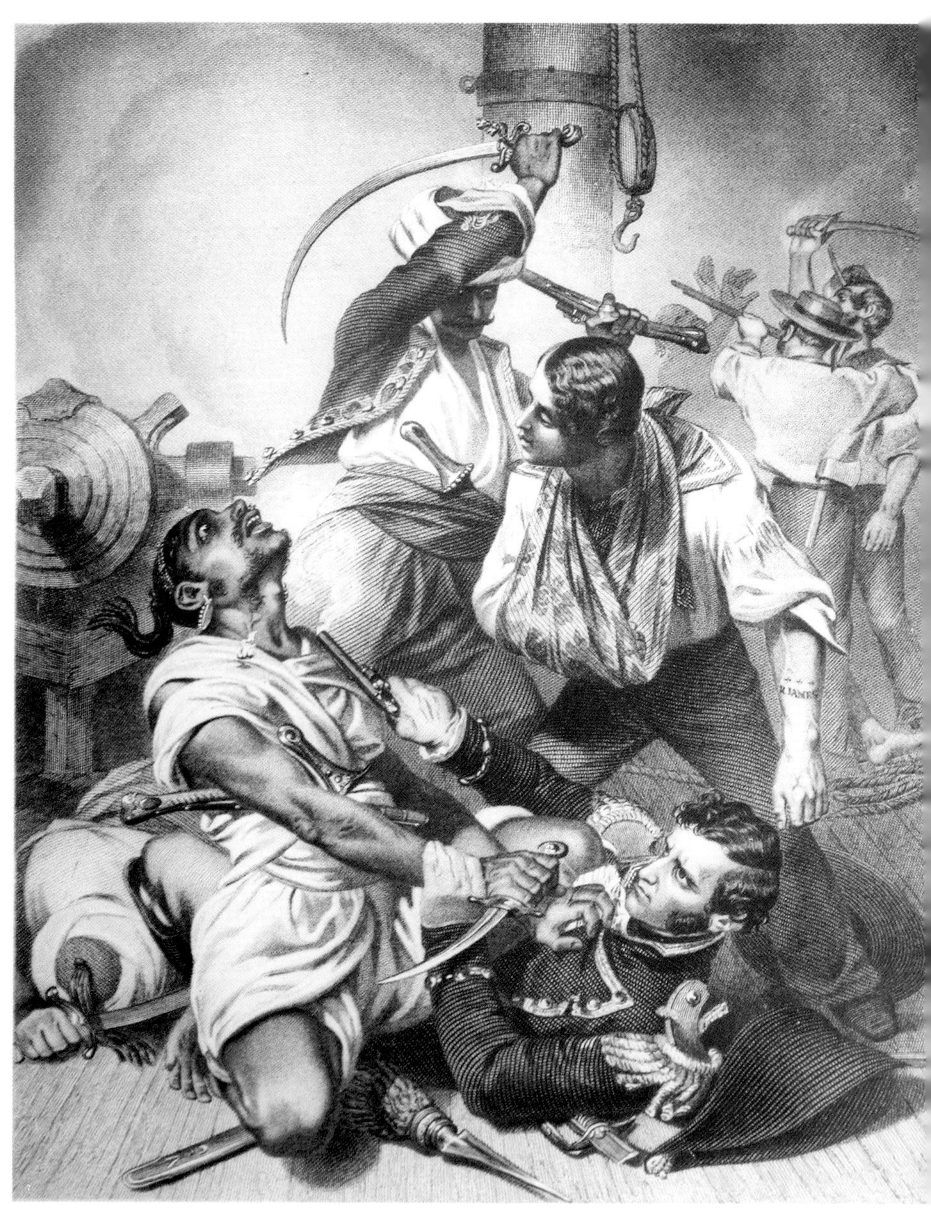

1804 年 8 月 3 日，斯蒂芬・迪凯特与的黎波里炮艇艇长的肉搏战。阿朗佐・查普尔（Alonzo Chappel）制

“总统号”进入马赛港。这艘在纽约建造的巡航舰被认为是美国早期巡航舰中最快和最好的。安托万·鲁（Antoine Roux）绘，约 1805 年

“总统号”扬帆出发。让-杰罗姆·博让（Jean-Jérôme Baugean）制

“国会号”。查尔斯·韦尔（Charles Ware）绘，1816 年

詹姆斯·麦迪逊。吉尔伯特·斯图尔特绘，约 1821 年

《纽约港区图》（*Chart and Plan of the Harbour of New York*），1781 年

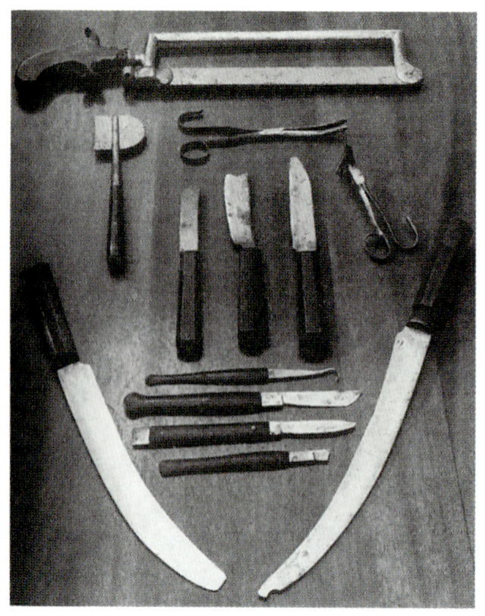

海军手术器械：钢锯、镊子、骨刮刀、刀、止血钳、缝线钩、解剖刀。美国海军历史中心（U.S. Naval Historical Center）

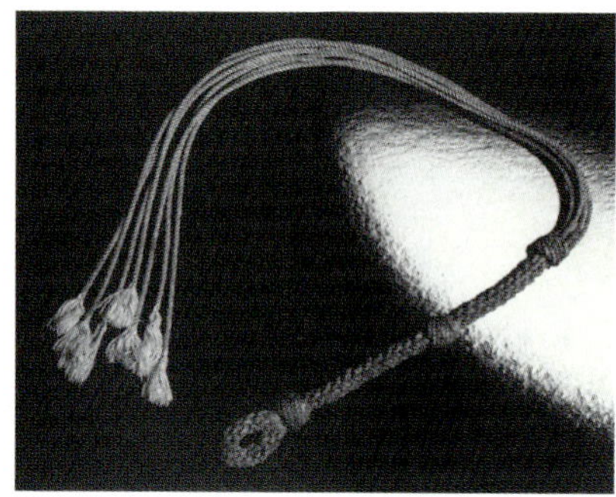

九尾鞭。据说鞭打二十几下就会将一个人的背部打成一堆烂肉。纽波特纽斯市水手博物馆（Mariners' Museum）

艾萨克·赫尔。奥兰多·拉格曼仿吉尔伯特·斯图尔特，1967 年

812 年 7 月，“宪法号”逃脱英国舰队的追捕。安东 · 奥托 · 费希尔（Anton Otto Fischer）绘

812 年 10 月 25 日，“美国号”击败英国军舰“马其顿人号”。弗雷德 · 潘辛（Fred Pansing）绘，约 1880 年

《拳击比赛——约翰牛再次流鼻血》(*A Boxing Match, or Another Bloody Nose for John Bull*)。威廉·查尔斯(William Charles)制,1813年

1812年12月29日,“宪法号”俘获英国军舰“爪哇号”。安东·奥托·费希尔绘

1813年6月1日，英国军舰“香农号”菲利普·布罗克海军准将率领跳帮组登上“切萨皮克号”甲板。M. 迪堡（M. Dubourg）绘

1813年6月6日，英国军舰“香农号”与俘获的“切萨皮克号”驶回哈利法克斯港，R. H. 金（R.H. King）设计，约翰·克里斯蒂安·舍特基（John Christian Schetky）绘，路易·阿格（Louis Haghe）制，约1830年

1815 年 1 月，英国军舰“恩底弥翁号”与“总统号”交战。托马斯·巴特沃思（Thomas Buttersworth）绘，1815 年

1815 年 2 月 28 日，“宪法号”拖曳俘获的英国军舰“赛安号”。绘制者不详

《从“宪法号”停泊处看波士顿港》(*Boston Harbor from Constitution Wharf*)。罗伯特·萨蒙(Robert Salmon)绘,1833 年

2013 年的“宪法号”。图片来源:美国国家海军博物馆(National Museum of the U.S. Navy)

“火攻船”进入的黎波里内港，摧毁帕夏的炮艇。一小组船员将驾驶一艘装满火药和燃烧弹的船进入敌锚地中央。一旦就位，这些人会点燃慢速引信，然后乘两艘快速划艇逃到安全海域。当火攻船引爆时，爆炸将摧毁方圆 400 米内的一切，至少准将希望是如此。

被选派执行此次任务的是“无畏号”，即迪凯特上年 2 月用来成功摧毁“费城号”的那艘缴获而来的的黎波里双桅小帆船。来自不同舰艇的木匠们被派来对它进行必要的改建。[46]“无畏号”的弹药库装满了新造的火药——将近 100 桶，重约 5 吨——然后用木板盖得严严实实。150 枚重磅炮弹堆积在弹药库上面一层。舱壁上钻出了若干小孔用来装引信，然后从船首到船尾铺装了若干槽具用来填装火药。一旦点燃，这些火药和引信应该会燃烧 11 分钟，然后才会引爆炸药。

官兵们都十分清楚，此次火攻船任务极其危险。“无畏号”无异于一只浮动火药桶，将要驶入敌方舰队的心脏，那里完全处于敌人 100 多门大炮的射程以内。被一发炮弹直接命中，就很有可能引爆弹药库，把所有船员炸上天。在任何情况下，“无畏号”都不能被俘，因为那样的话，船上的 5 吨火药就可能会成为敌人岸炮的补给。如果它被敌人登船挟持，就会变成自杀任务，船员们将不得不点燃弹药库。尽管有这些危险的可能性，但还是有很多人向普雷布尔自告奋勇。每名军官都想参加这次任务，有人甚至试图直接说服准将把任务派给自己。普雷布尔认为，选择那些没能参与摧毁“费城号”的任务并因而感到失望的军官前往是比较合理的。这次火攻船任务将由迪凯特的老朋友理查德·萨默斯指挥，他将由 2 名军官和 10 名士兵陪同。

9 月 1 日，舰队为第五次进攻该城做好了准备。第二天上午 11 点，“宪法号”升起了信号旗：“准备战斗。”炮艇朝港口驶去，下午 2 点开始开火。然而，的黎波里舰队放链弃锚，退入了内港安全地带。臼炮舰在 1.5 千米外设法向城里发射了大约 20 枚重磅炮弹。根据考德里医生的说法，这些重磅炮弹几乎没有造成什么损失，但吓坏了民众：“男人、女人和孩子们都万分恐惧，惊慌失措地从城里逃了出来。”[47]

这些臼炮舰遭到了防波堤炮台猛烈的炮火打击。1 号臼炮舰的侧支索全给打掉了，导致船上的桅杆失去了一切支撑。臼炮的后坐力把船体震裂了，该船开始进水。普雷布尔注意到这些臼炮舰“极为暴露，且很有可能被击沉”。他调整“宪法号”的航向，向炮台驶去。“宪法号”前进的时候，岸炮远距离开火，在左右舷激起阵阵水柱，把下帆桁以下的桅杆和横帆都打湿了。与之前的交战一样，“宪法号”向港口防御工事上连续进行了数次舷炮齐射，并遭到猛烈的火力回击。跟以前一样，这艘旗舰的桅桁和帆索都遭到损坏，但船身几乎毫发无损。下午 4 点半，风力增强，风向渐转向北。普雷布尔向舰队发出停止战斗的信号。那些炮艇和臼炮舰撤了出来，很快就被拖走了。

他们为火攻船袭击做了最后的准备。勇士们写下遗嘱，指定舰友中由谁来继承一件夹克、一顶防水帆布帽，或者一条帆布裤子。

第二天晚上 8 点钟，“无畏号”起锚顺着柔和的东北风向港内驶去。的黎波里哨兵见该舰进入了西部通道，放了两响岸炮作为警报。然后，一切归于沉寂，夜色掩护着该舰后续的行动。晚上 9 点 47 分，传来一道闪光，接着是一阵巨大的爆炸声。[48]

“多么壮观啊！”见习军官斯彭斯赞叹道，“周围一片死寂，这次爆炸声因此显得格外巨大而可怕。炮弹的引信在空气中燃烧着，像众多星辰一样闪闪发光。一股巨大的火焰直上云霄，城墙赫然显现。”[49] 有几发重磅炮弹很晚才爆炸，有些飞到了近百米的高度。[50]“一瞬间，闪光照亮了整个天空，可怕的震荡冲击着远近四周的一切，”见习军官查尔斯·里吉利（Charles Ridgeley）写道，“然后一切复归寂静，万物笼罩在倍加阴郁的黑暗之中。”从“宪法号”的甲板上，人们听到城里居民惊恐的哭号声，还听到锅鼓警报发出的低沉咚咚声。

舰队等候着接应“无畏号”船员逃跑的两艘划艇。几个小时过去了，普雷布尔下令，每隔 10 分钟发射一次冲天炮。黎明时分的第一缕蓝光出现在地平线，桅顶的瞭望员扫视着天际，没有“无畏号”和小艇的踪迹，希望越来越渺茫。

普雷布尔和其他军官一致得出了一个他们可能信也可能不信的解释。在致史密斯部长的公函中，普雷布尔写道，“无畏号”遭到攻击，萨默斯宁死不降，“用火柴点燃了直通弹药库的火药槽，把整艘船炸向空中，也终结了他们的生命”。[51] 这个说法得到了舰队其他军官的响应。“多么高尚的牺牲！高贵的萨默斯真是独一无二！”斯彭斯在给父母的信中写道。[52] 这种说法让“无畏号”官兵的家人和朋友相信他们死得光荣，也让人们忽视了另一种可能性，即那 13 条生命牺牲得毫无价值。

事实上，在这次袭击中，的黎波里既没伤船，也没死人。几乎可以肯定的是，“无畏号”在到达内港之前就意外地爆炸了。“爆炸只造成了可怕的噪声和远在乡下也能感受到的震动，并没有损及炮台。”博西耶向塔列朗报告说。[53]这位法国领事对普雷布尔说，这次任务“只对你们自己造成了致命的伤害……炮台毫发无损，爆炸只给城里和乡下带来一般的冲击。就我自己来说，我家所有的窗子都给震坏了”。[54]考德里医生对这次爆炸的规模感到敬畏，但他也同意这一说法，即“它几乎没有造成任何伤害”。[55]的黎波里人为感恩该城得到拯救，庆祝了一整天。“和着用铁环蒙皮制成的乐器发出的声响”，他们不停地祈祷着，歌唱着。

威廉·班布里奇舰长获准检查“无畏号”官兵的遗骸，它们被海水冲上了港口边缘的海滩。陪同他的是戴维·波特尉官和一名警卫。在私人日记里，班布里奇描述了他的发现：

> （我们）在那儿看见六个血肉模糊、烧得面目全非的人躺在岸上。我们推测，这是火攻船上的几位不幸官兵……有两具表情痛苦的遗骸从沉船中打捞了出来。他们全身损毁严重，我们无法辨认出任何已知特征，甚至无法判断他们是军官还是水手。[56]

优素福命人把尸体拉到军火库，摆在那里示众。据祖凯特领事报告，帕夏“开心地看着他的子民诅咒和侮辱尸体”。[57]有部分尸体被流浪狗吃掉了。直到3天后，考德里医生和一群“费城号”的士兵才获准将尸体埋在城墙东面一个公墓里。

9月5日上午，普雷布尔沿着舱梯来到“宪法号”的后甲板上，看见令人沮丧的一幕：风向转成了东北偏北方向，一股巨浪涌向海岸，“天气眼看要转坏”。[58]他决定收手。夏季进攻的黎波里的战役就此告一段落。来自马耳他的给养还没到达，有几艘船急需整修，淡水、粮食和弹药储备都严重不足，官兵全都筋疲力尽了。准将命令各炮艇和臼炮舰将大炮和臼炮卸下来，交由“宪法号”和“约翰·亚当斯号”保管。[59]“约翰·亚当斯号”、“塞壬号”、“企业号”和“鹦鹉螺号”要拖着这些小型舰艇航行。当天晚上6点30分，旗舰升起了让舰队大部回到锡拉库萨的信号旗：“小心前往目标港。”“阿尔戈斯号”和“维克森号”（Vixen）将与“宪法号”继续驻守，保持封锁，并等待巴伦到来。

8月12日，塞缪尔·巴伦舰队的4艘巡航舰经过38天的航行后，成功横渡大西洋，悄悄驶进了直布罗陀湾。[60]稳定的西南风和顺风的海浪在短短两个星期内就把他们从弗吉尼亚角送到了亚速尔群岛。但随后，风向就直接转为打头风。后来的1 600千米航程中，舰队不得不艰苦地顶风前进，有时整整一天只能航行约32千米。

在直布罗陀，巴伦准将听到传言说摩洛哥国王再次威胁要派他的巡洋舰袭击美国船。美国驻丹吉尔领事詹姆斯·辛普森恳求准将把舰队一部分兵力留在海峡附近。巴伦同意了。“总统号”和“星座号”将沿地中海航行，寻找普雷布尔和“宪法号”。由罗杰斯舰长率领的“国会号”和由准将弟弟詹姆斯·巴伦率领的“埃塞克斯号”将前往丹吉尔，适时炫耀一下武力，好让那位国王保证不会违反他在不到一年前批准的条约。

“总统号”和“星座号”于8月16日从直布罗陀起航。但他们还没转过加塔角，风突然停了。在5个漫长而令人疲倦的日子里，两艘巡航舰在酷热的烈日下停滞不前。大海清澈如金酒，“异常平静”。[61]“总统号”上一位平民乘客将一个奶油色陶瓷盘子绑在一根深海绳上，从船尾沉了下去，他惊讶地发现，盘子到了约 45 米深的地方。前桅水手醉心于一个古老而迷信的说法，他们吹着哨子，用刀背刮着侧支索和支索，相信如果吹哨和刮擦的时间够久，他们就能把风招来。这招最终总会奏效。5 天后，一股微风从西面吹来，各舰扬起了风帆。

8 月 23 日下午，“总统号”发出了一阵不祥的震动。船体下方传来隆隆的响声和嘎吱嘎吱的摩擦声，甲板剧烈地震动着，力道足以让人大摔一跤。塞缪尔·巴伦将其形容为“一种猛烈的冲击，像是撞上了凹凸不平、布满礁石的海底，每一次冲击似乎都把船提起来又摔下去大约半米”。[62]他沿舱梯冲上甲板，(和船上其他每个人一样)以为“总统号”已经搁浅了。然而，来到甲板后，他“发现没有浅滩的迹象，该舰也没有迷失方向”。

“星座号”驶入了喊话距离。该舰军官报告说，他们也搁浅了。像“总统号”一样，该舰也神秘地通过了浅滩，没有失速，也没有任何损坏。一艘路过的西班牙商船后来也描述了类似的经历。

排除了其他所有可能性之后，这两艘巡航舰的军官们确定，他们一定是受到了某次海底地震的影响。虽然他们听说过这样的事情，但没有人想到会如此猛烈和狂暴。“总统号”的普通水手满怀迷信的恐惧。“他们比舰船实际触礁还要惊恐、焦躁和困惑。”巴伦说。

普雷布尔准将的大部已经向锡拉库萨进发，对的黎波里的封锁是由“宪法号”、“阿尔戈斯号”和“维克森号”实施的。虽然普雷布尔知道，9 月大风季节很快就会迫使他结束封锁，但他还是希望新任准将在的黎波里外海而不是在港口找到他。

9 月 9 日，周日中午时分，“宪法号”正在的黎波里港东北约 19 千米处巡航，东面数千米外的“阿尔戈斯号”发出了信号：“东北方向发现陌生船只。”[63] 旗舰迎风转向，朝“阿尔戈斯号”驶去。一小时后，普雷布尔对两艘大船进行了目测定位。地平线上只现出了船桅，但能看出这两艘船正吃力地顶风航行，朝“宪法号”及其随行舰艇驶来。它们看起来像军舰。美国的吗？是的。随着距离靠近，“宪法号”上一些眼尖的人认出了熟悉的形状——这是“总统号”和“星座号”。普雷布尔下令将他的准将旗降下来，以这种方式向取代他的那个人表示服从。

史密斯部长煞费苦心地强调，他和杰弗逊对普雷布尔的表现完全满意，对他被人取代感到很遗憾。他们希望他愿意作为巡航舰舰长留在地中海，按照巴伦的命令行事。但这是丝毫没有可能的：这位骄傲的缅因州人已经习惯了他在这个地区作为美国最高军事长官的角色，而且他也不是那种会平静接受降级的人。“巴伦准将来接替我指挥舰队，这已使我下决心回国。”普雷布尔告诉妻子玛丽。[64] 他绝不会接受不能领导整个特遣舰队的海军职位：“我在这个职位上干了这么久，为自己赢得了声誉，也为国家争得了荣誉。”

星期三黎明前一小时，在柔和的东南风中，“宪法号”从“总统号”前方足够安全的距离左舷迎风转向，而“总统号”正在朝反方向转向。两船驶近了同一位置。这本是常规操作，要不是风向突然不合时宜地改变，本不会发生意外。“宪法号”“冷不防中了招”，前一刻它还在以大约 3 节的速度运动，后一刻却一动不动，正好挡在“总统号”的面前。

这两艘 1 500 吨级的巡航舰相撞了。“总统号”的左舷船首撞上了“宪法号”的舰首柱。前者的吊锚架撞进了后者的舰首分水处，“宪法号”舰首斜桁被撞，外斜桁脱落，错位的木料碎片在冲击下直接散落在海上。侧支索和桁端杂乱地交错，锚具相绕，两舰无助地缠在了一起。这股突然转向的邪风让“宪法号”背风的同时也让“总统号”鼓满了船帆。“总统号”拽着它的姊妹舰继续一路前行。两舰的水手用一根缆绳紧紧连接两舰舰艏，然后努力将索具清理干净，必要的时候会动用斧头。“总统号”舰首上的一根缆绳紧紧绑在“宪法号”后甲板的绞盘上。45 分钟后，船头缆索被解开，“宪法号”开始转向下风方向。最后，绑在“宪法号”后甲板绞盘上的缆绳也被解开，两艘巡航舰分开了。

爱德华·普雷布尔和塞缪尔·巴伦都对这件事保持沉默，在他们写给海军部的公函中没有提及此事。两人想必都领会到了前任和现任旗舰之间剧烈碰撞所带来的令人不安的象征意义，他们一致同意不报告这次事故。（“宪法号”领航长纳撒尼尔·哈拉登在航海日志中对此事有描述。）

“宪法号”顶风停航，开始疗伤，而这伤还不轻。一大段舰首分水处和拖板不见了。舰首斜桁严重开裂，需要更换。最引人注目的是，原来的舰首雕像——站在“独立的坚固岩石”上，手持代表美国宪法的卷轴，身着狮皮的赫拉克勒斯雕像——“被切成碎片，倒在一边，像废品一样”。赫拉克勒舰首雕像将由一个更为朴素的雕饰替代，那是一段普通木材雕刻的飞龙。

巴伦和普雷布尔一致认为，“宪法号”应该回到马耳他重新填缝和整修。普雷布尔还向新任准将申请返回美国的许可。“宪法号”一旦修好，就可移交给斯蒂芬·迪凯特，他在摧毁“费城号”的任务完成以后得到了晋升的奖赏，连升两级，跳过校官军衔，直接升为舰长。巴伦表示同意。在6个多月的时间里，25岁的迪凯特便从一个默默无闻的中层尉官一跃而成为全国名人和三大战舰之一的舰长。

6个星期后，“宪法号”仍在瓦莱塔接受维修时，罗杰斯舰长率“国会号”抵达该地。这位马里兰人很快与普雷布尔结了深仇。虽然决斗在海军的低级军官之间普遍存在，但在两名舰长之间还没有发生过。罗杰斯似乎决心要开这个先例。普雷布尔强烈反对这种做法，但他可能发现了，要想逃脱某种人发出的挑战是很困难的——在当代人看来，这种人“作为战士的声誉”是建立在“恶狠狠的样子，不可容忍的傲慢以及针对穷苦无害公民频繁发起的不当攻击”之上的。[65]

其中的细节模糊不清。罗杰斯给普雷布尔写了一张纸条，他可能发出去了，也可能没发出去：

阁下：

昨天，出于对祖国的尊敬，我没要求您就您为何说出“宪法号”和“国会号”相比状况较好的言论及其他杂七杂八的话做出解释，因为我感到，我们之间的任何争执（以我现在的地位来说）都无法避免对军队造成伤害。当我们在美国见面的时候，您将明确得知我对于您所作所为的意见。

我是您小心恭顺的仆人。

约翰·罗杰斯[66]

罗杰斯很快就卷入了与巴伦兄弟之间更加激烈的竞争，这场升级的争端将会影响整个1804年至1805年冬季地中海特遣舰队的士气和凝聚力，并带来一系列威胁和挑战。罗杰斯回到美国的时候，他显然是原谅了普雷布尔，或者至少是忘记了与普雷布尔的冲突。

普雷布尔被替换的9天之后，两名见习军官——都是的黎波里海战的功臣——在锡拉库萨进行了一场决斗。其中一个，威廉·尼科尔森（William Nicholson），不幸身亡。这场争吵的起因不得而知，显然是他们之间有了一些微不足道的过节。这名死去的小伙子被葬在拉多米亚·德·卡普契尼（Latomia dei Cappuccini）——一处被改造成繁茂花园的古采石场。两个世纪后，墓碑仍完好无损。部分碑文如下：

> 谨此纪念威廉·R. 尼科尔森，美国海军见习军官，于公元1804年9月18日风华正茂之际与世永诀，享年18岁。[67]

凶手是科尼利厄斯·德克拉夫特，他的日记描述了的黎波里战争。德克拉夫特被捕，并随双桅横帆船“斯科奇号”被送回美国。

根据海军处理此前案例的方式，德克拉夫特没有理由感到担心。这场决斗是根据公认的习俗和规则而进行的，这是一场公平的决斗。在这场决斗中，尼科尔森本可同样轻易地杀死德克拉夫特。这名年轻军官不仅有希望逃脱起诉，而且有望回到海军服役，职业生涯还不会受到不良影响。

但德克拉夫特还没有听说7月11日亚历山大·汉密尔顿在新泽西州威霍肯被阿龙·伯尔杀死的消息。那场美国历史上最臭名昭著的决斗发生在巴伦的舰队从诺福克起航的 6 天之后。它打破了公众舆论的平衡。在报纸社论和教堂的讲坛上，决斗遭到了越来越尖锐的谴责。纳撒尼尔·鲍恩（Nathaniel Bowen）牧师在要求南卡罗来纳州的教友们“鄙视”决斗时表达了一种典型的感想，认为“鉴于决斗的起源、准则和影响，鄙视决斗是理所当然的”。[68]

德拉克夫特会成为第一个被制裁的案例吗？当“斯科奇号”抵达诺福克时，他收到了史密斯部长的一张简短的便条：“见字后立刻赴华盛顿本部报到。”[69]

但不会有审判。尼科尔森家族拒绝起诉。国会议员约瑟夫·尼科尔森（Joseph Nicholson）引用“比他更年长、更睿智、更高尚的人中常见的例子”，要求海军让杀死威廉的人带着原封不动的军衔归队服役。[70] 他解释说，决斗是应受谴责的，“然而，最聪明的立法机关和最有能力的地方法官们在过去的几百年里都在努力制止，却徒劳无功。这是因社会而产生的诸多罪恶之一。它通常源自最高尚的心灵感受。在它被制止之前，社会本身必须改变，到那时，人类的法律和人类的惩罚将一无用处”。

第3部

再次与英国作战

10 和平下的不安

前海军准将普雷布尔咀嚼着失败的滋味回到美国。在他眼前，海军失去了最好的一艘巡航舰，300 多名美国官兵落入了敌手。在率领其舰队向的黎波里发动最猛烈的进攻时，普雷布尔已知道他将遭受被塞缪尔·巴伦取代的羞辱。他指挥的最后一次行动，让 13 名美国人死于“无畏号”过早的爆炸之中。他曾向上司保证会迫使优素福投降，却没能做到。爱德华·普雷布尔 43 岁，是现役名单上年龄排行第三的舰长。他的身体状况并不理想，在美国海军的前途似乎也不确定。

但令他惊讶和满足的是，美国人将他视为一位凯旋的英雄。1805 年 2 月，他在曼哈顿上岸时给妻子写信道：“这里的接待让我有点受宠若惊。人民愿意认为我已为国家立下了一些功劳。”[1] 有一点很重要：普雷布尔在他的前任们失败的地方取得了成功。他虽没能赢得战争，但他至少对敌人展开了进攻。对于一个从地中海传来任何好消息都令其激动无比的国家来说，摧毁“费城号”和 1804 年 8 月对的黎波里的攻击，即便没有别的意义，对他们来说也是心理上的回报。普雷布尔打得很努力，也很体面。在一向不抱太大期望的美国人眼里，这就够了。

来自地中海的信件毫无疑问地证明了，普雷布尔在这场战争中强有力的行动已经取得了成功。威廉·伊顿说，这是多年以来第一次“美国人不再为美国军服感到羞愧……巴巴里巡洋舰在海上看到美国国旗，就像我们国内欠债的人见到警员一样躲躲藏藏”。[2] 据说，罗马教皇庇护七世把这场战争视为文明的冲突。人们引述他评价普雷布尔的话说：“这位美国指挥官以很少的兵力在很短的时间内对基督教事业做出的贡献，比最强大的基督教国家多年来所做的一切都要多。”据说在海军界比教皇还要权威的纳尔逊将军曾经说过，迪凯特摧毁“费城号”的任务是“那个时代最大胆、最勇敢的行动”。[3]

在纽约心满意足地待了 3 天之后，普雷布尔启程取陆道赶赴华盛顿，向海军部长述职。他于 3 月 4 日，即杰弗逊第二任总统就职典礼那天抵达。普雷布尔一出现在海军部，史密斯部长立即带他到白宫去拜访总司令。杰弗逊已经向国会转交了普雷布尔的公文，附函上称赞：“这位优秀的军官在最近托付给他的整个军事行动中展现出了极大的干劲和卓越的判断力。”[4] 国会投票决定授予普雷布尔一枚金质勋章，“以表彰他对的黎波里城区、炮台和海军部队的进攻”。特遣舰队的每名军官都将获发佩剑，所有士兵都将获得相当于一个月工资的奖金。

在首都逗留的两个星期里，普雷布尔被行政官员和国会议员热切地追捧着。[5] 他与史密斯部长在海军部待了几天，研究地中海的地图。3 月 6 日，他在白宫与杰弗逊进餐;3 月 12 日，他在詹姆斯·麦迪逊和多莉·麦迪逊夫妇家吃饭。他在回缅因州的路上，受到了许多城市的热烈欢迎：费城、托伦顿、纽约、波士顿——每个地方都把他当国家英雄来接待，举行宴会向他表示敬意。在费城，他和斯蒂芬·迪凯特的父母住在一起，并请伦勃朗·皮尔（Rembrandt Peale）为他画了肖像。到达波士顿后，他受邀前往昆西拜见前总统亚当斯。有传言说他即将被任命为海军部长。

普雷布尔从纽约把一大桶马尔萨拉酒寄到华盛顿，由罗伯特·史密斯照管，作为礼物转交给总统。[6]在两人于华盛顿的一次谈话中，杰弗逊对这款酒表示好奇，认为它或许可以与马德拉葡萄酒媲美。然而，尽管马尔萨拉酒符合杰弗逊的品味，但他的正直廉洁不允许他接受军官的礼物。“这真的是一件痛苦而尴尬的事情，”他告诉罗伯特·史密斯，“要是拒绝呢，可能被认为这是在暗示对方送礼动机不纯。收下吧，又会导致可怕的职权滥用。”[7]总统巧妙的解决方案是送给普雷布尔一份具有同等价值的礼物，这是一台复写器，或称“便携式秘书”[8]，是靠一根木制笔杆上的两支笔来复写信函内容的设备。“我过去18个月一直在用，”杰弗逊在信中告诉普雷布尔，“真可以说，这是一项意义不可估量的发明。”[9]普雷布尔深受感动，写了一封感谢信——如果公之于众，将会惹怒他的联邦党同志：“请允许我向您献上我深切的祝愿，愿上天护佑您的健康，并大大延长您宝贵的生命，这是我们国家的光荣，也是人性的光荣。”[10]

尽管优素福的公开言论仍是挑衅，但他不再怀疑美国人的决心。有了巴伦准将指挥的横渡大西洋而来的援军，美国在地中海的海军兵力规模比以往任何时候都要大。[11]像其他北非自治政权一样，的黎波里是通过向二流海洋国家榨取进贡而繁荣起来的。坚持跟一个封锁他港口、夺他舰船、炸他城市、与他流放的兄弟合伙以及招募雇佣军对付他的国家打仗，对优素福没有好处，他更愿意看到这个好战的敌人离开，让他独处，因此在普雷布尔准将从地中海起航的当月他就表达了和平的意愿。

受命与的黎波里谈判的美国领事托拜厄斯·利尔转达了美国的条件。美国将不为和平支付任何款项；和平必须是永久性的；战俘将一对一交换；赎金只按交换后优素福手中剩下的美国战俘人数予以给付。在最后这一点上，利尔含蓄地同意了有争议之处，即可以支付“象征性的”赎金来换得威廉·班布里奇和“费城号”舰员的安全释放，以及给优素福提供一条体面地退出战争的途径。但是，1805 年 4 月的黎波里方提出的抗衡条款远远超出了利尔愿意考虑的范围：和平与赎金 20 万美元，否则战争将继续进行。

与此同时，在地中海特遣舰队的最高层，即约翰·罗杰斯和巴伦兄弟之间，发生了一场痛苦且可能致命的争斗。1804 年至 1805 年冬天的大部分时间里，萨缪尔·巴伦准将一直因痛苦的肝病而卧床。他几乎无力提笔写字，只得在锡拉库萨岸上卧床康复，一躺就是几个月。在如此病弱的状态下，他既无法管理舰队的后勤，也无法为即将到来的对的黎波里的夏季战役制订计划，只有把指挥权移交给他的副手约翰·罗杰斯（至少直到他的健康状况改善）才是明智的。但巴伦更喜欢让他的弟弟詹姆斯（特遣舰队排位第三的军官）作为代理指挥官。准将通过詹姆斯发布命令，搞乱了指挥系统，也让罗杰斯这个易怒的军官陷入了有生以来最愤怒的状态之中。他的这种心态让美国驻地中海特遣舰队排名第二和第三的军官之间爆发决斗的可能性越来越大，而此时这支舰队正处于交战状态中。

1805 年夏，这个问题到了非解决不可的地步。当时，詹姆

新思文库·战争的面目系列

海洋帝国：英国海军如何缔造现代世界
[英] 布赖恩·莱弗里

1944阿登战役：希特勒的最后反攻
[英] 安东尼·比弗

最长的一天：1944诺曼底登陆
[美] 科尼利厄斯·瑞恩

遥远的桥：1944市场花园行动
[美] 科尼利厄斯·瑞恩

最后一役：1945柏林战役
[美] 科尼利厄斯·瑞恩

战争史（修订珍藏版）
[英] 约翰·基根

战争的面目：阿金库尔、滑铁卢和索姆河战役
[英] 约翰·基根

六舰：美国海军的诞生与一个国家的起航
[美] 伊恩·托尔

待出书目

激战太平洋：太平洋大海战，1941—1942 2019年10月出版
[美] 伊恩·托尔

征服浪潮：太平洋岛屿之战，1942—1944 2019年12月出版
[美] 伊恩·托尔

决战大洋：第二次世界大战海战全史 2020年出版
[美] 克雷格·L. 西蒙兹

诸神的黄昏：西太平洋之战，1944—1945 2022年出版
[美] 伊恩·托尔

《六舰》勘误

本书第 654—657 页“后续大事年表 1815—2005”下的内容有误，给读者造成不便，谨致歉意。

正确内容如下：

后续大事年表　1815—2005

1 See “Memorandum of Samuel Hambleton,” in MacKenzie, *Life of Stephen Decatur*, appendix, and Williamson, “The Court of Last Resort,” *American History* 33(6) (February 1999):34.

2 Quoted in Long, *Ready to Hazard*, pp. 227–46.

3 TJ to JA, November 1, 1822, in Cappon, ed., *The Adams-Jefferson Letters*, pp. 584–85.

4 Online at “Sea Flags,” http://mysite.verizon.net/vzeohzt4/Seaflags/customs/customs.html.

5 Joshua Humphreys to Secretary of the Navy William Jones, August 20, 1827, Joshua Humphreys Papers, PHS.

6 Joshua Humphreys to Secretary of the Navy William Jones, August 20, 1827, Joshua Humphreys Papers, PHS.

7 TR quoted in Brands, *TR: The Last Romantic*, p. 321.

8 TR to John Hay, September 21, 1897, in Auchincloss, ed., *Theodore Roosevelt: Letters and Speeches,* p. 119.

9 TR to William Sturgis Bigelow, March 29, 1898, in ibid., pp. 142–44.

10 TR to Cecil Spring-Rice, July 3, 1901, in ibid., pp. 230–33.

11 See Morris, *Theodore Rex*, pp. 127–28, 205, 207.

12 Martin, *A Most Fortunate Ship*, p. 298.

13 Quoted in Brands, *TR: The Last Romantic*, p. 609.

14 Grey quoted in Massie, *Castles of Steel: Britain, Germany and the Winning of the Great War at Sea*, p. 694.

15 Quoted in Martin, *A Most Fortunate Ship*, p. 335.

斯·巴伦通过中间人带话给罗杰斯说，“他听说罗杰斯谈到他哥哥的性格时太过无礼，对于这种中伤，詹姆斯将请求罗杰斯在适当的地点和时间予以解释，没有立即这样做，只是因为巴伦准将有病在身”。[12] 罗杰斯回答说，詹姆斯·巴伦是一个“双面犹大”，并表示他期待在回到美国以后接受挑战。他还毫无必要地补充了一句，如果巴伦没有接受这个挑战，“我将把它归因于巴伦先生缺乏一位绅士——一位穿军装的绅士——所不应缺乏的东西”，[13] 并发誓说，就算巴伦没有让中间人给他带话，他自己也会发出决斗的挑战。

所幸这两人都同意将决斗推迟到他们在地中海的使命结束以后。后来，两个人都回到美国后，为了抢先，罗杰斯确实向詹姆斯·巴伦提出了挑战。巴伦同意决斗，但推迟了时间，因为他生病了。在此期间，他们的几个同行介入了此事，协商出了一个避免决斗的解决方案。双方签署了一项声明，表示认可此事已在确保双方体面和满意的情况下得以解决。然而，罗杰斯和詹姆斯·巴伦在后半辈子里延续着彼此之间的刻骨仇恨。

1805 年进攻的黎波里的战役将采用海陆联合攻击。[14] 前美国领事威廉·伊顿将在埃及起兵，穿越沙漠，夺取德尔纳和班加西，并从那里搭乘海军舰艇，航渡锡德拉湾（Gulf of Sidra）后在海岸登陆，在那里他们将发动对的黎波里的最后攻击。如果这项大胆的计划取得成功，优素福就会被废黜，哈迈特·卡拉曼利将夺回宝座。

伊顿的多语种军队包括 8 名美国海军陆战队员，约 70 名希腊雇佣兵，以及约 300 名阿拉伯人和贝都因人。从亚历山大港开始行军是很难办到的事情。那些部落兵多次表示除非给予额外的薪水否则拒绝继续行军，偶尔还威胁要杀死他们信仰基督教的军需官。但是伊顿有能力将这支部队向西带到德尔纳，在那里，一支由艾萨克·赫尔（Isaac Hull）校官指挥的小型分舰队，包括“阿尔戈斯号”、“鹦鹉螺号”和“大黄蜂号”（Hornet）在内，将在海湾下锚，参与攻击。当赫尔的分舰队袭击德尔纳时，伊顿的部队在4月27日猛攻并夺取了该城。这次战斗为海军陆战队提供了其建军神话的重要内容，也为《海军陆战队赞歌》提供了一行歌词：“从蒙特祖马的大厅，到的黎波里的海岸，我们为祖国战斗，无论在陆地还是在海洋。”

当伊顿准备向西推进时，托拜厄斯·利尔与优素福的谈判越来越有建设性。优素福知道他的兄弟是锡德拉湾对岸一支敌对部队的首领，他知道，这个夏天海上的美军将再一次发动攻击，而这一次发起攻击的将是6艘巡航舰而不是1艘。正如帕夏对利尔承认的那样，他对于的黎波里面对这么多兵力的防御能力不抱任何幻想：

> 我知道今年夏天贵国舰队的行动足以减少我的资本；但你们记住，我手中有你们300多个同胞；我坦率地告诉你，如果你们坚持把我逼到绝境，我将同他们一起退到内陆大约140千米外的一座城堡，这城堡我准备用来监禁他们和保护自己的安全。我现在的目标不是金钱，而是通过不让我蒙羞的条款换来和平。

现在，美国人争论的焦点在于是否同意为美国战俘支付一定数额的赎金。伊顿和其他一些人极力主张，优素福必须在美国不支付任何赎金的情况下投降，只有彻底的胜利才能保护美国免遭其他巴巴里国家的侵略。利尔提出的保面子赎金方案受到了班布里奇用青柠汁写的秘密信件的支持，信中报告说，哈迈特在的黎波里并不受欢迎，即便美国人把他扶上宝座，他也不可能坐得长久。的黎波里再来一场政变有可能会引发另一场战争。利尔认为，让已受惩戒的优素福继续掌权符合美国利益。

巴伦准将被利尔的推论和班布里奇的信件说动了，便允许利尔打着休战旗在的黎波里登陆。1805 年 6 月 3 日，经过 5 天的谈判，一项条约产生了。美国不会为了和平或进贡而支付任何费用，但将为美国战俘支付 6 万美元的赎金。哈迈特将被迫从德尔纳撤退。几天后，该条约在“宪法号”的大舱里正式签署。

在 1804 年的军事行动和海军作战成功之后，这项终结的黎波里战争的条约令许多美国人感到失望。令人受不了的，是那 6 万美元的赎金。“我得说，我本来以为是一项不同以往的条约，”史密斯部长刚接到消息时说，“我现在了解了情况，但我真希望这样的和平条约没有缔结。”[15] 夜深人静的时候，伊顿、哈迈特和那些美国人趁着那帮部落兵和雇佣兵还不知道他们已被出卖的时候，从德尔纳偷跑出来，乘小船逃到了“星座号”上。怒不可遏的伊顿公开狠批“利尔阿姨”、巴伦兄弟、罗杰斯和他认为参与签署条约的其他所有人，而且他在国会的盟友也齐力反对批准该条约。普雷布尔在这个问题上并没有给出公开意见，但是私下里他也认同这个条约是“不光彩的”，“有损国家荣誉”。[16]

但是这失望的程度还不足以令人对批准条约产生怀疑。参议院各种抗议声不断，但众议院在 1806 年 4 月投票批准了该条约。举国上下欢迎班布里奇和他手下的官兵安全回家。条约重新开启了利润丰厚的地中海贸易路线。无论与优素福交战还是和平相处，都不会对美国经济造成任何真正的压力。在杰弗逊的世界观中，的黎波里战争是完全可以接受的海外军事冒险。这场战争从规模上说没有超出艾伯特·加勒廷的严格财政限制，它给了美国人民一些值得庆祝的东西，也向世界表明，美国有足够的军事实力来捍卫国家利益。共和党人有理由认为，杰弗逊在他的联邦党前任们失败的地方取得了成功。在次年 12 月的年度国情咨文中，杰弗逊说："巴巴里诸国似乎普遍倾向于尊重与我们的和平与友谊。"

20 年来，杰弗逊一直说要找到解决巴巴里海盗问题的一个国际性的持久办法。他设想了一种制度，在这个制度中，海上贸易国家将组成联军在地中海航道上巡逻，每个成员根据其在地中海贸易的价值按比例贡献军舰、人员或经费。同时，巴巴里诸国将获得新的贸易机会，以取代他们所依赖的进贡、赎金和赃物。这是一个高瞻远瞩的愿景，杰弗逊因此提高了声望。此后数年，他不断向欧洲和美国记者灌输这一理念。

但杰弗逊也完全知道，即使在和平时期，欧洲国家对于联合应对北非问题也从未表现出多少兴趣。在战争期间，他们更是绝对不可能这么做。美国并不是一个大国，无法单枪匹马地改造这个距离遥远、文化迥异的地方。将近 10 年后的 1815 年，斯蒂芬·迪凯特将领导一项任务，一劳永逸地终结巴巴里海盗行为。但在过渡时期，杰弗逊继续执政期间，美国将会仿效其他海洋国家在地中海几个世纪以来的做法。外交官们会通过威逼与利诱的巧妙结合，寻求他们能得到的最佳交易，他们将保持海路对美国船只开放，同时允许巴巴里的暴行落在他人身上。

在担任总统的中期，杰弗逊发现自己处于权力的顶峰。美国正处于因航运和贸易的显著扩张而产生的繁荣浪潮之中。海上贸易给城市带来了巨大的私人财富，同时通过抬高出口食品的价格使农民受益。如果有人怀疑美国不是因欧洲的苦难而繁荣起来的，那么美国经济在 1801 年到 1807 年间的表现就会让他们闭嘴。在 1802 年 3 月到 1803 年 5 月之间的 14 个月里，欧洲因后来流产的《亚眠和约》而暂时休战。直接后果是，美国出口（包括转口）从 1801 年的 9 300 万美元下降到 1803 年的 5 600 万美元。[17] 战争恢复后，1804 年出口增至 7 800 万美元，1805 年达到 9 600 万美元，1807 年达到 1.08 亿美元的峰值。美国造船工业以前所未有的繁荣发展起来，在 1804 年、1805 年和 1806 年这 3 年里，每年都有超过 10 万吨的新船开建和下水。

繁荣的贸易使财政部拥有了关税收入，这比财政部长加勒廷最乐观的预期还要好。[18] 这些意外之财，让不得人心的内部税收得以取消，同时也让加勒廷积极的债务削减目标得以达成，的黎波里战争的意外成本被轻而易举地抵消掉了。在 1803 年，杰弗逊通过从法国收购约 210 万平方千米的路易斯安那领地，进行了美国历史上最大的一笔不动产交易。“路易斯安那收购”使美国的领土扩大了一倍，同时也解决了西部边境地区不稳定和冲突的潜在根源。由于国库收入充裕，因此加勒廷在无须向国会提出加税要求的情况下，设法筹集了完成这笔交易所需的 1 125 万美元现金。

反对派联邦党人一如既往地令人不快且不好对付，但他们伟大的政治与思想领袖亚历山大·汉密尔顿已经去世，而且该党在民意调查中惨败，其生存似乎都成了问题。在 1800 年之前，联邦党人控制着参众两院，在两院都占决定性的多数；但在 1800 年、1802 年和 1804 年的选举连续惨败之后，他们在参议院和众议院与对手的人数比分别变成了 7∶27 和 28∶114，被对手反超。1804 年，杰弗逊在美国历史上最一边倒的总统选举中成功连任。在与南卡罗来纳州的查尔斯·科茨沃思·平克尼的竞选中，夺得了 162 张选举人团票，赢下了除特拉华州和康涅狄格州之外各州的选票，而平克尼仅获 14 票。新罕布什尔州参议员威廉·普卢默（William Plumer）是华盛顿少数幸存的联邦党人之一。他在日记中透露："我个人认为，联邦党再也无法崛起了。"[19]

在第二次就职演说中，杰弗逊请美国人回想一下当初支持其政党的所有原因。共和党人承诺要实现和平、繁荣和结束国内税收。1805 年，举国和平而繁荣，而且"美国人可以幸福而自豪地问，哪个农民、哪个技工、哪个工人见过美国的税务员？"

人们常见杰弗逊骑马穿过华盛顿的大街小巷，身边不带任何随从或侍卫。[20]（他的马车只有在他女儿来访时才会离开白宫的马厩。）他星期天会骑马去教堂，去波托马克河的大瀑布，去安那考斯迪亚河上游的树林，去第七街和第九街之间"中心市场"的商店。他的账本显示，总统参加过科学讲座，看过赛马，欣赏过戏剧表演，而且有一次（1806 年圣诞节三天前）观看了走钢丝表演。他是一个乐此不疲的购物者。国会山或乔治敦商店里的顾客在任何一个下午朝窗外扫视，都有可能看见美国总统跳下马鞍，（正如有人所说的）亲自把缰绳系在商店门口。

尽管他是弗吉尼亚奴隶主贵族的后裔，但在美国人眼中，他已成功地将自己重塑为新古典主义共和党人朴实而谦逊的代表。他后来坚持认为，1800年共和党胜选是“对美国政府原则的一场真正革命，就像1776年独立战争所掀起的革命一样”。[21] 这一观点可以追溯到第一届国会时期。当时美国副总统亚当斯提出，华盛顿总统应该被称呼为“美国总统暨自由保护者阁下”。[22] 杰弗逊曾对麦迪逊说，这个炫耀的头衔是“我听过的最最滑稽的东西”，而麦迪逊也赞同说，它可能“给我们这个襁褓中的政府带来深深的创伤”。这个提议被否决了，但是在18世纪90年代的10年里，在华盛顿和亚当斯主政期间，共和党的记者们还是多次嘲笑那些看起来模仿欧洲宫廷的仪式和时尚的做法。他们反对官方庆祝总统生日的活动，反对总统“招待会”（每周一次，被批评者斥为与旧世界宫廷仪式太相似），反对使用“华盛顿夫人”“亚当斯夫人”之类的用语，也反对把总统肖像印在国家货币上。事后看来，许多这样的批评似乎有点偏执，但对那些认为这会对美国新兴的民主制度构成威胁的同时代人来说，清除这个国家高官要员身上的准保王党的浮华之气似乎很有必要。

作为总统，杰弗逊要求当地民兵不要在他生日那天鸣枪敬礼。除了两次就职典礼外，他拒绝在国会露面。在白宫的晚宴上，所有基于官衔的区别都被取消了，嘉宾在“无论外宾还是内宾，无论有衔还是无衔，无论在职还是离职，一律平等”的基础上获准入内。[23] 上任后，杰弗逊对北卡罗来纳州国会议员纳撒尼尔·梅肯（Nathaniel Macon）说：“招待会已经被废除了。”[24] 总统每年只主持两次公众招待会，一次在7月4日，一次在元旦。杰弗逊宣誓就职后不久（据其外孙托马斯·杰弗逊·伦道夫所述），一群“衣着入时的女士和先生”[25] 出人意料地来到白宫。他们显然不知道每周的总统招待会已经取消了。他们发现总统不在家，便决定等待。过了一段时间，杰弗逊从每天的骑马活动中回来了，尽管他又脏又累，但他的举止并不失礼——他仍然脚穿马靴，手挥马鞭，“像对待他正准备接待的期盼已久的客人一样，和蔼而礼貌地向他们打招呼，看不出有一丝一毫的厌烦。他们从此再也没有这样尝试了”。

为了回应联邦党人对新协议的批评，杰弗逊命人在亲政府的《奥罗拉通用广告报》上发表了一篇辩护词。文章没有署名，就像是编辑写的。在这个匿名的安全面纱背后，杰弗逊使用了异常尖锐的语言。谈到他在1801年3月4日上任的那一天时，他写道：

> 那一天埋葬了每周招待会、生日庆典和王家游行，也埋葬了某些自封为守秩序，实际上守的却是特权秩序的朋友对社会优先地位的霸占……在社会上，无论是否在职，无论国内国外，无论男女，所有人一律平等。因此，无论是在权利上，还是在晚餐、集会或任何其他场合的做法上，没有谁比谁更优先。“无序”和“隔壁”原则构成了这个国家各种社会礼仪的基础。[26]

在白宫一楼工作的时候，杰弗逊不拘礼节的倾向更加明显。他在自己周围摆着书籍、地图、建筑图纸、乐器、机械发明、科学仪器、玫瑰花和天竺葵，天花板下还吊着一只鸟笼，笼里养着一羽百舌鸟。即使是在公务繁忙的时候，总统在音乐、语言、农业、法律、哲学、神学、建筑学、考古学、园艺学等方面也有着自己的兴趣追求。在他两个任期内所写的信件中，除了偶尔提到政治和政策以外，其余的都是各种专题论文，如（这里只随便列举几个科目）煤气灯、美洲土著艺术及工艺品、几何学、拔牙仪器、蒸汽机、雕塑、经度计算、口技、热传导、数学、制钉术、法国葡萄酒以及利用石膏改良土壤等。

总统愿意在早上和中午接待临时访客，就像他愿意在蒙蒂塞洛接待一位邻居那样，但他不承担为该场合进行专门打扮的义务。1802 年，普卢默参议员在众议员约瑟夫·瓦纳姆（Joseph Varnum）的陪同下第一次拜见杰弗逊，事后他回忆说："我们到后不久，一位身材高大、颧骨很高的男人走进了房间。他穿着，或者说漫不经心地披着一身棕色旧外套、红色马甲、弄脏了的旧灯芯绒紧身衣、毛料紧身裤和无跟拖鞋。我以为他是一个仆人，但瓦纳姆将军对我说这是总统，这令我很吃惊。"[27] 英国代办（后来的大使）约翰·福斯特（John Foster）也给出了类似的描述："他穿着一件蓝色外套，一条厚厚的灰色毛背心外叠套了一件红色背心，带珍珠纽扣的绿色平绒短裤，脚后跟下踩着毛线袜子和拖鞋，样子很像一个高个子、大骨架的农民。"[28] 在 1802 年，《晚邮报》（*Evening Post*）的编辑发现他"穿着长筒靴，靴顶卷到了脚踝处，像个弗吉尼亚小伙子。灯芯绒裤因经常浸泡在肥皂水里，由黄色褪成了暗白色。红色单排扣背心加带黄铜纽扣的浅棕色外套都很破旧，亚麻布料非常脏。头发凌乱，胡子拉碴"。[29]

有人把杰弗逊"无心的简朴"解读为蓄意的挑衅。福斯特说，总统忽视国家元首的着装和打扮标准，"迎合了只接受报纸教育的下等人的低级情趣，似乎也乐于羞辱位高权重的人士"。[30]

1803 年 11 月，第一位在华盛顿取得永久居留权的英国大使安东尼·梅里（Anthony Merry）被人引见给杰弗逊。在这个场合，梅里穿着正式的外交礼服：一件深蓝色的外套，饰有金色花边和深黑色天鹅绒；真丝马裤和丝袜；带着锃亮扣子的鞋子；一顶饰有羽毛的帽子；腰带上佩着一柄仪仗剑。由国务卿麦迪逊陪同去白宫的时候，这两人发现门厅里空空荡荡，耳目所及无一仆人。麦迪逊勇敢地带着梅里直接走进通向总统书房的走廊。“杰弗逊先生从另一端的入口进来了，”梅里写信给英国外交大臣霍克斯伯里勋爵（Lord Hawkesbury）时说，“我们三人挤在这狭窄的地方，为了腾出空间，我不得不退出来。就在这个尴尬的处境里，麦迪逊先生把我介绍给了总统。”[31]

这次走廊引见的手风琴效应令人尴尬，但远不如大使华丽的穿戴与杰弗逊随意的着装之间的对比来得难堪，当时杰弗逊“脚穿拖鞋，裤子、外套和内衣的穿搭让他看起来很不修边幅，对外表不以为意，处于一种故意而为的随意之中”。[32]

这种失态可能应归咎于麦迪逊，因为对华盛顿轻松随意的官方礼仪进行解释是他的责任。梅里本应得到明白的提醒，但显然没有人提醒过他。然而如果不是 12 月 2 日白宫晚宴上的第二次挑衅，那次尴尬的介绍本来会被遗忘的。来客中有位法国代办，名叫路易–安德烈·潘雄（Louis-André Pinchon）。邀请两个交战国家的外交使节同桌是一个外交礼节上的错误。梅里大使生气了，但他显然把愤怒掩饰得很好。真正令他愤慨的事情发生在聚会人员从客厅走进餐厅的时候。梅里相信自己是贵宾。照此，欧洲宫廷的外交礼仪要求杰弗逊请伊丽莎白·梅里（Elizabeth Merry）挽住他的胳膊，陪她到桌旁，请她坐在他的右手边。然而，杰弗逊将多莉·麦迪逊护送到桌边，并将她安置在梅里夫人认为本应属于她的位置。梅里夫妇被迫争夺他们的椅子。梅里先生被一个地位低下的国会议员用肘挤开了。梅里向他的政府报告说，所有这一切的发生，“杰弗逊都没有使用任何手段加以制止，他也不关心位子被占之后我应该坐在哪里”。[33]

四天后，梅里和其他使节应邀到麦迪逊家吃饭，也发生了同样随意的情况。詹姆斯·麦迪逊向汉娜·加勒廷（Hanna Gallatin）伸出了手臂，让梅里夫人自己照顾自己，也让梅里先生处于“显而易见的愤怒”之中。梅里满怀怒气，盘子一清走，他就命人把马车驾来了。在接下来的几个星期里，这些外交官和各内阁部长彼此怠慢，这些细节在英国、法国和西班牙大使发往伦敦、巴黎和马德里的公文里讲得很清楚。梅里夫妇婉拒了史密斯夫妇和迪尔伯恩夫妇的晚餐邀请。梅里接受了加勒廷夫妇喝茶的邀请，但没有露面。12月底，梅里向政府报告说，他决定“避免在一切有可能对我和我妻子缺乏敬意的场合露面，除非您命令我出席”。

对也罢，错也罢，杰弗逊指责伊丽莎白·梅里是此次持续积怨的真正根源。他告诉美国驻伦敦大使詹姆斯·门罗，说她是一个“泼妇”[34]，“已经极度扰乱了我们的和谐……如果（她）非要坚持，那她就必须在家喝汤，而我们应努力让梅里先生融入社会，就当她不存在”。

1804年1月，麦迪逊国务卿向梅里提供了一份正式的解释。美国外交礼仪遵循“无序”的规则。[35]宴会座次安排不是由官衔等级决定的，而是遵循朋友之间私人宴会上同样的随意性。杰弗逊一直都护送其内阁官员的妻子们入席，以后他也不会改变这个习惯。梅里可能会觉得这些做法令人反感，但确立自己的外交礼仪规范是东道国的权利，而且，正如杰弗逊对门罗所说，“我们也要努力在圣詹姆士宫强推我们的平等原则，就像梅里在华盛顿强推他的优先原则一样”。[36]

下一批公文从伦敦寄来了，霍克斯伯里勋爵坚决要求梅里遵从美国的礼仪。就公共外交而言，这一复杂局面至此告一段落。但梅里夫妇继续婉拒白宫的邀请，因为他们认定美国应当首先向自己道歉。这个道歉，杰弗逊并不认为该给，也不愿意给。

梅里事件对未来的历史进程产生影响了吗？国与国之间能容得下一双拖鞋吗？有关谁向谁的妻子伸出了哪只手的争论会以战争告终吗？亨利·亚当斯从杰弗逊的角度掂量了一个事实：“美国没有一条法律或条约禁止杰弗逊穿无跟拖鞋乃至光脚接待梅里，如果他认为这么做很合适的话。”[37] 由此他得出结论说，这次拖鞋与门廊之争“在美英外交史上留下了刻薄的印记，直到战争抹去这彼此讨厌的记忆”。

“路易斯安那收购”解决了美国与法国在西部边境上的冲突，让杰弗逊和他的内阁得以集中精力处理国家外交政策议程上重要性仅次于此的项目。其中最突出的是如何保证美国在中立国海域的权益，以及如何防止美国船在海上不断被骚扰。随着美国商船规模越来越大，越来越成功，后一危机越发严重。美国在这个问题上对欧洲几个大国均有不满，其中英国皇家海军的优势使得英国成为对美国伤害最大的国家。从 1803 年年底开始，杰弗逊政府对英国政府采取了一种新的强硬态度，似乎决心要达成一项确保美国海上权益的新条约。

在致梅里大使的一系列语气冰冷的正式信函中，麦迪逊国务卿对英国军舰骚扰美国商船、侵犯美国领海、以可疑借口扣押在美国看来应受美国国旗神圣护佑的船只与货物的行为提出了抗议。1803 年平安夜，麦迪逊致函梅里，抗议英国“柏勒罗丰号”（Bellerophon）军舰上一名军官在西印度群岛强登一艘美国商船并在花名册上写下如下文字：“圣多明各岛上所有港口均在英王陛下海军分舰队封锁之下，特此警告贵船离开本岛，若被见到，贵船将成为我方战利品。”[38] 麦迪逊抱怨说，这种无礼涂改花名册的行径令人反感，但更令人反感的是英国宣布封锁却又不严格执行封锁的做法，即所谓的“纸上封锁”。麦迪逊援引一系列令人印象深刻的国际法先例，指出英国无权宣布封锁“有着宽广地域和众多港口及商业区的整个岛屿”，除非英国海军有足够的意志和能力在每个港口外海派驻足够军力执行此项任务。

梅里自己也有一肚子牢骚。[39] 他指责说，美国各海港的地方官员经常怂恿英国海员逃离英国商船和海军舰船。这一问题在杰弗逊和麦迪逊的家乡弗吉尼亚州尤为严重，几乎每次英国的舰船进入诺福克港都有人逃跑，而这与当地法院及其官员的鼓励不无关系。梅里说，已知有几位这样的逃兵，在美国准备驶向地中海的巡航舰（塞缪尔·巴伦的支援舰队）上当了兵。梅里还对英国军舰在纽约被扣留一事提出抗议，当时这些军舰涉嫌谋划尾随一艘法国私掠船出海，并在美国领海对该船发动攻击。

美国和英国之间最激烈的争端是英国将美国海员“强征”至英国海军。[40]1804 年整个夏天，麦迪逊都在向梅里提出愤怒的抗议，据这位大使描述，“措辞强硬……甚至伴有一定程度的威胁”。麦迪逊告诉梅里，美国人将不再容忍从美国船上强征水兵的行为，英国必须放弃这种做法。几周后，美国驻伦敦大使詹姆斯·门罗向英国外交部抗议，自1803年3月以来，已有1 500多名美国人被迫加入皇家海军。事实上，1804年整个夏天，强征水兵事件都在急剧增加，如果英国政府也持支持态度，这样的事件很可能会进一步增加。

强征海员的制度基于英国人的信条，即“不可废除的忠诚和国王陛下公认的特权要求所有海员为王国服务”。[41] 在英国，这是由“强征部队”在各海港负责执行的。这些部队在海滨临近水域巡逻，实施野蛮的当场强征行动，声称将目标锁定在“于江河舟船上进行航行作业的雇工或人士”，但结果往往是扣留所有不幸处于该部队巡逻线路上的成年壮丁。强征行动也在海上进行。[42] 英国海军舰艇的检查组会登上英国和外国商船的甲板来抓人。英国法律从来没有表明英国有权把外国人强行征入英国海军，美国独立前后出生的美国人理论上是受豁免的，但是所有在英国出生的海员都是可以强征入伍的，包括那些被归化为美国公民的人。实际的问题在于，无论从语言上还是从外貌上，要区分英国海员和美国海员几乎是不可能的。结果，大批土生土长的美国海员在1792年到1812年间被绑架并被迫在皇家海军服役。

具体有多少人被抓，目前还不清楚。强征事件往往无人报案。根据定义，英国人认为所有被强征的人都是他们自己的人，所以英国海军的记录没有具体说明有多少美国人被迫服役。当时估计的人数高达5万，但这肯定远远高于实际数字。美国国务院和驻伦敦的派出机构汇编了试图通过官方渠道获得释放的被强征人员名单。在去除了重复的名字后，这些名单显示，在1796年到1812年间遭强征的美国人有 9 991 人。在这些人中，约有 6 000 人是在 1803 年之后被强征的，这是《亚眠和约》失败和英国首相小威廉·皮特重新掌权之后的时期。

在这个时代影响英国和美国海员的强征现象，放在三个相关趋势的背景中最好理解。首先，是皇家海军规模的空前扩大。在 1792 年战争爆发之前，英国舰队雇用了大约 1 万名士兵；到 1812 年，这个数字已经增长到 14 万。其次，是同期美国的商船服务也在以史无前例的速度扩张。美国商船的雇用人数从 1792 年以前的不到 1 万名上升到 1812 年前高峰期的 7 万名左右。到 1800 年，美国已成为世界上最大的中立海上力量，而且优势相当大。最后，是当时从皇家海军逃跑的行为很普遍。霍拉肖·纳尔逊估计，在 1793 年到 1801 年之间，有 4 万人逃离了皇家海军，而塞西尔·斯科特·福里斯特（Cecil Scott Forester）则认为，在 1803 年到 1812 年之间，英国军舰上有"至少"一半士兵都是一有机会就逃跑。每逃走一人，就得有一人顶替。通常情况下，顶替他的是被抓来的壮丁。但最有可能逃跑的恰恰是被抓来的壮丁。这是一个恶性循环，持续时间越长，就变得越严重。

许多英国海员都自发地跑到美国舰船上去，这不是什么秘密。这些海员中有些是逃兵，有些虽然不是逃兵，却因出生于英国而容易被抓走。他们被更好的待遇、更好的工作条件吸引，航行结束时肯定会被释放也是吸引他们的一个原因。一旦受雇于美国船，他们就可以冒充土生土长的美国人，往往还能得到长官和船友的积极配合。美国财政部长加勒廷以典型的坦率方式告诉杰弗逊，美国船雇用的英国海员的人数超过了被强征到英国军舰的美国船员的人数。

他说，从1803年到1807年，美国商船的总吨位每年增长7万吨左右，在每年增加的4 200名海员中，有1/3到1/2可能是英国人。此外，英国水手往往是训练有素、经验丰富的“一等水手”。加勒廷估计，在1807年之前的两年里，在美国商船雇用的18 000名船员中，有一半是英国人。[43]英军北美基地总司令海军上将乔治·克兰菲尔德·伯克利爵士（Sir George Cranfield Berkeley）说，“（美国）军舰和商贸船队发放的高工资让我们的士兵无法抵御”，而且“按照能获得的最佳情报”估计，“目前有逾1万名持有这些护照的英国海员在美国军队服役”。还有人估计这个数字高达2万。

为了满足其贪婪的用人胃口，英国皇家海军决定尽可能多地夺回这些英国出生的海员。英国海军部命令指挥官拦截和搜查美国商船，并扣押所有他们能够识别的英国船员。如何辨别哪些人是英国人，由指挥官自行决定。美国人携带的正式公民身份证明，被称为“护照”，但英国海员要获得这些文件并不很困难。英国人认为这些护照是假的，往往视若无物：“这种对美国正式的公民证件的公然而无法抵赖的滥用，迫使当局（英国海军部）以极其不信任的态度审查这些证件。”[44]

大多数的强征事件都发生在北美海岸附近，通常在美国3英里领海范围内，在弗吉尼亚角、特拉华角、桑迪胡克（纽约）、罗得岛和波士顿的主要航道上。在某些情况下，美国船上被抢走的人太多，结果人手不够，很不安全，只能尽可能行驶到最近的安全港口。英军指挥官因为在离伦敦很远的地方工作，执行命令的尺度比较宽泛。常见的策略是，凡名字冠有苏格兰语前缀“Mc”或“Mac”的人一律征用。跟他们说苏格兰人已经移民到美国近两百年是没有用的。有些人干脆忽略民族身份的细节，公开宣布要把美国人抓到他们船上。正如1797年一位英国船长用令人钦佩的坦率方式所说的："我的责任是让我的船保持满员，只要我发现有和我讲同一种语言的人，无论是在哪发现的，我都会把他们强征入伍。他们当中不少是英国臣民，但出示美国公民证明的人我也照样抓走。"[45]

一旦被征入皇家海军，美国海员便马上面临迫不得已的选择。他可以"登记入册"，即正式入伍，这样，他就有了领取薪水的资格。然而这样一来，他就放弃了通过官方渠道申请释放的权利。如果他拒绝登记入册，他将仍然被迫作为船员服役，但分文不得。如果拒绝服从命令，他会被鞭子打个半死。如果在值勤中受伤或残疾，他将被扔在最近的海岸了事，没有领取退休金或在海军医院接受治疗的资格。他的军官可能会没收并销毁他的身份证明，并采取措施，防止他与美国政府官员联系，提出释放他的请求。即使是通过外交渠道提出抗议，也有可能遭到英国海军部以任何站不住脚的借口予以拒绝。就算申诉获得了释放令，指挥官在必要时也会将其无限期地束之高阁。在这两种情况下，上诉过程都可能会拖延数年。

由于这种制度的反常逻辑，被抓来的美国海员就变成了英国政府的臣民。他可能被迫在英国的战争中作战和死去。在1812年美英战争爆发后，他可能被迫参战并杀害自己的同胞。如果他成功逃脱，他会永远被贴上逃兵的标签，余生在陆地和海洋上都将被追捕。如果他后来在1812年战争期间在美国海军服役且被俘，他就可能会被判为叛徒并被处死。

为什么这一闹剧会持续如此之久，还有这么大的规模？赞同抓壮丁的态度源于跟拿破仑的战争进行到中后期时英国面临的极大压力。看来绝境要用绝招。英国人认为，他们在代表所有文明国家打一场公正且必要的战争。皇家海军是拿破仑征服世界的野心的最后一道屏障。英国舆论有一种声音认为，美国人是不守原则的拾荒者，当英国阻击这个科西嘉暴君统治之时，他们却通过战时贸易中饱私囊。如果美国人串通一气，把人手从皇家海军抽走，如果没有可行的办法来阻止海员流失，那么何不让一些扬基水手加入这场伟大的运动中来呢？

杰弗逊和麦迪逊希望说服英国和其他欧洲交战国承认美国拥有更多的海洋权利，并总结为一句口号："自由的船只产生自由的商品。"杰弗逊选择用隐喻来证明美国的立场。在文明社会中，"公路、教堂、剧院或其他公共场所但凡有一个人在场，这个场所就不可侵犯……没有一个国家有权根据它们的法律来管辖他国航行在大海上的舰船。那么，在该船和平有序地利用共同环境的情况下，哪条法律允许他们登上这艘船？"[46]

战时中立国海上权利问题并不是一个新问题，它受一系列错综复杂的历史和法律先例的制约。交战国海军有权拦截和搜查中立的商船，也有权阻止向敌国港口运送武器、弹药和军需等"违禁品"。然而，交战国往往喜欢对违禁品进行过宽的界定，范围超出了中立国愿意接受的程度。例如，1778 年至 1783 年间，英国拦截从波罗的海港口运往法国的海军补给品和木材，激起了几个中立海洋势力的愤慨。中立国加入了"武装中立同盟"，如果权利得不到尊重，他们就决心向英国宣战。（这一威胁对英国政府决定承认美国独立产生了影响。）杰弗逊和麦迪逊并未质疑英国截停美国商船并搜查违禁品的权利，也未对其封锁敌港的权利提出异议，但他们坚持缩小违禁品的范围，并反对“纸上封锁”，因为这给了皇家海军在即便没有运载违禁品的情况下抓捕和处罚美国船的借口。

1804年5月，小皮特内阁重新执掌权力，英国政府对中立国的海上权利采取了不那么苛刻的做法。英国海军几乎在海上扫清了法国商船，切断了法国与其剩余海外殖民地之间的联系。英国人决心不让法国将传统的殖民地商船转变为中立国船只，不让其经济继续繁荣下去。根据一项被称为《1756年法令》——因其源于1756年至1763年的英法“七年战争”而得名——的争议性文件，如果某国在和平时期不得使用某一航线，则该国在该航线上携运货物的权利英国不予承认。例如，如果法国和平时期的商业限制政策禁止外国船只（像它们通常所做的那样）在瓜德罗普和勒阿弗尔之间运送货物，那么战时英国就不会承认第三个国家在同一条航线上进行贸易的权利（当时海洋对法国商人而言不再安全）。在拿破仑战争时期，像此前的冲突一样，该法令有一个非常具体的目标：斩断法国和法属西印度群岛之间的所有贸易通道。

美国商人为了绕过《1756年法令》，以进口的名义购买了大量的糖和咖啡并运回美国，貌似要直接进口到美国国内市场，但随后却“转口贸易”到了欧洲。为了洗白书面记录，他们真的把这些货物从船上卸了下来，堆放在美国海港的码头上。他们向美国财政部支付了进口关税（后来又退了税），并开出了新的提货单。随后他们把这些“美国化”的货物重新装运，往往是装回将其运来的同一艘船上。这种“转口贸易”的规模从1796年的2 600万美元增长到了1805年的5 300万美元，成了美国海洋经济的主要引擎。[47]

多年来，英国在转口贸易方面一直默许一条原则，即中立国拥有为了自身利益携运非违禁品的权利。这条原则于1805年7月22日作废，当时新普罗维登斯（今巴哈马）拿骚一家代理海事法庭就一起案件做出了一项判决，宣布该做法属非法行为。该案涉及一艘名为“埃塞克斯号”的美国双桅商船。该船在马萨诸塞州塞勒姆将一船从西班牙购买的商品卸到码头上，付了关税，然后重新装船，驶往哈瓦那，结果被一艘英国私掠船“喜爱号”（Favourite）缴获。法庭裁定，“埃塞克斯号”上携载的货物是从西班牙运来的，在塞勒姆靠港“只为掩盖其真实目的……该船实际上是驶往哈瓦那，途经塞勒姆的”。[48] 由于绕道塞勒姆仅仅是出于逃避《1756年法令》的目的，“埃塞克斯号”上的货物被英国宣布为合法战利品。法官威廉·斯科特爵士（Sir William Scott）为判决进行了辩护。他说：“对于欺骗性迂回航程，我绝不会给予其直航无权享有的豁免权。”这一判决随后得到了白厅的支持。

无论对“埃塞克斯号”裁决的法律依据是什么，它导致数百艘美国商船在大西洋沿岸被扣押。这项政策立即为英国许多不同的利益团体带来了好处，尤其是皇家海军官兵，发了一笔意外的战利品大财。许多船被收缴以后，法院判决的消息才传到美国各大海港。海运保费飙升至400%。美国人抗议说这些突然袭击与海盗行径没什么两样，并且把英国人与巴巴里海盗相提并论。据《诺福克公报》（*Norfolk Gazette and Ledger*）记载，1805年10月1日，弗吉尼亚的“安·伊丽莎白号”（Ann Elizabeth）商船在从马拉加驶往诺福克的途中被一艘16炮英国双桅横帆船上的船员登了船。美国船长报告说，一支10到12人的全副武装的登船队，“砸开我的行李箱，抢走了我的衣服、200美元现金，还有我的手表、帽子、鞋子、吊床和床单，连一件衬衫都没给我留下……我所有的航海日志，还有大副的衣服和20美元……他们还毁坏了我的证件和账本。他们极其狠毒地殴打了大副和其他人”。[49]

在英国，反美情绪高涨，媒体普遍为“埃塞克斯号”的裁决叫好，要么就是抱怨这么做还很不够。许多人想知道，为什么英国不干脆动用全部海军兵力把美国的贸易全部抢过来。有少数人要求全面宣战，甚至侵入北美，为重新占领前殖民地而打一仗。当时有本英文小册子对这种敌意的来源进行了描述：

> 对美国的仇恨似乎是这个国家普遍的情绪。无论是因为他们没有王室和贵族，因而不是一个有教养的国家，还是因为他们的举止不像我们这样彬彬有礼，还是我们因他们的独立而妒忌，并渴望垄断他们的贸易，还是他们在语言、性格和法律上与我们非常相似……不可否认的事实是，大多数人很想和他们打仗。[50]

1805年10月，一位名叫詹姆斯·斯蒂芬（James Stephen）的律师出版了一本题为《伪装战争——中立旗帜下的骗子》（*War in Disguise; Or the Frauds of Neutral Flags*）的著作。书中认为，美国谋划绕过贸易限制，以破坏英国的应战举措，应当被视为拿破仑的同谋。《伪装战争》一书发行范围很广，影响巨大，为小皮特政府的侵略政策赢得了公众的支持。同月，纳尔逊在特拉法尔加海战中歼灭了法国和西班牙联合舰队。如果说有人对英国摧毁美国航运业的意愿尚有怀疑的话，那么至少没有人再对英国是否具备这样做的能力提出怀疑。英国海军部自豪地宣称：“风和浪都在英国的充分控制之下，不经允许，没有一艘船可以扬帆！”[51]

美国人听说“埃塞克斯号”的消息后，普遍感到非常愤怒。梅里大使描述了“这一来自英国的消息所激起的轰动和喧嚣”。[52]来自各大商圈和海港社区的诉状和请愿书涌向了华盛顿。杰弗逊将其转发给国会，并补充说明了自己的意见，他说英国的政策“正对美国的合法贸易和航运产生最具破坏性的影响”。[53]在1805年至1807年间，大约有469艘美国船被迫驶入英国港口接受裁决。杰弗逊为12月举行的第九届国会第一次会议草拟的1805年年度国情咨文提到了英国皇家海军“在美国海岸和港口的做法对美国的商业和贸易带来了很大的干扰和压迫”。

私下里，杰弗逊担心共和党对常备陆军和海军众所周知的敌意会助长欧洲的侵略。他写信给库珀法官说：“我们对和平由衷的热爱与信奉已经开始在欧洲滋生了一种看法，即美国政府奉行贵格会原则，右脸被扇了还会把左脸转过去。这一看法必须在合适的机会来临之际予以纠正，否则我们将成为所有国家劫掠的对象。”[54]

麦迪逊退回办公室潜心写作，写出了一本200页的专著，对“埃塞克斯号”裁决的合法性进行了抨击，标题叫《检视英国人的信条》（*An Examination of British Doctrine*）。专著的副本发到了参众两院各位议员手中。《检视》一书援引了多个世纪以来的先例，无可置疑地证明了英国的做法公然违背了世所公认的国际海洋法原则。该书研究详尽，推理严谨，论证精彩，毫不啰唆。最有力的反驳来自弗吉尼亚州国会议员约翰·伦道夫（John Randolph）。他认可麦迪逊律师一般的渊博学识，但认为他的努力不过是“用一先令的小册子抗击英国 800 艘军舰”。

伦道夫是杰弗逊的远房表亲，也是麦迪逊原来的朋友和盟友，时任众议院筹款委员会主席。他是一个娴熟的辩论家，也是号称“老共和党人”的国会派系领袖。伦道夫及其追随者宣称支持该党传统的核心原则，反对杰弗逊政府偏离这些原则。他说，中立性运输业无关重大国家利益，不值得为之奋斗。不应当为了支持“这一战争蘑菇、这一战争霉菌”而将美国人的生命、美国的财富和美国的独立置于危险之中。认为美国能够或有机会向英国对海洋的统治叫板，这种观点是十分荒谬的。伦道夫问道：“难道这头美洲森林的巨型猛犸要离开土生土长的环境，一头扎进水里与鲨鱼进行一场疯狂的搏斗吗？让他待在岸上吧，别让他受贻贝和滨螺的刺激！”这名弗吉尼亚人相信美国的爱国者会击退所有针对美国陆地的侵略，他对此毫不怀疑，但说到海洋，“我永远也不同意为了我无法保护的东西去参战。我认为，我们可以毫不丧失尊严地对这头深海巨兽说，‘我们无法在你的地盘与你抗衡，但若你闯入我们的疆域，我们将为捍卫它而血战到底’”。[55]

伦道夫和他的盟友迫切要求禁运，禁止所有美国船离开美国港口。他们的理由是，从海上全线回撤后，美国就不会再与各交战国产生充满敌意的接触了。“在六个月内，”伦道夫说，“所有的商业困难都将消于无形。”至于禁运可能带来的国内经济阵痛，伦道夫承认“可能会很强烈”，但他坚持说：“我们可以挺过去。”

经过几个星期的争论之后，国会投票通过的不是贸易制裁，而是一项与美国独立战争精神一脉相承的政策。国会1806年3月25日通过的《禁止进口法》（Non-Importation Act）经总统签署于11月15日生效，决定全面禁止从英国进口所有“奢侈品”和工业产品。

1806年4月，两艘皇家海军巡航舰“威尔士号”（Cambrian）和“利安德号”（Leander）在桑迪胡克外海往返纽约港的海上走廊里顶风停航。只要天气晴朗，两舰就会设法截停并搜查在纽约港内外航行的几乎每艘商船。“利安德号”上一位名叫巴兹尔·霍尔（Basil Hall）的见习军官对此事做了如下描述：

> 每天早上天一亮，我们就开始拦截见到的所有船只，左右开炮以让每艘航行中的船停下来，等我们得空时派一艘小艇登临“检视”，用我们的行话来说，就是“看看它是用什么做的”。我经常会看到十几艘，有时二十几艘船停在港外一两里格处，它们失去了顺风顺水航行的时机。更糟的是，它们得等很多个钟头，有时要一整天，我们的搜查才告结束，这给它们的生意带来了极大损失。[56]

很少有船会为了安全而逃回港内。被一发18磅炮弹直接命中足以让一艘小商船在几分钟内沉没。当“威尔士号”或“利安德号”鸣炮示警时，被拦截的船迅速“松帆停船”，并等待登船队越舷上船。一位英国军官会索要并检查船上的文件。任何缺陷，无论是真实的还是臆想的，都足以引发将该船扣留并开到哈利法克斯交由英国海事法庭裁决的命令。然后他们会用许多不同的借口进行责难，文件丢失啦，某船员手里的私人信件上有某法国港口的标记啦，货舱里某个桶子上贴了张印花啦等等。即使案件的判决结果有利于船主，长时间的延误也会导致货物腐烂和损坏，而延误造成的损失不准索赔。[57]用见习军官霍尔的话来说，登船队还会强征所有“他们有理由，或宣称他们有理由”相信属于英王臣民的水手。

1806年春，“威尔士号”和“利安德号”在纽约外海的存在开始越来越像和平时期的封锁。在美国商人和海员眼中，这两艘船臭名昭著。4月24日发生的一起事件引发了公愤。[58]“利安德号”对一艘向港内行驶的商船鸣炮警告，炮弹越过这艘船的船首，打在了另一艘船的尾舷栏杆上。这艘船叫“理查德号”（Richard），是特拉华州的一艘小型单桅纵帆船。撞击产生的一块碎片让“理查德号”上的舵手约翰·皮尔斯（John Pierce）身首异处。当天下午晚些时候，皮尔斯的头部和躯干被一群愤怒的人抬到曼哈顿下城的岸上游行。他们朝英国领事馆的窗户扔石块，碰巧在城里的英国军官不得不躲藏起来。这位烈士的遗体被放置在汤鼎咖啡馆外公开展示。大陪审团以谋杀罪起诉了“利安德号”舰长亨利·惠特比（Henry Whitby）。

在接下来的几个星期里，消息传遍南北，人们普遍感到愤怒。“我清楚地记得皮尔斯被杀所激起的轰动，”纽约州国会议员德威特·克林顿（DeWitt Clinton）后来回忆说，“一股爱国热情弥漫整个社会，从佐治亚州到缅因州，感觉就像触电一样。”[59]

就在这个消息传到华盛顿的同一天，杰弗逊发布了一份公告：“利安德号”舰长惠特比一旦踏上美国领土，就将被逮捕并交送纽约当局就此次谋杀指控进行答辩。[60]“利安德号”、“威尔士号”和另一艘船“驾驭者号”（Driver）被命令“立即离开美国港口和水域，不得延误”。如果被驱逐的巡航舰不遵守命令，则美国公民禁止向它们提供给养、淡水、领航服务和“任何形式的补给”。

杰弗逊私下里说，皇家海军在桑迪胡克的存在是“对美国领土权利的粗暴侵犯”。[61] 他考虑过派三艘美国巡航舰去纽约执行其命令，但梅里保证英国分舰队“不会留在那里”。权衡之后，杰弗逊最终没有派出战舰。5 月 4 日，杰弗逊写信给驻伦敦大使詹姆斯·门罗时，似乎决心要维护美国在西大西洋的统治地位：

> 英国可能会靠小偷小摸和各种阻挠（在海上）对我们有少许抑制，但它做什么都无法在那里妨碍我们一年的发展。我们在那里会得到其他国家的支持，并会像它们那样大力投入，组建一部分能与英国抗衡的海军……我们有可供 50 艘战列舰和 25 艘巡航舰使用的海员和物资；要是法国给我们资金，以英国的方式来装备，美国就可以向英国严肃地证明，我们的家世和我们接受的教育一点都不差……
>
> 我们开始提出这样一个看法，即整个墨西哥湾都是我们的水域。目前，敌对行动和巡航在这里是不受欢迎的。将来一旦全民形成共识或国家实力许可，这些行为将立即被禁止。[62]

的黎波里战争结束后，美国再一次进行了海军裁员。杰弗逊命令军官们休假，士兵退伍，并将舰船后备闲置（封存）。正如 1801 年时一样，杰弗逊坚持认为，应当将所有的巡航舰沿波托马克河开到华盛顿海军造船厂，在那里它们将处于“政府监管之下”，[63] 只需“少量兵员”照看即可。截止到1805年12月中旬，最初的6艘巡航舰有5艘在造船厂，要么已被拆解，要么正在被拆解。[64]只有“宪法号”仍在地中海巡逻，以防巴巴里诸国再次劫掠。

眼看英美两国海上局势日益紧张，1806年春天，海军部长罗伯特·史密斯开始施压，要求进行大规模的海军建设。他提议让所有的巡航舰重新服役，并要求国会为建造战列舰和炮艇的紧急计划提供资金。[65]虽然财政部有大量盈余资金，但艾伯特·加勒廷在开支问题上仍然是一个鹰派。他问，一支大型海军，“由于主张开战，不出意料地将我们拖入巨额费用和外交关系的旋涡，这样做所产生的恶果，是否比它意欲防止的后果还要严重”。[66]加勒廷就史密斯对海军部的管理及其频繁“申请大笔经费”的行为进行了抨击。[67]这次内阁内部的辩论很快升级为争斗，而在争斗过程中，史密斯家族在国会强大的影响力开始发挥作用。

当时，国会对港口防御比对远洋海军更感兴趣。经过一番辩论之后，1806年4月21日，它为港口防御和建造炮艇分别拨款15万美元和25万美元。[68]同一法令将海军人员限制为13名船长、9名校官、72名尉官、150名见习军官以及925名水兵。海军将卖掉所有“严重失修，且对其加以维修不符合美国利益”的舰艇。[69]

非现役军官薪金被减半，由于半薪几乎不足以在岸上舒适地生活，许多人跑到商船上谋取职位。“我已经获准休假，上了一艘开往中国的船，”艾萨克·昌西校官写信给普雷布尔说，“如果我可以从那个国家给您带点什么东西，我很乐意接到您的命令。我看不到国会为海军和军官做任何事情的前景，因此我们越早在私家船上找到称心的工作越好……”[70]有些见习军官甚至愿意“待在桅杆前面”，也就是说，愿意当普通水手。

即便在大多数海军舰艇不在现役期间，任职和晋升的竞争也很激烈。[71] 在 1815 年之前的海军，军官队伍中每一个职缺都至少有四五人竞争。罗伯特·史密斯对待任职和晋升的问题非常认真，结果在他任职海军部的 8 年里，海军军官队伍的总体素质得到了大幅提升。海军总会计师查尔斯·戈尔兹伯勒（Charles Goldsborough）说，史密斯“发现极有前途的年轻海军军官的优点时特别高兴”。[72] 在他的领导下，新的军官加入海军，并且在青年时期就摸清了门道。

海军军官学校的入学申请与现代大学入学申请的基本要素完全相同，即此前学业成绩的证明、推荐函和申请人亲笔撰写的论文。来自乔治敦的 16 岁的查利·博尔曼（Charley Boarman）就是一个成功的例子。[73] 查利的申请信随华盛顿市长罗伯特·布伦特（Robert Brent）的推荐函寄到了海军部。布伦特承认，“我个人并不熟悉这个男孩”，但他补充说，查利的父亲“一直保持着最好的品格”。信后还附上了博尔曼先生写给市长的信，其中介绍了他儿子的学历。查利已在乔治敦学院上了几年学，“因此已经学了一段时间的外语，也像他同年龄的大多数人一样精通算术”。最后是查利自己的信：

> 虽然只有 16 岁，但我已经开始当自己是一个男人了！为什么不呢？据说，亚历山大个子矮小，但声名赋予他的赞誉和荣耀，证明他拥有一个伟大的灵魂。先生们，矮小的大卫难道不如非利士巨人歌利亚善战吗？我仿佛已听到了大炮的轰鸣，我的灵魂迫不及待，急切地催我奔赴战场！[74]

所有人都同意，海军军官只有在海上服现役，才能得到训练并成长。在的黎波里战争之后的几年里，大部分巡航舰都不在役，这样的机会很有限。虽然他们不能出海，但见习军官至少可以在岸上接受训练和教育。1805 年至 1807 年间，“国会号”巡航舰在华盛顿海军造船厂附近的波托马克河东部支流停泊时，见习军官们在舰上参加了写作、数学和航海的日常课程。因此“国会号”成了美国海军学院的鼻祖。

史密斯部长在提拔舰长和校官时同样坚决，他有时会将低级军官晋升到比他们更为资深的同僚更高的职位。1807 年 7 月，海军舰长和校官的平均年龄是 34 岁。[75] 指挥官队伍中有几位领军人物很早就被提拔了。[76] 在美法准战争期间，约翰·罗杰斯和威廉·班布里奇都是才 26 岁就晋升为舰长。作为摧毁“费城号”的奖励，25 岁的斯蒂芬·迪凯特连升两级，从尉官越过校官直接升至舰长。因此，那些被越级的人深感不满。安德鲁·斯特雷特尉官在 1801 年指挥“企业号”时俘获了一艘的黎波里桨帆船，却没有获得晋升，这令他难以忍受。[77] 他递交了辞呈，并告诉史密斯部长，他“不甘心低级军官以越级晋升的方式超过自己，接受原低级军官的领导也不符合正确的荣誉原则”。史密斯无动于衷。他说，对战斗中非凡行为的奖赏，将激励他人“做出同样英勇的行为”。部长对于失去斯特雷特感到很遗憾，但他宁可接受辞呈，也“不会放弃一项被认为对海军利益至关重要……且向所有人提供平等获益手段的原则”。

1806 年 1 月，小威廉·皮特去世，其内阁被格伦维尔勋爵（Lord Grenville）领导的“贤能内阁”取代。新外交大臣查尔斯·詹姆斯·福克斯（Charles James Fox）是辉格党领导人，曾主张保护爱尔兰天主教徒的权利、与法国谈判达成和平、改革英国议会以及尊重中立国的海洋权利。福克斯被认为是美国的朋友，杰弗逊对他的任命感到欣慰。“就个人而言，对福克斯先生，我比对英国任何人都更有信心，”他告诉门罗，“有他在内阁，我对这届政府便充满信赖。”[78] 虽然新政府并没有立即下令中止对“埃塞克斯号”的裁决，但英国对法国北部和德意志的“福克斯封锁”[79] 暗暗默许了转口贸易在不受干扰的情况下恢复进行。

然而，无论福克斯的个人倾向如何，人们很快就会明白，英国的政策不会发生根本性的改变。媒体和公众舆论仍然在受《伪装战争》的影响，人们将飞速崛起的美国视为商业上和海上的竞争对手，并因此而憎恨这个国家。英国报纸转载了美国国会关于国防和海军措施的辩论摘要。很明显，美国并没有积极备战。它没有建造新的军舰，也没有招募新兵，巩固海港防御时也仅仅采取了最基本的措施。如果美国既不愿意战斗，也没能力战斗，那么为什么在几个世纪里常常被迫为自己的生存而战的英国，要对这个傲慢的前殖民地手下留情呢？

1806 年秋，詹姆斯·门罗和另一位美国特使威廉·平克尼设法与英国政府谈成了一项新条约。《门罗-平克尼条约》（Monroe-Pinkney Treaty）本可以为美国商人提供一系列具体的保证，允许他们进行战时中立贸易，并禁止英国海军巡洋舰在美国沿海 5 英里（约 8 千米）范围内拦截和搜查美国船。然而，该条约也要求美国政府取消对英国的贸易制裁，而且没有解决杰弗逊和麦迪逊所要求的基本要点，包括禁止从美国舰船上强征海员，以及“埃塞克斯号”判决之后航运损失的赔偿。杰弗逊拒绝将该条约提交参议院批准。

不管怎样，欧洲的新局势很快就使《门罗–平克尼条约》变得过时了。1805 年秋，拿破仑在乌尔姆之战（10 月 16 日至 20 日）和奥斯特利茨之战（12 月 2 日）中战胜俄国人和奥地利人，这使得他成为欧洲大陆似乎不可战胜的主人，同时也让他跻身于古往今来最伟大的征服者之列，得以同亚历山大大帝、尤利乌斯·恺撒和成吉思汗比肩而立。在这两场战役之间，英国在特拉法尔加海战（10 月 21 日）中取得胜利，这场胜利使得英国成为世界上无可争议的海洋霸主。由于法国无法在海上打击英国，英格兰也无法在陆地上打击法国，这两个被一条最窄处仅 34 千米宽的海峡隔开的交战国，就像两只充满敌意的狗被拴在相对的柱子上，鼻子对着鼻子，但就是够不着彼此，没法真正打斗。

此前对中立国的贸易限制主要针对的是敌方的违禁品。1806 年后，法国和英国陷入了全面的经济战。1806 年 11 月，拿破仑颁布了《柏林法令》(Berlin Decree)，企图将整个不列颠群岛置于封锁之中。该法令推行了臭名昭著的“大陆封锁政策”，旨在通过切断英国与欧洲大陆的贸易来饿死英国。因为在海上，法国海军剩余兵力不多，所以这场所谓的封锁并没有实际效果，不过是为处罚在欧洲港口缴获的中立国船只提供了借口。对美国商业的真正打击来自 1807 年 1 月由格伦维尔内阁颁布的一项英国反制措施。这份枢密令宣布，任何船只不得在由法国或法国同盟国控制的两个港口之间航行。[80] 因为美国船的做法是在港口之间航行以寻求货物售价最高的地点，所以英国和法国两个交战国 1806 年和 1807 年初的措施搅在一起，使得美国与欧洲大陆之间大多数商贸货品要么被拿破仑夺了，要么被英国缴获了。

虽然杰弗逊偶尔会在私人信件中流露出主战的口吻，但他并不准备要求国会进行军备建设。他仍然希望欧洲能通过谈判以和平告终。杰弗逊总统在1806年的年度咨文中，驳回了一项进行兵力动员的提议："要是我们在地平线上看到一点战争的迹象就调兵遣将，那我们早就不存在了。我们的资源会在从来没有发生过的危险上耗尽，而不是用于养精蓄锐，以防真正的危险发生。"他还继续拒绝海军部长史密斯对巡航舰和战列舰的要求，认为它们过于昂贵，也绝对无法与英国皇家海军匹敌。但杰弗逊热衷于建造一支吃水较浅的小型炮艇组成的大规模舰队。

炮艇长米15至23米，宽4.5米至6米，艇首装有单座发射24磅或32磅炮弹的大炮。炮艇船底覆有铜板，装有一根或两根桅杆，配备二三十名艇员。它们可以靠风力航行，无风时可以划桨而行。这些炮艇专为内陆水域和港口防御而设计，其适航性不足以使其远离海岸。负责监督第一批美制炮艇舾装的乔赛亚·福克斯将它们比作特拉华湾和切萨皮克湾上采捕牡蛎的小舟。普雷布尔准将在1804年进攻的黎波里港时使用了借来的意大利炮艇，取得了一定的成功。

炮艇从来都不受联邦党人的欢迎，他们认为，炮艇是巡航舰和战列舰的糟糕替代品。1804年9月8日，在一场"可怕的风暴"中，美国制造的第一艘炮艇从佐治亚州怀特马什岛的泊地被吹进一片干燥的玉米地，动弹不得，在那儿躺了近两个月。[81]联邦党人报纸《康涅狄格报》(*Connecticut Courant*)幸灾乐祸地评论道，如果一直搁在那片玉米地里，那艘炮艇很可能"等我们跟西班牙打仗时已经长大成一艘战列舰了。如果这项新的农业实验取得成功，我们有望看到卡罗来纳的稻田和弗吉尼亚的烟草地被我们贤明的政府变成干船坞和炮艇园”。[82]

炮艇防御理论表面上看并不荒谬。支持者指出，美国海岸线漫长而人口稀少，不可能靠固定工事对每一个薄弱点都进行防御。炮艇小舰队可以充当移动式浮动炮台，哪里有敌人进攻就在哪里交战。一支由大型战舰组成的舰队会把海军全部资金集中于少数几艘战舰上，而战争刚开始几个星期这些战舰就可能会被捕获；由几艘炮艇组成的舰队则不可能立刻被全部夺走。支持者们还坚称，炮艇比大型战舰更经济，但后来的费用超支证明，这一假设是错的。

炮艇海军之所以对杰弗逊一派的人有吸引力，是因为它吸收了宝贵的国防原型——地方民兵组织——并将其转化到了海军作战领域。正如步兵民兵是共和党的常备陆军替代方案一样，炮艇为常备海军提供了替代方案。它们将由本地船厂负责建造，配备的也是本地艇员。和步兵民兵一样，海军民兵和他们的炮艇显然也是为了国内防御，而不是对外进攻。杰弗逊说，因为在公海上炮艇都是无用的，所以它们永远也“无法成为一种令人兴奋的进攻性海战武器，它们在这种战斗中毫无用武之地”。[83]因为对皇家海军没有构成威胁，所以他们不大可能挑起英国人的主动攻击。在和平时期，它们可以被拖上岸存放在防护棚里，艇员们则可恢复到正常谋生状态。

1807 年 2 月，杰弗逊向国会提交了一份特别咨文，建议打造一支大规模炮艇舰队。除了先前已获授权的以外，他还要求增加 200 艘炮艇，预计费用为 100 万美元。他指定了驻扎在自“密西西比河及其邻近水域”到“波士顿和科德角（Cape Cod）以北诸港”美国海岸线各个区域的炮艇数量。美国独立战争时期的小册子《常识》和《美国危机》（*The American Crisis*）的作者托马斯·潘恩在报纸上发表了一系列支持该提案的社论。国会中的共和党多数派庆幸有了一个无须出资筹建更大规模海军的理由，便授权建造 180 艘炮艇。[84]

随着第一批炮艇下水服役，人们对它们的批评越来越多。炮艇内潮湿且狭窄，让人不舒服。配备人员时往往很难招满水手。军官一有机会就要求调到巡航舰上。当一艘诺福克的炮艇倾覆并沉入约 11 米深的水中时，斯蒂芬·迪凯特冷冰冰地对一位同僚说："就算所有炮艇都沉没在 200 米深的水中，国家又能有什么真正的损失呢？"[85]

一封发表在《华盛顿联邦党人》（*Washington Federalist*）上的匿名来信将炮艇海军称为"奢侈的愚蠢行为"。[86] 该信经过剪裁后被精心存档于杰弗逊的个人文件之中。作者反驳了托马斯·潘恩和其他一些人提出的观点，他们认为 50 艘炮艇的战斗力相当于一艘 74 炮战列舰。他写道，这在无风时可能是对的，但是"在微风中……74 炮战列舰击败一支中型炮艇舰队轻而易举，就像一艘 300 吨重的船击败一支独木舟舰队一般容易"。炮艇的舱室高度只有约 1.2 米，甲板下的人"不仅无法站直，而且无法坐直，除非他们像狗窝里的小狗一样蹲坐在地板上"。作者嘲笑了一支志愿海军民兵可以提供足够海防的想法：

> 某一港口面临威胁，或某艘外国舰船行为不规矩时，要有人报告州长，州长要求警长召集附近的民兵将军或上校，将军或上校召集各艇艇长，各艇艇长召集鼓手（根据我们从军队高层得到的消息，这些先生在战斗当天都很重要），鼓手击鼓召集民兵……一起登上炮艇，将不守规矩的陌生船只赶走，如果

它在漫长的仪式结束后还没有离开的话。

随着时间的推移，这些批评被证明是正确的。[87] 这些炮艇只有在风平浪静的罕见条件下才有作用，如果被敌方巡航舰或战列舰发射的重磅炮弹击中，它们很容易沉没。而且几乎不可能为它们进行人员配备。在 1805 年至 1807 年间由国会授权建造的 278 艘炮艇中，只有 176 艘实际建成，投入使用的炮艇数量更少。最初估计每艘炮艇的成本为 5 000 美元，实际每艘炮艇的成本接近 1 万美元。[88] 花费在炮艇项目上的经费最终达到了 150 万美元，这笔钱本可以供给一支小规模战列舰舰队或一支大规模巡航舰舰队的。在 1809 年詹姆斯·麦迪逊就职总统后，这项计划就被悄悄放弃了。

11 漫长的宣战

踏上甲板时，水手通常先迈左脚。舰船无风而停航时，水手会吹口哨。指向地平线时，水手会伸出整只手，因为伸出单个手指人就成了邪灵的避雷针。出现海燕，通常预示着一场大风，然而若在大风**期间**看到海燕，则代表着大风即将结束。猫拥有强大的力量，尤其是黑猫。船上有只黑猫预示着好运，但两只猫出现在同一艘船上则被认为是厄运的象征（应该将其中一只抛到海里）。每只海鸟都承载着一个死去水手的灵魂，所以，杀掉一只便会带来厄运。有只海鸟在船边飞翔通常代表着好运气（刚才提到的在大风之前出现一只海燕的情况是个例外）。最重要的是，没有什么能比信天翁更能带来好运气了，所以最幸运的船，莫过于有一只信天翁伴其航行。

一些航海的迷信有可能造成实际伤害，比如说有人相信洗澡危险，因为水可能洗掉人的好运气，有人觉得血液流入海中会平息风暴，还有人觉得文身可使男人免遭性病等等。即使是最迷信的水手也承认，一些古老的神话显然荒谬至极，譬如藤壶孵鹅的传说，还有水兵的妻子应该烧毁她们剪下的头发和指甲，以免巫婆偷走用来掀起风暴等。到 19 世纪初，有许多军官、医生和随军牧师开始反对迷信。他们指出有些迷信已经被实践驳倒，这些迷信或是侵害水手的身体，或是亵渎神灵。但经验丰富的军官也深知，那些根深蒂固的信念，无论真实与否，总是牢牢控制着水兵的意志。人们能把控这些迷信对士气的影响，却绝不能对其完全置之不理，因为有时那些不好的预言真的会一语成谶。

提起巡航舰“切萨皮克号”，人们经常会用到“倒霉”“不幸”“背运”这些字眼。它们形容的主要是1807年以后，特别是1813年以后的“切萨皮克号”；然而随后的几年里，海军内部的人都越来越觉得，从一开始“切萨皮克号”就不对劲。在最初的6艘巡航舰中，“切萨皮克号”有几个地方很古怪。它的龙骨是6艘巡航舰中最后建好的（在诺福克）。起先它被命名为“巡航舰D”，后来即使已经有一艘现役的小战船叫“切萨皮克号”，它最终还是以此为名（那艘小战船改名为“帕塔普斯科号”）。与其他几艘巡航舰不同，无论是从特征上，还是从象征意义上，它的名字都不是取自美国宪法。1799年12月首次下水的“切萨皮克号”长约46米，比3艘44炮巡航舰短13%，比“星座号”和“国会号”短7%。就其长度比例而言，它比其他巡航舰更重更宽，这导致它在大多数情况下总是笨重难行。1800年，在瓜德罗普附近举行的一场友好竞赛中，“总统号”很轻易就超越了它。8年后，斯蒂芬·迪凯特也评价说：“‘切萨皮克号’作为一艘风帆战舰，真是无比笨重。”[1]

在与同为贵格会信徒的约书亚·汉弗莱斯闹翻后，乔赛亚·福克斯建造了“切萨皮克号”。从零零星星的记录中，人们无法知晓福克斯缩短“切萨皮克号”的龙骨长度，究竟是出于自己的设计偏好，还是由于他当时手头没有足够的栎木，因而没办法按照汉弗莱斯的设计将其制造成更大的规格。木材短缺可能是一个因素，因为最初运往诺福克的大部分木材为了建造“星座号”被转运到了巴尔的摩。从来不喜欢汉弗莱斯设计的福克斯似乎也趁机对海军部的设计图置之不理，并根据自己的想法建造了“切萨皮克号”。结果，在最初的6艘巡航舰中，约书亚·汉弗莱斯明确声明他与“切萨皮克号”毫无关系，与之划清界限。

因厄运而出名不仅能毁掉一个人，也能毁掉一艘船。军官和水手都认为船是活物，认为每一艘船都拥有独特的个性，有正邪之分。一位19世纪的船长曾说，他的船“除了说话什么都能做，甚至有时也可以说话”。还有位船长和后桅说话，问它想装多少船帆。“切萨皮克号”的厄运问题，在多年之后被爱德华·比奇（Edward Beach）上校解开了疑团。爱德华·比奇是二战和冷战时期的一名潜艇指挥官，2002年去世，生前曾发表过几部卓越的海军史著作。他说：“船舶事故，实属常见。但对于某些船来说，每个事故的发生，都有可能是一个灾星在作祟，是某种邪灵厄运笼罩的结果。‘切萨皮克号’就属于这种情况……邪灵可能已经开始作祟，因为在最初的6艘战舰中，‘切萨皮克号’是最弱的。”[2]

1807年，史密斯部长命令“切萨皮克号”出航地中海，来换“宪法号”的班。自从普雷布尔在1803年将其带出海以来，“宪法号”一直在巡航，从未间断。“宪法号”上的大多数水兵已经服役超过三年半的时间，这远远超过了他们两年的服役期限。官方报告表明，“宪法号”的军官发现低级军官和水兵有哗变的迹象。地中海需要“切萨皮克号”，它来得越早越好，这样“宪法号”就可以结束漫长的任务并返航，遣散其怨声载道的船员。

即将上任的“切萨皮克号”舰长是詹姆斯·巴伦，他还将兼任刚刚大幅裁员的美国地中海特遣舰队的准将。巴伦准将的旗舰还会配备一名舰长，负责战舰的日常具体工作，照看船员。2月22日，查尔斯·戈登（Charles Gordon）校官接到命令，他将出任这一职务。

史密斯下发命令时，“切萨皮克号”正位于华盛顿海军造船厂。这时它还只是常驻在波托马克河东部支流浅滩的一长排裸壳船中的一艘，要恢复到适航状况，还需要6个多月。随着时间拖得越来越长，军官们开始指责海军造船厂管理无方、工匠无能，甚至腐败。“我早就了解他们这德行。”巴伦说。[3]新闻界也开始出现批评的声音。1807年1月26日的《诺福克公报》讽刺道：“外国一定对我们的精力和行动力评价很高。海军部对一艘巡航舰倾尽全力，6个月后它还是无法出海。”

6月第一个星期，建造工作经过最后一番激烈冲刺后，“切萨皮克号”松开了系泊索具，沿着通道浮标从波托马克河东部支流驶入了波托马克河。依照传统，舰船在经过波托马克河西岸弗农山庄的时候，须鸣放礼炮来向乔治·华盛顿致敬。然而，当这一刻到来时，戈登舰长“无比震惊，大副向我报告，海绵通条和弹药筒都塞不进炮管里”。[4]这次应按惯例进行的敬礼仪式以失败告终，表明“切萨皮克号”尚未准备好出航，但显然，这个教训并没有引起足够重视。

6月是产卵季节，波托马克河上满是打捞鲱鱼、青鱼和鲟鱼的小渔船，“切萨皮克号”就航行在它们中间。它沿着波托马克河向下游行进，两岸相隔越来越远，河面越来越宽，最后宽达11千米，河水流速渐渐变慢，直至水流完全静止，水也变得越来越咸。人们没法确切地指出波托马克河与切萨皮克湾的分界线在哪里。海湾的平均深度约为 6 米，和“切萨皮克号”的吃水深度几乎相同，所以必须小心驾驶。“切萨皮克号”通过温德米尔角（Windmill Point），顺着拉帕汉诺克河（Rappahannock River）进入浅滩水域，在那里领航员必须知道臭名昭著的浅滩“沃尔夫陷阱”的确切位置。之所以这样命名，是因为 100 多年前一艘 300 多吨的商船“沃尔夫号”（Wolf）就是在此搁浅的。大部分浅湾的主要浅滩都设有浮标——弗吉尼亚州的法令对任何偷盗这些浮标的人都会严加惩处，“在牧师不在场的情况下对其处以死刑”。[5]

6 月 4 日，“切萨皮克号”安全地泊入汉普顿锚地。透过西岸掩映的树木，可以看见汉普顿小镇，它是詹姆斯 · 巴伦准将的家乡。他将一直把船停在这里，直到出航。在对船做了粗略的检查之后，他写信给史密斯部长说：“我发现船身整洁，一切井然有序。相信戈登舰长和他的军官们一定很努力地打理了这艘船。戈登舰长高度赞赏了他的尉官们。船的状态极佳，足可证明他的称赞是正确的。”[6] 这赞美究竟是真诚的，还是仅仅出于礼貌而说的客套话，后人存有争论。巴伦会为这封信感到后悔的。

整整两个星期，船员们都在为出海做准备。剩下的 18 磅和 32 磅大炮被带上船，安上炮架，装上火药和炮弹。水兵分组值班。6 月 19 日，戈登舰长报告说，该船已准备好扬帆起航：“船已拔锚，顺风一至即可起航。”

东部几千米外，乌鸦盘旋，英国皇家海军的几艘巡航舰和战列舰停泊在林黑文湾。它们整个冬天都驻扎在那里，佯装监视上年 8 月份在切萨皮克北部避难的几艘法国军舰。尽管英美的紧张局势不断加剧，英国分舰队仍然与弗吉尼亚州东部滨海地区的城镇和社区保持着密切的联系。与一年前的“威尔士号”和“利安德号”不同，他们没有妨碍商路，而且英国海军军官经常走在诺福克或汉普顿的街道上，他们大部分的军需都是在此采购的。

但最近大批士兵逃走，英国军官无比震怒。很多水手航行到某一地方就抛下自己的英国军舰，在美国沿海水域尤甚。如果一个逃兵成功上岸，他就可以自由地在同语言的人群中开始新生活。当地警长和治安官拒绝合作召回这些申请避难者，弗吉尼亚州的法律更是将这种不合作提升到原则性高度：任何伤害这些英国逃兵的地方官员，都将依州法惩处。在诺福克，好水手总是短缺，商人和船主依靠外国（通常是英国）水手来驾船出港。即使身边已经有足够的人手，对商人来说，水手仍然是越多越好，因为一大批闲置水手能显著降低薪酬成本。

1807年春天，因为逃兵问题，林黑文湾的英国皇家海军分舰队的每艘舰船，包括74炮战列舰“凯旋号”（Triumph）、“贝利勒号”（Bellisle）和“贝洛纳号”（Bellona），“奇切斯特号”（Chichester）军需船和“梅拉法斯号”（Melamphus）巡航舰，均损失了部分船员。只有英国海军分舰队中最值得信赖的水兵才允许上岸。但随着天气变暖，一些人设法泅水逃走，还有一些人则抢船逃跑。1807年3月7日晚，英国16炮小战船“哈利法克斯号”（Halifax）的5名船员制服了一名见习军官，然后驾驶着战舰上的小艇，在汉普顿锚地苏埃尔角上岸，随后消失在那里。

由于担心被捕后遭受恐怖的鞭刑或绞刑，英国逃兵最安全的海上就业形式是参加外国海军。根据习惯、法律和常规，如果一个国家与英国和平相处，皇家海军无权截停和搜查该国海军舰艇，这样做很可能会被视为战争行为。* 所以，英国海军分舰队的一些逃兵，包括“梅拉法斯号”的逃兵和乘“哈利法克斯号”小艇逃跑的五个船员，来到美国海军在诺福克的募兵站，并用假名加入“切萨皮克号”的船员队伍，这不是什么令人意外的事情。

英国军官发现后，向美国同行提出抗议。时任戈斯波特海军造船厂指挥官的斯蒂芬·迪凯特回复说，他不负责“切萨皮克号”的人手配备工作，并把这件事情报告给了巴伦。巴伦建议英国人向市政当局提出这个问题。“哈利法克斯号”的指挥官向诺福克的英国领事提出申诉，领事将此事汇报给驻华盛顿的英国大使，大使则向麦迪逊国务卿提出正式抗议。[7] 但麦迪逊拒绝介入该案，因为任何英美条约中都没有涉及英国逃兵的问题。（麦迪逊的目标显然是迫使英国政府同其谈判，从而制定一项同时解决逃兵和强征水手两个问题的条约。）

法律途径和外交渠道都毫无成效，英国军官们焦虑不安。得知英国海军分舰队的逃兵可以直接去诺福克报到并登上美国佬的巡航舰，这感觉已经够糟糕的了；更糟糕的是，逃兵们还可以在诺福克的街头巷尾向所有人吹嘘他们逃跑的经历。3 月，在诺福克码头附近的一条街上，“哈利法克斯号”的詹姆斯·汤森（James Townsend）舰长与两个偷走小艇的人不期而遇。汤森意识到，在美国的领土范围内，他无权强迫两名水手就范，便试着哄骗他们自愿

---

* 以前有过两次水手从美国战舰上被带走的案例，但每次都情有可原。1798 年在古巴北部，一个英国分舰队从“巴尔的摩号”小战船上带走了五名男子。“巴尔的摩号”的军官无法出示文件，证明它是海军舰艇。1805 年在加的斯，另一个英国分舰队从美国“6 号炮艇”上带走了三名海员。三人是自愿离开，以英国臣民身份申请保护的。——作者注

返回“哈利法克斯号”。其中一个水手出生于英国，名叫詹金·拉特福德（Jenkin Ratford），他以诨号称呼前指挥官，并扬言（据汤森转述）“死也不会回到那艘船上，他现在是在一片自由的土地上，可以为所欲为，而我与他没有任何关系”。

这令人愤怒的言论被报告给了海军上将乔治·克兰菲尔德·伯克利爵士——英军北美基地总司令，其司令部就设在哈利法克斯。汤森舰长写道：“我和几个军官看到了可以确认的‘哈利法克斯号’逃兵在诺福克的街上得意扬扬地闲逛。”他估计至少有35名英国水兵登上了“切萨皮克号”。伯克利将军将报告转发给伦敦，并请求指示。1807年6月1日，答复尚未到达，他写了一份通告，分发给整个基地的指挥官：

> 鉴于许多英王陛下的臣民，也就是军舰上的水兵，在停泊于切萨皮克湾的舰船上服役时弃船而去，并登上的美国“切萨皮克号”巡航舰，且在英国军官的眼皮底下，公然于美国旗帜下在大街上漫步，并受到城市治安官及上述美国巡航舰所属的募兵官保护……因此，本人所辖所有船长、指挥官，一旦在海上与美国巡航舰“切萨皮克号”相遇，当向其舰长出示此通告，并要求登船搜查逃兵。如果美国人提出类似的要求，根据文明国家和平友好的惯例，也允许他们搜寻任何美国的逃兵。[8]

这些命令由伯克利的旗舰——52炮巡航舰“豹号”（Leopard）从哈利法克斯带至弗吉尼亚角。12天之后，“豹号”在林黑文湾锚定。航海途中，它在美国海岸强征了一些商船上的水手。

6月22日，周一，破晓之后，天气晴朗，并伴有温和的西南风。[9]上午7点钟，船载工作小艇和小型武装艇被带上"切萨皮克号"。15分钟后，所有人前去扬帆开船，"切萨皮克号"进入航道，渐渐驶向大海。

船员共381名，包括329名军官、水兵和52名海军陆战队员。另外，还有几位普通乘客，包括新任命的地中海海军代理商约翰·布勒斯博士（Dr. John Bullus），他的妻子、三个孩子和两个仆人，海军陆战队上尉约翰·霍尔（John Hall）的妻子，还有10名意大利音乐家，他们作为海洋乐队表演了多年，这次是应他们请求，将其载回意大利。

由于为远离美国海岸的特遣舰队提供后勤补给难度较大，再加上杰弗逊的节俭政策，"切萨皮克号"不得不在通往地中海的途中运送大量的物资、储备、行李和备用弹药，同时还要为自己准备补给。由于急着出海，所有能放东西的角落都堆满了零乱的物品，包括备用木材、水桶、酒桶、军械师的锻造炉和铁砧、一匹马、一块磨刀石以及军官和普通乘客的家具和行李。粗厚的锚链盘成圈放在炮台甲板上，挡住了取枪和去储藏室的路。军官们认为，等舰船到了海上，就有时间将它们转移到缆索层上。舰上有32名船员病倒了。按照医嘱，他们的吊床被串在轻甲板上的炮筒之间，在那里他们可以晒太阳，呼吸新鲜空气。"切萨皮克号"上的大炮都已上膛，但大多数是用绳索牢牢捆住的，以防备大西洋的恶劣天气。

没有人否认所有这些混乱是不合海军作风的，但美国当时与所有国家相安无事，因此巴伦和所有军官、乘客和船员都绝不会预料到在弗吉尼亚角和直布罗陀海峡之间会发生一场遭遇战。两年前的的黎波里战争结束以来，即使是地中海的巴巴里诸国也从未表现出敌对倾向。让这艘延期很久才出发的巡航舰安全舒适地横穿大西洋，似乎才是头等重要的事。他们一旦到达地中海，供应和补给就将运送到岸上，乘客下船，一切都进入战争模式。直到那时，似乎都没有任何人再想过“切萨皮克号”是否已准备好交战。

上午9点钟，“切萨皮克号”在林黑文湾经过英国海军分舰队。通过望远镜，詹姆斯·巴伦观察到74炮战列舰“贝洛纳号”正在给分舰队的其他船发送信号，但他没能解读那个信号，也不以为意。“切萨皮克号”快速驶过亨利角，朝着正东方向，驶向远方的海面。中午，随着西南偏南方向的灯塔出现，水兵松开左舷锚链并落锚，“为出海做准备”。[10]

英舰“豹号”也已起航，就在“切萨皮克号”前方不远处。几个美国军官感到有些奇怪。“豹号”“顺风而行，在亨利角附近徘徊，船首向南，船帆简便，一切都表明它不打算快速离岸”。如果“豹号”并不打算将船驶离海岸，为什么它要出航？又为什么偏偏在这个时刻？但是，尽管英国巡航舰的机动很古怪，巴伦还是没有怀疑。

下午3点，“豹号”在“切萨皮克号”南方五六千米处突然掉转方向，向北直冲“切萨皮克号”而来。距离越来越近，几个“切萨皮克号”的军官注意到“豹号”的下甲板炮门洞开，炮闩已经拔出。看来它很可能已经获准采取行动。但后来巴伦说，他仍然觉得没必要担忧。可能“豹号”只是想请求美国人帮他们把公文带到欧洲，海上各船之间经常这样互相帮忙。

下午3点半，“豹号”驶入喊话距离，其舰长索尔兹伯里·普赖斯·汉弗莱斯（Salusbury Pryce Humphreys）隔着水面向巴伦大声喊道，请求允许一名携带公文的官员登上“切萨皮克号”。巴伦通过一个喇叭回复说，他这就顶风停航，等待“豹号”派小艇过来。然后他命令收起“切萨皮克号”的主中桅帆。

“豹号”的小艇被放下海，划到“切萨皮克号”旁边，约翰·米德（John Meade）尉官登上了船。米德尉官递给巴伦准将一张伯克利将军的通告。最后一句话——“根据文明国家和平友好的惯例”——可能被美国人认为是一个冷笑话，但从年轻尉官的郑重态度可以很清楚地看出，英国人是认真的。“豹号”打算以征召普通商船船员的方式，征召“切萨皮克号”的船员。

米德尉官在“切萨皮克号”上待了大约40分钟，然后带着巴伦准将给汉弗莱斯舰长的一张便条返回到“豹号”。巴伦写道，对于通告上所述的逃兵，他一无所知，并补充说：“我也收到指示，除本舰军官外，由我所指挥的任何舰船均不允许船员被他人征召。我意欲保持和谐，也希望这个答复令您满意。”

英国尉官被送回“豹号”的同时，巴伦注意到“他们的意图很严肃”，命令戈登舰长让船员各就各位。准将叮嘱，此事要默默进行，以免激起英国先发制人的主动攻击。在接下来的混乱中，鼓手开始依例敲出鼓点，召唤船员到达岗位。戈登用剑脊将他打倒，止住了鼓声。戛然而止的鼓点使船员陷入混乱，一些人认为备战命令已被撤回，所以停在了原地。

毫无准备，毫无组织，“切萨皮克号”上一片混乱。没有一门大炮装填了弹药、做好了开火的准备，炮台甲板上没有火药筒，火柴盒里没有火柴，没有足够的撞锤、海绵通条和推杆来实现舷炮齐射，病人仍然躺在轻甲板炮筒之间的吊床上，锚链卷、军械师的锻造炉、木桶、梯子、家具、木材、行李和各种其他物品从头到尾占据了炮台甲板，命令发出又撤回，人们冲出又撤回，宝贵的时间不断流逝。

汉弗莱斯舰长非常清楚，“切萨皮克号”毫无准备，他也没打算给美国人时间来收拾这一切。他隔着水面喊道：“巴伦准将，您必须要明白，我得遵从总司令的命令！”为了争取时间，巴伦故意拖延，高喊：“我不明白你说什么！”然后敦促戈登“快点”准备好迎战。

“豹号”开出一炮，越过“切萨皮克号”的船首，以示警告，巴伦没有理睬。

下午4点半，“豹号”在手枪射程范围内向“切萨皮克号”开火了。大多数炮弹落到了“切萨皮克号”船中部，舷墙和炮台甲板内墙上的碎片形成了二次爆炸。有几枚炮弹在索具间爆炸，船帆绳索和桅杆碎片如雨点般落下。巴伦准将本人也受伤了，有一块碎片刺进了他的右大腿。因为没有引火药，“切萨皮克号”上没有一门大炮可以回击。炮手在下面的弹药库中笨手笨脚地摸索着弹药筒和火药筒。

在后甲板上，巴伦准将艰难地爬上了一个信号旗箱，试图向“豹号”喊话，大叫他会派一艘船去英国船上讨论逃兵的问题。汉弗莱斯舰长认为对手是在拖延时间，根本不予理睬。

“豹号”又一次舷炮齐射，更多的炮弹倾泻到“切萨皮克号”上，人们站在无法射击的大炮旁，碎片在他们面前爆炸。“看在上帝的分上，先生们，”巴伦喊道，“没人能履行职责吗？”他转向领航长问道："我们找不到一门能用的大炮，这可能吗？"认识到"切萨皮克号"的绝望处境后，准将派一名低级军官给戈登舰长送去口信："看在上帝的分上，为了国家的荣誉，开一炮吧。我的意思是击中对方。"

"切萨皮克号"上有几门18磅大炮终于装好了火药，但是通常用来点火的铁头棒还没有加热好。威廉·亨利·艾伦（William Henry Allen）尉官从厨房找到一块红通通的煤块，把它放进一座大炮的点火孔，使其发炮。那是"切萨皮克号"当天开出的唯一一炮。巴伦站在舱口向下大喊："停火，停火。我们已经击中了，我们已经击中了。"下午4点45分，后桅斜桁上的美国旗帜都快降下来了，"豹号"还是第三次舷炮齐射。

"切萨皮克号"3人死亡，18人受伤，其中10人重伤，8人轻伤。一个伤员后来不治身亡。

停火后15分钟，"豹号"放出两只小艇，带来两个尉官和一批水兵。登船队命令"切萨皮克号"的领航长拿出花名册并召集全体船员。英国军官仔细审视"切萨皮克号"船员的每一张脸，从中找出了三个逃兵。第四个逃兵，詹金·拉特福德，战斗结束时藏到了煤仓，最后还是被拖了出来。四个人被带回了"豹号"。

巴伦准将回到舱房，给汉弗莱斯舰长写了一张便条："先生，我认为'切萨皮克号'巡航舰已是您的战利品，我已准备好将其交给授权接收的军官。期望小艇带回您的回复。"一艘小艇被放下，划过水面，带着艾伦尉官去呈交便条。半小时后，他带回了汉弗莱斯舰长的回复：

1807年6月22日于海上

先生：

本人之最大权限，只为履行司令官之命令，除此别无他求。此后本人必须率舰重回分舰队。本人在此重申，在本人权限范围内，愿意提供一切援助，并对执行任务过程中失去生命的人们表示最真诚的哀悼。我们本可以实行更友好的政策，不仅是对我们自身而言，对于我们各自的国家来说，亦是如此。

先生，很荣幸能做您顺从谦卑的仆人

皇家军舰“豹号”舰长索尔兹伯里·普赖斯·汉弗莱斯[11]

几分钟后，“豹号”撤退到弗吉尼亚角。

与军官进行简短的商讨后，巴伦认为“切萨皮克号”必须返回诺福克。水手们开始修复损伤，拼接残损的索具，清理船锚，并从船舱中抽出近1米深的水。黑暗降临后，“切萨皮克号”紧随“豹号”航行，6月23日上午8点进入了切萨皮克湾。[12] 从英国海军分舰队旁经过时，“豹号”就停在“贝洛纳号”和“梅拉法斯号”之间。12点半，这艘颜面扫地的美国巡航舰泊入了汉普顿锚地。

“切萨皮克号”与“豹号”的遭遇战引起了公愤，这与美国人自独立战争以来所有的感觉都有所不同。亨利·亚当斯认为这代表着这个民族第一次感受到“真正的民族凝聚力”，[13] 第一次超越联邦党和共和党充满怨愤的分歧。亚当斯写道：“这一耻辱，会像奥德修斯的橄榄树桩在独眼巨人波吕斐摩斯的眼中翻动那样嘶嘶作响，直到所有美国人都如独眼巨人那般痛苦地咆哮，疯狂地站在岸上，气势汹汹地辱骂船上嘲弄他们的敌人。”

“切萨皮克号”返回汉普顿锚地才几分钟，愤怒的人们便聚集在诺福克和朴次茅斯码头。一个内行人如果仔细观察停泊在那里的巡航舰，即使从远处也能看出它遭受了攻击。“切萨皮克号”的一艘船带着 11 名伤员在医院登陆时，伤员的眼神引起了人群的暴动。他们把英国军队最近购买的 200 桶水砸得粉碎，以发泄公愤。

斯蒂芬·迪凯特和塞缪尔·巴伦在下午 4 点钟左右登上“切萨皮克号”，待了两个小时。[14] 他们发现詹姆斯·巴伦躺在他的船舱里，腿上裹着浸血的绷带。从船的外观来看，迪凯特总结出，“切萨皮克号”完全没有做好防御的准备。他也可能是在与舰上的尉官交谈时了解到了一些情况。当戈登舰长被派往华盛顿报告这次遭遇时，他带了一封信给海军部长史密斯，所有“切萨皮克号”的尉官都在上面签了名，建议将巴伦送上军事法庭。

在“已故美国军舰‘切萨皮克号’”上给父亲写信时，艾伦尉官写出了巡航舰军官们深深的耻辱和痛苦：

> 敌人无情的炮弹击中了我们的旗帜，我无力回忆这些残暴的画面——我本可以拥抱我们的旗帜，面带亲切的微笑将它迎进我的怀抱——没有什么场景比这一刻更可怕了，这么多勇敢的人站在岗位上，站在他们非死即伤的同胞的血泊中，听到他们哭泣却无力为他们复仇……上帝啊，这怎么可能？我的国旗受到了羞辱。你不能理解，也不可能**想象出**我这一刻的感觉……如此**羞愧**，如此**卑微**——刺痛灵魂，是的，当人们轻蔑地指出我是“切萨皮克号”的一名船员时。[15]

诺福克市政厅准备召开一次公开会议，但事实证明，那座建筑太小，容不下那一大群人，所以会址改成了基督教堂。会上有人提议禁止一切与英国海军分舰队的商业和通信往来。另一名代表提议，所有公民服丧十天，追思“切萨皮克号”牺牲的烈士。砸碎水桶的行为也被认为是“值得高度赞扬的”。[16] 人们要求州长召集民兵，要求迪凯特准将把诺福克的所有炮艇都投入使用。《大众公报》（*Gazette and Public Ledger*）指出，与英国交战，对美国尤其是对诺福克来说将是一场灾难，但补充说，“如果我们对此侮辱忍气吞声，就是自甘其辱，自甘被蔑视”。

6 月 27 日，“切萨皮克号”的伤员罗伯特·麦克唐纳（Robert MacDonald）在朴次茅斯医院因医治无效死亡。小艇把他的尸体从河对面运到诺福克，港口的船只降半旗默哀，海岸炮台也鸣炮致敬，大约有 4 000 人纷纷加入送葬的队伍，从集市广场（Market Square）到凯瑟琳街（Catherine Street），随后到共济会街（Freemason Street），最后停在了基督教堂。护柩者是从停在港口的商船船长中选出来的。“切萨皮克号”的官兵也加入了这庄严愤怒的送葬队伍。

负面的传闻越来越多，人们感到危险迫在眉睫。有报道（后来证明是谣传）称，一批皇家海军陆战队员将在诺福克未设防的内陆一侧发起攻击，而且英国随时会增加登陆作战的人数。里士满轻步兵蓝军、彼得斯堡共和党蓝军、骑兵队等民兵涌入诺福克的街道；城里的年轻人在交易所咖啡屋（Exchange Coffee House）会面，决心听从迪凯特的命令；奴隶们致力于修复诺福克的堡垒，并为其 18 磅大炮装上弹药；“切萨皮克号”的水手为炮艇装备各种索具和武器。

6 月 29 日，诺福克出台一项法令，禁止居民与林黑文湾英国海军分舰队接触。英国海军准将约翰·E. 道格拉斯（John E. Douglas）此前没有威胁过这座城镇，但现在他写信给诺福克市长理查德·E. 李（Richard E. Lee），要求“立即废止”此法令：

> 你必须要清楚，没有人能在侮辱英国后全身而退。你一定也清楚，自上次事件以来，本人一直都有能力阻止切萨皮克湾的一切贸易，现在仍是如此……为此，本人已率麾下海军分舰队进入汉普顿锚地，等待你的答复。我相信你会毫不迟疑地同意我的看法。[17]

英国海军分舰队真的开始禁止所有商船出港，似乎是以此表明决心。英军派船到锚地南方测量水深，这被看作道格拉斯计划驾战舰进入伊丽莎白河，并对诺福克发起攻击的信号。

“豹号”攻击“切萨皮克号”的消息于6月25日传到华盛顿。国会在3月份休会，财政部长加勒廷和战争部长迪尔伯恩已经离开华盛顿消夏去了。杰弗逊已经准备好花4天时间骑行至蒙蒂塞洛，照例他会在那里待到初秋，正如他往年所做的一样。[18]（“对于大山里走出来的我来说，在滨海地区熬过令人浑身不舒服的两个月，真是个考验。”他在1801年写道。）要对这场危机做出决议，需要整个内阁都在华盛顿。杰弗逊在给加勒廷和迪尔伯恩的信中，要求他们迅速回来，“不得有片刻延误”。

7月2日，总统发布公告，命令现在美国港口或水域内的所有英国军舰“立即驶离，不得拖延”。[19]如果英国拒绝，地方官员将断绝与其所有商业和通信往来。并且，公民若为英军提供淡水、补给或领航服务，将会受到惩罚。

接下来的几周里，内阁几乎每天开会，组织国家防御。所有现役炮艇均受命前往美国海岸最有可能受到直接攻击的某些地点。“宪法号”和地中海特遣舰队的其他船奉命起航回国。杰弗逊命令弗吉尼亚州州长威廉·卡贝尔（William Cabell）召集全州民兵，做好准备应对英国对海滨地区的入侵，包括对诺福克的入侵。驻伦敦大使詹姆斯·门罗收到公文，要求英方立即对上次的行动做出解释，并要求英方召回伯克利，归还从“切萨皮克号”带走的水兵。当杰弗逊得知英国为诺福克的暴徒打破的水桶索赔时，他说他想起了一个人：“他的手杖打到别人的头，他却要求别人赔他手杖。”[20]

“切萨皮克号”与“豹号”冲突事件的一个明显后果，是艾伯特·加勒廷变成了主战派。艾伯特·加勒廷这位像火箭一般蹿升至美国政府最高层的日内瓦移民，一直回避欧洲国家那种为壮大本国势力而发动的战争，现在他也深信，为了“国家的荣誉”，有必要向英国开战。“我们的商业将会被破坏，我们的收入来源也将毁灭殆尽，”他在7月10日写给汉娜·加勒廷的信中说道，“我们必须勇敢面对。我们的资金和人手足够在任何地方狠狠挫败敌人，保卫自己，唯独在海上我们无能为力。”[21]一个星期后，他告诉国会议员尼科尔森，应该给予英国政府申辩的机会，并严惩责任人员，但如果得不到他预期的足够赔偿，美国将别无选择，只能对英宣战。“我也不知道，要防止我们堕落成荷兰那样只会算计的国家，更加高尚的感情和习惯的觉醒是不是比贪婪和奢侈更有必要。”[22]

加勒廷坦承他被“一个令他相当不安的事情”[23]——纽约市的

安全问题——所困扰，那里集中了美国的大部分财富，并且“现在完全没有设防，看起来也几乎无法防御”。这样想的不止他一人。生活在纽约的中老年人都记得1776年到1781年间长期被占领时的那场灾难。杰弗逊命令战争部长亨利·迪尔伯恩组织城市防御，还警告说：“英国指挥官眼看就要迈进战争的门槛了……攻击随时都有可能发生。”[24]

在诺福克，“切萨皮克号”停在伊丽莎白河的主航道旁边，十几艘炮艇排成一线停泊在它两侧。接到史密斯部长的命令后，斯蒂芬·迪凯特接管了这艘巡航舰。这位28岁的舰长现在掌管着大西洋沿岸南部滨海区的所有海军部队。迪凯特宣布，他乐意在与英国的战争中“打响第一炮”。[25]

7月6日，诺福克一名律师打着休战旗前往英国海军分舰队，紧张的局势有所缓解。道格拉斯准将表示，他没有攻击诺福克的打算。美国人把他之前的信当作恐吓，这似乎真的让他感到困惑。他还暗示英国其实才是两国争端的受害方。不久之后，所有英国船从汉普顿锚地南侧撤出，回到了林黑文湾的锚地。杰弗逊显然松了一口气，他发现英国海军分舰队目前的意图“明显是和平的”，并猜测它们“不打算立即攻击诺福克，而是要保持现状，直到收到其司令的进一步指令”。[26]杰弗逊趁机躲开了华盛顿炎热的夏天，但频频安排邮差快马送公文到蒙蒂塞洛。

詹姆斯·巴伦曾希望他的低级军官留在身边支持他，就像4年前“费城号”巡航舰在的黎波里战败后，尉官和见习军官还是一如既往地支持威廉·班布里奇一样。他没有这样的好运气，“切萨皮克号”的军官指责巴伦即便不是怯懦，也是无能，并要求军事法庭审判他，史密斯部长也持相同意见。

巴伦疯狂反击，指责尉官们是“有史以来站在甲板上的最无能的懦夫”，并抱怨说，他的老对手约翰·罗杰斯正力图通过其门生艾伦尉官，把他驱逐出海军。[27]巴伦说艾伦尉官是“最臭名昭著、最怀恨在心的无赖”。据艾伦说，7、8月间，水兵们因为琐事斗气，发生了不下7次决斗，其中有一次戈登舰长也受伤了。在史密斯部长的严令下，海军准将迪凯特终于结束了纷争，并在11月报告说，“我所知的该舰官兵的分歧已经解决完毕”。

坐在审判席上的军官是班布里奇、迪凯特和罗杰斯。两年前他们曾说巴伦是一个“双面犹大”。此案在1808年1月开庭审理，听证持续了一个月。詹姆斯·巴伦为自己做了振振有词的辩护。他表示，就像任何相同位置的指挥官都可能遭受羞辱一样，他也像替罪羊一样遭受了冤枉。法庭于2月8日做出判决，四项指控中，巴伦洗脱了三项嫌疑，但对于第二项指控“忽略了交战的可能性，未把战舰调整到备战状态”，法院认定巴伦此罪成立，并投票决定让巴伦在海军停职五年，其间不发薪水。

斯蒂芬·迪凯特接管“切萨皮克号”后，采用了相反的心理方法操练船员，使其进入高度战备状态。在他掌管期间，“切萨皮克号”将一直公开显示其耻辱，不鸣炮致敬也不回礼，因为“没有尊严的舰船不值得尊敬”。[28]迪凯特告诉船员，未来如若再遭遇英国皇家海军的舰船，“切萨皮克号”将保持一触即发的备战状态。如果“有幸”再碰到“豹号”，“切萨皮克号”将先发制人，无论两个国家是否处于交战状态。

詹姆斯·门罗自1803年起在巴黎、伦敦、马德里执行各种外交任务，目前在圣詹姆士宫担任美国公使。在给长期遭罪的詹姆斯·门罗的指示中，麦迪逊阐述了美国的要求：首先，“要求对事实进行正式的说明，并归还被带走的四个船员”；其次，召回伯克利；再次，“所有英国武装船只不得进入美国水域”；最后，也是最有争议的是，“全面禁止英国强征美国水手”。[29]

威廉·格伦维尔勋爵的“贤能内阁”已经让位于波特兰公爵（Duke of Portland）领导的托利党政府。（政权更迭是由于格伦维尔内阁集体辞职来抗议乔治三世对爱尔兰天主教徒的严苛政策。亨利·亚当斯把新的政府形容为“在疯狂边沿颤抖的偏执王家怪兽”。[30]）英国新任外交大臣乔治·坎宁（George Canning）称，由于拿破仑不择手段，英国没有任何义务遵守国际海洋法的约束和传统。最重要的是，托利党人决心维持英国的海事和海军优势，为此，他们决心压制美国贸易的增长，召回数千名受雇于美国贸易的英国水手。

1807年9月，英国舰队对哥本哈根进行了炮击。[31]丹麦是个中立国，但英国担心法国的侵略会使丹麦舰队落入拿破仑之手。当丹麦王储拒绝英国将其海军置于英国“监护”之下的最后通牒时，英国舰队当即开火。英国没有正式宣战，炮击的目的只是破坏哥本哈根，一次一个地区，直到丹麦人屈服。三天后，两千余名平民被埋在自家房屋的瓦砾下，丹麦舰队投降了。同时，皇家海军扫荡了丹麦海上商船，英国国库增加了价值约1 000万美元的财产。

当杰弗逊和他的顾问们得知哥本哈根的遭遇后，他们意识到，“豹号”对“切萨皮克号”的攻击应该引起重视。哥本哈根的防御比纽约、费城、波士顿更好。如果英国为了给中立国施压而准备攻击海港，那么美国要开始担心了。

英国的几家主要报纸称赞“豹号”对“切萨皮克号”的攻击，并呼吁采取更多类似行动。《早报》(*Morning Post*)指责美国的政策旨在“打击英国的商业命脉，侮辱英国伟大的海军，亵渎英国至高无上的地位”。[32] 又补充说：“英国绝不允许英国的主权屈服于区区几艘美国小船。”该报编辑呼吁开战：“对美国特拉华、切萨皮克和波士顿港进行三个星期的封锁，让我们不自量力的对手为自己愚蠢至极的行为感到后悔。”《泰晤士报》(*Times*)对美国报纸的主战社论感到愤怒，因而评论道：“各国冒险家如潮水般涌入美国，这些人向来暴躁易怒、冲动鲁莽，如果美国政府也打算以这种风格行事，那就连与之保持六个月的和平都无法做到。”[33]

英国各利益集团强势联合起来，希望与美国开战，以便从中渔利。英国捕获物法庭对捕获和没收的美国船的判罚补贴了广大的支持者：上至皇家海军将领，下至普通水兵，以及整个海事法庭法官和律师阶层，纷纷受益。商人和船主如若压制住海上敌手也会得到奖励。门罗告诉麦迪逊，英格兰的主战派由“船主、海军、东印度和西印度商人，还有该国大权在握的人物组成。这样的组合如此强大，以至于可以肯定，除非强行索要，否则政府得不到任何好处”。[34]

波特兰政府不希望把美国划入敌军阵营，至少当下没有这个打算。“切萨皮克号”与“豹号”冲突事件的消息传到伦敦几天后，外交大臣坎宁写信给美国大使门罗说：“我向你保证，陛下从来没有宣称英国具有登上别国战船搜查本国逃兵的权利。”[35] 在随后的会议上，坎宁表示，英国政府计划召回伯克利将军，因为他僭越了权限。这满足了美国的其中一个要求，但外交大臣强调，在其他情况下亦可将其召回。门罗还要求英国放弃强征美国商船水手的权利，遭到坎宁驳回。他告诉门罗，搜查和强征海员是“美利坚合众国建立以前英国便拥有的权利，由来已久，天经地义”。[36] 尽管门罗接到的指示要求他将“切萨皮克号”与“豹号”冲突事件和更普遍的强征水手的问题联系起来，但进一步谈判“也无力解决当下的问题”。[37]

仿佛是为了强调这一点，10 月 16 日，英国乔治国王发布公告，“召回在外国工作的英国水兵并禁止未来英国水兵去外国工作”，皇家海军所有军官将按令“抓捕、带走、遣回”[38] 所有为外国商船工作的出生于英国的水兵。11 月 11 日，一个新的枢密令规定所有美国商船在到达任意欧洲港口之前，必须停靠英国港口，向英国申请许可证。因为拿破仑的《柏林法令》禁止来自英国港口的船只进入欧洲大陆，这一新政策就阻断了美国和欧洲之间正常通商的一切途径。无论如何，美国船都会遭到英国或法国捕获和没收。这公然违背了国际海洋法的所有原则和传统，中立贸易实际上已经不复存在。

国会议员们响应了总统的呼吁，提前一个月回到华盛顿，于 10 月 26 日召开了会议。众议员们第一次在新落成的国会大厦南翼会晤。[39] 这是英国出生的建筑师兼工程师本杰明·亨利·拉特罗布的杰作，他曾和杰弗逊合作，计划建立一个能够收容整个海军的干船坞，不过后来计划流产了。崭新的椭圆形大厅由带凹槽的砂岩柱支撑，柱子上装饰着华丽的红褶裥，屋顶上是玻璃板，整个大厅光线充足。

国会议员一致认为他们的新家很漂亮，但是有些议员抱怨传声效果差。在辩论时，议员的声音很容易淹没在回音中。

国会大厦的圆顶没有几十年是无法完工的。目前，众议院和参议院被分别安置在不同的建筑里，中间由一条破败的木板路相连，地面荆棘遍布，四处散落着建筑材料。当时有一个人说，从远处看，这片区域残破不堪，像“城堡废墟”。[40] 自 1801 年杰弗逊就职以来，附近变化寥寥，多了几个寄宿公寓、几个马厩和一些新的商业机构，包括马鞍店、面包店、公证处、一个酒馆和几家书店。据玛格丽特·贝亚德·史密斯说，国会大厦的西坡“杂草丛生、灌木疯长”。猎人会在国会大厦围墙附近的山坡上猎捕沙锥鸟和鹧鸪。在国会山脚下的鹅溪里，英国公使馆的约翰·福斯特发现了很多鱼，“只要往鱼群中开一枪，就会有一顿大餐，因为很多鱼会受到惊吓而跳上岸来，根本不用射中”。

“切萨皮克号”与“豹号”发生冲突 4 个月后，公众对战争的热情已经明显冷却了。杰弗逊 10 月 27 日给国会的特别咨文，和他前一年的政治声明相比，采取了更加温和的语气。他列举了“过去几年我们的商船在公海上遭到的伤害和掠夺”和美国外交官为获得赔偿付出的“漫长而徒劳的努力”，列举了美国的不满，但是语气倦怠，几近哀伤。在暗示国会最终可能会被迫宣战的时候，杰弗逊的措辞无比委婉，似乎是在为自己的建议感到难堪一样：“我们公民的心中洋溢着对和平的热爱，这份热爱长期以来指引着政府的行动，让我们容忍了许多不公，但它也许不能确保我们在追求勤勉奋进的道路上安然无恙。”

共和党出现了前所未有的明显分歧。[41] 共和党的北部城市派别，呼吁国家对海防提供更多援助。当提到皇家海军频繁入侵拉里坦湾时，纽约的国会议员芒福德（Mumford）警告他的同僚说纽约这个大城市很脆弱，其他主要港口被“沙洲、浅滩、海港和河流中的礁石”保护着，而纽约“距海只有约 43 千米，几乎是一条直线，水深约 7 米，毫无阻碍……因此，我们时时刻刻处在被入侵者首先劫掠的危险境地当中”。

但对共和党的中坚力量，即主要来自南方各州的“老共和党人”来说，试图抵抗强大的英国海军简直愚蠢至极。“敌人到来时，”马里兰州的纳尔逊说，“让他们占领我们的城镇吧，我们退入乡村。”难道不是这个战略帮我们赢得了独立战争吗？弗吉尼亚州的伦道夫预测，任何试图保卫纽约的举动都将以军事上的溃败而告终，正如1776年那样。他说，即使在海港修筑工事抵御来自海上的攻击，英国也可能从沿岸别处登陆发动侵略，从北方入手夺取城镇。北卡罗来纳州的霍兰（Holland）更进一步，断言北部海港脆弱易攻反而是一件**好事**，因为这样可以打消人们对战争的热情。“我们的商业城镇毫不设防，这是我们目前唯一的保险，”他说，“我不想看到任何战舰，不想看到任何备战。”

有一点大家一致同意。“切萨皮克号”无力保护自己，令人蒙羞，所以不应该浪费更多钱在巡航舰上。并非所有议员都像伦道夫一样激进，“不愿投入大量资金支持令我们蒙羞的海军”，[42] 但是美国远洋舰队的未来依然无比渺茫。10 月 14 日，“宪法号”抵达波士顿。从 1803 年普雷布尔将其带到地中海算起，它已经离开了四年零两个月。所有巡航舰都平安到港后，杰弗逊颁布了一项命令，将所有舰船降格为训练舰：

> “宪法号”留在波士顿，所有人员遣散……“切萨皮克号”留在诺福克。派遣“美国号”前往纽约的计划暂缓考虑，在此期间，确定它最早何时可以起航。开战时这些巡航舰将作为招募水兵的宿舍船，偶尔也可充当炮艇。[43]

海军领导者，包括爱德华·普雷布尔，告诉了总统他显然乐意听到的消息：炮艇和海岸防御工事可以杜绝皇家海军对美国水域厚颜无耻的侵略。11 月 1 日，杰弗逊告诉弗吉尼亚州州长卡贝尔，国会“将授权建立一套完整的防御工事体系并大力扩充炮艇力量……我认为，这一系列措施，可在湾口防卫切萨皮克，省去内部水域和其他地方的防御”。[44]11 月 8 日，史密斯部长要求国会拨款 85 万美元来额外建造 188 艘炮艇，建成后，现役舰艇总数将达到 257 艘。[45]他没有提到巡航舰。当时一个爱说笑的人打趣道，海军部都快变成炮艇部了。

马萨诸塞州参议员约翰·昆西·亚当斯在日记中写道，同僚们不想开战：“我看到他们非常尴尬、警惕、焦虑、困惑，没有一点魄力。我看到了一种任英国宰割的强烈倾向。他们只想保持和平，没有展现出半点尊严和勇气。”[46]

杰弗逊不愿走出宣战这至关重要的一步，想看看有没有贸易制裁或者“和平胁迫”的可能。这策略深深植根于美国独立战争的传统之中。对进口英国商品的抵制可以追溯至 18 世纪 60 年代。国内的替代品，如“土布”衣服，早已成为自我牺牲的爱国主义符号。贸易制裁作为美国外交政策的手段，是共和党意识形态的主流。法国大使路易–玛丽·图罗（Louis-Marie Turreau）在两年前写给法国外交大臣塔列朗的信中，曾谈到杰弗逊和麦迪逊的理念："通过战争以外的方式征服他人是他们政策的首要目标。"[47]

当年早些时候，美国国会通过了一项《禁止进口法》，但暂不实施，视门罗的谈判结果再做定夺。12月14日，在商界的反对声中，杰弗逊签署了法案，授权其生效。大多数英国进口商品，包括服装、丝绸、绘画、版画、银器、玻璃器皿以及各种其他生活用品，都被禁止流入美国国内市场。

现在，杰弗逊试图走得更远。他要求国会制定禁止出口，或者说是禁运的政策。据他推断，通过切断美国食品和原材料的出口，英国西印度殖民地会闹饥荒，英国国内部分人口会遭受饥饿之苦，依赖美国将其货物运往海外市场的英国商人也将会破产。参议院迅速通过了该法案。随后，众议院在进行了为期三天的辩论之后，最终以82：44票接受了上述法案。1807年12月22日，杰弗逊签字颁布了《禁运法》(Embargo Act)。

1801年刚刚宣誓就职的时候，杰弗逊曾许诺打造一个"明智节俭的政府，它会避免人们互相伤害，让他们自由地追求进取，绝不会从劳苦大众手中夺食"。7年后，他用自己的任期作为赌注，押在了一个前所未有的联邦政策上，严重影响了沿海居民的生活。

禁运是全面禁止所有外贸活动。该法禁止美国船只前往"外国港口和外国任何地方"。[48]沿海商船船主如果需要在国内港口周转货物，必须缴纳数额等于船只和货物总值两倍的保证金。起初，法案匆匆地颁布，也未经仔细辩论。很快，事实就表明，这个法案需要严厉的措施来执行。走私和其他逃避行为十分猖獗。船只未经许可就溜出港口。沿海商人“不小心”被吹离航向，或者被迫去西印度群岛或加拿大寻求避难。有大概600艘船借口需要找回落在国外的财物，最后也获准驶往国外。外国船只把商品带到市场上，然后把美国的商品非法带离港口。在经济严重依赖于向加拿大出口农产品的佛蒙特州，市民群起反叛。农民在尚普兰湖上建造起巨大的木筏，运载大量小麦、猪肉、牛肉和钾肥。其中一只木筏据说有将近800米长，上面矗立着一座木制堡垒，人们带着轻型武器甚至大炮来保护它。如果有哪个勇敢或愚蠢至极的联邦警察胆敢来干涉他们，他们会痛下杀手。杰弗逊发布公告称尚普兰湖地区处于叛乱之中。

春天到了，白天更长，天气也更暖和，违反禁运令的行为在大西洋海岸依旧猖獗。杰弗逊奋力采取了更加严峻的执法措施。他说，《禁运法》“要求农业、商业、航海业为我们共同的目标而让步。和共同的目标相比，别的都不算什么”。[49]杰弗逊从一开始就知道，美国人民的忍耐是有限度的。国家已决定“冒险实行禁运令一年”，[50]他写道，如果一年是杰弗逊心目中的期限，他将一心一意，决心使这一年有所收获。

大部分执法责任落到了财政部，实际上也就是艾伯特·加勒廷的身上。[51]虽然反对这项政策，但忠诚的加勒廷出台了约584项通告，敦促海关收税员和驻港收费人员更严格执法，并授权他们采取更强硬的措施。禁运期间，海军的大型舰艇都无事可干，但也有少数船被部署到美国海岸巡逻。在罗伯特·史密斯部长的命令下，迪凯特和“切萨皮克号”于1808年7月13日出航，在纽约和位于现在缅因州北部边界的帕萨马科迪湾之间的海岸附近巡航。9月初，在缅因州海岸，两艘走私船在“切萨皮克号”的眼皮底下逃脱，这不禁让迪凯特感叹，这艘巡航舰真是“笨得出奇”。[52] 新命令下达后，炮艇被部署到犯罪活动最猖狂的海港附近，受命“捕获正在违犯或者试图违犯《禁运法》的美国公民的船只”。[53]

美国经济被摧毁了。出口额由1807年的1.08亿美元暴跌至1808年的2 200万美元。由于美国联邦政府几乎完全依靠关税收入，财政盈余消失得无影无踪了。正如加勒廷曾警告的那样，这反过来又限制了国家动员战争所需要的资源。商人和海员深受其苦，农民和伐木工人亦然，木材、小麦、烟草、水稻、棉花在仓库里堆积如山。进口货物和批量生产的货物卖出了稀缺品的价格。工资不是下降就是被拖欠。债务人无法还清债务，被债权人告上法庭，或者被关进监狱。大批无业水手在码头上闲逛。一位在禁运高峰期间来到纽约的英国人描述了当时的严峻景象：

> 港口里确实满满都是船，但它们已被拆解，搁置在那里。甲板被清空，舱门紧闭，船上几乎没有水手。码头上看不到一个箱子、包装、木桶或是包裹。许多账房都关门大吉，或挂牌转让，而一些商人、文员、搬运工和普通工人孤独地在路上走着，双手插在口袋里。咖啡馆几乎是空的，沿岸街道几乎空无一人，码头上开始长草。[54]

反对禁运给了联邦党人新的生命，他们倒拼这个单词来取乐（“哦——抓——我”*），[55] 并且认为杰弗逊个人对经济困难负有责任。

---

* “禁运”一词为embargo，联邦党人倒拼后成了o-grab-me。

新英格兰地区提交请愿书，呼吁结束禁运。一些请愿书使用了“公民反抗和革命”的字眼，颇有几分《独立宣言》的意味。埃塞克斯县的一份请愿书指出，“这是一个罕见的令公众感到恐慌的危险时代”，[56] 并抗议说人民已被“剥夺其无价的权利”。武装暴徒在纽伯里波特的街上袭击联邦收税员。联邦党人谈到杰弗逊对哲学和自然科学的兴趣，讽刺总统是一个不负责任的梦想家，其天马行空的理论毁灭了美国人民。尚是青少年的威廉·卡隆·布赖恩特[*]发表了一首很受欢迎的反杰弗逊的诗：

去吧，无耻之徒，辞掉那总统之位，
让人知晓你的秘密手段，无论公平还是违规。
去吧，在荒芜而巨大的泥沼中，
搜寻捕猎角蛙，满足你的好奇之心
抑或在俄亥俄州翻涌的混浊河水中
去挖掘巨骨，
为了你的荣耀和壮志雄心。[57]

8 月份，加勒廷告知杰弗逊，只有赋予联邦机构“危险又可憎的专断权”，[58] 才能遏制规避行为。执行该法，须要求所有停泊在美国港口的船只均不得移动，除非有“特别行政许可”[59]；须授予收税员“随处扣押财产”、拆除和没收任何可疑船只船舵的权力，并给予他们民事诉讼的豁免权。总统回复说，为了减少这些突如其

* 威廉·卡隆·布赖恩特（William Cullen Bryant，1794—1878），美国浪漫主义诗人。

来且日趋凶猛的欺诈和公然反抗行为，他愿意授权采取任何必要措施。先前有违法嫌疑的船主，其船只一律没收，整个地区禁止船只出航。为了给自己在缅因州佩诺布斯科特湾（Penobscot Bay）巴克斯敦（Buckstown）的举措辩护，杰弗逊说："如果某地普遍存在违法行为，那么绝不能给当地人留下任何可以再犯的工具。"至于在楠塔基特施行的措施，"我们的看法是，这地方走私已经如此猖狂，如果它遭受粮食短缺之苦，那是因为当地人非法运走了本该留给自己的粮食"。

问题在于，英国和法国的人民在经济上遭受的痛苦，是否足以迫使其政府主动发起谈判。证据是相互矛盾的。拿破仑的反应交织着厌恶和冷漠，他指出，"美国宁愿放弃商业和大海，也不愿承认他们的奴隶制度"，[60] 并以美国船一定是伪装的英国船为借口，下令扣押美国船只。而在英国，美国禁止进出口的联合效应，再加上拿破仑的大陆封锁政策，使得几个重要经济行业遭受重创。许多进口商品，如木材、丝绸、棉花、面粉、大米、亚麻等，市场价格翻了一番，甚至涨至原价的三倍。英国西印度殖民地的咖啡和糖料，之前是由美国商船运到欧洲大陆的，现在堆积在英吉利海峡的港口。英国制造商曾（中肯地）预测，新英格兰商人将把大量资金注入美国国内制造业，使其成为英格兰制造业的竞争对手。

但欧洲另外一些强大的利益集团从禁运政策中能够受益，他们不介意禁运永远进行下去。市场上的进口食品越来越少，致使食品价格一路攀升，这是欧洲农民乐于见到的。英国商人和船主都非常乐意看到他们的美国竞争对手放弃航运，其意见在英国议会也有很强的代表性。正如一名英国作家后来所说的："杰弗逊执政后期的禁运令这根棒子，除了给约翰牛*粗糙的牛皮挠了挠痒之外，什么效果也没有。这可怜的动物很高兴，虽然并不怀疑这牛皮上的哲学实验本意是要让它疼痛。杰弗逊先生最终会感到倦怠，停止挠痒，约翰牛对此很遗憾。”[61]

美国派往伦敦的特使威廉·平克尼受杰弗逊之命向英国提出结束贸易禁运，作为交换，他要求英国撤销反对美国中立贸易的命令。9 月 23 日，外交大臣坎宁拒绝了这个提议，言辞带有强烈的讽刺。“如果有可能为撤销禁运令做出牺牲的话”，他给平克尼写信道，英国政府“很乐意帮助美国消除这项给美国人民带来不便的制度”。[62]

当这无情的回绝 10 月下旬传到华盛顿的时候，杰弗逊不得不屈服了。禁运是个悲惨的失败，他在 11 月 8 日呈交国会的 1808 年国情咨文中承认了这一点。虽然总统无比想在报告中宣布欧洲国家已经废除了“那邪恶的法令”，但事与愿违。由此，禁运“公开又开明的实验”已经“失败”。至于下一步举措，杰弗逊没有提供方向，“将交由国会来决定，面对现状，怎样的举措才是最好的……权衡各方，做出最后的选择”。

共和党将在 1808 年的选举中付出代价。共和党在国会的多数地位无可撼动，但少数党联邦党人在众议院的人数翻了一倍。在马萨诸塞州，联邦党人拿下了州立法机构的多数席位，还差点击败该州的共和党州长。然而，在总统竞选中，不得人心的禁运却没能阻止共和党连续第三次获得压倒性胜利。杰弗逊拒绝第三次竞选总

---

* 约翰牛（John Bull），英国的绰号，出自英国作家约翰·阿布斯诺特（John Arbuthnot）的讽刺小说《约翰牛传》（*The History of John Bull*）。

统，詹姆斯·麦迪逊以122：54的选举人团票数击败联邦党人查尔斯·平克尼，当选为美国第四任总统。（杰弗逊的副总统乔治·克林顿获得6票。）

与其前任不同，麦迪逊的就职仪式具有独特的军事气息。1809年3月4日的黎明，海军造船厂大型岸炮的炮声在首都上空低沉地隆隆作响。来自乔治敦和华盛顿的骑兵连护卫总统的马车，从其F街的住宅出发，途经宾夕法尼亚大道，于正午到达国会山。那里估计有近万人聚集，形成了华盛顿出现过的最大规模的人群。[63]麦迪逊从马车上走下来，检阅了九个步兵连。在众议院会议室，玛格丽特·贝亚德·史密斯告诉记者："当权者不想放弃特权，各种阶层的人们混杂在走廊中。"[64]

《国民通讯报》报道，麦迪逊"穿着本国美利奴羊毛制造的国产套装"，[65]习惯性地从头到脚穿着一袭黑衣。他笔直地站着，身高164厘米，害羞，脸色苍白，毫无魅力，看着很忧郁，一头长发盘了个发髻，扑了些粉。华盛顿·欧文出席了就职仪式，称麦迪逊"只不过是一个干瘪的苹果"。[66]

新总统承袭了杰弗逊开创的传统，用极其柔和而微弱的声音进行了就职演讲，听众几乎一个字都听不到。史密斯夫人坐在主席台附近，说麦迪逊"刚开始演讲的时候非常苍白，颤抖过度，但很快就获得了信心，也能听见他的声音了"，[67]但是约翰·昆西·亚当斯明确表示"听不到"。[68]这演讲也没什么可听的，四平八稳，模棱两可，充满了陈词滥调。在这危险关头，国家处在战争的边缘进退两难，麦迪逊却几乎没有说出下一步的打算。

就职舞会于当晚在朗氏酒店举行。《国民通讯报》将其形容为

“华盛顿有史以来最辉煌、最热闹的就职舞会”。[69] 约翰·昆西·亚当斯也部分认同这种说法：“人太多，太热了，服务也不好。”[70] 窗户敞开着，但房间依然闷闷的，以至于有人有想打碎上面的窗格。史密斯夫妇背靠墙壁坐在一个长凳上，“在这视角下我们只看到了一大群人走来走去，别无其他”。多莉·麦迪逊戴着珍珠项链和一条抢眼的头巾，“几乎快被挤死了。大家都围着她，前挤后拥，扯着脖子想看她一眼。那些能走到她身边跟她说上话的幸运儿都心满意足”。新任第一夫人比总统小 17 岁，比他高约 5 厘米，“尊贵、优雅又亲切”，相比之下，她的丈夫给史密斯夫人的印象是“无精打采，疲惫不堪”。

> 当他（麦迪逊）站在我身边的时候，我说：“我真心希望能给您提供个座位。”“我也希望如此。”他愁眉苦脸地答道，几乎连站都站不稳了。经理走过来邀请他留下来吃晚饭。他同意了，并转向我，（说）“但我更想上床休息”。[71]

杰弗逊看起来“兴致很高，面容上闪耀着仁慈的喜悦”。根据史密斯夫人的叙述，她对杰弗逊说：“您现在卸去了一个沉重的负担。”他回答说：“是的，此刻，我比我的朋友更幸福。”

禁运摧毁了杰弗逊在弗吉尼亚州的种植园。他不久前得知他的个人财务状况很糟糕，债务总计达到 2 万美元，但是他毫不畏惧。“摆脱了权力的桎梏，我感到如释重负，就连囚犯摆脱镣铐锁链也比不上我此刻的轻松，”他在 1809 年 3 月 2 日给杜邦·德·内穆尔的信中写道，“天性指引我平静地追求科学，这带给我无上的喜悦。”[72] 麦迪逊就职一周后，杰弗逊骑马朝蒙蒂塞洛进发，开始了为期 4 天的骑行。他曾至少 50 次走在这条路上，这将是最后一次。在余下的 17 年生命中，他将再也不会踏入首都。

对于新任总统，法国驻费城领事博茹尔（Beaujour）评价道："麦迪逊先生聪明但优柔寡断，他总能看到该做什么，却不敢放手去做……他是一个软弱的新贵……他将成为大业的奴隶，而不是主人。”[73] 这判断刻薄恶毒，却不无道理。作为宪法的主要起草者，麦迪逊对总统权力有着独到的见解，他认为在对国家政策做出重大决策时，总统有义务听从并尊重国会的意见。杰弗逊是独立战争的象征，麦迪逊不具备这种地位，也从来没掌握杰弗逊自由游走在共和党阵营内部派系纷争中的才能。1807 年至 1809 年的外交政策危机使得共和党比以往更加分裂。有个国会党团会议选择了麦迪逊作为 1808 年共和党总统候选人（这挫败了另外一个有优势的竞争者，詹姆斯·门罗）。由于共和党在选举人团中占据绝对优势，这一决定实际上将麦迪逊扶上了总统宝座。尽管襄助他坐上了总统之位，但众议院和参议院的领袖却并不想听命于他：麦迪逊接管了一个权力严重削减的政府。

没有人愿意禁运一直持续到 1809 年春天出航的季节，但用什么样的政策取而代之成了难题。佐治亚州的威廉·克劳福德（William Crawford）说，如果国会废除禁运令，为了荣誉，势必宣战，任何其他政策都是“自欺欺人”。[74] 但无论是国会还是美国人民，对战争都没有太大的热情。北卡罗来纳州的国会议员奥尔斯顿（Alston）说：“在海上挑战大不列颠强大的海军，将让美国人失去珍视的一切——失去我们作为自由人的独立和自由。”[75]

国家没有目标，不够稳定，也不幸福，领导人最终还是选择了拖延。麦迪逊上任之初就废除了禁运令。除英国和法国之外，与其他所有国家的贸易都已恢复。如果敌对的英法两国中的任何一国采取行动，撤回其令人不快的命令，总统将授权恢复与该国的贸易，并继续对另一国实行禁运。虽然严格来讲，美国不允许其商船与英国和法国进行贸易，但是大家都清楚这个限令无法实施，而且会被大家忽视。美国商船基本上可以自由寻找市场，只要能避开追捕以及别的麻烦就可以。

禁运期间，除了“切萨皮克号”，没有别的巡航舰出航巡逻。1809年，共和党中日益壮大的海军派联合联邦党人施压来推动政策变化。众议院通过了一项法案，把海军定员人数从1 440增加至2 000。出乎所有人的意料，参议院加入了一项修正案，对“美国所有巡航舰以及其他武装船只”进行装备、人员配备和部署。[76]财政部长加勒廷谴责这一举措，他觉得禁运已经掏空了国家财政，而这次部署又要浪费大约600万美元。他说不顾国家的目标而组建海军是为了一个不公、铺张、炫耀、荒唐的体制而牺牲“共和党的事业本身，以及所有美国人”。[77]经过众议院冗长的辩论，海军派和反海军派提出的观点与1794年、1798年、1804年双方辩论时的见解如出一辙，最后争议条款被送到两院协商委员会。参议院与会者立场坚定，坚称海军需要巡航舰来“保卫炮艇，以使其发挥作用”，[78]并争取招募更多海员，因为炮艇上服役的人手不足。最终，众议院同意妥协。4艘巡航舰，其中包括“总统号”和“美国号”，将返回现役。

担任了8年的财政部长后，加勒廷想要继任麦迪逊国务卿的职位，麦迪逊也愿意任命他为国务卿，但加勒廷在国会的政敌，包括曾想争取国务卿之职的威廉·布兰奇·贾尔斯（William Branch Giles）和海军部长罗伯特·史密斯的弟弟、参议员塞缪尔·史密斯，凑成了足够的反对票，以加勒廷生于外国为由剥夺了他的资格。结果，罗伯特·史密斯被提名接任国务卿，而加勒廷还是留在财政部。这结束了史密斯作为海军部长的长期统治。麦迪逊命保罗·汉密尔顿（Paul Hamilton）接任海军部长。此人名不见经传，曾任南卡罗来纳州州长。海军军官起初对这变动感到不安，但大多数人渐渐对汉密尔顿产生了好感。“放心吧，”威廉·班布里奇在见过汉密尔顿之后告诉同僚，“我们有一个优秀的海军部长，他是海军最热心的朋友。”[79]

班布里奇统率美国军舰“总统号”，1809 年 9 月从汉普顿锚地出航，依令在中大西洋海岸附近巡逻。“总统号”遭遇了持续的逆风和 3 天的大风，因而严重受损，经过弗吉尼亚角后才 8 天就不得不缓慢航行到纽约港维修。[80]“总统号”锚定在伊斯特河，离其 10 年前的诞生地布鲁克林海军造船厂不远。在那里，“总统号”的船帆和索具得到了彻底的检修。船身涂了新漆，甲板也铺上了新的软木层。它装载了足够的淡水和补给，为长途航行做好了准备。9 月 25 日，“总统号”再次扬帆起航，沿新英格兰海岸巡逻。在纽波特停留了 3 天后，它向南行驶，最远到了查尔斯顿。班布里奇说，这艘大型巡航舰“以极快的速度破浪而行”。[81]他告诉约翰·罗杰斯，他在这次向南巡航的途中遇到了“大风、浅滩、海岸、礁石，还有哈特勒斯角（Cape Hatteras）和湾流”。

10 月下旬，当“总统号”回到弗吉尼亚角，在林黑文湾锚定，巡航舰受到了“伴有冰雹和大雨的最猛烈的暴风雪的冲击……这是一场货真价实的风暴。12点左右，我们最好的一条锚链断裂，我们随时都可能被冲上一个叫‘马蹄铁’的危险浅滩”。[82]一名水手在沿绳索向艏楼攀爬时落入海中——他双手冻僵了，抓不住梯绳。“总统号”停在那里的当晚，一艘双桅横帆商船在海滩上失事，还有一艘被刮到海里，其他几艘船艰难地驶进海湾，桅杆都折断了。

出航季无疑已经结束了，但班布里奇决心迫使其船员进入高效的随时迎战状态，很快就让“总统号”重新回到了海上。“我越来越老，内心对大海感到厌倦。我的体质肯定不如从前了，”这位35岁的船长写信给戴维·波特说道，他们曾一同在的黎波里被囚禁了很长时间：

> 但是，只要有一艘各方面都适合航行和服役的完好舰船，我就无法忍受让它闲置在港口……作为我宣言的有力证明，我带领它离开了我指挥的诺福克基地的两座灯塔，在这个季节来到海上，以考验和训练我的船员。我觉得我的船肯定是唯一在巡航的船，或者说是这个冬天唯一巡航过的船。我有一艘我所能梦想到的最优秀的舰船，军官配备精良。如果有机会的话，我相信这艘船一定能够取得非凡的战果，让我的同胞认可，也让你，我的朋友，不致感到羞愧。[83]

航行至南边的圣玛丽河巡查非法贩奴船（奴隶贸易已在1807年被禁止）时，“总统号”没有遇到什么船，船员们也接连数日没有看到“太阳、月亮和星星”。它将英国的22炮小战船“松鼠号”（Squirrel）赶出了美国领海。据见习军官亨利·吉列姆（Henry Gilliam）说，班布里奇告诉船员们，如果“总统号”不得不进入战场，“只要活着，他就不会投降……（并发誓说）宁愿沉没，也决不降旗”。[84]

1810年6月，威廉·班布里奇被调任掌管海滨军务。与此同时，约翰·罗杰斯开始掌管一支舰队，其中包括“总统号”（他的旗舰）和“宪法号”（由艾萨克·赫尔掌管）。罗杰斯计划把这两艘巡航舰带到波士顿，在那里与更多的船会合并进行巡逻。海军部长汉密尔顿的军令强调，“切萨皮克号”的耻辱绝不能重演：

> 你们，就像其他爱国的美国人一样，已经看到，也深刻感受到英法这两个欧洲大国开战后，带给了我国多少伤害和侮辱。其中最突出的就是对我国巡航舰“切萨皮克号”惨无人道、卑鄙恶毒的攻击，这一暴行让我们的国旗蒙羞……
>
> 之前犯下的罪行，很可能再犯。因此面对危险，我们要未雨绸缪，坚定信心，以维护我国海军受损的荣誉，重振萎靡的民族精神。[85]

这些军令被大声宣读给两艘巡航舰的官兵后，见习军官吉列姆写信给他的叔叔说：“你可能马上会听到战斗的风声。”[86]

但是，“宪法号”航速太慢了，跟不上“总统号”，像游艇一样在水面移动。赫尔舰长知道原因是什么。自从它的船底被保罗·里维尔的铜皮罩住之后，已经过去了7年，也该进行一次彻底的清洗了。7月26日，在汉普顿锚地，赫尔安排了潜水员检查巡航舰的底部。他们发现上面附着了很多藤壶、贻贝、牡蛎和海藻。为了强调这一点，赫尔安排人手送了一些样本到华盛顿。在盛夏长途跋涉一周后，那些样本一定都熟了。赫尔告诉汉密尔顿部长，“宪法号”船底的这些东西，“十辆马车才能装完……毫无疑问，就是因为这个，它才不能航行”。[87]

8 月份，赫尔将“宪法号”驶入特拉华河的淡水中，希望像“串串葡萄”[88]一般挂在船上的咸水贝类能够死亡、脱落。贻贝很快脱落了，但牡蛎更顽固，还需要再用定制的铁刮刀刮擦两个星期，这艘船才能恢复到令人满意的状态。

没人相信麦迪逊在 1809 年、1810 年以及 1811 年实行的复杂外交政策可以保障美国的海上权利。许多美国领导人希望欧洲能够停战，因为这将使大多数有争议的问题变得毫无意义，所以他们倾向于等待并观望。“如果我们能够选择晚点卷入战争，”南卡罗来纳州的国会议员威廉姆斯说，“我会支持晚点卷入战争。”[89] 1809 年禁运令的废除引发了航运和贸易的新一轮繁荣。国家经济也快速恢复。虽然已经取代《禁运法》的《断绝贸易法》（Non-Intercourse Act）从严格意义上来说禁止与英国、法国和法国的盟国进行贸易，但精明的美国商人擅长规避这些禁令。美国恢复了与地中海、波罗的海、西属拉丁美洲中立港口的贸易。在英国政府的特许下，伊比利亚半岛的威灵顿勋爵（Lord Wellington）的部队主要靠从里斯本进口的美国食品维持生活。1809 年，全国外贸登记吨位跃升至 910 059 吨，这个数字比杰弗逊实行禁运前的任何一年都要大。[90] 国家和平，经济繁荣，蒸蒸日上，为什么要自找麻烦？

麦迪逊上任一个月后，与新任英国公使戴维·厄斯金（David Erskine）签订了一项协议，同意暂停英美两国的贸易限制措施。但是，该协议在抵达伦敦后被外交大臣坎宁否决了，理由是僭越了他的指示。华盛顿又一次就爆发战争的可能性进行辩论，但正如加勒廷私下指出的那样，国家并没有准备好打仗。“我只看到，我们的战争准备不如一年前充分，”他写道，“那时，我们几乎所有的商业财富都安全无虞，资源丰富，财务状况足以支持一年的对峙。”[91]一年时间的禁运，已经“耗尽”了财政部，战争动员需要大量借贷。

新上任的英国公使弗朗西斯·詹姆斯·杰克逊（Francis James Jackson）于 1809 年秋天抵达华盛顿，接替受到申斥的戴维·厄斯金。他的任期非常短暂。杰克逊与国务卿罗伯特·史密斯几次通信后（史密斯的信件几乎可以肯定是麦迪逊代写的），美国政府对其在信件中的一些用词十分反感，并拒绝与他有任何进一步的交流，这是一年里第二个被迫从华盛顿撤回的英国公使。

法国对中立国船只的欺凌和掠夺并不亚于英国。按照拿破仑的命令，法国以微不足道的借口，甚至毫无理由就扣押美国船只和货物。要求赔偿的时候，无论抢劫者是如何明目张胆，船主也一定会碰壁，这已经成为一个定局。面对《断绝贸易法》，拿破仑颁布了《朗布依埃法令》（Rambouillet Decree），规定凡属法国管辖的港口，法国可以无须警告和解释便扣押任何美国船只和货物。当该法令的相关消息于 1810 年 5 月传到华盛顿后，麦迪逊对杰弗逊说：“波拿巴最近的一系列行为，包括抢劫、盗窃和失信等，奸恶的程度甚至超过了他以往所有不流血的暴行。”[92]

《断绝贸易法》试图通过与英法两国中首先解除限制的一方恢复贸易的方式，让英法两国对立。新的国会采取了与之大同小异的政策。《梅肯 2 号法案》(Macon's Bill No. 2)允许恢复与英国和法国的正常贸易，但如果英法有**任何一方**答应了美国的要求，则总统可以对另一国重新实行《断绝贸易法》。拿破仑用一个精明的举动回应了这项法案。1810 年 8 月，法国外交大臣卡多雷公爵(duc de Cadore)写了一封措辞谨慎的信，承诺取消大陆封锁政策，条件是美国“应使它们的权利得到英国的尊重”。同时，拿破仑颁布了一项新的法令，对大部分美国船所载货物强加过高的关税。这和之前的政策作用相同，不过是换了一个名头。然而，麦迪逊却将“卡多雷信件”解读为法国满意纳撒尼尔·梅肯的法案，并下令于 1811 年 2 月对英国再次执行禁止进口政策。英国《海军纪事报》(*Naval Chronicle*)的编辑对美国的勇气感到惊讶：“在北美，他们远离战争的喧嚣，本应该每天都为此感恩。但他们似乎疯狂地渴望战争，想要让他们令人羡慕的优势湮灭！”[93]

英国政府称“卡多雷信件”是个诡计，而且麦迪逊的政策故意偏袒法国，因此拒绝任何让步。英美关系迅速恶化，美国大使从圣詹姆士宫撤回，只在伦敦留下一个低级的临时代办。皇家海军继续在北美海岸保持强大的军事存在，强征海员和侵犯美国领土主权的行为有增无减。那年夏天，新任英国驻美大使约翰·福斯特带着一套严格的指令抵达华盛顿。毫无疑问，英国对美国中立贸易的限制不会变化。双方立场越来越强硬，怨恨积累得越来越多，战争似乎迫在眉睫。

1811年4月，约翰·罗杰斯驾驶美国军舰“总统号”沿切萨皮克湾到达安纳波利斯，由于这位39岁的舰长要探访马里兰州格雷斯港的亲人，所以他在那里停留了数周。在格雷斯港，罗杰斯收到消息说英国皇家海军巡航舰“勇士号”（Guerrière）已经封锁了纽约港的美国航运，并强行征用了几名美国水手。罗杰斯赶回了安纳波利斯，并下令让“总统号”准备好出海。5月14日，“总统号”从弗吉尼亚角出航，向纽约行进。

两天后，正午刚过，瞭望员报告东方出现了一艘船。这艘船悬挂着辨识不清的标志，收到了信号却不回复，径直向南方逃去。“总统号”立刻全力追击。追逐持续了很长时间，从那天下午一直持续到傍晚。在微弱的光线下，罗杰斯通过望远镜仔细审视着这艘逃跑的陌生船只。他看得出它已经升起了旗帜，但他分辨不出来是哪个国家，“虽然从外表上看它是一艘巡航舰，但我无法确定它的实际火力”。夜幕降临时，两舰仅仅相隔约2.5千米。罗杰斯继续尽力追赶，小心翼翼地保持在上风位置航行。晚上8点15分左右，“总统号”距那陌生舰船已不足百米。罗杰斯举起喇叭喊道：“尔乃何船？”

随之而来的是夜间常见的紧张游戏。双方都要先知道对方的名号，再报出自己的名号。普雷布尔在1803年8月一个漆黑的夜晚驾驶“宪法号”进入直布罗陀海峡时也有过这样的经历，那次“宪法号”与皇家军舰“梅德斯通号”差点舷炮互射。

罗杰斯的喊话一字不差地传了回来，对方简明的英语在海面上回响——“尔乃何船？”——基本可以确定，这是艘英国战船。“问完第一个问题后，”罗杰斯后来说，“一般来说，出于礼仪，我当然有权得到对方的回答，所以过了15秒还是20秒之后，我又问了一遍‘尔乃何船？’”

罗杰斯还没来得及放下喇叭，对方就开出一炮。一时之间，两艘战舰舷炮齐射，炮火纷飞。“总统号”被击中了主桅和前桅，几根侧支索和支索被切成了一段一段的。然而，在炮口闪光的间隙，罗杰斯观察到那艘船跟“总统号”相比轮廓更低，舷炮重量更轻，不是巡航舰。在“总统号”猛烈的炮击下，敌舰的主中桅桁断裂并耷拉下来。它的旗帜不是被船员拽下来就是被“总统号”射掉了，多数舰炮都已寂静无声。开炮15分钟后，罗杰斯下令船员停火。

清新的海风吹过，两个指挥官试图再次进行沟通，但彼此都无法理解对方。“总统号”顺风调向，在那艘船的下风方向航行，驶出安全距离后顶风停航，修复轻微损坏的索具。船员中的一个小伙子受了轻伤。

5月17日的拂晓，美国人终于有机会仔细观察对手了。它是英国的20炮护卫舰“里尔·贝尔特号”（Lille Belt），俗称“小贝尔特号”（Little Belt）。“总统号”当时在上风方向不远处，当即出发，迎风驶向对方。由于美国和英国并没有交战，罗杰斯表示愿意尽“总统号”所能提供一切帮助。英国舰长阿瑟·宾厄姆（Arthur Bingham）回复道，他“船上有所有修补损伤的必需品，足够支撑他们返回哈利法克斯了”。

“小贝尔特号”受损严重，船身好几处被洞穿，船帆和索具成了碎片，右舷泵彻底被毁。船上9人死亡，23人受伤，其中几个还是致命伤。宾厄姆舰长英勇地拒绝了援助，但这几乎使他失去这艘船。两天后刮起了大风，海水从船身上的十几个洞涌进来，几乎导致它沉没。

罗杰斯从纽约给海军部写了一封公函，在信中他直截了当地说明是“小贝尔特号”先开的炮，但也为攻击了比自己弱小的船只表达了歉意，同时对丧生的船员表示哀悼。“任何一个有人性、宽宏大量的人都会感同身受。”他说。他请求军事调查法庭调查他的行为。[94]汉密尔顿部长5月28日回复中的态度却恰恰相反，简直是得意扬扬。[95]他毫不理睬罗杰斯调查的请求，命其尽早驾驶“总统号”返回海上，还让他准备好“经历一场比你请求的还要重大的考验。我确定你对英国舰船的严厉惩罚肯定会招致英国的报复”。

直到8月底，调查法庭才听取了罗杰斯及其军官的证词。斯蒂芬·迪凯特担任负责人。12天后，法庭在讯问了50名证人后发布报告，认定罗杰斯所说的情节全部属实：“小贝尔特号”率先开炮，引发了这场战斗。交战时，罗杰斯两次向英国舰长喊话呼吁停火，英方应该为自己的损失负全部责任。

宾厄姆舰长和他的军官坚持说是“总统号”打出的第一炮，而英国调查法庭也证实了这个说法。《海军纪事报》以大量篇幅报道了两个水兵的证词，这证词是交战后一个月在哈利法克斯记录下来的。他们声称交战的时候自己在“总统号”服役，随后当了逃兵。其中一个船员指出，是美国巡航舰的第二组大炮不小心走火才引发了这场交战。[96]他的证词中提到掌管那个炮组的是“贝林尉官”（Lieutenant Belling），然而“总统号”的花名册上并没有这个名字，他的证言因而受到质疑。哪艘船先开的炮将永远不为人知。

“总统号”与“小贝尔特号”事件引发了大西洋两岸媒体的新一轮唇枪舌剑。伦敦《快递早报》(*Morning Courier*)声称“我们同胞的生命必须血债血偿”，这用词可能是从美国4年前的报纸上逐字选取的。关于哪一方先开火的问题，《公报》(*Gazette*)发问道：“一个美国舰长陈述的真实性能跟一位光荣的英国军官相比吗？”巴尔的摩报纸《奈尔斯纪闻》回击说，罗杰斯“声誉卓著，为人清白，其荣誉无可指摘，勇气无可置疑”，而宾厄姆舰长是“一个粗鲁的无名小卒”，其证言“虚假而且可耻”。

大多数美国人似乎认同汉密尔顿部长的观点，即“小贝尔特号”是活该有此下场。“第一炮无论是‘总统号’还是‘小贝尔特号’开的，都不重要，”《奈尔斯纪闻》说，皇家海军是由于自己行为不当才招致惩罚的，“要是**美国**军舰在**大不列颠**海岸徘徊，强征**英国**水手，在**英国**港口杀害**英国**臣民，俘获**英国**进出港的船只，**英国**会听之任之吗？当然不会！”[97]

第十二届国会第一次会议于1811年11月召开后，议员们感觉到他们的决定将会产生长久的、历史性的影响。“从来没有哪一届国会探讨过如此利害攸关、责任重大的议题。”《波士顿纪事报》(*Boston Chronicle*)说。[98] 麦迪逊11月5日呈递到国会山的年度国情咨文，抗议英国“对我们的合法贸易开战”，并要求国会使国家采取“应对危机所需的备战态度”。[99]

共和党“鹰派”小团体的崛起和壮大渐渐改变了国会，其领导者是35岁的肯塔基州人亨利·克莱(Henry Clay)，他在会议的第一天就被选为众议院议长。倾向于支持“鹰派”的众议院外交关系委员会于11月29日向整个众议院提交了报告。报告列举了对英法两国的不满，详述了英国皇家海军对美国海洋权利的侵犯，包括“强征我们的水手进入皇家海军，侮辱我们的国旗，且这种情况日益严重”。[100] 决议呼吁建立一支1万人的军队，动员民兵，武装商船，将海军剩余舰船投入现役。纽约州国会议员彼得·波特（Peter Porter）告诉同僚，这个决议就是战争的先兆，“不要召集军队，除非我们打算动用武力”。[101]

克莱和他的盟友年轻气盛、魅力无穷、意志坚强、智力过人、组织有序。在激动人心、锦上添花的演讲中，他们娴熟地运用美国独立战争的话语和典故来煽动人们对英国发动第二场战争。他们一次又一次地重申理由，如果不战斗，那唯一的选择就是投降，听任英国的摆布。投降，无异于放弃美国的独立，让1776年爱国先烈的牺牲变得毫无意义。“现在我们必须开战来反抗英国的进一步蚕食，”肯塔基州的约翰逊说，“不然就正式废除《独立宣言》。”[102]“如果我们投降，这个国家将不再独立。”南卡罗来纳州的卡尔霍恩（Calhoun）表示同意。[103]

鉴于英国海军的强大力量，许多“鹰派”人士认为美国应该打击加拿大。他们表示，夺取加拿大领土，将会弥补美国在海上的损失，摧毁西北地区与英国结盟的印第安部落的力量，并迫使英国走上谈判桌。“我们要把英国从北美大陆驱逐出去，”田纳西州的费利克斯·格伦迪（Felix Grundy）说，“……我愿意把加拿大人视为同胞。”[104] 着眼于入侵加拿大，国会通过决议，常备军在现有规模上扩充2.5倍，总人数增至3.5万人。[105]

如果美国开战只是为了侵略加拿大，那么海军的作用就无足轻重，但“鹰派”中也有人呼吁大规模建设海军。他们的领头人是来自南卡罗来纳州的海军委员会主席兰登·切夫斯（Langdon Cheves）。他请求众议院拨出 750 万美元巨款，用来新建 10 艘巡航舰和 12 艘 74 炮战列舰。[106] 1812 年 1 月中旬，在连续两天发表了冗长演讲之后，切夫斯算出，从 1794 年美国建造 6 艘巡航舰算起，美国已经为海军投资 2 720 万美元，而为陆军已经累计支出了 3 750 万美元。切夫斯以美法准战争和的黎波里战争为例，声称海军比陆军更“有用”，更“值得尊敬”。反对者认为美国海军将被英国封锁在港口，切夫斯很有远见地回答说，要封锁港口中的美国军舰，英国需要比美国多两倍甚至更多的战舰才行。皇家海军身上承担着如此重压，这将迫使英国走上谈判桌。“自然之神赐予美国 3 000 多千米的天然海岸，不是让你弃之不用的。”[107]

切夫斯做完情况介绍之后，众议院进行了将近 10 天的辩论，在《国会年鉴》（*Annals of Congress*）上以小字体占据了近 200 页的篇幅。这是国会最长的，在某种程度上也是最有趣的海军辩论。海军派提醒人们不要忘记常备军带来的古老恐惧，并称赞海军“对于民事机构危害更小”。纽约的共和党人塞缪尔·米切尔（Samuel Mitchell）提出，如果与英国交战，必须同时进行陆战和海战：“只用一种军队就相当于一只手绑在了背后。用海军以援助陆军才是用双手打仗。”对于以攻击加拿大来惩戒英国海上恶行的战略，联邦党人乔赛亚·昆西（Josiah Quincy）嘲讽道：“如果你要保护佐治亚州的田野，却在马萨诸塞州设一个栅栏，这不是很奇怪吗？这和为了保护我们的海洋权利，却着手入侵加拿大有什么不同？”[108]

正如在 1794 年、1799 年、1803 年，还有辩论这个问题的其他年份一样，反海军派每次的主张都大同小异，无甚新意。肯塔基州的塞缪尔·麦基（Samuel McKee）说，美国建立一支大型欧式海军，将意味着和平的终结，因为这将催生“一个热衷于引发和维持战争与争辩的阶层。陆军军官和海军军官在和平时期仅仅是个摆设，他们只在国家的财富和声誉需要其拯救的战争期间是可敬的”。[109]反海军派的论调也基本上不变——海军的存在是不合理的资源浪费。宾夕法尼亚州的亚当·希伯特（Adam Seybert）说：“海军所耗费用远远超过了它所保护的海上商业利益。”在海军部的报告中，希伯特调查了维护和维修“宪法号”的总开支，发现1800年到1807年之间，单单一艘巡航舰就消耗了“302 582美元的巨款，7年来陆陆续续的支出年均达43 000美元”。和英国进行一场海战，会有怎样的结果呢？“宪法号”和美国海军的其他远洋舰船会被强大的英国舰队扫平。“恕我直言，先生，”希伯特接着说，“恐怕我们的船只会扩充英国的海军力量。”[110]

1月10日，美国财政部长加勒廷宣布，战争动员需要1 000万美元的贷款，这反过来又需要更高的关税和征收新的财产税，这无异于向这场辩论投掷了一枚手榴弹。[111]“反对征收国内税”写在共和党历史的每一页上，许多共和党人，即使属于主战阵营，也断然拒绝投赞成票。加勒廷提醒国会，财政力量有限，这让国会不得不更加节衣缩食。所以切夫斯的海军计划，虽然票数几近成功，最后还是功亏一篑。[112]最终，国会投票决定只给包括“切萨皮克号”和“星座号”在内的非现役巡航舰配备军资。这两艘巡航舰当时都闲置在华盛顿海军造船厂。

1812年4月初，美国国会批准实行90天禁运。与杰弗逊的禁运政策不同，这不是经济胁迫措施，而是宣战的前奏，目的是确保对敌行动开始时，美国的商船都安全地停在港口。然而，似乎很少有商家或船主严肃地看待这场即将爆发的战争，4月4日禁运令生效之前，港口还是熙熙攘攘，船只蓄势待发，准备出航。运费涨了20%，水手的工资翻了一番，单单纽约就有140艘船开出港口。[113] 保险费率仍然很低。"我们从各个地方听说人们不希望开战。"国会议员朗兹（Lowndes）说。

人们仍然希望美国对欧洲的外交政策能取得成果。4月至5月，国家领导人期待着詹姆斯·劳伦斯（James Lawrence）校官率领的双桅横帆船"大黄蜂号"从伦敦带来公文信件。一周又一周过去了，没有任何消息。5月19日，它终于抵达纽约港。它带回的消息并不让人振奋。外交大臣卡斯尔雷勋爵（Lord Castlereagh）在4月10日给驻美大使约翰·福斯特的指示中拒绝撤销反对美国贸易的枢密令。麦迪逊认为此函是英国政府的最终决定，便准备要求国会宣战。

总统面临两难的抉择：他应该请求对英国还是对法国宣战，或者同时向两个国家宣战？拿破仑侵犯美国海洋权益跟英国一样严重，而且很明显，法国尽管在上年的"卡多雷信件"中稍稍松口，但并没有放宽大陆封锁政策的打算。邮件的副本由"大黄蜂号"送至在蒙蒂塞洛的杰弗逊，麦迪逊附在其中的便条写道："法国无意解决我们的分歧……事情变得比以往任何时候都更令人费解。"[114] 内阁考虑发动"三方战争"，同时向英、法宣战，但是这"困难重重"。虽然法国无论在海上还是陆地上都无法直接打击美国，但美法宣战将会导致美国私掠船无法使用英吉利海峡的法国港口，因而失去在英国家门口的水域内攻击英国船只的机会。

在众议院 5 月 29 日的长篇演讲中，约翰 · 伦道夫嘲笑“鹰派”只会夸夸其谈而未能做好应对准备。“没有钱、没有人手、没有海军，却要开战！”[115] 他喊道，“没有勇气，却要开战！嘴上说的是开战，实际上是要收战争税！你们的所有勇气都用在通过决议上了！人们不会上当的！”伦道夫说，漫长的欧洲战争不关美国什么事：“这场战争是史无前例的。我们被宽阔的海洋隔绝在了欧洲战争之外，理应置身事外，背靠城墙，等待敌人来犯，而不是在一千把匕首直指我们胸前时，在午夜跑出去寻找打扰我们休息的家伙。”[116]

老一代的美国人认同伦道夫的反对意见，他们都经历过独立战争时期的绝望。大部分的“鹰派”都太年轻，根本不记得 1776 年 6 月降临在纽约的恐怖：巨型英国舰队突然出现在斯塔滕岛附近，华盛顿的新手军队像牛群一样从布鲁克林被赶到曼哈顿，又被赶到新泽西，再被赶到宾夕法尼亚。他们太年轻，不记得纽约、费城、纽波特、诺福克和查尔斯顿那毁灭性的漫长占领，也不记得英国在海上是如何迅速扫平大陆海军的。沿海地区人民对战争后果的恐惧日益增加。罗得岛州普罗维登斯的公民通过了反对“野蛮好战精神”的决议。[117] 敌人如果海陆夹击沿岸地区，将“让我们的妻儿无家可归，家园破碎”。《波士顿前哨报》(*Boston Centinel*) 在 5 月 30 日发表社论：“很明显，政府在这种情况下宣战，实际上为英国舰队扫荡我们的海岸提供了许可证和战利品，敌人将毁灭我们仅剩的航运，摧残我们的商业，加速我们的衰退，让我们陷入独立战争结束时那样的贫穷和痛苦。”[118]

在伦敦，美国的 90 天禁运被看作宣战的前奏。海军部向哈利法克斯和纽芬兰发出军令，提醒当地海军指挥官美国有可能开展敌对行动，并指示他们，一旦宣战，就立即“攻击、俘获、击沉、焚毁或摧毁一切美国及其公民的船只”。[119] 但与此同时，英国的重量级人物也在敦促政府采取行动避免战争。人们把日趋严重的国内经济压力归咎于各种针对英国的贸易禁运：拿破仑的大陆封锁政策、美国禁止进口的措施以及新的美国禁运政策。伦敦和曼彻斯特的失业率在两年内翻了一番。诺丁汉失业纺织工人在一个名叫内德·卢德（Ned Ludd）的激进分子领导下集结起来（这些人后来被称为“卢德分子”），攻击棉纺厂、羊毛厂，捣毁机器，因为他们认为机器取代工人是大批工人失业的原因。工人运动升级为大规模的反叛，需要部署 1 万多英军来镇压。莱斯特、伯明翰、利物浦工人联名签署的请愿书抵达议会大厦，要求斯潘塞·珀西瓦尔（Spencer Percival）领导的托利党政府废除反对美国中立贸易的枢密令。

5 月 11 日，首相珀西瓦尔进入下议院时，被一个疯狂的刺客开枪刺杀。他的继任者利物浦勋爵卡斯尔雷青睐更加务实的对美政策。6 月 12 日，卡斯尔雷宣布废除反对美国中立贸易的枢密令。如果华盛顿即刻获知这个消息的话，1812 年的战争很可能就得以避免。但是第一条跨大西洋的电报电缆要半个世纪后才会铺设，外交通讯信时滞使得这一消息几个星期以后才传到美国。

麦迪逊总统对于遥远的大西洋彼岸这令人振奋的进展一无所知，在 6 月 1 日向国会请求宣战。虽然这篇咨文有时会突然变回其一贯的枯燥而威严的文风，但是它对英国的整体政策进行了直白的控诉，称其“对独立且中立的美国做出一系列敌对的行为”。[120]他列举了英国的种种罪行：侵入美国海岸、强征美国水兵（这是“滔天大罪”）、强行没收美国船只和财产、纸上封锁、煽动西北地区的印第安人等等。麦迪逊最后还仔细评价了反对美国中立贸易的枢密令，他总结说英国的政策并不旨在发动战争，而是竭尽所能追求“航海和商业的垄断地位”。

在众议院，议员们就战争议案进行了闭门讨论。联邦党人提出抗议，坚持开门让公众参与，可表决没有获得多数通过，于是他们就抵制辩论。众议院花了3天时间辩论，最后以79∶49票决定宣战。所有联邦人和几个共和党人投了反对票。参议院认为依照美法准战争的先例，需要考虑战争是否应仅限于海上行动，所以推迟了对宣战问题的投票。这样的战争主要通过私掠船来进行，不需要政府资助，且麦迪逊政府有权在任何时候通过行政命令结束冲突。该提案的反对者认为加拿大是英国的致命弱点，并认为入侵加拿大是美国胜利的关键。

参议院以最微弱的票数差距否决了“只发动海战”的议案：刚开始是平票，参议院临时议长最后投出了关键的一票。这使得是否宣战的议题迎来了6月18日的投票。票数是17∶13。在国会的计票板上，将近40%的议员，包括参议院和众议院的每位联邦党员，都投了反对票。美国国会历史上从来没有以如此微弱的票数差距通过宣战决议的先例。

6月19日下午，麦迪逊在签署宣战声明后，来到了位于白宫以西的两层朴素砖楼。这栋楼被用作国务院、战争部和海军部的联合总部。在那里，他穿梭在一群军官、文官、文员和各种祝福者之中。财政部主计长理查德·拉什（Richard Rush）参加了庆祝活动，他这样评价当时的总统：“他戴着小圆帽，帽子上别着一个大帽徽，行为举止像一个小小总司令。”[121]

12 第一次对决

“许多国家是怀着兴奋的心情参战的，然而美国可能是第一个强迫自己参加美国人所惧怕的战争的国家，希望借此塑造他们所缺乏的精神。”亨利·亚当斯是这样评价1812年战争的。他称这场战争“就像把生矿石扔进炉中冶炼，试图通过将国家推入战争来激发其潜能”。[1]这一评价和詹姆斯·麦迪逊在开战9个月后一封私信中的观点不谋而合。回顾关于战争的辩论，麦迪逊总统承认：“即使没有准备好，我们也不可能避免甚至推迟战争。”[2]当时美国有必要进行这决定性的冒险，因为“当打不打仗的问题尚且悬而未决时，永远不可能进行有效的备战”。

10多年来，执政党对武装部队实行极简主义的政策，结果显而易见。战争部和海军部的小职员被淹没在堆积如山的纸张中——各种征用令、授权令、任命书、晋级令和巡航令。武器、制服和补给均供应不足。陆军登记在案的有7 000人，但大多数人装备糟糕，完全未经训练。[3]东部海岸线和西部边境无人看守。新英格兰的公民反对开战，因此即使在宣战后，大家对战争动员也是无动于衷。防御情况最好的美国海港是纽约，那里有900名穿着制服的士兵守卫，但没有人自信这座城市能够承受来势汹汹的攻击。一名军官告诉财政部长加勒廷，纽约军队“没有经验、不守纪律，没有哪位军官会用自己的生命和荣誉来冒险与他们一起战斗”。

美国的远洋海军除炮艇外共有 19 艘舰船，其中 16 艘在服役。[4] 16 艘舰船中有 7 艘是巡航舰，其余均为单桅纵帆船、双桅横帆船或其他未定级战船。相比之下，英国皇家海军有 600 多艘现役舰船，另有 250 艘在港口建造或维修。现役英国军舰中，约有 175 艘是战列舰，双层炮台甲板上装备了至少 64 门大炮。这些强大战舰中的任何一艘都超过了美国舰队中最大的战舰。可以肯定的是，皇家海军要在全球执行任务，所以不会将全部海军力量一起投入北美海岸。但即使只是总部设在哈利法克斯的英军北美基地，也拥有 1 艘战列舰、9 艘巡航舰和 27 艘未定级战船。连同纽芬兰、牙买加和背风群岛附近基地的军力，1812 年开战时，皇家海军在美洲有 4 艘战列舰、23 艘巡航舰和 71 艘未定级战船，增援部队将在 9 月之前到达。

1812 年 1 月，在断绝来往 11 年之后，已退休的前总统约翰·亚当斯和托马斯·杰弗逊开始重新通信。他们的交流包罗万象，但很少触及政治或时事。在重新交往的第一年里，他们大部分时间都在谈论印第安神学。但是他们恢复通信之初正巧赶上战争爆发，两个老革命家几乎不可能回避这个话题。亚当斯不能接受共和党把数百万美元挥霍在毫无价值的炮艇舰队上，而不是用于壮大远洋海军的力量。“我非常痛心……他们完全忽视海防，没有采取任何保护措施！”他在 6 月 28 日给杰弗逊的信中说道，“国家的资金、水手和士兵都是够的，要是下令建几艘巡航舰就好了。没有巡航舰，美国将是一个脆弱的瓷瓶、冰房子、玻璃宫殿。献上我诚挚的敬意。您忠诚的约翰。”[5]

皇家海军的数量优势本就已令人气馁了，何况又加上它不可思议的无敌光环。伦敦的《金星报》(*Evening Star*)表示,“英国不会仅仅因为几个浑蛋和不法之徒驾驶挂着星条旗的杉木建造的巡航舰”,就放弃“它的子民用鲜血和财富为它赢得的卓越荣耀”。[6]尽管对这侮辱感到愤慨,但大多数美国人还是认同这种预测的。麦迪逊总统及其内阁部长和国会领导人都很害怕在开战的头几个星期海军就会惨败。一些有影响力的人士认为,在冲突期间整个美国舰队都应该安全待在港口,其理由是:最好让它们免受伤害,而不是拱手送给敌人。

1812 年 2 月得知这一战略时,威廉·班布里奇感受到“无尽的遗憾和屈辱”。[7]他和同僚查尔斯·斯图尔特船长当时碰巧在华盛顿,便前往海军部上报他们的反对意见。保罗·汉密尔顿部长证实,交战时巡航舰可能会被派到纽约,停泊在海峡附近,作为固定炮台。令人惊讶的是,两名指挥官拜会白宫的请求得到应允。他们力谏麦迪逊把美国巡航舰派遣到海上。斯图尔特说,会见结束时,麦迪逊表示他被说服了。“我们想要的是胜利,”总统说,“如果你们能让我们胜利,为此失去了你们的舰船,我会给你们派遣新船。”[8]

但是巡航舰应该如何部署?布置在美国海岸附近还是在离岸较远的水域?它们应该单独巡航还是编成舰队?它们应该主动与英国巡洋舰开战吗?它们应该保护美国贸易还是破坏敌国贸易?这些问题是海军战略的核心,而汉密尔顿部长是农场主出身,不适合对这些事务做出决断。5 月底,汉密尔顿部长命令约翰·罗杰斯(指挥纽约的“总统号”)和斯蒂芬·迪凯特(指挥诺福克的“美国号”)两位舰长给海军部提供“能使美国弱小的海军最大限度地打击英国贸易,而最低程度地在英国强大的海军面前暴露自己”的部署战略。[9]

两名军官都建议巡航舰部署在远离美国海岸的地方，袭扰敌国商船。罗杰斯为他潦草的笔迹道歉，说自己的一个手指不太灵光。在信中，他建议把美国海军中最快的两艘或三艘巡航舰组成一支舰队，再增补一艘小战船，把它们派遣到英国本土周围的水域巡航。在罗杰斯看来，在英国老巢附近部署一支强大的舰队将会迫使英国海军把军力从美国沿岸转移过来，这样可以为商船返回港口以及私掠船出港打开航道。罗杰斯任命自己为舰队司令官，这毫不奇怪。他还补充道："我郑重承诺会让英国的商界迅速感受到美国舰队的威力。"[10] 迪凯特提出，巡航舰应单独或成对部署，充分补给，以供长期航行，"关于巡航地点，不应给出任何具体指示，而应由军官自己决定"。他认为，一两艘巡航舰与大型舰队相比，更不容易被英国人发现，能在更短时间内航行更长的距离，攻击英国护航舰队。另一方面，如果一两艘巡航舰不幸被更大的英国舰队包围并捕获的话，"我们也用不着为整支舰队全军覆没而感到懊悔"。[11]

麦迪逊内阁成员的分歧给辩论增加了另一重复杂性。[12] 加勒廷为宣战后在海上被俘获的美国商船的命运感到担忧。加勒廷认为，在战争的前 4 个星期，每周都有几百艘这样的船驶向美国港口，加勒廷估计其总价值在 100 万到 150 万美元之间。始终盯着底线的财政部长希望美国巡航舰部署在美国主要港口附近来保卫航线，直到这些重要的资产安全回国。

汉密尔顿犹豫了。罗杰斯和迪凯特的信在他的桌子上放了两个星期。与此同时，麦迪逊和其内阁决定，把整个海军集中在纽约，由罗杰斯准将指挥。罗杰斯时年 40 岁，是海军现役高级军官。纽约被选为集结地，是因为它在主要海港中防御最好，位于海岸线的中部，且开战初期大部分美国商人都会回到这个港口。迪凯特率领“美国号”、“国会号”和双桅横帆船“阿尔戈斯号”，于6月16日从诺福克出发，在宣战一天后到达桑迪胡克。罗杰斯带着“总统号”和性能优良的小战船“大黄蜂号”与迪凯特会合后集结成军。

两位军官都渴望即刻起航。罗杰斯希望对当地英国部队进行严厉打击，在英国增援部队部署到西大西洋之前“**彻底**削弱其力量”。[13]罗杰斯准将还了解到，敌方一支大型商船队准备从牙买加驶往英国，据说这个船队里有110艘帆船，总价值约1 200万英镑。我们有理由相信罗杰斯和舰队的其他人都对突袭该船队所能获得的奖金垂涎不已，但罗杰斯还没有收到来自华盛顿的命令，因此不得不等待。局势日益紧张起来。

6月21日，在宣战3天后，加勒廷向总统投诉，称汉密尔顿部长尚未发出所需的巡航命令，而这些命令“本来昨天就应该送到的……不管发生什么，一天都不能再拖了”。[14]在6月22日星期一的紧急内阁会议之后，军令最终由快马信使送往纽约。军令命令罗杰斯将他的部队分成两支分舰队，分别在纽约和诺福克附近巡航。受到加勒廷的影响，军令中阐明这次行动的主要目标是“为我们即将回归的商船尽可能提供保护——无论是国家提供的保护，还是个人提供的保护。我们的商船安全回国显然是头等大事”。[15]

罗杰斯准将压根没有收到这些军令。他在军令起草前一天就率领5艘船组成的舰队从纽约出发了。这不是美国指挥官第一次擅自航行，也不是最后一次。准将这一决定可以说是抗命，但也显示了其勇敢、主动和海上行动所需要的敏锐性。罗杰斯抓住了汉密尔顿也隐约感觉到的一点——多拖延一个小时，敌人就能多备战一个小时。

6月22日下午，在长岛的南部海面上，舰队碰巧遇上一艘从马德拉岛驶往纽约的美国商船。商船船长告诉罗杰斯准将，一天前，他的船被英国巡航舰“贝尔维达号”（Belvidera）登船抢掠。舰队在和缓的西风中继续向东。

第二天破晓后不久，在楠塔基特浅滩东南约160千米处，“总统号”瞭望员发现东北方有一艘“大帆船”。[16]罗杰斯发出追逐的信号。陌生船只打出的旗语，美国人没能理解，未做回应，它立刻迎风调向，顶风驶去。西风转成南风，美国舰队不得不在微风中迎风航行，不时弄湿船帆，以更好地掌握方向。7点15分，那艘陌生船只在东北地平线上依稀可见，罗杰斯确信那是“贝尔维达号”。

“总统号”向来以速度快而闻名，很快就追上了对手。它超过了“美国号”和“国会号”，舰队其余所有船更是远远地落在后面的背风处。11点时，“总统号”清理甲板，准备战斗。[17]很快，“贝尔维达号”悬挂上了英国国旗。

下午，微风渐渐平息。“贝尔维达号”与罗杰斯的距离很近，所以他可以通过望远镜来仔细观察，可该舰还是稍微超出了“总统号”24磅大炮的最远射程。“贝尔维达号”的定级为36炮巡航舰，但是装备了42门大炮，明显比“总统号”更小更轻。其舰长理查德·拜伦（Richard Byron）还没有收到美国宣战的消息，但他清楚美国人显然是来者不善。“贝尔维达号”以舵效航速沿海岸航行，保持在“总统号”的射程之外。拜伦冷静地安排船员吃晚饭，他们没有理由空腹战斗。

1812年战争的第一炮在6月23日下午4点20分打响。“总统号”已经渐渐逼近，使“贝尔维达号”进入射程，罗杰斯准将拿起一根缓燃引信，点燃了“总统号”的一门艏炮。[18] 炮弹还没落到舰上，“贝尔维达号”的4门艉炮——两门18磅大炮、两门32磅大炮——便开始还击。“总统号”渐渐追上了对手，缩短了射程。“总统号”最开始的几轮齐射十分精准。“贝尔维达号”的舵罩被大炮击中，坠毁在拜伦舰长的船舱内，左舷船炮的炮口凹了进去。一位英国船员死亡，包括军械师和木匠在内的若干人受了重伤。

要想赢得战斗，“总统号”只需拖延足够长的时间，让美国舰队其余的船都驶入射程范围内。在这种情况下，拜伦舰长可能会被迫投降。但是在下午4点30分，“总统号”遭遇了一场毁灭性的事故，主甲板上的一门大炮发生了爆炸，在前甲板上炸出一个大洞，造成16人伤亡。[19] 这是一个可怕的场景，尸体和残肢散落在甲板上。罗杰斯自己也受了伤，一条腿被炸断了，血迹斑斑。船员忙着搬运死伤人员，将新武器运送到位，“总统号”的左舷炮一时沉寂无声。

受伤的罗杰斯命令“总统号”原地转向（yaw），通过这一机动让右舷炮发挥作用。[20] 他希望巡航舰的右舷炮能够集中火力击倒“贝尔维达号”的一根桅杆或帆桁，以防止它逃跑，可他没有这样的好运气，英方巡航舰扬帆起航，很快就驶出了美方大炮的射程。日落时，“贝尔维达号”的船员弃掉两个船首锚，扔掉两个小艇，并将14吨淡水倒入海中来减轻重量。[21] 他们将损坏的索具打结并拼接，修复了受损的主中桅。夜幕降临，“贝尔维达号”改向东行进，逃出了美国人的视线。6月24日清晨，它彻底脱离了危险。7月1日抵达哈利法克斯后，它通知基地司令赫伯特·索耶（Herbert Sawyer）海军中将，敌对行动已经开始。

“总统号”严重受损，但不至于让罗杰斯返港。牙买加商船队仍然是他的主要目标。整个舰队停泊 3 天，等待旗舰修补损伤，罗杰斯准将也借机让外科医生为他接好伤腿。在行动中牺牲的两名见习军官和一名海军陆战队员按照海军惯例实行海葬。6 月 26 日，舰队开始朝东北方向追捕商船队。

在战争初期，华盛顿海军造船厂是美国供给能力最好的海军造船厂，但随着从南到北全国各地的海军基地对火药、武器、补给的需求蜂拥而至，存货迅速耗尽。7 月 9 日，船厂负责人托马斯·廷吉（Thomas Tingey）告诉海军部，船厂 18 磅和 24 磅炮弹一枚不剩，弹药库只剩下 10 桶火药，用于制造桅杆和帆桁的软木存货也很少了。[22] 一批上好的黑色云杉原木已经从缅因州运来，但最长的几根，包括原本打算用于制作“星座号”舰首斜桁的木材，已经被艾萨克·赫尔舰长调走，用于修理“宪法号”。因此“星座号”不得不停泊在波托马克河东部支流，直到新的木材从河上运来。

艾萨克·赫尔是为海而生的人。他出生在康涅狄格州德比镇，14 岁便在商船上当普通水手。他“还是个男孩的时候就出海了，相当矮壮，由于长时间暴露在阳光和风雨下，皮肤变成了深深的古铜色”，是个“朴素、谦逊、沉默寡言的人”。[23] 1798 年“宪法号”处女航时，赫尔是该舰六副，现在已成为舰长。他可能是最受士兵欢迎的现役舰长，也可能是海军最全能的海员，在掌船和航海方面特别有天赋，这让他接下来几个星期得心应手。

春天，“宪法号”的索具几乎已经完全换新，船体重新填缝，桅杆被拆下来补修或换新，换了新的舱板，下甲板彻底冲洗了一遍，压舱物也进行了冲洗并重新归位。它装上了新的天杆和分裂式的舰首斜桁垂木，因此能够承载比以往更多的船帆。起初，人们认为巡航舰底部可能需要重新包铜皮，但是倾侧检修时，日志中写道："底部情况好于预期。"[24] 经过将近 10 年的使用，保罗·里维尔的铜皮大多完好，只需要沿中心线和右舷进行一些局部修补即可。在华盛顿海军造船厂监督这些工作的官员是纳撒尼尔·哈拉登，他曾在第三任地中海特遣舰队司令普雷布尔准将手下服役，担任"宪法号"的领航长，对这艘巡航舰以及船上人员都很了解。在改装作业期间，汉密尔顿部长多次巡视"宪法号"。这是"宪法号"15 年服役生涯中接受的最全面的检修。此后，它在偶然的情况下投入了 1812 年的战争。

6 月 19 日，整修完毕的"宪法号"在向波托马克河下游行驶的途中公布了宣战声明，船员们欢呼了三次。"宪法号"从切萨皮克湾向北前往安纳波利斯，在那里停留了两个星期，雇用了额外的人手，采买了新设备以及全新的 32 磅卡隆炮炮台。从新水手上船的那一刻起，他们就不停地操练大炮和轻型武器。[25] 炮手们每天通过向锚定在几百米外的大桶实弹射击来练习射击能力。目标被打成碎片，大炮回声隆隆，切萨皮克湾几千米外的地方也能听到。赫尔告诉汉密尔顿："可以理解，这些船员对战舰并不熟悉，因为他们大多数都是后来加入的，之前也从来没有在战船上待过。我们正在尽力使他们熟悉职责，几天后，面对任何战舰我们都将无所畏惧。"[26]

赫尔收到命令，要求"宪法号""以最快的速度航行至纽约"，[27] 在那里加入罗杰斯准将的舰队。汉密尔顿部长 7 月 3 日再次写信给赫尔，补充道，如果在去纽约的途中遭遇英国巡洋舰，"按照你自己的判断行动，但是，一定牢记，遇到更强大的敌舰，千万不要硬碰硬”。[28]

“宪法号”于7月5日早晨从安纳波利斯起航，花了一个星期沿切萨皮克湾向南行驶，在此期间，船员们继续不停地操练。12日，它经过弗吉尼亚角，进入大海。

伴着轻微的逆风和往南的洋流，“宪法号”缓缓航行。“宪法号”沿着马里兰州和特拉华州的海岸缓缓航行了3天。直到7月15日下午，这艘巡航舰才在地平线上看见一艘帆船。那是一艘驶往巴尔的摩的双桅横帆船，“宪法号”船员告诉了对方宣战的消息。同一天，赫尔用新装的卡隆炮进行了5次双弹射击，实践证明卡隆炮“表现很好”。[29]

7月17日，“宪法号”巡航舰刚刚离开现新泽西州大西洋城附近的巴尼加特（Barnegat）和埃格港（Egg Harbor），瞭望员便在北方看到4艘帆船。它们的船体仍然在地平线下，但从帆的尺寸来看，它们是“显然是战船”。[30]一个小时后，瞭望员在海上看到第5艘帆船。罗杰斯的舰队正好有5艘船，加上赫尔认为他会在桑迪胡克附近水域找到罗杰斯，他自然以为眼前的陌生船只是友方。下午4点，赫尔命令“宪法号”迎风调向，朝东驶向距离最近的帆船。他希望能驶进夜间信号范围内，以确认陌生船只是美国舰船。

日落时，风向转为北风，“宪法号”驶到了那些船的上风位置。此后不久，作为一个预防措施，鼓手给后甲板发出信号，召集船员进入作战位置。随着夜幕降临，“宪法号”越来越接近陌生舰队中最近的那艘船，现在可以辨认出那是一艘巡航舰。晚上10点，赫尔判断自己距陌生舰船约10千米至13千米，在夜间信号范围内，于是命船上挂起灯笼。[31] 可陌生舰船中，就连最近的巡航舰都没有发出回应信号。赫尔来到前甲板，以获得更好的视角。这对于舰长来说是一个很少会去的地方，根据一等水手摩西·史密斯（Moses Smith）的描述，前桅水手“满怀崇敬地围绕在他周围”。[32] 赫尔开始感觉情况很不对劲。晚上 11 点钟，信号发出了一个小时之后都没收到回应，他下令张起所有船帆，并转至迎风方向。

那天晚上，军官和水手们在作战岗位上严阵以待。史密斯后来于 1846 年出版了一本题为《最后一战中的海军纪实》（*Naval Scenes in the Last War*）的回忆录，其中写道：“‘宪法号’上的每个人都完全清醒。在这艘勇敢的老战舰上没有一个人擅离职守。”[33] 史密斯被指派为一号大炮擦拭炮管，驻守在炮台甲板左前舷，手中握着推弹杆和羊皮海绵通条，蜷缩在甲板上，想抓紧时间眯几个小时。[34]

在黎明的第一道曙光中，“宪法号”的官兵被眼前可怕的景象惊呆了。两艘巡航舰位于“宪法号”的下风处，几乎就在火炮射程内。第三艘巡航舰位于船尾正后方，距离八九千米。再往后几千米，停着第四艘巡航舰、一艘战列舰、一艘双桅横帆船和一艘斯库纳帆船，从“宪法号”的甲板上只能看见船桅，而从桅顶可以望见船身。所有那些船都悬挂着英国国旗。

四艘巡航舰分别是“香农号”（Shannon）、“贝尔维达号”、“埃俄罗斯号”（Aeolus）和“勇士号”，战列舰是 64 炮“非洲号”（Africa），舰队指挥官是“香农号”上的菲利普·B. V. 布罗克（Philip B. V. Broke）准将。“宪法号”从安纳波利斯起航当天，布罗克的舰队从哈利法克斯起航，已经扫荡了美国沿岸，扣押了每艘不幸在路上遭遇它们的美国船。7 月 16 日，这支舰队袭击了 14 炮双桅横帆船“鹦鹉螺号”，这艘船在1803年至1804年曾于地中海特遣舰队第三任司令爱德华·普雷布尔手下服役。

从这样一个兵力悬殊的局面中逃走是赫尔的职责。他命令船员满帆起航。但随着太阳升起，微风突然消失了，海面陷入死一般的沉寂。“宪法号”无助地颠簸在海面上，船帆软弱无力地挂在帆桁上，转动舵轮也没反应。[35]大副查尔斯·莫里斯写道，“宪法号”在无风的海面上“完全静止，无法操纵”。[36]在达不到舵效航速的情况下，“宪法号”的船首缓缓转向两艘巡航舰的左舷，这样一来，“宪法号”就可能会遭受舷炮齐射的毁灭性打击。

日出后不久，英国巡航舰之一“香农号”尝试远距离发射了几枚炮弹。其中一枚炮弹以很高的弧度越过“宪法号”，落入上风方向的海里。大副莫里斯说，射程“太远以至于不准确，炮弹没有击中我们”。

拯救“宪法号”唯一的希望，就是放出小艇到海上，牵引巡航舰。两艘小艇被吊起放到海里。缆绳的一端固定在舰首斜桁上，另一端绑在小艇上。为了以接近水平的角度牵引，小艇和巡航舰之间的距离很长。桨手们齐心协力，逐渐把“宪法号”的舰首转向了南方。这使它的左舷炮面对敌人，而敌人就在射程外一点点。随着桨手的划动，大船开始在海面上移动，以大约半节的速度，向特拉华湾驶去。

牵引使得“宪法号”的追击者处于船尾，“宪法号”的主炮台无法对付它们。“宪法号”巡航舰没有安装艉炮，所以赫尔下令从炮台甲板搬一门24磅大炮过来。这是一个重量超过2吨的武器。一门18磅大炮从前甲板沿着船舷通道被运到船尾。木匠被叫去砍掉“宪法号”的船尾栏杆，以便大炮在船尾发射。在船的下层，另一组人员进入神圣的舰长室，以便从船尾窗户伸出另外两门24磅大炮。

早上7点，赫尔把一个新装的大炮炮管调到最高，进行试射。赫尔亲手拿起火柴，点燃了第一炮。“当时我离赫尔不过几米，”摩西·史密斯回忆道，“他迅速地把火放到我的一号大炮上，咆哮的声音响彻海面！这声音听起来很让人振奋。我们的铁狗刚以这种方式张开嘴，整个敌方的铁狗也就全都这样张开了嘴，每艘船都直接向我们射击。距离最近的船持续开火了一段时间，当然，由于我们之间的距离，它们的大炮无一击中我们。”[37]

不久，小艇开始拖动“宪法号”前行，英方舰船也立即仿效。“贝尔维达号”的拜伦舰长下令放下几艘小艇。不久之后，布罗克准将发出了信号，命令结伴航行的船放下所有的小艇去拖曳“香农号”。“有好几艘小艇一起牵引，”赫尔写道，“‘香农号’很快就追近了。”[38]

在那一刻，上午8点左右，“宪法号”的所有官兵都确信这艘船在劫难逃了。如果“香农号”被小艇拖进火炮射程，它可能会拖延“宪法号”足够长的时间，来让其他英国军舰靠近。赫尔写道：“局势突然明朗了，我们肯定会被攻占，不可能逃跑。”莫里斯说：“据说清晨稳定的微风会产生一种力量，使任何反抗都变成徒劳。我们很无助。”[39]在其日志上，外科医生阿莫斯·埃文斯（Amos Evans）写道，船上所有人都“放弃了逃跑的希望”，大家都感到“难以言说的焦虑”。[40]见习军官亨利·吉列姆为渲染气氛，告诉他的叔叔说当时的形势“孕育着对我们的无畏之船致命的后果”。[41]

赫尔决心全力战斗。他告诉莫里斯尉官，他打算让“宪法号”船舷对着追击的敌舰，舷炮齐射，与敌人交火，直到巡航舰沉没。摩西·史密斯代表全体士兵表态：“我们宁可在战斗中沉没，也决不被俘……舰旗绝不降下，除非与船同沉。赫尔舰长对这种爱国之情甚为珍视，大受感动。”[42]

正是在这一刻，莫里斯尉官提出了一个非常规战术。“宪法号”可以尝试“抛锚移船”（kedging）前行。“抛锚移船”，或称“绞船索牵曳”（warping），是通过下锚和收锚来完成的，就是用小艇把锚送出抛下，然后舰船用绞盘收起锚链，使船向锚靠拢，以此来前进。如果两个小艇的两个锚同时工作，巡航舰可以不断前进。抛锚移船作为大型船舶通过拥挤的锚地、海峡或者潮汐水道的方法，通常仅用于港口或其他内陆水道。几乎没人听说过有船在海上靠抛锚移船行进的，因为这只能在浅水中完成。但是测深显示水的深度只有约 44 米，如果锚链足够长，就有可能实现。为什么不试试呢？赫尔同意了。

长达六七百米的备用绳索，被接合缠绕到锚链上。“储藏室里所有的备用绳索都拿出来了。”[43] 以这种方式，“宪法号”海员们拼成了两条锚链，每条长约 1.5 千米。工作艇和一艘小艇中装入两个小锚。小艇在前方 800 米处放下一只锚，巡航舰上掌管绞盘的人开始收锚链。“宪法号”以高于一节的速度前行，（赫尔在报告中说）“我们的速度开始超过敌人”。[44]

英国人很快就看出了这“美国佬的伎俩”，开始依葫芦画瓢。“香农号”用同样的方法灵活前进，并一度赶上“宪法号”。“贝尔维达号”也采用了这个方法。但“宪法号”有一个重大的优势。如果追击的英国舰队把小艇送到过远的地方，那么无论是收锚还是拖行，它们都会驶进“宪法号”的艉炮射程中。英国船拖延不前，停在“宪法号”射程之外一点点的地方，等待微风吹起，以继续追击。

上午9点，一阵微风吹来，“贝尔维达号”驶到“宪法号”的背风舷方向开了几炮。所有的炮弹都打得太近，（莫里斯尉官说）只“活跃了我们的气氛，引得士兵们开始开玩笑”。[45]“宪法号”发艉炮回击。埃文斯医生通过望远镜看到，“宪法号”的一发高弧度炮弹落到了英国巡航舰甲板上的“人群正中央”，人们迅速分开，左右闪躲。[46]然而，由于距离比较远，炮弹到达甲板上时已无威力，所以没有给敌舰造成任何损伤。

微风再次完全停息，“宪法号”的船员继续吃力地拖船。临近中午的时候，阳光强烈。令人窒息的高温和湿热包围着他们，令人恶心的油状海浪在船下涌动。

人们大汗淋漓，但不能休息。船帆依然毫无生机地挂在桅杆和帆桁上。水手仍在操纵船帆，利用每一丝轻风，无论这风是多么微弱。微风偶尔刮来，下锚的小艇或者拖船的小艇需要被吊上船，让“宪法号”在海面航行。这项工作需要完美的时机。莫里斯尉官后来解释说，自始至终，小艇都没有吊上甲板，而是被悬在空中，“通过临时滑车用链子将它们固定在吊杆上，船员依然待在里面，准备好一收到命令，就立即行动”。[47]

10点到12点，赫尔下令倒掉“宪法号”的淡水。人们通过链泵，将2 335加仑淡水倾倒在甲板上，通过排水孔排出。[48]这使得“宪法号”的水线上升了大约2.5厘米。[49]这是一个很小的变化，但后来的情况表明即使是微小的变化也会决定成败。

在漫长而令人疲乏的夏日午后，“宪法号”的官兵渐渐筋疲力尽了。[50]两个班次的人都被召去工作，操纵绞盘棒，整备大炮，或是划桨。人们只要有机会就小睡一下，有时还在战位上就蜷身睡着了，直到被水手长的号令唤醒。日落时分，英国舰队仍执意追击，与美方保持着仅仅超过大炮射程一点点的距离。微风依然疲弱，吹吹停停的，方向不定。直到当晚 11 点，南方才起了一阵轻柔但是很稳定的风。“宪法号”和它的追击者开始满帆起航。[51]

7 月 19 日黎明时分，两艘英国巡航舰几乎紧靠着“宪法号”。“贝尔维达号”威胁最大，它正在下风处横对着“宪法号”的船首。“埃俄罗斯号”则在上风处横对着“宪法号”的船尾。余下的三艘船在微风中迎风航行，勉强达到了舵效航速。“宪法号”迎风调向并且安全通过了“埃俄罗斯号”的射程范围。英方并没有开火，可能因为舰长担心大炮的后坐力会拖慢速度。这是一个紧张的时刻。一阵微弱的风或者水流都可能对这场追击产生决定性的作用。

“宪法号”刚刚进行过大修，现在出奇地迅捷，渐渐把追击者甩在了身后。上午的微风渐渐变得“虽然轻柔但还算稳定”。[52]赫尔下令打湿船帆，以更好地利用风力。这需要把沉重的海水桶吊到帆缆的最高处，让已经筋疲力尽的船员付出更大的努力。

早上 9 点，上风处距海岸不远的地方出现了一艘新的帆船，似乎是一艘美国商船。“贝尔维达号”悬挂起星条旗，企图把不明船只引诱到陷阱中。作为反击，赫尔挂上了英国旗帜。美国商船掉转船头，向迎风面转向，安全地逃到新泽西沿岸的一个港口。

“中午我们遇到了侧风，而且风力渐强，我们开始远离追击的英国舰队。”莫里斯尉官说。“宪法号”以喜人的速度在海面上疾驶，身后留下长长的浪花。下午2点，航海日志上记录的速度为12.5节。“希望开始战胜恐惧，大家明显更加振奋了。”[53]

当晚6点半，一场猛烈的暴风雨从上风方向靠近。众人连忙赶在风暴到来之前收起翼帆*和顶桅帆。风暴袭来时，人们已取下天帆**、上桅帆和舰首三角帆，后中桅帆和后纵帆也被收起。风暴阻碍了敌方观察“宪法号”的视线，赫尔趁机命令海员全速起航，迅速返港。“宪法号”继续迎风疾驶，领先敌方约1.5千米。

晚上风势渐缓。尽管人们还是在作战岗位上睡觉，但他们休息得比前一晚更加安心了。7月20日白天，很明显，“宪法号”脱离了危险。英方放弃了追击，朝东北方向离开。

这三天的追逐在整个航海史上都可算是最漫长、最绝望的追击战之一。赫尔成功地拯救了“宪法号”，使其免于被俘获，否则的话，对于战争初期的国家信心和士气，将是毁灭性的打击。虽然这不算胜利，但从这场敌众我寡的对阵中成功逃脱的人曾透露说，皇家海军的航海技术跟美国相比，并没有先天的优势。随后，英国军官承认，美国巡航舰的操作技术很“巧妙”。[54]

“宪法号”在官兵丧失希望的情况下逃脱了被俘获的命运。正如莫里斯尉官后来在自传中所言的那样，这堂人生课教会人们相信“永不放弃的力量……哪怕只有一丝成功的可能”。[55]

7月25日，“宪法号”迎风驶向波士顿灯塔，埃文斯医生称赞马萨诸塞湾海角和岛屿上的小山“赏心悦目，美丽如画”。[56]即使

---

* 翼帆（studding sail），帆桁两侧突出部分所挂的帆。

** 天帆（skysail），顶桅上方的小方帆。

在远方航线上，人们也能从甲板上看到波士顿几个教堂的尖顶和布尔芬奇设计的州议会大厦的圆顶，那圆顶像“宪法号”一样包裹着里维尔生产的铜皮。

赫尔舰长选择将“宪法号”开往波士顿，是因为英国控制了出入纽约的海上航线。按令他还是要和罗杰斯准将会合。也许在波士顿，他可以得知美国舰队的下落。“宪法号”还需要补充枯竭的物资，尤其是新鲜的淡水，因为此前它向海里倾倒了 10 吨淡水。7 月 26 日下午，事务长托马斯·J. 丘（Thomas J. Chew）乘着巡航舰的一艘小艇沿河道上行。他带着赫尔给汉密尔顿部长和罗杰斯准将的公文，以及一个长长的清单，上面列着“宪法号”下次巡航所需的物资补给。赫尔舰长敦促当地海军代理商“不分昼夜地工作”，为“宪法号”配齐物资。[57] 他希望“宪法号”三天内做好再次出航的准备。

第二天早上，“宪法号”被小艇拖入河道，停泊在卡斯尔岛要塞下方的总统锚地。船几乎刚停下，一小队驳船就立刻开始往巡航舰上转移食品和一桶桶新鲜淡水。快到正午时，赫尔上岸来到波士顿的长码头。[58] 走到州街时，他被欢呼的波士顿人簇拥起来——大家都听说了他带着“宪法号”逃离敌人魔爪的壮举。在交易所咖啡屋（它同时还是邮局、会议中心、报刊亭和波士顿商人与海军军官的社交俱乐部），赫尔拿起一支笔，在航运新闻公告上写下了如下消息：

> 赫尔舰长发现波士顿的朋友很了解“宪法号”在纽约海域被英国舰队追击的状况……借此机会，请他们也向莫里斯尉

官、其他勇敢的军官以及他手下的船员表达良好的祝愿，感谢他们在摆脱敌舰追击过程中表现出来的努力和专注。[59]

联邦党人在波士顿的影响力很强，然而当地也有很强的反战情绪。阿莫斯·埃文斯医生逛了几家波士顿书店，发现“有很多说教性的小册子反对他们所谓的‘麦迪逊的毁灭性战争’”。[60] 埃文斯医生在日记中表示，他怀疑不能指望新英格兰给作战提供支持：“从目前的迹象来看，恐怕他们不会给予帮助。”

英国海军在新英格兰海岸外出现的传言在波士顿不胫而走。没人知道布罗克准将跟丢“宪法号”后做了什么，人们担心他下一步会北上封锁波士顿。（事实上，布罗克的舰队已航行至西印度群岛，为途中遇到的百余艘船组成的牙买加商船队护航。）有报道说，英国巡航舰“梅德斯通号”正在科德角巡航，还捕获了几艘美国渔船。其他报告中提到，两艘英国巡航舰正在马萨诸塞湾或靠东一点的安角（Cape Ann）活动。

赫尔想让“宪法号”尽快回到海上是有充分理由的。除了战船在海上比在港口更能发挥威力之外，强大的英军随时有可能封锁此地并断其退路也是一个原因。此外还有一个不言而喻的理由。跟赫尔相比，资历更老的舰长威廉·班布里奇正作为海军造船厂指挥官驻扎在查尔斯顿。巡航舰“切萨皮克号”正在那里维修。战前，班布里奇已经接到通知掌管“星座号”，当时该舰正在华盛顿海军造船厂进行舾装。但是，由于“宪法号”比“切萨皮克号”和“星座号”尺寸更大，按资历的铁律，班布里奇应该有资格取代赫尔来掌管“宪法号”。赫尔和班布里奇似乎都清楚，汉密尔顿部长随时都可能下达这条军令。但是，如果“宪法号”没收到军令就起航，他就有机会在移交这艘巡航舰的指挥权之前进行一次成功的巡航。

“宪法号”重返海上巡航的筹备工作还在继续，赫尔写信给汉密尔顿部长，说明立即离港的必要性：“没有您的进一步指示我应继续航行吗？如果没有得到您的许可，我会很不愉快……此刻我将按照我认为您会下达的命令行动，有可能收到您的命令吗？”[61]他打算率领“宪法号”去寻找罗杰斯。如果他没有找到罗杰斯，他将“（根据情报）继续在最有可能挫败敌人的地方巡航”。同时，赫尔告诉父亲“短时间内我可能回不来”。此外，他还利用空闲时间在波士顿选购了不少航海图，这些航海图涵盖的水域不仅包括北大西洋，还包括巴西、拉普拉塔河、非洲和美洲大陆加勒比海沿岸。[62]赫尔在策划一场远离美国海岸的无授权长期巡航吗？

8月2日周日，此时赫尔已经抵达波士顿一个星期。他给汉密尔顿写了第二封信：“东风强劲，我们可以起航出海。”赫尔舰长已经打算“一切责任自负”。[63]“宪法号”将离开波士顿，以免因英军封锁而被困港口数月。“以上是我这次行动的原因，部长，”他总结道，“如果得不到您的认可，我表示非常遗憾。”

船员操纵绞盘起锚，这艘大型巡航舰沿着波士顿长长的复杂航道航行，路过了许多耕地齐整的岛屿，经过了灯塔，最后到达海上。尽管有战争，马萨诸塞湾还是散布着许多小帆船。埃文斯医生数了数，地平线上大约有50艘。上午11点半，赫尔下令拉紧船帆，“宪法号”转向东北，朝英国哈利法克斯外的航道和圣劳伦斯湾驶去。

接下来的两周内，“宪法号”沿着缅因州海岸朝东北方向行驶，路过了芬迪湾，然后经过加拿大新斯科舍省的塞布尔角（Cape Sable）。浓雾笼罩着大海，“宪法号”的瞭望员接连数日没在海上看到一艘船。“宪法号”改变航道，向东行驶，从圣劳伦斯湾的塞布尔岛和开普雷斯（Cape Race）附近经过，进入了英国人的航道。英国经常通过这些航道从本土向加拿大沿海省份运送人力和物资，以加强其防御。“宪法号”在这里获得了更大的成功，在8月10日和11日捕获了两艘英国商船。赫尔选择烧毁这些战利品，而不是派人将其押往美国港口，交由捕获物法庭进行裁定。这样做，他便与政府的奖励无缘了，但这一行为揭示了他的最终目的：在“宪法号”状态正佳的时候遇见一艘英国军舰。

8月15日，瞭望员在东南方望见5艘帆船，“宪法号”立即满帆追击。原来是一艘英国小战船捕获了几艘美国商船。那艘小战船最终逃脱了，但“宪法号”夺回了商船，并俘虏了货船上英方的押解船员。从俘虏口中赫尔了解到，哈利法克斯基地的多艘知名英国巡航舰，包括“贝尔维达号”、“勇士号”、“香农号”和“埃俄罗斯号”，在将牙买加商船队护送到大西洋中部后，已向北美海岸返航。赫尔不希望再次与整个英国舰队近距离接触，所以转向南方，向着百慕大驶去。

8月16日周日晚上，多雨多雾，“宪法号”追上并超过了从塞勒姆港来的一艘14炮双桅私掠船——以赫尔的同僚斯蒂芬·迪凯特命名的“迪凯特号”（Decatur）。“迪凯特号”曾在南方约160千米处被英国44炮巡航舰“勇士号”追击。“宪法号”便转航向南寻找“勇士号”。

8 月 19 日下午 2 点，在北纬 41° 42′，西经 55° 48′，波士顿东部大约 1 200 千米处，瞭望员在南方地平线上发现一艘全帆装备的大型舰船正在右舷迎风转向，舰首即将转至顶风处。赫尔舰长把望远镜给了一名见习军官，命令他去高处观察。见习军官示意甲板，报告说陌生船只是一艘“巨大的船”。赫尔下令击鼓通知船员出舱。一等水手摩西 · 史密斯写道，“宪法号”的船员“就像一窝鸽子飞出鸽舍一样从船舱涌出。从轻甲板到炮台甲板，再到铺位甲板，每个人都活动起来了”。[64]

那艘陌生战舰的确是“勇士号”，舰长为 28 岁的詹姆斯 · R. 戴克斯（James R. Dacres）。6 月 8 日，它依令离开布罗克的舰队，向哈利法克斯进发。两艘巡航舰相向而行，两舰之间的距离迅速缩小。

随着“勇士号”一步步靠近，美国人渐渐看到它前中桅帆上写着几个字：“不是‘小贝尔特号’。”[65] 换句话说，它不是约翰 · 罗杰斯率领的“总统号”一年前在一次夜间行动中几乎击沉的那艘 20 炮护卫舰，当时罗杰斯把“小贝尔特号”错当成了“勇士号”。这一事件让戴克斯和“勇士号”的其他军官觉得他们与美国人之间有一些私人恩怨需要解决。3 天前，戴克斯曾在一个前往纽约港的商船花名册上写下挑战书：“44 炮巡航舰‘勇士号’的 300 名船员很愿意与罗杰斯准将的‘总统号’或者其他任何一艘大型巡航舰在胡克一见，来场一对一的对决。”[66] 现在，“勇士号”和“宪法号”即将交手，戴克斯舰长向全体船员宣布，他希望在 30 分钟或更短时间内拿下“宪法号”，“如果他们不奋勇作战，就别怪他无情”。[67] 几乎同时，一桶糖浆被悬挂到“勇士号”的索具上。这群英国人发誓要为即将成为他们俘虏的美国人做出“生姜醋味糖蜜饮料”，一款在新英格兰地区很流行的糖浆饮料。

这些奚落充分证明了在拿破仑战争后期，皇家海军文化到处充斥着傲慢。虽然戴克斯才28岁，但他已经是一位经验丰富的指挥官，22岁就被提升为皇家海军资深舰长。一个月前，在新泽西海岸的长距离追击中，他仔细地观察了“宪法号”。他肯定知道，跟“勇士号”相比，“宪法号”尺寸更大，火力更强，而且很好操纵。了解这些是戴克斯舰长的工作，然而他大概从没想到过“宪法号”可能会击败自己。英国人从没真正相信过他们的巡航舰会被一艘相同战斗力的美国战舰打败。与“宪法号”对阵时落荒而逃，会使戴克斯受到同僚、上级以及英国全体民众的口诛笔伐，他将面临军事法庭的审判，并极有可能被剥夺军衔。

两艘巡航舰渐渐逼近，距离不足3千米时，“勇士号”升起英国舰旗，打响了第一炮。“宪法号”位于轻微的东北风的下风处，船员收起两组中桅帆和大横帆并顺风调向，顶桅帆桁也取下来放在了甲板上。英国战舰原地转向，先转向左舷，然后转向右舷，发动了两次远距离舷炮齐射。大部分的炮弹要么落入大海，要么从“宪法号”的索具旁飞过，没有造成损伤。[68]一颗18磅的炮弹击中了左舷的舰首斜桁撑杆，另一颗击中前桅并穿透了一个钩锚圈（围绕下桅的一根带子）。见习军官吉列姆说，对于这种远距离炮击，“我们毫不在意”。[69]

戴克斯命“勇士号”顺风调向，和“宪法号”转成同一个方向。两艘船都接连绕了许多圈，因为戴克斯试图绕到“宪法号”的上风处，赫尔也试图让“勇士号”留在下风处。在接下来的45

分钟里，两船并行疾驶。“宪法号”逐渐领先了，因为它展开的帆比较多。

下午6点左右，“宪法号”从上风处靠近了“勇士号”的尾舷，两舰相距约180米。“宪法号”为了横对敌舰尾舷而调向时，两艘巡航舰之间的距离约为70米。摩西·史密斯后来回忆说，“宪法号”上当时有一种异乎寻常到诡异的寂静。偶尔有军官传令，或索具作响，或波浪击打船舷，打破那种寂静，但是无人交谈，“每个人都坚守岗位”。[70]

“勇士号”的炮口瞄准了“宪法号”,18磅大炮一个接一个开炮。一颗炮弹击穿了一个炮门，将那门炮掀了下来。震动传至“宪法号”的甲板，力道能把人给掀翻。大副莫里斯问道：“我们回击吗？”[71]不过赫尔舰长打算近距离发动一次集中的舷炮齐射，这样可以充分发挥“宪法号”的威力，所以他告诉莫里斯再等等。“宪法号”缓缓驶入舷炮齐射的理想阵位。所有大炮均可发射时，赫尔下令收起舰首三角帆和主中桅帆以降低船速。下午6点5分，他转过身对莫里斯说：“先生，你可以开火了。”

“宪法号”在手枪射程内进行了一次双弹舷炮齐射。赫尔报告说这是“火力很猛的一次攻击，有实心弹，有葡萄弹，杀伤力很强”。[72]舷炮齐射的冲击力传遍“宪法号”的船身，整艘巡航舰“从船首震到船尾，每一根桅杆和帆桁都在晃动”。[73]开炮后不久，“宪法号”炮手的三连欢呼声传到了“勇士号”甲板上的船员耳中。

风吹走了烟雾，第一次舷炮齐射的结果一目了然。“勇士号”的后桅已经断裂，垂在主甲板上方几米的地方，不久便从右后舷落入海里。主帆桁连同上面的主帆一起被击落。史密斯写道，桅杆和索具的残骸“杂乱地挂在巡航舰两侧，伴着海浪撞击着船身”。[74]美国船员再次三连欢呼——只要有机会他们就会三连欢呼——不知是谁喊了一句，说“勇士号”已经成了双桅帆船，很快就会变成单桅帆船。据说，赫尔舰长爬上吊床网观察敌人动向时，裤子都裂开了。看到“勇士号”折断的后桅翻落海中，他喊道：“上帝啊，这船是我们的了！”[75]

“勇士号”由于炮兵力量严重受损，攻击火力明显下降。“宪法号”上只有索具受损。两根前顶桅吊索被击落，一面美国舰旗也连带着被击落。一个名叫丹·霍根（Dan Hogan）的爱尔兰水手捡起旗帜，爬上索具，并将其固定在桅顶。[76]一些倒挂在轻甲板上的小艇也被击成了碎片。但“宪法号”沉重的木板和栎木架构很好地保护了交战时低下头的人们。当“勇士号”发射的一颗18磅炮弹被弹进大海，因而没造成损伤的时候，“宪法号”的一个船员大喊道：“它的船壳是铁的！”[77]这句话后来被媒体广泛报道，“宪法号”也由此得到一个广为流传的昵称——“老铁壳”（Old Ironsides）。

一位名叫本杰明·霍奇斯（Benjamin Hodges）的美国商人的商船几天前被英军捕获，他后来讲述了“勇士号”被“宪法号”更强的火力击败时，在“勇士号”上看到的可怕场面。“宪法号”的第一次舷炮齐射，他写道，就像“巨大的爆炸……仿佛天地相撞”，引起了“勇士号”地震般的晃动和颤抖。霍奇斯当时在外科医生的下层舱室内帮忙照料英国伤员。“宪法号”开火后不久，他说，血像溪水般从梯子上流下，“好像一个盛满血水的洗衣盆一下子倒扣过来”。15 到 20 个受伤的官兵被带进舱室，有人失去了一条胳膊，有人被炸掉了一条腿。霍奇斯对伤员辛辣的幽默印象深刻。有一名英国军官，外科医生正在锯他的胳膊时，另一个伤员被抬下来了，他大声喊道：“嘿，兄弟，打得怎么样了？”[78]

“勇士号”的后桅落入海中，所以舵手无法阻止它迎风转向“宪法号”。美国军舰趁机抢先一步迎风绕到“勇士号”左前舷上风处。从这个有利的位置，艏楼的海军陆战队火枪手可以冲“勇士号”扫射。战斗马上变成一边倒的局面。“宪法号”前前后后地调整位置，使左舷炮对准敌舰，发动了一轮猛烈的舷炮齐射。

戴克斯意识到，他最后的希望就是派跳帮组登上“宪法号”，与其船员进行肉搏战，夺取“宪法号”。“勇士号”戗风行驶（luff），舰首搭在“宪法号”的左后舷上，舰首斜桁越过了“宪法号”的船尾栏杆，与后桅侧支索缠在一起。两艘巡航舰扭作一团，沿逆时针方向旋转，跳着致命的华尔兹。“勇士号”的炮手果断开火，发射了两枚艏炮，打死了“宪法号”艉炮组的两名炮兵。“勇士号”的一门 18 磅大炮弹药将尽，向赫尔的舰长舱尾窗发动了一次近距离平射。不知道是炮弹还是炮塞里面的易燃物引起了一场火灾，美国灭火作业组急忙赶到船尾灭火。

戴克斯和赫尔都下令集合跳帮组。两艘船上全副武装的士兵都奋力向两船相接处赶去。“你可以看到对方的眼白，数清敌人有多少颗牙齿。”摩西·史密斯说。[79] 在“宪法号”的后甲板上，海军陆战队中尉威廉·S. 布什（William S. Bush）提剑跨过船尾栏杆，被一枪击中脸部。子弹击中他的左脸颊，穿过大脑，从后脑勺飞了出去。他当场死亡，倒在了甲板上。大副莫里斯想到，把敌人的舰首斜桁固定在船尾索具上之后，“宪法号”可以获得一个“有利位置”，左舷舷炮齐射的火力可将敌舰从头至尾全部覆盖。莫里斯爬上了布什刚刚被杀害的缺乏掩护的地方，绕过了“勇士号”的“主转帆索的几个转角”，[80]越过了舰首斜桁，最后他腹部中弹，跌落在后甲板上。大约在同一时间，“宪法号”的领航长约翰·库欣·艾尔温（John Cushing Aylwin）被击中肩膀。

英国军官也伤亡惨重。“宪法号”的扫射放倒了大副、二副、三副，还有一名海军陆战队中尉和三个见习军官。领航长膝盖中弹。“勇士号”的士官在此特殊场合超常发挥，迅速填补上了受伤军官空出的位置，开始领导这艘巡航舰。领航长的副手和代理事务长接手指挥部分炮手。美国人的艉炮继续射击并快速补弹，给“勇士号”的船身造成了严重破坏。挂在主支索上的糖浆桶被炸得粉碎，里面的糖浆洒在了英舰甲板上。

巨浪一排接一排，两艘巡航舰都起伏颠簸着。“勇士号”的舰首斜桁从“宪法号”的后桅索具中抽了出来，两艘船最终分开了。几乎同时，“勇士号”摇摇欲坠的前桅倒在了甲板上，主桅也被其拖倒。至此，英国巡航舰上所有的桅杆都倒下了。正如“宪法号”的船员之前预言的那样，“勇士号”先从一艘巡航舰变成了双桅船，然后变成单桅船，最后只剩光秃秃的船体。

“宪法号”顺风张帆，向对手东侧行驶了一小段距离后顶风停航。船员着手修补转帆索和吊索，重新拼接起被“勇士号”的大炮炸成碎片的索具，以备用的圆材来替换那些被击落的帆桁，然后折返回来，停在可以扫射“勇士号”后甲板的位置。

英国巡航舰的左舷被击穿了约 30 个洞。船底有 5 片铜皮裂开。

好几门大炮从驻退索*上松动下来，在甲板上滚来滚去，任何挡路的人都会被其碾得粉碎，剩下的所有大炮也对“宪法号”构不成威胁，1/3 的船员非死即伤。用一名英国军官的话说，桅杆受损导致“勇士号”“随浪颠簸，主甲板上的大炮被晃入海中。我们的对手这个时候已经修整好，正在左右移动以寻找合适的位置对我们发动纵射。任何顺风行驶和用大炮瞄准敌人的尝试都徒劳无功”。[81]

与剩余军官的紧急会议匆匆结束后，戴克斯舰长认为“勇士号”已经受够了，决意投降。8 月 19 日下午 6 点 30 分，他下令从后桅的残桩上取下英国白色舰旗，并朝下风方向发了一炮，以示投降。赫尔船长也下令发射一炮，表示同意。“宪法号”放下一艘小艇，三副乔治 · C. 里德（George C. Read）和一队船员乘小艇前去占领投降的巡航舰。在“勇士号”的船尾下，里德大声喊话道：“赫尔准将向您致敬，想知道你方降旗了吗？”[82] 据本杰明 · 霍奇斯说，戴克斯干巴巴地答复道：“呃，我不知道。我们的后桅没了，主桅也没了，所以，可以说我们已经降旗了吧。”

大约 20 分钟后，里德的船把戴克斯带到了对面的“宪法号”上。踏上甲板后，戴克斯献上佩剑，以示投降。赫尔按照骑士礼节，拒绝收下对手的佩剑。戴克斯开始恭维赫尔，称赞“宪法号”的性能，感叹美国船员作战“像老虎一样”勇猛。[83]

桅杆没有了，船身在海浪中剧烈颠簸，甲板上到处都是伤员和死尸，“勇士号”上的场景无比可怕。埃文斯医生说：“我们的葡萄弹和榴霰弹给敌舰造成了巨大的破坏。”[84] 见习军官亨利 · 吉列姆

---

* 驻退索（breeching），用于固定炮架、减轻后坐力的绳索。

的描述更有画面感："到处都是残破的头骨、脑浆、四肢以及鲜血，伤员痛苦的呻吟声从四面八方传入耳中，几乎让我诅咒这场可恶的交战。"[85]"勇士号"随时有可能沉没，人们决定尽快把俘虏和伤员转移到"宪法号"上去。那是一个漆黑的夜晚，波涛汹涌，海风强劲。在这样的天气中，操作起来很困难。所有可用的小艇都被放入海中，两船之间也系好了牵引绳。两艘巡航舰的船员一起工作，把60名伤员运到小艇上，然后在颠簸的海面上把他们带到"宪法号"上。"宪法号"也已经调整到"最合适的位置来迎接小艇"。[86]

"宪法号"的埃文斯医生和"勇士号"的欧文医生齐心协力救治伤员，不分英美（英国伤员比美国伤员多得多）。医生们彻夜工作，不眠不休。埃文斯医生锯掉了两只胳膊和两条腿。大副查尔斯·莫里斯生死未卜（他活了下来，但是一连几天都没有恢复意识）。一个英国海员的整个下颌被打掉了，尽管医生尽了最大的努力止血，但他还是很快就死了。美国水手迪克·邓恩（Dick Dunn）在医生为他缝合腿伤时疼得大骂医生是"心狠手辣的屠夫"。[87]据摩西·史密斯说，战斗结束后，人们经常看到赫尔舰长光顾医务室，在伤员的吊床边弯下腰"给伤员此刻最需要的安慰，流露出他人性中最好的一面"。船上为布什中尉和一名英国海员举行了联合海葬仪式。包括伤重不治的人员在内，美军共计7死7伤，"勇士号"上共计23死56伤。

8月20日上午7点30分，里德在"勇士号"上大声报告，该船船舱已经进水约1.5米，而且水位上升的速度已经超过了押解船员排水的速度。拖曳英舰的尝试失败后，赫尔只能向无可避免的现实妥协："勇士号"很快就会沉入大西洋底，把这艘战利舰带回港口是不可能了。美国人在“勇士号”的储存室点燃了慢燃引信，然后回到了“宪法号”。里德和最后几个押解船员于下午 3 点登上了美国巡航舰。“宪法号”向迎风面转向，朝东航行了 5 千米左右，保持了足够安全的距离。

舰上所有的人都转过头观看“无比雄伟壮观”的景象——英国巡航舰“勇士号”的最后时刻。戴克斯舰长在“宪法号”的船尾栏杆处默默地望着。“这就像等待火山爆发或者是陨石坠地一般。”摩西·史密斯写道。

> “宪法号”上寂静无声，在场者感受到一种令人窒息的氛围……我们放的火开始起作用的第一个体现，就是大炮开始爆炸。随着火势一步步蔓延，大炮一个接着一个爆炸了。咆哮接着咆哮，火光连着火光，直到整艘巡航舰都笼罩在黑烟之下。我们看到的只是爆炸的一小部分，不知道什么时候大爆炸才会发生，所以更加急切地盼望着。此刻“勇士号”一片死寂；突然船身开始猛烈震颤，流光就像道道闪电般从两边窜出，随后就是剧烈的大爆炸！“勇士号”的后甲板就在弹药库上方，它被炸得飞起，化为无数碎片，四散飞去。装着大量铁器和圆材的船体因巨大的冲击而从中间裂开，摇摇晃晃，踉踉跄跄，向前冲了几米，最后没入水中，消失在人们的视线里。[88]

“宪法号”起航西行。在通往波士顿的 9 天航途中，船员们继续操练大炮和轻型武器。8 月 29 日下午 6 点，瞭望员看到了波士顿灯塔。

巡航舰渐渐驶入海湾，一支小型船队慢慢靠近了。当船队中的第一艘船进入喊话距离时，“宪法号”的海员们站在巡航舰的船舷栏杆旁向它高喊：“‘宪法号’已捕获‘勇士号’！”[89] 小船上的人摘下帽子，兴奋地往船帮上一拍，“起身发出一阵又一阵的欢呼。他们向其他船转告了这个好消息，空气中顿时充满了欢呼声。胜利的消息在人群中传递着，一直传到了岸边，然后像野火一样迅速传遍了城市和乡村”。这艘伟大的巡航舰进入波士顿外锚地的航道时，祝福的人们纷纷乘小船沿狭窄的河道前来迎接。在内港，火炮的轰鸣声与教堂的钟声交织在一起，消息口耳相传，传遍整个城市和周边城镇，那些自发传播消息的人吩咐邻居不要忘记 1812 年 8 月 19 日在北纬 41° 42′，西经 55° 48′ 所发生的一切。这一惊人的捷报传到哪里，哪里就钟声响起，枪炮齐鸣。很快，这钟声和枪炮声就响彻了整个美国。

13 连战连捷

哈利法克斯的皇家海军北美基地司令赫伯特·索耶中将，9月7日从戴克斯舰长于波士顿发来的一封信中收到了令人震惊的消息："先生，我很抱歉地通知您，8月19日，在北纬41° 20′，西经55°的一场激战之后，英王陛下的战舰'勇士号'被美国巡航舰'宪法号'捕获。"[1]

索耶对美国的宣战反应迟缓。这在很大程度上是由于19世纪早期通信的局限性。在得知6月下旬"贝尔维达号"与"总统号"有过交锋之后，他派"蜂鸟号"（Colibri）小战船打着休战旗航行到纽约，要求美方做出解释。即使在确认美国已经宣战后，索耶还是继续下令释放捕获的美国商船，等待伦敦的指示。索耶只是一位将军，他明白其职责是在无须英国政府批准的情况下，防止海上的"事件"升级为更大的冲突。美国政府得知反对美国中立贸易的枢密令在6月初已经被废除后，也许会取消敌对行动。

英国舆论对与美国开战的前景也有不同的看法。许多主流报纸继续采取主战态度。捕获美国商船会带来巨额财富，这对皇家海军的官兵，以及在战利品体系中利益攸关的其他众多英国利益集团来讲，都是巨大的诱惑。美国宣战的消息传到伦敦后，英国政府命令"皇家军舰和私掠船扣留美国政府及其公民所有的船只，并将其一律带回港口”。[2]英国港口的美国船被强行扣押，美国货物被没收，英国人欠美国商人的债务也宣告作废。但也有许多英国公民，包括辉格党政客和报纸，认为与拿破仑的战争正处于关键阶段，再树敌的话，英国可能无法承受。麦迪逊批准美国宣战的同一周，法国皇帝已经组建起当时最强大的军队，共计约 40 万人，渡过涅曼河（Niemen River）进入俄国。拿破仑从未失败过，因此人们有充分的理由相信这次战争他还是会获胜。如果俄国被征服，法国在东部将没有其他实际的威胁，拿破仑就得以集中精力对付伊比利亚半岛威灵顿勋爵指挥下的英国军队，并且可能重燃入侵英国的旧梦。

威灵顿在葡萄牙和西班牙的部队正在集结力量，以将法国军队赶出比利牛斯山脉。[3]这是英国对拿破仑开展的规模最大且最重要的陆上战役，这场战役的胜负对整个战局至关重要。每年有两千艘船通过里斯本港为英军提供补给。该补给线上任何一点中断，都将对英国的备战情况构成严重威胁。而且，威灵顿的军队严重依赖美国出口的谷物粮食供应。不久之前的 4 月，英国将军戴维·米尔恩爵士（Sir David Milne）从里斯本写信给同僚称，“要是没有美国的供货，这里的军队就无法维持下去”。[4]如果与美国开战，英国就要面临这一贸易被切断的威胁，而与此同时，美国私掠船正自由地在英国和葡萄牙之间航行。

8 月 6 日，海军上将约翰·博莱斯·沃伦爵士（Sir John Borlase Warren）受命取代索耶将军，“担任哈利法克斯基地、西印度群岛基地以及整个美国海岸的英国海军分舰队总司令”。[5]该命令使得皇家海军在西半球的所有作战行动，从大西洋最北端的可航行水域，到墨西哥湾，再到美洲大陆加勒比海沿岸的所有行动，都处在统一指挥下。沃伦爵士于8月14日乘着80炮的“圣多明各号”（San Domingo）战列舰从朴次茅斯出发，途中多雨潮湿，天气糟糕。[6]旗舰被强劲的反季节大风所围困，其僚舰“磁铁号”（Magnet）小战船没入海中，水手无一生还。“圣多明各号”在9月27日抵达哈利法克斯时，沃伦得知了“勇士号”被捕获的消息。

59岁的沃伦已经为皇家海军服役了近40年。[7]他曾在议会供职多年，1802年担任过驻俄全权大使，这些经历为其海军工作带来了全面的政治和外交经验。这次任命可以反映出白厅有多么看重与美国开战所带来的威胁。这位将军受命向麦迪逊总统提出停战协定。他要提到6月份英国已经撤销了反对美国中立贸易的枢密令，但他无权就强征海员的问题做出让步。作为他的第一次官方行动，沃伦将军直接写信给美国总统，承诺立即停止敌对行动，赔款或补偿由双边委员会决定。[8]虽然沃伦接到的命令也授权英国海军“进攻、击沉、烧毁或以其他方式摧毁”敌方军舰、私掠船和商船，但在和平解决的最后希望消失之前，整个英国海军的主力不会出现在美国海岸附近。

获胜的“宪法号”驶进波士顿外锚地时，海军准将罗杰斯的舰队——“总统号”“美国号”“国会号”与随行的小型舰艇“大黄蜂号”和“阿尔戈斯号”也出现在远方海面上。

10周前与“贝尔维达号”交手后，罗杰斯率领这支强大的舰队去拦截前往英国的牙买加商船队。在纽芬兰浅滩附近，“总统号”及其僚舰沿着一条漂浮着椰子壳和橙子皮的航线行驶，一直向东，于8月6日抵达英吉利海峡西端。为避免落到皇家海军英吉利海峡舰队的手中，罗杰斯放弃了追击。舰队向南航行到马德拉岛和亚速尔群岛，然后原路折回，经过塞布尔角南部，最后回到波士顿。那时，“船上已经出现了可怕的坏血病”，[9] 许多人牙齿和头发都脱落了，还有一些人因此丧命。在那个时代，众所周知，这一疾病可以通过摄入足够的蔬菜和柑橘类水果来防治，所以让海员在 3 个月的巡航中忍受缺乏维生素饮食的影响，是不能原谅的。此外，这鲁莽的行动还迫使罗杰斯缩短了航行时间。

带着深深的懊恼，罗杰斯向汉密尔顿部长报告说，舰队“只捕获了 7 艘敌船，重新夺回了 1 艘美国船”。战利品的总价值还不够支持 5 艘军舰在海上航行 10 个星期的费用。罗杰斯抱怨说浓雾使得舰队各船即使相距只有几百米，也看不见彼此。

然而，敏锐的观察家们明白，罗杰斯准将的巡航已经实现了重要的战略目标。在数百艘美国商船正在回国的时候，巡航行动吸引英国海军舰队离开了美国海岸。一名英国军官说：“我们忙于寻找罗杰斯准将的舰队，因此捕获的战利品很少。”[10] 如此多的商船和货物安全回国对美国经济是一个福音，为急需充盈的财政增加了收入。英国没有早日实行封锁，也使得一群美国私掠船不受阻碍地驶入大西洋。7 月，哈利法克斯一家报纸报道说，敌人的私掠船“成群结队地出现在此地的岸边和芬迪湾”，并警告说，“任何船从这个港口出航都是不明智的，除非有战舰护航”。[11] 据劳埃德保险社报道，船主和商人的保险费率大幅上调。9 月 5 日，《奈尔斯纪闻》公布了私掠船捕获并送往美国港口的 136 艘英国船的名单，这可能还不到实际数字的一半。“战利品涌入几乎每一个可停靠的港口，许多私掠船正在舾装，另有 100 多艘已在海上。”[12]

“宪法号”刚取得胜利，罗杰斯准将就归来了，整个美国海军再次安全停泊在港口。除了“星座号”仍在华盛顿海军造船厂修理，所有最初的6艘巡航舰现在都停泊在波士顿港，离查尔斯顿码头不远。胜利的“宪法号”经常被载满了祝愿者的船队围绕，人们偷偷用皮囊送酒给士兵。9月5日，波士顿的500名公民在法纳尔大厅举行了胜利宴会，盛情款待“宪法号”的军官们。“宪法号”的模型被放置在展览厅中，“桅杆经过了加固，旗帜在船模上飞舞，像真实行动中那样”。[13] 艾萨克·赫尔席位后面靠墙排着花环，晚餐时有乐队演奏爱国歌曲。一门大炮架在门外，由当地民兵连操控。客人们祝酒17次，每次祝酒都以一声炮响作为呼应。剧院上演了一场匆匆写就的新戏，表现“宪法号”与“勇士号”之间的战斗。埃文斯医生观看了这部戏，称其“非常愚蠢可笑”。[14]

赫尔的报告在9月9日抵达华盛顿后，汉密尔顿部长，一个通常不会热情洋溢地赞美别人的人，在给赫尔舰长的信中说：“在这一行动中，我们不知道最该赞扬您英勇的行为，还是最该赞扬您的技能。您和您的军官及船员理应获得掌声和国家的感谢。”[15] 国会投票决定授予赫尔金质勋章，授予尉官和见习军官银质勋章。

赫尔这轰动性的胜利，不仅对国家，而且对于赫尔的家庭也至关重要。在夺取“勇士号”的三天之前，由艾萨克·赫尔的叔叔威廉·赫尔（William Hull）陆军准将指挥的一支美国军队在底特律堡向军力弱于自己的英国人和印第安部队不战而降，这立刻威胁到了俄亥俄河谷（Ohio Valley）美国定居者的安全。在那里，人们咒骂着赫尔将军的名字。俄亥俄河谷的居民约翰·格雷厄姆（John Graham）说：“如果他胆敢经过这里，他会像一只疯狗一样被猎杀。”[16]理查德·拉什开除了这位将军，并称其为“只会吹牛的笨蛋”。多莉·麦迪逊问一个记者：“对这样背信弃义的行为你难道不会气愤得发抖吗？”9月2日波士顿的报纸报道了赫尔将军投降的消息，那正是“宪法号”返回后的第三天。在波士顿沿海，流传着这样的俏皮话：“我们有一个高贵的赫尔和一个下贱的赫尔。”[17]

在战争之前，许多美国人曾经认为可以毫不费力地征服加拿大（“只管前进就好。”杰弗逊预测[18]），同时预期不会在海战中取得什么成功。底特律的耻辱和“勇士号”的捕获反转了这些预测。那些声称美国海军应该安稳地待在港口的人突然沉默了。麦迪逊和他的顾问很快就确定了新的部署策略。舰队将分为3个分舰队，由3名最资深的现役舰长约翰·罗杰斯、斯蒂芬·迪凯特和威廉·班布里奇指挥。44炮巡航舰“总统号”、“宪法号”和“美国号”将作为旗舰。每艘旗舰都将配备一艘小型巡航舰和一艘双桅横帆船。每个分舰队的司令都可以自由选择巡航地，只要能更好地“保护我们的贸易并打击敌人”就可以。[19]

波士顿港同时出现这么多急需武装的巡航舰，给查尔斯顿海军造船厂带来了巨大的压力。这个船厂装备不足，人手不够。新任波士顿海军代理商阿莫斯·宾尼（Amos Binney）后来回忆了当时“周围的混乱”：

> 每艘船都需要完整的物资供应和各种储备。我是新上任的，没有经验，没有先例，没有模板，没有指令。我必须将周围的混乱局面整合成一个有序的体系，但总是缺乏资金，甚至一点钱也没有，只能向银行和朋友借贷。我很快就被公共船舶各个

部门的请求所淹没——事务长、水手长、木匠、炮兵、军械师，而且经常有五六个见习军官和很多船员申领储备物资。[20]

汉密尔顿部长渴望尽快将舰队派到海上，所以愿意为解决这个问题投钱。9月8日，他授权向宾尼划拨33 000美元现金，用于修理、支付薪水、提供补给和药品以及“应急”，[21]比宾尼申请的金额还多6 000美元。部长主动增加经费，是“避免给公共事业带来不便。我们非常急切地希望所有公共船只都能在最短的时间内下海，我们深信你们的一切协助都会帮助我们实现这个艰难的目标”。

10月8日，罗杰斯和迪凯特准将的“总统号”和“美国号”作为他们各自的旗舰，从波士顿一起出航。4天后，他们分道扬镳。迪凯特率领的“美国号”在双桅横帆船“阿尔戈斯号”的陪伴下，向东驶往亚速尔群岛和佛得角群岛。在大西洋中部，迪凯特命令“阿尔戈斯号”与旗舰分头行动，他相信这两艘船可以单独巡航，从而扩大了巡航面积。

斯蒂芬·迪凯特的职业生涯自1796年以来一直与“美国号”的命运密切相关。“美国号”最初在约书亚·汉弗莱斯的萨瑟克造船厂建造时，迪凯特还只是一名十几岁的少年，受雇担任其中一支建筑队的队长。建造龙骨需要白栎木，迪凯特就远行到卡茨基尔山和新泽西西部的森林里进行砍伐。他在美法准战争期间于“美国号”约翰·巴里手下任见习军官，这是他在海军获得的第一个职务。而在1812年战争前的两年里，他所指挥的“美国号”已是诺福克的美国海军南部基地的旗舰。

1798年夏天“美国号”进行处女航之后，约翰·巴里舰长称赞过它的航海性能。然而14年来，这艘建造于费城的大型巡航舰却以航速缓慢、行动笨拙而闻名。士兵们都亲切地称它为“老马车”（Old Wagon），不过这话如果传入军官耳中，就会被认为是违反纪律。“美国号”可能不是世界上速度最快的巡航舰，却是最强大的巡航舰之一。像“总统号”和“宪法号”一样，它的炮台甲板上也配置了24磅大炮，重型船壳也是用同样的栎木建造，其姐妹舰“宪法号”正是凭借这种船壳赢得了一个更响亮的绰号——“老铁壳”。

10月25日星期日，黎明时分，当“美国号”位于亚速尔群岛南方约800千米时，瞭望员向甲板大声报告，在北部约20千米处的上风方向有一艘大帆船。[22]美国人还不知道，那艘陌生船只是皇家军舰“马其顿人号”（Macedonian），一艘由约翰·瑟曼·卡登（John Surman Carden）舰长指挥的38炮巡航舰。碰巧的是，迪凯特对于这艘巡航舰及其舰长都很了解。卡登和“马其顿人号”1812年初就在诺福克港停留了数周，当时这艘英国巡航舰正等着接收英国驻华盛顿大使的公文。卡登在诺福克逗留期间，两个人经常交往，卡登到斯蒂芬和苏珊·迪凯特的家里至少做过两次客，还至少参观过一次“美国号”。据迪凯特最早的传记作者说，这两个人曾在开玩笑时靠抛起一顶海狸皮帽来预测两艘船之间的交战结果，不过此事的真实性存疑。确凿无疑的是，卡登对迪凯特讲述了过度武装的危险。卡登说，英国的经验证明，巡航舰装备18磅炮而不是24磅重炮时，攻击才更有效。卡登还补充说：“当美国军官像我们一样有经验时，他们也会喜欢18磅炮。”[23]

“马其顿人号”的船员们穿着最好的衣服，就像人们在安息日的传统穿着一样，包括“有光泽的黑色帽子，上面装饰着黑色丝带，并且印着船的名字”。[24] 轻微的南风正转为东南风，“马其顿人号”正向西北偏西行驶。大约在美国瞭望员发现“马其顿人号”的同一时间，英国军舰的瞭望员也看到了“美国号”。卡登下令满帆顶风追逐，与此同时，“美国号”也改变了航线，向英国军舰靠近。

“马其顿人号”的船员中有几个被强征的美国人。当卡登舰长下令清理甲板备战的时候，一个名为约翰·卡德（John Card）的美国人因为不想攻击自己的同胞，所以请求舰长不要让他参战。与“宪法号”交战前，“勇士号”的戴克斯舰长也收到过美国海员类似的请求，当时他答应了。（事后他称由此引发的人手短缺是“勇士号”战败的一个原因。）卡登就没那么随和了，据一位声称目睹了他们交谈经过的英国海员说，卡登“刻薄地命令卡德回到船尾，威胁说再提出这样的请求就毙了他”。[25]

上午 8 点半，两艘巡航舰距离越来越近，“马其顿人号”打出了英国独有的信号。“美国号”对英国人的暗号一无所知，以每个桅顶都挂上美国舰旗来回应。几分钟后，迪凯特做出了意想不到的机动。“美国号”顺风调向，看起来像是要逃跑。“马其顿人号”试图缩小两艘船之间的距离时，“美国号”正与风向呈约 20° 角顺风行驶。卡登后来报告说，正是因此，“我没能如愿逼近对手”。[26] 事实上，迪凯特是故意选择这种战术的。他知道远距离射击时，他的 24 磅大炮会比英国人的 18 磅大炮更有效，当“马其顿人号”转向美国巡航舰的右后舷时，迪凯特调整“美国号”的位置，使其可以对“马其顿人号”发动纵射。

上午 9 点，“美国号”进行了测距齐射。“马其顿人号”上的人还没听到隆隆的炮声，就看到了大炮的火光。炮弹飞行的距离太短，没有打中目标，在海中溅起一串不规则的白色水柱。几分钟后，“马其顿人号”左舷最靠前的三门大炮以最大射程开火了——距离长，弧度高，但仍未打中目标。一个英国军官喊道：“停火！你们这是浪费炮弹！”[27]

两艘巡航舰现在一起向东航行，都处于战斗帆状态下。两船相距大约 1.2 千米，并逐渐靠近。“美国号”领先，但英舰明显更快。随着距离逼近，卡登下令开火，“马其顿人号”的左舷炮台冒出了一阵白烟。几颗炮弹越过了“美国号”，落入了另一侧的海里。

上午 9 点 20 分，随着距离迅速缩小，“美国号”再次舷炮齐射。大炮的声音和震动是如此巨大，以致“马其顿人号”的一些海员得出错误结论，以为美方的弹药库发生了爆炸，并开始欢呼。一个英国水手说，24 磅炮弹呼啸而过的声音听起来像是“船帆在我们的头顶上撕裂”。“马其顿人号”上甲板交火一侧的几门卡隆炮被打落，后中桅和斜桁也被击落。“美国号”突然获得了机动上的优势，迪凯特迅速采取行动。他收起主中桅帆，艰难地迎风转向，并驶入了可以对“马其顿人号”尾舷发动舷炮齐射的阵位。美国炮手尽可能快地重新装弹和发射，几乎不再瞄准对方。几发炮弹干净利落地“穿透船体”，击穿了“马其顿人号”的两侧，消失在另一侧的海里。

受过良好教育的英国水手塞缪尔·利奇（Samuel Leech）在 1843 年出版的《离家三十年：塞缪尔·利奇六年英美海军服役经历》（*Thirty Years from Home: Being the Experience of Samuel Leech, Who Was for Six Years in the British and American Navies*）一书中描绘了当时英舰上的恐怖场景。为了不刺激读者的感官，过滤掉战争的暴力细节画面，是那个时代的文学惯例，但利奇的叙述是个例外。他在序言中就表达了歉意，警告说“回忆可能是令人痛苦的”，但他坚持记录“马其顿人号”上的惨状，来“揭露战争的恐怖，展现胜利或失败的代价是多么可怕”。

美国的重炮击穿“马其顿人号”的船体时，甲板上“血流成河”，“伤者的哭喊声响彻了整条船”。利奇所在炮组的一名水手被实心弹击中手腕，他的手顿时消失了，鲜血喷涌而出。一个奉命运送火药的葡萄牙小伙子，手中的弹药筒不幸引燃，爆炸“几乎烧掉了他整个脸上的肉”。可怜的小伙子在剧痛中举起双手，仿佛在祈求解脱。这时一颗炮弹飞来，立即把他切成两半。当场死亡的人——以及至少一个虽然还没有死，但存活无望的人——被抛到船外。必须保证大炮周围没有尸体。

同船海员那么勇敢，让利奇十分惊讶。他们赤膊上阵，操作大炮时发出阵阵欢呼。“我也和他们一起欢呼，”他写道，“不过我承认，我也不知道他们为什么欢呼。毕竟在我驻守的这艘舰上，没有什么非常鼓舞人心的事情。”周围的人一个个倒下，包括军官室管事、教员、一名见习军官、一名尉官和一名舰长的助手。有一个伤者被带下甲板时，利奇记得听到了“大滴的血滴答、滴答、滴答地落在甲板上的声音。他的伤口是致命的”。水手长固定后支索的时候，“头被炮弹击碎”。英国军官养的一只用来供奶的山羊被击中了后腿——“它的后腿被炸断了，可怜的楠楠就被扔进海中”。“美国号”轻甲板上的卡隆炮已经装上了葡萄弹和榴霰弹，这些炮弹“像铅灰色的雨水一样从炮门倾泻而出，死亡随之而至”。

“美国号”的第一次舷炮齐射击中要害15分钟后，“马其顿人号”的主中桅“柱头断了”，也就是说，中桅与下桅的接合处附近断了。它向前栽时砸中了前中桅，于是两者一起倒下。前甲板上一片狼藉，到处都散落着绳索和帆桁。“马其顿人号”剩余的索具徒劳地挂在残破的下桅上。整艘船已经不再受舵轮控制。它的船体被击穿了近百次，许多大炮支离破碎地散落在甲板上。

英国军官试图组织一次强行登船。一群人聚集在船舷通道上，握着短剑和长矛。其他人被派携短斧去开路，将满地残骸扔到船外。然而，还没来得及清出一条通往前甲板的道路，后桅就“齐根”（断裂处距甲板非常近）向船外倒去，连带着后面的残骸一起落入海中。这样一来，除了前下桅和主下桅的残桩还竖立着，别的桅杆都倒下了。而除了破烂的前桅帆，再也没有其他帆能用了。

“美国号”驶过“马其顿人号”的船首，迎风航行了一小段距离后顶风停航。美国船员开始重新打结并拼接轻微受损的固定索具和活动索具。英国军官下令炮手停火。海面安静下来，伤员“令人窒息的呻吟声”突然清晰可闻。大约 15 分钟后，“美国号”满帆驶向遭到重创的“马其顿人号”，进入了可对其左后舷发动舷炮齐射的阵位。

“马其顿人号”已经是一艘废船了，无助地随海浪颠簸，炮门在海下摇晃。所有小艇——除了在船尾拖拽的工作小艇——都被打成了碎片。甲板上满是已死和将死之人——36 人死亡，68 人受伤。卡登说“马其顿人号”已是“一具真正的残骸，一根无法操纵的大木头”。[28]

幸存的军官在后甲板上短暂商议。大副建议，如有必要，“马其顿人号”应该继续战斗，“直到沉没”。但卡登舰长认定他已别无选择，只能投降。英国的旗帜降了下来。“对我来说，这是一个令人愉快的景象，”利奇写道，“因为我在安息日见证了太过残酷的战斗，不想在工作日再看到战斗了。”[29]

一艘小艇从“美国号”上放下，载着一组押解船员前去接管投降的巡航舰。“残肢断体到处都是，”一名美国军官说，“甲板上惨不忍睹。伤员凄厉的惨叫声不绝于耳。看到我们的同类处于这可怕至极的境况中，我向你保证，我再也感受不到什么胜利的喜悦。”[30]在“马其顿人号”的下层舱室，外科医生和他的助手们正在尽力救治伤者。因为舱室太小，不能容纳所有的伤员，军官室的长餐桌被临时当作手术台，上面“摆满了肢体残缺不全的伤员”。[31]每进行一次截肢，外科医生的助手都会将切下的肢体从炮门抛入海中。伤员的哭喊声深深地震撼到了利奇：“有些人在呻吟，有些人在痛苦地咒骂，还有些人在祈祷，而那些刚到达的则恳求医生下一个就包扎他的伤口。”

这艘残破的巡航舰上的纪律几乎完全失效了。几个海员冲进酒库，开始痛饮。另一些人抢劫了事务长的储藏室，或是军官的财产，剥下死者的衣服并抢走他们的个人财物。有几个人威胁要攻击美国押解船员。利奇非常惊讶，幸存的船员经历了失败的创伤后，做出的反应是如此不同——“有些人失去同伴后似乎无动于衷，而另一些人则像女人一样悲痛万分”。

根据后来《奈尔斯纪闻》的一份报道，“马其顿人号”上被扣押的一名美国船员（可能是约翰·卡德）曾请求不参加战斗，但被卡登舰长拒绝。后来在战斗期间，他被实心弹击中了头部，“脑浆连同血液喷涌而出，洒在船梁和后甲板上”。[32]死者幸存的伙伴指认他的遗骸时，美国的一些押解船员收集起他的头骨碎片，“发誓会将这宝贵的遗物保存到他们生命的尽头，以此激励自己为逝去的兄弟们向海上的掠夺者复仇”。

卡登舰长登上“美国号”时，迪凯特舰长正在那里迎接他。两个舰长彼此熟悉，两人都知道接下来各自要扮演什么角色。卡登向迪凯特献上佩剑，以示投降，而迪凯特拒绝收下他的佩剑。卡登以为自己是第一个投降并且将英国巡航舰交给美国人的军官，他悲伤地说，自己要“完了”。[33] 迪凯特告诉卡登，“勇士号”两个月前就被“宪法号”捕获了，这可能使卡登宽了心，也可能让他更加心烦意乱了。

“美国号”几乎毫发无损。[34] 它的索具和侧支索表面有轻微的损伤，船体只中了 9 炮。舰上 5 人死亡，7 人受伤。伤亡的差距甚至比“宪法号”与“勇士号”之战还要大。这进一步证明约书亚·汉弗莱斯坚持采用非常规的重型栎木框架是正确的决定。

迪凯特决定将被捕获的巡航舰护送回美国港口。他命威廉·艾伦尉官接管这艘巡航舰。来自“美国号”的一大批水兵，在一些英国俘虏的协助下，将深约 2 米的水抽出船舱，并堵住了船体上的几十个炮洞。迪凯特否决了把“马其顿人号”的大炮扔到海里的建议。船体经过修缮，现已足够航行到北美海岸，“马其顿人号”临时配备了从“美国号”储藏室里调出来的中桅、帆桁、绳索，这项工作花费了整整两个星期。

“这场胜利所带来的满足，有一半在看到可怜的卡登的痛苦时被毁了，”迪凯特在回美国的航途中给妻子写道，“我将尽我所能来安慰他。”[35] 所有英国军官的个人财产都原样归还。由于卡登不想带回英国的物品包括几桶葡萄酒和一些乐器，迪凯特给了他 800 美元作为补偿。[36] 在卡登的回忆录中，他写道：“我永远都会为迪凯特准将标志性的绅士风格做证。”[37]

“马其顿人号”虽然是临时装配索具，船身打满补丁，但还是比“美国号”航行得快，“美国号”“老马车”的绰号算是板上钉钉了。被俘船不得不经常减帆，以便捕获船赶上来。人们可能会以为是英国巡航舰和战列舰在美国海岸巡逻。塞缪尔·利奇说，“马其顿人号”上的大多数普通海员“真心希望避免”巡航舰被英国海军重新夺回，但是英国军官感觉不一样，他们日复一日，急切地注视着地平线。“我总是心存希望，盼望着我们的巡洋舰会穿过航道来到敌人的港口并夺回‘马其顿人号’”，卡登舰长后来写道，“但是没有！我们在美国海岸待了近一个月，却从来没有看到英国巡洋舰。”[38]

迪凯特选择避开最繁忙的海上航线——那些进入纽约、波士顿、切萨皮克湾和特拉华湾的航线——转而在布洛克岛海峡附近登陆。12 月 3 日，“美国号”看见了长岛东端的蒙托克角（Montauk Point），第二天早上锚定在康涅狄格州的新伦敦。由于浓雾和后来的逆风，“马其顿人号”与其捕获船分开了，在罗得岛州的纽波特避难。《纽波特信使报》(*Newport Mercury*) 以“海军再创辉煌胜利”为大标题广为宣扬。[39] 纽波特人涌至码头，想要一窥这艘战利舰。“这样的日子对我们来说，真是令人欣喜，”纽波特海军基地的指挥官奥利弗·哈泽德·佩里（Oliver Hazard Perry）写道，“这艘美丽的巡航舰竟然作为战利品停泊在我们的海港。”[40]

海军部长的儿子阿奇博尔德·汉密尔顿（Archibald Hamilton）尉

官被派往华盛顿上交迪凯特的报告。他于 12 月 10 日晚上到达首都。这天先前已被选定为举行海军庆功舞会的日子，地点位于国会山的汤姆林森酒店（Tomlinson's Hotel）。[41] 几乎所有的华盛顿官员都出席了，其中包括国会议员、内阁部长、最高法院法官、外交使节和第一夫人多莉·麦迪逊。战争中捕获的“勇士号”和“警戒号”（Alert，8 月 13 日由“埃塞克斯号”捕获的英国双桅横帆船）的舰旗被展示在舞厅的一面墙壁上。乐队的演奏悠长而响亮，一个客人抱怨舞者“像往常一样踩在不跳舞的人们的脚趾和裙裾上”。[42]

大约晚上 10 点，汉密尔顿尉官出现在门口，旅途劳顿，满身灰尘。他被领入宴会厅的中心，“在宾客们的大声欢呼中，乐队奏响国歌来迎接他”。[43] 汉密尔顿尉官夸张地跪在多莉·麦迪逊面前，在地板上展开了从新伦敦带过来的“马其顿人号”的舰旗。报纸以大量篇幅详细报道了交战的经过，运用夸张的语言添枝加叶，渲染美国是如何“从海洋霸主手中抢走海神三叉戟的”云云。这一天，脱离贵格会的第一夫人为同样脱离贵格会的造船师所建造的船欢庆胜利。当战利品摆到她脚下时，她高兴得脸都红了。但贵格会坚定的和平主义者并不怎么喜欢这一天。“这太过火了，”本杰明·亨利·拉特罗布夫人在写给朋友的信中说道，“看着这些旗帜我高兴不起来。夺取这些旗帜让如此多的人成了孤儿寡母。”[44]

第二天早晨，麦迪逊总统将迪凯特的正式报告转交给了国会，并补充说：“对于迪凯特及其战友在舰上所表现出来的完美技巧和过人勇气，我们怎么赞美都不为过。正是由于他们的技巧和勇气，这艘战利舰才能变为美国海军的又一个武器。”[45] 同一周，又一份捷报抵达华盛顿。10月 18 日，美国 18 炮单桅纵帆船“胡蜂号”（Wasp）

在血腥的战斗中击败了英国的 16 炮“佛罗利克号”（Frolic）。这些胜利的消息及时鼓舞了国家的士气，洗刷和缓解了美国军队在加拿大边境遭遇的耻辱和痛苦。“我们海军的辉煌战果，”一名陆军军官说，“在一定程度上抹去了我们陆军将军的行为给国家带来的耻辱。”[46]

12 月的最后一周，“美国号”和“马其顿人号”共同沿长岛湾航行，并停在纽约窄颈（Throg's Neck）附近水域。迪凯特和他的大部分军官已提前乘船出发，去往曼哈顿的城市酒店，参加 12 月 29 日的“盛大海军晚宴”。[47] 这座四层红砖酒店位于三一教堂北部，是锡达（Cedar）和泰晤士（Thames）之间的整个百老汇街区最显眼的建筑。[48] 酒店前面是一排面朝大道的“时尚商店”，一层的开阔而通风的公共大厅是当时北美最大的大厅。这次宴会在纽约一票难求。500 位客人涌进餐厅，至少还有 300 多人在门口被劝离。[49] 房间里装饰着桅杆、帆桁、船帆、透明画，以及缠绕着桂冠的旗帜。每个餐桌中央都摆着一个美国巡航舰的微缩模型。[50] 迪凯特坐在主桌上，市长德威特·克林顿（DeWitt Clinton）就在他左侧。桌子中心是一个人工湖，湖岸由真草制成，“美国号”的模型停在湖面上。祝酒的时候，主桌后面的船帆像窗帘一样被拉起，露出一幅发光的透明画，画里描绘了捕获“马其顿人号”和“勇士号”的场面。乐队奏响了独立战争结束后就很少听到的《扬基歌》。（“我们很高兴这个老调又开始流行了。”《奈尔斯纪闻》评论道。）[51] 客人跳舞到深夜。在酒店楼上 78 个房间中的一间，有一位母亲生下了一个男婴，她给这个孩子取名为斯蒂芬。

元旦那天，“美国号”及其战利舰成功通过了被称作“地狱之门”的长岛湾到伊斯特河之间的区域。“我们以‘马其顿人号’作为新年礼物进入了纽约，星条旗自豪地在米字旗上迎风飘舞，”一等水手以利亚·肖写道，“我们停泊在北炮台和加弗纳岛之间，鸣放了礼炮，炮台也向我们回礼。”[52] 两艘巡航舰很快“就挤满了观众”，船员的口袋里装满了人们登船参观的钱。

12 月 29 日的宴会没有邀请水手，有人建议为他们再举行一次晚宴来庆祝胜利。1813 年 1 月 8 日，400 名水手穿着干净的蓝色夹克、蓝色裤子、红色背心，被带上一艘汽船，在新斯利普（New Slip）码头上岸，列队朝百老汇城市酒店行进，后面跟着“一群顽皮的孩子”。[53]“人群是如此密集，我们在街上寸步难行。”肖写道。[54]

晚宴还是在上次的大厅举办，水手们尽情地享受了应有尽有的食物和美酒。这种场合他们还是不太适应，水手长和其助手在桌前走来走去，维持纪律。餐盘被撤掉后，水手长吹响了长哨，宣告奥尔德曼·约翰·范德比尔特（Alderman John Vanderbilt）市议员和迪凯特准将的到来。范德比尔特发表了一篇长长的感谢演说，迪凯特也感谢他的士兵“行动有序，衣着整齐”。上一次宴会的所有程序都在水手面前重复了一遍——张帆，露出透明画，乐队奏响过去的爱国歌曲——“他们以不断的喝彩与热情的欢呼来表达钦佩之情”。[55] 人们向水手们敬酒（“为美国英勇顽强的海神之子干杯！”“为美国之鹰干杯——祝愿他的利爪抓住英王的船只！”），然后水手们回敬（“为大笔的奖金干杯！”“为喜欢扬基水手的漂亮女孩儿干杯！”），随后他们兴致高昂地涌出舞会大厅（出来的时候还砸碎了很多盘子和玻璃杯），沿着百老汇大街向公园剧场走去，那里的正厅已经专门为他们留出来，供他们观看演出。[56] 表演以重现“美国号”与“马其顿人号”之间的战斗为主题，水手们经常打断演员来提出表扬或批评。

“勇士号”失利的消息一抵达伦敦，报纸便特设专栏进行了严肃的报道。“这不仅仅是一艘英国巡航舰被俘获那么简单……它是被一个新敌人俘获的。这个新敌人还不习惯这样的胜利，并有可能因此变得张狂而自信，”《泰晤士报》悲叹道，“一艘英国巡航舰被美国巡航舰击败，这是史无前例的。虽然我们不能说应该为此惩罚戴克斯舰长，但是我们可以说皇家海军很多军官会至死不降，而不是为其他军官树立一个如此致命的反面典型。”[57]

这场失败沉重地打击了英国海军军官和平民。“‘勇士号’被捕获，多么不幸！”“抵抗号”（Impetueux）的戴维·米尔恩将军悲叹道，“无论如何我都没有预料到。”[58]上一次英国军舰在一对一交火中被打败，是近十年前的事了，而上一次英国巡航舰被迫向同级别的敌人降旗投降，是更早以前的事了。《海军纪事报》指出，一艘38炮英国巡航舰“无疑可成功应对任何国家的44炮战舰（除非有意外事故）”，这在当时是英国军官普遍的信念。[59]即使是与美国44炮战舰交过手的戴克斯舰长，对其实力的认识也仍然和其他人一样。他在接受军事审判时（他被判无罪）说，如果有机会，他将指挥另一艘与“勇士号”相同型号、相同配置的巡航舰与“宪法号”再次一决雌雄。

英国公众很少把海军的失利放在心上。损失一艘巡航舰微不足道。英国的庞大舰队仍然安全，皇家海军的实力基本未减。8月13日，一艘英国20炮双桅横帆船和一艘运兵船被美国巡航舰“埃塞克斯号”捕获。[60]鉴于二者实力悬殊，大家对此不屑一顾，战争中总会出现意外嘛。10月18日，美国18炮单桅纵帆船“胡蜂号”击败16炮皇家军舰“佛罗利克号”，赢得一场血腥的胜利，这次引发的不安比以往多一些，但皇家海军还是替自己争了口气。当天下午，皇家海军74炮战列舰“普瓦捷号”（Poictiers）不仅夺回了“佛罗利克号”，还捕获了“胡蜂号”。北美和欧洲正在发生的事件对英国非常有利。美国人曾三次试图入侵加拿大，结果三次都被击退。在西班牙，威灵顿在萨拉曼卡赢得了关键的胜利，并进入了马德里。拿破仑已经到达莫斯科，但随着冬季的临近，他的军队开始遭受重大损失，人们怀疑他无法攻克这座城市。

但1813年1月，“马其顿人号”被“美国号”捕获的消息抵达伦敦时，英国民众都感到难以置信。两艘巡航舰的损失似乎标志着某种虽然无形但极其宝贵的东西，也就是“皇家海军拥有先天优势”的神秘光环消失了。新闻“在国内产生的轰动效应，甚至最严重的地震都难以匹敌”。[61]美国人的老对头乔治·坎宁在一次公众演讲中说：“我们深切地感受到，英国海军无敌的神圣咒语被这些不幸的败仗打破了。”谈到拿破仑在俄国的战败时，《泰晤士报》表示：“法国的陆上神话已经被打破了，我们的海上神话也被打破了。”[62]

有些英国人认为，如果说英国的海上霸主地位是一种种族和文化特征，也许美国的成功应归功于“他们是我们的祖先在大洋彼岸的后裔”。[63]“跟我们‘血肉相连’的美国人会打海战，任何人都不会感到惊讶。”《魁北克信使报》（*Québec Mercury*）的编辑写道。这是一个流行的观点，但仔细想想，也很令人痛苦。一名英国大臣说：“被拥有相同血脉的二手英国人打败，是残酷的屈辱。”[64]

反对的声音抗议道，公众的震惊和错愕都过分了。他们说，“勇士号”和“马其顿人号”是被尺寸更大、武器装备更好的对手给打败了。有人怀疑美国的44炮战舰已经不能算是巡航舰了，也许应该称其为“伪装的战列舰”。[65]谈到对戴克斯舰长的批评，《海军纪事报》的匿名记者问道：“有没有人告诉过他，‘宪法号’的上甲板从船头到船尾都是平的，就像战列舰一样装备了双层大炮？”[66]《海军纪事报》列了一个表格来比较美国44炮巡航舰与“勇士号”和“马其顿人号”的尺寸，也就是比较它们炮台甲板的长度、横梁的长度和吨位。“将这样的战舰称为巡航舰，难道不是对这个词粗暴的滥用吗？”其编辑质问道。[67]

《泰晤士报》对这些借口置之不理。“我们的海军已经习惯于对美国人报以完全的蔑视了，是吗？‘勇士号’沿美国海岸航行的时候把名字印在船帆上，像个孩子似的挑战罗杰斯准将，是吗？一个舰长，无论多么年轻，在没有被属下的一致意见所左右的情况下，执意做出这等愚蠢又徒劳的事情，这像话吗？”[68]

《科贝特政治纪闻》（*Cobbett's Political Register*）上发表的一首诗，讲到“马其顿人号”被捕获时，对卡登舰长说自己是中了圈套才与强敌交战进行了嘲讽：

> 卡登对扬基佬迪凯特的船发起进攻时，
> 他毫不怀疑能捕获或者击败它来立下新功。
> 那似乎是艘巡航舰，在望远镜里和他眼里，
> 但是自己却惨遭捕获，让他震惊无比。
> 那竟是74炮战列舰披着伪装！

如果美国佬深谙伪装的技艺，
他们捕获我们的船不值得诧异。
攻击这个小鬼没什么可羞耻的，
因为它的邪恶堪比魔鬼！[69]

利物浦勋爵领导的海军部也受到了严厉批评。有人以“奥西纳斯”*为名致信《海军纪事报》的编辑：“很久之前，当两国还没有争端的时候，政府就已获知美国巡航舰的尺寸、军力、船员数量。那为什么不采取预防措施，使我们的舰船不致成为比我们强大的敌人的猎物？”[70]《泰晤士报》声讨政府“未能制订成熟完备的计划去攻击美国的海岸、封锁美国的港口、阻止美国的私掠船出航、捕获和摧毁那些胆敢出海的巡航舰”。[71]海军部为自己申辩道，战争初期，哈利法克斯、百慕大和西印度群岛的英国海军与整个美国海军的战舰数量比是 85：14，占绝对优势。[72]

批评者还指责说，政府派遣沃伦将军到北美，命其与美国进行休战谈判，这表明政府已经“宽宏大量地发动了没打算赢的战争”。[73]在下议院的长篇演讲中，坎宁指责说“本来应该发动雷霆之战的手却忙于舞文弄墨，协商讲和”，皇家海军被派去“用休战旗攻击美国港口”。[74]

10 月 27 日，休战提议被美国政府拒绝，争论变得没有意义了。美国国务卿詹姆斯·门罗回应沃伦将军时表示，英国必须承诺停止强征美国船员，才能进行和平谈判。沃伦无权做出这样的让步，而

---

* 奥西纳斯（Oceanus），希腊神话中的海神与河神之父。

英国政府也不愿意放弃巴瑟斯特勋爵（Lord Bathurst）所谓的“迄今为止一直在毫无争议地行使，对我们的海上优势至关重要”的权利。[75]英国政府下令对美国航运进行全面的报复，摄政王发表了《关于美国战争原因的声明》（*Declaration on the Causes of the American War*），控诉麦迪逊政府“放纵并协助法国的侵略暴行”。[76]

再也没有什么和平谈判。不管英美争端的源起是何问题，“勇士号”和“马其顿人号”的战败都已经为战争展开一个更重要的新维度。要恢复英国海上霸权的地位，就有必要“惩罚冒失的”美国。[77]因为美国人，正如《海军纪事报》的一名记者所说，“以为能和我们争夺海洋的主宰权”。

威廉·班布里奇是早期美国海军著名的幸存者，虽然他当指挥官时曾多遇不测，比如1803年率“费城号”投降的黎波里，但最终都安然无恙。尽管1812年之前他休了几个长假，去出海经商，但他还是设法保住了海军舰长的名次。他作为优秀的海员声誉卓著，有高超的政治手腕，而且熟谙当时的海军文化，对资历比他老的军官十分敬重，这些都对他的职业生涯起到了很大的积极作用。

1812年8月，艾萨克·赫尔正率领“宪法号”在海上巡航，不日即将捕获“勇士号”。此时，班布里奇已经收到来自华盛顿的命令，准备接管“宪法号”。因此，当赫尔作为一个英雄回到波士顿后，这两个军官很有可能发生冲突。然而赫尔选择息事宁人。他在知道自己有可能被剥夺“宪法号”指挥权的情况下擅自出航，他清楚这是不对的。而且在舰长名单上，威廉·班布里奇排名比他靠前，因此有权要求一定程度的尊重。此外，刚抵达波士顿，赫尔就得知了哥哥去世的消息，他需要时间来上岸治丧并打理家事。当班布里奇向赫尔透露汉密尔顿部长下令让他接管“宪法号”时，赫尔欣然同意转让指挥权。班布里奇于9月15日登上这艘巡航舰，在船上挂起了宽阔的准将旗帜。

指挥官的变动几乎引发了一场兵变。几个水手和至少一个士官越级恳求深受爱戴的赫尔舰长不要离船。“我们许多船员对这样的安排一点也不高兴，”摩西·史密斯写道，“我们每个人都十分爱戴赫尔舰长，我们痛恨那些让他离开我们的人。这种感情是如此强烈，几乎升级为兵变。”[78] 10年前，对于这样的侮辱，年轻的威廉·班布里奇可能会鞭打每一个船员，现在他试着使用交际手腕，问道：“大家都了解我吗？”几个人回答说，他们曾在“费城号”上供职于班布里奇手下，并在的黎波里共同被囚禁了一年半，因此他们跟随“其他哪个指挥官都行”。[79] 得知新的任命不可更改后，持异议者“要求调到其他任何一艘船上”。

赫尔走了，班布里奇接管，“宪法号”形势紧张。毫无疑问，有几个人一有机会就会逃跑，班布里奇接管后的第一个晚上就在甲板上安排了18个岗哨。两个水手试图窃取巡航舰的第二小艇，被迅速抓获。班布里奇看到了转机。第二天早上他召集全体船员，提出如果同船的船员接受班布里奇作为巡航舰的合法指挥官，那些想出逃的士兵就会得到赦免，并免除鞭刑。“这激发了我们对他的好感，”史密斯写道，“对于刚在‘宪法号’的甲板上与我们初识的新任指挥官来说，这是一个有利的局面。其结果是，几乎每个人都同意接受他，把战友从处罚中解救出来。”[80]

1812年整个9月和10月的大部分时间里，“宪法号”都在波士顿港维修。[81] 虽然在最近的行动中，它没有受到严重破坏，但班布里奇打算向南进行长距离巡航，甚至可能绕过好望角，进入太平洋。航海日志充满了烦琐枯燥的细节，诸如安装了三个新下桅、安装了“一整套全新的固定索具”、改装了桅楼、装配了桅顶纵桁、竖起了中桅和上桅等等。船体上切出了新的系船索口，位于撞角*的尾部，这样就更容易操控锚索了。大部分帆桁换成了新的，微小的损伤也得到了修补，巡航舰船身还重新喷了漆。

班布里奇更喜欢他之前掌管的“总统号”，称之为“世界上最优秀的战舰之一”。[82] 他想给约翰·罗杰斯 5 000 美元，用“宪法号”交换“总统号”，罗杰斯拒绝了。[83] 两位海军准将都知道成功捕获英国货船会有大笔奖金，而船越快，领到这奖金的概率就越大。

班布里奇的舰队包括 32 炮巡航舰“埃塞克斯号”以及 18 炮小战船“大黄蜂号”，前者由另一名曾为的黎波里战俘的戴维·波特舰长掌管，后者由詹姆斯·劳伦斯校官掌管。为了获得关于舰队巡航地的建议，班布里奇准将写信给威廉·琼斯，问他在哪里最有可能遇见无保护的英国商船。琼斯是费城商人和未来的海军部长，他建议到大西洋南部沿巴西东海岸巡航。[84] 进进出出的东印度船队经常在那里补充淡水和食品。班布里奇接受了这个建议，招募了一个熟知那片水域的人。此人名叫约翰·卡尔顿（John Carlton），是一个来自塞勒姆的领航长。虽然他不是牧师，显然也不打算作为牧师，但他在职员表上的职务却为“随军牧师”。准将还购买了卡尔顿的航海图，题为《东印度领航全书——东方领航员》（*The Complete*

---

* 撞角（beakhead），战舰舰首用于撞击敌舰的喙状突出物。

East India Pilot; or, Oriental Navigator）。[85]

10月的第一周和第二周，“宪法号”完成了补给储备工作。它携带着四五个月的粮食补给，但只有100天的淡水储备。10月16日，它从查尔斯顿码头被拖到了波士顿的长码头。5天后，它和“大黄蜂号”一起沿航道驶往总统锚地。10月27日，两艘船在西南风中顺水扬帆出海。*

经过6个星期的航程后，“宪法号”和“大黄蜂号”到达了巴西的圣萨尔瓦多（原巴伊亚）。[86]劳伦斯校官率“大黄蜂号”去侦察港口。在港口，他发现了英国小战船“公民号”（Bonne Citoyenne），并得知该船受命将总价值高达120万美元的金条运往伦敦。

“公民号”还停留在圣萨尔瓦多的时候，美国人不能发动攻击，因为攻击它会侵犯中立的葡萄牙，引发葡萄牙政府最高层的抗议。因此，劳伦斯（经班布里奇批准）向英国船长皮特·巴纳比·格林（Pitt Barnaby Greene）直接发出了书面挑战，提出让“大黄蜂号”和“公民号”在远处的海上见面，进行一对一的决斗。班布里奇承诺“宪法号”不会参加战斗。如果“公民号”获得了胜利，他写道，格林舰长可以自由地带走战利品，并且不受干扰地离开。

格林拒绝了挑战，并解释说，把金条平安运回国是他最重要的职责，而且他也不知道该不该相信强大的“宪法号”真的不会参加

---

* “埃塞克斯号”正在特拉华河改装。班布里奇给波特舰长留下了指示，让他到佛得角群岛或巴西北部的费尔南多·迪诺罗尼亚岛（Fernando de Noronha）与舰队会合。如果波特没有找到舰队，则可自选地方巡航。波特没有找到班布里奇，于是率领“埃塞克斯号”绕过合恩角航行到东太平洋，在那里掠夺英国捕鲸船，取得了惊人的成功。1814年3月被两艘英国巡航舰俘获。——作者注

战斗。英国人不愿相信“我神圣的誓言”，[87] 这激怒了班布里奇。他命劳伦斯率“大黄蜂号”前去封锁圣萨尔瓦多，然后将旗舰停在了约 50 千米远的海面上。

两天后，1812 年 12 月 29 日，上午 8 点左右，瞭望员看到近岸处有两艘帆船。[88] 它们与“宪法号”越来越近。其中一艘陌生船只明显是大型战舰，要么是巡航舰，要么是战列舰。另一艘躲进了圣萨尔瓦多港。“宪法号”发出了美国的独特信号，陌生船只以美国人看不懂的信号来回应。上午 11 点 30 分，陌生船只距“宪法号”约 6 千米远时，班布里奇迎风调向，全力驶离海岸。班布里奇后来说，他的目标是要离开葡萄牙的领海范围。但埃文斯医生在日记中写道，海军准将的结论是，这艘陌生船只是比“宪法号”更强大的双甲板战列舰。不管怎样，这艘陌生船只很快就改变了航向，开始全力追逐“宪法号”。

它是英国巡航舰“爪哇号”（Java），额定 38 炮，但实际安装了 47 炮。本来是法国船，原名“声望号”（Renommée），上年 5 月在马达加斯加被英国舰队捕获。“爪哇号”11 月 12 日从朴次茅斯出航，开往东印度。舰上的乘客包括新任命的孟买总督陆军中将托马斯 · 希斯洛普爵士（Sir Thomas Hislop）及其约百名员工，以及几十个军人和平民乘客。舰长是亨利 · 兰伯特（Henry Lambert），一名具有丰富实战经验的高级指挥官。

该舰乘客和船员共计 397 人，船舱存放着大量的行李和海军军储（包括一些为印度的英国军舰提供的铜覆皮），因此“爪哇号”负载较重，船舱拥挤。[89]“爪哇号”的人员在临出航时已达满额。船上有一些土生土长的内陆人，其中许多人“从来都没闻过海水的味道”。从英格兰出发后，兰伯特舰长没有重视日常的炮术操练。船员们只用大炮演练过一次，而且是用的空弹药筒。英国军官会为自己的疏忽大意感到后悔的。

“爪哇号”是艘快船，很快就赶上了“宪法号”。下午1点刚过，班布里奇再次命“宪法号”迎风调向并缩帆，在东北偏东的微风下，朝着“爪哇号”行驶。[90]现在班布里奇和船员可以清楚地看到，敌船是一艘巡航舰。

“爪哇号”急速驶向“宪法号”，打算发动纵射。班布里奇则让“宪法号”顺风调向。“两艘船的相当一部分机动是为了发动纵射与躲避对手的纵射。”班布里奇在日记中写道。由于“爪哇号”航行能力很好，班布里奇准将展开了很多船帆，以弥补自身不足。英美两国军官后来证实，两船保持着较远的距离，都愿意“远距离开炮”，而不是近距离作战。

下午2点刚过，微风渐强，两船相距约800米，朝着东南方向并行。“宪法号”发射了左舷炮。有几发炮弹击中了“爪哇号”的右舷或是擦过船索，没有造成什么实际的伤害。随着距离渐渐缩短，两船都暂时停了火。

“爪哇号”瞄准“宪法号”向风的尾舷时，班布里奇观察到它已经降下了舰旗，便下令第三炮组开一炮，“让他们亮出旗帜”。对方以舷炮齐射来回应这次射击。战斗正式打响了。

交战初期，“爪哇号”的18磅大炮、卡隆炮和轻型武器给“宪法号”造成了严重损伤，几个美国水兵或死或伤，帆桁和残索掉落在甲板上。[91]“宪法号”的舵轮被炸成了碎片。[92]班布里奇的左髋被英舰桅楼的海军陆战队狙击手击中。[93]一枚18磅炮弹击中船尾舱口的铜栏杆，一块炸飞的金属片打在班布里奇的右大腿上，导致他短短几分钟内又一次受伤。[94]

“宪法号”失去舵轮后，班布里奇隔着甲板上的格栅向一组特别安排的船员喊话，让他们把军官储藏室里固定在舵柄上的应急舵具搬过来。[95] 由于腰部以下有两处伤口，准将裤子左右两侧有了明显的血迹。[96] 然而，直到近 7 个小时后，他才离开后甲板。

“宪法号”再次顺风调向。两船都在寻找适合纵射的位置。15 分钟后，两船从相反的方向靠近，双方的炮组都赶到对侧去开炮。下午 2 点 35 分，“爪哇号”顺风调向，越来越接近“宪法号”的船尾。这一机动的时机很完美，英国巡航舰如果抓住机会发动舷炮齐射，有可能一举决定胜负。然而，这一关键时刻来临的时候，“爪哇号”只有一个炮兵发射了一炮。

“宪法号”猛烈的舷炮齐射给“爪哇号”的炮台甲板造成了巨大的伤害。美国的狙击手射杀了敌舰后甲板上的几个英国军官。随着倒下的船员越来越多，“爪哇号”的火力明显减弱了。兰伯特最后的希望就是通过跳帮占领“宪法号”。

下午 2 点 50 分，“爪哇号”吃力地用舵轮迎风转向。[97]“爪哇号”转向“宪法号”的时候，舰首斜桁越过了“宪法号”的船尾栏杆，并和其后桅索具缠在一起。此刻的场面看起来一定与上年 8 月“勇士号”和“宪法号”交战时纠缠的场景非常相似。两艘巡航舰撞到了一起，“爪哇号”的水手长——手臂上还绑着绷带——吹响了长哨。但正当水手和海军陆战队员手持长矛和弯刀，聚集在船舷通道和前甲板时，“宪法号”艉炮射出几组密集的葡萄弹、榴霰弹和哑铃弹，将他们炸得血肉模糊。同时，艉楼的美国枪手利用近距离射击的优势，朝英舰前甲板上的跳帮者射击，逐一将其击倒。

在交火的第 2 个小时里，“宪法号”24 磅大炮的猛烈攻击削弱了“爪哇号”的防御。班布里奇在日记里用简洁的术语记录了“爪哇号”毁灭的过程，好像在描述一个普通的造船过程：

> 3：00 敌方舰首斜桁及其撑杆被我方击落
>
> 3：05 舷炮击中敌方前桅
>
> 3：15 敌方主中桅从柱头处折断
>
> 3：40 击落后纵帆的帆下桁
>
> 3：55 舷炮击中敌方后桅 [98]

已故历史小说家帕特里克·奥布赖恩（Patrick O’Brian）在 1979 年的小说《战争的财富》（*The Fortune of War*）中描述了“宪法号”与“爪哇号”交战的经过。奥布赖恩的演绎基于仔细阅读过的相关史料，并忠实于历史记录。只有一个例外：他把主角杰克·奥布里（Jack Aubrey）安插在了前桅倒下来那一刻“爪哇号”的前甲板上：

> 在一片喧嚣中，“爪哇号”的艏楼传来了高声的尖叫：“当心！快躲开！”转瞬之间，高耸的前桅连同帆桁、桅楼、船帆、不可计数的绳索和滑轮一齐倒了下来。低处的向后倒去，落在主甲板上，高处的倒在了前甲板上。
>
> 很多索具和帆桁落在船员和大炮上面。有些人被卡住了，有些人受了伤。接下来的几分钟，在清理甲板以发射大炮的时候，杰克已搞不清两船的相对位置。艏炮终于恢复到能用的程

度时，他看到“宪法号”就在前面，正顺风驶过“爪哇号”的船首。“爪哇号”在这个位置无法开炮，“宪法号”却能发动纵射。一轮齐射过后，“爪哇号”折损了20来人，主中桅也被击落。

人们再一次用斧子或手头一切可用的其他东西疯狂地清理甲板。“宪法号”已来到他们的右后舷处，沿对角线方向开火。停在那里填弹之后，又对“爪哇号”发动了左舷齐射。

“爪哇号”的船员毫无畏惧，像恶魔一样开火。他们在火辣的阳光下汗流浃背，很多人都是汗液与血液融在一起。几乎每次发炮都会射出刺目的火光，照亮挂在两侧的残骸。剩余的军官让他们不断奔跑，传递消防桶和火药。有一刻，两船又到了并排的位置，“爪哇号”的大炮发挥出最大的威力，或者说至少发挥出了能够发挥的全部威力。因为船身位置越来越低，所以它发出的一些实心弹给敌人造成了重创。但“爪哇号”桅楼已毁——艏楼艉楼均被击落，主桅楼也残破不堪——美国人的桅楼却安好无损。“宪法号”桅楼上布满了射手，其中一人击倒了杰克。杰克虽然被击倒在地，但他对此不以为意，直到站起来后，他才发现右胳膊不自然地斜挂着，已不听使唤了。“爪哇号”的两根桅杆折断后，仅剩一面船帆。他摇摇晃晃地站在一片喧嚣中，仍在高声命令第九炮组压低炮口，此时一块栎木片又把他击倒了。[99]

大约下午3点30分，兰伯特舰长被狙击手击中。子弹击中了他的胸部，靠近心脏。他被抬到船的底层。“爪哇号”的外科医生立刻看出这是致命伤。子弹粉碎了船长的胸骨，“我把手指伸入伤口，摸到并取出了几块骨头碎片”。[100]

兰伯特倒下后，“爪哇号”由大副亨利·查兹（Henry Chads）指挥。他也受了伤，但经过医生的处理，已返回了战斗。查兹召集剩下的人继续战斗，但“爪哇号”舰首斜桁的一部分和所有舰首三角帆的撑杆都已经被击落，残破的舰首帆摇摇晃晃地悬挂着，舵轮也不听使唤了。“宪法号”占据了敌方右后舷的齐射阵位，“猛力开火”，[101] 通过机动不让“爪哇号”的舷炮全部瞄准自己。

下午 4 点，“宪法号”迎风疾驰了一段距离。班布里奇安排人手修复“宪法号”支离破碎的转帆索和侧支索，并重新系紧损坏的活动索具。

根据军事法庭上查兹尉官的证言，“爪哇号”“完完全全成了残骸，只剩下主桅还竖立着，主帆桁倒挂在桁索上”。[102] 大多数右舷炮无可奈何地缠在主中桅零乱的残骸当中。“宪法号”的撤退提供了短暂的喘息机会，英国船员清理了残骸，并设法利用前桅和舰首斜桁的残桩竖起了一面应急帆。进行这项工作的时候，“爪哇号”由于失去了船帆而剧烈晃动，主桅的残桩险些摇出船外。查兹尉官断定别无选择，只能切掉上风侧支索，让桅杆从下风的围栏处落入海中。

召集船员并统计人数后，“爪哇号”发现自己已损失了 110 人（后来统计的精确伤亡情况为 22 人死亡，102 人受伤）。“爪哇号”船体几十个地方被洞穿，舱内大量进水。所有的帆桁都倒下了，一个泵被击落，4 门艏炮和 6 门艉炮被炸毁。很明显，“爪哇号”无力再进行有效的抵抗。查兹仅存的希望是等“宪法号”足够靠近后再次尝试跳帮。

帕特里克·奥布赖恩在这场战斗的虚构版本中完成了这一设想：

> 现在只能指望天赐良机了。机不可失，失不再来。如果“宪法号”忽视了相对位置，两船足够靠近，他们就可以迎着对手的炮火进行最后一次冲刺，强行登船……但“宪法号”无意于此。它刻意地与敌舰保持距离，并凭借完美的操船技术来到“爪哇号”船首前方200多米的地方，主中桅帆和后中桅帆徐徐地摇晃着。“宪法号”基本上完好无损的左舷正对着失去桅杆的“爪哇号”，可以一次又一次地发动纵射……杰克能看到“宪法号”舰长在后甲板上全神贯注地盯着他们。
>
> “不行了，”查兹面无表情地说道，“没办法了。”他望向杰克。杰克低下头，朝船尾走去，像一个坚定的人走向绞刑架，从沉默无言、稀稀拉拉的几名炮手中间穿过，将旗帜降了下来。[103]

14 英军的封锁

1813 年 3 月 20 日，《伦敦领航者报》(*London Pilot*) 报道说："公众将会得知第 3 艘英国巡航舰被美国巡航舰打败的消息，这将引发何种情绪我们不得而知。"[1] 此前一天，伦敦劳埃德保险社已经发布了类似的令人沮丧的消息：据估计，在开战后的头 7 个月里，已有 500 艘英国商船落入美国之手。"500 艘商船和 3 艘巡航舰！"《伦敦领航者报》感叹道，"这是真的吗，英国人听到后还能无动于衷吗？"

> 去年这个时候，任何对英美战争做出此类预测的人，都被视为疯子或叛徒。如果有人屈尊与他争论，这个人会告诉他，7 个月后，海上将不再有美国国旗飘扬，不值一提的美国海军将被歼灭，美国海军兵工厂将被夷为平地。然而到目前为止，还没有一艘美国巡航舰降下过旗帜。我们的进取心和活力受到美国人肆无忌惮的侮辱和嘲笑。他们来去自如，想离港就离港，想回港就回港。他们横穿大西洋，他们环行西印度群岛，他们劈波斩浪来到英吉利海峡，他们沿着南美海岸招摇。我们没有追逐，没有拦截，没有交战，任凭他们获得胜利。

《海军纪事报》拒绝描述“爪哇号”失败的细节，坦承“谈论这个话题太过痛苦”。[2] 但同一期《海军纪事报》却对法国巡航舰“阿蕾图莎号”（Arethuse）和英国皇家军舰“阿米莉亚号”（Amelia）3 月 7 日在塞拉利昂沿岸的血腥战斗进行了报道。“阿蕾图莎号”在战斗中意想不到地凶猛顽强，杀死了“阿米莉亚号”一半以上的船员，随后逃脱了。“这难道不明显吗？”《海军纪事报》反问道，“他们难道不是被美国的胜利激励了吗？”英国人最害怕的就是法国海军力量的复苏。10 多年来，法国官兵被“迷信恐怖”所吓倒，认为失败不可避免，在与英国海军交战时，还没开出一炮，就“已经被征服了一半”。美国人现在有可能激发拿破仑海军残部的勇气，甚至可能导致他们“仿效美国，点燃民族抗争的精神”。

多年来，尖锐的公众批评首次出现，这是走向改革的关键的第一步。[3] 批评的对象是英国海军部日益膨胀的官僚主义、海军军官晋升和任命的政治化、战利品奖金的腐败影响以及对北美基地的忽视。考虑到英国军舰在最近的 3 次战斗中伤亡人数远超敌方，一些人推测美国人已经进行了一些创新，增强了“他们舷炮的破坏性”。[4] 他们使用的是铅制而不是布质弹药筒吗？他们使用了新型的击发机件或者瞄准器吗？有《海军纪事报》记者问：“他们的撞锤、海绵通条、螺纹管、炮塞、弹丸、撬棍、推杆、弹药盒、炮管、角制火药筒或索具跟我们的不同吗？”[5] 有些人则担心英军开炮技术大不如前了。[6] 一名军官抱怨道：“美国水兵射击演练比我们多多了。我们一年的火药都不够大家训练一个月。”[7]

沃伦将军显然对此有所关注，因为他在 3 月 6 日颁布了一个标准作战规定，命令指挥官优先重视“加强纪律，对全体船员适当进行火炮训练”，[8]并敦促北美基地的所有官兵将这一点铭记于心：“战斗结果很大程度上取决于能否冷静、稳定、有序地装弹、瞄准和开火。”两个星期后，海军部对英国所有海军将领发出通告，批评了每天“过分注重仪容”的做法，并指示“把浪费在这种无用事情上的时间用在真正有用、真正重要的事情上——整肃军纪和操练武器”。[9]

火炮射击水平至少可以通过实践提升，但皇家海军人手短缺的问题，却没有现成的解决方案。现役的600多艘战舰配备了约14万水兵和海军陆战队员，皇家海军已经把效率发挥到了极限。以单艘舰船来比较的话，皇家海军在船员质量上无法与规模小且采用志愿兵役制的美国海军匹敌，美国海军可以尽情招募最聪明、最健康、最有经验的水手。失败的冲击使得英国的批评者更加大胆，他们愤怒地声讨皇家海军过于依赖“残暴的恐怖性压迫”，[10]侮辱英国水手，将他们塞进过度拥挤的船里，给他们吃许多英国人都不会用来喂狗的食物，稍有挑衅就将他们鞭笞个半死，从来也不给他们支付一个子儿，一连几年都不让他们上岸。这难道还不足以让他们一有机会就逃跑，或是到美国国旗下服役，打击他们的前船友和同胞吗？一位记者写道，英国军舰上弥漫着“疯狂的冷漠和不满”。[11]另一位则归咎于征兵制度：“好的、坏的、平庸的都要，换句话说，二等水手、新手、外国人、纽盖特监狱（Newgate）的垃圾、旧船上的囚徒，以及国内几乎所有监狱中的犯人，通通照单全收。”

美国44炮巡航舰由于出众的实力和尺寸，被斥为“伪装的战列舰”。英国海军部向所有基地司令签发“机密令”，禁止英国军舰与“宪法号”、“总统号”和“美国号”一对一交火。[12]独自行驶的英国巡航舰此后要依照命令逃离美国大型巡航舰，或者（如果安全有保障）在一定距离外进行跟踪，保持在炮击范围之外，直到增援部队到达并能够交火。同时，海军部下令实施一个应急造船计划，建造类似于近20年前约书亚·汉弗莱斯在费城建造的巡航舰。为了满足沃伦将军的具体要求，一些英国旧74炮战列舰的最上层甲板被卸掉或"夷平"。这些"夷平"了的四不像在军中不受欢迎（军官嘲笑它们是"骡子"[13]），但这种新船至少比得上美国44炮巡航舰。英国人的首要要求，是与一艘美国大型巡航舰进行公平较量，并赢得胜利。

英国比其他任何一个国家都要重视封锁，并可以娴熟运用此手段。海军封锁成功时，可束缚敌人的行动，破坏其供应线和经济活动。封锁可防止敌方私掠船和巡洋舰出港突袭，防止其截获战利品回港，从而保护贸易航运。封锁还可通过阻断敌人舰队的出海途径，动摇敌方海权的基础。英国对欧洲大陆十年的商业和军事封锁在很大程度上成功实现了阻断大多数海上贸易，同时把法国海军囚禁在其港口的双重目标。因此，在1812年战争中英国海军战略的主旨是对美国海岸进行封锁，就不足为奇了。

英国的政策区分了旨在阻止美国军舰进入海洋的军事封锁和旨在切断所有商船往返美国海港的商业封锁。表面上看，整个美国海岸在战争开始时都遭到了军事封锁。而商业封锁则分为几个阶段。第一个阶段始于1812年11月，英国下令对"切萨皮克湾和特拉华河内港和海港进行最完整最有力的封锁"。[14]第二个阶段始于1813年3月，英国下令将商业封锁范围扩展为南到新奥尔良、北到罗得岛之间的区域。英国海军大臣梅尔维尔（Melville）告诉沃伦将军："只要海上风力和天气允许，武装力量也能得到持续充足的保证，我们就将完全阻断这些港口的往来贸易和海上交往，而非仅仅实行纸上封锁。"[15] 由于英国认为新英格兰是"友好"的，而且希望与该地区单独和谈，因此在1814年4月商业封锁的范围扩大到新英格兰全境之前，英国并没有试图阻断美国科德角以北的贸易。[16]

然而，事实上，英国的封锁远非完美，长长的美国海岸的许多地方完全没有覆盖到。[17] 英国人凭借在欧洲积累的丰富经验，深知每次成功的封锁都不能远离安全的海军基地，封锁舰在这些基地修整和重新补给的速度必须得到保证。在欧洲，英国依赖于英吉利海峡附近巨大的英国港口来补给和修理。在美国，主要的英国海军基地位于哈利法克斯和百慕大，两者都距离战区数百千米。此外，两地都没有发达的海岸设施或足够的劳动力来为大量的军舰服务。

英国期望沃伦将军利用麾下的部队同时实现几个目标：猎捕美国巡航舰；巡逻航线，防范美国私掠船的劫掠；为西印度群岛返回的英国商船提供护航；进行商业封锁。这是在要求沃伦完成不可能的任务。沃伦意识到没有足够的战舰来完成种种目标，因而申请增援。他在1812年写的最后一封信，也就是12月29日的信中提到，"目前已有600艘获得许可证的私掠船"[18] 出没于大西洋西部水域。他警告说，如果不"增加大量战舰"，"贸易就算不被完全破坏和毁灭，也必然会遭受一定损失"。

上议院没有对沃伦的困境表示出丝毫同情。英吉利海峡、比斯开湾和地中海需要英国海军部队，无法在遥远的大西洋另一边部署大规模军队。他们很不情愿地同意抽调“其他重要机构的舰船，置于你的指挥之下。有了这支武装，你无论是通过捕获美国国有船只，还是通过在美国自己的水域中对其实行严格封锁，都一定能赢得这次海战”。[19] 沃伦的武装力量现在共计有 10 艘战列舰，30 艘巡航舰和 50 艘小战船。此外，海军部还派遣了一支陆军，包括两个皇家海军陆战营和一个炮兵连，用于沿海袭击。上议院给予了沃伦如此强大的武装力量，期望他能够速战速决。他要维持封锁、镇压私掠船、保护英国商船。此外，“对国家的名誉和利益最重要的是，应该迅速彻底清除敌人的海军力量”。

1813 年 2 月 10 日来自伦敦的第二封信，采取了更加苛刻的语气。上院议员问，如果 97 艘英国战舰与 14 艘美国军舰的军力对比没错的话，为什么美国海军还没有覆灭呢？沃伦统领着“比敌方全国海军庞大得多的武装力量”，[20] 他必须“发起一些决定性打击”。至于私掠船，沃伦应该采取封锁、护航和巡逻的联合办法来对付它们，其数量一定“在很大程度上被夸大了，因为（上院议员们）不能想象你没有对美国沿海主要港口进行有效封锁，以至于让这么多私掠船不受任何干扰地进出港口”。

1813 年 2 月，沃伦确实拥有强大的武装力量：在北美，有 15 艘 74 炮战列舰、15 艘巡航舰、20 艘小战船和将近 30 艘未定级战船；在西印度群岛，他还有 1 艘战列舰和 4 艘巡航舰；在纽芬兰，有 1 艘 50 炮战列舰和 2 艘巡航舰；在巴西，有 1 艘战列舰、2 艘巡航舰和 2 艘双桅横帆船。[21] 整个英国海军的力量都在向北美海岸倾斜。沃伦将军在上级的强大压力下，拼尽全力来执行英国人民的意志，正如《金星报》报道的那样：“最近美国人关于海洋权利的瞎扯，使欧洲每个内阁大臣都忍不住作呕，必须用强大刚毅的理性之声来让他们闭嘴……美国必须被打得拱手而降！”[22]

在1812年11月的总统选举中，联邦党人感觉自己人成功竞选的希望十分渺茫，便提名了一个反战的纽约共和党人德威特·克林顿来拉选票。克林顿和他的盟友进行了一场奇怪的竞选：他们反对战争，却又偶尔谴责麦迪逊没有殊死战斗；试图诱使大西洋中部沿岸地区嫉妒弗吉尼亚，也没有成功。克林顿赢得了纽约州和除佛蒙特州之外新英格兰所有州的选票，但在选举人团票上还是以89∶128败选。随着麦迪逊的连任，弗吉尼亚共和党王朝进入了第12个年头。

麦迪逊总统欣喜得无以复加，沉浸在借重海军得来的荣耀中，而他当国会议员时曾经投票反对建设海军。在第二次就职演说中，他承认灾难性的加拿大战役已经使陆军英名在“疑云下”消失殆尽，但欣喜的是，“海军英雄的英勇事迹，向世界证明了我们天生具有维护自身权利的能力”。麦迪逊拒绝了沃伦将军停战的提议，他将这场战争重新界定为一场结束强征海员“专制暴力”的十字军运动。[23]国会的大多数共和党人对海军初生喜爱之情，带着这初生的激情，他们转而支持扩大舰队。一个月的辩论在圣诞节前两天的表决中结束，国会通过了打造4艘新的74炮战列舰和6艘新的44炮巡航舰的决议，同意拨发350万美元的经费。这是自亚当斯政府以来，除杰弗逊建造的炮艇外，第一个重要的海军建造工程。(退休后住在蒙蒂塞洛的杰弗逊对此给予了恰如其分的赞誉。“对于我们小海军的成功，我真诚地祝贺你，”他在给亚当斯的信中写道，“你一定比大多数人更欣喜，因为你早期不断提倡建立海防舰队。”[24]亚当斯在回信中大度地回顾了杰弗逊在19世纪初向地中海派遣巡航舰的举措：“你总是提倡建立一支海军来平定巴巴里诸国，我们在欧洲私下交谈时多次提及此事，我记得很清楚。你的很多长信在我这里都保存完好，信里时常谈到建设这样一支海军的重要性。”[25])

华盛顿官方对自己的海军及军官引以为傲，于是仍停在波托马克河上、由查尔斯·斯图尔特舰长指挥的美国巡航舰“星座号”成了华盛顿追捧的焦点。1812年11月26日，“星座号”停泊在波托马克河东部支流距海军造船厂码头约800米处，船上举行了一场“精彩的娱乐活动”。[26]所有的华盛顿名流都收到邀请，包括总统和第一夫人。500名客人乘着装饰得多姿多彩的专用舰艇前往巡航舰。天气寒冷刺骨，寒风阵阵，但“星座号”的轻甲板由旗帜和遮篷围起来了，两个厨房炉子一同生火加热，所以“温度令人舒适”。[27]伴着乐队的演奏，客人跳舞到下午3点，然后“水手长吹响口哨，叫我们到下面去参加一场华丽的晚宴”。麦迪逊夫妇坐在宴会桌的上座。这宴会桌和整个炮台甲板一样长。下午6点钟，参观者被送回岸上，马车正在海军造船厂的码头上等候。当总统的专用艇离开“星座号”时，18磅大炮发射了震耳欲聋的礼炮。“我们毫不怀疑，‘星座号’将维持其良好声誉，”《奈尔斯纪闻》评论道，“斯图尔特舰长将让敌人献上更好的致敬。”[28]

新政府执政初期，海军发生了一件令人不快的小事：海军部长保罗·汉密尔顿辞职了。[29]汉密尔顿遭人指责每天大部分时间都在喝酒，上午刚过半或是更早，第一杯酒就下肚了。虽然当时人均酒精消费高于美国后来的任何一个时期，但多少有些矛盾的是，酗酒在当时是个禁忌。酗酒可能是汉密尔顿所面临的问题的一个症状，而不是问题的原因——他的种植园正处于破产边缘，债权人强迫他以10人或20人为一组拍卖他的奴隶。跟他两个前任不一样，汉密尔顿是一个种植园主，而不是商人，以前从来没有负责过舰船舾装工作，也没有监管过如此庞大的海事组织的复杂账目。记账标准下降了，海军部一片混乱，反海军的共和党人欢欣鼓舞地指出，海军当局说不出如此庞大的金额是如何花费的，而北卡罗来纳州的国会议员纳撒尼尔·梅肯代表其许多同僚说，这位南卡罗来纳州的酒徒“不适合这个职位，就像印度先知不适合当欧洲皇帝一样”。[30] 麦迪逊在当年的最后一天接受了汉密尔顿的辞职。

新任海军部长是威廉·琼斯。这位费城的商人和船主以前当过船长。12年前，杰弗逊第一次邀请他出任海军部长的时候，他拒绝了。琼斯曾在众议院任职一届，在宾夕法尼亚政坛颇有影响力。刚一抵达首都，文件便如暴风雪一样袭来，琼斯无所畏惧，马上投入了工作。他的工作热情和亚历山大·汉密尔顿、艾伯特·加勒廷与本杰明·斯托德特毫无二致。“至于运动，除了头和手，其他的根本谈不上，”他给费城的妻子写道，“我7点起床，9点吃早饭，4点半吃晚饭，之后就不吃饭了。我每天晚上工作到午夜才睡觉，不去想太多就睡得很好。”[31] 上任第一个星期，琼斯就解雇了自1801年开始便在此工作的海军首席书记官。到1814年1月，他替换了整个海军部的文职人员，除了一个信使。他决心杜绝腐败现象，因为“自私自利的腐败分子在组织中扎根……像贪婪的杨树，没有什么可以在他们的阴凉处茁壮成长”。[32]

1812年的海军胜利令人满意，但1813年的战争显然会带来更大的问题。美国羞辱皇家海军，等于在太岁头上动土，抓住老虎的尾巴。谈到华盛顿庆祝活动中极其盛大的海军舞会，拉特罗布夫人跟朋友这么说："我们这几天有理由笑得合不拢嘴，因为英国人比我们的海军强大得多，有无数次机会打败我们。"[33] 美国贸易的中断导致了海关税收的下滑，财政部长加勒廷估计，联邦政府需要 2 000 万美元的巨资来支撑下一年的战争。因为国家可随时调用的私人资本大多在反战的联邦党人手中，所以加勒廷告诉总统："我认为贷款 2 000 万美元是完全不可能的。"加勒廷与纽约和费城的一个小圈子里的主要银行家进行了闭门谈判，其中包括约翰·雅各布·阿斯特（John Jacob Astor）和斯蒂芬·吉拉德（Stephen Girard），最后设法筹集到 1 550 万美元的贷款。[34] 这些资金缓解了眼前的财政危机，但是又一年的战争将耗尽国库。

结束强征海员是现在美国唯一的停战条件，但英国政府继续坚称此事永远不可能。1813 年 2 月，美国国会为了推进谈判，通过了一项战争结束时生效的法律。该法律生效后，所有美国船都不得雇用外国公民。美国商船、私掠船和海军舰船上雇用了 1 万多名英国水兵。该法律如果执行，这些水兵将被遣散，然后他们别无选择，只能在英国船上重新服役。他们肯定会超过皇家海军强征的美国海员人数。从表面上看，该法律似乎为英国走上谈判桌来结束战争提供了强有力的动机。

早在 1812 年的秋天，俄国沙皇亚历山大一世便主动找到圣彼得堡的美国公使约翰·昆西·亚当斯，提出由俄国进行斡旋，促成英美的和平谈判。这一提议与拿破仑在俄国的灾难性失败的第一份报告同时到达了美国首都。麦迪逊跃跃欲试，立刻命艾伯特·加勒廷（他无论如何都要结束在财政部12年的任期）、特拉华州的詹姆斯·贝亚德（James Bayard）和约翰·昆西·亚当斯三人组成和平使团处理此事。亚当斯将在俄国等待两个同僚到来。加勒廷和贝亚德航行到圣彼得堡之后，英国政府拒绝俄国提议的消息才传到美国。1813年5月17日，英国海军部提醒沃伦将军，他没有权力“根据俄国公使或美国政府的建议进行任何谈判，从而推迟或放松敌对行动”。[35]

查尔斯·斯图尔特舰长是随普雷布尔参与过地中海之战的一员老将。的黎波里战争结束后，他的军衔一路提升。在为“星座号”出海做准备的过程中，斯图尔特舰长经历了所有常见的困难——华盛顿海军造船厂缺乏足够的物资和造船工人，缺乏理想的水手。许多优秀的水手已经随私掠船出海了。尽管船上人手短缺，供应不足，但他还是遵循悠久的传统，从华盛顿出发了，希望一路上能在更靠近海洋的港口找到他所需要的人手和物资。从切萨皮克湾向北来到安纳波利斯后，“星座号”总算完成了人员招募和供给储备工作。1813年2月1日，天气严寒，港口结冰的速度很快。“星座号”起锚出发，前往汉普顿锚地。出海之前，它只能在那里短暂停留。

3天后，“星座号”绕过旧康福特角（Old Point Comfort）和威洛比湾（Willoughby Bay），刚刚向北驶过汉普顿锚地，斯图尔特和他的船员们便震惊地发现他们撞上了一支强大的英国舰队。[36]这支舰队里有2艘战列舰、3艘巡航舰、1艘双桅横帆船和1艘斯库纳帆船。英国舰队就在亨利角内，处在中沙洲（Middle Ground）和霍斯舒（Horseshoe）浅滩之间，刚好在炮击范围外一点点，正逆风驶向汉普顿锚地。通往公海的航线受阻，斯图尔特必须立即决定“星座号”的逃跑路线。他可以将船头转至迎风面，驶回海湾，或者转向汉普顿锚地，逃进诺福克堡大炮的保护下。他选择了诺福克。风力渐弱，斯图尔特下令放下小艇，通过抛锚移船前进。但随着潮水退却，“星座号”搁浅在了淤泥滩上。为了减轻船重，斯图尔特下令把淡水抽出来，安排人手到船的底层倒掉食品储备。在小型民用船只和晚上潮汐的帮助下，“星座号”减轻了重量，漂浮了起来，并被带到诺福克相对安全的海峡里。英国舰队缺乏当地领航员，担心搁浅，所以最后离开了汉普顿锚地，停在林黑文湾。

乔治·科伯恩（George Cockburn）将军是沃伦在北美基地的副司令，在3月3日率领74炮战列舰“马尔伯勒号”（Marlborough）及另外3艘战舰到达基地，加强了舰队的兵力。[37]科伯恩对诺福克的岸防十分警觉，没有立即袭击“星座号”或这座城市，而是派出两艘巡航舰停泊在纽波特纽斯的詹姆斯河河口附近。在那里他们可以探测水深，设置航道浮标，袭击内陆水道，劫掠河上航运。除了当地民兵的分散抵抗之外，美国人没有有效的手段来防御这些袭击。19天后，沃伦将军的旗舰，74炮战列舰“圣多明各号”，与另一艘战列舰和一艘巡航舰一起停在了林黑文湾。当地的皇家海军现在共有4艘战列舰、5艘巡航舰、2艘小战船、2艘双桅横帆船和3艘补给船，完成了将切萨皮克湾南部改造成英国主要海军基地的工作。

切萨皮克湾看似给英国提供了无数富有且脆弱的攻击目标，但由于英国公众舆论要求优先捕获或摧毁可憎的美国巡航舰，斯图尔特舰长认为英军必定会对“星座号”发起攻击。他告诉琼斯：“我相信他们不只是要对这个地方进行封锁。”[38]诺福克简陋的防御让他非常担心。戈斯波特海军造船厂没有足够的建筑物、营房和仓库。许多当地的武器弹药和海军储备被迫露天存放，日晒雨淋。医院最初设置在指挥官的小办公室正上方的楼上，指挥官约翰·卡辛（John Cassin）抱怨说："每次他们清洗房间的时候，水都直接流到我身上、书上和房间所有的东西上。"[39] 人们在克雷尼岛和兰伯特角（Lambert's Point）之间的伊丽莎白河主航道上凿沉了几艘破旧的废船，来阻碍航行。斯图尔特发现诺福克的20余艘炮艇中有10艘正在服役，但"人手奇缺，完全无力保护自己"，他命它们沿河后撤，撤回到诺福克堡的大炮保护之下。

整个2月和3月初，斯图尔特的"星座号"都严阵以待，整装待发，准备一有机会逃过英国舰队的封锁便即刻起航，进入公海。3月9日，他命"星座号"顺河而下，到达克雷尼岛海岸。次日早上，3艘英国战列舰和2艘巡航舰通过抛锚移船进入汉普顿锚地，几乎驶进了"星座号"的炮击范围内。面对如此压倒性的兵力，斯图尔特只好让"星座号"溯河而返，将其长期停泊在诺福克和朴次茅斯之间的河道里。3月17日，他告诉琼斯："我正在把所有的储备，船帆啊，圆材啊等搬出'星座号'，运往伊丽莎白河上游，因为现在已经确定这艘船没有机会出海了。"[40]

诺福克的平民将他们的财物堆到大车上，逃往弗吉尼亚州内陆相对安全的地带。[41] 从诺福克到里士满的道路挤满了双轮马车、四轮马车、马匹和徒步者。里士满和彼得斯堡成立了委员会，为他们提供食物和栖身之所。从当地民兵连逃出的许多年轻人与难民混杂在一起。英国人袭击了詹姆斯河和楠西蒙河，捕获了大量河船。航行变得如此危险，以至于从汉普顿到诺福克的邮船被拖到海滩上，寄往诺福克的邮件也停止运送了。报纸援引英国指挥官的话，称他们威胁要攻击“星座号”，并声称任何防御措施都无法抵挡即将发起的攻击。

面对斯图尔特紧急增援的请求，海军部长琼斯坦率地回复说，斯图尔特只能“充分利用现有的资源，从邻近地区扩充实力”。[42]整个美国的海岸线都十分脆弱，琼斯写道，还有“许多地方比诺福克更加暴露，防御更少”。为了安慰斯图尔特，他还说：“敌人这么强大的一支舰队被用来提防你这么小一支舰队……我们勇敢的指挥官正在海洋上四处搜寻强大的敌人。”[43]

英国舰队的战列舰和巡航舰大部分时间都留在林黑文湾，就像1807年6月那次一样，当时皇家军舰“豹号”正是在此等待“切萨皮克号”的。它们排成紧凑的队形，彼此都能听到对方喊话。海岸袭击是通过工作艇进行的，每条工作艇载有25至30个人，并装备有旋转炮座的榴弹炮。天气晴朗的时候，这些工作艇沿着海湾或河流航行十几千米，在岸边无防御地带登陆，捕获鲱鱼船、牡蛎船、小划艇、单桅小帆船和驳船，天黑前返回舰队。亨利角灯塔被突袭，侵略者抢走了灯塔看守的火腿、肉饼和香肠，烧毁了附近的一个风车，把看守吓坏了。[44]由艾伯特·加勒廷签署的财政部通告宣布：“亨利角以及切萨皮克的其他所有灯塔，立即熄灭。特此通告。”

当地报纸对英国的袭击进行了尖酸辛辣的报道。皇家海军陆战队的一组人员在楠西蒙河岸边一个偏僻的农场登陆后，发现只有一个黑人老妇在家，《诺福克先驱报》幽默地报道了这次遭遇：

> 海军陆战队员最习惯这种战争，他们在经验丰富的军官指

> 挥下，通过一条私人大道，绕到房子的后面，奇袭了鸡窝。最不屈不挠的另一组队员，突然攻占了邻近猪圈，第三组作为临时调配部队，由总司令率领，洗劫了奶制品和熏制房。这种安排很出色，但不幸的是，由于没有提前派出一个前卫侦察，海军陆战队排成单列通过一个狭窄的通道时，遭到了一群火鸡的偷袭。火鸡从他们的侧翼和后方发起猛烈冲锋。然而，经过近一个半小时的激烈交战以后，袭击者或被杀害，或被俘虏，或被打得四处溃逃，英王陛下的军队毫发无伤……火鸡被打败，鸡窝被夺取，猪圈也在轻微抵抗后被攻克，库房被洗劫，整支部队带着战利品有序撤退，无一人伤亡！[45]

4 月的第一周，沃伦将军和科伯恩将军带着英国舰队的精英沿切萨皮克湾北上，只留下一支小而优的武装力量防止“星座号”逃逸。切萨皮克湾及其支流形成一个巨大的内陆海，数百千米的海岸线完全没有设防。两位将军让大型战舰在拉帕汉诺克河河口锚定，派出一队工作艇沿河上行约24千米，攻击并捕获了4艘斯库纳帆船。被捕获的船随后被伪装成普通美国商船，设法接近并捕获了几十艘毫无戒心的斯库纳帆船、驳船和领航船，英国的战利品名单增至 40 多艘船。由于切萨皮克湾是美国国内贸易和交通必不可少的连接点，交通中断造成了包括华盛顿在内的整个大西洋中部沿岸地区城镇食品和其他商品的短缺。

舰队继续沿海湾上行，于 4 月 22 日抵达帕塔普斯科河河口。沃伦仍然统率着主力部队，威胁要向巴尔的摩发起攻击。而科伯恩带着 2 艘巡航舰和 6 艘较小的战船停在切萨皮克湾的北端浅滩处，受命摧毁任何疑似战争物资的东西。他将舰队锚定在萨斯奎汉纳河河口处，派遣突击队上岸抢夺军需。英国军队摧毁了靠近埃尔克河的塞西尔铸造厂，美国巡航舰的许多大炮都是在此铸造的。马里兰民兵毫无准备，武装不足，缺乏经验，且切萨皮克湾的东部和西部海岸是分开指挥的，敌人一登陆他们就逃跑成了尴尬的常态。

对于不抵抗就投降的美国市民，英军突击队通常不去抢掠他们的房屋和谷仓。科伯恩将军声称会以汇票形式赔偿英国突击队抢掠的牛、猪和农作物，但汇票将在战争结束后的某一时间提交给英国政府。不过，当有人向英国突击队开枪时，科伯恩允许报复。正是在这个借口下，英国摧毁了东岸的乔治敦和弗雷德里克敦（Fredericktown）。马里兰州滨海地区的几代人将无比厌恶科伯恩将军的名字，正如佐治亚人后来厌恶谢尔曼将军*的名字一样。

5 月 3 日凌晨，19 艘驳船载着几百名水兵和海军陆战队员在马里兰州的格雷斯港附近登陆。这里是约翰·罗杰斯准将的故乡，他当时正统领“总统号”在北大西洋巡航。当地民兵进行了草草的抵抗，为此格雷斯港的平民付出了沉重的代价。英国搭建了一个野战炮台，将该镇置于其射程之内，进行了猛烈残酷的炮击，发射了无数炮弹和火箭弹，居民陷入极大的恐慌，逃离家园。《奈尔斯纪闻》报道说：“人们抱着孩子和衣物，几乎全身赤裸地逃出熊熊燃烧的房屋。”[46] 皇家海军陆战队的一批队员用火把点燃了遗弃的房屋和一些运载难民私人物品的货车。[47] 两小时后，该地区几乎每座建筑都

* 谢尔曼将军（General Sherman），即威廉·特库姆塞·谢尔曼（William Tecumseh Sherman，1820—1891），南北战争时期的联邦军将领，攻打佐治亚州时火烧亚特兰大，此后为打击南方邦联军士气，奉行“向海洋进军”方案，所到之处全部夷为平地，因此有“魔鬼将军”之称。

被夷为平地。一支特遣队奉命去掠夺罗杰斯准将的房子，他们漠视其家人的含泪恳求，抬走其个人财产，包括一辆马车和一架钢琴，但念在准将是同行的分上，没有烧毁这座庄园，让它依旧矗立着。完成使命后，他们撤退到了驳船上。

5月的第一周，科伯恩与沃伦及主力舰队重新会合。他报告说，切萨皮克湾北部大多数城镇已经投降了，袭击行动没有放过“这里的任何公共财产、船只和疑似战备物资”。[48] 在短短一周多一点的时间里，没损失一名人手，科伯恩的小部队就让恐怖遍及整个地区。英国已经证明了很重要的一点：凭借压倒性的海军力量，他们可以在任何海角、海峡、海滩和河岸登陆，可以随心所欲地抢劫和破坏，美国人毫无还手之力。

对沿海地区实施这些袭击时，英国人面临的最大问题来自内部。许多士兵一踏上美国土地，就试图当逃兵。这些从共同敌人的暴政中逃离出来、同样讲英语的兄弟通常很受当地居民欢迎。4月份，巴尔的摩一家报纸称，最近有三五十名水兵从英国舰队逃跑，6个星期后，斯图尔特舰长报告说：“几乎每天都有逃兵来到诺福克。”[49] 水兵和海军陆战队不允许上岸时，他们有时会偷一艘小艇逃跑。许多英军工作艇投奔了敌人。随着春末天气渐渐暖和起来，他们就冒险游向自由。英国水手“赤裸的尸体经常从海湾岸边被捞上来”，斯图尔特向海军部汇报说：“他们一定是试图泅水逃跑时被淹死的。”

5月12日，沃伦将军和科伯恩将军率领舰队沿海湾南下。15艘战舰排成令人生畏的一长列，从威洛比角一直延伸到亨利角。诺福克已做好了应对攻击的准备。5月17日，沃伦将军带着40艘战利船前往哈利法克斯，罗伯特·巴里（Robert Barrie）舰长的“天龙号”（Dragon）带着30多艘战利船前往百慕大。舰队每个人都同意优先安置这些战利品，因为舰队每个人都将获得一定份额的奖金，不管多少。（沃伦的同僚戴维·米尔恩爵士告诉记者，沃伦已经把约翰·罗杰斯的钢琴掳掠到百慕大他自己的房子里，人们还看到他坐着罗杰斯的马车在哈利法克斯各地招摇过市。米尔恩将军以鄙夷的口吻问道：“你怎么看这样一个英国将军和总司令？征服美国不能用这样的方式。”[50]）科伯恩留下来指挥林黑文湾剩下的船，继续对美国海岸进行封锁，同时让军队忙着在诺福克的河道里探测水深和放置浮标。

海军部命令斯图尔特舰长从陆路前往波士顿，到那里重新执掌“宪法号”，但他不愿在这样一个关键时刻离开。琼斯部长同意他延期启程。大量增援民兵终于从内陆城镇涌入诺福克：“昂里科（Henrico）步枪队”“阿尔比马尔（Albemarle）骑兵队”“彼得斯堡蓝军”，由陆军准将罗伯特·泰勒（Robert Taylor）统一指挥。[51]兰伯特角、坦纳河（Tanner’s Creek）和安妮公主路（Princess Anne Road）匆匆建起了防御胸墙。泰勒和斯图尔特认为防守的重点是克雷尼岛。克雷尼岛是伊丽莎白河河口一小片低洼的灌木和沙丘地带，由一座人行桥与西岸相连。泰勒将军派出500名士兵到岛上建了一座碉堡和两座防御工事，而斯图尔特在河口派驻了7艘炮艇。[52]“星座号”停在上游约8千米处，在戈斯波特海军造船厂外的河里锚定，舷墙上挂着登船网。一大部分船员（约150名水兵和海军陆战队员）被派到克雷尼岛操作大炮。一位诺福克的居民说：“全体人员高度警惕，晚上几乎不合眼。”[53]陆军和海军协同工作——两军军官都认为，如果克雷尼岛被攻占，“星座号”也会被攻占，接下来是海军造船厂，然后就是诺福克。

6 月 19 日，沃伦将军率领的旗舰“圣多明各号”护卫着 6 艘运兵船，运载着由约 2 200 名步兵和皇家海军陆战队员组成的远征部队，回到林黑文湾。巴瑟斯特勋爵派遣这支部队到美国是想“分散美利坚合众国的海岸兵力”，[54] 迫使麦迪逊把美国军队从防御薄弱的加拿大边境向南部转移。曾在西班牙和葡萄牙随威灵顿立下赫赫战功的上校托马斯·西德尼·贝克威思爵士（Sir Thomas Sidney Beckwith）受命统领这些军队。其中有两个是“不列颠猎兵连”（Chasseurs Britanniques），由 250 个不想在战争剩下的日子里被关在狱中而同意加入英军的法国俘虏组成。这些法国人不太乐意在英国军队中服役，而且其中有一些非常危险的人，贝克威思后来形容他们是“绝望的强盗，无法控制”。[55]

6 月 19 日下午，3 艘英国巡航舰沿河道去往汉普顿锚地，受命攻击詹姆斯河上的船。晚上，风力减弱，巡航舰无法航行。38 炮巡航舰“朱诺号”（Junon）落了单，距其僚舰大约 5 千米。晚上 11 点左右，15 艘美国炮艇分两队顺伊丽莎白河而下，呈新月形包围了这艘独行的英国巡航舰，其中第二队配备的是“星座号”的官兵。天亮前半小时，他们开始（根据约翰·卡辛舰长的报告）“满怀积怨地在约一千米远的地方向‘朱诺号’猛烈开火”。[56] 炮击持续了 45 分钟。一阵微风吹来，“朱诺号”的僚舰可以赶过来交火了，于是炮艇谨慎地选择了撤退。卡辛确信“朱诺号”在炮击中一定损失惨重，但其实只有一名海军陆战队员死亡，三名海员受伤，“船身有几处炮洞，一些活动索具和固定索具有所受损”。美国失去了 139

号艇上的一名士官，“朱诺号”发射的一枚18磅炮弹“将他钉在了桅杆上”。

随着这场非决定性的行动接近尾声，英国援军也全部赶来——共计13艘船，其中包括4艘战列舰、4艘巡航舰、2艘小战船和3艘运输船。他们锚定在克雷尼岛北部岸炮的射程之外，准备好了15艘小艇，要对小岛发动正面攻击。在黎明的第一道曙光中，美国人看到了英国军队在小岛西岸登陆，登陆点位于小岛北面约3千米的皮格角附近。“星座号”船员将几门18磅大炮拖过小岛，布置在离内陆最近的临时胸墙旁，在这里他们可以瞄准沿岸前进的军队。弹药和火药由小艇从“星座号”上运来。

皇家海军陆战队炮兵率先从岸边农舍发射了一系列康格里夫火箭炮（Congreve rocket），开启了战斗。火箭炮全都落在了沙滩上。两门美国大炮很快摧毁了农舍，驱退了进攻者。贝克威思上校指挥英国军队沿海岸前进，撤出了美国大炮的射程范围。他手下有几个人在炮火中伤亡，还有大约25名逃兵消失在周围的松树林里。

在火箭炮与大炮交火的过程中，一艘英国小艇前往克雷尼岛的北海岸测深，其他船留在原地，等待信号。一位美国目击者钦佩地说这条船上的人“极其大胆”。“船上燃烧着熊熊大火，炮弹如雨点般落在船的周围，但似乎都没有击中它。”[57]小艇回到英国的旗舰上之后不久，15艘小艇全部出航，排成横队，一齐向岛上进发。英国船员连连高声欢呼，美国守军也回以欢呼。英军领头的是“蜈蚣号”（Centipede），沃伦上将的顶级专用艇。[58]艇长约15米，由24名衣着整洁的桨手划动，船头配备着名为“草蜢”的3磅黄铜炮。在这次袭击中，“蜈蚣号”由皇家军舰“王冠号”（Diadem）的约翰·汉切特（John Hanchett）舰长指挥。他打着一把伞，以示对美国人的蔑视。一只小梗犬坐在船头，显然是某位军官的爱犬。

岛上炮兵耐心等待着，直到小艇驶进射程范围内。[59]开炮的命令一下，他们迅速发射出密集的葡萄弹和榴霰弹，把敌人打得血肉模糊。卡辛在报告中说："'星座号'的军官发射18磅炮弹时，更像是步枪手而不是炮兵。我从来没有见过这样的射击，也由衷地相信昨天他们拯救了这座小岛。"大多数英国小艇搁浅在距海滩约270米远的滩涂上。[60]"蜈蚣号"被一颗实心弹直接击成了两半。一名法国船员双腿被炸掉，船长汉切特被榴霰弹击中了大腿，"尽力站立了很长时间，但最后还是由于失血过多而倒下"。有些弗吉尼亚民兵蹚入水中，枪击泅水的人，包括（根据后来英国报告）手无寸铁和试图投降的人。数十人被俘，几十个人向大陆和树林中逃去。那条狗得救了。

沃伦在远处"圣多明各号"的甲板上注视着这一切，决定取消攻击。在官方报告中，这位将军报告说无人死亡，10人受伤，10人失踪，但英国《海军纪事报》后来估计一共损失了90人。多达40名英国军人当了逃兵，包括水手、士兵和海军陆战队员。双方都认可美国大炮击沉了两艘英国小艇的事实。英国第102团中校查尔斯·内皮尔（Charles Napier）把失败归咎于过度自信："我们太鄙视那些扬基佬了。"[61]

英军被血腥的回击所激怒，在海湾对岸靠近汉普顿村的地方登陆，距离诺福克约30千米。这个地方没有军事意义，由约440名弗吉尼亚民兵防守。英军主力部队从南部挺进时，英国战舰用大炮和火箭炮攻击了整个村落。民兵打死了5名袭击者，击伤33名，随后溃散逃命去了。

守军被赶走之后，英国军官要么是不愿意，要么就是无法阻止部队陷入疯狂。私人住宅被洗劫一空；圣公会教堂的圣餐盘被盗走；几个士兵发现了藏匿的白酒，很快就醉得不省人事。至少有一个美国士兵在投降后被处决。法国人的“猎兵连”承认犯下了暴行，受害平民数目不详。在村庄北部两个偏僻的农舍中，5 至 7 个女性被法国人强奸，但报告表明至少一名英国士兵也参与其中，因为其中一个受害者称他“身着红色军服”并“讲纯正的英语”。[62] 一名 65 岁的男子企图阻止其中一桩恶行，结果衣服被剥个精光，还被刺伤。另外一个卧床不起的病人被草草杀死。两天后，英国人登船离去，弗吉尼亚民兵返回村里，发现到处都是尸体。人们的衣服被剥光，贵重物品被抢走，房子只剩下一个空壳。

在诺福克指挥弗吉尼亚民兵的泰勒准将向英国同行提出严正抗议。他对贝克威思上校说，“英国想要发动的是什么性质的战争，对于我们和这个世界都很重要”，并以振聋发聩的谴责结尾：“浸满女性眼泪的桂冠是毫无价值的。”[63]

贝克威思的回应一直在逃避问题，起初拒不承认发生过任何此类事件，接着又声称这些行动是为了惩罚美国人在克雷尼岛枪杀试图泅水逃离的英国士兵，最后把这一切归咎于“猎兵连”——仿佛他指挥之下的法国士兵，因为是法国人，所以不是他的责任。虽然贝克威思安排从北美战区撤回“猎兵连”，但是没有惩罚任何人，英国也从未承认犯下这些罪行。内皮尔中校曾在贝克威思手下服役，他在回忆录里坦白，他对军队在汉普顿的所作所为很是反感：“每桩犯下的恐怖罪行都不受惩罚——强奸、谋杀、抢劫——没有一人受到惩罚。”[64]

40岁以上的纽约人都不会忘记英国军队在1776年到1781年对纽约那毁灭性的漫长占领。当时码头被劈成碎片当柴烧，一半的人口逃到了边远地区，1776年和1778年的两场大火把城市的1/4夷为平地。英国战列舰和巡航舰组成的强大舰队停泊在桑迪胡克附近海域后，历史似乎注定要重演。斯塔滕岛、长岛、曼哈顿和新泽西州似乎有无限多的脆弱地形。工程师、民兵、水手和劳工夜以继日地挖壕沟、立路障、建炮台、装大炮基座、运输石头、建立堡垒。8支新泽西州民兵连分别在高地上、海滩边安营扎寨。[65]食品供给是从大陆农民那里购买的土豆、苹果和苹果酒，由吃水很浅的小艇从拉里坦湾另一边运送过来。在拼命工作来建造新的堡垒、兵营和碉堡的同时，他们还留意英国船的去向，并通过光学电报机向纽约汇报其动向。

尽管城市看似面临可怕的威胁，但事实证明，还是不可能动员纽约的整个炮艇队。雅各布·刘易斯（Jacob Lewis）校官无法招募足够的水兵来进行配备。“虽然发出了邀请，但无一人前来。”他告诉琼斯部长。[66]他说，招募失败“无疑证明志愿兵靠不住”。在接到来自巴尔的摩、诺福克和特拉华湾相似的报告几个星期后，琼斯告诉美国国会，炮艇无法配备人员，因为“水兵天生就喜欢与其习惯相适应、让其感到舒适的船”。[67]

相比之下，斯蒂芬·迪凯特准将在填补“美国号”和“马其顿人号”的缺额时就毫无困难。“马其顿人号”已经过彻底大修，以原来的名字入列美国海军。迪凯特计划带着两艘巡航舰和小战船“大黄蜂号”从纽约湾南部突围。[68]他将避开英国封锁，向东巡航到百慕大，然后向北到格兰德班克，最后到英吉利海峡入口的韦桑岛（Ushant），以期拦截返回英国的东印度和西印度的护航船队。4月和5月，英军在纽约部署了两艘战列舰“英勇号”（Valiant）和“拉米利斯号”（Ramillies），以及两艘巡航舰“阿卡斯塔号”（Acasta）和“俄耳甫斯号”（Orpheus）。[69]英国舰队就在胡克外海，迪凯特决定沿5个月前进入纽约的路线——通过“地狱之门”进入长岛湾——来逃出纽约，从长岛最东端的蒙托克角向公海猛冲。

5月18日，周二，迪凯特舰队的3艘船拔锚起航，沿伊斯特河而上。[70]在通往“地狱之门”的路上，“美国号”搁浅了。虽然没有损坏，但是搁浅后只能等待下一次海潮来临才能继续行进。第二天早上，舰队再次起航，向海峡北部行驶，从现在的罗伯特·肯尼迪大桥（原名三区大桥）下面经过。

通过“地狱之门”的困难不在于水深。那里的水足够深，即使是低潮，也足够“美国号”或者其他大型船只安全通过海峡。危险来自猛烈的海潮还有水面之下隐藏的不计其数的岩石和暗礁。水道边缘散布着150年来的沉船残骸。基于长期的经验，纽约领航员很清楚，通过“地狱之门”最好是在低潮憩流的时候，因为要想不受潮水的影响，水深必然要降低，而且这时许多岩石也暴露在外。一本当时的领航员指南给出了如下说明：

> 当你在陡峭的洪水岩（Flood Rock）和长岛角（Point of Long Island）之间航行的时候，保持在航道中部偏东一点的航向。最后的潮水退去时你会看到左舷外的“拱背”和右舷外的“石锅”，之所以叫“石锅”是因为里面罕见的波纹，样子好像水

在沸腾。这里的水深足够大型船舶通过。但来到沼泽岛（Marsh Isle）后，水就变浅了，形成一道槛，横穿航道，最高水位只有约 7 米。从沼泽岛过去，再走 1/3 的航程，有一块石头，那里水深不超过 3 米。[71]

舰队安全地穿过了“地狱之门”，领航员登上小船，踏上返回纽约的航程。[72] 在沼泽岛东部（距现在的拉瓜迪亚机场不远），通过测深和估深，“美国号”与其僚舰绕过了被称为“踏脚石”和“刽子手”的浅滩，进入长岛湾的安全水域。然而 5 月 26 日晚上，雷声隆隆，大雨倾盆，闪电击中“美国号”的后桅斜桁，击落了迪凯特的三角旗，随后跃过轻甲板，奔向一门 24 磅大炮，经过军官室和外科医生的舱室（在那里熄灭了一支蜡烛，掀翻了一张病床），扯下了巡航舰铜覆皮的几块嵌板，最后传到海峡。驻守在桅楼和甲板上的二三十人感受到了猛烈的震荡，但无人受伤。“马其顿人号”正尾随着“美国号”，与其相距半链的距离，当值军官担心旗舰的弹药库会爆炸，大声命船员全帆逆转。这一事件没有造成严重危害，但它恰恰是那种使水手紧张不安的不祥预兆。

从纽约出发 5 天后，舰队在费希尔斯岛（Fishers Island）的背风处下锚，并在那里停留了 5 天，以便装载食物、补给淡水，等待大雾散去。迪凯特获得了“敌军在蒙托克沿岸兵力的各种信息，但唯一确定的是那里有一艘战列舰和一艘巡航舰”。[73] 迪凯特担心盲目航行会落入强敌之手，所以选择等待天气放晴。6 月 1 日拂晓，舰队终于起航。上午 9 点，在蒙托克角附近，他们看到了下风方向十一二千米外的 74 炮战列舰“英勇号”和“阿卡斯塔号”巡航舰。

即使有风力优势，迪凯特避开英舰封锁的胜算也不大，因为“美国号”的行动太迟缓了。如果敌方只有目前的“英勇号”和“阿卡斯塔号”两艘船，迪凯特尚可冒险一战；但向南行进没多远，他便发现在布洛克岛的背风处有更多的陌生船只，其行动明显是为了切断美国人向纽波特逃跑的路线。随着预想的敌人从两个方向逼近，迪凯特下令向迎风面转向，穿过“急流”，前往新伦敦。追逐美国军舰的“阿卡斯塔号”进入大炮远距离射击范围内，发射了一枚高弧度炮弹，差一点击中“美国号”。但是缓慢航行的旗舰“美国号”和其僚舰（正如他们预想的那样可以轻而易举地超过“美国号”）下午 2 点驶进了泰晤士河。无论是“英勇号”还是“阿卡斯塔号”都没有当地领航员，也没有人驶过“急流”。“英勇号”的达德利·奥利弗（Dudley Oliver）舰长担心自身安全，取消了追逐，返回到加德纳斯岛（Gardiners Island）的锚地。[74]

康涅狄格州的泰晤士河并不是一个坚不可摧的避难所。河流两岸都有堡垒，分别是格里斯沃尔德堡和特兰伯尔堡，但它们能否抵挡 74 炮战列舰的攻击，很值得怀疑。迪凯特率领“美国号”、“马其顿人号”和“大黄蜂号”上行到新伦敦，命船上的水兵和海军陆战队员返回河流下游，以加强堡垒防御。[75]储备、大炮、食品供给和淡水被吊出船外后，巡航舰重量减轻，得以再向上游航行 6 千米，来到一个叫龙山的地方。6 月 9 日，皇家海军 74 炮战列舰“拉米利斯号”和 36 炮巡航舰“俄耳甫斯号”前来增援“英勇号”和“阿卡斯塔号”。封锁者探测了长岛湾和布洛克岛海峡的水深，在海岸抢掠以增加供给，把锚地移到费希尔斯岛，将泰晤士河河口尽收眼底。迪凯特估计英国人将会不惜一切代价夺回“马其顿人号”，“即使跟着它来到一片玉米地”。

那年春天，有 4 艘巡航舰停在波士顿港。[76] 约翰·罗杰斯准将率领的“总统号”和“国会号”经过 3 个月的航行，在 1812 年的最后一天回到了波士顿。途中没有遇见敌人的军舰，只带回了两艘战利船。2 月 27 日，“宪法号”战胜“爪哇号”后返回了波士顿（战斗结束后，“爪哇号”即将沉没，威廉·班布里奇舰长只好把俘虏带上“宪法号”，并把捕获的“爪哇号”吃水线以上的部分彻底烧毁）。班布里奇已被任命为查尔斯顿海军造船厂的指挥官，于是美国现役最有名的巡航舰暂时无人指挥。“切萨皮克号”是 4 月 10 日到达波士顿的。在 115 天的巡航中，它经过了英国最繁忙的一些航道，但只捕获到 3 艘战利船，命运多舛的名声得到了进一步证实。

港口的诸多舰船争相要求关注，查尔斯顿的海岸设施再一次捉襟见肘。虽然“总统号”和“国会号”都不需要大规模修理，但是改装和重新补给军需也耗费了 3 个月的时间。1813 年 3 月 8 日，在向海军部解释延误原因时，准将罗杰斯将其归咎于天气：“天气冷得让人无法忍受，国家完全被冰雪覆盖了。我们无力让其按时完工出海。温度计显示今天只有 6℃——是此地此时罕见的低温。”[77] 尽管华盛顿已经慷慨拨发了大笔现金，但资金似乎仍然总是短缺。“切萨皮克号”的大部分水兵为期两年的兵役已临近结束，但海军没有足够的现金向他们支付拖欠的工资和奖金。塞缪尔·埃文斯（Samuel Evans）舰长认为，“切萨皮克号”需要一个新的主桅，后桅也该更换，但琼斯部长坚决要求其早日出海，命令该舰尽可能利用现有的桅杆航行，“一刻也不能再拖了”。[78]

波士顿海面上的英国舰队包括74炮战列舰“拉霍格号”（La Hogue）、38炮巡航舰“香农号”和“忒涅多斯号”（Tenedos）。4月初，“拉霍格号”返回到哈利法克斯补给军需。“香农号”的菲利普·布罗克准将想诱使“总统号”和“国会号”出来与“香农号”和“忒涅多斯号”交战，并通过各种渔船和领航船以口头方式向罗杰斯转达挑战。罗杰斯要么是因为决心服从命令，专注于贸易战，要么是因为怀疑“拉霍格号”仍然在海湾，总之是没有上钩。

在4月的最后一周，“总统号”和“国会号”准备停当，打算避开封锁逃到海上。“总统号”和“国会号”发射雷鸣般的礼炮向波士顿致敬，数千名波士顿居民兴高采烈地前往码头送行。两艘巡航舰起锚沿航道下行，随后停在锚地南部，等待机会从“香农号”和“忒涅多斯号”旁边溜走。天气也帮着美国人，春天的逆温使整个海湾被浓雾笼罩。皇家军舰“仙女号”（Nymphe）的亨利·爱德华·内皮尔（Henry Edward Napier）尉官记录下了当年那个时节监视波士顿遇到的困难：

> 在大多数气候条件下，雨过天晴是常见的现象。但在这个海岸，整个4月、5月和6月，几乎总是有大雾，凝滞而潮湿，很长时间才会出现一次晴朗天气。快到7月的时候，大雾才不那么频繁，持续时间也会缩短。唯有风暴、大雨还有偶尔透出的一线阳光可以中断这可恨的天气，但往往过不了几个小时晴天就会消失。好多人都向我保证这大雾会毫无间歇地持续3个星期。[79]

5月1日上午，“总统号”和“国会号”借着风和潮水的有利条件，凭着浓雾的掩护，驶向大海，消失在东方的地平线。这一消息抵达伦敦后，海运保费将会猛增。大英帝国的每个商户都要自掏腰包支付保费。“拉霍格号”的托马斯·布莱登·卡佩尔（Thomas Bladen Capel）舰长向沃伦将军报告了这一消息，语气中充满了对自己的辩护：“我带着极其屈辱的心情告知您……敌人的两艘巡航舰（‘总统号’和‘国会号’）已经逃出波士顿。我对此深感遗憾，但在我的命令下我们已经竭尽所能阻止敌舰入海，相信您会对此感到满意……在这种季节，这个海岸持续的大雾给了敌人很大的优势。”[80]

4月底，埃文斯舰长和“切萨皮克号”的几个尉官病倒了。出于这个原因或者其他原因，琼斯部长安排了一位刚刚升为舰长的军官来接管这艘船，他就是32岁的詹姆斯·劳伦斯。他是新泽西州本地人，（与他的许多同僚一样）是普雷布尔准将1803年至1804年统率的地中海特遣舰队的老兵。劳伦斯的最近一次晋升发生在南美巡航途中。在班布里奇准将的舰队中，他升任为“大黄蜂号”的指挥官。1812年12月27日，班布里奇和“宪法号”离开圣萨尔瓦多后（两天后捕获并摧毁了“爪哇号”），劳伦斯和“大黄蜂号”留在海港监视“公民号”。由于必须优先考虑将大量金条运送回国的任务，“公民号”的船长皮特·格林拒绝了劳伦斯发起的一对一决斗的挑战。根据决斗规则，劳伦斯得出结论，格林是一个拒绝公平战斗的懦夫，他故意在与圣萨尔瓦多的美国领事谈话时暗示这一点，因为这人很可能会在英国海军圈散播这一恶毒的流言。这一事件注定要在即将到来的一场遭遇战中让劳伦斯心情沉重。在那场战斗中，双方的角色将彻底互换。

对圣萨尔瓦多进行了长达一个月的徒劳封锁后，“大黄蜂号”被前来支援的英国74炮战列舰“蒙塔古号”（Montague）赶走了。“大黄蜂号”沿着巴西海岸独自航行到德梅拉拉河河口的时候，碰上了英国的18炮双桅横帆船“孔雀号”（Peacock）。这两艘船进行了血腥而短暂的交火。第一炮开出15分钟后，“孔雀号”便宣告投降，且很快就连同几个船员一起沉没了。回到纽约后，取得胜利的劳伦斯被晋升为舰长，随即受命接管了“切萨皮克号”。

劳伦斯愿意升迁，但对新职务不甚满意。他希望接掌“宪法号”，但它已经被许给资历更老的查尔斯·斯图尔特。不过“宪法号”正在接受检修，几个月后才能出航。如果可以在“切萨皮克号”和“大黄蜂号”之间选择，劳伦斯宁愿继续指挥“大黄蜂号”，尽管它是未定级战船，不适合他的新军衔。他显然是忌惮“切萨皮克号”倒霉的名声，但琼斯部长让他接掌“切萨皮克号”的消息是以命令而不是提议的形式传达给他的。劳伦斯遵命出发了，经过4天的陆路旅程后，于1813年5月18日晚上到达波士顿。

他发现巡航舰状况不错，只需一些额外的补给和水手服即可出海。船上几乎满员，只等几个缅因州的新兵到来。大副奥古斯塔斯·勒德洛（Augustus Ludlow）也确认巡航舰做好了准备，可以出海。他在5月28日告诉他的兄弟查尔斯：“该舰的战备情况比以往任何时候都要理想。”[81] 劳伦斯下令像一个月前的罗杰斯那样避开敌人的监视并出海，在圣劳伦斯湾攻击敌方航船，希望能够捕获几艘运兵船，遏制英国军队在加拿大边界的部署。他准备一有顺风就扬帆起航。

与此同时，港外的皇家军舰“香农号”就在附近海岸，距波士顿灯塔几链远，桅顶的瞭望员可清楚地看到“切萨皮克号”的中桅帆桁。布罗克舰长可以轻而易举地判断出“切萨皮克号”已准备出海。它会像罗杰斯的巡航舰那样在雾中逃脱吗？是否有可能引它出来进行一对一的公平决斗？布罗克热切地希望能与之决斗。他安排“忒涅多斯号”到塞布尔角南面巡航，并禁止其在6月14日之前返回波士顿。“香农号”继续在通往波士顿的航线上捕获美国商船，但是捕获后布罗克会将它们烧毁，而不是送回哈利法克斯，因为（根据勒德洛尉官的解释）这位英国指挥官“不想将船员派遣到捕获的战利船上，那样会削弱其力量”。[82] 布罗克为了保留实力与“切萨皮克号”一决胜负，情愿放弃战利品奖金。

劳伦斯和美国海军的其他军官对菲利普·布罗克和“香农号”都不甚了解。他们只知道，开战以来它一直在美国海域行动，1812年7月差点和其他巡航舰一起在新泽西海岸边捕获“宪法号”。布罗克指挥了“香农号”7年，是英军最有经验、最高效的巡航舰舰长之一。在后纳尔逊、后特拉法尔加时代，英国拥有绝对的海上霸权，法国海军的残余势力被困在港口动弹不得，因而英国军舰开炮的情况少之又少，皇家海军整体的射击水平和备战水平已经下降。但“香农号”是个例外。布罗克舰长是日常炮击演练的热心倡导者。谁若是不信，可以在一个晴朗的下午拿着望远镜爬到波士顿港外群岛的任何一个山顶上，在那里可以看到“香农号”的小艇拖着空桶到达射程距离，听到18磅炮纵情地发出震耳欲聋的舷炮齐射。一股股巨大的白色浓烟腾空而起后，再度扫视海面，已全无空桶的痕迹。布罗克对轻型武器的演练更为坚定，每天“香农号”的瞭望员和海军陆战队员都会通过训练来完善他们使用手榴弹、步枪、喇叭枪和回旋炮（swivel gun）的技术。

“香农号”就像别的巡航舰一样做好了战斗的准备，布罗克舰长渴望得到一个机会来证明这一点。“这些日子都是大雾和阴雨天气，一片模糊中偶尔可以看见陌生船只，”他在 5 月 31 日周一写给妻子的信中说，“总是雾天，什么也看不到，但是我们盼望有更好的运气。‘切萨皮克号’走不了。”[83]

周日上午，“切萨皮克号”从码头出发前往总统锚地。布罗克正在“香农号”的主桅索上亲自观察波士顿港，他看见美国巡航舰挂起顶桅帆桁，准备出海。这一天天气异常晴朗，“切萨皮克号”没有机会像一个月前其姐妹舰那样在雾中偷偷溜走。它是继续等待适宜的天气，还是愿意出来交战？布罗克选择与劳伦斯就这件事进行直接沟通。他的挑战书值得全篇引用：

先生：

由于“切萨皮克号”现在看起来做好了出海的准备，我请求您率领它来与“香农号”进行一对一的决斗，为我们各自代表的国家一决胜负。对于您这样品阶的军官，我先表示歉意，再来进一步向您说明具体细节。请放心，先生，我毫不怀疑您会考虑我的建议，只是因为您有充分的理由担心我们有可能获得不公平的支援，并因而拒绝此提议，我才做此说明。

我们一直在密切关注罗杰斯准将，我已将除“香农号”和“忒涅多斯号”之外的军舰派遣到非常遥远的地方，它们不可能参加这些海角视线范围内的任何战斗。我们先前已将各种口信传到波士顿，但罗杰斯准将还是抓住天气变化的第一时机避开了我们。我们感到十分失望。当时强劲的东风使我们不得不停在远离海岸的海面上。他也许是想要为公平的对决寻求更有力的保证。因此，我愿意更加详细地向您阐述，并且向您保证，我将尽我所能履行誓言。

“香农号”的船舷配备了24门大炮，1门轻型船炮，主甲板上有18门大炮，后甲板和前甲板有32磅卡隆炮。船上有300名成年男子和男孩（后者居多），以及重新夺回来的船上带来的30名水手、士兵和乘客。有一篇报道传遍了波士顿的各家报纸，说我们从“拉霍格号”借调了另外的150人。我向您保证，此乃不实消息。“拉霍格号”已前往哈利法克斯补充物资，我会让其他所有船远离此地，以防干扰。希望您能从下述地点中挑选一个最合意的地方与我会面：科德角灯塔东侧6到10里格，安角灯塔东侧8到10里格，北纬43° 的凯谢暗礁（Cashe's ledge），或者您来确定方向和距离；楠塔基特南面，或圣乔治河岸的浅滩，都是可以的。

如果您允许我发送信号或电报，一旦我的任何友船过于接近，或出现在视线范围内的任何地方，我会向您发出警报（如果您同意的话），然后将其驱离，或者与您在休战旗下共同航行，前往任何您认为远离我方巡洋舰的最安全的地方，然后降下休战旗，开始交火。

先生，您要知道，我的建议对您非常有利，因为“切萨皮克号”无法单独出海。不计其数的英国战舰正严阵以待，其优势兵力将给“切萨皮克号”带来迫在眉睫的危险。如果您非要与他们对决，我承认这勇敢非凡，但这同时也是毫无希望的。

我恳求您，先生，不要认为我仅仅由于个人的虚荣心驱使才想要与“切萨皮克号”对决，或者说您仅仅是因为个人的野心才决定接受这个挑战。我们都有高尚的动机。如果我说我们对决的结果可能是我对我的国家做出的最好回报，您会觉得这是一种恭维；我相信同样胸有成竹的您也会深信，只有在每场战斗中都保持胜利，你们的小型海军才有望给您无力保护贸易而造成损失的国家提供些许的安慰。

敬请迅速答复。我们缺少粮食和淡水，不能长时间在此停留。

我很荣幸，先生，成为您顺从卑微的仆人。

皇家军舰“香农号”舰长
菲利普·B. V. 布罗克[84]

附言表明这封信是匆匆写就的。作者看完初稿后，想要再澄清几个细节。布罗克承诺，如果劳伦斯因为特殊命令无法接受挑战，他将对此保密。他最后还说：“尽管提出条件，我们会一一满足。”这封信签名封口后，交给了获释的美国犯人。这名犯人获准乘自己的船到马布尔黑德（Marblehead），他承诺将会向南骑行到波士顿，然后将其直接送到劳伦斯手中。

在战争的这一阶段，很明显，一对一决斗有悖美国的战略利益。1812 年巡航舰的胜利已经重振了美国的民族士气和自信，也相应程度地摧毁了英国公众的认知。然而，除了这些无形的影响，这些胜利对于改变力量平衡作用甚微，天平依然明显偏向皇家海军。在美国人看来，战争随时可以终止，只要英国政府软化其从外国船只绑架船员的立场，而英国大臣们也仍然认为与美国的战争令人讨厌地分散了他们跟拿破仑的长期战争的精力。1813 年春天，美国的海军战略不是战胜一艘艘敌方战舰，而是通过破坏在英国颇具政治影响力的商业利益，对其施加严重的经济制裁，迫使英国走上谈判桌。一对一的决斗，无论输赢，都不符合美国的战争目标。一艘船的沉没，代表着美国海军力量的显著减弱和英国海军力量微不足道的损失。即使胜利，一艘美国巡航舰交战之后，很可能因为维修而几个月无法投入现役。美国巡航舰对战争进程最大的影响——正如麦迪逊总统、海军部长琼斯和华盛顿内阁其他官员所理解和命令的那样，是在大西洋地区摆脱控制，打击英国航运。

无论华盛顿和伦敦的政治家和外交官脑子里进行了多么枯燥的计算，战争已经发展成为关乎两国海军荣誉的大事。即使詹姆斯·劳伦斯 6 个月前在圣萨尔瓦多没有对皇家军舰“公民号”发出类似挑战，没有被其断然拒绝，没有理由质疑对手的勇气，他应该也很难拒绝布罗克舰长的挑战。“对于您这样品阶的军官，我先表示歉意，再来进一步向您说明具体细节。”布罗克的挑战书中没有一丝嘲讽或侮辱的痕迹，其语气仿佛劳伦斯同他一样想要在公平条件下战斗。“我恳求您，先生，不要认为我仅仅由于个人的虚荣心驱使才想要与‘切萨皮克号’对决，或者说您仅仅是因为个人的野心才决定接受这个挑战。我们都有高尚的动机。”与现代人的感觉可能有所矛盾，同为海军军官的布罗克和劳伦斯，比起领导他们的那些政客更加惺惺相惜，彼此感激。“敬请迅速答复。我们缺少粮食和淡水，不能长时间在此停留。”向敌人传递如此重要的情报，无论如何，都是叛国行为。“尽管提出条件，我们会一一满足。”布罗克保证做出一切安排，阻止其他英国军舰为“香农号”提供“不公平支援”。他认为，劳伦斯会将其作为一个庄严的承诺。

然而事实上，劳伦斯从未收到布罗克的信。即使收到了，结果也一样。6月的第一天带来了晴朗的天空和温和的西南风，当值军官唤醒劳伦斯，报告说“香农号”仍然停在远处的海面上。舰长来到甲板，手握望远镜，爬上主桅索高处察看敌情。几分钟后，他从梯绳上爬下来，命令“切萨皮克号”出海。

即使不知道“香农号”号缺乏食品和淡水储备，劳伦斯一定也知道，只要再过几天，等到天气变化，他就完全可以从对方身边溜走，避免交战。他接管“切萨皮克号”不到两周时间，还没来得及掌握其特性。一半军官和1/4的船员都是新来的，很多人甚至还没有安置好行李。许多新手还从来没有操练过船上的轻型武器和大炮。但他还是不容反驳地命令“切萨皮克号”在尽量避免交战的前提下出航了，没有片刻的犹豫。劳伦斯选择立即带“切萨皮克号”出海，显然是毫不怀疑它会为美国赢得连续第6次一对一交火的胜利。

回到军官舱后，他写了一个便条给琼斯部长，通知他自己将要和“香农号”交战。另外又写了一封信给他的妻舅詹姆斯·蒙陶德维特（James Montaudevert），嘱咐他如果自己牺牲了，请他帮忙照看妻儿。信的结尾是：“从我们的甲板上，那艘巡航舰清晰可见。我们开始出航。”[85]这是他写的最后一封信。

中午时分，风力和潮汐平稳，水手们转动绞盘棒，拉起了船锚。“切萨皮克号”展开中桅帆，沿海峡下行，穿过一支小型助威船队，乘客们兴高采烈地为这艘巡航舰及其船员欢呼。下午 1 点半的时候，它跟着“香农号”的航线，绕过灯塔向东北航行。“香农号”展开了支索帆和顶桅帆，遥遥领先。布罗克想要在安角和科德角之间的远处海面上战斗，这里距波士顿比较远，不用担心受到岸边船只的攻击。“香农号”一直沿固定航向行驶，下午 5 点到达了安角西南偏南约 19 千米处，然后顶风停航，等待对手靠近。

“切萨皮克号”驶入海湾时，劳伦斯一直站在甲板上。他穿着刚刚掸过的蓝色制服，别着肩章，立领上镶着闪闪发光的金色花边，下身是一条白色长裤，足蹬长筒靴，头戴黑色三角帽，腰带上的剑鞘中插着一把擦得铮亮的佩剑。他的长发紧紧地束在一起，用黑色丝带扎了起来。他带着乔治·巴德（George Budd）尉官，在炮手之间来回走动，检查准备工作，并下令在实心弹和葡萄弹上加载榴霰弹和哑铃弹。“切萨皮克号”承袭了皇家海军的一个习俗，每门大炮都有一个名字，以白色的大字画在炮筒上：“蓄意杀人”“无畏”“美国水手”“波卡洪塔斯”“邦克山”“永远自由”“华盛顿”“愤怒之鹰”等等。[86] 按照不能空着肚子上战场的原则，劳伦斯下令吹长哨吃晚饭。他们像往常一样，在挂在大炮之间的桌子上吃了饭。“帮个忙，伙计们，享用你们的晚餐，”吃饭的时候劳伦斯告诉他们，“血将会是你们的夜宵。”[87]

在温和的微风中，“切萨皮克号”展开巨大的帆，超过了许多游艇、斯库纳帆船和单桅纵帆船。这些船满载着祝愿它取得胜利的平民，跟着它一起驶进了海湾。“切萨皮克号”隆重登场了。船侧新涂的油漆闪闪发亮，主桅索和后桅索上飞扬着三面舰旗，船首舱挂着长长的白色横幅，上书“自由贸易和水手权利”的字样。[88] 在波士顿，人们正在为即将胜利的劳伦斯舰长及其军官筹备盛大的庆功宴，一长段码头被清理出来，以停泊即将被捕获的“香农号”。观众爬到安角和科德角的山上和岬角上，想要“看一眼捕获的英国巡航舰”。[89]

两艘巡航舰不分伯仲。甲板长度几乎一样，炮台甲板上都装有28门18磅大炮，上甲板火力也大致相当。“切萨皮克号”的唯一优势是船员多达379人，而“香农号”只有330人。

“香农号”上，布罗克准将戴着一顶黑色大礼帽，肩带上挂着一把沉重的苏格兰大砍刀。属下问他“香农号”是否应该悬挂更多的旗帜，以匹敌“切萨皮克号”炫目的外观，他回答说：“不用，先生。我们始终是一艘谦虚的船，一面旗帜已经足够了。我知道你们永远不想让它降下来，它应该被挂在桅顶。”[90]这是一个大胆的命令：如果“香农号”被打败，它将无法发出投降信号。这个命令可能会导致许多人丧生。布罗克号令船员回到船腰，然后做了一个简短的演讲：

> “香农号”的兄弟们，你们知道，由于各种原因，美国人的巡航舰近来多次战胜了英国巡航舰……美国人不仅在口头上，而且在报纸上扬言英国人已经忘记了如何战斗。今天，你们会让他们知道，“香农号”的英国人仍然知道怎么战斗。
>
> 不要瞄准它的桅杆。向它的后部开炮，主甲板的炮手瞄准主甲板，后甲板的炮手瞄准后甲板。消灭敌人，这艘船就属于你们了。不要打敌人的头部，因为他们戴着钢盔。让炮火穿过他们的身体。不要欢呼。静静地回到你们的岗位上去。

我确信你们会履行你们的职责。记住，你们要为你们的同胞报仇雪恨。

下午4点50分，两舰相距大约3千米。劳伦斯下令收起“切萨皮克号”的轻帆，将顶桅帆桁取下来放在甲板上。[91] 布罗克推测微风会在日落时分平息，没有取下“香农号”的顶桅帆。“切萨皮克号”顺风靠近了“香农号”，这样劳伦斯就处在上风的有利位置，有着潜在的决定性优势。布罗克并未尝试把“香农号”移到更好的位置。劳伦斯认为，对手是故意让出了这宝贵的优势，他拒绝接受。通过这种海员之间无声的交流，两个指挥官一致同意去掉战斗前的那些花招。“香农号”不会在“切萨皮克号”顺风而至时开火，“切萨皮克号”也不会利用上风的有利位置来对“香农号”发动纵射。这可能是一场中世纪的竞技比赛。事后，英国军官称赞劳伦斯非常勇敢，但“香农号”的见习军官雷蒙德（Raymond）后来写道：“他确实很勇敢，也有军官的风度，但他太自信了。”[92]

下午5点45分，“切萨皮克号”行驶至“香农号”尾舷上风约45米处。[93] 劳伦斯向舵手大喊：“戗风转向！”“切萨皮克号”立即掉转船头，横对敌舰。“香农号”的船员能听到美国军舰的命令，他们也已准备好在右舷开炮。战斗不是在单方猛烈的舷炮齐射中，而是在双方每一发炮弹都击中目标所共同发出的轰鸣声，以及步枪和回旋炮尖厉的开火声中打响的。最初几秒过后，战场上只剩一堵音墙，连续不断地发出天崩地裂般的巨响。

炮击粉碎了“切萨皮克号”的索具，许多侧支索和转帆索被炸成一条条的碎片。英国人的实心弹击中的地方，在舷墙内壁炸起子母弹一般的碎片。在交火的前两分钟，大片的葡萄弹和榴霰弹席卷了后甲板，造成许多美国军官伤亡。领航长瞬间毙命，舵手当场丧生，怀特尉官身首异处。劳伦斯舰长的右膝被一发步枪子弹击中，他紧紧地抓着罗经柜，以保持站立。一个人上前来代替倒下的舵手，随即也被打死。第三个人上前接替，“香农号”上一门 9 磅回旋炮直接命中了他，同时将“切萨皮克号”的舵轮炸了个粉碎。在交火的前两分钟内，驻守在“切萨皮克号”轻甲板上的 150 个人中有 100 人伤亡。几乎所有的美国军官都倒下了。

“香农号”也有损失，特别是“切萨皮克号”射击迅速、瞄点精准的 18 磅大炮和桅楼上的海军陆战队狙击手让他们损失惨重。一发实心弹击中了“香农号”后甲板卡隆炮的固定楔子，这门卡隆炮从布罗克旁边几十厘米处与他擦身而过，最后撞碎了炮长的膝盖。驻守在主甲板上的一名船员被葡萄弹击中上腹，他拒绝被抬到医生那里医治，而是请战友将手伸进创口，取出弹丸。“香农号”的舵手，一名参加过特拉法尔加战役的老兵，手腕被击中，几乎失去了手臂，但依然留在驾驶座上。十几个甚至更多的死者从炮门处被抛入大海。但是，跟“切萨皮克号”不一样，“香农号”还没有损失任何高级军官，指挥结构依然完整。

从戗风转向的那一刻起，“切萨皮克号”就保持着快于“香农号”的速度。它的领先距离越拉越大，最后前方的火炮不能再瞄准对手。舰首支索受损使得舰首帆不受控制，在微风中徒劳地拍打着。再加上已经没有舵轮和舵手，“切萨皮克号”只能听天由命。它的尾舷顺风转向了“香农号”，它不但失去了领先优势，甚至开始倒行。也就是说，“切萨皮克号”居然开始向后行驶，直接冲向英舰。

两舰距离越来越近，“香农号”的炮兵和瞭望员猛烈开火，毫无防御的“切萨皮克号”后甲板马上变得像月球表面一样无法令人生存。大副勒德洛被打死，海军陆战队的中尉也已身亡。带伤坚持的劳伦斯再次被击中，腹股沟上受了更严重的伤，倒在了甲板上。三副猛地将他拖进了后舱门。驻守在船尾后桅附近的每一名军官、水手、海军陆战队员都被“香农号”的艄楼和主桅楼的射手击倒了。一名亲历者把英国的葡萄弹、榴霰弹以及火枪的组合效果比作“疾风暴雨”。

“切萨皮克号”无助地漂流着，船尾碰到了“香农号”的船身中部，后桅帆桁和英国巡航舰的前桅索缠在了一起。“香农号”的主桅链挂着一个备用锚，锚爪打碎了“切萨皮克号”的尾舷窗，进入劳伦斯的船舱，暂时把两船锁在了一起。布罗克舰长守在“香农号”靠近撞击点的船舷通道上，看到美国巡航舰的后甲板上散落着许多尸体，还有很多被抛入海中，便下令登船。水手长从“切萨皮克号”船尾栏杆上方穿过一根吊索，试图把两舰绑在一起。但“切萨皮克号”军官舱里的美国人看到后，带着短刀冲到尾舷，恶狠狠地砍向对方的胳膊。水手长的胳膊被完全砍断了，落入两船之间的大海里。尽管如此，“切萨皮克号”依然无法逃脱：风使它的船尾紧紧贴在“香农号”上。

由于身受重伤，劳伦斯被抬到外科医生所在的下层舱室。他命令跳帮组集合，但负责发出号令的号手已经由于恐惧逃离了岗位。命令在炮台甲板上口口相传，剩下的尉官和见习军官尽了最大努力集结跳帮组，但时间已不够用。轻甲板上无一军官幸存，“切萨皮克号”陷入了一片混乱。人们或往前蜂拥，或向下层的甲板逃去。

那些大胆的人冲出主舱或后舱，旋即被敌人雷暴一般的射击撂倒。

“香农号”上投掷过来的一颗手榴弹——据说是布罗克亲自投掷的——落到了一个敞开的弹药筒中。弹药筒立刻爆炸，将后甲板笼罩在滚滚白色浓烟之中。跳帮组成员手持长矛、手枪和弯刀，聚集在“香农号”的船舷通道上。布罗克大喊一声：“有种的跟我上！”随即翻过吊床网，一脚踏上“切萨皮克号”的后舷瞭望台，重心也移了过去，然后踩着美国巡航舰最后方的卡隆炮的炮管，靠着舷墙拔出剑，跳到了“切萨皮克号”空无一人的后甲板上。他是第一个跳帮的“香农号”船员，其次是他的大副，大约30人紧随其后。

“切萨皮克号”的随军牧师塞缪尔·利弗莫尔（Samuel Livermore）近距离用手枪射击布罗克，但没击中。布罗克挥剑猛地砍向牧师，在他胳膊上砍出了一道深深的伤口，然后沿着船舷通道向前冲去，一路对着几个水兵和海军陆战队员又砍又劈，其他人紧随其后。跳帮组把残余的防御者赶到前甲板上。由于没有军官指挥，大多数美国人陷入恐慌，朝前舱口蜂拥而去，或者跳下栏杆，或者通过系船索孔逃到炮台甲板相对安全的地方。

受到致命伤的劳伦斯舰长躺在底层舱室内，拒绝就医，继续要求他的军官集结跳帮组。但是，看到惊慌失措的船员从梯子上蜂拥而下后，劳伦斯意识到一切都完了。“绝不弃船！”他流着泪喊道，希望有人能遵从他的话，“继续战斗！直到沉船！”他一遍又一遍地重申着命令，到最后他直接要求：“绝不弃船！把它炸掉！”这命令，每个水兵都明白，就是划根火柴扔到“切萨皮克号”的弹药库。**绝不弃船**！奇怪的是，这下令集体自杀的遗言（没有人服从），后来被用作海军的非官方座右铭。讲这些话的时候他根本没有想到过后世子孙，他讲这些话也绝不是为了让人引用，甚至让人铭记。**绝不弃船**！这是一个即将战死疆场的男人最后的绝望吼声。他英勇战斗，却毫无作用。敌方 30 人不到 15 分钟就让他失去了这艘宝贵的巡航舰。

虽然英国人控制了“切萨皮克号”的上甲板，但美国巡航舰的海军陆战队员和回旋炮兵在桅楼上继续朝布罗克和他的船员射击。布罗克向其见习军官高呼，命令“香农号”的桅楼干掉“切萨皮克号”上的致命枪手。“香农号”桅楼上的士兵执行这个命令时，显示出了过人的勇气。“香农号”主桅楼的指挥官发现自己观察敌军的视线被“香农号”的中桅帆挡住了，于是他爬到主帆桁的桁端，从这个制高点射杀了美舰艉楼上的 3 个人。“香农号”艏楼的指挥官见习军官史密斯带领着 5 个人组成的跳帮组，踩着“香农号”的前桅帆桁，在距波涛汹涌的海面 15 米高的半空中纵身一跃，跳到了“切萨皮克号”前桅帆桁的桁端上。史密斯手持利剑，突袭了“切萨皮克号”的前桅楼，杀死了好几个美国人，并将其余的人赶到甲板上。这些残兵在那里向布罗克的跳帮组投降了。

前甲板上混战还在继续。一些美国人正奋力向前舱口冲去。布罗克遭到了三个美国水手的联合攻击。其中一个水手挺着长矛向他刺去，他虽然用剑挡住了，却没有躲过朝他脑袋抡过来的火枪。这一击打得他一个踉跄，头晕目眩，就在他无力抵抗的时候，他的前额被第三个人用弯刀狠狠砍了一下。这一刀把一大块头皮从他的头骨上削了下来，七八厘米的脑腔立刻暴露在外。一名英国海军陆战队员赶了过来，一刀刺死了手持弯刀的美国人，另外两人也被击退，最后投降。当底舱病房中的劳伦斯命令他的船员不要弃船的时候，英国跳帮组把投降的囚犯赶下舱室，封上了格栅盖。

跳帮组付出了沉重的代价。跟随布罗克登上“切萨皮克号”的英国水手和海军陆战队员伤亡 2/3 以上。战斗在一片混乱中结束了，正如跳帮后经常出现的那样。一些美国人从舱室里往上开火，杀死了一名英国海军陆战队员。布罗克命令手下向舱室中的美国人还击，直到他们投降。然而根据另一些说法，在美国人多次高喊投降后，英国人还是继续开火，甚至瞄准病房射击，那里躺着数十名无助的伤员。据说躺在甲板上的美国伤员被当场处决。一名驻守在索具上的美国见习军官后来证实，虽然他手无寸铁，而且已经投降，但一名英国尉官还是下令把他抛进大海。“香农号”的瓦特尉官扯下了美国舰旗，并试图挂起英国国旗，可他却意外地被“香农号”的一门卡隆炮发射的葡萄弹击中身亡。在战斗的最后几分钟里，还有另外四五个英国水兵以相同的方式被自己人误杀。

美国有些助威船距“切萨皮克号”仅两千多米，看到“切萨皮克号”的后桅斜桁升起了英国国旗时，它们立刻掉转船头，迎风航行，匆匆回到波士顿港。

这场交火是这次战争中最血腥的海战，也是有史以来最血腥的战斗之一。双方共死伤 228 人，其中许多伤员受了致命伤。“香农号”23 人死亡，58 人受伤；“切萨皮克号”据记录是 48 人死亡，99 人受伤。双方共有 23 名伤员会在几天或几周内死亡。“切萨皮克号”的伤亡人员中军官占大多数，包括舰长、大副、二副、三副、四副、海军陆战队中尉、7 名海军见习军官、领航长，还有 20 多名士官。[94] 一名亲历者描述了“切萨皮克号”轻甲板上的场面：“一卷一卷、一段一段的绳子浸在血泊中，好像在屠宰场一样……一块块的皮肤碎片，一缕缕的头发，黏附在船的两侧。在有个地方，我看到一截凸起的手指，仿佛是从巡航舰的舷墙外面穿进来的。”[95]

双方大多数伤亡都是轻型武器所致，因此两艘船本身都没有受到严重破坏。两艘巡航舰的帆桁无一被击落。虽然船身都被实心弹击中过，但炮洞都在吃水线以上，没有发生严重的漏水。“战斗结束后两舰的状况都很不错，”英方的战斗报告写道，“索具完好无损，仿佛仅仅互相发射了礼炮。”[96]

“香农号”是更好的船，布罗克是更优秀的指挥官。英国人应该胜利，他们也做到了。但“切萨皮克号”与“香农号”的交火也体现了一个规律——一次厄运就能迅速决定成败。如果在战斗一开始“切萨皮克号”没有失去舰首帆，没有倒行，没有使后甲板暴露在敌人猛烈的轰击中，结果可能有很大的不同。同样，如果劳伦斯在交火之初就把船移到有利位置，布罗克可能永远也无法跳帮。交火初期，“切萨皮克号”的炮击给“香农号”造成了十分严重的伤亡。如果双方比拼舷炮齐射的话，美方也许赢面更大。

最后一炮发出两个小时后，“香农号”及其战利舰已经准备好扬帆驶向哈利法克斯。在接下来的 5 天航程中，两舰紧密相伴。“香农号”的左舷方向吃水较深，但右舷方向没有平时深。劳伦斯的伤口已经尽可能地包扎好，但他还是继续失血，并于 6 月 5 日去世。英国人用“切萨皮克号”的舰旗将其尸体包裹起来。在哈利法克斯，英国人为他举行了军葬，6 名皇家海军军官为其护柩。布罗克可怕的头部伤口被外科医生诊断为致命伤，但他继续坚持着，被固定在他舱室的担架上。他甚至成功地说出了话，虽然只是单音节。*

两艘巡航舰于6月6日抵达哈利法克斯。这是一个星期天的早晨，许多镇上的居民正在教堂做礼拜。根据当时一个人的描述，一名男子走进圣保罗教堂，在坐在教堂后面的熟人耳旁大声宣告，然后消息“从一条长椅传向另一条长椅”。[97]片刻之后，礼拜者完全无视牧师，从教堂蜂拥而出，向海港跑去。“切萨皮克号”映入眼帘。它正沿着海港向西海岸的海军造船厂驶去，舰上的美国国旗清晰可见，其上方高高飘扬着圣乔治的白旗。每个码头和屋顶都“挤满了兴奋不已的人群。两艘船相继驶过时，他们发出了响亮的欢呼声”。钟声在哈利法克斯的每个钟楼鸣响，不久之后，钟声将响彻整个英国。布罗克做到了！那些质疑可以一笑置之了，皇家海军的荣誉得以拯救。在1812年那令人不安的几个月里，这个被颠覆的世界终于回归正常了。

---

* 布罗克后来从重伤中康复，1813年被授予准男爵之位，1815年获巴斯勋章，1830年升任海军少将，1841年去世。

15 两栖作战

在战争的最初几个星期，前总统杰弗逊非常肯定地对共和党编辑威廉·杜安（William Duane）说，入侵加拿大这个人口只有约美国 1/10 的小国，“只管前进就好了”。然而仅仅 9 天后，赫尔将军就在底特律缴械投降。那年秋天，美国又两次尝试进攻加拿大，均以失败告终。到了 1813 年春天，美国人反过来开始担心遭到加拿大的入侵。约翰·亚当斯当时已退休，在昆西赋闲，一直密切关注事态发展，他给杰弗逊提出建议说，确保北方边境安全的唯一可靠方法是在五大湖地区赢得海军优势，特别是安大略湖和伊利湖：“纵使需要 100 艘战列舰，我们也必须拥有一支控制五大湖的海军，先不管海洋上会怎么样。”[1]

人员、资金、军械、弹药、造船师和补给品纷纷流向北方，诺福克的“星座号”、新伦敦的“马其顿人号”和“美国号”，以及波士顿的“宪法号”等遭到封锁无法出海的美国巡航舰的大部分船员被征用，派往安大略湖的萨基茨港（Sackets' Harbor）报到服役。艾萨克·昌西舰长从纽约海军造船厂调去负责安大略湖和伊利湖美国海军部队的淡水供应。海军准将奥利弗·哈泽德·佩里在宾夕法尼亚州荒无人烟的普雷斯克岛（Presque Isle，现今的伊利）监督一项应急造船计划。9 月 10 日，他带领匆忙建造的这支小型舰队作战，消灭了英国伊利湖舰队。他的旗舰“劳伦斯号”扬帆进入战斗，飘扬的横幅上印着已故的詹姆斯·劳伦斯舰长的最后誓言：“绝不弃船。”在报告战役成果的官方信函中，佩里写出了同样令人难忘的一句话，这句话注定会被拿来作为海军口号之一：“遇敌必克。”[2]一个月后，美国民兵和陆军在泰晤士河战役中击败了英国和印第安联军，肖尼族酋长特库姆塞（Tecumseh）死在了战场上。伊利湖战役和泰晤士河战役断绝了英国从加拿大五大湖附近入侵美国的可能性，这两次战役也改变了美国人民对战争的看法，鼓舞了士气。胜利重新激发了公众对战争的支持，在此之前，这种支持似乎已处于土崩瓦解的边缘。

英国日益严密的封锁给美国各地的经济造成了严重的损失。财政枯竭仍是一个紧迫的问题，共和党主导下的国会终于意识到要增加税收，新的征税范围包括执照税、车马税、拍卖税、炼糖税和盐税。英国将军沃伦的部队在克雷尼岛遭到无情击退后，非但没有退缩，反而更加肆意地扫荡切萨皮克地区。“掠夺和毁灭农民是我们必要的任务，但我对此深恶痛绝，”查尔斯·内皮尔中校在日记中写道，“我们掳走了他们所有的牛，当然也毁了他们的生活。我的手上没有沾上他们的鲜血，但我实在不忍看到那些可怜的美国人遭到抢劫，然后再被迫去抢劫别人。”[3]7月中旬，消息传到华盛顿，敌军的一支由战列舰和巡航舰组成的舰队正在往波托马克河上游行进，意欲进攻首都华盛顿。城里的人准备逃亡。然而麦迪逊由于染上严重的流感，在白宫卧床不起，已有整整一个月。医生无法保证总统能够熬过去，他绝对不能移动。实际上，英国舰队并没有驶过“壶底”，但他们派遣了几艘小艇进行探察，为未来可能实施的行动熟悉航道。在确认敌人已经返回海湾后，战争部长约翰·阿姆斯特朗（John Armstrong）向华盛顿惊慌不安的民众保证，他的防御准备充分，足以抵挡英国的任何攻击。

1813 年 9 月 26 日，为期近 5 个月的巡航结束后，罗杰斯准将和“总统号”安全抵达罗得岛的纽波特。[4] 5 月初逃离波士顿后不久，“总统号”便与“国会号”分道扬镳。“总统号”此次巡航南至亚速尔群岛，随即转向北方，不断骚扰驶过北海（那里的太阳“午夜时分也高于地平线几度”）的英国捕鲸船。这艘巡航舰在挪威海岸的卑尔根补充了淡水以后，便开始在设得兰群岛、奥克尼群岛和北爱尔兰海峡附近的水域肆意游荡，穿过西部航道最繁忙的航线，最后返航。返回北美海岸的路上，“总统号”从楠塔基特岛和马撒葡萄园岛之间人迹罕至的塔克纳克航道的浅滩穿过，避开了英国设下的包围圈，捕获了 12 艘战利船，其中包括皇家海军的“翱翔者号”（High Flyer）斯库纳帆船，以及沃伦将军的私人补给船（12 艘战利船中一部分已经被摧毁，剩下的则由押解船员驾驶回港）。长途巡航的最后几个星期，巡航舰的庞大队伍靠削减了的“最粗糙的食物”配给量勉强度日。罗杰斯告诉琼斯说：“虽然船员们比预期的情况要健康，但你能想象到，那少得可怜的定量食物令他们极度疲乏、憔悴不堪。”

罗杰斯对一艘敌舰都没有遇到表示失望，但事实上“总统号”已经圆满完成了任务。英国各大报纸以大量篇幅报道了“总统号”的行踪，这些报道往往自相矛盾。远处海面上“总统号”的出没，令英国人恐惧不安。未能捕获这艘“成功的掠夺者”（《海军纪事报》语），且让一艘美国巡航舰如幽灵一般公然在英国水域巡航，对英国商业造成了巨大威胁，使英国海军部遭到令人难堪的猛烈抨击。这次巡航让约翰·罗杰斯在英国臭名昭著，他的名声甚至比赫尔、迪凯特和班布里奇这些捕获了英国巡航舰的人名声还要差。琼斯部长祝贺罗杰斯完成了一次“积极、警觉、十分有益的巡航”。[5]英国海军部被迫部署大量军力搜寻“总统号”，在至关重要的海运保险费用计算中，人们再次感受到了英国海运开支的巨额增长。琼斯已要求向英国贸易宣战，而罗杰斯已经打响了这场战役。

12 月 14 日，“国会号”停靠在了新罕布什尔州的朴次茅斯外港。[6]该舰已经出海将近 8 个月，这是战争中持续时间最长的巡航之一。约翰·史密斯舰长尴尬地报告说，“国会号”在海上巡航期间仅成功捕获了 4 艘敌船。这 4 艘战利船的价值显然无法弥补在海上停留这么久所消耗的费用，这是战争中获利最少的一次巡航。琼斯部长希望“国会号”巡航舰尽快整修补给，以便再次巡航，但经过仔细检查后发现，该舰的木材有腐烂迹象，舰首斜桁上有炮眼，下部索具需要彻底拆修，整个甲板和船体都需要重新填缝。在离其建造地不远的朴次茅斯海军造船厂的码头上拆解“国会号”时，造船师们对其状况愈加悲观了。出于一个老船主本能的节俭，琼斯下令将“国会号”后备闲置，把船上的火炮经陆路拖运到安大略湖。

“我们来了，”斯蒂芬·迪凯特从新伦敦来信说，“约翰牛和我们都来了。”[7]托马斯·马斯特曼·哈迪（Thomas Masterman Hardy）舰长统率的皇家军舰“拉米利斯号”和其他封港舰船似乎很乐意无限期地停靠在费希尔斯岛的背风处，将“美国号”和“马其顿人号”巡航舰封锁在泰晤士河内。令迪凯特懊恼的是，新伦敦人民似乎不愿团结起来保卫美国遭到封锁的舰队。康涅狄格州是联邦党人的势力范围，“麦迪逊的战争”在这里极不得人心，该地区有日益强烈的亲英情绪，迪凯特怀疑这些对美国不忠的当地人在向英国递送重要情报。“美国号”、“马其顿人号”和“大黄蜂号”的出现使得港口被英国舰队严密封锁，沿海贸易的中断严重影响了新伦敦的海上经济。人们普遍认为，英国计划往上游发动攻击，可能会摧毁新伦敦。当地报纸称“一场绝望的战役随时可能打响”。[8]

科伯恩将军的部队在切萨皮克肆意妄为，有关报道吓坏了新伦敦当地民众，然而曾在特拉法尔加海战中担任纳尔逊旗舰舰长的哈迪舰长不会允许南部的掠夺再度发生。他通过当地的海关检查员向新伦敦人民传达了一个消息，“以其人格向女士们担保，（至少在他指挥之下）任何一处住宅都不会遭到炮火攻击，除非接到上级的明确指令。他相信绝不会有这样的命令”。[9]这个消息极大地平息了人们的恐惧，同时也使得康涅狄格的亲英情绪更加高涨。哈迪向新伦敦人民做出的坦率承诺，与贝克威思上校在汉普顿遭到英军洗劫之后给出的托词形成了鲜明的对比。亲英倾向几乎不为人所知的报纸《奈尔斯纪闻》称：“总的来说，哈迪是一个高尚之人。”

几个美国海港遭到严密封锁后，华盛顿的领导人对制造新型武器产生了兴趣，这些新武器很可能打破现有力量平衡。1813年3月，国会通过了《鱼雷法案》（Torpedo Act），“允许任何个人和群体烧毁、击沉和破坏英国舰艇……并为此使用鱼雷、水下装置和任何其他破坏性工具”。[10]（当时，“鱼雷”一词包括安装在船柱上的武器、海底设备以及固定和浮动水雷等一系列武器。）无论是平民还是军人，只要能借助鱼雷击沉敌舰，都将获得一笔联邦政府颁发的奖金，数额相当于击沉敌舰价值的一半。如果击沉的是巡航舰或战列舰，那么可轻易得到一笔超过 10 万美元的赏金，数目可观。整个大西洋沿岸地区的企业家和发明家都跃跃欲试。

当时最著名的新型武器制造者是罗伯特 · 富尔顿（Robert Fulton），他曾是一名不得志的肖像画家。蒸汽机只是其众多研究兴趣之一。在 1805 年回到美国之前，富尔顿曾在伦敦、巴黎和其他欧洲国家首都叫卖他的发明。为了说服海军部资助他的鱼雷实验，富尔顿宣称“每个物理实验，只要不与自然法则相反或者相异，对人类来说都是可行的……鱼雷实验一定会成功，因为从物理上来说没有阻碍”。[11] 富尔顿极力反对那些说他的鱼雷不光彩的人，他的观点和他的发明一样预示着一个不同的未来：

> 难道战争是光彩的吗？英国人压迫美国人民并迫使他们与同胞交战，这一做法既不光彩，也没有遵守国际法，更不人道，仅仅是方便自己，肆意妄为。在这个时代，一切削弱敌人、在我国海岸击败他们的事情都是正确的，对这场战争来说都是无上光荣的。[12]

1813 年 4 月，琼斯部长同意借给富尔顿一艘火攻船，让他在纽约进行鱼雷实验，条件是海军“不承担这些实验的任何费用”。[13] 富尔顿的实验表明，在水下发射一枚 45 千克的鱼雷，其力量足以在 1.8 米范围内穿透近 1 米厚的栎木板。雅各布 · 刘易斯校官负责监督富尔顿在纽约进行的实验，这个结果令他欣喜不已。[14] 如果水下武器能抵近停泊的英国军舰，进入近距离平射的范围内，就很有可能将军舰击沉。“我认为水下炮台一定会有出色表现。”他说。

在切萨皮克，一位名叫以利亚·米克斯（Elijah Mix）的海军士官设想了一个计划，将浮动水雷“火药机”拖到敌人的锚地，然后松脱绳索，便可摧毁沃伦舰队的部分船只。[15]水雷顺水漂向停泊的船，撞击后自然会爆炸。6月5日，林黑文湾的皇家军舰“胜利号”捞起了一个塞满500磅火药的“地狱武器”，当时它正随着退去的潮水向英国舰船的方向漂去。科伯恩将军的所作所为表明他在作战时会不择手段，可对手同样不择手段的行动却会令他愤慨。他认为这是在试图“一举歼灭我们”，并警告其他英国指挥官随时留意不明漂浮物。[16]7月24日，米克斯放置的另一颗浮动水雷企图接近皇家军舰“金雀花王朝号”（Plantagenet），但在离该舰90米左右的地方过早引爆，腾起“巨大的火焰柱”，溅起巨大的水花落在那艘战列舰的甲板上。无人因此受伤。《海军纪事报》称：“由于此次可怕的突袭，我们在海岸附近的封港舰保持着高度戒备状态。”[17]

一群纽约商人谋划了一场更加阴险的攻击。何不将一艘沿岸船只装满炸药，做成诡雷，设法让敌人捕获，当它被带到敌舰附近时便启动爆炸装置？于是，他们找来“雄鹰号”斯库纳帆船，装满黑火药和“大量易燃易爆物品”，[18]隐藏在补给和军需之下。一条拉索被固定在一个木桶的底部，提起来时会触发机关，引发巨大的爆炸，足以炸毁诱饵和它旁边的大型舰船。

6月25日上午，“雄鹰号”伪装成沿岸许多船中一艘普通的帆船，在微风中驶近新伦敦。哈迪舰长派遣了一名士官和一众船员驾驶着“拉米利斯号”的工作艇尾随“雄鹰号”。“雄鹰号”的船员向追击者开了几枪，便跳到一条小艇上，向岸边逃去。哈迪察觉到一丝异常，命令将捕获的船停靠在距离“拉米利斯号”较远的地方，并派出一名尉官带领登船组卸下“雄鹰号”上的补给，运到“拉米利斯号”的小艇上。[19]下午2点，一名登船队员无意间触发了机关，“雄鹰号”立即“发生了最猛烈的爆炸”，尉官和10名船员被当场炸死，另有3名船员“脸部、手臂和腿部有多处烧伤”。

英国人愤慨不已，沃伦将军称之为“敌人撒旦般邪恶的懦弱发明”。[20]《海军纪事报》称，该计划的发起人“应该为每一个有人性的人所唾弃”。[21]但也有人表示欣慰，因为这次爆炸并未伤及哈迪。他由于与纳尔逊将军关系密切而受到英国公众的特别尊敬。哈利法克斯发出命令，要求美国海岸边的所有英国战舰对每一艘陌生船只都进行仔细检查后，才能令其随行。[22]

两个月后，一个美国人操控着一台原始的单人潜水器，企图将一个爆炸装置直接贴在“拉米利斯号”的船体上。[23]这次尝试失败了，但进一步加剧了紧张的局势。现在哈迪不愿再让“拉米利斯号”停靠在海岸地带，并定期用缆绳对其底部进行清扫。他把美国囚犯带到船上，一旦美国袭击成功，这些囚犯将和军舰共命运。他还放出消息称，虽然先前做出过承诺，但此后他将报复所有图谋袭击英国舰队的沿海城镇。哈迪收到警告称纽约州东汉普顿的一个居民正在计划一次新的袭击，于是派遣了一队士兵前往该居民的住处将其抓获，并将其铐上手铐带到“拉米利斯号”上。了解到哈迪的所作所为后，麦迪逊总统下令随便挑选一个英国战俘，让他遭受“同样的折磨”。[24]

“鱼雷战”没能实现其根本目的，却极大地激化了英美双方的冲突。英国指责美国人采取的作战方式是前所未有、惨无人道、懦弱无能的，美国人则反驳说英国强行绑架美国船员，逼迫他们在船上服役，因此也没有权利谈什么道德。海勒姆·塞耶（Hiram Thayer）事件使英国强征美国海员的不公正性更加突出，引起了公众的强烈共鸣。塞耶是生长在马萨诸塞州的美国人，1802 年被强行征入英国皇家海军。1813 年夏天，他作为水手长的助手登上了哈迪舰队的 46 炮巡航舰“斯塔蒂拉号”（Statira）。一听说美国宣战的消息，他立刻找到了“斯塔蒂拉号”的舰长哈萨德·斯塔克波尔（Hassard Stackpoole），请求解除职责。这一请求遭到了拒绝。据说斯塔克波尔当时对他说：“我们遇到美国战舰时，如果你不履行职责，你将被绑在桅杆上像狗一样被射杀。”[25]

塞耶的父亲约翰·塞耶是马萨诸塞州的一个农夫。当他听说“斯塔蒂拉号”即将离开新伦敦时，便请求迪凯特准将给他提供一艘挂着休战旗的船。迪凯特同意了。这艘船慢慢靠近“斯塔蒂拉号”，分别已久的父子得以相见，两人都喜极而泣。据迪凯特描述：“儿子远远地认出了船上的人，告诉‘斯塔蒂拉号’的大副这是他的父亲。仅凭老人在握住年轻人的手时流露出的感情，便足以证明这是他的儿子。”[26] 这次令人伤感的团聚毫无疑问地证明海勒姆·塞耶确实如他一贯所说的那样，是一个马萨诸塞出生的美国公民，但斯塔克波尔舰长没有释放他，甚至把他当作战俘。（这一事件后来通过外交渠道得以解决，塞耶最终获释。）

月复一月，“美国号”及其僚舰毫无作为地在泰晤士河的锚地晃动着。[27] 迪凯特希望哈迪舰队在冬天来临时从长岛湾撤离，但一切迹象都表明英国人计划整个冬天都守在这里。美国舰队沿河而下，来到新伦敦附近的一个新锚地，开始为长途巡航补充给养和淡水，期待着能在一个月黑风高的夜晚借助离岸风冲向公海。圣诞节前一个星期，迪凯特尝试了一次航行，但明显遭到了当地间谍的挫败。河岸两边各发出一束刺眼的蓝光，似乎在向停泊在海峡里的英国舰队发出信号。12 月 20 日迪凯特写信给海军部，称新伦敦及其周边地区的叛徒们要合伙将“美国号”、“马其顿人号”和“大黄蜂号”拱手送给敌人。这封信后来刊登在各大报纸上。

这种指控一方面使得该镇和美国舰队之间的关系越发紧张，一方面又残酷地提醒着人们 1812 年的战争已经使美国分裂到了何种地步。各地的联邦党人都在抨击战争，而康涅狄格州的联邦党人对麦迪逊和他代表的弗吉尼亚共和党王朝尤为憎恨。在“新英格兰”地区“泰晤士河”河畔的“新伦敦”，有许多人对长期与拿破仑斗争的英国人感到同情，有些人相信（或宣称相信）麦迪逊已与法国结成秘密联盟。甚至有人认为，至少在私底下认为，如果战败能剥夺共和党的权力，那么输掉这场战争也不是个坏结果。

由于陷入了敌人优势兵力的围困，迪凯特向哈迪提议让双方实力相当的战舰进行一对一决斗。这一挑战违反了上级的指令。“切萨皮克号”被打败后，海军部长琼斯便禁止美国指挥官“向敌人发出挑战或接受敌人的挑战”。[28] 但是由于舰队不可能以其他方式到达海上，迪凯特于 1814 年 1 月 17 日写了封信，让人打着休战旗送给哈迪。他提出让“美国号”和“马其顿人号”与英国的“恩底弥翁号”（Endymion，由霍普舰长指挥）和“斯塔蒂拉号”（由斯塔克波尔舰长指挥）进行二对二交战。[29] 迪凯特认为，“马其顿人号”与“斯塔蒂拉号”实力相当，而“美国号”和“恩底弥翁号”不分伯仲（同样载有 24 磅的主炮台）。迪凯特在信的结尾表示：“请务必向霍普和斯塔克波尔两位舰长保证，我并不是出于个人恩怨发出这次挑战的。他们一心想为自己的国家增光添彩，我们对此十分尊重。”

哈迪第二天做出回应，同意“斯塔蒂拉号”同“马其顿人号”决斗，“因为它们尺寸相同，火炮数量相同，吨位也相同”。[30]但他不赞成在两个较大的巡航舰之间展开比拼，“因为我认为‘恩底弥翁号’和‘美国号’在实力上有一定差距”。哈迪从技术层面上详细解释了他得出这种观点的原因，指出“恩底弥翁号”在尺寸和装备上都稍稍逊色于“美国号”，因此他的回应是：“我谨代表皇家舰队全体舰长以及我本人，对阁下提出挑战的英勇气魄致以崇高敬意。”

迪凯特不会让“马其顿人号”单独航行的。他怀疑英国舰队会从其他舰船上调拨人员，帮“斯塔蒂拉号”增添人手，而如果他以类似方式增强“马其顿人号”的实力，那么“美国号”将由于人员短缺而无法航行。他还认为，“即便‘马其顿人号’能获得胜利，还是存在随时被英国人重新夺回去的极大风险”。[31]双方的交流到此结束了。没有人指责对方是懦夫。哈迪表示他希望“友好地调和两国之间的分歧”，迪凯特也表达了相同的愿望，但这位美国准将无法抵制在言语上胜出一筹的诱惑。斯塔克波尔舰长在单独回应这次挑战时表示，英国“被卷入了一场无端的战争”。迪凯特原本可以回敬说，斯塔克波尔最近刚刚拒绝一名被强征的美国人离开英国海军，怎么能装作不知道是什么挑起了战争；然而他回应得十分职业：“我们正在进行的战争在英方看来是否如斯塔克波尔舰长所说的那样，是一场正义和无端的战争，这是一个平民讨论的问题，恕我不能也不愿与斯塔克波尔舰长共同探讨这个问题。”

“美国号”及其僚舰，与“星座号”、“宪法号”和“总统号”分别被封锁在新伦敦、诺福克、波士顿和纽波特。就目前而言，英国有效地挫败了美国海军的贸易战策略。沃伦将军集中军力封锁那些停泊着美国巡航舰的港口，而在封锁线的其他部分留下了空缺。事实一次又一次证明，英国紧盯着美国海军巡航舰的同时，其他美国船得以安全出海。由于迫切想要捕获并摧毁“星座号”，英国人忽视了南部和墨西哥湾海岸，于是那里成了袭扰加勒比海航线的美国私掠船的安全港湾。“在这里，我们有三艘战舰，即‘马尔伯勒号’、‘胜利号’和‘天龙号’，”留守林黑文湾的指挥官罗伯特·巴里舰长写道，“除了封锁 1 艘扬基佬的巡航舰和大约 20 艘炮艇之外，真的什么也没有做。”[32] 当迪凯特的舰队从纽约驶向长岛湾时，封港舰撤回到蒙托克以将其阻断，无数的商船和私掠船得以从桑迪胡克出海。布罗克将“香农号”的僚舰派出马萨诸塞湾的决定，成功引诱劳伦斯舰长率“切萨皮克号”出战并输掉了这场对决。但当时正值航行高峰季节，一支小型舰队趁着港口长达两周无人看守逃离了波士顿。

令英国商人沮丧不已的是，逃出港口的美国私掠船数以百计。《海军纪事报》的记者抱怨说：“美国人的私掠船肆无忌惮地航行在地球的各个角落。”[33] 该报的一篇社论标题起为“美国贸易战获得前所未有的胜利”（Success of American Trade War Unprecedented）。到了 1813 年秋天，英国人每月损失的商船多达 45 艘。私掠船成群结队出现在芬迪湾、西印度群岛、葡萄牙海岸、北海和英吉利海峡西端，袭扰东印度公司的大型船队，突袭掉队的船只。[34] 法国欢迎美国船进入其位于英吉利海峡沿岸的港口，这些私掠船因而得以对英国水域的中心地带发起大胆攻击。满腔热血的美国人占领某个偏远的爱尔兰岛屿 6 天后，越过爱尔兰海，袭击了一个遥远的苏格兰海港，烧毁了 6 艘商船，皇家海军还没来得及反应，美国人就从海面上消失了。这些勇士在 11 月捕获了大约 20 艘商船，并从一艘前往里斯本支援威灵顿部队的船上攫取了价值 40 万美元的硬币。

威灵顿直接写信向英国海军大臣梅尔维尔勋爵抱怨："毫无疑问，英国海军不能这样坐视不理，不能不与里斯本的这支陆军保持联系！"[35] 他接着写道："哪怕他们仅仅夺走我们的运鞋船，我们也得停战 6 个星期。"信里还写道："自从英国成为海军强国以来，英国陆军还从未落得这般田地。我确信这是无可辩驳的。"当梅尔维尔提及政府的政治限制时，威灵顿的回应必定使这位海军大臣一脸难堪：

> 我这样写是因为我意识到这片海岸上缺乏海军援助……我向你保证，我既不了解也不关心议会或报纸关于这方面已有或可能有的传闻。
>
> 我抱怨的是我们的军队确实缺乏来自海军的援助和配合。我不知道是什么导致了这一恶行，我说的是事实，没人会否认。交由政府去决定是否采取补救措施吧。[36]

在伦敦，一个主张和平的派系开始发声。《海军纪事报》声称要为皇家海军说话，但该报的编辑完全不支持与美国交战，认为这会使得军事力量从欧洲战场转移，而这转移代价高昂。从 1813 年夏天开始，编辑们几乎就每个话题都提出这种观点：“英国需要与美国保持和平”“美国——和平的需求很明显”“必须与美国进行和平谈判”。[37]《海军纪事报》指出了英国的困境。任凭战争如许多新闻界人士和公众所期盼的那样无情地延续，只会削弱美国那些亲英的国内反对派，促使美国人“支持联邦政府”。编辑们用 1778 年的情况类比当前的形势。英国从这场痛苦的长期战争中得不到任何东西——它只会催生出“一种无法抑制的仇恨和复仇情绪……让我们采取正义而克制的做法，保留对美国的尊重，并接受它所倡议的友好，只要不伤害我们的名誉和安全即可”。

英国议会中的反战派成员冷静地指出，耗费如此巨大的成本去达到所谓的战争目标是不值得的。[38]这场战争每年要耗费英国约 1 000 万英镑。而皇家海军的全部薪水只有 300 万英镑。为什么不用这笔钱给海军的每位水手加一倍或者两倍工资呢？这样做总比为了保障从外国船上强征海员的权利而打仗来得便宜吧？这也很可能会使强征海员变得根本没有必要。厄斯金勋爵提出了一个更为基本的问题：这场无休无止的英美冲突将何去何从？这一切该如何结束？他说：“如果美国人坚持其诉求，这场战争将会永无休止地打下去，如果是这样，我们前景堪忧。美国日益崛起，人口越来越多，力量越来越强，各种资源越来越丰富。在这场漫长的争斗中，美国拥有一切优势，而英国占尽劣势。”

1812 年秋天，俄国沙皇亚历山大一世首次提出进行外交斡旋，但英国政府拒绝了这一提议。还未获悉英国政府的态度，美国和平使团成员加勒廷、贝亚德、约翰·昆西·亚当斯便已奔赴圣彼得堡。他们在俄国首都无所事事地待了 6 个月才传来消息。佩里在伊利湖战役中取得胜利后，英国外交大臣罗伯特·卡斯尔雷提出与美国政府进行直接谈判。麦迪逊毫不犹豫地接受了谈判邀请。美国使团增派了两名成员，其中一位是众议院议长和国会“鹰派”领导人亨利·克莱（他辞去了本职，接受此次委派）。和平会谈最初打算在瑞典哥德堡举行，后来地点改为比利时迷人的河畔城市根特。

最初，美方谈判人员接到严格指示，不在强征海员问题上做出让步，但随着欧洲和美洲战争的进展，美国的谈判立场逐渐动摇了。科伯恩在切萨皮克的进攻证明美国漫长的海岸线不堪一击，美国入侵加拿大的每一次尝试也都遭到挫败。对美国而言，战争成本太过巨大，并且还在继续增加。美国私掠船取得了巨大成功，但是美国海运已几乎彻底毁灭。英国巡洋舰捕获了数百艘美国船，将其送往百慕大和哈利法克斯。1812 年至 1814 年间，美国进出口总额同比下降了 80%以上。[39] 港口封锁中断了至关重要的沿海贸易。在纽约，一加仑的葡萄酒卖到了 25 美元，是和平时期的 10 多倍。罗得岛的进口谷物严重短缺。国库枯竭，关税收入衰减至涓涓细流，联邦政府面临着无法偿还利息，以致全国银行倒闭的风险。很难想象政府如何劝服美国商人再借款给它。整个新英格兰地区与敌军的贸易是如此普遍，如此有体系，麦迪逊不得不采取禁运这一共和党的老政策，但这一举措对贸易造成了进一步的伤害，有可能激起公开反抗，甚至可能导致联邦解体。

欧洲也笼罩在一片不祥的阴云之下。1813 年 10 月，拿破仑在莱比锡战败，联军在莱茵河地区大规模集结，准备推进到法国的中心地带。1814 年 4 月，拿破仑被迫退位，被流放到地中海的厄尔巴岛。前总统亚当斯深知美国的困境。拿破仑这个科西嘉战争狂从来都不是美国的盟友，他的倒台值得整个文明世界庆祝。但如果没有他，谁还能遏制英国？亚当斯写信给杰弗逊说："虽然法国被彻底打败了，但英国没有；虽然波拿巴被流放了，但一个更大的暴君、更大的篡位者仍在飞扬跋扈。与拿破仑相比，约翰牛更加冷酷无情，更加没有道德和原则，更加强大，制造了更多的流血事件……该怎样将这暴君中的暴君赶下台来？哎！问题就在这里。"[40]

由于英国从英法战争中抽身，将全部军力对准美国，麦迪逊不得不做出痛苦的决定，放弃他的必要条件，而正是这一条件引发了两年的战争。1814 年 6 月 27 日，国务卿门罗在写给美国谈判团队的一封密信中表明美国决定妥协："经过深思熟虑，我们决定……如有必要，你们可以删去关于强征海员问题的所有条款，以达成停战协议。当然，如果能以更好的方式调和两国之间的矛盾，就不要采取这一无奈之举。"[41] 自那天起，麦迪逊的唯一目标就是在保证美国独立、领土完整和国家名誉的情况下，尽快结束战争。

1813 年，沃伦将军提交给伦敦的战争形势报告一直很悲观。海军部要求他立刻完成几件事：严密封锁整个美国海岸；为西印度商船队提供护航；加紧巡逻海上航线，搜捕私掠船；捕获、摧毁剩余的美国巡航舰，以便重新部署一部分兵力。[42] 沃伦将军曾一再要求增援，但上议院对此漠不关心，称其手下的军队"对付敌军已绰绰有余"。[43]

1813 年 11 月 12 日，哈利法克斯遭到强烈的飓风袭击。虽然飓风仅持续了一个半小时，但有超过 50 艘军舰被吹向海滩，其中包括沃伦的 74 炮旗舰"圣多明各号"。英军北美舰队中一大部分"船体严重毁坏”。[44]强烈的飓风和严寒气候在很大程度上削弱了英国的封锁。12 月，“总统号”和“宪法号”安全逃回海上。沃伦抱怨道：“这两艘无耻的巡航舰运气太好，一看到他们我就感到绝望。”[45]新年前两天，沃伦将军从百慕大的冬季总部给海军部写信，表达了他对日益严重的私掠船威胁的担忧。“美国人建造和舾装舰船的速度令人难以置信，我非常担心他们的巡洋舰会对我们的贸易造成麻烦。”[46]他告诉上议院，他不仅要求增援，而且需要增配更快的船，因为“所有的美国战舰、私掠船，甚至商船用的都是极好的帆船”。

沃伦的抱怨不无道理。英国海军部不切实际的期望使他成了牺牲品。海军部向来低估了封锁美国漫长海岸线的困难、美国私掠船的胆量和技能，以及美国巡航舰的武器装备和效率。上议院曾派沃伦带着指令到北美安排停战事宜，然后却指责他没能严厉地惩治敌人。无论沃伦该不该为此承担责任，他都完了。海军部派出快速邮船前往百慕大，下令终止他 18 个月的任期。[47]接替他的是海军中将亚历山大 · 科克伦（Alexander Cochrane），这位 56 岁的老将曾分别在地中海、背风群岛和英吉利海峡服役*，表现卓越。科伯恩将军继续做副司令。与此同时，封锁欧洲的舰船被大量增派到北美基地。

即使第一次直接和谈已经在欧洲进行，英国人还是要聚集力量给予美国致命一击，以加速终结战争。1814 年夏天，美国南方遭到英国残酷无情的惩罚性海陆攻击，北方也遭到入侵。此次有计划的进攻至少部分是对英国国内政治压力的妥协——大批英国民众要求

---

* 科克伦将军的侄子托马斯 · 科克伦（Thomas Cochrane）是以善战而闻名的舰长，他在地中海率领皇家军舰“快速号”（speed）的巡航经历是帕特里克 · 奥布赖恩的小说《怒海争锋：校官》（*Master and Commander*，1970 年）的灵感来源。——作者注

继续攻打美国，直至其投降，少部分人开始煽动英国政府恢复对这个前殖民地的霸权。各大报纸都充斥着这样的煽动性话语："让这场大毁灭将恐惧和破坏蔓延到敌人内部，炮轰其城市，攻占其工厂，捣毁其船只。"[48]强烈主战的《泰晤士报》编辑从来不缺乏词语来表达他们对这一话题的感受。5 月 24 日《泰晤士报》称："他们面对即将到来的惩罚心生恐惧，任何虚情假意的慷慨与慈悲，任何胆小怯懦的政策都不能使他们免受责罚。出击！惩罚这群野蛮人，他们是如此野蛮！"[49]《海军纪事报》提倡休战，收到一封封写给编辑的匿名反驳信。"我认为，在这个时候与美国和解会伤害到我们，"一个名为 C. H. 的人在 7 月的信中写道，"我们还要忍受多少灾难？我们还要为美国贡献多少船只？……美国已经向其他国家证明，英国海军并非坚不可摧。这些国家不会关心交战时兵力的差距，只会相信美国人的实力。我们必须承认，美国巡航舰**的确**捕获了我们的巡航舰。"[50]

但英国还在为美国独立战争时期就遇到过的顽疾感到苦恼。如何给予这个拥有大片草原而没有中心地带的共和国致命一击？英国可以占领甚至摧毁城市，但敌军可以把力量撤回乡村，就像华盛顿和大陆军在 1776 年至 1781 年间所做的那样。内阁向威灵顿将军咨询上述问题时，他的回答并未给予他们鼓励："在美国这样地广人稀的国家，粮食生产有限，水陆交通不便，很难开展军事行动。"[51]问到有计划的进攻时，他回答道："我不知道在哪里开展军事行动能对美国人造成极大的伤害，从而迫使他们请求和解。"

科克伦将军似乎对美国人怀有深深的个人仇恨，这可能是由于 1781 年他的弟弟查尔斯在约克敦的战斗中牺牲的缘故。他一担任司令，便毫不犹豫地要发动一场残酷的战争。美国摧毁了英国的舰船，焚烧了数个加拿大城镇，作为报复，他命令科伯恩“对美国海岸展开全面的敌对行动”。[52] 1814 年 2 月，科伯恩抵达了切萨皮克，在整个海湾地区开展了一场有效的恐怖袭击和骚扰行动。[53] 7 月 18 日，科克伦命令手下烧毁所到之处的城镇、房屋和私人财产。商业封锁逐渐扩大到整个新英格兰地区。1814 年初春，一支英国军队沿康涅狄格河逆流而上 13 千米，烧毁了所有能找到的船。另一支军队采取游击战术，攻击了马萨诸塞州南部巴泽兹湾一个无人防守的小海港。8 月，哈迪准将带领长岛分舰队使用火箭炮、燃烧弹和炸弹对康涅狄格州的斯托宁顿进行了连续 4 天的轰炸。英国军队占领了佩诺布斯科特和帕萨马科迪之间的缅因州海滨地区，要求当地居民宣誓效忠于乔治三世。

7 月，罗伯特 · 罗斯（Robert Ross）少将指挥的 4 个营从法国吉伦特河出海。经历了长达 6 年的艰难战役后，这些在半岛战争中跟随威灵顿久经沙场的老兵可能更想回家，而不是到大洋彼岸去打一场没什么价值的仗（他们可能会为此牺牲），但他们在这个问题上没有发言权，只得照命令行事。在这些老兵与地中海派来的增援部队在百慕大会合后，20 艘运兵船与另外 31 艘舰船组成舰队，于 8 月中旬抵达了弗吉尼亚角。他们如果立刻攻击诺福克，不但能拿下整个城市，还能捕获遭到长期封锁的“星座号”，因为该船大多数船员已于上年 4 月调往别处。然而，他们却选择沿海湾上行，在丹吉尔岛与科伯恩将军的舰队会合。各艘军舰调集人手，组建了一个皇家海军陆战营。至此入侵美国的英军总人数已达到 4 000。

美国的防御力量严重不足。[54] 虽然招兵使美国陆军的总人数超过4万，但当局持续将新兵力部署到加拿大边境，南方地区在很大程度上依靠当地的民兵。海湾地区唯一活跃的海军力量是约书亚·巴尼（Joshua Barney）指挥的一支小型舰队，由桨帆船、炮艇和武装工作艇组成。该舰队在帕塔克森特河遭到科伯恩大型舰队的围困。8月17日，科伯恩派出一支精兵沿河而上，第二天罗斯将军带领几艘运兵船紧随其后。败局已定，巴尼凿沉舰队，同船员们一起从诺丁汉一路跋涉到华盛顿，协助保卫首都。科伯恩、罗斯和英国入侵部队于19日在马里兰州的贝尼迪克特（Benedict）登陆，以惊人的速度自东部前进，美国首都陷入了突如其来的危险境地。

由于假定英国不会也不可能侵入那么远的内陆，战争部长阿姆斯特朗忽视了华盛顿的防御。罗斯率领的老兵之所以在半岛战役中获得胜利，是因为他们的行军速度和耐力都超过敌军，在平坦的道路上，他们每天能够行军30千米。英军可能从任何一个方位攻打华盛顿，因此当地的美军指挥官威廉·温德尔（William Winder）准将突然面临不得不同时防守好几个地方的严重问题。[55] 英国军队沿布莱登斯堡路（Bladensburg Road）自南方朝华盛顿行进，4天内走了80千米，为掩人耳目还向西向北行进了一段。温德尔率领的几千名正规军和民兵部队加快了步伐，企图阻挡英军前进，巴尼的水兵和海军陆战队员在最后关头也赶来增援，但美军抵达战场时已来不及建造防御工事。英军于8月24日午时抵达战场，他们正面突袭，左右围攻，迅速击溃了守军。

布莱登斯堡战役，是美军遭遇的最为耻辱的失败，前无古人，后无来者。然而，平心而论，这次撤退彰显了美国人独有的聪明才智和自力更生的精神。这些战士和民兵意识到在混乱之中没有时间联络他们的指挥官，因此不等命令下达便各自逃命。他们知道，一个人轻装简行跑得更快，所以丢掉了大部分武器、弹药和多余的装备。他们意识到如果所有人都朝着同一个方向跑，那么英国人很快就会追上来，开始新的战斗，因此他们分散成小队，沿着不同路线逃跑——有的向北逃往巴尔的摩，有的向南来到弗吉尼亚，有的向西穿过华盛顿，越过石溪，进入乔治敦，还有少部分人甚至原路折回东部。也不能说美国人没有强健的体魄。“从来没有哪个双手拿枪的人这么充分地利用过双腿。”一名英国尉官后来写道。[56] 连科伯恩将军都对“敌人逃跑的速度”印象非常深刻。[57] 有的人一直跑了几十甚至上百千米，直至跑回自己的家园和农场才停下来。

只有水兵和海军陆战队员没有丢盔弃甲。他们听从巴尼指挥，充当炮手。大约 500 名美国士兵从右后方的高地上逃跑后，英军从侧面围攻过来，他们因此深陷绝境。巴尼胯下的战马被射伤，于是他徒步前进，大腿中了一枪。水兵和海军陆战队员继续战斗，前仆后继。尽管他们顽强抵抗，但英军仍从各个方向逼近，巴尼只好下令投降。罗斯将军和科伯恩将军亲自上前，（用准将的话来说）“全神贯注、十分尊敬、很有礼貌”地同巴尼交谈。[58]

前往华盛顿的道路现已完全失守，疲惫不堪的英国军队休息了两个小时后继续行军，于晚上 8 点抵达了美国国会大厦。科伯恩和罗斯做出了一个极具争议的决定：烧毁华盛顿所有公共建筑。这种恣意破坏公物的罪行，即使是像拿破仑这样的暴君，在他攻占许多外国首都后都从未犯过。这一行为的辩护者称美国军队也曾焚烧约克（现在的多伦多）的大量建筑，但英国指挥官当时并没有以此作为理由。烈焰吞噬了国会大厦两翼的参众两院，白宫，财政部、战争部和海军部的办公大楼，以及波托马克大桥。大部分藏书由杰弗逊总统亲自选定的国会图书馆（Library of Congress）损失惨重。为了报复《国民通讯报》多年来对英国无情的指责和谩骂，英国军队摧毁了其办公大楼，科伯恩下令将字母C从字模上抠下来销毁，“这样无耻之徒就再也不能滥用我的名字了”。[59] 经过了一整天的行军、战斗和放火（主要是行军和放火），科伯恩和他的手下都疲惫不堪，于是在放火焚烧白宫前，他们坐在麦迪逊的餐桌前饱餐了一顿。这是麦迪逊仓皇而逃时留下的晚餐。作为留念，科伯恩从总统夫人多莉·麦迪逊的椅子上拿走了一个垫子。所幸的是，纪律严明的英国军队并没有做出任何伤害平民的暴行，只有一处私人住宅在连续发出枪声后遭到摧毁。

琼斯部长下令将华盛顿海军造船厂连同所有弹药和补给品全部销毁，不得落入敌人手中。英国入侵的消息一传来，海军造船厂的人员便紧锣密鼓地用车马将可移动的物资运送到安全地带，但美军在布莱登斯堡的溃败如此迅速，出人意料，他们基本上没什么时间。海军造船厂的文书莫迪凯·布思（Mordecai Booth）看到撤退的美军经过国会大厦时，明白美国战败了。“哦！我的祖国！先生，我非常羞愧地告诉您，”他后来对海军造船厂指挥官托马斯·廷吉说，“我看到平民在逃亡士兵的掩护下连滚带爬，极度慌张地四处奔逃。”[60]

布思飞速穿过树林和海军陆战队的营房时，头顶上传来嗖嗖的枪弹声。他快马加鞭赶到海军造船厂，报告廷吉说华盛顿很快就要落入敌人手中。[61] 两个人迅速点燃通向行政大楼、零售商店、制帆间、木材大棚、军械库和物资仓库的一排排火药桶，这一切很快就被吞没在一场“无法挽救的大火之中”。接着他们跑到河边，放火点燃了新的巡航舰“哥伦比亚号”（Columbia）。这艘巡航舰还在船坞上，但已填缝完毕，很快就可以下水了。随后他们又烧毁了停在码头准备随时出海的“阿尔戈斯号”小战船，两艘船都“很快就被熊熊大火包围了”。

地狱般的火焰迅速蔓延至整个造船厂，地上堆满了“碎木料、沥青、焦油和各种易燃物，点燃任何一样东西都能引发一场持续的大火，足以烧毁一切”。[62] 后来统计，大火销毁的海军补给品清单（部分）包括：“约 100 吨绳索，一些帆布，大量硝石、铜、铁、铅、锡块、建材、船用杂货、军械材料、工具和弹药，以及各种各样的制成品。另外还有 1 743 桶牛肉和猪肉，279 桶威士忌，以及一定量的木板和木材。”的黎波里纪念碑是一座 9 米高的大理石柱，用来纪念在地中海牺牲的军官。它在这场大火中并未遭到严重破坏，如今仍然矗立在安纳波利斯海军学院（Naval Academy）。

第二天早上，一支英国部队到达了海军造船厂，确保这里完全被毁。只用了不到一个小时，他们便纵火烧毁了前一晚大火中幸免的制绳工厂和军械库。随后，科伯恩和罗斯率领英国入侵部队从美国首都撤退，一如既往地快速行军，于 8 月 29 日在帕塔克森特登船返回。

这次大胆的突袭取得了压倒性的胜利。在短短的 11 天内，英国军队就向内陆行进了 80 千米，将两倍于自己的敌军打得落花流水，占领并破坏了美国首都，并安全逃回了舰队。其间仅有 64 人死亡，185 人受伤。

与此同时，詹姆斯·A. 戈登（James A. Gordon）舰长指挥的一支英国舰队逆风曳船航行，沿波托马克河而上，在“壶底”浅滩多次搁浅，在华盛顿堡与美军进行了一场短暂的炮战，美军卫戍部队丢盔弃甲，落荒而逃。该舰队的两艘巡航舰、三艘炮艇和一艘火箭炮船在亚历山德里亚（Alexandria）占据有利位置后，准备炮击该城市。美国人卸下了所有商船上的补给，凿沉了几艘船以防被敌军捕获。戈登舰长提出可以放过亚历山德里亚，但前提是美国必须同意一系列侮辱性条款：所有船必须立刻向英国投降；亚历山德里亚市民必须亲自将英国军队抵达前卸下的补给品和货物重新装回舰船；美国人必须将凿沉的舰船打捞上岸，恢复其航行能力，然后交由英国处置。当天下午，市议会同意了戈登提出的条款。[63] 戈登的舰队连同捕获的 22 艘船顺流而下，途中不断遭到新建造的海岸炮台的攻击，最终于 9 月 9 日与科克伦将军的舰队会合。

戈登的舰队姗姗来迟，使得巴尔的摩能够通过设置新的堡垒和土木工事加强民兵驻军的实力，以及在拉扎雷托角（Lazaretto Point）附近海域凿沉障碍船来加强城市防御能力。科克伦将军决心占领巴尔的摩，因为这里是臭名远扬的美国私掠船产业的中心。直到 9 月 12 日，英国舰队才在帕塔普斯科占据有利位置。军队在黎明时分登陆北角，但他们未能冲破美军防线，罗斯将军在战斗中被一名狙击手打死。当晚，科克伦带领舰队沿河而上，停靠在麦克亨利堡炮击范围内。该要塞是巴尔的摩市防御的基石。弗朗西斯·斯科特·基（Francis Scott Key）是乔治敦的一名律师兼民兵军官，他在帕塔普斯科下游几千米外的一艘休战船上目睹了英军晚上炮击麦克亨利堡的情形。他看到城墙上的美国国旗仍在飘扬，在康格里夫火箭炮发出的强光下显得格外耀眼，似乎是在蔑视其周围不断爆炸的臼炮炮弹。他深受触动，于是提笔写下了几行词句。第二天，他将这几句文字整理成一首诗，为它谱了曲，这就是后来美国的国歌《星条旗永不落》（*The Star-Spangled Banner*）。

巴尔的摩拒绝投降。科克伦向海军部报告时拒绝承认失败，将此次进攻描述为“示威”，而非真正的攻城。舰队从海湾撤回到海角。[64] 一小支军队留在了林黑文。科伯恩被派往百慕大进行船只改装，科克伦也率领主力部队和捕获的小舰队前往了百慕大。

科伯恩攻陷华盛顿的消息传到了蒙蒂塞洛，杰弗逊愤怒不已。得知那些他亲自参与设计的公共建筑，以及亲自收集编目的藏书都被大火吞噬时，前总统对“英国政府的残暴本性和破坏行为”进行了强烈谴责。[65] 他预测这一事件会引起公众对美国的同情和对英国的愤怒，特别是在欧洲。他告诉门罗：“如果情况是这样的，那么即使我们要花费上百万美元重建城市，也是值得的。”[66]

事实证明杰弗逊的预测是正确的。尽管这一事件使美国蒙羞，但华盛顿的沦陷基本没有阻碍战争的进程。华盛顿成为首都时间尚短，加之人口稀少，因此经济和战略地位并不突出。麦迪逊和内阁成员返回首都后，租赁新的大楼用于办公。各种记录被重建，海陆两军的指挥官仍可收发公文。那些联邦党人曾经高呼要满足英国人的要求，但现在他们的观点影响力越来越弱，越来越没人相信，舆论纷纷倒向麦迪逊总统。华盛顿的惨败使得人们加强了巴尔的摩的防御，也许正是因此该城才得以拯救。

接着又传来美国海军在北方大获全胜的消息。9 月 11 日上午，托马斯·麦克多诺（Thomas Macdonough）校官率领的淡水舰队在尚普兰湖的普拉茨堡湾（Plattsburgh Bay）打败了一支军力强大的英国舰队。经过两个小时的近距离锚定战斗后，双方伤亡惨重。英军指挥官乔治·唐尼（George Downie）舰长在战斗开始后不久就牺牲了，而麦克多诺则连续两次被飞溅的碎片击倒在甲板上，其中第一次朝他飞来的是手下一名见习军官的头颅。美国人使用了多个带弹簧锚链的船锚，以便在战斗的关键时刻"原地转向"（wind ship，让船体旋转 180 度，使另一侧舷炮对准敌人）。战斗结束时，美国捕获了所有参战的英国舰船，包括 1 艘巡航舰、1 艘双桅横帆船以及 2 艘小战船。

普拉茨堡战役成功消除了英军对纽约州的潜在威胁。英国将军乔治·普雷沃斯特爵士（Sir George Prevost）率领1万名英国士兵（其中很多是威灵顿手下令人畏惧的老兵），沿尚普兰湖东岸前进，对美国步兵零星的攻击不予理会。如果唐尼获胜，他们必定会继续行军至哈得孙河谷（Hudson River Valley）。然而，当美国人控制了尚普兰湖时，普雷沃斯特决定抛下所有伤员，快速撤退至安全地带。据唐尼的大副回忆，此次撤退"十分仓促，极其丢人"。[67] 普雷沃斯特成了军官、士兵和所有英国人民所唾弃的人，被召回英国接受军事审判，但他还没来得及为自己辩护就死了。

根特的谈判从夏末一直持续到初秋。英国政府的代表分别是皇家海军老将甘比尔勋爵（Lord Gambier）、海军部律师威廉·亚当斯和殖民地部次官亨利·古尔本（Henry Goulburn）。尽管麦迪逊已在强征美国船员的问题上做出重大让步，英国代表仍高调要求美国在西北设立一个印第安（英国的盟友）军事缓冲州，并把一部分边界领土割让给加拿大。美国人拒绝了这两项要求。“包含这两项条款就谈不上是停战协议了，”他们在 8 月 24 日签署的文件中回应道，“美国不可能长期屈从于这样丧权辱国的条约。”[68]

谈判破裂似乎不可避免，美国特使准备起航回国。事情到了紧要关头。如果美国代表团离开欧洲，英国不得不至少再打一年的仗。伴随着这令人不安的前景，利物浦勋爵和他的大臣们开始计算战争高昂的经济、政治和外交成本。拿破仑的倒台似乎腾出了军事资源，可以将其部署在美国。但现在，欧洲盟国之间无法达成一致，面临重启战争的危险，欧洲需要英国的舰艇和部队。伦敦讨论的一个重大议题是俄国的自信。欧洲大陆国家嫉妒英国的力量，（据加勒廷说）人们公开“对所有可能拖住并最终削弱我们敌人的事情感到欢欣鼓舞”。后拿破仑时期的法国很同情美国，并允许美国私掠船在其位于英吉利海峡的港口装备物资。英国政府曾向民众保证轻而易举就可让美国投降，但巴尔的摩的顽强抵抗证明这是个谎言。在巴黎，皇家宫殿花园的人群爆发出一阵欢呼，庆祝麦克多诺在尚普兰湖的胜利。

英国公众对战争的热情在不断下降。再打一年的仗需要延长收取百姓深恶痛绝的战时财产税。《纪事晨报》（*Morning Chronicle*）称，这个消息让民众感到“恐惧和愤怒”。[69] 海上的损失越来越大。9 月 9 日，一个利物浦商人团体表示，自开战以来，该市总计已经被美国人掳走 800 艘船。[70] 伦敦劳埃德保险社称，仅 9 月一个月就有 108 艘英国商船抢购保险。船舶从利物浦航行到哈利法克斯的海上保险费率是 30%，从利物浦到爱尔兰是 13%，后者表明保险费率比整个欧洲处于战争状态时增加了 300%。[71] 巴尔的摩私掠船“猎兵号”（Chasseur）在托马斯·博伊尔（Thomas Boyle）船长的率领下驶进英国港口，以戏弄的口吻命令封锁“英国和爱尔兰所有的河港、海港、海湾、小溪、河流、入水口、出水口、岛屿和海岸”。[72] 这艘船的名字是为了影射应该对上年汉普顿强奸事件负责的“猎兵连”。海军部未能处理美国私掠船的问题，辉格党反对派在国会对其发动了调查。《海军纪事报》的大标题告诉我们，这家影响力巨大的报纸继续持怀疑态度：“与美国交战，英国无法胜利”“美国年轻海军的卓越胜利”“美国——和平的需求很明显”“投靠敌方——一个日益严重的问题”“英国海军领导的困境”“为什么美国在海上如此强大？”。

麦迪逊总统允许美国报纸上刊登来自根特的消息。借此，他向世界表明，美国已经在强征海员问题上做出让步，而英国谈判代表要求美国以领土为代价来换取和平。其结果是，国内外全都指控英国是在北美大陆发动波拿巴式的征服战争，利物浦勋爵领导的政府不得不做出回应。多国参加的维也纳会议正在梳理欧洲战后的主要问题，英国领导人渴望维护本国的声誉和道德优势。英国人在根特谈判的立场已经站不住脚，唯一的选择就是退让。利物浦勋爵非常恼火：“我们的外交代表肯定对我们的政策理解有误。”[73] 他说，挑衅性的领土诉求并不明智，因为他们没有考虑到“这会导致战争继续下去”。

为了避免谈判破裂，英国特使放弃了此前无商量余地的对印第安州的要求，转而提出一个模糊的（因此不能强制执行的）条款，要求把印第安人恢复到 1811 年的状态。接下来的一个月，谈判重心转移到是否应在“占领地保有原则”基础上结束战争，也就是每一方将保留其在敌对行动结束时所占有的领土。在这种安排下，英国将继续控制其占领的缅因州北部地区，这将在魁北克和新斯科舍之间打开一个安全通道。英国还将保有战争中攻下的五大湖地区和圣劳伦斯河的要塞。但在 10 月 24 日，巴尔的摩和普拉茨堡的胜利消息传来，美国人立场更加强硬，他们拒绝了“占领地保有原则”，并宣布他们只有在恢复“战前状态”，也就是恢复所有被占领土的基础上才会谈判。[74]

起初，英国内阁认为美国代表团拒绝妥协肯定会导致谈判破裂。利物浦勋爵写信给维也纳会议的英国代表卡斯尔雷，警告说与美国的战争“可能会持续一段时间”。[75] 继续作战的成本估计在 1 000 万英镑左右，“因此，我们预计，必须继续征收财产税以确保加拿大边境的安全”。

11 月 3 日，英国政府要求时任驻巴黎大使的威灵顿勋爵掌管在加拿大的军队。威灵顿没有直接拒绝，但他重申了自 1812 年开战以来他一直秉持的反战意见——这种分散军力的行动是一种浪费，英国会重蹈 1775 年至 1781 年的覆辙。从普拉茨堡的惨败可以预料到，英国若在五大湖地区没有海军优势，从加拿大入侵美国的计划是不可能成功的。但考虑到根特的谈判进展，他保留了最具打击性的言论。“至于你目前的谈判”，他于 11 月 9 日告诉卡斯尔雷：

> 坦白地讲，我认为你没有权利在战时要求美国在领土问题上做出任何让步……尽管你在军事上取得了胜利，现在也拥有绝对军事优势，但你还无法将敌人的领土据为己有，甚至本国领土还在遭到攻击。基于任何平等的原则，在谈判中你都不

能提出领土诉求，除非用你有权处置的其他优势来交换……那么，如果这个推论是正确的，为什么要提出“占领地保有原则”？你得不到领土。你的军事行动无论多么值得称赞，都不代表你有权索要任何领土。[76]

事实证明，“铁公爵”的生硬评价起了决定性作用，英国特使奉命提出了另一种屈辱的让步，“占领地保有原则”被取消，并在“战前状态”的基础上议和。

美国代表的内部分歧成了最后的障碍。约翰·昆西·亚当斯坚持要让他的父亲在1783年《巴黎条约》中协定的海岸捕鱼权在新的条约中得到重申。（老亚当斯曾试图说服麦迪逊和他自己的儿子，让他们不要屈服于英国。）英国认为捕鱼权已被战争废除，但似乎愿意将其恢复，来交换在密西西比河航行的权利。但代表美国西部地区利益的亨利·克莱坚决反对后者。美国代表的共识似乎会因这一问题而瓦解，于是艾伯特·加勒廷担任调解者，最后说服亚当斯和克莱搁置这两个问题。考虑到将来的谈判会解决这两个问题，该条约将不会提及其中任何一个。约翰·昆西·亚当斯慷慨地称赞加勒廷是“达成和平的最大、最重要的助力”，并补充说，“如果我们的国家在这次谈判中没有他天才的贡献，那将是无法弥补的损失”。[77]

1814年圣诞节前夕签署的《根特条约》（Treaty of Ghent）基本上只是停战协议，没有解决任何引发美国宣战的根源性问题，然而，在等待美国参议院批准之前，战争就已经结束了。

直到 1858 年，欧洲和美洲之间的快速通信才成为可能。这一年维多利亚女王第一次通过跨大西洋电报电缆向詹姆斯·布坎南总统发出问候。而在 1815 年，消息一如从前，是像涟漪一样缓缓在陆上和海上传播开来的。在这串涟漪还未到达的地方，英美战争还在继续肆虐；而在更遥远的战区，战斗还将持续数月。

在新伦敦，“美国号”和其僚舰遭到了严密封锁，斯蒂芬·迪凯特已经在此苦等了近一年时间。1814 年 4 月，斯蒂芬·迪凯特受命去接管当时停在纽约的“总统号”。“美国号”和“马其顿人号”被带到泰晤士河上游约 8 千米处进行拆解。迪凯特和他的军官以及“美国号”的大部分船员通过康涅狄格州的陆路到达纽约港，接管了“总统号”。他下令出航到世界的另一边去掠夺敌人的东印度贸易。接下来是几个月的改装，美国人等待着恶劣天气将英国舰队驱逐出桑迪胡克。

1815 年 1 月 14 日，《根特条约》签署三周后，这个机会终于来了——刺骨强劲的西北风迫使封锁者跑到了大约 80 千米外的海上。“总统号”停泊在斯塔滕岛东北部一个浅海湾。晚上 8 点左右，伸手不见五指，在猛烈的暴风雪和刺骨寒风中，船员转动绞盘棒，将船锚从淤泥中拔出。这不是一个将这艘负重累累、吃水很深的巡航舰驶离纽约的好时机，却是逃出英国封锁的唯一机会。“总统号”在狂风中驶进了纽约湾海峡，小心翼翼地避开斯塔滕岛范德温特角和大基尔斯角的暗礁，绕过中浅滩向东驶去，然后转舵，朝着“路障”上面 9 米深的航道驶去。所谓“路障”就是一个水下的屏障，将海湾与公海分开。这条航道本应由停泊的船只标记出来，但是在风暴中很难看到，惶恐的领航员只能凭猜测判断，可他猜错了，

“总统号”猛地搁浅了。

这艘大型巡航舰在“路障”上无助地冲撞了两个小时，严重受损。龙骨严重变形并拱起，一部分铜皮和防擦龙骨被刮掉，桅杆移位，还有好几个舵柄坏了。如果有可能返回纽约维修，迪凯特肯定会这样做，但是这在大风中根本无力办到。除了让“总统号”在大风和波浪的合力推进下一点一点地往前挪，强行越过“路障”，最后驶向大海之外，别无他法。水手们按照指令一起来回奔跑，从右舷跑到左舷，再从左舷跑回右舷，让巡航舰左右摇晃，来推动其前行。“总统号”一步一步地往前挪动，但是船体持续猛烈震荡，加剧了损伤。

最后，晚上10点左右，“总统号”终于自由了。迪凯特沿长岛南部海岸线顺着大风航行。凌晨3点左右，在法尔岛（Fire Island）沿岸，他稍微向南调整了航线。第一缕晨光升起，随着风力减弱，桅顶上的瞭望员看到4艘船向正东航行，最近的一艘只有约3千米远。他们只可能是英国舰队，即野蛮的战列舰“威严号”（Majestic）、熟悉的重型巡航舰“恩底弥翁号”以及38炮巡航舰“波莫娜号”（Pomone）和“忒涅多斯号”。约翰·海斯（John Hayes）准将已经猜到迪凯特从桑迪胡克出发的路线，他的猜测非常准确，“总统号”正好撞进他的怀抱。

迪凯特改变方向，满帆向北驶往蒙托克，但“总统号”船身受损，速度比平时慢了几节。船舱进水严重，需要船员持续将水泵出船外。中午时分，大风渐渐转成了微风，随即近乎平静。“恩底弥翁号”是英国舰队最快的船，它已渐渐逼近。迪凯特下令减轻“总统号”的重量，小艇、缆绳、备用圆材、食品供给桶等一切战斗中用不上的物品都被扔进海里。淡水被倒掉，锚链被切断，水桶被提到高处，以打湿船帆。“尽管如此，”见习军官乔治·霍林斯（George Hollins）写道，“他们还是渐渐赶上了我们。”[78]

在暮光之下，“恩底弥翁号”驶进了炮击范围内，用艏炮开了火。下午5点半，它最前方的24磅大炮瞄准了“总统号”的右后舷。迪凯特别无选择。他可以顺风航行，进行战斗，但这只会引来敌方其他舰艇加入交火。他可以继续逃跑，但那样的话，“恩底弥翁号”将继续轰击“总统号”脆弱的船尾。迪凯特召集船员来到后桅，宣布了他的计划——迎风转舵，抵近敌人并跳帮夺船。如果计划成功，美国人就凿沉损坏的“总统号”，将捕获的“恩底弥翁号”带回纽约。

这是一个大胆的想法，但不可能在轻微的逆风中实施。霍普舰长驾船技术高超，与对手始终保持距离。于是这两艘大型巡航舰一同往南行驶，互发舷炮。“总统号”伤亡惨重。大副F. H. 巴比特（F. H. Babbitt）的右腿在后甲板上被击断，他口述了最后一封信给他爱人，两小时后失血而死。前海军部长保罗·汉密尔顿的儿子阿奇博尔德·汉密尔顿尉官被一轮葡萄弹击中，受了致命伤，跌倒在甲板上，他仍向手下喊道：“继续！继续！”[79]斯蒂芬·迪凯特胸部被一块碎片击中，跌倒在甲板上。他一阵眩晕，但很快就站了起来。几分钟后，他被另一块碎片击中额头。鲜血顺着他的脸往下淌，但他仍然站着，坚持说伤势不是很严重。“总统号”总共25人死亡，60人受伤，死者中有5名尉官。

迪凯特意欲使敌人无法航行，命令炮手们往“总统号”的炮管中装载连环弹——链弹和哑铃弹，旨在砍断敌人的索具。“恩底弥翁号”所有帆桁完好，但索具和船帆受损严重。“总统号”向迎风面转向，船尾朝着“恩底弥翁号”，试图摆脱其他船只。但是这种操作使“恩底弥翁号”得以向美国巡航舰失防的船尾发动两次舷炮齐射，造成极大破坏。见习军官霍林斯走回后甲板，看见罗经柜灯照射下的一具水手尸体，吓得呆若木鸡。这具尸体已经“被一炮切成两半”。[80] 迪凯特从后面走近，把手放在霍林斯的肩上，问道：“年轻人，除了看这样的东西，你没有什么别的可以做吗？去履行你的职责。”

到了晚上，“波莫娜号”和“忒涅多斯号”继续紧追不舍。10点钟左右，“波莫娜号”接近了射程范围，发动了一轮，也可能是两轮舷炮齐射。迪凯特发出了一个后果严重的命令：降下黑暗中用来替代旗舰舰旗的后桅斜桁上的灯。被“波莫娜号”轰击的时候，迪凯特喊道：“我向舰队投降。”

三年来，英国人一直想在一对一决斗中捕获一艘美国的44炮巡航舰。一些报纸起初声称“总统号”是被“恩底弥翁号”单独打败并捕获的。迪凯特一直坚称他是向整个英国舰队投降，而不是向其中任何一艘舰艇投降。后来，关于“总统号”投降之前“波莫娜号”向其发射了多少次舷炮，效果如何，以及“忒涅多斯号”是否也在射程之内，这些问题都有争议。迪凯特的说法是自相矛盾的。他告诉妻子苏珊，他事先就决定了，如果英国追捕者第二次进入炮击范围，他将投降，以避免更多的美国人在不可能获胜的战斗中白白牺牲。迪凯特在随后的军事审判中被判无罪，但是率领“总统号”投降使凶狠勇猛的他背上了胆怯的名声。身体疲惫很可能是诱因之一：“总统号”的官兵已连续30小时暴露在阴冷的寒冬里。

“总统号”行驶到百慕大，随后入列皇家海军。迪凯特及其官兵很快就获释并获准回国，他们在1815年3月中旬到达美国时得知了和平的消息。

英国最后一次大型两栖作战行动是针对墨西哥湾沿岸和新奥尔良的。占领华盛顿并在巴尔的摩被击退的军队从切萨皮克驶往牙买加。连同来自欧洲和西印度群岛的增援，英军已有1万人。由于罗伯特·罗斯将军在巴尔的摩被杀，军队的指挥权被转移给威灵顿公爵的妻舅，陆军将领爱德华·帕克南爵士（Sir Edward Pakenham）。这支强大的入侵部队中有数千名官兵参加过半岛战役，其中包括英军最精锐的一些连队。

帕克南的目标是距海湾地区大约160千米的新奥尔良。位于密西西比河北岸的新奥尔良，是一个拥有2.5万居民的多语种城市。除了能在城里掠夺丰富的财物之外，征服和占领新奥尔良可让英国人阻断密西西比的航道，从而迫使美国代表团在根特采取更加顺从的态度。

侵略者登上科克伦将军指挥的一支舰队，11月下旬从牙买加起航，12月13日在卡特岛（Cat Island）登陆，在博恩湖（Lake Borgne）地区开展袭击，捕获并摧毁了一支美国小型炮艇队，最后在新奥尔良东部登陆。先遣队通过了河口和柏树沼泽，到达了密西西比河东岸的种植园，位于新奥尔良下游大约13千米处。英国军团各就各位后，人数最终接近6 000。根据不久前在布莱登斯堡的经验，英国指挥官认为，对美国防线发起正面攻击将迅速摧毁防御者。

美军由安德鲁·杰克逊（Andrew Jackson）少将指挥，他是土生土长的南卡罗来纳人。1814 年 5 月以来，他一直指挥着整个墨西哥湾沿岸地区的部队。[81] 一个月前，杰克逊才到达新奥尔良。发现这个城市对英国的入侵毫无准备后，他的工程师们以惊人的速度匆匆忙忙地建造了土木工事和堡垒。起初，防御者人手奇缺，但随着民兵从周边地区涌入城市，他们的力量逐渐加强。来自肯塔基州和田纳西州的一些神枪手、奋起反抗当地政客的自由黑人军团、少数乔克托印第安侦察兵，以及吉恩 · 拉菲特（Jean Lafitte）领导下的海盗帮，全部加入了一支小型正规军。拉菲特的海盗是通缉犯，但他们怀着爱国之情，怀着对英国的仇恨和未来被赦免的期望加入了杰克逊的军队。新奥尔良的法国人自然会拿起武器对付他们的宿敌，《扬基歌》和《马赛曲》是人们在城市街道上经常听到的曲调。

杰克逊在英国营地上游约 3 千米处组织起了自己的防线。他的阵地横跨沙尔梅特平原，长约 400 米，从河流延伸到几乎不可穿越的柏树沼泽的边缘。紧挨着一条 3 米宽、1.2 米深的沟渠，建起了一道 1.5 米高的坚固胸墙，且隔一段距离就修建一座重型炮台。截止到 1815 年 1 月 8 日，美国防线约有 3 500 人驻守，另有 1 000 名预备役人员。

1 月 8 日的早上，平原升起了浓雾，英国军队分成两列，在少将塞缪尔 · 吉布斯（Samuel Gibbs）和约翰 · 基恩（John Keane）的指挥下沿江前进。当敌人步兵距离约 450 米，来复枪兵距离约 250 米，火枪手距离约 100 米时，美国大炮开了火。美国防线的炮击是毁灭性的，但纪律严明的英国军队拒绝散开和逃跑，继续前行，抱着自我毁灭式的勇气进入枪林弹雨之中。吉布斯将军战死，基恩将军重伤，帕克南将军策马向前重整第 44 团，却立刻被一连串葡萄弹打出了内脏。许多英国老兵后来说，这是他们见过的最凶残的交火。“一切都在晃动，好似天崩地裂，”一名亲历者写道，“这是最可怕也最暴烈的声音的交响……树林似乎在永无止境的远方爆裂，每发炮弹都会激起数百声回响，产生非常奇特的混响……闪烁的火光仿佛来自地球最深处……密林方向的回响如此激烈，任何人都会以为那里进行着一场战斗。”[82]

随着枪声沉寂，硝烟散尽，美国防线前方的战场上倒下了 1 500 名或死或伤的英国士兵。两军同意休战后，双方都派出手无寸铁的人，他们并肩工作，整个下午都在战场上抬运伤员。300 名伤员被带到美国营地，然后被运到新奥尔良的医院。帕克南和吉布的尸体被移除内脏，密封在酒桶里，等待运回英国。英军派人挖了一个浅浅的大坑，把死者埋了进去。接下来的几周里，持续多日的降雨使得许多尸体的头和四肢都露出了地表。

英军有 291 人死亡，1 262 人受伤，484 人被俘。伤亡人员中有 3 名将军，7 名上校，以及 75 名中校和少校。仅第 4 团就失去了 24 名军官，包括上校和 12 个中士。苏格兰第 93 高地军团，是英国军队中最有名的军团之一，在此战中失去了 2/3 的将士。而在胸墙后得到良好保护的美军，只有 6 人死亡，7 人受伤。这是英国陆军野战中遭受过的伤亡比最悬殊的惨败。更惨的是，这场战斗还是在和谈结束两周后进行的。

约翰·兰伯特将军在帕克南牺牲后接替指挥，他拒绝了科克伦将军发动第二次袭击的提议。英国的幸存者中有许多人正挨着饿，他们沿着来时的路撤退到博恩湖，登船踏上了回程。乔治·罗伯特·格雷戈（George Robert Gleig）中尉写道：“我们 7 个星期前带着满誉而归的十足信心启程……现在却萎靡而归，情绪低落。我们的兵员少得可怜，指挥官被杀，衣服破烂不堪，我们的军纪甚至在某种程度上也受到了影响。”[83]

查尔斯·斯图尔特舰长已经掌管“宪法号”18个月了，比战争一半的时间还要长。通常不会出现这种情况，但其中14个月是在波士顿港度过的。这段时间里，斯图尔特和“宪法号”因英国的封锁而困于此地。1813年冬季至1814年早春的4个月巡航已被迫提前结束，因为主桅上出现了一条很长的裂缝。4月3日，巡航舰避开英军封锁线，逃往马布尔黑德港，进行整修。英国舰艇展开追逐。“宪法号”进入港口时，有几艘敌舰紧随其后。那是一个星期天的早晨，许多马布尔黑德和塞勒姆的居民正在教堂里做礼拜。据当时一个在场的人描述，塞勒姆南教堂的牧师本特利听到这个消息后，合上了祈祷书，向会众宣布礼拜结束，并说道：“对上帝最好的侍奉，莫过于捍卫我们的国家。”[84]他戴上帽子，跑出教堂，带领教区的信徒来到海滩，那里的民兵正在布置大炮，以击退敌方船队。追捕舰改向驶离，放弃了追逐。两个星期后，“宪法号”溜回了波士顿。

由于英国舰队加强了封锁，“宪法号”被迫在波士顿度过了夏季和秋季，再度等待冬天的到来。12月18日，斯图尔特得知马萨诸塞湾被敌人暂时抛弃，逃脱的机会终于来了。“宪法号”离开锚地，在长码头人群的欢呼雀跃声中驶入大海。它绕过科德角，在“轻快的微风”[85]中顺风航行，朝百慕大驶去。它捕获了一艘战利船，然后向东航行到马德拉岛和葡萄牙海岸，在那里捕获了一艘满载货物的印度商船。1815年2月20日，“宪法号”从西班牙西北部的菲尼斯特雷角起航，然后折返向南。位于马德拉岛东北偏北大约 160 千米处时，瞭望员高声报告，在船首上风约 20° 角的方向上有一艘陌生船只。几分钟后，桅顶又传来消息，船首下风方向发现另一艘船。与此同时，第一艘船改变航线，前来拦截“宪法号”。

它们是皇家军舰“赛安号”（Cyane）和“黎凡特号”（Levant），负责为开往西印度群岛的一支商船队殿后护航，3 天前从直布罗陀海峡出发。[86] 前者是 24 炮轻型巡航舰，后者是 18 炮护卫舰。两舰一起向“宪法号”舷炮齐射，发射了相同重量的炮弹。但这两艘军舰都只配备了 32 磅卡隆炮，有效射程只有约 400 米，而“宪法号”的 24 磅大炮可以攻击 1 100 米之内的敌人。

“宪法号”没有对英舰的暗号做出回应，因此英国两位舰长决心与其交火，要么捕获它，要么至少让它远离刚刚消失在西方地平线上的商船。两船进入彼此的喊话距离后，约定抢占上风的相对有利位置，但很快就放弃了努力。

“宪法号”全力追逐，但下午风力增强后，主顶桅出现断裂。[87] 船员爬到高处清理残骸并装备了新的顶桅。一小时后，“宪法号”再次朝着陌生船只以 10 节的速度疾驶。下午 5 点，“宪法号”左舷的两门艏炮向最近的英舰开了火。炮弹没有打到目标，在距其不远处落入了大海。“宪法号”顺风追来时，“赛安号”和“黎凡特号”在前方组成阵列，相距约半链的距离，同时升起了英国舰旗。“宪法号”也悬挂起美国旗帜。三条船仿佛心照不宣，进入了战斗状态。

6 点 5 分，“宪法号”从 550 米外瞄准“赛安号”的右后舷开了火。三艘军舰舷炮齐射，进行了 15 分钟的较量。英国卡隆炮发射的一颗炮弹击中了“宪法号”的船腰，造成两人死亡，一艘小艇也被炸成了碎片。浓厚的烟幕遮挡了下风方向的视野，所以斯图尔特下令停火几分钟。硝烟散尽后，美国人看到“黎凡特号”正迎风驶来，准备包抄到船尾。斯图尔特下令将主中桅帆和后中桅帆转向逆风来甩掉对手。与此同时，左舷火炮和桅楼的陆战队员投入了近距交战。在“宪法号”猛烈的炮火下，“黎凡特号”受到了严重的打击。英国人的甲板上已经“完全是个屠宰场”，[88]索具也被轰炸得残破不堪。

“赛安号”也已迎风驶近，显然是打算对“宪法号”的舰首发动纵射。斯图尔特下令中桅帆归位并张满，“宪法号”反应敏捷，情势发生了逆转。[89]“宪法号”驶过“赛安号”的尾波，在 90 米外对其尾部发动了两次纵射。“宪法号”迎风调向，瞄准了“赛安号”严重受损的左后舷，正要从右舷发动新一轮舷炮齐射时，英国人扯下舰旗，向下风处开了一炮以示投降。当时是下午 6 点 45 分。二副比克曼·霍夫曼（Beekman Hoffman）带领 15 个海军陆战队员登船去占领战利舰，英国军官们被带上了“宪法号”。

此时“黎凡特号”已驶向背风地带修复被破坏的索具，随后道格拉斯舰长勇敢地返回了战场。晚上 8 点 40 分，月亮从东边升起之时，双方相向而行，在相距不到 50 米的地方互发右舷舷炮。“宪法号”快速顺风转向，对“黎凡特号”的船尾发动纵射，将其舵轮打得粉碎，并击穿其主下桅和后下桅，杀死了后甲板上大约 12 个人。“黎凡特号”许多幸存的船员都认为已经受够了。他们无视军官的指挥，挤进舱口，逃往下甲板相对安全的地方。道格拉斯舰长猜到“赛安号”已经投降，因此试图迎风逃跑，但“宪法号”速度出众，只用一个小时就追上猎物。“宪法号”的艏炮瞄准“黎凡特号”的左后舷开了火，美国的炮手能听见敌船板材炸开的声音。晚上 10 点过后不久，道格拉斯意识到败局已定，命令“黎凡特号”戗风转向，并朝反方向开炮以示投降。

一队美国押解船员乘小艇前去接管这艘护卫舰。后来一名军官描述了他在“黎凡特号”甲板上看到的令人毛骨悚然的场景：“后桅上覆盖着几米高的脑浆和血液，甲板上到处散落着牙齿、碎骨、手指和残肢。很长一段时间之后，我才可以接受这些……从未见过的可怕场面。”[90]“黎凡特号”159 名船员中，有 23 人死亡，16 人受伤。[91]

这两艘被俘船都处境不妙。“赛安号”船舱进水深达 1.5 米，桅杆摇摇欲坠，索具耷拉在海上。“黎凡特号”的桅杆和帆桁状况还好，但船身千疮百孔，在风浪中飘摇。“宪法号”的损失可以忽略不计。[92]押解船员苦干 3 个小时后，被俘船终于可以航行了。周日清晨，他们开始向西挺进。一些英国军官为战斗失利应该归咎于哪条船而争论不休，还有几个英国海员不守规矩，美国人只好给他们戴上镣铐。

斯图尔特带领着战利品驶入葡萄牙的佛得角群岛的普拉亚港。第二天拂晓，在晨雾之上可以看见三艘战舰的中桅帆。它们是三艘英国巡航舰——“利安德号”、“纽卡斯尔号”（Newcastle）和“阿卡斯塔号”。前两艘巡航舰和“宪法号”实力相当，是专门用来对付美国 44 炮巡航舰而建造的。这支舰队在准将兼“利安德号”舰长乔治·科利尔爵士（Sir George Collier）的指挥下堂而皇之地开进了普拉亚港的锚地。尽管普拉亚港是一个中立国港口，但斯图尔特还是没有冒险。敌方舰队进入炮击射程后，“宪法号”和其僚舰切断了锚索，全速出海，驶过了港湾北端的东角。英国巡航舰紧随其后，全力追逐。

一时间看起来科利尔的大军好像可以赶上“宪法号”。斯图尔特下令抛弃船尾拖着的划艇和小艇。下午1点，他给“赛安号”发出信号，命其迎风转向。“赛安号”照做了，但英国船并没有追来，而是任其逃脱。随着下午慢慢过去，“黎凡特号”落在后面，似乎注定要被攻占了。3点刚过，斯图尔特示意它向西北方向迎风转向，就像“赛安号”一样。这次英国舰队不再试图追赶“宪法号”，而是跟着“黎凡特号”一同转向了。“黎凡特号”成功地逃回普拉亚港，但科利尔的舰队公然冒犯葡萄牙主权，追进港口，近距离炮击“黎凡特号”，直到它投降。

《根特条约》签署3个半月后，4月9日，“赛安号”到达了纽约。“宪法号”5月14日抵达桑迪胡克，10天后起航驶向波士顿。当它到达总统锚地的时候，卡斯尔岛发出雷鸣般的礼炮声，整个城市涌动着欢庆的气氛。“宪法号”在查尔斯顿的江边停泊。它将流芳百世。斯图尔特乘舰长专用艇穿过港口。他按照艾萨克·赫尔在1812年开创的传统，在波士顿的长码头上岸，沿着州街走到交易所。一大群人为他欢呼，还有一个乐队跟在后面演奏爱国歌曲。

《泰晤士报》长期以来一直呼吁对美国发动惩罚性战争，因而对《根特条约》极为憎恨。“带着流血的伤口，我们已经从战斗中撤离。然而最近在普拉茨堡和尚普兰湖的战败还没有复仇，”记者在社论中感慨道，“我们有着最勇敢的海员和世界上最强大的海军，可还是因胜算太小而退出战斗。”[93]《纪事晨报》嘲讽利物浦勋爵和他的内阁“卑微到尘埃里”，既没让美国人割地，又没让美国人赔款，就与美国人讲和了。这种抱怨在某种程度上被战争结束后经济上激增的信心压制了。与此同时，海上保险费率暴跌，商船迅速建造，工人返回工厂，市场急剧扩大。《纪事晨报》称这是“多年来最大的市场”。[94]但批评者担心，英国允许美国保留小型海军是个错误，因为随着时间的推移，它会成长为一支极具威胁的强大海军。“必须承认，美国人与我们在海上交战时非常勇敢，”2月6日的《海军纪事报》上一个署名“阿尔比恩”*的人写道，“他们几乎在每个方面都取得了成功。毋庸置疑，他们的海军将迅速成长为一股着实令人敬畏的力量。”[95]戴维·米尔恩将军和很多皇家海军军官一样，认为英国本应该向战争投入更多的人力物力：“我真心希望把他们的海军消灭在萌芽状态，因为他们发展到任何程度都会给我们带来麻烦。”[96]

然而，1815年3月，两则消息成功平息了人们对与美国和谈的批评。第一则消息是新奥尔良的惨败。第二则消息更令人震惊：拿破仑离开厄尔巴岛，成功回到巴黎。“百日王朝”已经开始，疲惫却顽强的英国人开始为另一场战役动员。美国几乎被激动的英国大众遗忘了，但一向在《海军纪事报》上揭示令人难以接受的残酷真相的“阿尔比恩”从新奥尔良的血腥惨败中看出，跨大西洋关系的新阶段开始了：

我们在美国海岸的所有尝试就这样以惨败告终，政府不当

* 阿尔比恩（Albion），指英格兰或大不列颠，常用于诗歌中。——译者注

的举措与不充分的军力就这样让我们深陷耻辱的泥淖……毫无疑问，对付这个新生的敌人，我们现在做的一切都很糟糕。敌人已经显示出了**巨人般**的力量。不久之后，这个遥远帝国的伟大崛起（它距离遥远，对欧洲来说也许是件幸事）将会震惊曾经质疑和观望它的国家。这些国家曾经见证英国在如日中天的时代拼尽全力都对敌人束手无策，曾经见证英国彻底的惨败。我为国运的衰落而悲叹，为徒劳地损失众多勇士而哀悼。现在我要退出与美国的较量了。表面看来一切都已结束，但历史将记录我们的失败，我们的子孙后代将看到、尝到这些失败的苦果。

尘世荣华容易逝。[97]

尾　　声

许多美国人都认为根特谈判注定会失败，同时也担心英国军队会像上年9月夺取华盛顿一样轻易就攻占新奥尔良。联邦党领导人不久前在康涅狄格州的哈特福德集会，威胁称除非战争立即结束，否则他们将宣布新英格兰脱离联邦而独立。楠塔基特岛已经正式发布中立宣言。这一时期美国人与敌人的交易非常普遍，且日益频繁，尤其是在北部海港。美国的财政信用已经崩溃。由于海关收入已经减少到如同涓涓细流，向国内外贷方借款基本无望，联邦政府是否能熬过去再打一年仗，很让人怀疑。

1815年2月4日，安德鲁·杰克逊在新奥尔良大捷这一令人振奋的消息传到首都华盛顿。恰好一个星期后，2月11日，英国战舰"喜爱号"悬挂休战旗抵达纽约，带来了《根特条约》的消息。一位特派使者携公文从陆路抵达华盛顿，于2月13日将其交给国务卿门罗。麦迪逊没有修改任何条款就将条约提交给了参议院。2月16日，条约在参议院获得一致通过。2月20日，麦迪逊批准条约后交给国会一封短信，信中他祝贺美国赢得了战争的胜利，"这一胜利是参议院的智慧、美国人民的爱国热情、民兵的公共精神，以及美国陆军和海军部队非凡勇气的必然结果"。[1]胜利的消息传到全国各地，人们敲响钟声、鸣放礼炮、点亮夜空、弹奏乐器，用传统的狂欢仪式来庆祝胜利。即使是极其忠诚的联邦党人也欢欣鼓舞，北方的独立运动也就此偃旗息鼓。在哈特福德，《美国信使报》（*American Mercury*）2月14日报道："这一光荣事件在美国各阶层人民中引起的轰动真是难以描述，大家敲起钟，擂起鼓，欢呼雀跃，通宵达旦，公众的喜悦尽在其中。"[2]

战后经济的复苏十分明显，令人满意。股票和政府债券价格暴涨。出口产品在战争的结束阶段还是一文不值，现在突然需求大增，价格也相应上涨。船只在港口满载货物，准备驶往国外市场。在战争期间稀缺且昂贵的进口制成品和商品突然变得丰富且便宜。棉花和茶叶价格下降了50%以上，锡的价格下降超过60%。[3]战争的最后一年几乎陷入停滞的贸易，迅速恢复到1811年，也就是战前一年的水平。进入美国港口的船舶的总净吨位从1814年的108 000吨增加到1815年的918 000吨。出口增长了将近7倍，从1814年的700万美元增加到1815年的5 300万美元。英国军队从北部边界被占领土和切萨皮克的丹吉尔岛撤出。英国军官的荣誉和良知让他们无视条约中要求他们将逃跑的奴隶送回其美国主人手里的那部分条款，许多奴隶获准作为加拿大滨海诸省的自由公民定居下来。

联邦党人的报纸抨击共和党人使国家陷入了一场荒唐且代价高昂的战争。《波士顿公报》（*Boston Gazette*）先是承认"全国人民都欢欣鼓舞"，但仅一个星期后，就将所有投票支持1812年战争的国会议员的名字全部登在报纸上，并且说"这些人软弱、无知、轻率，必须受到谴责"。[4]在参议院审议条约期间，纽约联邦党参议员鲁弗斯·金（Rufus King）虽然支持批准条约，但"对战争及其支持者进行了40分钟的嘲讽"。[5]联邦党人认为，共和党人被迫接受了一项没有确保实现既定战争目标的条约，将会在选举中受到惩罚。马萨诸塞州的联邦党参议员克里斯托弗·戈尔（Christopher Gore）说："《根特条约》对这个发动了战争却又媾和的政府来说是很不光彩的，在最初的喜悦和放松减退之后，所有人都会这样认为。"

然而情况并非如他所说，美国民众压根儿就没心思弄明白 1812 年的战争是徒劳且不必要的，他们更喜欢共和党所说的故事：美国人在这场伟大的爱国运动中取得了胜利。伍斯特《国民报》（*National Aegis*）宣称："**我们胜利了**！那些不满者爱嚷嚷什么就让他们嚷嚷去吧！**我们赢得了辉煌的胜利**！"[6] 加拿大战场上令人耻辱的不战而降，新英格兰的濒临独立，与敌人的广泛交易，国家财政的崩溃，几乎完全被破坏的贸易，完全没有实现的战争目标，所有这一切都被迅速从公共记忆中抹去，1812 年战争被称为"第二次独立战争"。整个国家处于一种兴高采烈的情绪之中。美国人是如此高兴，以至于从 1815 年开始的一段时期被形容为"好感觉时代"（Era of Good Feelings）。

亨利·克莱曾经是战争的主要倡导者，同时又是和平的主要缔造者，1816 年 1 月他问国会的同僚："我们在这场战争中真的一无所获吗？"

> 看看美国战前的堕落景象：世界看不上我们，我们瞧不起自己。你们告诉我，我们是不是真的在战争中一无所获？美国现状如何？在国际上我们赢得了尊重，树立了品格；在国内我们赢得了安定，增强了信心。虽说我们没有对敌人进行某些人眼中的那种全面报复，但我们的品格、我们的宪法拥有了坚实

的基础，永远不会被动摇。[7]

在回应对于《根特条约》没有涉及强征船员和中立贸易权问题的指责时，共和党人坚持认为，欧洲的和平使这些问题已不再重要。麦迪逊在批准条约的附信中表示："和平，永远是一桩幸事，因此在战争的起因不复存在的时候特别受人欢迎。"已退休的前总统杰弗逊告诉记者，这样的和平"实际上只是一种停战协议，会被加诸美国公民身上的强征海员行为所终止"。[8]克莱在国会的盟友，来自南卡罗来纳州的约翰·卡尔霍恩认为，为了让英国在强征海员的问题上让步而继续打下去，"只不过是为抵制英国政府可能的要求而战，而英方实际上已经不再强征海员了"。[9]

此后多年里，反战者一直被横加挞伐，"哈特福德会议"成为背叛和不忠的代号。一名共和党编辑写道，反战的联邦党人带给他们自己的只有"失望、耻辱、挫败和绝望"。[10]联邦党人在策略上再次技逊一筹，而这次错误将是致命的。联邦党候选人会在1816年的选举中溃败，詹姆斯·门罗将连任两届总统（1817—1825），弗吉尼亚共和党王朝继续当政。

对于1812年的战争，人们首先铭记和珍惜的是，美国的小小舰队撼动且彻底击败了有史以来最强大的海军。迪凯特、赫尔、班布里奇、劳伦斯、佩里和麦克多诺是19世纪美国最为人称颂的英雄，他们的名字广为人知，就像今天的好莱坞明星或职业运动员。城市乡镇以他们的名字命名，家庭装饰用的版画、锡杯、盘子、大碗、壶以及木雕上面都刻着或印着美国第一批战舰或其指挥官们的形象。早在1816年，斯塔福德郡敢于创新的英国制造商就开始用美国海军的胜利场景来装饰瓷壶与瓷盘，他们发现在利润丰厚的美国市场有大量买家争相购买。水手们保留着据说来自取得过胜利的军舰上的木材碎片，好像它们是真正的十字架的遗物一样。在联邦党人和杰弗逊派的党争之后，海军神话唤起了民族团结感，而且直到 1812 年战争之后，美国人才开始用单数而不是复数来指美国。

共和党最后的一点反海军倾向也消失了。《根特条约》刚被批准，麦迪逊就要求国会向阿尔及尔宣战，因为该国利用英美战争的机会重新对美国航运进行攻击。两支独立的特遣舰队准备前往地中海，一支在威廉·班布里奇的率领下从波士顿出发，一支在斯蒂芬·迪凯特的统领下从纽约出发。由于班布里奇官阶更高，他将统率新下水的 74 炮战列舰“独立号”（Independence）。迪凯特的舰队由 9 艘军舰组成（其中包括“星座号”），于 1815 年 5 月 20 日起航。这支舰队俘获了阿尔及尔巡航舰“马什达号”（Mashuda），并于 7 月 3 日兵临城下。一阵炮轰之后，阿尔及尔帕夏签署条约，发誓不再索取保护费，并在未得赎金的情况下释放了被扣押的美国人。随后迪凯特航行到突尼斯和的黎波里，迫使两国做出相同的让步并交付现金以弥补美国船主最近的损失。美国在巴巴里诸国再也不会遇到什么麻烦。而班布里奇由于装配“独立号”，在波士顿延误了一段时间，到达地中海时已错过行动，没能分享任何荣耀，所以此后多年他一直对迪凯特心存不满。此时迪凯特已成为美国历史上最卓越的海军英雄。回到美国后，他在为自己举行的宴会上发表了著名的一语双关祝酒词：“为我们的祖国干杯！希望我国在与外国交往时始终是有理的（胜利的）一方——无论对错，它都是我们的祖国！”[11]

国会在1812年末下令建造新舰，其中几艘在战后立即下水列装。除了“独立号”外，还包括74炮的“华盛顿号”（Washington）和“富兰克林号”（Franklin）战列舰，以及新的44炮巡航舰“勇士号”和“爪哇号”，这些舰船的名字旨在惹恼英国人。第6艘是30炮的“富尔顿号”（Fulton），世界上第一艘蒸汽驱动的巡航舰，由一个单桨轮推进，桨轮封闭在两个浮船船体内，以免它被敌人击中。“富尔顿号”十分笨重，其内轮设计很快就被抛弃了。再过半个多世纪，风帆战舰才会被淘汰。

美国对海军新生的热情一直持续到战后数年。麦迪逊认为“一定程度的备战不仅对于避免灾害发生是必不可少的，而且还会为持续的和平提供保障”，[12] 他要求国会实施一个长期建设计划。《海军逐步扩军法案》（Act for the Gradual Increase of the Navy）于1816年4月获得通过。该法授权建造9艘战列舰和12艘重型巡航舰，预计每年开销100万美元，为期8年。杰弗逊在1815年1月写给门罗的一封信中私下评论道，考虑到海军在战争中的表现，1801年的原则注定会被全盘否定：“巡航舰和74炮战列舰是我们必须做出的牺牲，哪怕以部分国人的偏见看来代价过重。”[13]

19世纪初，海军主要被用来打击海盗和奴隶贸易，但门罗总统对美国海军力量的长期潜力很有信心，这是他在1823年12月的年度国情咨文中提出所谓“门罗主义”的一个重要因素（虽然“门罗主义”主要是由时任国务卿的约翰·昆西·亚当斯构想出来的）。门罗总统宣布，北美洲和南美洲“从今往后不应被视为任何欧洲列强未来的殖民对象……任何将欧洲势力延伸至新大陆上的作为，都将被美利坚合众国视为危及我国之和平与安全的行为……欧洲列强的任何以压迫拉丁美洲各国为目的的干涉行为，或以任何其他方式企图控制拉丁美洲命运的行为，都将被视为对美国不友好的表现”。

1812 年战争结束近 200 年后，历史学家们仍在为这场战争的前因后果而争论不休。这场战争既缺乏美国独立战争那样的历史意义，规模也比不上美国内战和 20 世纪的主要战争。从英国的角度来看，这场战争不过是其与拿破仑的漫长争斗中的一个小小插曲。这场战争表面上是为了捍卫美国的海洋权利，但在北部海港非常不得人心。这是一场主权国家之间的冲突，却充满了内战那样的切身痛苦。如果不是因为双方运气都不好，也缺乏外交手腕，这场战争本可避免。如果 1812 年伦敦和华盛顿之间有一条电报电缆连接，战争就不会打起来；如果 1815 年有这样一条电缆，帕克南将军的部队就已返回英格兰与家人团聚，而不是在《根特条约》签署两周之后在新奥尔良南部的战场上被安德鲁·杰克逊将军的部队屠杀。再没有哪场对外战争像这场战争一样使美国人民如此痛苦地分裂，如果战争再多打一年，美国也许就解体了。在战争的后期，双方都不能取得任何实质性的进展。美国人不得不承认，没有在加拿大边境丧失领土实在是幸运。

温斯顿·丘吉尔在《英语民族史》中宣称 1812 年战争是一场“徒劳且不必要的战争”，但马上又补充道，“这场战争换取的和平是坚实而持久的”。这是一个非常重要的观点。在 1815 年之后，英国和美国有过很多次利益冲突，但每次冲突基本上都能靠外交手段化解，再也没有发生第三次英美战争。而在 1815 年，大西洋两岸没有几个人认为可能出现这样的结果。英国和美国的报纸经常谈到两国可能再次爆发战争。1816 年，亨利 · 克莱对国会的同僚说："如果有谁看不到我们与英国之间注定一场战争接另一场战争，直到其中一国被打垮，然后两国之间不再有冲突的理由，那么这个人必定是对未来非常盲目。"[14]

但是战争的教训被铭记在心。丘吉尔写道："英国的反美情绪几年内高居不下，但再也没有人拒绝将美国作为一个独立的国家正当对待，英国陆军和海军已经学会了尊重前殖民地。"[15]战后很多人在私人信件中也表达了这样一种观点。在几次企图入侵加拿大的行动中，美国陆军的表现总体上来说很糟糕，加拿大人则表明他们将为保卫自己的国家而英勇战斗。但英国人并不怀疑，如果英美第三次开战，加拿大这片人口稀少的领土肯定是十分脆弱的。1817 年，戴维 · 米尔恩将军告诉记者："如果美国人向我们宣战，我们没法保住加拿大。"[16]

虽然《根特条约》没有对强征美国海员的做法给出任何保证，但强征行为已不再出现。即使在 1815 年"百日王朝"期间的海军再动员过程中，皇家海军也下了狠心，不允许强征美国船的海员。在人口、经济生产和领土扩张三个方面，美国的增长速度都比英国快。考虑到这些人口趋势，亨利 · 亚当斯对《根特条约》做出了这样的判断："也许在那一刻，美国人是最大的输家；但考虑到所有争端都会随着时间流逝而得到解决，那么美国是获得了最大的胜利。他们可以完全信任时间这一最终谈判者做出的决定。"[17]

19 世纪上半叶形成了一种繁荣的、以美国海军为题材的文学传统，但早期的作家和历史学家，除了极个别的，都没有客观对待这一题材。这些早期作品模仿古典历史学家，特别是李维和维吉尔的“英雄风格”，往往过于做作，充满了错误与民族偏见。其作者采用一种夸耀的浪漫口吻：巡航舰的战斗被描述得类似于后世的体育运动，骁勇善战的年轻军官和快乐粗鲁的水手在战斗中可以轻松愉快地逞能。1816 年出版的《海军纪念碑》（*Naval Monument*）一书中收录了美英海军战争的官方和非官方叙述。封面插图描绘了一个名为“美利坚”的高贵女性形象，她乘坐着波浪构成的战车在海上劈波斩浪。战车的驾驭者是海王尼普顿，其手中的三叉戟直指一个高出海面的巨大石座的顶部，上面矗立着 1812 年战争中几位获胜的美国军官。

以早期美国海军为题材的作者中，不乏 19 世纪的美国文学巨匠。华盛顿·欧文在《文集评论》（*Analectic Review*）上发表过一系列美国海军军官的传记。纳撒尼尔·霍桑在《美国笔记》（*American Note-Books*）中描写了“疯狂杰克”珀西瓦尔（“Mad Jack” Percival）舰长，此人在 19 世纪 40 年代指挥过“宪法号”。赫尔曼·梅尔维尔曾在 1843 年至 1844 年作为二等水手在“美国号”巡航舰上服役，1850 年他发表了小说《白夹克》（*White-Jacket*），一部基于个人经历的半虚构作品。詹姆斯·费尼莫尔·库珀（James Fenimore Cooper）1808 年作为见习军官在海军短暂服役过，后来出版了几本海洋题材的小说，包括《领航员》（*The Pilot*，1824 年）、《两位将军》（*The Two Admirals*，1842 年）和《海狮》（*The Sea Lions*，1849 年）。1839 年，库珀发表了《美利坚合众国海军史》（*History of the Navy of the United States of America*）。这是一本写得很糟糕的歌功颂德之书，然而却被认为是现代海军史学家的必读作品，因为作者直接接触了书中所述事件的目击者和亲历者。今天没有多少人还记得这些作品，但刚出版时这些书都卖得很火，给当时仅能勉强糊口的作者带来过丰厚的收入。例如，虽然《白夹克》只是梅尔维尔不太重要的一部作品，可在其活着的时候，该书卖得远比《白鲸》要好。

没有多少英国作家愿意关注 1812 年战争。1815 年 6 月 18 日，威灵顿公爵在滑铁卢打败拿破仑，这一伟大胜利很容易让英国作家将整个 1812 年战争抛诸脑后。相比于战后美国相关出版物的井喷，英国很少有人撰写和出版关于 1812 年战争的书籍，不管是陆战还是海战。*唯一的例外是《1812 年海战那些事》（*Naval Occurrences of the War of 1812*），该书由英国海事律师威廉·詹姆斯于 1817 年首次出版，完整无误地叙述了 1812 年至 1815 年间英国与美国之间的海战。《1812 年海战那些事》读者面很广，影响巨大，以至于成为 1812 年至 1815 年英美海战的英方标准文献，并被后世大多数英国海军史学家作为权威论述接受。詹姆斯随后出版了一套权威的 6 卷本《大英帝国皇家海军史》（*Naval History of Great Britain*），涵盖了 1793 年到 1827 年这一时段的历史。詹姆斯被其崇拜者称为“现代海军史之父”，主要就是因为这套书。

詹姆斯曾在牙买加的海事法庭执业多年。1812 年美国宣战时，他正好经过美国。[18] 因是敌国人员，詹姆斯在费城被捕。当年 8 月，“勇士号”被“宪法号”俘获的消息传来时，他还在费城。这一消息让他十分震惊，但他怀疑美国巡航舰的武器装备比“勇士号”

* 到目前为止，绝大多数有关 1812 年战争的学术研究都是由美国人和加拿大人完成的。英国学者如做出更大的贡献，将丰富该领域的研究。——作者注

优越，于是开始收集美国海军的数据，准备写一本还原真相的书。1813 年 10 月，詹姆斯从费城逃出，11 月前往哈利法克斯。在那里，他为《海军纪事报》写了几篇文章。詹姆斯在《根特条约》签订之后回到英国，说服了几名参加过 1812 年英美战争的军官向他提供信息和帮助。他以惊人的速度工作，在 1817 年春天完成了长达 700 页的《1812 年海战那些事》一书。

《1812 年海战那些事》中对每次战斗的叙述都非常注重细节，这本书在许多方面都为海军史研究方法设定了一个新的标准。詹姆斯的法律行业背景在整本书中都体现得很明显。他对大部分文献证据进行过令人印象深刻的彻底审查，以有效的方式引用权威统计数据，以支持该书的论点，还以律师交叉盘问证人一样的极具洞察力的风格暴露出以往文献中的不一致之处。一个长长的附录包含了总共 100 多份官方信件和法庭诉讼的摘录。总的来说，詹姆斯令人信服地说明，美国在海军战争中取得的许多成功在很大程度上是由于美国舰船尺寸更大，武器更好。由于战后美国出版的许多“快餐式历史”*作品均未承认这一重要观点，甚至许多人断言情况刚好相反，因此詹姆斯的书未能起到正本溯源的作用。

而另一方面，《1812 年海战那些事》又是一本冷嘲热讽、极其恶毒的著作，几乎每一页都充斥着对美国官兵的无端侮辱。詹姆斯时常对美国人民或美国人的性格进行攻击（如：“美国人喜欢无中生有，谎称自己天生英勇，不管这是多么厚颜无耻。”）。詹姆斯写作时对英国的敌人总是怀着强烈的憎恶，从来没有做到一个伟大的

---

* 快餐式历史（instant history），未经过深入考证的历史。

历史学家所需要的那种超然和冷静。证据相互矛盾或缺乏证据时，他的裁定也不是特别值得信赖。作为一名律师，詹姆斯扮演了一个法庭辩护人代表客户进行辩护的熟悉角色。每当英美双方叙述的细节不一致时，他总是接受英方的叙述。他经常做出武断的表述，甚至都不屑用事实来支撑。书中也经常出错，出错之处都是有利于英国军官和舰船的。詹姆斯本来具备成为伟大历史学家的潜力，但他连一个好的历史学家都算不上。

在此后的 60 多年时间里，詹姆斯的书一直无人辩驳，最后他栽在了西奥多·罗斯福的手里，这个 22 岁的法学院学生对其做出了强有力的回应。1879 年罗斯福在哈佛学院读本科时开始研究这一课题，尽管有很多课程、体育运动、社会活动和课外活动，他还是挤出时间来进行这项研究。[19] 他在撰写最终将以《1812 年海战》(*The Naval War of 1812*) 为名出版的作品的开头几章时（该书没有帮他在哈佛获得学分），同时创作出了他的毕业论文。1880 年罗斯福以优异成绩毕业，搬回了纽约西 57 街他母亲的住所，与艾丽斯·哈撒韦·李(Alice Hathaway Lee) 结婚，随后他被哥伦比亚大学法学院录取。下午学完法律课之后，罗斯福经常在拉法耶特广场的阿斯特图书馆（Astor Library）研究海军史。晚上在家里，他会先写作一个小时左右，然后再吃晚饭。

罗斯福的朋友欧文·威斯特（Owen Wister）回忆说，罗斯福“在其纽约家中，大部分时间都是一条腿立在书柜前面，另一条腿交叉在后面，脚趾触着地板，忘了晚餐，忘了时间，就这样完成了《1812 年海战》”。威斯特还说：

一个滑梯从书柜中伸了出来。在这滑梯上，他展开了那些他自己还一无所知的有关航海的权威论述。他只知道当一艘船的航线是这个方向，而风是另一个方向，那么船帆就不得不与风形成某种角度，这被称为“迎风调向”或“戗风航行”。通过详尽的研究和模型的绘制，他孜孜不倦地将一切他要写到的有关海军的事情搞清楚。

他的妻子常常看着他全神贯注的背影，伤心地说：“再过20分钟我们就要外出赴宴了，泰迪却在画他的小船！”

然后罗斯福就会匆忙准备，刮胡子的时候会弄伤自己，血流个不停，家人不得不围着他采取措施，以免血沾到衣领上。[20]

罗斯福不是水手，因而不容易掌握舰船操纵和驾驶的细节，对19世纪早期海军军备和相对实力方面较细微的问题也难以下手。这是一项艰巨的任务，主要是因为许多原始历史文献未经整理，不像今天这样已经转录和出版。他曾对姐姐说：“现在我信息很多，但不能形诸文字。恐怕这任务对我来说太艰巨了，我不知道这是不是超出了我的能力。”[21]但是他设法完成了这一任务。《1812年海战》由帕特南出版公司于1882年出版。此书备受好评，出版后的很长一段时间里一直是安纳波利斯海军学院学员的必读书。

该书大部分内容相当枯燥且专业，结构主要是按章节对詹姆斯《1812年海战那些事》一书提出的见解逐条反驳（罗斯福实际上使用的是詹姆斯的《大英帝国皇家海军史》中的相关章节，即《1812年海战那些事》的删节版）。罗斯福对詹姆斯的主要论点并非不假思索地不屑一顾，事实上，他承认这个英国人的很多论断是有道理的，并称赞该书是“一本非常有价值的著作，写得全面而用心”，但同时也谴责它是“一份由充满怨恨却又不过分谨慎的党徒写就的起诉书”。罗斯福的行文不乏幽默感，他引用了詹姆斯所注意到的英国和美国语言的“相同性”，称詹姆斯的这一评述是“一个有趣的语文学发现，很少有人会去辩驳”。罗斯福还引用了詹姆斯有关英国强征美国船员的冗长辩解，罗斯福认为詹姆斯的辩驳不过是在“委婉地表明，无论何时，只要人手不够的英国指挥官遇到一艘美国船，他就可以强征他要的所有海员，不管他们是否是美国公民”。

偶尔，罗斯福会抓住詹姆斯一个缺少论据支持的论断，然后展示如果用逻辑推理到头，就会得出一个多么有悖常理的结论。例如，詹姆斯估计美国船员“人数上有1/3、战斗力上有一半”实际上是英国海员。罗斯福对此论断的真实性提出质疑，以“宪法号”与“爪哇号”的战斗为例进行了论证（双方船员分别为450人和400人）：

> 也就是说，“宪法号”在与“爪哇号”作战时，舰上450名船员中有150名是英国人，其余300名船员的战斗力可被另外150名英国人取代。所以一个很小的逻辑运算得出了一个詹姆斯不愿得出的结论，即由美国军官率领的300名英国船员可以几乎毫发无损地轻松击败由英国军官率领的400名英国船员。

在同一点上，在讨论“宪法号”与“勇士号”的战斗时，罗斯福引述了军事法庭的证词。证词中英国舰长声称他的船“由于允许船上的美国人离岗，战斗力受到极大的削弱”。罗斯福补充道：

将这与詹姆斯所做的断言（“宪法号”的船员主要是英国人）联系起来，我们得出一个非比寻常的结论，那就是英国舰船被击败，是因为其舰船上的美国人不愿攻击他们自己的国家，而美国获得胜利，是因为美国舰船上的英国人愿意攻击他们自己的国家。

罗斯福的书充分暴露了詹姆斯的肆意歪曲和捏造。毫无疑问，尽管詹姆斯极具才华，但他“故意采取各种形式的伪述，掩盖真相，提供错误信息，甚至直接撒谎”，因而存在极大过错。但罗斯福的目的不仅是反驳詹姆斯，而且是表明与詹姆斯同时代的美国人同样难辞其咎。当美国军舰比敌方人员和武器装备更好的时候，罗斯福均有明确的说明，并承认美国 1812 年海战的许多胜利“被当时我们大多数作家荒谬地放大了”。罗斯福说，对于英国和美国军舰在 1812 年战争中的相对实力，没有理由不“说实话”，因为如果不是官兵的超凡勇气和娴熟技能，美国是不可能取胜的：

必须永远记住，美国的光辉胜利，即使是在一个弱小的敌人身上取得的，也会体现这个国家的荣誉。美国的舰船造得更好，武器配备更佳，这是值得称颂的……我的一些同胞也许会认为我太吝啬赞美了，但我必须告诉他们，历史不是歌功颂德。

当然，《1812 年海战》最有趣的不是书本身，而是其作者的身份，以及他作为一个美国政治家和一个忠实的帝国主义者在卓越的职业生涯里从海军历史中吸取的教训。《1812年海战》出版后的几年中，接连发生了许多事情。他先是当选纽约州议员，25岁时晋升为少数党领袖，经历了妻子和母亲在同一天死亡（因不同疾病）的悲剧后，来到西部边境遥远的达科他领地饲养牲畜，并于1885年出版了他的第二本书《牛仔的狩猎之旅》（*Hunting Trips of a Ranchman*）。1887年6月罗斯福应邀在罗得岛纽波特的海军军事学院发表演讲。对着台下一干教授和海军军官，罗斯福发表了带有强烈主战倾向的讲演。他开始形成高压的演说风格，这将使他成为美国公众生活中的标志性人物。他会挥舞着手臂，摇晃着拳头，右拳猛地击打左手手掌，身体向讲台前倾，好像试图更加靠近听众，刺耳高亢的声音有时会变成假声。

> 我们要求建设一支强大的海军，一方面是因为我们认为拥有这样的海军是和平最可靠的保证，一方面是因为我们相信，如果在有需要的时候，一个国家不愿意倾尽全力来赢得战争，不愿意付出鲜血、财富和泪水，而是情愿失去荣誉和声望，那么这个国家的生活是不值得拥有的……没有哪次和平的胜利比得上战争的至高胜利。[22]

在海军军事学院，罗斯福被介绍给阿尔弗雷德·塞耶·马汉（Alfred Thayer Mahan）。马汉曾是海军军官，后成为历史学家，不久将出版《海权对历史的影响》（*The Influence of Sea Power Upon History*），该书注定要成为有史以来最有影响力的海军论著之一。两年后该书出版，罗斯福写信给马汉说："过去两天里，尽管非常忙碌，我仍花了一半的时间来读你的书。我觉得你的书很有趣。我拿起来就没有放下，一口气读完了，这就是明证……这是一本非常好的书，令人钦佩。我确信它一定会成为海军的经典之作。”[23]罗斯福在发表于《大西洋月刊》的书评中对马汉的结论尤为赞赏，这结论就是，1812年战争表明，美国需要一支由主力舰或重型战列舰组成的舰队。[24]马汉舰长将加入罗斯福的核心顾问圈，与包括海约翰（John Hay）、伊莱休·鲁特（Elihu Root）和马萨诸塞州参议员亨利·卡伯特·洛奇（Henry Cabot Lodge）在内的其他几名帝国主义者共事。

在先后担任文官委员会委员和纽约市警察局长后，1897年罗斯福被任命为威廉·麦金利政府的助理海军部长。罗斯福鼓动建设海军，主张在中美洲的地峡修建运河，建议吞并夏威夷并干预古巴，支持反西班牙的革命者一方。他公开表示希望与欧洲某个强国爆发战争：“最好是德国，但我不挑，如果没有更好的，我甚至愿意跟西班牙打一仗。”[25]“缅因号”（Maine）战舰在哈瓦那港口爆炸之后，罗斯福拍电报给位于香港的亚细亚分舰队的司令乔治·杜威（George Dewey）将军，命其准备攻击菲律宾的西班牙舰队。[26]麦金利总统迟迟没有要求国会对西班牙宣战，罗斯福私下评论说，总统“脊梁软得像巧克力松饼”。1898年4月25日，美国对西班牙宣战；6天后，杜威的舰队偷袭并摧毁了马尼拉湾的西班牙舰队，菲律宾处在了美国的控制之下。

一个星期后，罗斯福从海军部离职，转而在陆军任职。他在著名的古巴圣胡安山攻坚战中领导美军第一志愿骑兵团，作为战争英雄返回美国，并于1898年当选纽约州州长。1900年，他当选为麦金利第二届政府的副总统。次年麦金利总统在纽约州布法罗市被刺客枪杀，时年 42 岁的罗斯福突然发现自己成了美国第 26 任总统。

利用总统的“天字第一号讲坛”（他创造的术语），罗斯福总统为其大型海军建设计划摇旗呐喊。1903 年 4 月，罗斯福在芝加哥发表了著名的“大棒”演讲。他对听众说：“有一句朴素的老话是这么说的：**温言在口，大棒在手。这样你会走得很远**。如果美国‘温言在口’，同时建设一支强大的海军，并通过最严格的训练来维持其战斗力，那么门罗主义将会走得很远。”[27] 第二天早晨，《芝加哥论坛报》（*Chicago Tribune*）头条新闻的标题赫然写着“罗斯福说：温言在口，大棒在手”。在接下来的几天里，那些来见总统的人都拿着棒球棒或临时找的替代品，在自己头上挥舞。

在第一个任期内，罗斯福说服国会建造了 10 艘一等战列舰、4 艘装甲巡洋舰和 17 艘小型战船。海军支出增长近 40%，首次超过 1 亿美元。这是美国历史上规模最大的和平时期海军扩充行动。到了 1906 年，美国现役战列舰的数量在全世界仅次于英国。

罗斯福在职业生涯早期曾认为美英之间可能发生第三场战争。1903 年和平解决阿拉斯加—育空边界争端之后，罗斯福写道：“现在英国不对我们构成任何威胁。我想他们永远也不会对我们构成威胁了。”[28] 罗斯福认为，德国在南美有扩张领土的野心，是美国最危险的对手。他还相信，日本在 1904 年至 1905 年的日俄战争中取得胜利后，将成为美国在太平洋地区的一个长期威胁。罗斯福告诉自己的英国好友，即后来担任英国驻华盛顿大使的塞西尔·斯普林–赖斯（Cecil Spring-Rice）：“这十几年来英国人、美国人和德国人都在担心彼此会成为太平洋地区的贸易对手，以后他们将更担心日本成为对手。”[29]

1906 年，罗斯福乘坐“路易斯安那号”（Louisiana）战舰前往巴拿马视察巴拿马运河的建造情况，他认为这个项目十分必要，能使美国在大西洋和太平洋同时维持可靠的海军力量。这是美国在任总统第一次出国。（巴拿马运河将于 1914 年完工开通。）1907 年，罗斯福提出，美国海军的主力舰队应该进行一次“善意的”环球航行，这既是为了宣传美国的海军力量，也是为了训练海军官兵。这支由 16 艘一等战列舰组成的舰队被称为“大白舰队”（Great White Fleet），因为它们全是白色的。那时还没有哪支主力舰队进行过这样的航行。当国会对开销犹豫不决时，罗斯福命令舰队利用现有资源远航太平洋，以激将法促使国会为舰队的返航拨款。罗斯福后来表示：“资金方面已没有什么困难了。”[30]

1907 年 12 月，罗斯福在汉普顿锚地目送大白舰队启程。舰队在海上形成了长达 11 千米的舰列。罗斯福从总统游艇“五月花号”（Mayflower）上看着舰队，问道：“你们见过这样的舰队吗？是不是很壮观？难道我们所有人不应为此感到自豪吗？”[31] 舰队行驶了近 7 万千米，前往了 6 个大洲的 20 个港口，历时 14 个月，在 1909 年 2 月罗斯福总统离任的前几天回到了汉普顿锚地。罗斯福总统再次在“五月花号”的甲板上亲自观看。每艘舰船从旁驶过时都会鸣放 21 响礼炮，向总司令致敬。罗斯福“非常高兴”。

1812 年至 1815 年的英美战争已经过去快一个世纪了。西奥多·罗斯福的职业生涯始于对那场战争中海军行动的详尽研究，他几乎凭借一己之力说服同胞认可了他在几年前向海军学院学员提出的观点：“应该从 1812 年战争的研究中吸取教训。”[32]

后续大事年表　1815—2005

1815

斯蒂芬·迪凯特率领舰队远征地中海，与巴巴里诸国签署非常有利于美国的条约。

1816

美国军舰“宪法号”在查尔斯顿海军造船厂后备闲置。

1817

前美国军舰“总统号”，即后来的皇家军舰“总统号”，1815年1月在纽约附近海域被英军俘获后，在皇家海军只服役过两年。在桑迪胡克搁浅期间日积月累的损伤，与“恩底弥翁号”战斗时遭到的破坏，以及从百慕大返回英格兰的途中遭受的大风的摧残，使得“总统号”已不再适合修理。1817年该舰在英国朴次茅斯被拆解。

1818

美国国会于4月通过一项法案，授权总统部署军舰以镇压非法奴隶贸易。

1819—1820

“星座号”作为查尔斯·莫里斯准将（曾在艾萨克·赫尔手下担任“宪法号”的大副）的旗舰，在巴西基地附近海域巡逻以阻止非法奴隶贸易。

斯蒂芬·迪凯特赢得的战利品奖金比任何其他美国海军指挥官都要多，现在非常富有。他和妻子苏珊住在总统广场（现在的拉法耶特公园）西北角由本杰明·亨利·拉特罗布设计的豪宅，距离白宫仅一箭之遥。

詹姆斯·巴伦在 1807 年统率“切萨皮克号”时被皇家军舰“豹号”袭击，停职 6 年后重返海军，寻求复职。迪凯特反对巴伦复职，并对其在华盛顿私下接触其他海军军官和政府官员的行为提出公开批评。1819 年 6 月 12 日，巴伦从诺福克写信给迪凯特：“先生：我在诺福克听说，您说您可以侮辱我而不受惩罚，或者说过类似的话。您就算这样说过，想必也是不会承认的。我期望收到您的回信。”6 月 17 日迪凯特回复道：“无论我**想过**什么，或者在平时随意的交谈中就您以及您的行为**说过**什么，我可以担保自己从未膨胀到如此地步，说出‘我可以侮辱你（或者其他任何人）而不受惩罚’这种话。您顺从的仆人：斯蒂芬·迪凯特。”

两人的矛盾本可到此为止，但他们之间长时间通信，语气越来越不善。1819 年 12 月 29 日，迪凯特给巴伦写道：“如果我跟你干一仗，那一定是你自找的。我现在正式通知你，除非你直接叫我去决斗场，否则我不会再关注你给我的任何消息。”1820 年 1 月 16 日，巴伦致信迪凯特：“无论何时，只要你同意在公平和平等的基础上与我相见，也就是说，两个值得尊敬的人都认为公正且合适，你就可以将此视作挑战。”两人各自选择了助手：迪凯特选择了威廉·班布里奇，巴伦选择了杰西·埃利奥特（Jesse Elliot）舰长。班布里奇和埃利奥特商定，双方将在马里兰州布莱登斯堡以相隔八步的距离决斗。

决斗于1820年3月22日上午举行。见证者包括约翰·罗杰斯和戴维·波特。就在决斗开始前，巴伦说道：“听着，迪凯特，如果在另一个世界相见，希望我们会是好朋友。”迪凯特回答道：“我从来都不是你的敌人。”决斗者似乎准备和解，但是班布里奇和埃利奥特敦促他们就位。

班布里奇开始计数后，两个人都开了火，两个人都被打中，两个人都倒在地上鲜血直流。巴伦说：“迪凯特，我从内心深处原谅你！愿上帝保佑你，迪凯特。”迪凯特腹部流血，无疑是受了致命伤。他答道：“永别了，永别了，巴伦！”[1]

迪凯特被约翰·罗杰斯带回华盛顿（班布里奇为逃避起诉已经逃了）。罗杰斯将垂死的迪凯特送回其总统广场的家中。苏珊·迪凯特并不知道两人要决斗，此刻无比震惊和悲伤。国务卿约翰·昆西·亚当斯的妻子路易莎·亚当斯在迪凯特临死之际来看望了苏珊。“哦，多么令人心碎的场景，”她写道，“短短几个小时就造成了这么不可弥补的损失。单是想想这个就让我浑身发抖。”[2]

迪凯特在3月23日清晨死去。数以万计的美国人参加了他的葬礼，其中包括门罗总统、国会议员、最高法院法官和外交使团成员。

詹姆斯·巴伦从重伤中挺了过来。虽然全国都把他视为杀害迪凯特的凶手，但他仍然在海军复职了。1838年约翰·罗杰斯去世后，巴伦成了高级军官。

1819

前美国军舰“切萨皮克号”，即后来的皇家军舰“切萨皮克号”，被售给英国普利茅斯的一个私人买家。“切萨皮克号”遭拆解后，一部分炮台甲板用于建造切萨皮克磨坊，这是一家位于汉普郡威克姆（Wickham）梅翁河（River Meon）上的商业面粉厂。

1820

7月，“星座号”绕过合恩角，纳入查尔斯·斯图尔特准将的太平洋分舰队，在秘鲁沿岸海域巡逻。

1821—1828

“宪法号”重新服役，在地中海行动，经常出任地中海分舰队的旗舰。英国诗人拜伦勋爵参观了“宪法号”。

1822

前总统约翰·亚当斯和托马斯·杰弗逊都已步入暮年，两人继续定期通信。1812年战争后的几年，他们的通信均不涉及海军话题。1822年10月，亚当斯想整理自己关于创建海军的文件，请求杰弗逊协助。亚当斯的记忆有误：他以为1794年3月的法案要求建造的是4艘（而非6艘）巡航舰。他问杰弗逊是否还记得将近30年前辩论的细节。

“我绞尽脑汁地回忆，也仔细检查了我的文件，想要回答你10月15日提出的问题，但没有什么用，”杰弗逊两个星期后回复道，“文件没能给我提供任何信息，我的记忆也很模糊。”简短地答复这个问题时，杰弗逊解释了他反对扩大海军的原因："海军花费太高了。"他承认海军在1812年战争中的表现"肯定提升了美国在世界各国中的地位和名声"。他为想不起多少1794年发生的事件而道歉："这是我对海军创建和发展的全部记忆。"[3]

79岁的杰弗逊和87岁的亚当斯这两个老朋友，在他们日渐衰退的记忆中搜寻30年前对话的只言片语，用患有关节炎的不再灵活的双手翻阅了大量的文件，用不太好使的眼睛费力地阅读以往的通信和日志，想要重构他们亲身参与的历史事件。差不多200年后，通过互联网，亚当斯的许多问题任何人只需花几个小时就能找到答案。

1822—1823

美国军舰"国会号"在詹姆斯·比德尔（James Biddle）舰长的指挥下，在西印度群岛附近巡逻并打击海盗，后护送美国大使前往西班牙和阿根廷。

1826

7月4日，《独立宣言》签署仪式50周年纪念日，亚当斯和杰弗逊都到了临终时刻。亚当斯的遗言是：托马斯·杰弗逊还活着。其实杰弗逊几个小时前已在蒙蒂塞洛辞世。

全国陷入一片哀伤。人们相信在这样一个重要的周年纪念日两个独立战争时期的政治家几乎同时死亡是一种天意。消息传到地中海时，旗舰"宪法号"垂桁哀悼。垂桁是一种传统的哀悼仪式，通过大幅倾斜下帆桁，使舰船显露一种失魂落魄般的状态，以表现那种难以承受的哀伤。[4]

1827

约书亚·汉弗莱斯和乔赛亚·福克斯之间长期潜在的不和在30年后再次爆发。两位造船师的亲戚和铁杆支持者将信件发表在报纸上，提交给海军部，双方对于谁在设计美国第一批巡航舰过程中功劳更大存在争议。福克斯坚持是他画的原稿，汉弗莱斯则坚持认为福克斯只是画了副本。汉弗莱斯承认，福克斯负责设计了“切萨皮克号”，但他违背了指示，擅自改变设计，没有按原来的草图建造这艘巡航舰。“‘切萨皮克号’体现[5]了他的能力，”汉弗莱斯写道，“我让那艘船的指挥官来评判那艘船的资质。”

汉弗莱斯宣称1812年战争中巡航舰的成功应归功于他。“如果我们的巡航舰没有那么强大，很可能就不会这么成功。如果它们被捕获，那么今天美国海军的精神气质将是完全不同的。我们赢得的第一次胜利定下了一个基调，促成了后面所有的胜利，提振了美国人的士气，打压了英国人的士气，”他重申了其建造大型强力巡航舰的想法，“（如果可以避免的话）一个英明的将军绝不会派1 000人去攻击另1 000人，他总是会派出更强大的军队……要想使美国依靠相对较少的舰船就能在所有方面变得令人敬畏，只有一个办法，那就是把舰船造得更大。”[6]

1828—1830

“美国号”进入费城海军造船厂大修。1830年，“美国号”移至纽约并重建。它将在1832年再次服役。

1830—1833

“宪法号”在波士顿后备闲置。谣传海军部长建议将它拆解。一个名叫奥利弗·温德尔·霍姆斯（Oliver Wendell Holmes）的年轻人写了一首题为《老铁壳》的诗，谴责这项所谓的计划。诗的最后一节建议，与其让这艘受人尊敬的巡航舰屈辱地在船厂被肢解，不如把它抛弃在大海上，将“神圣的旗帜”钉在桅杆上，升起所有的船帆，“将它献给风暴之神，献给闪电和狂风！”

这首诗激起了公愤，于是美国海军部宣布，“宪法号”将被修复并返回海军服役。这个插曲是美国最早的历史保护运动之一。1833 年，“宪法号”进入了查尔斯顿特制的一号干船坞。

1834

美国总统安德鲁·杰克逊的雕像被安装在“宪法号”的舰首。波士顿有许多杰克逊的政敌，这些人非常愤怒。海军造船厂的指挥官受到死亡威胁。7 月 2 日，在黑暗的雨夜中，巡航舰舰首的杰克逊雕像被斩首，木质头像被盗。后来舰首雕像被修复，头像被重新安上。

检查发现，“国会号”这艘 34 岁的巡航舰已不适合修理。该舰在诺福克的戈斯波特海军造船厂被拆解。

1835

10 月，“星座号”航行至佛罗里达，协助镇压塞米诺尔起义，护送陆军登陆，并在河道战中派小艇应战。

1835—1838

新修复的“宪法号”再次成为地中海分舰队的旗舰。

1838

亨利·亚当斯在波士顿出生。小时候他经常去祖父家里，他的祖父是美国前总统约翰·昆西·亚当斯。

1839—1841

“宪法号”成为太平洋分舰队的旗舰。

1841—1843

“星座号”作为东印度分舰队的旗舰环游了世界。在鸦片战争期间，该舰先是经由好望角前往中国南部的水域，然后穿越太平洋，来到夏威夷和几个南美洲的港口，最后绕过合恩角返回美国。

1842—1843

“美国号”成为太平洋分舰队的旗舰。1843 年该舰驶抵火奴鲁鲁时，赫尔曼·梅尔维尔正打算返回美国，于是以二等水手的身份登船入伍。梅尔维尔在舰上服役了 14 个月，其间有据可查的鞭笞案件有 163 起。梅尔维尔对海军军纪感到震惊，因为它竟然允许“为了一点根本算不上犯罪的事情……像狗一样鞭打一个人”。

他在几年后出版的小说《白夹克》中以半虚构的手法描述了在“美国号”上服役的经过。他后来还写了一部中篇小说《水手比利·巴德》（*Billy Budd*），讲述了美国军舰上缺乏正义的情景。

1844

“美国号”在秋天返回波士顿。梅尔维尔和其余的船员都得到了报酬。“美国号”巡航舰退出现役。

詹姆斯·波尔克竞选总统的口号是：“要么 54° 40′，要么战斗！”该口号是指波尔克要求把北纬 54° 40′，也就是俄国的阿拉斯加南部边界作为俄勒冈领地的北部边界。第三次英美战争迫在眉睫。波尔克当选后，政府忙于与南方的墨西哥作战，与英国谈判将西北边界确定为北纬 49°。

1844—1851

“宪法号”在“疯狂杰克”珀西瓦尔舰长的指挥下环游世界。1849 年，在意大利的加埃塔，教皇庇护九世参观“宪法号”巡航舰。

1845

10 月 10 日，美国海军学院在马里兰州安纳波利斯塞文堡（Fort Severn）创立。第一届的 50 个学员由 7 名教授指导学习。

1846—1849

“美国号”重新服役并被部署到非洲、地中海和欧洲，1849 年 2 月回到诺福克，并再次退役。

1853

“星座号”在诺福克的戈斯波特海军造船厂被拆解。该舰的一些木材可能装到了一艘同样被命名为“星座号”的新战舰上。（新的“星座号”停泊在巴尔的摩港。）

1853—1855

“宪法号”作为非洲分舰队的旗舰，在几内亚海岸附近巡逻以对付奴隶贸易。

1858

10 月 27 日，西奥多·罗斯福在纽约出生。

1860

已有 60 多年舰龄的“宪法号”在安纳波利斯海军学院变成一艘训练舰。

1861—1865

内战爆发时“宪法号”仍停留在安纳波利斯，马里兰州支持南方邦联的民兵威胁要毁掉它。于是“宪法号”与海军学院的师生员工一起被转移到罗得岛的纽波特。它在那里被用作 200 名海军学员的宿舍和教室，直到内战结束。

内战期间，对英国来说至关重要的棉花进口由于美国南部海岸被联邦封锁而中断。1863 年亚伯拉罕·林肯发表的《解放黑人奴隶宣言》使南方各州的奴隶获得自由之前，英国公众舆论大都偏向南方邦联军。英国突破联邦封锁，向南方邦联提供援助，为其运送武器和物资。南方邦联军用于突袭商船的战舰在英国海港建造和下水。

“美国号”在战争爆发时仍然停留在诺福克后备闲置。1861 年

4月，诺福克海军造船厂被南方邦联军夺取。南方邦联军修复了该巡航舰，并将其据为己有。因为状况不佳，该舰配备了大炮，作为浮动炮台永久停泊在港口。

11月8日，美国海军“圣哈辛托号”（San Jacinto）的舰长查尔斯·威尔克斯（Charles Wilkes）在古巴附近海域截停并登上英国定期邮船“特伦特号”（Trent）。美国人逮捕并带走了两名南方邦联特使。这个消息使得英国人愤怒不已，帕默斯顿（Palmerston）政府威胁要与美国开战。亚伯拉罕·林肯总统宣布他只想“一次打一场战争”，否认与威尔克斯舰长的行动有任何关系，并将俘虏还给了英国人。

1862年5月，南方邦联军的“美国号”被凿沉在伊丽莎白河，以阻碍联邦军舰船。南方邦联军的造船工企图凿船自沉时，砍坏了一整箱斧头，都没能砍穿船体的栎木框架。最终，他们用钻头才钻破了船体。当月晚些时候，联邦军重新夺回诺福克海军造船厂后，从河床上吊起了“美国号”并将其拖回海军码头。

1865

“宪法号”在战争结束后返回了安纳波利斯。“美国号”在诺福克海军造船厂被拆解，木材卖给了私人买家。

1878—1879

“宪法号”携美国展品参加巴黎博览会，在勒阿弗尔停泊9个月。返航途中在英国的多佛尔白崖（White Cliffs）下搁浅，最终被当地的拖船救出。

1882

西奥多·罗斯福出版《1812 年海战》。

1882—1897

“宪法号”停靠在新罕布什尔州的朴次茅斯，作为海军新兵的训练舰和营房。甲板上建了一个屋顶，远看像是一座年久失修的巨大船屋。

1887

西奥多·罗斯福在罗得岛纽波特的海军军事学院发表题为“战争至高无上的胜利”的演讲，经人介绍与阿尔弗雷德·塞耶·马汉相识。

1889

亨利·亚当斯所著《美国史》(*History of the United States*)的前两卷由查尔斯·斯克里布纳出版社出版。亚当斯的朋友西奥多·罗斯福阅读样书后推荐给了马汉舰长以及其他人。

1890

阿尔弗雷德·塞耶·马汉出版《海权对历史的影响》。

1897

“宪法号”停放在波士顿港对外展览。这主要应归功于约翰·肯尼迪的外祖父、马萨诸塞州国会议员约翰·F. 菲茨杰拉德（John F.

Fitzgerald）的努力。

1897—1898

西奥多·罗斯福在威廉·麦金利的第一届政府中担任助理海军部长，约翰·朗（John Long）任海军部长。罗斯福呼吁大力发展海军，准备迎战西班牙。1897 年 9 月，在汉普顿锚地观察海军演习及射击训练后，西奥多·罗斯福写道："哦，上帝！如果那些对我们的海军一无所知的人能够看到这些威严而美丽的强大军舰，能够认识到这些军舰管理得多好、多么适合来维护美国的荣誉，将海军扩充到适当规模的努力就不会遇到如此多的反对了。"[7]

同月，在听说英国人提出归还 1815 年 1 月在纽约附近海域俘获的"总统号"的传闻后，西奥多·罗斯福给最近刚被任命为国务卿的前驻英国大使海约翰写信道："我真心希望你不要和如此荒谬且可耻的行径扯上任何关系。一个人只要稍微有点自尊，就不会请你做这样的事情。对方以高超本领从我们手里夺走的东西，我们若是乞求对方开恩归还，岂不是奇耻大辱。只有英国人先请求我们归还 1812 年战争中捕获的巡航舰和小战船的旗帜和火炮，我们才能不失体面地请求归还'总统号'……'总统号'对我们没有什么价值，就像我们即便把'马其顿人号'、'勇士号'或'爪哇号'还给英国人，对他们也没什么价值一样。"[8] 西奥多·罗斯福后来得知该传闻不过是个谣言。（"总统号"已于 1817 年在朴次茅斯被拆解。）

1898

2 月 15 日，美国军舰"缅因号"在哈瓦那港发生爆炸。该舰沉没到港口的水底，但有一部分仍然露在水面上。近 300 名美国水手死亡。没有证据表明这是西班牙发起的攻击，但美国借此对西班牙宣战，并迅速控制了菲律宾、夏威夷、关岛、萨摩亚群岛、古巴和波多黎各。西奥多·罗斯福在陆军任职，带领远征军（第一志愿骑兵团）来到古巴。西奥多·罗斯福这样对威廉·斯特吉斯·比奇洛（William Sturgis Bigelow）解释其决定："多年来我一直在宣扬我们的对手称之为'沙文主义'的信条……在我看来，从整个国家的立场上来说，像我这样的人应该去战斗，而不应该舒舒服服地待在国内的办公室，让别人去参与我们鼓动的战争。"[9]

1900

西奥多·罗斯福当选威廉·麦金利第二届政府副总统。

1901

西奥多·罗斯福承诺不会对麦金利政府的政策公开发表异议。只有一个例外。他告诉塞西尔·斯普林–赖斯，门罗主义是"一个我深深认同的原则，我会坚持我的立场，不管本届政府态度如何"。[10]

9 月，麦金利总统在纽约州布法罗被一个疯狂的刺客射杀。西奥多·罗斯福接任总统。

1903

西奥多·罗斯福告诉法国驻美大使朱尔·朱瑟朗（Jules Jusserand），美国打算扩充海军力量，直到它能够应对"比西班牙更强大的敌人"。4 月，西奥多·罗斯福在芝加哥发表"大棒"演说。

同月，众议院通过法案，授权建造4艘战列舰和装甲巡洋舰。[10]

1905

海军部长查尔斯·约瑟夫·波拿巴（热罗姆·波拿巴的孙子，拿破仑·波拿巴的侄孙）认为，一个多世纪前建造的“宪法号”船体腐朽，应该“让我们的北大西洋舰队派几艘船开火击沉它”。[11] 该提议一经报道，立即遭到公众一致反对。国会拨款10万美元来修复“宪法号”，但不是为了将其投入现役。

1906

11月，西奥多·罗斯福乘坐美国军舰“路易斯安那号”抵达巴拿马，视察巴拿马运河的建设进度。这是在任美国总统第一次出国。

1907

西奥多·罗斯福主张让大白舰队环游世界：“我认为，在大洋之间巡航，或者在世界各地巡航，对一支舰队是极好的锻炼。”[12]

当参议院海事委员会的共和党主席反对该计划时，西奥多·罗斯福称他是“没良心的酒色之徒”。

1909

大白舰队返回汉普顿锚地，西奥多·罗斯福卸任总统职务。

1914

伍德罗·威尔逊政府的助理海军部长富兰克林·罗斯福向美国

造船工程师学会发表了题为“我们的第一艘巡航舰：一些未公布的建造数据”的演讲。演讲内容与最初的巡航舰设计图是一起出版的。

1914—1918

第一次世界大战期间，伍德罗·威尔逊政府对协约国和德国经常侵犯美国的中立海洋权利提出了抗议。英国政府竭尽全力避免与美国对抗。当时的英国外交大臣爱德华·格雷爵士（Sir Edward Grey）后来写道：“有一个外交方面的错误，如果犯了，对协约国的事业将是致命的。我们一直小心避免犯下这个错误。这一致命的错误是与美国决裂。不一定是断绝关系，只要会导致美国干涉对德国的封锁，或导致美国停止出口弹药，都算得上致命错误。”[13] 德国发动潜艇战，击沉美国船只，杀害“卢西塔尼亚号”（Lusitania）和其他船上的美国公民，于是美国在 1917 年 4 月加入协约国一方，参与了战争。

1918

亨利·亚当斯在华盛顿去世，享年 80 岁。

1919

西奥多·罗斯福在纽约去世，享年 60 岁。

1924—1929

“宪法号”的船体状况极差，船员必须每天抽水出船。预计维修费用为 40 万美元。由海军部长柯蒂斯·威尔伯（Curtis Wilbur）

发起的全国筹款活动最终筹集了 66 万美元。其中很大一部分是学生募集和捐赠的零钱。

由查尔斯·法雷尔（Charles Farrell）、埃丝特·罗尔斯顿（Esther Ralston）、乔治·班克罗夫特（George Bancroft）和尼古拉斯·德鲁兹（Nicholas De Ruiz）主演的经典无声电影《老铁壳》（*Old Ironsides*）于 1926 年上映，因此修复“宪法号”的工作得到了广泛支持。1927 年至 1930 年，“宪法号”在波士顿海军造船厂的一号干船坞进行了修复，耗资是预估的两倍多。

1931—1934

“宪法号”在一艘扫雷舰的拖曳下巡游了美国的东海岸和西海岸。“宪法号”航行了 3.5 万千米，驶过了巴拿马运河，经过了 90 个港口，接待了 460 万平民游客。

1941

12 月 7 日，日本飞机袭击了珍珠港。美国对德国和日本宣战。

1945

德国和日本投降。

1946

温斯顿·丘吉尔在富尔顿的威斯敏斯特学院发表其著名的“铁幕”演说。

1963

肯尼迪总统宣布温斯顿·丘吉尔成为美国荣誉公民，丘吉尔成了有史以来第一位获此荣誉的外国公民。

1976

7 月 11 日，美国建国 200 周年庆典期间，“宪法号”与英国皇家游艇“不列颠尼亚号”（Britannia）在波士顿港互放礼炮。“不列颠尼亚号”打出信号：“你的礼炮庄严无比——不列颠尼亚号。”

英国女王伊丽莎白二世和菲利普亲王在舰长蒂龙·马丁（Tyrone Martin）和海军部长威廉·米登多夫（William Middendorf）的引领下参观了“宪法号”巡航舰。

看到“宪法号”的一门 24 磅炮上刻着乔治三世的花押字后，女王转向菲利普亲王说：“我们回家后必须跟大臣谈谈这些对外军售。”[14]

1992—1995

“宪法号”再次进入一号干船坞。经过为期三年的彻底整修后，“宪法号”恢复了 1812 年战争时期的面貌。今天，“宪法号”停泊在查尔斯顿的码头，就在波士顿北部港口对面，那是两个多世纪前“宪法号”建造及下水的地方。它是世界上最古老的水上现役军舰。（纳尔逊的皇家军舰“胜利号”是世界上最古老的现役军舰，但需永久停放在干船坞。）

2000

6 月 10 日在新罕布什尔州朴次茅斯举行的仪式上，来自英国朴次茅斯的民兵领袖穿着当时的军服，归还了来自“切萨皮克号”上的一块木头。这块木头来自汉普郡威克姆的切萨皮克磨坊，该磨坊是在1819年用俘获的“切萨皮克号”巡航舰炮台甲板上的木材建造的。

2005

6月，代表35个国家的国际舰队在英国朴次茅斯集合，纪念特拉法尔加战役200周年。英国女王伊丽莎白二世检阅了舰队。纪念活动还包括了战役重现的环节。25万人到场观看。为了不伤害法国人和西班牙人的感情，战役重现将战舰分为红色舰队和蓝色舰队，双方都不区分国籍。时年75岁的安娜·特赖布（Anna Tribe），纳尔逊勋爵和爱玛·汉密尔顿的六世孙女，反对“红蓝”两队的概念。她跟《泰晤士报》的记者说：“我相信法国人和西班牙人都足够成熟，能够承认我们确实赢下了这场战役。”

致　谢

如果不是海军部从20世纪20年代开始收集、转写和出版大量早期的海军记录、文件、期刊和信件，且至今仍在延续这种艰苦的工作，写这本书至少需要花费两倍的时间，甚至可能根本写不成。其中有三套丛书值得特别一提。《美法准战争相关海军文献》（*Naval Documents Related to the Quasi-War Between the United States and France*，7卷）不仅是非常宝贵的美法准战争历史文献，而且还关注了第一艘巡航舰的建造和舾装。《美国与巴巴里诸国战争的相关海军文献》（*Naval Documents Related to the United States Wars with the Barbary Powers*，6卷）追溯到18世纪80年代美国船只首次沦为巴巴里诸国海盗猎物时的最早辩论，还对爱德华·普雷布尔准将在1803年至1804年参与的的黎波里战争提供了详尽至每一天的历史记录。《1812年海战：历史记录》（*The Naval War of 1812: A Documentary History*，已出3卷，第4卷待出）不仅涉及海战本身，而且涉及战争之前的英美争端。2004年出版的第3卷提供了1814年切萨皮克湾行动的大量新材料，包括英军对华盛顿的入侵和破坏。其他海军记录和信件保存在国家档案馆（National Archives）第45号档案组（Record Group 45）。一些军官的通信可以从纽约历史学会（New-York Historical Society）和宾夕法尼亚历史学会（Historical

Society of Pennsylvania）的收藏中找到。宾夕法尼亚历史学会收录了约书亚·汉弗莱斯的信件和账簿，这些是关于设计巡航舰时的辩论，以及“美国号”巡航舰的建造和舾装的重要信息来源。

《美国国家文件》（*American State Papers*，38 卷）提供了许多重要的文件，特别是对外关系、金融、商业、航海、军事和海军事务的卷册。《国会年鉴》提供了众议院辩论的详细记录。国会图书馆网站提供了托马斯·杰弗逊文件的原始图像扫描版，其中大部分可以进行文本搜索，由保罗·莱斯特·福特（Paul Leicester Ford）转写。（图书馆网站 http://memory.loc.gov 也可以全面查阅《美国国家文件》《国会年鉴》以及其他几个基本资料来源。）普林斯顿大学出版社正在出版的《托马斯·杰弗逊文件》（*The Papers of Thomas Jefferson*）是杰弗逊早期职业生涯的首选资料来源。同样有用的是莱斯特·J. 卡彭（Lester J. Cappon）编的《亚当斯和杰弗逊的通信》（*The Adams-Jefferson Letters*）和詹姆斯·莫顿·史密斯（James Morton Smith）编的《文学共和国：托马斯·杰弗逊和詹姆斯·麦迪逊的通信，1776—1826》（*The Republic of Letters: The Correspondence Between Thomas Jefferson and James Madison 1776–1826*）。大多数贸易、经济和财政统计数据来自美国人口普查局（U.S. Census Bureau）的《美国历史统计数据：殖民地时期至 1970 年》（*Historical Statistics of the United States, Colonial Times to 1970*，2 卷）。那个时代的报纸中，最重要的是 1997 年理查德·N. 罗森菲尔德（Richard N. Rosenfeld）的《美国奥罗拉》（*American Aurora*）详尽摘录的费城《奥罗拉通用广告报》，还有《奈尔斯纪闻》，以及英国的《泰晤士报》和《海军纪事报》。

关于1815年以前的海军政策辩论和政治，有两本书特别值得一提：马歇尔·施梅尔瑟（Marshall Smelser）的《国会创建海军》（*Congress Founds the Navy*，1959年）和克雷格·西蒙兹（Craig Symonds）的《海军派和反海军派》（*Navalists and Anti-Navalists*，1980年）。罗伯特·G. 阿尔比恩（Robert G. Albion）和珍妮·巴恩斯·波普（Jennie Barnes Pope）在《战时的海上航道》（*Sea Lanes in Wartime*，1942年）中强调了美国商船航运利益的重要性。全面介绍早期美国商船的最佳著作是威廉·阿姆斯特朗·费尔伯恩（William Armstrong Fairburn）的《商船》（*Merchant Sail*，1945年至1955年）。霍华德·夏佩尔（Howard Chapelle）仍然是大航海时代船舶设计领域的美国顶尖权威，即使他的大部分书都是半个多世纪前出版的。我特别依赖《美国帆船海军的历史：船舶及其发展》（*The History of the American Sailing Navy: The Ships and Their Development*，1949年）。弗吉尼亚·斯蒂尔·伍德（Virginia Steele Wood）的《栎木：建造大船的南方木材》（*Live Oaking: Southern Timber for Tall Ships*，1981年）讲述了使用栎木作为船材的鲜为人知的历史。关于船舶驾驶和航海技能，我发现的最好的现代著作是约翰·哈兰（John Harland）的《帆船时代的航海技能》（*Seamanship in the Age of Sail*，1984年）。

几本海军传记也值得一提。我读过的关于那个时代最好的传记是克里斯托弗·麦基（Christopher McKee）的《爱德华·普雷布尔的海军传记》（*Edward Preble: A Naval Biography*，1972年）。同样重要的还有戴维·F. 朗（David F. Long）的《应对危险：威廉·班布里奇准将传，1774—1833》（*Ready to Hazard: A Biography of Commodore William Bainbridge, 1774–1833*，1981年）、阿尔

伯特·格利夫斯（Albert Gleaves）的《詹姆斯·劳伦斯》（*James Lawrence*，1904年）、尤金·弗格森（Eugene Ferguson）的《星座号的特拉克斯顿》（*Truxtun of the Constellation*，1959年）和琳达·马洛尼（Linda Maloney）的《来自康涅狄格的船长：艾萨克·赫尔的一生与海军时代》（*Captain from Connecticut: The Life and Naval Times of Isaac Hull*，1986年）。关于小斯蒂芬·迪凯特的两本传记发表于2004年：斯潘塞·塔克（Spencer Tucker）的《最为勇敢的一生》（*A Life Most Bold and Daring*）和詹姆斯·特尔蒂乌斯·德凯（James Tertius De Kay）的《荣耀之愤怒》（*A Rage for Glory*）。在政治家的传记中，我特别依赖戴维·麦卡洛（David McCullough）的《约翰·亚当斯》（*John Adams*，2001年）、杜马·马隆（Dumas Malone）的《杰弗逊与他的时代》（*Jefferson and His Time*，1948年至1970年），以及约瑟夫·埃利斯（Joseph Ellis）关于立国之父的几本优秀作品。关于18世纪90年代的政治，没有哪一本书比斯坦利·埃尔金斯（Stanley Elkins）与埃里克·麦基特里克（Eric McKitrick）的不朽著作《联邦主义的时代：早期的美利坚共和国，1788—1800》（*The Age of Federalism: The Early American Republic, 1788–1800*，1994年）更全面。美法准战争的两个重要资料来源是迈克尔·A. 帕尔默（Michael A. Palmer）的《斯托德特的战争》（*Stoddert's War*，1987年）和亚历山大·德孔德（Alexander DeConde）的《准战争：与法国未宣战的战争中的政治与外交，1797—1801》（*The Quasi War: The Politics and Diplomacy of the Undeclared War with France, 1797–1801*，1966年）。

关于1815年以前的海军史，有一部开创性的现代著作，即克里斯托弗·麦基的《高雅光荣的职业：美国海军军官团的创建，1794—1815》（*A Gentlemanly and Honorable Profession: The Creation of the U.S. Naval Officer Corps, 1794–1815*，1991 年）。曾任“宪法号”巡航舰指挥官的蒂龙·马丁的《最幸运的舰船：“老铁壳”叙事史》（*A Most Fortunate Ship: A Narrative History of Old Ironsides*，1980 年）是关于该舰的最权威著作。威廉·福勒（William Fowler）的《罐子水手与准将》（*Jar Tars and Commodores*，1984 年）是一本上迄独立战争、下至 1812 年战争的极佳叙事史。关于巴巴里战争有好几本历史著作，但全面性都不及格伦·塔克（Glenn Tucker）的《黎明如雷：巴巴里战争和美国海军的诞生》（*Dawn Like Thunder: The Barbary Wars and the Birth of the U.S. Navy*，1963 年）。关于“费城号”被囚禁在的黎波里的这段历史有两篇当事人的叙述，分别是由一名外科医生和一名水手撰写的，收录在保罗·巴普勒（Paul Baepler）主编的《白人奴隶，非洲主人：美国人被囚巴巴里叙事文集》（*White Slaves, African Masters: An Anthology of American Barbary Captivity Narratives*，1999 年）。

关于杰弗逊时期的政治史，最重要的著作是亨利·亚当斯的权威作品《托马斯·杰弗逊和詹姆斯·麦迪逊统治期间的美利坚合众国历史》（*History of the United States of America During the Administrations of Thomas Jefferson and James Madison*，9 卷），发表于 19 世纪的最后 10 年间。斯潘塞·塔克和弗兰克·路透（Frank Reuter）的《受伤的荣誉》（*Injured Honor*，1996 年）是 1807 年“切萨皮克号”与“豹号”战斗不可或缺的资料来源。关于 1812 年的战争，西奥多·罗斯福的《1812 年海战》和阿尔弗雷德·塞耶·马汉的《海权与1812年战争的关系》(*Sea Power in Its Relation to the War of 1812*，1905年)经受住了时间的考验。我也依赖唐纳德· R. 希基(Donald R. Hickey)的《1812年战争：一场被遗忘的冲突》(*The War of 1812: A Forgotten Conflict*，1989年)和韦德·达德利(Wade Dudley)的《打碎木墙：英国对美国的封锁,1812—1815》(*Splintering the Wooden Wall: The British Blockade of the United States, 1812–1815*，2003年)。关于英国的视角，任何对这个问题感兴趣的人都不会忽略威廉·詹姆斯的《1812年海战那些事》。几名现代英国历史学家在罗伯特·加德纳(Robert Gardner)编的《1812年海战》(*The Naval War of 1812*，2001年)一书中进行了非常好的探讨，还有一本被忽视的经典是著名的"霍拉肖·霍恩布洛尔"(Horatio Hornblower)系列历史小说作者塞西尔·斯科特·福里斯特的非虚构作品《战帆时代：1812年海战故事》(*The Age of Fighting Sail: The Story of the Naval War of 1812*，1956年)。

感谢伯特·洛根(Burt Logan)、莎拉·沃特金斯(Sarah Watkins)以及"宪法号"博物馆的工作人员对此项目的热情支持。"宪法号"的军官和船员慷慨地允许我长期参观该巡航舰。负责照顾"宪法号"的海军历史中心波士顿分部的理查德·惠兰(Richard Whelan)带我参观了巡航舰及与其相邻的维修和保养设施。感谢迈克尔·克劳福德(Michael Crawford)、查尔斯·布罗丁(Charles Brodine)和海军历史中心的早期历史科在华盛顿海军造船厂的工作人员让我参观他们出色的研究设施，并抽出时间来与我讨论这个项目。我还要感谢国家档案馆、国会图书馆、宾夕法尼亚历史学会、美国哲学学会(American Philosophical Society)、菲利普斯图书馆

（Phillips Library，马萨诸塞州塞勒姆）、纽约历史学会、纽约协会图书馆（New York Society Library）和纽约公共图书馆（New York Public Library）等机构的专业档案工作者和图书馆员的努力。我还要不分先后感谢这些人的帮助、建议和支持：彼得·尼尔（Peter Neill）、菲尔·科珀（Phil Kopper）、杰伊·伊西林（Jay Iselin）、拉尔夫·卡彭特（Ralph Carpenter）、海军上将保罗·恩格尔（Paul Engel）、尼克·史蒂文斯（Nick Stevens）、凯特·希基（Kate Sheekey）、克里斯·弗罗姆（Chris Vroom）、莉亚·兹拉克（Illya Szilak）、吉姆·伍尔西（Jim Woolsey）、威廉·吕尔斯（William Luers）、戴维·麦卡洛，最后是麦凯·詹金斯（McKay Jenkins），这本书一个字还没写的时候他就是这个项目的铁杆拥护者。还有一路上帮助我的其他人：丹·霍林斯（Dan Hollins）、罗伊·佩尼（Roy Penny）、比尔·申克（Bill Schenck）、多萝西·布朗（Dorothy Brown）、埃米特·柯伦（Emmet Curran）和埃德·英格布雷森（Ed Ingebretsen）。当我在艰难写作中间章节的时候，我要感谢弗兰克（Frank）、凯（Kay）和蒙哥马利·伍兹（Montgomery Woods）的善良和慷慨。我还要感谢詹克洛和内斯比特公司的莫特·詹克洛（Mort Janklow）、提夫·娄尼斯（Tif Loehnis）、多萝西·文森特（Dorothy Vincent），尤其是埃里克·西蒙诺夫（Eric Simonoff），他一直是一个绅士、一个出色的专业人员和一个好朋友。感谢威廉·沃德尔·诺顿公司的摩根·范·福斯特（Morgen Van Vorst）和路易丝·布罗克特（Louise Brockett），特别是我的编辑斯塔林·劳伦斯（Starling Lawrence），他15年前决定在美国出版帕特里克·奥布赖恩的小说时，就不知不觉地开始引导我走上今天这条路。

在这个项目中我没有聘请任何研究助理，但是我的家人提供了宝贵的（和不可比拟的）帮助。我的父亲帮我做了很多事情，还替我追查了 1812 年海上行动的几个不知名目击者的论述。我的母亲阅读了手稿，提出了批评，她的评论非常有用。我的弟弟在哈利法克斯度蜜月期间替我查找了资料。我的妻子凯瑟琳经常和我讨论大纲，并对早期草稿提供了极好的批评性反馈意见。乔治·奥威尔（George Orwell）曾经说过："写一本书是一场令人疲惫的可怕斗争，就像生了一场漫长而痛苦的病。"我要特别感谢凯瑟琳给我的爱、灵感和支持。

缩　　写

AA：阿比盖尔·亚当斯

Annals：《国会年鉴》，原名《美国国会的辩论与会议记录》（*The Debates and Proceedings in the Congress of the United States*）。New York: D. Appleton, 1857–61. Online at http://memory.loc.gov/ammem/amlaw/lwac.html

ASP：《美国国家文件》，38卷。Washington, DC: Gales & Seaton, 1832–61. I. Foreign Relations; III. Finance, IV. Commerce and Navigation; V. Military Affairs; VI. Naval Affairs. Online at http://memory.loc.gov/ammem/amlaw/lwsp.html

BW：《美国与巴巴里诸国战争的相关海军文献》，6卷。Washington, DC: U.S. Office of Naval Records and Library, Government Printing Office, 1939–44

HUSJ：亨利·亚当斯《托马斯·杰弗逊统治期间的美国历史》（*History of the United States During the Administrations of Thomas Jefferson*）（1889—1891）。New York: Literary Classics of the United States, 1986

HUSM：亨利·亚当斯《詹姆斯·麦迪逊统治期间的美国历史》（*History of the United States During the Administrations of James*

Madison）（1889—1891）。New York: Literary Classics of the United States, 1986

JA：约翰·亚当斯

JH：约书亚·汉弗莱斯

JM：詹姆斯·麦迪逊

LOC：国会图书馆

NW1812：威廉·S. 达德利（William S. Dudley），迈克尔·克劳福德编,《1812 年海战：历史记录》，3 卷。Washington, DC: Naval Historical Center, 1985–2004

NYHS：纽约历史学会

PHS：宾夕法尼亚历史学会

QW:《美法准战争相关海军文献》, 7 卷。Washington, DC: U.S. Office of Naval Records and Library, Government Printing Office, 1935

RG 45：国家档案馆第 45 号档案组海军文献

TJ：托马斯·杰弗逊

TJP：《托马斯·杰弗逊文件》。Series 1: General Correspondence, 1651–1827, at www.loc.gov. In many cases, transcriptions are provided by Paul Leicester Ford's The Works of Thomas Jefferson in Twelve Volumes

TR：西奥多·罗斯福

WTJ：《托马斯·杰弗逊作品集（12 卷）》（*The Works of Thomas Jefferson in Twelve Volumes*）。Federal Edition, ed. Paul Leicester Ford. New York and London: G. P. Putnam's Sons, 1904.

注　　释

第 1 部　初创海军

1　建国初期的海权格局

1 Nelson quoted in Pope, *England Expects*, 89.
2 Horatio Nelson to a British officer, August 21, 1801, from Downs. Recipient not identified; photostat in U.S. National Archives (NA), RG 45, Box 139.
3 King and Hattendorf, eds., *Every Man Will Do His Duty*, p. xxiii.
4 Ibid., Samuel Leech account, p. 307.
5 See Rodger, *The Wooden World*, p. 58.
6 Bonaparte quoted in Pocock, *The Terror Before Trafalgar*, p. 185.
7 Whipple, *The Seafarers: Fighting Sail*, p. 157.
8 "Sam," a sailor on the *Royal Sovereign*, in Lewis, ed., *The Mammoth Book of Life Before the Mast*, p. 170.
9 See Whipple, *The Seafarers: Fighting Sail*, p. 170.
10 Herman, *To Rule the Waves: How the British Navy Shaped the Modern World*, p. 396.
11 Albion and Pope, *Sea Lanes in Wartime: The American Experience, 1775–1942*, p. 88.
12 Captain Alexander Murray to Navy Secretary Benjamin Stoddert, February 20, 1799, QW II:374.
13 Albion and Pope, *Sea Lanes in Wartime*, p. 19.
14 Ibid, p. 17.
15 *Historical Statistics of the United States, Colonial Times to 1970*, U.S. Department of Commerce, Bureau of the Census, Part 2, 1976, series Q 518–523, "Value of Waterborne Imports and Exports of Merchandise," p. 761.
16 Ibid., series Q 417–432, "Documented Merchant Vessels," p. 750; 69,000 seamen in 1807 from "Blodget's Economica," figures published in *Niles' Register*, vol. 1, p. 79.
17 Anderson, "John Adams, the Navy, and the Quasi-War with France," *American Neptune*, 30(2) (1970):117.
18 John Adams to Elbridge Gerry, November 5, 1775, *Naval Documents of the American Revolution*, II:896.
19 McCullough, *John Adams*, p. 169.
20 Franklin quoted in Powell, *American Navies of the Revolutionary War*, p. 54.
21 Morison, *John Paul Jones: A Sailor's Biography*, p. 246.

22 Quoted in Thomas, *John Paul Jones: Sailor, Hero, Father of the American Navy*, p. 200.

23 Ibid., p. 197.

24 Quoted in Fowler, *Jack Tars and Commodores*, p. 2.

25 JA to President of the Congress, July 6, 1780, in Francis Wharton, ed., *The Revolutionary Diplomatic Correspondence of the United States* (Washington, 1889), III:833.

26 Robert Morris quoted in Nuxoll, "The Naval Movement of the Confederation Era," in Dudley and Crawford, eds., *The Early Republic and the Sea*, p. 6.

27 David Ramsey, Oration on Advantages of Independence (1778), quoted in McCoy, *The Elusive Republic: Political Economy in Jeffersonian America*, pp. 93–94.

28 Paine, *Common Sense,* online at http://www.classicallibrary.org/paine.

29 American print in Weatherwise's *Town and Country Almanac*, reprinted in Tuchman, *The First Salute* (illus. insert).

30 See Morris, *The Forging of the Union, 1781–1789*, pp. 136–41.

31 Ibid., pp. 136–38.

32 Ibid., pp. 131–48.

33 Szatmary, *Shays' Rebellion: The Making of an Agrarian Insurrection*, p. 25.

34 Brissot quoted in Morris, *The Forging of the Union, 1781–1789*, pp. 141–42.

35 "Petition No. 4" : ASP, Finance, vol. 1, p. 10.

36 Morris, *The Forging of the Union, 1781–1789*, p. 160.

37 Edmund Bacon, Overseer, quoted in Rosenberger, ed., *The Jefferson Reader, A Treasury of Writings About Thomas Jefferson*, pp. 67–70.

38 Quoted in Malone, *Jefferson and the Rights of Man*, p. 50.

39 Quoted in McCullough, *John Adams*, p. 337.

40 AA to TJ, London, October 19, 1785, in Cappon, ed., *The Adams-Jefferson Letters*, I:84.

41 AA to TJ, London, October 7, 1785, in ibid., I:79.

42 TJ to AA, Paris, June 21, 1785, in ibid., I:33–35.

43 TJ to AA, Paris, September 25, 1785, in ibid., I:69–71.

44 McCullough, *John Adams*, p. 336.

45 AA to TJ, June 6, 1785, in Cappon, ed., *The Adams-Jefferson Letters*, I:28–29.

46 JA to Richard Henry Lee, August 26, 1785, quoted in McCullough, *John Adams*, p. 348.

47 Elkins and McKitrick, *The Age of Federalism*, pp. 69–70.

48 Adam Smith, *Inquiry into the Nature and Causes of the Wealth of Nations* (1880), pp. 35–38.

49 JA to TJ, August 4, 1785, in Cappon, ed., *The Adams-Jefferson Letters*, I:48.

50 JA to James Bowdoin, Governor of Massachusetts, May 9, 1786, quoted in Malone, *Jefferson and the Rights of Man*, p. 58n.

51 See Whipple, *To the Shores of Tripoli: The Birth of the U.S. Navy and Marines*, p. 25.

52 Richard O'Brien to TJ, August 24, 1785, quoted in Malone, *Jefferson and the Rights of Man*, p. 27.

53 Jefferson quoted in ibid, p. 27.

54 Vergennes quoted in TJ to JA, May 30, 1786, in Cappon, ed., *The Adams-Jefferson Letters*, I:132–33.

55 JA to TJ, February 17, 1786, in ibid., I:121–22.

56 Ibid., I:121–22.

57 Ibid., pp. 138–39.

58 TJ to JA, July 11, 1786, in ibid., I:142–43.

59 Ibid., I:146–47.
60 John Quincy Adams quoted in James Morton Smith, *Liberty and Power: Thomas Jefferson, James Madison, and "the Mutual Influence of These Two Mighty Minds."* An "Evening Conversation" at Monticello, sponsored by the Jefferson Legacy Foundation, May 23, 2001, www.jeffersonlegacy.org.
61 Ellis, *Founding Brothers*, p. 53.
62 Morris, *Witnesses at the Creation*, p. 99.
63 Lipscomb, ed., *The Writings of Thomas Jefferson*, X:175.
64 Kaut quoted in Gay, *The Enlightenment: The Rise of Modern Paganism*, p. 20.
65 JM to TJ, April 27, 1785, in Smith, ed., *Republic of Letters*, I:367.
66 Quoted in McCullough, *John Adams*, p. 321.
67 JM to TJ, March 16, 1784, in Smith, ed., *Republic of Letters*, I:299–304.
68 JM to TJ, April 27, 1785, in ibid., I:367.
69 TJ to JM, January 12, 1789, in ibid., I:278.
70 JM to TJ, May 12, 1786, in ibid., I: 419–23.
71 JM to TJ, June 19, 1786, in ibid., I: 423–28.
72 TJ to JM, February 6, 1786, in ibid., I:410.
73 TJ to JM, September 1, 1785, in ibid., I: 380–83.
74 Quoted in Morris, *Witnesses at the Creation*, p. 163.
75 Chernow, *Alexander Hamilton*, p. 187.
76 Quoted in Tuchman, *The First Salute: A View of the American Revolution*, p. 189.
77 Hamilton quoted in Flexner, *Young Hamilton*, pp. 207–8.
78 Smelser, *Congress Founds the Navy*, p. 8.
79 James Jackson and William Grayson quoted in ibid., p. 24.
80 Morris, *Witnesses at the Creation*, pp. 249–50.
81 Hecht, *Odd Destiny*, p. 163.

2 六舰诞生

1 Circular by David Humphreys, U.S. Minister to Portugal, October 8, 1793, BW I:47.
2 David Humphreys to Michael Morphy, October 6, 1793, BW I:46.
3 Edward Church to Secretary of State, October 12, 1793, BW I:47–50.
4 BW I:56.
5 Letter from David Pierce, December 4, 1793, BW I:57.
6 Smelser, *Congress Founds the Navy*, p. 48.
7 Edward Church to Secretary of State, September 22, 1793, BW I:44–46.
8 Smelser, *Congress Founds the Navy*, pp. 29–30.
9 Ibid., p. 30.
10 Committee report to the House of Representatives, January 20, 1794, ASP, Naval Affairs, vol. 1, p. 5.
11 Smelser, *Congress Founds the Navy*, p. 49.
12 *Journal of William Maclay, United States Senator from Pennsylvania*, pp. 383–84.
13 Smelser, *Congress Founds the Navy*, p. 49.
14 Ferguson, *Truxtun of the Constellation*, p. 92.
15 See Lippincott, *Early Philadelphia*, pp. 275–77. Total American exports in 1793 were $26

million—*Historical Statistics of the United States, Colonial Times to 1970*, U.S. Census Bureau, Part 2, 1776, series Q 518–23, "Value of Waterborne Imports and Exports," p. 716.

16 See Fairburn, *Merchant Sail*, p. 2759.

17 Richard Norton Smith, *Patriarch*, p. xvii.

18 Tolles, *Meeting House and Counting House*, p. 47.

19 See Thomas Paine, *To the Representatives of the Religious Society of the People Called Quakers*, at www.classicallibrary.org/paine.

20 Chappelle, *American Sailing Ships*, pp. 44–49.

21 Quoted in Magoun, *Constitution and Other Historic Ships*, p. 63.

22 Joshua Humphreys letter book, 1797–1800 (undated), PHS.

23 Chapelle, *American Sailing Navy*, pp. 4–5.

24 "Data copied from papers in the Handwriting of Josiah Fox, Navy Constructor, in his old chest, by his granddaughter Sarah C. Fox, concealed in the garret at her home in Ohio." Josiah Fox Papers; copy in the possession of the American Philosophical Society, Philadelphia.

25 Joshua Humphreys to Secretary of the Navy William Jones, August 20, 1827, PHS.

26 "Data copied…"

27 Secretary of War Knox to John Wharton, May 12, 1794, Naval Historical Center, Washington, DC (microfilm collection).

28 Humphreys quoted in Grant, *Isaac Hull, Captain of Old Ironsides*, p. 25.

29 Humphreys quoted in Dorwart and Wolf, *The Philadelphia Navy Yard: From the Birth of the U.S. Navy to the Nuclear Age*, p. 35.

30 Joshua Humphreys to Josiah Fox, July 27, 1797, JH letter book, PHS.

31 Ferguson, *Truxtun of the Constellation*, p. 111.

32 Circular letter from Henry Knox to the Naval Constructors dated July 1794, ASP, Naval Affairs, vol. 1, p. 7.

33 George Washington to Alexander Spotswood, March 15, 1794, in Fitzpatrick, ed., *The Writings of George Washington from the Original Manuscript Sources, 1745–1799*, vol. 33, at http://etext.virgina.edu.

34 John Barry to Samuel Nicholson, June 24, 1794, NYHS.

35 See Fowler, *Jack Tars and Commodores*, p. 23.

36 Ferguson, *Truxtun of the Constellation*, pp. 113–14.

37 Muir quoted in Wood, *Live Oaking*, p. 6.

38 Ibid., pp. 7–10.

39 Ibid., p. 61.

40 John Lawson, Surveyor-General of North Carolina, in *A New Voyage to Carolina* (1709) quoted in ibid., p. 10.

41 John T. Morgan to Joshua Humphreys, August 30, 1794, JH letter book, PHS.

42 From a recruiting advertisement reproduced in Wood, *Live Oaking*, pp. 26–28.

43 Fowler, *Jack Tars and Commodores*, pp. 24–25.

44 John T. Morgan to Joshua Humphreys, October 21, 1794, JH letter book, PHS.

45 Clark, *Gallant John Barry*, p. 372.

46 John T. Morgan to Joshua Humphreys, October 21, 1794, JH letter book, PHS.

47 John T. Morgan to John Barry, December 29, 1794, NYHS.

48 Joshua Humphreys to John T. Morgan, December 29, 1795, JH letter book, PHS.

49 War Office report to the House of Representatives, December 29, 1794, ASP, Naval Affairs, vol.

1, p. 6.

50 War Office report to the House of Representatives, December 12, 1795, ASP, Naval Affairs, vol. 1, pp. 17–18.

51 *Historical Statistics of the United States, Colonial Times to 1970*, U.S. Department of Commerce, Bureau of the Census, Part 2, 1976, series Y 335–338, "Summary of Federal Government Finances—Administrative Budget," p. 1104（用于和平协议的 100 万美元除以 1795 年的 754 万美元的预算支出）。

52 Message to Congress, March 15, 1796, ASP, Naval Affairs, vol. 1, p. 25.

3 法国入侵的隐忧

1 JA to AA, March 5, 1797, quoted in Peabody, ed., *John Adams: A Biography in His Own Words*, p. 359.

2 McCullough, *John Adams*, p. 469.

3 JA, March 9, 1797, quoted in Page Smith, *John Adams*, vol. 2, p. 918.

4 JA to AA, March 9, 1797, quoted in Ferling, *John Adams: A Life*, p. 335.

5 JA to AA, March 5, 1797, quoted in Peabody, ed., *John Adams: A Biography in His Own Words*, p. 359.

6 Adams, "Inaugural Address," March 4, 1797, U.S. Government Printing Office, 1989.

7 JA to John Quincy Adams, March 31, 1797, quoted in McCullough, *John Adams*, p. 476（强调处为原文所加）。

8 Turgot quoted in Isaacson, *Benjamin Franklin: An American Life*, p. 145.

9 Elkins and McKitrick, *The Age of Federalism*, p. 309.

10 Henry Edgeworth De Firmont in *The French Revolution as Told by Contemporaries*, ed. Higgins, pp. 272–73.

11 Elkins and McKitrick, *The Age of Federalism*, p. 357.

12 Minnigerode, *Jefferson, Friend of France*, p. 166.

13 Elkins and McKitrick, *The Age of Federalism*, p. 457.

14 TJ to James Monroe, May 5, 1793, TJP.

15 Schama, *Citizens*, p. 782.

16 Quoted in McCullough, *John Adams*, p. 443.

17 Minnigerode, *Jefferson, Friend of France*, p. 167.

18 McCullough, *John Adams*, p. 457.

19 JM quoted in Ellis, *Founding Brothers*, p. 138.

20 TJ to Tench Coxe, January 1, 1795, TJP.

21 JA to Elbridge Gerry, quoted in Ellis, *Founding Brothers*, pp. 188–89.

22 TJ to Rutledge, December 27, 1796, WTJ, VII: 93–94.

23 TJ quoted in Ellis, *Founding Brothers*, p. 182.

24 Joshua Humphreys to Secretary of War, March 26, 1797, JH letter book, PHS.

25 Quoted in Rosenfeld, *American Aurora*, p. 29.

26 McCullough, *John Adams*, p. 462.

27 Quoted in Rosenfeld, *American Aurora*, pp. 29–30.

28 B. F. Bache, *Aurora General Advertiser*, April 6, 1797, quoted in ibid., p. 5.

29 JH account books, PHS.

30 Joshua Humphreys to Secretary of War, May 6, 1797, JH letter book, PHS.

31 Joshua Humphreys to Secretary of War, May (date uncertain), 1797, JH letter book, PHS.
32 Guttridge and Smith, *The Commodores: The U.S. Navy in the Age of Sail*, p. 16.
33 Ibid.
34 *Annals*, House of Representatives, 5th Congr., 1st Sess., May 16, 1797.
35 Ibid.
36 Quoted in McCullough, *John Adams*, p. 485.
37 *Aurora*, May 18, 1797, quoted in Page Smith, *John Adams*, vol. 2, p. 931.
38 McCullough, *John Adams*, p. 485.
39 Quoted in DeConde, *The Quasi War: The Politics and Diplomacy of the Undeclared War with France, 1797–1801*, p. 23.
40 *Annals*, House of Representatives, June 1797.
41 DeConde, *The Quasi War*, p. 31.
42 JA to Uriah Foster, June 20, 1797, quoted in Dauer, *The Adams Federalists*, p. 130.
43 TJ quoted in McCullough, *John Adams*, p. 493.
44 War Office to Joshua Humphreys, July 25, 1797, QW I:9.
45 JH letter book, PHS.
46 Joshua Humphreys to Thomas Truxtun, June 11, 1797, JH letter book, PHS.
47 Quoted in Ferguson, *Truxtun of the Constellation*, p. 130.
48 An "observer" quoted in ibid., p. 134.
49 Captain Thomas Truxtun to Joshua Humphreys, September 1, 1797, QW I:17.
50 A "Witness" quoted in Ferguson, *Truxtun of the Constellation*, p. 134.
51 See Powell, *Bring Out Your Dead, and Arnebeck, Destroying Angel: Benjamin Rush, Yellow Fever and the Birth of Modern Medicine*, online at http://www.geocities.com/bobarnebeck/fever1793.html.
52 JH letter book, PHS.
53 Joshua Humphreys to Timothy Pickering, September 25, 1797, JH letter book, PHS.
54 Joshua Humphreys to Secretary of War, October 4, 1797, JH letter book, PHS.
55 Dorwart and Wolf, *The Philadelphia Navy Yard*, p. 40.
56 Secretary of War to David Stodder, Naval Constructor, October 6, 1797, QW I:18.
57 Secretary of War to Tench Francis, Purveyor, September 18, 1797, QW I:17.
58 Ferguson, *Truxtun of the Constellation*, pp. 110–11.
59 Humphreys quoted in ibid., p. 117.
60 "President's Speech," *Annals*, 5th Congr., 2nd Sess., November 23, 1797, pp. 630–34.
61 Joshua Humphreys to Thomas Truxtun, July 29, 1796, JH letter book, PHS.
62 Walpole and Napoleon quoted in Schama, *Citizens*, p. 678.
63 Gulian C. Verplanck quoted in Batterberry, *On the Town in New York*, p. 33.
64 Bellamy quoted in DeConde, *The Quasi War*, p. 48.
65 AA quoted in McCullough, *John Adams*, p. 497.
66 Quoted in Rosenfeld, *American Aurora*, p. 72.
67 Jefferson, *Anas*, WTJ, I, p. 345, quoted in ibid., p. 73.
68 Callender quoted in ibid., p. 145.
69 Quoted in Ellis, *Founding Brothers*, p. 190.
70 Smelser, *Congress Founds*, p. 143.
71 January 11, 1798, quoted in Adams, *The Life of Albert Gallatin*, p. 189.
72 *Annals*, pp. 2823–32, quoted in Sprout and Sprout, *Rise of American Seapower*, p. 45.

73 Quoted in McCullough, *John Adams*, p. 499.
74 TJ to JM, March 29, 1798, TJP.
75 Secretary of War to Captain Thomas Truxtun, March 16, 1798, QW I:16.
76 Ferguson, *Truxtun of the Constellation*, p. 103.
77 Captain Thomas Truxtun to Secretary of War James McHenry, 1797, quoted in McKee, *A Gentlemanly and Honorable Profession: The Creation of the U.S. Naval Officer Corps, 1794–1815*, p. 153.
78 Quoted in ibid., p. 169.
79 Secretary of War to Captain Thomas Truxtun, March 16, 1798, QW I:16.
80 Captain Thomas Truxtun to Lieutenant John Rodgers, April 1798, QW I:49–50.
81 Recruiting instructions from the Secretary of the Navy, September 11, 1798, QW I:388–89.
82 Captain Thomas Truxtun to Lieutenant John Rodgers, April 1798, QW I:49–50.
83 Quoted in Smelser, *Congress Founds*, p. 144.
84 March 31, 1798, QW I:49.
85 Secretary of War to Joshua Humphreys, March 23, 1798, QW I:45.
86 Captain John Barry to Secretary McHenry, May 26, 1796, NYHS.
87 Griffin, *Commodore John Barry, "The Father of the American Navy": The Records of His Services for Our Country*, p. 112.
88 Captain John Barry to Secretary McHenry, September 20, 1796, NYHS.
89 Secretary of State Pickering to Robert Liston, British Ambassador, June 22, 1798, QWI:129–30.
90 Recruiting poster, May 12, 1798, QW I:73.
91 Stephen Higginson to Secretary of War, June 6, 1798, QW I:106.
92 T. Williams to Secretary of State Timothy Pickering, May 31, 1798, QW I:97（强调处为原文所加）。
93 Barry quoted in Palmer, Stoddert's War, p. 7.
94 President George Washington to Secretary of War, July 13, 1796, BW I:165–66.
95 Smelser, *Congress Founds*, p. 137.
96 Philadelphia *United States Recorder*, May 3, 1798, quoted in ibid.
97 McCullough, *John Adams*, p. 500.
98 April 12, 1798, quoted in Rosenfeld, *American Aurora*, p. 83.
99 DeConde, *The Quasi War*, pp. 82–83.
100 Rosenfeld, *American Aurora*, p. 153.
101 AA to John Quincy Adams, McCullough, *John Adams*, p. 504.
102 Smelser, *Congress Founds*, p. 161.
103 *Aurora General Advertiser*, May 9, 1798, quoted in Rosenfeld, *American Aurora*, p. 114.
104 Deborah Logan quoted in ibid., p. 81.
105 Jefferson quoted in Adams, *The Life of Albert Gallatin*, p. 31.
106 Quoted in Rosenfeld, *American Aurora*, pp. 201, 80.
107 Quoted in McCullough, *John Adams*, p. 505.
108 Quoted in Rosenfeld, *American Aurora*, p. 188.
109 TJ to JM, April 6, 1798, TJP.
110 TJ to JM, April 12, 1798, ibid.
111 JM to TJ, May 13, 1798, in Rakove, ed., *James Madison: Writings*, p. 588.

4 美法准战争

1 Captain Thomas Truxtun's Journal, July 4, 1798, QW I:163–64.
2 Captain Thomas Truxtun's Journal, July 5, 1798, QW I:169.
3 Captain Thomas Truxtun's Journal, July 5–7, 1798, QW I:169, 172, 180.
4 Captain Thomas Truxtun to Mr. Morgan, June 19, 1798, QW I:124–25.
5 Captain Thomas Truxtun to the Sea Lieutenants and Master, *Constellation*, June 27, 1798, QW I:144.
6 Secretary of War to Captain Thomas Truxtun, May 30, 1798, QW I:92–93.
7 Captain Thomas Truxtun's Journal, August 5, 1798, QW I:274.
8 Captain Thomas Truxtun's Journal, August 6, 1798, QW I:276.
9 Captain Thomas Truxtun's Journal, August 15, 1798, QW I:300.
10 Palmer, *Stoddert's War*, pp. 233–41.
11 Secretary of the Navy to Secretary of the Treasury, July 31, 1798, QW I:261–62.
12 Secretary of the Navy to Tench Francis, Purveyor, August 25, 1798, QW I:338–39.
13 Secretary of the Navy to Tench Francis, Purveyor, September 22, 1798, QW I:438.
14 See Dorwart and Wolf, *The Philadelphia Navy Yard*, p. 37.
15 Joshua Humphreys to Forman Cheesman, July 8, 1799, JH letter book, PHS.
16 Captain John Barry to Joshua Humphreys, July 22, 1798, QW, I:232.
17 James Morris to Joshua Humphreys, July 23, 1798, QW, I:233.
18 Quoted in Palmer, *Stoddert's War*, p. 29.
19 Captain Thomas Truxtun to Secretary of the Navy, August 16, 1798, QW I:300–02.
20 Joshua Humphreys to Forman Cheesman, July 8, 1799, JH letter book, PHS.
21 Captain Thomas Truxtun to Jeremiah Yellott, Navy Agent, October 26, 1798, QW I:563–64.
22 Captain Thomas Truxtun to Secretary of the Navy, October 27, 1798, QW I:566–68.
23 Albion and Pope, *Sea Lanes in Wartime: The American Experience, 1775–1942*, p. 70.
24 Secretary of the Navy to President Adams, August 25, 1798, QW I:336.
25 Secretary of the Navy to President Adams, July 30, 1798, QW I:255.
26 Captain Thomas Truxtun to Secretary of the Navy, October 27, 1798, QW I:566–68.
27 Secretary of the Navy to Captain Thomas Truxtun, January 16, 1799, QW II:243.
28 Secretary of the Navy to Captain Thomas Truxtun, December 8, 1798, QW II:73.
29 Palmer, *Stoddert's War*, p. 84.
30 Shaw, *Short sketch of the life of Elijah Shaw, who served 21 years in the United States Navy*, p. 7.
31 Captain Thomas Truxtun's Journal, January 10, 1799, QW II:228.
32 Captain Thomas Truxtun's Journal, January 13–17, 1799, QW II:237–53.
33 "The United States Naval Chronicle," 1824, pp. 127–29, in QW II:42.
34 Captain Thomas Truxtun to Midshipman John Dent, January 29, 1799, QW II:291–92.
35 Letter from an officer on board the *United States*, QW II:304.
36 Captain Thomas Truxtun's Journal, February 8, 1799, QW II:322.
37 Captain Thomas Truxtun's Journal, February 9, 1799, QW II:328.
38 Ferguson, *Truxtun of the Constellation*, p. 161.
39 John Hoxse quoted in Palmer, *Stoddert's War*, p. 99.
40 Ibid.
41 Captain Barreaut to General Desfourneaux, February 17, 1799, NA RG 45.
42 "Extract of a Letter from Mr. Andrew Sterrett," QW II:334（强调处为原文所加）。

43 *Claypoole's American Daily Advertiser*, March 26, 1799, in NA RG 45.
44 Rodgers quoted in Palmer, *Stoddert's War*, p. 100.
45 Captain Barreaut to General Desfourneaux, February 17, 1799, NA RG 45.
46 Lieutenant John Rodgers to Secretary of the Navy, February 15, 1799, QW II:336–37.
47 Palmer, *Stoddert's War*, p. 101.
48 Letter from David Porter to his father, reprinted in *Claypoole's American Daily Advertiser*, March 16, 1799, NA RG 45.
49 "The United States Naval Chronicle," QW II: 327–28.
50 Captain Thomas Truxtun to Secretary of the Navy, February 9, 1799, QW II:326–27.
51 Captain Truxtun to General Desfourneaux, February 19, 1799, QW II:378–79.
52 Captain Barreaut to Captain Thomas Truxtun, February 14, 1799, QW II:354.
53 Captain Thomas Truxtun to Lieutenant John Rodgers, May 20, 1799, QW III:217.
54 Ferguson, *Truxtun of the Constellation*, p. 171.
55 Department of the Navy, "The Reestablishment of the Navy, 1787–1801," Naval Historical Center Web site: http://www.history.navy.mil.
56 President John Adams to Secretary of the Navy, April 22, 1799, QW III:84.
57 Rules and Regulations for the Government of the U.S. Navy, QW VII:462–73.
58 Captain Alexander Murray to Secretary Stoddert, July 27, 1799, QW III: 551–52.
59 Secretary Stoddert to Captain Truxtun, July 2, 1799, QW III:453–54.
60 Joshua Humphreys to Secretary Stoddert, July 4, 1799, JH letter book, PHS.
61 Secretary Stoddert to Captain Truxtun, July 9, 1799, QW III:480.
62 *A Gentlemanly and Honorable Profession*, Table 32, p. 493.
63 AA quoted in McCullough, *John Adams*, p. 507.
64 Anderson, "John Adams, the Navy, and the Quasi-War with France," *American Neptune* 30(2) (1970): 120.
65 McCullough, *John Adams*, p. 513.
66 Ibid, p. 522.
67 JA to Francis Adrian Van der Kemp, April 25, 1808, quoted in Anderson, "John Adams, the Navy, and the Quasi-War with France," p. 119.
68 Senate Journal, 5th Cong., 3rd Sess., February 18, 1799.
69 Ellis, *Founding Brothers*, p. 192.
70 AA to JA, ibid., p. 192.
71 Ferguson, *Truxtun of the Constellation*, p. 170.
72 John Adams, *Works*, VIII:651.
73 Wolcott quoted in Palmer, *Stoddert's War*, p. 125.
74 Ibid., p. 128.
75 Secretary of the Navy to Captain John Barry, May 13, 1799, QW III:177.
76 Palmer, *Stoddert's War*, pp. 130–31.
77 Secretary Stoddert to Alexander Hamilton, July 19, 1799, QW III:516.
78 JA to Secretary Stoddert, July 5, 1799, QW III:466.
79 JA to Secretary Stoddert, July 23, 1799, QW III:528–32.
80 Ferguson, *Truxtun of the Constellation*, p. 179.
81 Captain Truxtun to Officers of Constellation, August 9, 1799, QW IV:51.
82 Ferguson, *Truxtun of the Constellation*, p. 185.
83 Address of Captain Truxtun to ship's company, June 19, 1799, QW III:366–67.

84 Secretary Stoddert to Captain Truxtun, November 11, 1800, QW IV:377–80.
85 Palmer, *Stoddert's War*, p. 183.
86 Captain Truxtun to Secretary of the Navy, February 3, 1800, QW V:159.
87 Captain Thomas Truxtun's Journal, February 1, 1800, QW V:160.
88 Captain Thomas Truxtun's Journal, February 2, 1800, QW V:160–61.
89 "Letter from a gentleman on board the frigate *Constellation*," February 7, 1800, QW V:164–66.
90 Captain Thomas Truxtun's Journal, February 2, 1800, QW V:160–61.
91 "Letter from a gentleman on board the frigate *Constellation*," February 7, 1800, QW V:164–66.
92 Surgeon Isaac Henry to Hugh Henry, February 1–2, 1800, QW V:162.
93 Isaac Henry to Hugh Henry, February 11, 1800, QW V:208.
94 Captain Truxtun to Secretary Stoddert, February 12, 1800, QW V:209–10.
95 Account of Captain Pitot, February 1–2, 1800, QW V:166–68.
96 Benjamin Hammell Phillips to Captain Truxtun, February 6, 1800, QW V:197.
97 Captain Thomas Baker to Secretary of the Navy, February 8, 1800, QW V:196–97.
98 "Letter from a gentleman in Curacao," February 6, 1800, QW V:198.
99 Quoted in DeConde, *The Quasi War*, p. 210.
100 Quoted in Ferguson, *Truxtun of the Constellation*, p. 200.
101 Captain James Sever to Secretary Stoddert, January 11, 1800, QW, V:62–63.
102 Ibid.
103 Lieutenant John Cordis to Secretary Stoddert, April 2, 1800, QW, V:65–66.
104 First Lieutenant Benjamin Strother to Major Commandant William Burrows, February 24, 1800, QW, V:64–65.
105 Secretary Stoddert to Midshipman John Duboise, April 25, 1800, QW V:449.
106 Second Lieutenant Samuel Llewellyn to Major Commandant William W. Burrows, April 25, 1800, QW V:450.
107 Secretary Stoddert to Josiah Fox, March 20, 1800, QW V:334–35.
108 Captain Truxtun to Josiah Fox, April 2, 1800, QW V:373–74.
109 Secretary Stoddert to Captain Truxtun, April 16, 1800, QW V:421.
110 Palmer, *Stoddert's War*, p. 211.
111 Sentence of Court-Martial in the case of Mutineers on board the frigate *Congress*, May 15, 1800, QW V:520–21.
112 Captain Truxtun to Secretary Stoddert, April 27, 1800, QW V:451–52.
113 Court of Inquiry, April 29, 1800, QW V:452–54.
114 Sentence of Court-Martial in the case of Mutineers on board the frigate *Congress*, May 15, 1800, QW V:520–21.
115 *Norfolk Herald*, May 24, 1800, QW V:545.
116 Truxtun to Charles Biddle, May 22, 1800, QW V:544.
117 Captain Murray to Secretary Stoddert, October 12, 1800, QW VI:468–69.
118 Quoted in Ellis, *Founding Brothers*, p. 193.
119 McCullough, *John Adams*, p. 529.
120 Ibid., p. 531.
121 Chernow, *Alexander Hamilton*, p. 598.
122 McCullough, *John Adams*, p. 531.
123 Secretary Stoddert to Captain Barry, June 17, 1799, QW III:349.
124 Secretary Stoddert to Captain Barry, September 20, 1799, QW IV:211.

125 Oliver Ellsworth and W. R. Davie to the Secretary of State, November 1, 1799, QW IV:346.
126 Thomas Bulkeley, U.S. Consul, Portugal, to Captain Barry, December 18, 1799, QW IV:553.
127 William Smith, U.S. Minister to Portugal, to Secretary of State, February 1, 1800, QW V:178.
128 Palmer, *Stoddert's War*, p. 221.
129 William Smith to Secretary of State, February 1, 1800, QW V:178.
130 Elkins and McKitrick, *The Age of Federalism*, p. 689.
131 McCullough, *John Adams*, p. 552.
132 Ellis, *Founding Brothers*, p. 205.
133 JA to Captain Truxtun, November 30, 1802, QW V:174–75.

第 2 部　前往的黎波里海岸

5　巴巴里的敲诈

1 Quoted at http://www.hfac.uh.edu/gl/us9.htm.
2 McCullough, *John Adams*, p. 543.
3 Ellis, *American Sphinx*, p. 180.
4 Margaret Bayard Smith to "her sister," October 5, 1800, quoted at http://www.geocities.com/bobarnebeck/swamp1800.html.
5 Margaret Bayard Smith to Miss Susan B. Smith, March 4, 1801, Smith, *The First Forty Years of Washington Society in the Family Letters of Margaret Bayard Smith*, pp. 25–27.
6 Margaret Bayard Smith to "her sister," October 5, 1800, quoted at http://www.geocities.com/bobarnebeck/swamp1800.html.
7 Edmund Bacon in *The Jefferson Reader*, ed. Rosenberger, p. 67.
8 Margaret Bayard Smith in her notebook, *The First Forty Years*, pp. 5–7.
9 Quoted in Young, *The Washington Community 1800–1828*, p. 46.
10 Bernard Mayo in *The Jefferson Reader*, ed. Rosenberger, p. 308.
11 TJ to T. M. Randolph, June 4, 1801, quoted in Malone, *Jefferson: The President*, p. 42.
12 TJ to T. M. Randolph, November 16, 1801, quoted in Cunningham, *The Process of Government Under Jefferson*, p. 35.
13 Thomas Jefferson Randolph in *The Jefferson Reader*, ed. Rosenberger, pp. 65–66.
14 Young, *The Washington Community*, p. 3.
15 Ibid., pp. 41–53.
16 Ibid., p. 41.
17 John Randolph quoted in ibid., p. 75.
18 T. J. Randolph in *The Jefferson Reader*, ed. Rosenberger, p. 65.
19 TJ to Robert R. Livingston, December 14, 1800, TJP.
20 Ellis, *American Sphinx*, p. 188.
21 TJ to General Samuel Smith, March 9, 1801, TJP.
22 Quoted in Adams, *The Life of Albert Gallatin*, p. 300.
23 TJ to Gallatin, October 11, 1809, WTJ, IX:264.
24 Adams, *The Life of Albert Gallatin*, pp. 292–93.
25 Balinky, *Albert Gallatin: Fiscal Theories and Policies*, p. 55.

26 Adams, *The Life of Albert Gallatin*, pp. 294–95.

27 TJ to Walter Jones, March 31, 1801, TJ Miscellany, Manuscript Division, LOC, quoted in Cunningham, *The Process of Government Under Jefferson*, p. 316.

28 TJ to T. M. Randolph, June 18, 1801, quoted in ibid., p. 22.

29 TJ to James Monroe, June 20, 1801, quoted in ibid.

30 ASP, Mis. vol. 1, p. 260, transmitted to Congress by President; Register of Employees for 1802. See also Young, *The Washington Community*, p. 29.

31 See McKee, *A Gentlemanly and Honorable Profession*, pp. 413–18.

32 Secretary of the Navy to Captain Alexander Murray, March 27, 1801, QW VII:158.

33 Samuel Smith for acting Secretary of the Navy Dearborn to Captain Sever, June 18, 1801, QW VII:255.

34 Samuel Smith for acting Secretary of Dearborn the Navy to Lieutenant William Flagg, April 15, 1801, QW VII:195.

35 TJ to Samuel Smith, April 17, 1801, TJP.

36 Message of the President of the United States to Congress, December 8, 1801, ASP, Naval Affairs, vol. 1, p. 78.

37 Secretary of the Navy, "Naval establishment and its expenses," to the House of Representatives, January 15, 1801, ASP, Naval Affairs, vol. 1, p. 6.

38 William Whitehead quoted in letter to Secretary of the Navy from Captain Thomas Tingey, December 5, 1801, QW VII:306.

39 General Samuel Smith for acting Secretary of the Navy to Captain Alexander Murray, April 11, 1801, QW VII:186.

40 Captain Alexander Murray to Secretary of the Navy, April 12, 1801, QW VII:189.

41 Captain Alexander Murray to General Samuel Smith, May 18, 1801, QW VII:227.

42 TJ to Caesar A. Rodney, December 31, 1802, TJP.

43 Quoted in Mapp, *TJ: A Strange Case of Mistaken Identity*, p. 2.

44 TJ quoted in Ellis, *Founding Brothers*, p. 67.

45 Samuel Johnson, "Taxation Not Tyranny," in *The Yale Edition of the Works of Samuel Johnson* (1775; New Haven: Yale University Press, 1977).

46 TJ to JA, July 11, 1786, in Cappon, ed., *The Adams-Jefferson Letters*, I:142–43.

47 TJ to Elbridge Gerry, January 26, in Cunningham, *The Process of Government Under Jefferson*, p. 128.

48 TJ to Dr. Joseph Priestley, January 18, 1800, TJP.

49 TJ Jefferson to Horatio C. Spafford, March 17, 1814, TJP.

50 "Answers to questions propounded by M. De Meunier," January 24, 1786, WTJ, vol. V, p. 11.

51 TJ to John Jay, August 23, 1785, TJP.

52 "Treaty of Peace and Friendship between the United States of America and the Bey and Subjects of Tripoli of Barbary," BW I:177.

53 James L. Cathcart, U.S. Consul, Tripoli, to Secretary of State Pro Tempore, October 18, 1800, BW I:382.

54 Ibid.

55 William Eaton quoted in Whipple, *To the Shores of Tripoli*, p. 55.

56 "Presents to Tunis," BW II:86.

57 Bey of Tunis to President Thomas Jefferson, September 8, 1802, BW II:269.

58 Richard O'Brien to William Smith, January 10, 1801, BW I:410.

59 Whipple, *To the Shores of Tripoli*, p. 56.

60 Bainbridge to Secretary Stoddert, quoted in Lossing, *Pictorial Field-Book of the War of 1812*, chap. VI.

61 TJ to JM, August 28, 1801, TJP.

62 Jefferson notes quoted in Cunningham, *The Process of Government Under Jefferson*, pp. 48–49.

63 Tucker, *Dawn Like Thunder: The Barbary Wars and the Birth of the U.S. Navy*, p. 135.

64 Ferguson, *Truxtun of the Constellation*, p. 215.

65 Ibid., p. 216.

66 Ibid., p. 217.

6 远征地中海

1 Whipple, *To the Shores of Tripoli*, p. 80.

2 "An act for the protection of the commerce and seamen of the United States, against the Tripolitan cruisers," passed by the seventh Congress, February 6, 1802, BW II:51–52.

3 Captain Thomas Truxtun to Secretary of the Navy, March 3, 1802, BW II:76.

4 Ferguson, *Truxtun of the Constellation*, p. 224.

5 Whipple, *To the Shores of Tripoli*, p. 86.

6 Secretary of the Navy, Instructions to Captain Richard D. Morris, April 20, 1802, BW II:130.

7 TJ to Albert Gallatin, March 28, 1803, TJP.

8 William Eaton, U.S. Consul, Tripoli, to James Leander Cathcart, April 26, 1802, BW II:134.

9 William Eaton to Secretary of State, August 23, 1802, BW II:248.

10 Albert Gallatin to TJ, August 16, 1802, quoted in Adams, *The Life of Albert Gallatin*, p. 307.

11 Cabinet Meeting Notes, May 8, 1803, in Cunningham, *The Process of Government Under Jefferson*, pp. 49–50.

12 TJ to JM, March 22, 1803, TJP.

13 Logbook of Sailing Master Nathaniel Haraden, May 21, 1803, BW II:413.

14 Thomas Dring account, *Recollections of the Jersey Prison-Ship* (1829), p. 7.

15 *Niles' Register*, vol. 1, p. 350.

16 Logbook of Sailing Master Nathaniel Haraden, May 22, 1803, BW II:416.

17 Captain Edward Preble to Secretary of the Navy, May 22, 1803, BW II:414.

18 Triber, *A True Republican: The Life of Paul Revere*, pp. 180–86.

19 Revere to Smith quoted in ibid.

20 Logbook of Sailing Master Nathaniel Haraden, June 25, 1803, BW II:462.

21 Captain Edward Preble to Secretary of the Navy, June 26, 1803, BW II:463.

22 Logbook of Sailing Master Nathaniel Haraden, August 4, 1803, BW II:506.

23 Captain Edward Preble to Secretary of the Navy, August 19, 1803, BW II:515.

24 "Internal Rules and Regulations for the U.S. Frigate *Constitution*, 1803 to 1804, by Captain Edward Preble," September 6, 1803, BW III:6.

25 Charles Morris, *Autobiography*, quoted in Magoun, *The Frigate Constitution and Other Historic Ships*, pp. 68–69.

26 Captain Edward Preble to James Simpson, U.S. Consul, Tangier, September 22, 1803, BW III:71.

27 James Simpson to Captain Edward Preble, October 2, 1803, BW III:97.

28 Logbook of Sailing Master Nathaniel Haraden, October 3, 1803, BW III:101.

29 Midshipman Henry Wadsworth to Nancy Doane, September 24, 1803, BW III:75.
30 Midshipman Ralph Izard to Mrs. Ralph Izard, Sr., October 11, 1803, BW III:126.
31 James Simpson to Captain Edward Preble, October 7, 1803, BW III:110.
32 Tobias Lear, U.S. Consul General, Algiers, to Secretary of State, October 18, 1803, BW III:146.
33 Midshipman Ralph Izard to Mrs. Ralph Izard, Sr., October 11, 1803, BW III:126.
34 Declaration of peace between United States and the Emperor of Morocco, October 9, 1803; Captain Edward Preble to James Simpson, October 8, 1803, BW III:118–19.
35 Captain Edward Preble to Secretary of the Navy, October 1, 1803, BW III:95.
36 Lieutenant Charles Stewart to Captain John Gore, Royal Navy, October 7, 1803, BW III:112.
37 Captain John Gore to Lieutenant Charles Stewart, October 8, 1803, BW III:113.
38 Letters between John Gore and Charles Stewart dated October 9, 1803, BW III:120–21.
39 Lieutenant Charles Stewart to Captain Edward Preble, October 9, 1803, BW III:121.
40 Captain Edward Preble to Captain John Gore, October 17, 1803, BW III:143.
41 Lieutenant Charles Stewart to Captain Edward Preble, October 9, 1803, BW III:121.
42 Captain Edward Preble to Captain John Gore, October 17, 1803, BW III:143（强调处为原文所加）。
43 Captain George Hart, Royal Navy, to Captain Edward Preble, October 21, 1803, BW III:156.
44 Captain Edward Preble to Secretary of the Navy, November 9, 1803, BW III:209.
45 Captain Edward Preble to Captain George Hart, October 22, 1803, BW III:158.
46 Surgeon Samuel Marshall to Lieutenant Charles Stewart, October 21, 1803, BW III:157.
47 Captain Edward Preble to Secretary of the Navy, October 23, 1803, BW III:160.

7 损失主力舰

1 Zacks, *The Private Coast*, p. 3.
2 John Rea, *A Letter to William Bainbridge…*, quoted in McKee, *A Gentlemanly and Honorable Profession*, pp. 262–63.
3 Captain William Bainbridge to Captain Edward Preble, November 12, 1803, BW III:174.
4 Captain William Bainbridge to Tobias Lear, February 8, 1804, BW III:176.
5 Captain William Bainbridge to Secretary of the Navy, November 1, 1803, BW III:171.
6 Court inquiring into the loss of U.S. frigate Philadelphia, June 29, 1805, BW III:189.
7 Cowdery, *American Captives in Tripoli; or, Dr. Cowdery's Journal in Miniature. Kept during his late captivity in Tripoli*, quoted in Baepler, ed., *White Slaves, African Masters: An Anthology of American Barbary Captivity Narratives*, pp. 161–62. 需要注意的是，雷对砍断手臂的说法提出了异议，但同意的黎波里人之间发生了混战的说法。
8 收信人不明，发信人据推测为威廉·班布里奇船长，February 18, 1804, BW, III:432。
9 Ibid.
10 William Ray, *Horrors of Slavery, or the American Tars in Tripoli*, in Baepler, ed., *White Slaves, African Masters*, p. 190.
11 收信人不明，发信人据推测为威廉·班布里奇船长，February 18, 1804, BW, III:432。
12 Cowdery, *American Captives in Tripoli*, in Baepler, ed., *White Slaves, African Masters*, p. 162.
13 Ibid., pp. 162–63.
14 Captain William Bainbridge to Secretary of the Navy, November 1, 1803, BW III:171.
15 Captain William Bainbridge to Captain Edward Preble, December 13, 1803, BW III: 269.
16 Cowdery in Baepler, ed., *White Slaves, African Masters*, p. 163.
17 Officers of Philadelphia to Captain William Bainbridge, October 31, 1803, BW, III:169.

18 Captain William Bainbridge to Secretary of the Navy, November 1, 1803, BW, III:171.
19 Captain William Bainbridge to Captain Edward Preble, November 12, 1803, BW III:174.
20 Captain William Bainbridge to Captain Edward Preble, November 25, 1803, BW III:175.
21 Captain William Bainbridge to Susan Bainbridge, November 1, 1803, BW III:178.
22 Ray, *Horrors of Slavery*, in Baepler, ed., *White Slaves, African Masters*, pp. 192–95.
23 Captain William Bainbridge to Captain Edward Preble, December 5, 1803, BW III:253.
24 Diary of Captain Edward Preble, November 24, 1803, BW III:175.
25 Captain Edward Preble to Mary Preble, December 12, 1803, quoted in McKee, *Edward Preble*, 182.
26 Captain Edward Preble to Secretary of the Navy, December 10, 1803, BW III:256.
27 Ibid.
28 Captain Edward Preble to Lieutenant Stephen Decatur, Jr., December 1, 1803, BW III:245.
29 Captain Edward Preble to Secretary of the Navy, December 10, 1803, BW III:256.
30 James Leander Cathcart to Secretary of State, December 15, 1803, BW III:272.
31 Presumably from Midshipman Henry Wadsworth, January 10, 1804, BW III:322.
32 Captain Edward Preble to Captain William Bainbridge, December 19, 1803, BW III:280.
33 Captain Edward Preble to Secretary of the Navy, December 10, 1803, BW III:256.
34 Logbook of Sailing Master Nathaniel Haraden, December 23, 1803, BW III:288.
35 Ibid., III:295.
36 Diary of Captain Edward Preble, December 24, 1803, BW III:294, 371.
37 Captain Edward Preble to Tobias Lear, January 31, 1804, BW III:377.
38 James Leander Cathcart to Secretary of State, December 15, 1803, BW III:272.
39 Tobias Lear to Secretary of State, December 24, 1803, BW III:291.
40 Captain Edward Preble to James Leander Cathcart, January 4, 1804, BW III:311.
41 James Leander Cathcart to Captain Edward Preble, November 18, 1803, BW III:228.
42 Richard O'Brien to Captain Edward Preble, December 21, 1803, BW III:283–85.
43 Captain William Bainbridge to Tobias Lear, January 14, 1804, BW III:329.
44 Richard O'Brien to Captain Edward Preble, December 21, 1803, BW III:283–85.
45 Captain Edward Preble to Secretary of the Navy, December 10, 1803, BW III:256.
46 Captain William Bainbridge to Captain Edward Preble, February 15, 1804, BW III:408.
47 MacKenzie, *Life of Stephen Decatur*, p. 47.
48 Captain Edward Preble to the Secretary of the Navy, February 19, 1804, BW III:438–41.
49 Captain Edward Preble to Secretary of the Navy, February 3, 1804, BW III:384.
50 Captain Edward Preble to Lieutenant Stephen Decatur, January 31, 1804, BW III:376.
51 Journal of Midshipman F. Cornelius DeKrafft, *Siren*, February 3, 1804, BW III:388.
52 Affidavit of Midshipman Edmund P. Kennedy, BW III:420–21.
53 DeKrafft, Journal, *Siren*, February 8, 1804, BW III:399.
54 Midshipman Ralph Izard to Mrs. Ralph Izard, Sr., February 20, 1804, BW III:416–17.
55 Lieutenant Charles Stewart to Captain Edward Preble, February 19, 1804, BW III:415–16.
56 Affidavit of Surgeon's Mate Lewis Heermann, Given April 26, 1828, BW III:417–20.
57 Lewis Heermann quoted in McKee, *Edward Preble: A Naval Biography*, p. 197.
58 Affidavit of Surgeon's Mate Lewis Heermann, BW III:417–20.
59 Ibid.
60 Lewis Heermann quoted in McKee, *Edward Preble: A Naval Biography*, p. 197.
61 Lieutenant Stephen Decatur to Captain Edward Preble, February 17, 1804, BW III:414–15.

62 Lewis Heermann quoted in McKee, *Edward Preble: A Naval Biography*, p. 197.

63 Lieutenant Charles Stewart to Captain Edward Preble, February 19, 1804, BW III:415–16.

8 求援与整备

1 Cowdery, *American Captives in Tripoli*, in Baepler, ed., *White Slaves, African Masters*, p. 168.

2 Thomas Appleton, U.S. Consul, Leghorn, to Robert R. Livingston, U.S. Minister to Paris, March 16, 1804, BW, III:494.

3 Captain William Bainbridge to Minister of Foreign Affairs, Tripoli, February 20, 1804, BW III:445.

4 Cowdery in Baepler, ed., *White Slaves, African Masters*, p. 168.

5 Surgeon John Ridgely to Susan Decatur, November 10, 1826, BW III:425.

6 Captain William Bainbridge to Captain Edward Preble, March 5, 1804, BW III:474.

7 Captain William Bainbridge to Captain Edward Preble, February 17, 1804, BW III:431.

8 Minister of Foreign Affairs of the Bashaw of Tripoli to Captain William Bainbridge, March 5, 1804, BW III:474.

9 Captain William Bainbridge to Minister of Foreign Affairs of the Bashaw of Tripoli, March 5, 1804, BW III:475.

10 Affidavit of Surgeon's Mate Lewis Heermann, BW III:417–20（强调处为作者所加）。

11 Captain Edward Preble to Captain William Bainbridge, March 12, 1804, BW III:489.

12 Captain Edward Preble to the Prime Minister to the Bashaw of Tripoli, March 27, 1804, BW III:535–36.

13 Captain Edward Preble to Secretary of the Navy, February 19, 1804, BW III:438.

14 Irving quoted in McKee, *Edward Preble: A Naval Biography*, pp. 227–28.

15 Edward Preble to Mary Preble, December 12, 1803, quoted in ibid., pp. 182–83.

16 Purser John Darby quoted in ibid., pp. 227, 229.

17 Darby quoted in ibid., p. 229.

18 Ibid., pp. 230–33.

19 See Stevens, *Pistols at Ten Paces*. 18 名军官死于 1815 年以前的数据引自 McKee, *A Gentlemanly and Honorable Profession*, p. 403。

20 See "Code Duello: The Rules of Dueling," reprinted from *American Duels and Hostile Encounters* (New York: Chilton Books, 1963).

21 TJ to T. M. Randolph, June 23, 1806, quoted in Malone, *Jefferson the President: First Term*, p. 427.

22 Freeman, *Affairs of Honor: National Politics in the New Republic*, p. 159.

23 Captain Arthur Sinclair quoted in McKee, *A Gentlemanly and Honorable Profession*, p. 405.

24 Ibid., p. 113.

25 Captain Samuel Barron quoted in ibid.

26 James Barron to Samuel Barron, January 28, 1803, quoted in ibid., p. 403.

27 Quoted in ibid., p. 404.

28 Captain Daniel Carmick, U.S. Marine Corps, to Lieutenant Colonel Commandant William W. Burrows, October 15, 1802, BW II:293.

29 Midshipman Henry Wadsworth to Nancy Doane, March 17, 1804, BW III:495.

30 Captain Edward Preble to Secretary of the Navy, January 17, 1804, BW III:339.

31 Melancthon Woolsey Journal, quoted in McKee, *A Gentlemanly and Honorable Profession*, p. 128.

32 MacKenzie, *Life of Stephen Decatur*, p. 56.

33 在麦肯齐（MacKenzie）1846 年的迪凯特传记中，班布里奇的对手被误认为是鲍尔总督的私人秘书“科奇兰先生”。对此人身份的误判可能始自见习军官沃兹沃思，尽管他只称“科奇兰先生”是“居住在瓦莱塔的英格兰人”。1993 年，唐纳德·苏丹娜（Donald Sultana）根据马耳他方面的记录纠正了这一错误。—Sultana, “Samuel Taylor Coleridge, An American Naval Hero and a Mysterious Duellist in Malta,” *Melita Historica New Series* 11 (1993).

34 MacKenzie, *Life of Stephen Decatur*, p. 58；目击者马耳他中士萨尔瓦托雷·皮奥特（Salvatore Piott）的描述，引自 Sultana, “Samuel Taylor Coleridge, An American Naval Hero and a Mysterious Duellist in Malta.”。

35 Journal of Midshipman Henry Wadsworth, February 14, 1803, BW II:362.

36 President Thomas Jefferson’s message to Congress, March 20, 1804, BW III:506.

37 TJ to Robert Smith, April 27, 1804, TJP.

38 JM to Thomas Fitzsimons, April 13, 1804, BW IV:23.

39 “An Act Further to protect the commerce and seamen of the United States against the Barbary Powers,” BW III:522.

40 Secretary Smith to Lieutenant John Cassin, April 19, 1804, BW IV:39–40.

41 Secretary Smith to Samuel Barron, June 6, 1804, BW IV:152–54.

42 Secretary of the Navy to Lieutenant John Cassin, March 21, 1804, BW III:509.

43 William Couper, April 29, 1804, quoted in Wertenbaker, *Norfolk: Historic Southern Port*, p. 128.

44 Captain John Rodgers to Secretary Smith, June 8, 1804, BW IV:164.

45 Captain John Rodgers to Benjamin King, June 15, 1804, BW IV:193.

46 Captain John Rodgers to Secretary Smith, June 8, 1804, BW IV:164.

47 McKee, *A Gentlemanly and Honorable Profession*, p. 256.

48 Captain Edward Preble to Robert Livingston, March 18, 1804, BW III:498–99.

49 Captain Edward Preble to Secretary of the Navy, February 3, 1804, BW III:384.

50 Talleyrand, French Minister of Exterior Relations, to Robert Livingston, January 17, 1804, BW III:335.

51 Captain Edward Preble to M. Beaussier, June 12, 1804, BW IV:180–81.

52 William Eaton to Secretary of the Navy, September 6, 1804, BW IV:525–26.

53 Captain Edward Preble to Secretary of the Navy, January 17, 1804, BW III:337.

54 Secretary of State to William Eaton, August 22, 1802, BW II:245（强调处为原文所加）。

55 M. Beaussier to Captain Edward Preble, March 28, 1803, BW III:542.

56 Captain Edward Preble to Secretary of the Navy, July 16, 1803, BW II:488.

57 Captain Edward Preble to Secretary of the Navy, January 17, 1804, BW III:337.

58 Captain William Bainbridge to Captain Edward Preble, March 26, 1804, BW III:525.

59 James Cathcart to Captain Edward Preble, January 30, 1804, BW III:373.

60 Melancthon Woolsey Journal quoted in McKee, *A Gentlemanly and Honorable Profession*, p. 128.

61 Preble quoted in ibid., p. 238.

62 Lord Acton to Captain Edward Preble, May 13, 1804, BW, IV:97.

9 进攻的黎波里

1 Captain Edward Preble to Secretary of the Navy, September 18, 1804, BW IV:293–310.

2 McKee, *Edward Preble*, pp. 250–65.
3 M. Beaussier to Talleyrand, March 1, 1804, quoted in ibid., p. 206.
4 Logbook of Sailing Master Nathaniel Haraden, March 27, 1804, BW III:539.
5 Captain Edward Preble's Journal, August 4, 1804, BW IV:336–38.
6 Narrative of Attacks on Tripoli by Richard O'Brien, BW IV:341–43.
7 McKee, *Edward Preble*, p. 257.
8 Decatur quoted in ibid., p. 259.
9 Captain Edward Preble to Secretary of the Navy, September 18, 1804, BW IV:296.
10 Midshipman Robert T. Spence to Mrs. Keith Spence, November 12, 1804, BW IV:351–53.
11 McKee, *Edward Preble*, p. 260.
12 Captain Edward Preble to Secretary of the Navy, September 18, 1804, BW IV:297.
13 Cowdery, American Captives in Tripoli, in Baepler, ed., *White Slaves, African Masters*, p. 171.
14 Purser Noadiah Morris to unknown recipient, September 7, 1804, BW IV:353–59.
15 Captain William Bainbridge to Captain Edward Preble, June 22, 1804, BW IV:213–14.
16 See McKee, *Edward Preble*, pp. 250–65.
17 O'Brien quoted in ibid., p. 272.
18 Ibid.
19 Captain Edward Preble's Journal, August 8, 1804, BW IV:376–77.
20 Cowdery, *American Captives in Tripoli*, in Baepler, ed., *White Slaves, African Masters*, p. 171.
21 Midshipman Robert T. Spence to Mrs. Keith Spence, November 12, 1804, BW IV:351–53.
22 Captain Edward Preble to Secretary of the Navy, September 18, 1804, BW IV:299n.
23 纳撒尼尔·哈拉登和理查德·奥布赖恩均提出了后一种看法。见 McKee, *Edward Preble*, pp. 271–77。
24 Captain Edward Preble to Secretary of the Navy, September 18, 1804, BW IV:300.
25 Cowdery, *American Captives in Tripoli*, in Baepler, ed., *White Slaves, African Masters*, p. 173.
26 Ibid., p. 175.
27 McKee, *Edward Preble*, p. 276.
28 See Smith to Preble, May 7, 1804, BW IV:88, and Smith to Preble, May 22, 1804, BW IV:114.
29 McKee, *Edward Preble*, p. 282.
30 Ibid., pp. 284–85.
31 Cowdery, in Baepler, ed., *White Slaves, African Masters*, p. 172.
32 Logbook of Sailing Master Nathaniel Haraden, August 18, 1804, BW IV:430.
33 Captain Edward Preble to the Commanding Officer of each Ship of War in the Mediterranean Squadron, August 20, 1804, BW IV:438.
34 Captain Edward Preble to William Higgins, U.S. Navy Agent, Malta, August 15, 1804, BW IV:417.
35 Captain Edward Preble's Journal, August 18, 1804, BW IV:429.
36 Journal of Midshipman F. Cornelius DeKrafft, August 24, 1804, BW IV:456.
37 Cowdery in Baepler, ed., *White Slaves, African Masters*, p. 173.
38 Purser John Darby's Journal, August 28, 1804, BW IV:475–76.
39 Logbook of Sailing Master Nathaniel Haraden, August 28, 1804, BW IV:472–74.
40 McKee, *Edward Preble*, pp. 289–94.
41 Cowdery in Baepler, ed., *White Slaves, African Masters*, p. 174.
42 Sailmaker Joseph Douglass and Carpenter William Godby to Captain Edward Preble, August 29, 1804, BW IV:479–80.

43 Zuchet quoted in Zacks, *The Pirate Coast*, p. 105.

44 *Naval Chronicle*, vol. 1., footnoted in letter from Captain Edward Preble to Secretary of the Navy, September 18, 1804, BW IV:302.

45 M. Beaussier to Captain Edward Preble, August 29, 1804, BW IV:481–83.

46 Captain Edward Preble to Secretary of the Navy, September 18, 1804, BW IV:305.

47 Cowdery in Baepler, ed., *White Slaves, African Masters*, p. 175.

48 对美国“无畏号”爆炸的描述来自见习军官查尔斯·里吉利，BW IV:507–10。

49 Midshipman Robert T. Spence to Mrs. Keith Spence, November 12, 1804, BW IV:351–53.

50 Logbook of Sailing Master Nathaniel Haraden, September 4, 1804, BW IV:506–7.

51 Captain Edward Preble to Secretary of the Navy, September 18, 1804, BW IV:306.

52 Midshipman Robert T. Spence to Mrs. Keith Spence, November 12, 1804, BW IV:351–53.

53 Beaussier quoted in McKee, *Edward Preble*, p. 306.

54 Ibid.

55 Cowdery in Baepler, ed., *White Slaves, African Masters*, pp. 175–76.

56 Bainbridge quoted in McKee, *Edward Preble*, p. 306. Original quote from James Fenimore Cooper, *History of the Navy*, I:411–12.

57 Zacks, *The Pirate Coast*, p. 105.

58 Captain Edward Preble, to Secretary of the Navy, September 18, 1804, BW IV:307.

59 McKee, *Edward Preble*, pp. 306–8.

60 Captain John Rodgers to Secretary of the Navy, August 12, 1804, BW IV:402.

61 Journal of William Eaton, U.S. Navy Agent for the Barbary regencies, August 20, 1804, BW IV:440.

62 Captain Samuel Barron to Sir Alexander John Ball, Governor of Malta, September 7, 1804, BW V:1.

63 McKee, *Edward Preble*, p. 307.

64 Quoted in ibid., p. 308.

65 Noadiah Morris quoted in McKee, *Edward Preble*, pp. 309–10.

66 Rodgers papers quoted in ibid., p. 310.

67 Lovette, *Naval Customs, Traditions, and Usage*, p. 58.

68 Nathaniel Bowen, sermon preached in Charleston, 1807, quoted in Williams, *Dueling in the Old South: Vignettes of Social History*, p. 130.

69 Secretary of the Navy to F. Cornelius DeKrafft, February 28, 1805, BW V:377.

70 Honorable Joseph Hopper Nicholson, Representative from Maryland, to Secretary of the Navy, February 28, 1805, BW, V:376.

第 3 部　再次与英国作战

10　和平下的不安

1 McKee, *Edward Preble*, p. 312.

2 William Eaton to Colonel Dwight, September 20, 1804, BW V:42.

3 Tucker, *Dawn Like Thunder*, p. 283.

4 President Thomas Jefferson, Message to Congress, February 20, 1805, BW IV:293.

5 McKee, *Edward Preble*, pp. 314–15.

6 Edward Preble to Robert Smith, May 18, 1805, TJP.

7 TJ to Robert Smith, May 31, 1805, TJP.

8 Malone, *Jefferson the President: Second Term*, pp. 38–44.

9 TJ to Edward Preble, July 6, 1805, TJP.

10 Edward Preble to TJ, July 30, 1805, TJP.

11 McKee, *Edward Preble*, p. 329.

12 William Bainbridge to David Porter, July 10, 1805, NYHS.

13 William Bainbridge to David Porter, July 10, 1805, NYHS.

14 下文叙述的依据是 McKee, *Edward Preble: A Naval Biography*, pp. 329–35。

15 McKee, *Edward Preble*, p. 329.

16 Ibid.

17 *Historical Statistics of the United States, Colonial Times to 1970*, U.S. Department of Commerce, Bureau of the Census, Part 2, 1976, series Q 518–523, "Value of Waterborne Imports and Exports," pp. 761, 751. See also Hickey, *War of 1812*, p. 297.

18 See Adams, HUSJ, pp. 393–98.

19 William Plumer's Memorandum of Proceedings in the U.S. Senate, 1803–1807, ed. Everett Brown (New York: The Macmillan Company, 1923), pp. 198–99.

20 Sir Augustus John Foster, "Notes on the United States, 1804–1812," *William and Mary Quarterly*, 3rd ser., 8(1) (January 1951):72.

21 TJ to Spencer Roane, September 6, 1819, TJP.

22 Koch, *Jefferson and Madison*, pp. 101–2.

23 Adams, HUSJ, p. 549.

24 TJ to Nathaniel Macon, May 14, 1801, TJP.

25 T. J. Randolph quoted in Rosenberger, ed., *The Jefferson Reader*, pp. 64–65.

26 TJ, February 1804, Response to Etiquette of the Court of the U.S., TJP.

27 Senator William Plumer, *Life of William Plumer*, p. 242.

28 Foster, "Notes on the United States," p. 72.

29 Quoted in Adams, HUSJ, p. 550.

30 Foster, "Notes on the United States," pp. 78–79

31 Larus, "Pell-Mell Along the Potomac," *William and Mary Quarterly*, 3rd ser., 17(B) (1960): 349–57.

32 Edmund Quincy, *Life of Josiah Quincy*, p. 92.

33 Anthony Merry to Lord Hawkesbury, December 6, 1803, Foreign Office 5/41.

34 TJ to James Monroe, January 8, 1804, TJP.

35 Adams, HUSJ, p. 558.

36 TJ to James Monroe, January 8, 1804, TJP.

37 Adams, HUSJ, p. 567.

38 Secretary of State to Anthony Merry, December 24, 1803, BW III:290.

39 Adams, HUSJ, pp. 569–73; Secretary of State to Anthony Merry, June 25, 1804, BW IV:224.

40 See Tucker and Reuter, *Injured Honor: The Chesapeake-Leopard Affair*, pp. 62–66.

41 James Biddle letter book, vol. 2: Analusia Foundation collection.

42 NW1812 I:61–62 (editorial note); see also Zimmerman, *Impressment of American Seamen*, pp. 246–75.

43 See Tucker and Reuter, *Injured Honor*, pp. 62–66.

44 Hickey, *The War of 1812*, p. 11.

45 Spencer and Reuter, *Injured Honor*, p. 63.

46 TJ to Robert R. Livingston, September 9, 1801, TJP.

47 Albion and Pope, *Sea Lanes in Wartime*, p. 70.

48 新普罗维登斯拿骚附属海事法庭关于“埃塞克斯号”的裁决，June 22, 1805, NW1812, I:17–20。

49 *Norfolk Gazette and Ledger*, October 23, 1805, quoted in Wertenbaker, *Norfolk: Historic Southern Port*, p. 98.

50 *Orders in Council; or, An Examination of the Justice, Legality, and Policy of the New System, etc.* (London, 1808), quoted in Adams, HUSJ, p. 977.

51 Quoted in *Niles' Register*, vol. 2, p. 219.

52 Anthony Merry to Lord Mulgrave, September 30, 1805, quoted in Adams, HUSJ, p. 666.

53 TJ to House and Senate, January 17, 1806, ASP, Foreign Affairs, vol. 2, p. 727.

54 TJ to Judge Cooper, February 18, 1806, quoted in Adams, HUSJ, pp. 679–80.

55 John Randolph quoted in ibid., pp. 679, 712, 714.

56 Midshipman Basil Hall quoted in Albion and Pope, *Sea Lanes in Wartime*, p. 91.

57 Adams, HUSJ, pp. 665–67.

58 See Albion and Pope, *Sea Lanes in Wartime*, p. 92.

59 Clinton speech in Congress, January, 1807, *Annals*, House of Representatives, 9th Congr., 2nd Sess., p. 386.

60 TJ, May 3, 1806, Henry Whitby Proclamation, TJP.

61 TJ to Jacob Crowninshield, May 13, 1806, TJP.

62 TJ to James Monroe, May 4, 1806, TJP.

63 TJ to Samuel Smith, April 17, 1801, TJP.

64 Secretary of the Navy to Chairman of Committee on Naval Peace Establishment, December 16, 1805, NW1812 I:7.

65 Albert Gallatin to TJ, May 30, 1805, quoted in Adams, HUSJ, p. 649.

66 Adams, *The Life of Albert Gallatin*, p. 335.

67 Cunningham, *The Process of Government Under Jefferson*, pp. 61–62.

68 NW1812, I:2.

69 Fowler, *Jar Tars and Commodores*, pp. 142–43.

70 Chauncey to Preble, March 25, 1806, NYHS, Isaac Chauncey Letterbooks; NW1812 I:1iii.

71 See McKee, *A Gentlemanly and Honorable Profession*, pp. 40–53.

72 Quoted in Cunningham, *The Process of Government Under Jefferson*, p. 133.

73 McKee, *A Gentlemanly and Honorable Profession*, pp. 40–41.

74 Charles Boarman to Robert Brent, August 13, 1811, quoted in ibid., p. 41.

75 Ibid., p. 179.

76 Ibid., pp. 288–89.

77 Sterrett to Smith and Smith to Sterrett, quoted in ibid., p. 298.

78 TJ to James Monroe, May 4, 1806, TJP.

79 See Hickey, *The War of 1812*, p. 10.

80 Order in Council dated January 7, 1807, quoted in Adams, HUSJ, p. 889.

81 关于美国一号炮艇的简报，据推测为海军部于1806—1807年所做，BW IV:279。

82 *Connecticut Courant* quoted in Tucker, “The Jeffersonian Gunboats in Service, 1804–1825,” *American Neptune* 55(2) (1995):97.

83 President Thomas Jefferson, Special Message to Congress on Gun-Boats, February 10, 1807, NW1812 I:13–15.

84 See Silverstone, *The Sailing Navy, 1775–1854*, pp. 57–60.

85 Decatur quoted in Gene Smith, "A Means to an End: Gunboats and Thomas Jefferson's Theory of Defense," *American Neptune*, 55(2) (1995): 118.

86 *Washington Federalist*, March 11, 1807, in TJP.

87 See Silverstone, *The Sailing Navy, 1775–1854*, pp. 57–60.

88 Editor's Note, NW1812 I:12–13.

11 漫长的宣战

1 Captain Stephen Decatur to Secretary Smith, September 6, 1808, NA RG 45, Captains' Letters.

2 Beach, *The United States Navy: A 200-Year History*, p. 32.

3 Quotations from James Barron court-martial, a letter from Barron to Charles Gordon dated May 1, 1807, and court-martial documents, all quoted in Adams, HUSJ, p. 932.

4 Captain Charles Gordon to the Secretary of the Navy, June 22, 1807, quoted in ibid., p. 933.

5 De Gast, *The Lighthouses of the Chesapeake*, p. 41.

6 James Barron to Secretary of the Navy, June 6, 1807, and Charles Gordon to Barron, June 19, 1807, quoted in Adams, HUSJ, p. 933.

7 Tucker and Reuter, *Injured Honor*, pp. 64, 68–79.

8 Quoted in Adams, HUSJ, p. 930.

9 要想了解关于下文所述内容的细节和所有引文，见 Tucker and Reuter, *Injured Honor: The Chesapeake-Leopard Affair*, pp. 1–12。

10 Log of U.S. frigate *Chesapeake*, NW1812 I:27–28.

11 Messages exchanged between the *Chesapeake* and the *Leopard*, June 22, 1807, from Mariners' Museum Web site at http://www.mariner.org/usnavy.

12 Log of U.S. frigate *Chesapeake*, NW1812 I:27–28.

13 Adams, HUSJ, p. 946.

14 See Tucker and Reuter, *Injured Honor*, pp. 99–100.

15 Lieutenant William Allen to General William Allen, June 24, 1807, quoted in ibid., pp. 100–1（强调处为原文所加）。

16 Ibid., p. 101.

17 Quoted in Adams, HUSJ, p. 946.

18 Ibid., pp. 965.

19 TJ, July 2, 1807, Proclamation and Draft on Armed Vessels, TJP.

20 TJ to JM, August 18, 1807, TJP.

21 Albert Gallatin to Hanna Gallatin, July 10, 1807, in Adams, *The Life of Albert Gallatin*, pp. 357–59.

22 Albert Gallatin to Joseph H. Nicholson, July 17, 1807, in ibid., pp. 361–62.

23 Albert Gallatin to Hanna Gallatin, July 10, 1807, in ibid., p. 357.

24 TJ to Henry Dearborn, July 7, 1807, TJP.

25 Quoted in Dunne and Leiner, "An 'Appearance of Menace': The Royal Navy's Incursion into New York Bay, September 1807," *Log of Mystic Seaport* 44(4) (1993):86–92.

26 TJ to Henry Dearborn, July 13, 1807, and TJ to Governor of Virginia, July 27, 1807, September 7,

1807, all in TJP.

27 See Tucker and Reuter, *Injured Honor*, pp. 140–44.

28 Beach, *The United States Navy*, p. 69.

29 Secretary of State Madison to James Monroe, American Minister to the Court of St. James's, July 6, 1807, in *James Madison Writings*, ed. Rakove, pp. 673–79.

30 Adams, HUSJ, p. 966.

31 See ibid., pp. 970–73.

32 *Morning Post*, August 6, 1807, quoted in ibid., p. 957.

33 *The Times* quoted in Tucker and Reuter, *Injured Honor*, p. 125.

34 James Monroe to JM, August 4, 1807, ASP, Foreign Affairs, vol. 3, p. 186.

35 Lord Canning to James Monroe, August 3, 1807, ASP, Foreign Affairs, vol. 3, p. 188.

36 Lord Canning to James Monroe, September 23, 1807, ASP, Foreign Affairs, vol. 3, p. 199.

37 Ibid.

38 ASP, Foreign Affairs, vol. 3, pp. 25–26.

39 Adams, HUSJ, p. 1031.

40 Foster, "Notes on the United States," p. 78.

41 *Annals*, House of Representatives, 9th Congr., 2nd Sess., pp. 387–88, 389–90, also quoted in Adams, HUSJ, p. 844.

42 *Annals*, House of Representatives, November 1807, 10th Congr., 1st Sess., pp. 823–24.

43 WTJ, I: 330.

44 TJ to William H. Cabell, November 1, 1807, TJP.

45 Secretary Smith to Samuel Mitchell, November 8, 1807, *Annals*, 10th Congr., 1st Sess., pp. 31–32.

46 John Quincy Adams, *Memoirs*, November 17, 1807, entry.

47 Louis-Marie Turreau to Talleyrand, July 9, 1805, quoted in Adams, HUSJ, p. 661.

48 Knox, *A History of the United States Navy*, pp. 171–72.

49 TJ to Albert Gallatin, May 6, 1808, quoted in Adams, HUSJ, p. 1100.

50 TJ to Benjamin Smith, May 20, 1808, TJP.

51 See Cunningham, *The Process of Government Under Jefferson*, p. 119.

52 Captain Stephen Decatur to Secretary Smith, September 6, 1808, NA # RG 45, Captains' Letters.

53 Secretary of the Navy Smith to Lieutenant Samuel Elbert, May 2, 1808, NW1812 I:35–36.

54 *Lambert's Travels*, quoted in Albion and Pope, *Sea Lanes in Wartime*, p. 95.

55 Hickey, *The War of 1812*, p. 21.

56 Quoted in Cunningham, *The Process of Government Under Jefferson*, pp. 310–14.

57 Bryant quoted in Lippincott, *Early Philadelphia*, p. 138.

58 Hickey, *The War of 1812*, p. 20.

59 Albert Gallatin to TJ, July 19, 1808, TJ to Albert Gallatin, August 11, 1808, TJ to Albert Gallatin, November 13, 1808, and TJ to Levi Lincoln, November 13, 1808, all quoted in Adams, HUSJ, pp. 1104–7.

60 Napoleon quoted in ibid., p. 22.

61 Hickey, *The War of 1812*, p. 21.

62 Lord Canning to William Pinkney, September 23, 1808, ASP, Foreign Relations, vol. 3, pp. 231–32.

63 *National Intelligencer*, March 5, 1809.

64 Margaret Bayard Smith to Susan B Smith, March 1809, in *The First Forty Years of Washington Society in the Family Letters of Margaret Bayard Smith*, p. 58.

65 Brant, *James Madison: The President, 1809–1812*, p. 13.

66 James Madison online biography at http://www.whitehouse.gov/history/presidents/jm4.html.

67 Margaret Bayard Smith to Susan B. Smith, March 1809, in *The First Forty Years of Washington Society*, p. 58.

68 John Quincy Adams, *Memoirs*, March 4, 1809, entry.

69 Quoted in Brant, *James Madison: The President, 1809–1812*, p. 13.

70 John Quincy Adams, *Memoirs*, March 4, 1809, entry.

71 Margaret Bayard Smith to Susan B. Smith, March 1809, in *The First Forty Years of Washington Society*, pp. 58–64.

72 TJ to du Pont de Nemours, March 2, 1809, WTJ, XII:259.

73 Beaujour to Champagny, January 25, 1809, quoted in Brant, *James Madison: The President, 1809–1812*, p. 20.

74 William Crawford quoted in Brown, *The Republic in Peril: 1812*, p. 48.

75 *Annals*, 1808–09, p. 556, quoted in Adams, HUSJ, p. 1185.

76 Quoted in Symonds, *Navalists and Anti-Navalists*, pp. 137–44.

77 Adams, *The Life of Albert Gallatin*, p. 387.

78 *Annals*, 1808–09, p. 1185.

79 William Bainbridge to D. Porter quoted in McKee, *A Gentlemanly and Honorable Profession*, p. 9.

80 Henry Gilliam to William Jones, September 23, 1809, "Letters of Henry Gilliam, 1809–1817," *Georgia Historical Quarterly* 38 (March 1954): 56–66.

81 Bainbridge quoted in Long, *Ready to Hazard: A Biography of Commodore William Bainbridge, 1774–1833*, p. 116.

82 Henry Gilliam to William Jones, December 29, 1809, "Letters of Henry Gilliam, 1809–1817," p. 52.

83 William Bainbridge to David Porter, January 29, 1810, from USS *President* off Charlestown, SC, NYHS.

84 Henry Gilliam to William Jones, July 28, 1809, "Letters of Henry Gilliam, 1809–1817," p. 49.

85 Hamilton quoted in Commodore John Rodgers to Captain Isaac Hull, June 19, 1810, NW1812 I:39–40.

86 Henry Gilliam to William Jones, June 25, 1810; "Letters of Henry Gilliam, 1809–1817," p. 54.

87 Quoted in Martin, *A Most Fortunate Ship: A Narrative History of Old Ironsides*, p. 91.

88 Ibid.

89 *Annals*, 1808–09, p. 657, quoted in Adams, HUSJ, p. 1187.

90 ASP, Commerce and Navigation, vol. 1, p. 897.

91 Albert Gallatin to.... Montgomery, July 27, 1809, quoted in HUSM, p. 79.

92 Quoted in ibid., p. 205.

93 *The Naval Chronicle: The Contemporary Record of the Royal Navy at War*, vol. V: 1811–1815, p. 7.

94 Commodore John Rodgers to Secretary of the Navy Paul Hamilton, May 23, 1811, NW1812 I:44–49.

95 Secretary of the Navy Paul Hamilton to Commodore John Rodgers, May 28, 1811, NW1812 I:49–50.

96 Testimony of William Burket, Halifax, June 22, 1811, in *The Naval Chronicle*, vol. V, pp. 31–35.

See also *London Courier* reprinted in *Niles' Register*, I:39, and *London Gazette* reprinted in *Niles' Register*, I:38.

97 *Niles' Register*, I:38（强调处为原文所加）。引文更正了原文的若干小错误。

98 Quoted in Hickey, *The War of 1812*, p. 29.

99 ASP, Foreign Relations, vol. 1, pp. 78–80.

100 Adams, HUSM, p. 388.

101 Quoted in Hickey, *The War of 1812*, p. 32.

102 Quoted in Adams, HUSM, p. 393.

103 Quoted in Hickey, *The War of 1812*, p. 26.

104 Quoted in Adams, HUSM, p. 392.

105 Hickey, *The War of 1812*, p. 33.

106 Editorial note, NW1812 I:50–52.

107 *Annals*, House of Representatives, 12th Congr., 1st Sess., pp. 803–25, 871–72.

108 Josiah Quincy quoted in Hickey, *The War of 1812*, p. 34.

109 Quoted in Symonds, *Navalists and Anti-Navalists*, p. 156.

110 See *Annals*, House of Representatives, 12th Congr., 1st Sess., pp. 825–26.

111 ASP, Finance, vol. 2, pp. 523–24.

112 Secretary of the Navy Hamilton to Langdon Cheves, Chairman of Naval Committee, House of Representatives, December 3, 1811, NW1812 I:53–56.

113 Hickey, *The War of 1812*, p. 40.

114 President James Madison to TJ, May 25, 1812, *Madison: Writings*, ed. Rakove, p. 684.

115 Quoted in Adams, HUSM, p. 440.

116 Congressman Randolph's anti-war speech, Friday, May 29, 1812, quoted in *Niles' Register*.

117 "Providence Resolutions," April 7, 1812, NW1812 I:69.

118 *Boston Centinel* quoted in *Niles' Register*, May 30, 1812, NW1812 II: 207.

119 Dudley, *Splintering the Wooden Wall: The British Blockade of the United States, 1812–1815*, pp. 64–65.

120 President James Madison, "War Message to Congress," June 1, 1812, in Writings, ed. Rakove, pp. 685–92.

121 Richard Rush to Benjamin Rush, June 20, 1812, in Adams, HUSM, p. 452.

12 第一次对决

1 Adams, HUSM, p. 439.

2 JM to John Nicholas. April 2, 1813, in *Writings*, ed. Rakove, pp. 696–97.

3 Brown, *Republic in Peril*, pp. 102–3.

4 NW1812 I:179–82, See also Dudley, *Splintering the Wooden Wall*, pp. 38–40.

5 JA to TJ, June 28, 1812, in Cappon, ed., *The Adams-Jefferson Letters*, II:308–10.

6 *Evening Star* (London), reprinted in New York *National Advocate*, December 16, 1812.

7 Bainbridge quoted in Long, *Ready to Hazard*, p. 130.

8 Charles Stewart to New York *Courier and Enquirer*, October 10, 1845, reprinted in *United States Nautical Magazine* (November 1845). 斯图尔特记错了时间，以为他和麦迪逊是在 6 月 21 日会面的，那时已是宣战之后。见 Brant, *James Madison, Commander-in-Chief, 1812–1836*, pp. 38–39。

9 Secretary Hamilton to Captain John Rodgers, May 21, 1812, NW1812 I:118–19.

10 Captain John Rodgers to Secretary Hamilton, June 3, 1812, NW1812 I:119–22.
11 Captain Stephen Decatur to Secretary Hamilton, June 8, 1812, NW1812 I:122–24.
12 See Brant, *James Madison, Commander-in-Chief*, p. 37.
13 Captain John Rodgers to Secretary Hamilton, June 19, 1812, NW1812 I:138（强调处为原文所加）。
14 Brant, *James Madison, Commander-in-Chief*, p. 37.
15 Secretary Hamilton to Captain Rodgers, June 22, 1812, NW1812 I:148–49.
16 Captain John Rodgers' Journal, USS *President*, June 23, 1812, NW1812 I:154–57.
17 Ibid.
18 "An account of the proceedings of his majesty's ship *Belvidera*, Richard Byron, Esq. captain, 23d day of June, 1812," in the appendices of William James, *Naval Occurrences of the War of 1812: A Full and Correct Account of the Naval War Between Great Britain and the United States of America, 1812–1815*.
19 Captain John Rodgers' Journal, June 23, 1812, NW1812 I:154–57.
20 Ibid.
21 "An account of the proceedings of his majesty's ship *Belvidera*," in James, *Naval Occurrences of the War of 1812*, appendices.
22 Commodore Thomas Tingey to Secretary Hamilton, July 9, 1812, NW1812 I:188–89.
23 Drake, *Historic Mansions*, p. 31.
24 Martin, *A Most Fortunate Ship: A Narrative History of Old Ironsides*, pp. 99–101.
25 Smith, *Naval Scenes in the Last War*, pp. 22–23.
26 Captain Isaac Hull to Secretary Hamilton, July 2, 1812, NW1812 I:160–61.
27 Secretary Hamilton to Hull, June 18, 1812, NW1812 I:135–36.
28 Quoted in Martin, *A Most Fortunate Ship*, pp. 103–4.
29 Ibid., p. 104.
30 Captain Isaac Hull to Secretary Hamilton, July 21, 1812, NW1812 I:161.
31 Ibid., I:161.
32 Smith, *Naval Scenes in the Last War*, p. 25.
33 Evans, "Journal Kept on Board the United States Frigate *Constitution*, 1812," *Pennsylvania Magazine of History and Biography* 19 (1895), No. 1, p. 154.
34 Smith, *Naval Scenes in the Last War*, p. 25.
35 Captain Isaac Hull to Secretary Hamilton, July 21, 1812, NW1812, I:162.
36 Morris, *Autobiography*, p. 52.
37 Smith, *Naval Scenes in the Last War*, p. 26.
38 Captain Isaac Hull to Secretary Hamilton, July 21, 1812, NW1812, I:162.
39 Morris, *Autobiography*, p. 52.
40 Evans, "Journal Kept on Board the United States Frigate *Constitution*, 1812," No. 1, p. 156.
41 Henry Gilliam to William Jones, September 7, 1812, "Letters of Henry Gilliam, 1809–1817," *Georgia Historical Quarterly* 38 (March 1954): 60.
42 Smith, *Naval Scenes in The Last War*, pp. 26–27.
43 Ibid., p. 27.
44 Captain Isaac Hull to Secretary Hamilton, July 21, 1812, NW1812, I:162.
45 Morris, *Autobiography*, p. 53.
46 Evans, "Journal Kept on Board the United States Frigate *Constitution*, 1812," No. 1, p. 154n.
47 Morris, *Autobiography*, p. 53.

48 Evans, "Journal Kept on Board the United States Frigate *Constitution*, 1812," No. 1, p. 154.
49 Captain Isaac Hull to Secretary Hamilton, July 21, 1812, NW1812 I:163.
50 Martin, *A Most Fortunate Ship*, p. 108.
51 Captain Isaac Hull to Secretary Hamilton, July 21, 1812, NW1812 I:163.
52 Morris, *Autobiography*, p. 53.
53 Ibid., p. 54.
54 Master Commandant Oliver Perry to Secretary Hamilton, July 26, 1812, NW1812 I:200.
55 Morris, *Autobiography*, p. 55.
56 Evans, "Journal Kept on Board the United States Frigate *Constitution*, 1812," No. 1, p. 158.
57 Captain Isaac Hull to Secretary Hamilton, July 28, 1812, NW1812 I:206–7.
58 Evans, "Journal Kept on Board the United States Frigate *Constitution*, 1812," No. 1, p. 159.
59 *Niles' Register*, vol. 2, p. 381.
60 Evans, "Journal Kept on Board the United States Frigate *Constitution*, 1812," No. 1, p. 161.
61 Captain Isaac Hull to Secretary Hamilton, July 28, 1812, NW1812 I:206–7.
62 McKee, *A Gentlemanly and Honorable Profession*, p. 471.
63 Captain Isaac Hull to Secretary Hamilton, August 2, 1812, NW1812 I:207–9.
64 Smith, *Naval Scenes in the Last War*, p. 30.
65 Ibid., p. 31.
66 "Correct copy of Captain Dacres' challenge, on the register of the brig *John Adams*, arrived at New York," in Palmer, *Victories of Hull, Jones, Decatur, Bainbridge* (Philadelphia, 1813), NYHS.
67 *Niles' Register*, vol. 3, p. 31.
68 Smith, *Naval Scenes of the Last War*, p. 31.
69 Henry Gilliam to William Jones, September 7, 1812, "Letters of Henry Gilliam, 1809–1817," p. 60.
70 Smith, *Naval Scenes of the Last War*, p. 31.
71 *Niles' Register*, vol. 3, p. 159.
72 Captain Isaac Hull to Secretary of the Navy Hamilton, August 28, 1812, NW1812 I:231–33.
73 Smith, *Naval Scenes of the Last War*, p. 32.
74 Ibid.
75 *Niles' Register*, vol. 3, p. 159.
76 Smith, *Naval Scenes of the Last War*, p. 33.
77 Martin, *A Most Fortunate Ship*, p. 117.
78 "Octogenarian" an American prisoner aboard the *Guerrière*. This account was originally written in a letter to the *New York Evening Post*, December 3, 1868; reprinted as "Reminiscences of the Last War with England," *Historical Magazine* (January 1870): 31–33. Moses Smith in *Naval Scenes of the Last War*, p. 33, identifies "Octogenarian" as Benjamin Hodges.
79 Smith, *Naval Scenes of the Last War*, p. 33.
80 Morris, *Autobiography*, p. 56.
81 Extract from the logbook of a British officer aboard the *Guerrière* during the action with the *Constitution*, in *Niles' Register*, vol. 2, p. 109.
82 "Octogenarian," "Reminiscences of the Last War with England," p. 83.
83 Henry Gilliam to William Jones, September 7, 1812, "Letters of Henry Gilliam, 1809–1817," p. 60.
84 Evans, "Journal Kept on Board the United States Frigate *Constitution*, 1812," No. 3, p. 374.
85 Henry Gilliam to William Jones, September 7, 1812, "Letters of Henry Gilliam, 1809–1817," p. 61.
86 Captain Isaac Hull to Secretary of the Navy Hamilton, August 28, 1812, NW1812 I:241.

87 Smith, *Naval Scenes of the Last War*, p. 35.
88 Ibid., p. 36.
89 "Octogenarian," "Reminiscences of the Last War with England," p. 83.

13 连战连捷

1 Captain James R. Dacres to Vice-Admiral Herbert Sawyer, Royal Navy, September 7, 1812, NW1812 I:243–45.
2 Forester, *The Age of Fighting Sail: The Story of the Naval War of 1812*, p. 19.
3 See ibid., pp. 80–85.
4 Sir David Milne to George Hume, April 9, 1812, "Letters Written During the War of 1812 by the British Naval Commander in American Waters (Admiral Sir David Milne)," *William and Mary College Quarterly Historical Magazine*, 2nd ser., 10(4) (October 1930): 286.
5 Forester, *The Age of Fighting Sail*, p. 78.
6 Dudley, *Splintering the Wooden Wall*, pp. 73–74.
7 Ibid., p. 69.
8 NW1812 I:236 (editor's note).
9 Commodore John Rodgers to Secretary of the Navy Hamilton, September 1, 1812, NW1812 I:264.
10 "Letter from a British officer at Halifax, Oct. 15, 1812, to *Naval Chronicle*," quoted in Hickey, *The War of 1812*, p. 93.
11 Ibid., pp. 96–97.
12 *Niles' Register*, editorial, vol. 3, p. 14.
13 Martin, *A Most Fortunate Ship*, p. 127.
14 Evans, "Journal Kept on Board the United States Frigate *Constitution*, 1812," No. 3, p. 385.
15 Secretary of the Navy Hamilton to Captain Hull, September 9, 1812, NW1812 I:472–73.
16 Graham, et al., quoted in Brant, *James Madison: Commander-in-Chief*, p. 75.
17 Evans, "Journal Kept on Board the United States Frigate *Constitution*, 1812," September 6, 1812, entry, No. 3, p. 379.
18 TJ to William Duane, August 4, 1812, TJP.
19 Secretary of the Navy Hamilton to Commodore John Rodgers, September 9, 1812, NW1812 I:470–72.
20 Boston Navy Agent Amos Binney in an account published 1822, NW1812 I:466.
21 Secretary of the Navy Hamilton to Navy Agent Amos Binney, September 8, 1812, NW1812 I:467.
22 NW1812 I:548–49 (editor's note).
23 Carden quoted in Palmer, *Victories of Hull, Jones, Decatur, Bainbridge*, NYHS.
24 Samuel Leech account in *Every Man Will Do His Duty: An Anthology of Firsthand Accounts from the Age of Nelson*, ed. King and Hattendorf, p. 305.
25 Ibid., p. 306.
26 Captain John S. Carden, Royal Navy, to Secretary of the Admiralty John W. Croker, October 28, 1812, NW1812 I:549–52.
27 Samuel Leech, *Thirty Years from Home* (1843), in *Every Man Will Do His Duty*, pp. 307–10.
28 Captain John S. Carden, Royal Navy, to Secretary of the Admiralty John W. Croker, October 28, 1812, NW1812 I:551.
29 Samuel Leech account, *Every Man Will Do His Duty*, p. 311.

30 Unnamed officer quoted in Mackenzie, *Life of Stephen Decatur*, p. 176.
31 Samuel Leech account, *Every Man Will Do His Duty*, pp. 313–16.
32 *Niles' Register*, vol. 3, p. 318.
33 Samuel Leech account, *Every Man Will Do His Duty*, p. 316.
34 Commodore Decatur to Secretary Hamilton, October 30, 1812, NW1812 I:552–53.
35 Quoted in Mackenzie, *Life of Stephen Decatur*, p. 179n.
36 Palmer, *Victories of Hull, Jones, Decatur, Bainbridge*, NYHS.
37 Carden, *A Curtail'd Memoir*, p. 265.
38 Ibid.
39 NW1812 I:615 (editor's note).
40 Perry quoted in De Kay, *Chronicles of the Frigate Macedonian, 1809–1922*, p. 98.
41 *National Intelligencer*, December 10, 1812, quoted in *Niles' Register*, vol. 3, p. 238.
42 Mrs. B. H. Latrobe to Mrs. Juliana Miller, December 14, 1812, NYHS.
43 *National Intelligencer*, December 10, 1812, quoted in *Niles' Register*, vol. 3, p. 238.
44 Mrs. B. H. Latrobe to Mrs. Juliana Miller, December 14, 1812, NYHS.
45 ASP, Naval Affairs, vol. 1, p. 280.
46 Hickey, *The War of 1812*, p. 97.
47 Palmer, *Victories of Hull, Jones, Decatur, Bainbridge*, NYHS.
48 Batterberry, *On the Town in New York*, pp. 39–40.
49 *Niles' Register*, vol. 3, p. 301, and Palmer, *Victories of Hull, Jones, Decatur, Bainbridge*, NYHS.
50 Mackenzie, *Life of Stephen Decatur*, p. 185.
51 *Niles' Register*, vol. 3, pp. 301, 318.
52 Shaw, *Short sketch of the life of Elijah Shaw, who served 21 years in the United States Navy* (1843), p. 46.
53 Mackenzie, *Life of Stephen Decatur*, p. 187.
54 Shaw, *Short sketch of the life of Elijah Shaw*, p. 46.
55 Palmer, *Victories of Hull, Jones, Decatur, Bainbridge*, NYHS.
56 Ibid., and Shaw, *Short sketch of the life of Elijah Shaw*, p. 46.
57 *The Times* (London) editorial reprinted in *Niles' Register*, vol. 3, pp. 271–72.
58 Sir David Milne to George Hume, October 15, 1812, "Letters Written During the War of 1812," *William and Mary College Quarterly Historical Magazine*, 2nd ser., 10(4) (October 1930):287.
59 *The Naval Chronicle*, vol. V, p. 104.
60 Gardner, ed., *The Naval War of 1812*, p. 45.
61 Canning quoted in Adams, HUSM, p. 624.
62 *The Times* quoted in ibid., p. 629.
63 *Québec Mercury* quoted in *Niles' Register*, vol. 3, p. 157.
64 Hickey, *The War of 1812*, p. 98.
65 See Forester, *The Age of Fighting Sail*, pp. 134–36.
66 "R." to the Editor, October 13, 1812, *The Naval Chronicle*, vol. V, p. 114.
67 Ibid., p. 125.
68 *The Times* quoted in Adams, HUSM, p. 629.
69 Reprinted in Lossing, *The Pictorial Field Book of the War of 1812*, chap. VII.
70 "Oceanus" to the editor of the *Naval Chronicle*, December 1812, in *The Naval Chronicle*, vol. V, p. 115.
71 *The Times* quoted in Hickey, *The War of 1812*, p. 98.

72 Adams, HUSM, p. 629.
73 *The Times* quoted in ibid., p. 626.
74 Canning's Speech, November 30, 1812, quoted in ibid., p. 627.
75 Lord Bathurst quoted in ibid., p. 631.
76 "The Prince Regent's Declaration on the Causes of the American War," in *The Naval Chronicle*, vol. V, pp. 132–40.
77 "Albion" to the *Naval Chronicle*, The Mariners' Museum, online at http://www.mariner.org/usnavy/
78 Smith, *Naval Scenes in the Last War*, p. 38.
79 Evans, "Journal Kept on Board the United States Frigate *Constitution*, 1812," No. 3, p. 382.
80 Smith, *Naval Scenes in the Last War*, p. 39.
81 William Bainbridge to William Jones, October 5, 1812, NW1812 I:510–12, and Martin, *A Most Fortunate Ship*, pp. 128–30.
82 William Bainbridge to William Jones, October 5, 1812, NW1812 I:510.
83 Ibid.
84 William Jones to William Bainbridge, October 11, 1812, NW1812 I:512–15.
85 See McKee, *A Gentlemanly and Honorable Profession*, p. 197.
86 See Long, *Ready to Hazard: A Biography of Commodore William Bainbridge*, pp. 142–66.
87 Bainbridge quoted in ibid., pp. 142–66.
88 Ibid.
89 Forester, *The Age of Fighting Sail*, pp. 116–17.
90 Journal of Commodore William Bainbridge, December 29, 1812, NW1812 I:640–44.
91 Lieutenant Henry D. Chads to Secretary of the Admiralty John W. Croker, December 31, 1812, NW1812 I:646–48.
92 *Niles' Register*, vol. 3, pp. 397–98.
93 Martin, *A Most Fortunate Ship*, pp. 132–34.
94 Long, *Ready to Hazard: A Biography of Commodore William Bainbridge*, pp. 142–66.
95 Martin, *A Most Fortunate Ship*, p. 132.
96 Long, *Ready to Hazard*, pp. 142–66.
97 Minutes of a court-martial assembled on board HMS *Gladiator*, at Portsmouth, April 23, 1813, to try the surviving officers and crew of the *Java*, in appendices, James, *Naval Occurrences of the War of 1812*.
98 Journal of Commodore William Bainbridge, December 29, 1812, NW1812 I:641.
99 O'Brian, *The Fortune of War*, pp. 119–21.
100 Surgeon quoted in Long, *Ready to Hazard*, pp. 142–66.
101 "Lieutenant Chads's journal," in James, *Naval Occurrences of the War of 1812*, appendices.
102 Lieutenant Henry Chads's testimony, Minutes of court-martial assembled on board HMS *Gladiator* April 23, 1813, in ibid.
103 O'Brian, *The Fortune of War*, pp. 123–24.

14 英军的封锁

1 *London Pilot*, March 20, 1813, reprinted in *Niles' Register*, May 8, 1813, vol. 4, p. 163.
2 *The Naval Chronicle*, vol. V, pp. 150–51.

3 See Forester, *The Age of Fighting Sail*, p. 128.
4 *The Naval Chronicle*, vol. V, p. 154.
5 Quoted in Forester, *The Age of Fighting Sail*, p. 130.
6 Reprinted in *Niles' Register*, March 27, 1813, vol. 4, p. 64.
7 Quoted in Forester, *The Age of Fighting Sail*, p. 130.
8 Admiral Warren, "Standing Orders on the North American Station," NW1812 II:59.
9 First Secretary of the Admiralty John W. Croker "To Admirals," March 23, 1813, NW1812 II:60 (footnote).
10 Forester, *The Age of Fighting Sail*, p. 128.
11 Ibid.
12 First Secretary of the Admiralty John W. Croker to Station Commanders in Chief, July 10, 1813, NW1812 II:183–84.
13 Forester, *The Age of Fighting Sail*, p. 135.
14 Lords Commissioners of the Admiralty to Admiral Sir John B. Warren, NW1812 I:633–34.
15 First Lord of the Admiralty to Admiral Sir John B. Warren, March 26, 1813, NW1812 II:78–79.
16 Dudley, *Splintering the Wooden Wall*, pp. 79–90.
17 Ibid., pp. 60–62.
18 Admiral Warren to First Secretary of the Admiralty John W. Croker, December 29, 1812, NW1812 I:649–51.
19 First Secretary of the Admiralty John W. Croker to Admiral Sir John B. Warren, January 9, 1813, NW1812 II:14–15.
20 First Secretary of the Admiralty John W. Croker to Admiral Sir John B. Warren, February 10, 1813, NW1812 II:16–19.
21 Forester, *The Age of Fighting Sail*, p. 132.
22 *Evening Star* (London), March editorial, quoted in *Niles' Register*, April 24, 1813, vol. 4, p. 136.
23 ASP, Naval Affairs, vol. 1, p. 280.
24 TJ to JA, May 27, 1813, in Cappon, ed., *The Adams-Jefferson Letters*, II:323–24.
25 JA to TJ, June 11, 1813, in ibid., II:328.
26 *Niles' Register*, vol. 2, p. 217.
27 Mrs. B. H. Latrobe to Mrs. Juliana Miller, December 14, 1812, NYHS.
28 *Niles' Register*, vol. 2, p. 217.
29 McKee, *A Gentlemanly and Honorable Profession*, pp. 9–12.
30 Quoted in Hickey, *The War of 1812*, p. 90.
31 McKee, *A Gentlemanly and Honorable Profession*, pp. 9–12.
32 Secretary of the Navy Jones to Eleanor Jones, January 23, 1813, NW1812 II:34.
33 Mrs. B. H. Latrobe to Mrs. Juliana Miller, December 14, 1812, NYHS.
34 Adams, HUSM, p. 650.
35 First Secretary of the Admiralty John W. Croker to Admiral Sir John B. Warren, May 17, 1813, NW1812 II:356.
36 Captain Charles Stewart to Secretary of the Navy Jones, February 5, 1813, NW1812 II:311–12.
37 Dudley, *Splintering the Wooden Wall*, p. 87.
38 Captain Charles Stewart to Secretary of the Navy Jones, April 4, 1813, NW1812 II:346.
39 Captain John Cassin to Secretary of the Navy Hamilton, August 25, 1812, NW1812 I:222–23.
40 Captain Charles Stewart to Secretary of the Navy Jones, March 17, 1813, NW1812 II:315.
41 *Niles' Register*, March 15, 1813, vol. 4, p. 119.

42 Secretary of the Navy Jones to Captain Charles Stewart, April 8, 1813, NW1812 II:346.

43 Secretary of the Navy Jones to Captain Charles Stewart, March 27, 1813, NW1812 II:317.

44 *Niles' Register*, vol. 3, p. 398, and Treasury Department notice, March 16, 1813, printed in ibid., vol. 4, p. 51.

45 *Norfolk Herald* reprinted in ibid., April 3, 1813, vol. 4, p. 87.

46 *Niles' Register*, May 8, 1813, vol. 4, p. 164.

47 Admiral Cockburn to Admiral Warren, May 3, 1813, NW1812 II:341–44; see also Sir David Milne to George Hume, January 2, 1814, "Letters Written During the War of 1812 by the British Naval Commander in American Waters (Admiral Sir David Milne)," p. 290.

48 Admiral Cockburn to Admiral Warren, May 6, 1813, NW1812 II:344–46.

49 Captain Stewart to Secretary Jones, May 21, 1813, quoted in Dudley, *Splintering the Wooden Wall*, p. 92.

50 Sir David Milne to George Hume, January 2, 1814, "Letters Written During the War of 1812," p. 290.

51 See Wertenbaker, *Norfolk: Historic Southern Port*, pp. 121–24.

52 Captain Charles Stewart to Secretary of the Navy, May 13, 1813, NW1812 II:347.

53 Anonymous, "Reminiscence of the Last War," *United States Nautical Magazine* 2 (February 1846): 341–44.

54 Lord Bathurst to Colonel Sir Thomas Sidney Beckwith, March 20, 1813, NW1812 II:325.

55 Colonel Sir Thomas Sidney Beckwith to Admiral Warren, July 5, 1813, NW1812 II:364.

56 Captain John Cassin to Secretary Jones, June 21, 1813, NW1812 II:358.

57 Anonymous, "Reminiscence of the Last War," p. 343.

58 Lossing, *The Pictorial Field Book of the War of 1812*, chap. 30.

59 Captain John Cassin to Secretary Jones, June 23, 1813, ND1812 II:359.

60 *The Naval Chronicle*, vol. V, pp. 181–84.

61 Graves, "Worthless is the Laurel Steeped in Female Tears," *Journal of the War of 1812* (Winter 2002): 9.

62 Ibid., p. 11.

63 Quoted in ibid., pp. 12–13.

64 Napier quoted in Adams, HUSM, p. 812.

65 *Niles' Register*, April 10, 1813, vol. 4, p. 101.

66 Master Commandant Jacob Lewis to Secretary of the Navy, May 23, 1813, NW1812 II:108–11.

67 Secretary of the Navy Jones to Senator Samuel Smith, June 17, 1813, NW1812 II:148–51.

68 Commodore Decatur to Secretary Jones, March 10, 1813, NW1812 II:51.

69 NW1812 II:134 (editor's note).

70 Commodore Decatur to Secretary Jones, June 2, 1813, NW1812 II:135.

71 "A Chart of New York Harbour with the Soundings, Views of Landmarks, and Nautical Directions for the Use of Pilotage," May 19, 1779.

72 *Niles' Register*, June 5, 1813, vol. 4, p. 245.

73 Captain Robert Dudley Oliver to Admiral Warren, June 13, 1813, NW1812 II:137; Commodore Decatur to Secretary Jones, June 2, 1813, NW1812 II:135.

74 Captain Robert Dudley Oliver to Admiral Warren, June 13, 1813, NW1812 II:137.

75 Mackenzie, *Life of Stephen Decatur*, p. 196.

76 *Niles' Register*, April 17, 1813, vol. 4, p. 118.

77 Commodore John Rodgers to Secretary of the Navy Jones, March 8, 1813, NW1812 II:50.

78 Secretary Jones to Captain Samuel Evans, April 19, 1813, NW1812 II:101–2.

79 Napier quoted in Dudley, *Splintering the Wooden Wall*, p. 52.

80 Captain Capel to Admiral Warren, May 11, 1813, NW1812 II:105.

81 Augustus Ludlow to Charles Ludlow, May 28, 1813, in "The *Chesapeake* and Lieutenant Ludlow," *Magazine of American History* 25(4) (April 1891).

82 Ibid.

83 Broke quoted in Gleaves, *James Lawrence, Captain, United States Navy, Commander of the Chesapeake*, p. 177.

84 Captain Philip B. V. Broke to Captain James Lawrence (undated, probably May 31, 1813), NW1812 II:126–29.

85 James Lawrence to James Montaudevert, June 1, 1813, in Gleaves, *James Lawrence, Captain, United States Navy, Commander of the Chesapeake*, pp. 173–74.

86 James, *Naval Occurrences of the War of 1812*, p. 115.

87 "Affidavit of Benjamin Trefethan," quoted in Gleaves, *James Lawrence*, p. 178.

88 Ibid.

89 Thomas C. Haliburton to Admiral Sir George Broke-Middleton, July 1, 1864, in "The Arrival of the *Chesapeake* in Halifax in 1813," *American Neptune* 57 (1997): 161–65; see also *The Naval Chronicle*, vol. V, pp. 161–63.

90 Broke quoted in Gleaves, *James Lawrence*, pp. 185–86.

91 Lieutenant George Budd to Secretary of the Navy Jones, June 15, 1813, NW1812 II:133–34.

92 Quoted in Gleaves, *James Lawrence*, p. 179.

93 Lieutenant George Budd to Secretary of the Navy Jones, June 15, 1813, NW1812 II:133–34.

94 Gleaves, *James Lawrence*, pp. 187–196.

95 Thomas C. Haliburton to Admiral Sir George Broke-Middleton, July 1, 1864, "The Arrival of the *Chesapeake* in Halifax in 1813," p. 165.

96 Thomas Bladen Capel, "An Account of the Chesapeake-Shannon Action," June 6, 1813, NW1812 II:129–33.

97 Thomas C. Haliburton to Admiral Sir George Broke-Middleton, July 1, 1864, "The Arrival of the *Chesapeake* in Halifax in 1813," p. 161.

15 两栖作战

1 JA to TJ, June 11, 1813, in Cappon, ed., *The Adams-Jefferson Letters*, II:328–29.

2 Captain Oliver H. Perry to Major General William Henry Harrison, September 10, 1813, NW1812 II:553–54.

3 Napier quoted in Adams, HUSM, p. 813.

4 Commodore Rodgers to Secretary Jones, September 27, 1813, NW1812 II:251–53.

5 Secretary Jones to Commodore Rodgers, October 4, 1813, NW1812 II:254–55.

6 Captain John Smith to Secretary Jones, December 14, 1813, NW1812, II:300–2.

7 Decatur quoted in De Kay, *The Battle of Stonington: Torpedoes, Submarines, and Rockets in the War of 1812*, p. 29.

8 Quoted in ibid., p. 31.

9 Quoted in ibid., p. 26.

10 NW1812 II:160.

11 Fulton's Ordnance Experiments (editorial note), NW1812 II:111.

12 Robert Fulton to Secretary of the Navy Hamilton, June 22, 1812, NW1812 I:146–47.

13 Robert Fulton to Secretary of the Navy Jones, April 27, 1813 (n), NW1812 II:111–12.

14 Master Commandant Jacob Lewis to Secretary of the Navy Jones, June 20, 1813, and June 28, 1813, NW1812 II:113–14.

15 "Fulton's Torpedo" (editorial note), NW1812 II:354.

16 Rear Admiral George Cockburn to Admiral Sir John B. Warren, June 16, 1813, NW1812 II:355–56.

17 "An American Infernal Machine," *The Naval Chronicle*, vol. V, pp. 170–71.

18 Master Commandant Jacob Lewis to Secretary of the Navy Jones, June 28, 1813, NW1812 II:161.

19 Captain Hardy to Admiral Warren, June 26, 1813, NW1812 II:162–64.

20 Admiral Warren to First Secretary of the Admiralty John W. Croker, July 22, 1813, NW1812 II:162–64.

21 *The Naval Chronicle*, vol. V, pp. 168–69.

22 Admiral Sir John B. Warren, General Order No. 87, July 19, 1813, NW1812 II:164.

23 Dudley, *Splintering the Wooden Wall*, p. 106.

24 President James Madison to Commissary General of Prisoners John Mason, September 23, 1813, NW1812 II:248.

25 Stackpoole quoted in Mackenzie, *Life of Stephen Decatur*, p. 205.

26 Decatur quoted in ibid., p. 206.

27 Adams, HUSM, pp. 813–14.

28 Dudley, *Splintering the Wooden Wall*, p. 96.

29 Commodore Decatur to Sir Thomas M. Hardy, January 17, 1814, in James, *Naval Occurrences of the War of 1812*, appendices.

30 Sir T. M. Hardy to Commodore Decatur, January 18, 1814, in ibid.

31 Commodore Decatur to Sir Thomas M. Hardy, January 19, 1814, in ibid.

32 Captain Robert Barrie to Eliza Clayton, March 14, 1814, NW1812 III:18–19.

33 Hickey, *The War of 1812*, p. 97, and *The Naval Chronicle*, vol. V, p. 237.

34 Dudley, *Splintering the Wooden Wall*, p. 107.

35 Forester, *The Age of Fighting Sail*, p. 90.

36 Wellington quoted in Dudley, *Splintering the Wooden Wall*, p. 107.

37 *The Naval Chronicle*, vol. V, pp. 231–32.

38 Adams, HUSM, pp. 1208–13 and 632.

39 *Historical Statistics of the United States, Colonial Times to 1970*, U.S. Census Bureau, Part 2, 1776, series Q 518–23, "Value of Waterborne Imports and Exports," p. 716. In 1812: imports, $77 million, exports, $39 million, in 1814: imports, $13 million, exports, $7 million.

40 JA to TJ, July 16, 1814, in Cappon, ed., *The Adams-Jefferson Letters*, II:434–39.

41 Secretary of State James Monroe to Peace Commissioners, June 27, 1814, ASP, Foreign Affairs, vol. 3, p. 704.

42 First Lord of the Admiralty Viscount Robert Saunders Dundas Melville to Admiral Warren, March 26, 1813, NW1812 II:78–79.

43 First Secretary of the Admiralty John W. Croker to Admiral Warren, March 20, 1813, NW1812 II:75–77.

44 Admiral Warren to First Secretary of the Admiralty John W. Croker, November 13, 1813, NW1812 II:284.

45 Admiral Warren to Captain Robert Barrie, January 19, 1814, NW1812 III:16.

46 Admiral Warren to First Secretary of the Admiralty John W. Croker, December 30, 1813, NW1812 II:307–8.

47 Forester, *The Age of Fighting Sail*, p. 201.

48 Ibid., p. 194.

49 Adams, HUSM, p. 1187.

50 "C.H." to the editor of the *Naval Chronicle*, July 16, 1814, *The Naval Chronicle*, vol. V, pp. 232–33.

51 Wellington quoted in Forester, *The Age of Fighting Sail*, p. 195.

52 Vice-Admiral Cochrane to Rear-Admiral Cockburn, April 24, 1814, in Dudley, *Splintering the Wooden Wall*, p. 117.

53 Ibid., pp. 120–21.

54 "The Chesapeake Bay Theater, January 1814–May 1815," NW1812 III:1–3.

55 "Naval Preparations for the Defense of Washington," NW1812 III:198.

56 Lieutenant George Gleig quoted in Boileau, *Half-Hearted Enemies: Nova Scotia, New England and the War of 1812*, p. 113.

57 Rear-Admiral Cockburn to Vice-Admiral Cochrane, August 27, 1814, NW1812 III:220–22.

58 Captain Joshua Barney, Flotilla Service, to Secretary of the Navy Jones, August 29, 1814, NW1812 III:207.

59 Adams, HUSM, p. 1015.

60 Captain's Clerk Mordecai Booth to Commodore Thomas Tingey, August 24, 1814, NW1812 III:208–14.

61 Commodore Thomas Tingey to Secretary of the Navy Jones, October 18, 1814, NW1812 III:318–20.

62 Secretary of the Navy Jones to Congressman Richard M. Johnson, October 3, 1814, NW1812 III:315.

63 The Alexandria Common Council's answer, in appendices, James, *Naval Occurrences of the War of 1812*.

64 Dudley, *Splintering the Wooden Wall*, pp. 123–24.

65 TJ to Marie-Joseph-Paul-Yves Roch Gilbert du Motier, Marquis de Lafayette, February 14, 1815, with Postscript dated February 26, TJP.

66 TJ to James Monroe, January 1, 1815, WTJ, VI:400.

67 Quoted in Hickey, *The War of 1812*, p. 193.

68 "The American to the British Ministers," August 24, 1814, ASP, Foreign Relations, vol. 3, pp. 711–13.

69 *Morning Chronicle* quoted in Hickey, *The War of 1812*, p. 295.

70 Dudley, *Splintering the Wooden Wall*, pp. 138–42.

71 *The Naval Chronicle* quoted in Hickey, *The War of 1812*, p. 218.

72 *Niles' Register*, January 17, 1815.

73 Adams, HUSM, p. 1201, and *The War of 1812*, Hickey, p. 293.

74 "The American to the British Ministers," October 24, 1814, ASP, Foreign Relations, vol. 3, p. 725.

75 Liverpool to Castlereagh, October 28, 1814, quoted in Adams, HUSM, p. 1209.

76 Lord Wellington to Castlereagh, November 9, 1814, quoted in ibid., pp. 1211–12.

77 John Quincy Adams to Louisa Catherine Adams, January 13, 1815, in Ford, ed., *Writings of*

John Quincy Adams, vol. 5, p. 267.

78 Hollins, "Autobiography of Commodore George Nicholas Hollins," *Maryland Historical Magazine* 34 (September 1939): 229.

79 Quoted in MacKenzie, *Life of Stephen Decatur*, p. 218.

80 Hollins, "Autobiography of Commodore George Nicholas Hollins," p. 230.

81 Horseman, *The War of 1812*, p. 244.

82 Quoted in de Grummond, *The Baratarians and the Battle of New Orleans*, p. 136.

83 Gleig, *Campaigns of the British Army*, p. 357.

84 "Octogenarian," "Reminiscences of the Last War with England," *Historical Magazine* (January 1870): 31–32.

85 Journal of Acting Chaplain Assheton Humphreys in Martin, *The U.S.S. Constitution's Finest Fight, 1815*, pp. 5, 27.

86 American Minutes of the action, in appendices of James, *Naval Occurrences of the War of 1812*.

87 Assheton Humphreys's Journal in Martin, *The U.S.S. Constitution's Finest Fight, 1815*, p. 28.

88 Ibid., p. 30.

89 American Minutes of the action in James, *Naval Occurrences of the War of 1812*, appendices.

90 Pardon Mawney Whipple, "Letters from Old Ironsides, 1813–1815," quoted in Martin, *The U.S.S. Constitution's Finest Fight, 1815*, p. 62.

91 Captain Stewart to the Secretary of the Navy, May 1815, appendices of James, *Naval Occurrences of the War of 1812*.

92 Assheton Humphreys's Journal in Martin, *The U.S.S. Constitution's Finest Fight, 1815*, p. 30.

93 *The Times* quoted in Dudley, *Splintering the Wooden Wall*, p. 4.

94 *Morning Chronicle* quoted in Hickey, *The War of 1812*, p. 297.

95 Letter from "Albion" to the editor of the *Naval Chronicle*, February 6, 1815, *The Naval Chronicle*, vol. V, pp. 233–34.

96 Sir David Milne to George Hume, May 31, 1815, "Letters Written During the War of 1812," p. 296.

97 Letter from "Albion" to the editor of the *Naval Chronicle*, March 12, 1815, *The Naval Chronicle*, vol. V, pp. 281–82.

尾 声

1 Adams, HUSM, p. 1238.

2 *American Mercury* quoted in Palmer, "Peace Upon Honorable Terms," *Early American Review* 4(1) (Winter–Spring 2002).

3 *Historical Statistics of the United States, Colonial Times to 1970*, U.S. Department of Commerce, Bureau of the Census, Part 2, 1976, series Q 506–17, "Net Tonnage Capacity of Vessels Entered and Cleared," p. 760; series Q 518–23, "Value of Waterborne Imports and Exports of Merchandise," p. 761.

4 Palmer, "Peace Upon Honorable Terms: The United States Ratification of the Treaty of Ghent," *Early American Review* 4(1) (Winter–Spring 2002).

5 Ibid.

6 Hickey, *The War of 1812*, pp. 298–99.

7 *Annals*, 14th Congr., 1st Sess., p. 783.

8 TJ to William H. Crawford, February 14, 1815, with Postscript dated February 26, in TJP.

9 Calhoun quoted in Palmer, "Peace Upon Honorable Terms: The United States Ratification of the Treaty of Ghent."
10 Hickey, *The War of 1812*, p. 308.
11 American National Biography Online, www.anb.org.
12 See Symonds, *Navalists and Anti-Navalists*, pp. 198–200.
13 TJ to James Monroe, January 1, 1815, in WTJ, VI:400.
14 *Annals*, 14th Congr., 1st Sess., 1815–16, p. 787.
15 Churchill, *A History of the English-Speaking People*, vol. 3: *The Age of Revolution*, p. 324.
16 Sir David Milne to George Hume, January 29, 1817, "Letters Written During the War of 1812," p. 297.
17 Adams, HUSM, p. 1219.
18 Introduction to James, *Naval Occurrences of the War of 1812*.
19 McCullough, *Mornings on Horseback*, pp. 204–8, 232–35.
20 Owen Wister quoted in Brands, *TR: The Last Romantic*, p. 117.
21 Letter quoted in ibid.
22 TR quoted in ibid., pp. 316–17.
23 TR to Alfred Thayer Mahan, May 12, 1890, in Auchincloss, ed., *Theodore Roosevelt: Letters and Speeches*, pp. 45–46.
24 TR review of Mahan book in *Atlantic Monthly* (October 1890) in Brands, *TR: The Last Romantic*, pp. 237–38.
25 Brands, *TR: The Last Romantic*, pp. 322–23.
26 TR, "Orders to the Asiatic Squadron," to George Dewey, February 25, 1898, in Auchincloss, ed., *Theodore Roosevelt: Letters and Speeches*, p. 141.
27 Morris, *Theodore Rex*, pp. 215–16.
28 Brands, *TR: The Last Romantic*, p. 466.
29 TR to Cecil Spring-Rice, June 16, 1905, in Auchincloss, ed., *Theodore Roosevelt: Letters and Speeches*, p. 391.
30 Brands, *TR: The Last Romantic*, p. 612.
31 Ibid., p. 613.
32 TR at the John Paul Jones ceremony, U.S. Naval Academy, Annapolis, MD, April 1907.

后续大事年表 1815—2005

1 JA to TJ, June 11, 1813, in Cappon, ed., *The Adams-Jefferson Letters*, II:328–29.
2 Captain Oliver H. Perry to Major General William Henry Harrison, September 10, 1813, NW1812 II:553–54.
3 Napier quoted in Adams, HUSM, p. 813.
4 Commodore Rodgers to Secretary Jones, September 27, 1813, NW1812 II:251–53.
5 Secretary Jones to Commodore Rodgers, October 4, 1813, NW1812 II:254–55.
6 Captain John Smith to Secretary Jones, December 14, 1813, NW1812, II:300–2.
7 Decatur quoted in De Kay, *The Battle of Stonington: Torpedoes, Submarines, and Rockets in the War of 1812*, p. 29.
8 Quoted in ibid., p. 31.
9 Quoted in ibid., p. 26.
10 NW1812 II:160.

11 Fulton's Ordnance Experiments (editorial note), NW1812 II:111.
12 Robert Fulton to Secretary of the Navy Hamilton, June 22, 1812, NW1812 I:146–47.
13 Robert Fulton to Secretary of the Navy Jones, April 27, 1813 (n), NW1812 II:111–12.
14 Master Commandant Jacob Lewis to Secretary of the Navy Jones, June 20, 1813, and June 28, 1813, NW1812 II:113–14.
15 "Fulton's Torpedo" (editorial note), NW1812 II:354.
16 Rear Admiral George Cockburn to Admiral Sir John B. Warren, June 16, 1813, NW1812 II:355–56.
17 "An American Infernal Machine," *The Naval Chronicle*, vol. V, pp. 170–71.
18 Master Commandant Jacob Lewis to Secretary of the Navy Jones, June 28, 1813, NW1812 II:161.
19 Captain Hardy to Admiral Warren, June 26, 1813, NW1812 II:162–64.
20 Admiral Warren to First Secretary of the Admiralty John W. Croker, July 22, 1813, NW1812 II:162–64.
21 *The Naval Chronicle*, vol. V, pp. 168–69.
22 Admiral Sir John B. Warren, General Order No. 87, July 19, 1813, NW1812 II:164.
23 Dudley, *Splintering the Wooden Wall*, p. 106.
24 President James Madison to Commissary General of Prisoners John Mason, September 23, 1813, NW1812 II:248.
25 Stackpoole quoted in Mackenzie, *Life of Stephen Decatur*, p. 205.
26 Decatur quoted in ibid., p. 206.
27 Adams, HUSM, pp. 813–14.
28 Dudley, *Splintering the Wooden Wall*, p. 96.
29 Commodore Decatur to Sir Thomas M. Hardy, January 17, 1814, in James, *Naval Occurrences of the War of 1812*, appendices.
30 Sir T. M. Hardy to Commodore Decatur, January 18, 1814, in ibid.
31 Commodore Decatur to Sir Thomas M. Hardy, January 19, 1814, in ibid.
32 Captain Robert Barrie to Eliza Clayton, March 14, 1814, NW1812 III:18–19.
33 Hickey, *The War of 1812*, p. 97, and *The Naval Chronicle*, vol. V, p. 237.
34 Dudley, *Splintering the Wooden Wall*, p. 107.
35 Forester, *The Age of Fighting Sail*, p. 90.
36 Wellington quoted in Dudley, *Splintering the Wooden Wall*, p. 107.
37 *The Naval Chronicle*, vol. V, pp. 231–32.
38 Adams, HUSM, pp. 1208–13 and 632.
39 *Historical Statistics of the United States, Colonial Times to 1970*, U.S. Census Bureau, Part 2, 1776, series Q 518–23, "Value of Waterborne Imports and Exports," p. 716. In 1812: imports, $77 million, exports, $39 million, in 1814: imports, $13 million, exports, $7 million.
40 JA to TJ, July 16, 1814, in Cappon, ed., *The Adams-Jefferson Letters*, II:434–39.
41 Secretary of State James Monroe to Peace Commissioners, June 27, 1814, ASP, Foreign Affairs, vol. 3, p. 704.
42 First Lord of the Admiralty Viscount Robert Saunders Dundas Melville to Admiral Warren, March 26, 1813, NW1812 II:78–79.
43 First Secretary of the Admiralty John W. Croker to Admiral Warren, March 20, 1813, NW1812 II:75–77.
44 Admiral Warren to First Secretary of the Admiralty John W. Croker, November 13, 1813,

NW1812 II:284.

45 Admiral Warren to Captain Robert Barrie, January 19, 1814, NW1812 III:16.

46 Admiral Warren to First Secretary of the Admiralty John W. Croker, December 30, 1813, NW1812 II:307–8.

47 Forester, *The Age of Fighting Sail*, p. 201.

48 Ibid., p. 194.

49 Adams, HUSM, p. 1187.

50 "C.H." to the editor of the *Naval Chronicle*, July 16, 1814, *The Naval Chronicle*, vol. V, pp. 232–33.

51 Wellington quoted in Forester, *The Age of Fighting Sail*, p. 195.

52 Vice-Admiral Cochrane to Rear-Admiral Cockburn, April 24, 1814, in Dudley, *Splintering the Wooden Wall*, p. 117.

53 Ibid., pp. 120–21.

54 "The Chesapeake Bay Theater, January 1814–May 1815," NW1812 III:1–3.

55 "Naval Preparations for the Defense of Washington," NW1812 III:198.

56 Lieutenant George Gleig quoted in Boileau, *Half-Hearted Enemies: Nova Scotia, New England and the War of 1812*, p. 113.

57 Rear-Admiral Cockburn to Vice-Admiral Cochrane, August 27, 1814, NW1812 III:220–22.

58 Captain Joshua Barney, Flotilla Service, to Secretary of the Navy Jones, August 29, 1814, NW1812 III:207.

59 Adams, HUSM, p. 1015.

60 Captain's Clerk Mordecai Booth to Commodore Thomas Tingey, August 24, 1814, NW1812 III:208–14.

61 Commodore Thomas Tingey to Secretary of the Navy Jones, October 18, 1814, NW1812 III:318–20.

62 Secretary of the Navy Jones to Congressman Richard M. Johnson, October 3, 1814, NW1812 III:315.

63 The Alexandria Common Council's answer, in appendices, James, *Naval Occurrences of the War of 1812*.

64 Dudley, *Splintering the Wooden Wall*, pp. 123–24.

65 TJ to Marie-Joseph-Paul-Yves Roch Gilbert du Motier, Marquis de Lafayette, February 14, 1815, with Postscript dated February 26, TJP.

66 TJ to James Monroe, January 1, 1815, WTJ, VI:400.

67 Quoted in Hickey, *The War of 1812*, p. 193.

68 "The American to the British Ministers," August 24, 1814, ASP, Foreign Relations, vol. 3, pp. 711–13.

69 *Morning Chronicle* quoted in Hickey, *The War of 1812*, p. 295.

70 Dudley, *Splintering the Wooden Wall*, pp. 138–42.

71 *The Naval Chronicle* quoted in Hickey, *The War of 1812*, p. 218.

72 *Niles' Register*, January 17, 1815.

73 Adams, HUSM, p. 1201, and *The War of 1812*, Hickey, p. 293.

74 "The American to the British Ministers," October 24, 1814, ASP, Foreign Relations, vol. 3, p. 725.

75 Liverpool to Castlereagh, October 28, 1814, quoted in Adams, HUSM, p. 1209.

76 Lord Wellington to Castlereagh, November 9, 1814, quoted in ibid., pp. 1211–12.

77 John Quincy Adams to Louisa Catherine Adams, January 13, 1815, in Ford, ed., *Writings of John Quincy Adams*, vol. 5, p. 267.

78 Hollins, "Autobiography of Commodore George Nicholas Hollins," *Maryland Historical Magazine* 34 (September 1939): 229.

79 Quoted in MacKenzie, *Life of Stephen Decatur*, p. 218.

80 Hollins, "Autobiography of Commodore George Nicholas Hollins," p. 230.

81 Horseman, *The War of 1812*, p. 244.

82 Quoted in de Grummond, *The Baratarians and the Battle of New Orleans*, p. 136.

83 Gleig, *Campaigns of the British Army*, p. 357.

84 "Octogenarian," "Reminiscences of the Last War with England," *Historical Magazine* (January 1870): 31–32.

85 Journal of Acting Chaplain Assheton Humphreys in Martin, *The U.S.S. Constitution's Finest Fight, 1815*, pp. 5, 27.

86 American Minutes of the action, in appendices of James, *Naval Occurrences of the War of 1812*.

87 Assheton Humphreys's Journal in Martin, *The U.S.S. Constitution's Finest Fight, 1815*, p. 28.

88 Ibid., p. 30.

89 American Minutes of the action in James, *Naval Occurrences of the War of 1812*, appendices.

90 Pardon Mawney Whipple, "Letters from Old Ironsides, 1813–1815," quoted in Martin, *The U.S.S. Constitution's Finest Fight, 1815*, p. 62.

91 Captain Stewart to the Secretary of the Navy, May 1815, appendices of James, *Naval Occurrences of the War of 1812*.

92 Assheton Humphreys's Journal in Martin, *The U.S.S. Constitution's Finest Fight, 1815*, p. 30.

93 *The Times* quoted in Dudley, *Splintering the Wooden Wall*, p. 4.

94 *Morning Chronicle* quoted in Hickey, *The War of 1812*, p. 297.

95 Letter from "Albion" to the editor of the *Naval Chronicle*, February 6, 1815, *The Naval Chronicle*, vol. V, pp. 233–34.

96 Sir David Milne to George Hume, May 31, 1815, "Letters Written During the War of 1812," p. 296.

97 Letter from "Albion" to the editor of the *Naval Chronicle*, March 12, 1815, *The Naval Chronicle*, vol. V, pp. 281–82.

参考文献

NAVAL RECORDS, GOVERNMENT DOCUMENTS, JOURNALS, CONTEMPORARY ACCOUNTS

Adams, John. *The Works of John Adams,* ed. C. F. Adams. 10 vols. Boston, 1950–56.

Adams, John Quincy. *Memoirs,* ed. Charles Francis Adams. Philadelphia, 1874.

—. *Writings of John Quincy Adams,* ed., Worthington Chauncey Ford. 3 vols. New York: The Macmillan Company, 1913–17.

American State Papers: Documents, Legislative and Executive, of the Congress of the United States (ASP). 38 vols. Washington, DC: Gales & Seaton, 1832–61. I: Foreign Relations; III: Finance; IV: Commerce and Navigation; V: Military Affairs; VI: Naval Affairs. Online at http://memory.loc.gov/ammem/amlaw/lwsp.html.

Annals of Congress (formally known as *The Debates and Proceedings in the Congress of the United States*). New York: D. Appleton, 1857–61. Online at http:// memory.loc.gov/ammem/amlaw/lwac.html.

Anonymous, "Reminiscence of the Last War," *United States Nautical Magazine* 2 (February 1846):341–44.

Baepler, Paul, ed. *White Slaves, African Masters: An Anthology of American Barbary Captivity Narratives.* Chicago: University of Chicago Press, 1999.

Cappon, Lester J., ed. *The Adams-Jefferson Letters.* Chapel Hill, NC: University of North Carolina Press, 1959.

Carden, John Surman. *A curtail'd memoir of incidents and occurrences in the life of John Surman Carden: Vice admiral in the British navy.* London: Oxford University Press, 1912.

Cobbett, William. *Peter Porcupine in America, Pamphlets on Republicanism and Revolution,* David Wilson, ed. Ithaca, NY: Cornell University Press, 1994.

Cowdery, Jonathan. *American Captives in Tripoli* (1806) in Baepler, ed., *White Slaves, African Masters.*

Dring, Thomas. *Recollections of the Jersey Prison-Ship, H. H. Brown.* Providence RI, 1829.

Dudley, William S., and Michael J. Crawford, eds. *The Naval War of 1812, A Documentary History* (NW1812). 3 vols. Washington, DC: Naval Historical Center, 1985–2004.

Durand, James R. *James Durand, an Able Seaman of 1812: His Adventures on "Old Ironsides," and as an Impressed Sailor in the British Navy.* New Haven: Yale University Press, 1926.

Evans, Amos. "The Journal of the Constitution, 1812," *Pennsylvania Magazine of History and Biography* nos. 1, 3, 4 (1895).

Foster, Sir Augustus John. "Notes on the United States, 1804–1812," *William and Mary Quarterly,* 3rd ser., 8(1) (January 1951).

Haliburton, Thomas C., letter to Admiral Sir George Broke-Middleton, July 1, 1864, reprinted in "The Arrival of the *Chesapeake* in Halifax in 1813," *American Neptune* 57 (1997):161–65.

Hamilton, Alexander, James Madison, and John Jay. *The Federalist Papers.* New York: Mentor, 1961.

Hawes, Lilla M., ed. "Letters of Henry Gilliam, 1809–1817," *Georgia Historical Quarterly* 38 (March 1954):56–66.

Historical Statistics of the United States, Colonial Times to 1970. 2 vols. Washington, DC: U.S. Department of Commerce, Bureau of the Census, 1976.

Hollins, George Nicholas. "Autobiography of Commodore George Nicholas Hollins," *Maryland Historical Magazine* 34 (September 1939).

Hoxse, John. *The Yankee Tar: An Authentic Narrative of the Voyages and Hardships of John Hoxse and the Cruises of the U.S. Frigate Constellation.* Northampton, MA: John Metcalf, 1840.

Hume, Edgar Erskine, ed. "Letters Written During the War of 1812 by the British Naval Commander in American Waters (Admiral Sir David Milne)," *William and Mary College Quarterly Historical Magazine,* 2nd ser., 10(4) (October 1930):279–301.

Humphreys, Joshua. "Letters from the Joshua Humphreys Collection of the Historical Society of Pennsylvania," *Pennsylvania Magazine of History and Biography* 30(1906):376–78, 503.

—. Letters and Accounts Books, 1794–1801. Historical Society of Pennsylvania.

Jefferson, Thomas. *Memorandum Books,* ed. James A. Bear, Jr., and Lucia C. Stanton. Princeton: Princeton University Press, 1997.

—. *The Works of Thomas Jefferson in Twelve Volumes,* ed. Paul Leicester Ford. New York and London: G. P. Putnam's Sons, 1904.
—. *The Writings of Thomas Jefferson,* ed. Andrew A. Lipscomb and Albert E. Bergh. 20 vols. Washington, DC: Thomas Jefferson Memorial Association, 1903– 04.
—. *The Writings of Thomas Jefferson,* ed. H. A. Washington. New York: J. C. Riker, 1853–55.
King, Dean, and John B. Hattendorf, eds. *Every Man Will Do His Duty: An Anthology of Firsthand Accounts from the Age of Nelson, 1793–1815.* New York: Henry Holt, 1998.
Leech, Samuel. *Thirty Years from Home* (1843). Boston: J. M. Whittemore, 1847.
Lewis, Jon E., ed. *The Mammoth Book of Life Before the Mast: An Anthology of EyeWitness Accounts from the Age of Fighting Sail.* New York: Carroll & Graf, 2001.
Ludlow, Augustus. "The Chesapeake and Lieutenant Ludlow," *Magazine of American History* 25 (April 1891):269–92.
Maclay, William. *Journal of William Maclay, United States Senator from Pennsylvania, 1789–1791,* ed. Edgar S. Maclay. New York: Appleton & Co., 1890.
Madison, James. *Writings,* ed. Jack N. Rakove. New York: Library of America, 1999.
Martin, Tyrone G., ed. *The USS Constitution's Finest Fight, 1815. The Journal of Acting Chaplain Assheton Humphreys.* Mt. Pleasant, SC: Nautical and Aviation Publishing Co., 2000.
McKee, Christopher, ed. "*Constitution* in the Quasi-War with France: The Letters of John Roche, Jr., 1798–1801," *American Neptune* 27 (April 1967): 135–49.
Melville, Herman. *White-Jacket.* New York: Oxford University Press, 1990.
Morris, Charles. *The Autobiography of Commodore Charles Morris, U.S. Navy, with portrait and explanatory notes.* Boston: A. Williams, 1880.
Naval Documents of the American Revolution, ed. William Bell Clark. 10 vols. Washington, DC: Government Printing Office, 1964–69.
Naval Documents Related to the Quasi-War Between the United States and France (QW). 7 vols. Washington, DC: U.S. Office of Naval Records and Library, Government Printing Office, 1935.
Naval Documents Related to the United States Wars with the Barbary Powers: Naval Operations Including Diplomatic Background from 1785 Through 1807 (BW). 6 vols. Washington, DC: U.S. Office of Naval Records and Library, Government Printing Office, 1939–44.
Niles' National Register, containing political, historical, geographical, scientifical, statistical, economical, and biographical documents, essays and facts: together with notices of the arts and manufactures, and a record of the events of the times. Philadelphia,

1811–49.
"Octogenarian," "Reminiscences of the Last War with England," *Historical Magazine* 7 (January 1870): 31–37.
Paine, Thomas. *Common Sense.* Philadelphia: W. & T. Bradford, 1776.
—. *To the Representatives of the Religious Society of the People Called Quakers* (1776). Online at http://www.classicallibrary.org/paine.
Palmer, Thomas. *Victories of Hull, Jones, Decatur, Bainbridge.* Philadelphia, 1813.
Peabody, James Bishop, ed. *John Adams: A Biography in His Own Words. New York:* Newsweek, 1973.
Plumer, William. *William Plumer's Memorandum of Proceedings in the U.S. Senate 1803–1807,* ed. Everett Brown. New York: The Macmillan Company, 1923.
Price, Norma A., ed. "Letters from Old Ironsides, 1813–1815, Written by Pardon Mawney Whipple." Tempe, AZ: Beverly/Merriam Press, 1984.
Ray, William. *Horrors of Slavery, or the American Tars in Tripoli* (1808) in Baepler, ed., *White Slaves, African Masters.*
Raymond, G. "The Shannon and the Chesapeake," *United Service Magazine* 2 (October 1890): 9–16.
Robinson, William. *Jack Nastyface: Memoirs of an English Seaman.* Annapolis: Naval Institute Press, 2002.
Roosevelt, Theodore. *Theodore Roosevelt: Letters and Speeches,* ed. Louis Auchincloss. New York: Library of America, 2004.
Rosenberger, Francis C., ed. *The Jefferson Reader, A Treasury of Writings About Thomas Jefferson.* New York: E. P. Dutton, 1953.
Rosenfeld, Richard N. *American Aurora.* New York: St. Martin's Press, 1997.
Shaw, Elijah. *Short sketch of the life of Elijah Shaw, who served 21 years in the United States Navy.* Rochester, NY: Strong, Dawson, 1843.
Smith, Adam. *Inquiry into the Nature and Causes of the Wealth of Nations.* Oxford, 1880.
Smith, James Morton, ed. *The Republic of Letters: The Correspondence Between Thomas Jefferson and James Madison 1776–1826.* New York: W. W. Norton, 1995.
Smith, Margaret Bayard. *The First Forty Years of Washington Society in the Family Letters of Margaret Bayard Smith.* New York: Frederick Ungar, 1965.
Smith, Moses. *Naval Scenes in the Last War.* Boston: Gleason's Publishing House, 1846.
Snow, Elliot, ed. *Adventures at Sea in the Great Age of Sail.* New York: Dover Publications, 1986.
Stoddert, Benjamin. "Letters of Benjamin Stoddert, First Secretary of the Navy, to

Nicholas Johnson of Newburyport, 1798–1799," *Essex Institute Historical Collections* 74 (1938): 350–60.

Strangeways, Alfred. "What It Was Like to Be Shot Up by Old Ironsides," *American Heritage* 34 (April to May 1983): 65–67.

Tracy, Nicholas, ed. *The Naval Chronicle: The Contemporary Record of the Royal Navy at War.* Vol. V: *1811–1815.* London: Chatham Publishing, 1999.

Truxtun, Thomas. *Instructions, Signals, and Explanations, Offered for the United States Fleet.* Baltimore: John Hayes, 1797.

The Writings of George Washington from the Original Manuscript Sources, 1745–1799, ed. John C. Fitzpatrick. 39 vols. Washington, DC: Government Printing Office, 1931–44.

Wharton, Francis, ed.: *The Revolutionary Diplomatic Correspondence of the United States.* 6 vols. Washington, DC: Government Printing Office, 1889.

SECONDARY SOURCES: BOOKS

Adams, Henry. *History of the United States During the Administrations of Thomas Jefferson* (1889–91). New York: Literary Classics of the United States, 1986.

—. *History of the United States During the Administrations of James Madison* (1889–91). New York: Literary Classics of the United States, 1986.

—. *John Randolph.* New York: Houghton Mifflin, 1882.

—. *The Life of Albert Gallatin.* Philadelphia: J. B. Lippincott, 1879.

Albion, Robert G. *Forests and Seapower* (1926). Annapolis: Naval Institute Press, 1970.

—. *Makers of Naval Policy, 1798–1947.* Annapolis: Naval Institute Press, 1980.

—, and Jennie Barnes Pope. *Sea Lanes in Wartime: The American Experience, 1775–1942.* New York: W. W. Norton, 1942.

Allison, Robert J. *The Crescent Obscured: The United States and the Muslim World, 1776–1815.* New York: Oxford University Press, 1995.

Altoff, Gerald. *Amongst My Best Men, African Americans and the War of 1812.* Toledo, OH: The Perry Group, 1996.

Anthony, Irvin. *Decatur.* New York: Charles Scribner's Sons, 1931.

Arnebeck, Bob. *Destroying Angel: Benjamin Rush, Yellow Fever and the Birth of Modern Medicine,* online at http://www.geocities.com/bobarnebeck/ fever1793.html.

Balinky, Alexander. *Albert Gallatin, Fiscal Theory and Policies.* New Brunswick, NJ: Rutgers University Press, 1958.

Barrow, Clayton R., Jr. *America Spreads Her Sails; U.S. Seapower in the 19th Century.*

Annapolis: Naval Institute Press, 1973.
Batterberry, Michael, and Ariane. *On the Town in New York.* New York: Routledge, 1999.
Beach, Edward L. *The United States Navy: A 200-Year History.* Boston: Houghton Mifflin, 1986.
Boileau, John. *Half-Hearted Enemies: Nova Scotia, New England and the War of 1812.* Halifax: Formac Publishing Co., 2005.
Bolster, Jeffrey. *Black Jacks: African American Seaman in the Age of Sail.* Cambridge, MA: Harvard University Press, 1997.
Bradford, James, ed. *Command Under Sail: Makers of the American Naval Tradition 1775–1950.* Annapolis: Naval Institute Press, 1985.
Brands, H.W. *TR: The Last Romantic.* New York: Basic Books, 1997.
Brant, Irving. *The Fourth President: A Life of James Madison.* Indianapolis: Bobbs-Merrill, 1970.
—. *James Madison, Commander-in-Chief, 1812–1836.* Indianapolis: Bobbs- Merrill, 1961.
—. *James Madison: The President, 1809–1812.* Indianapolis: Bobbs-Merrill, 1956.
Brodie, Fawn M. *Thomas Jefferson: An Intimate History.* New York: W. W. Norton, 1974.
Brown, Roger Hamilton. *The Republic in Peril: 1812.* New York: Columbia University Press, 1964.
Carse, Robert. *Ports of Call.* New York: Charles Scribner's Sons, 1967.
Chapelle, Howard Irving. *The Constellation Question.* Washington, DC: Smithsonian Institution Press, 1970.
—. *The History of American Sailing Ships.* New York: W. W. Norton, 1935.
—. *The History of the American Sailing Navy: The Ships and Their Development.* New York: W. W. Norton, 1949.
—. *The Search for Speed Under Sail, 1700–1855.* New York: W. W. Norton, 1967.
Chernow, Ron. *Alexander Hamilton.* New York: Penguin Press, 2004.
Chidsey, Donald B. *The Wars in Barbary: Arab Piracy and the Birth of the United States Navy.* New York: Crown, 1971.
Churchill, Winston. *A History of the English-Speaking Peoples.* Vol. 3: *The Age of Revolution.* London: Cassell, 1957.
Clark, William Bell. *Gallant John Barry, 1745–1803: The Story of a Naval Hero of Two Wars.* New York: The Macmillan Company, 1938.
Clissold, Stephen. *The Barbary Slaves.* New York: Barnes & Noble Books, 1992.
Coles, Harry Lewis. *The War of 1812.* Chicago: University of Chicago Press, 1965.
Cooper, James Fenimore. *The History of the Navy of the United States of America.*

Philadelphia: Lea & Blanchard, 1839.
—. *Lives of Distinguished American Naval Officers.* Philadelphia: Carey & Hart, 1846.
Cunningham, Noble E., Jr. *In Pursuit of Reason: The Life of Thomas Jefferson.* New York: Ballantine Books, 1987.
—. *The Process of Government Under Jefferson.* Princeton: Princeton University Press, 1978.
Dana, Richard Henry, Jr. *Two Years Before the Mast* (1840). New York: Signet Classic, 1964.
Dauer, Manning J. *The Adams Federalists.* Baltimore: Johns Hopkins University Press, 1953.
Davies, David. *A Brief History of Fighting Ships.* New York: Carroll & Graf, 2002.
De Gast, Robert. *The Lighthouses of the Chesapeake.* Baltimore: Johns Hopkins University Press, 1973.
de Grummond, Jane Lucas. *The Baratarians and the Battle of New Orleans.* Baton Rouge, LA: Legacy Publishing Co., 1979.
De Kay, James Tertius. *The Battle of Stonington: Torpedoes, Submarines, and Rockets in the War of 1812.* Annapolis: Naval Institute Press, 1990.
—. *The Chronicles of the Frigate Macedonian, 1809–1922.* New York: W. W. Norton, 1995.
—. *A Rage for Glory: The Life of Commodore Stephen Decatur.* New York: Free Press, 2004.
DeConde, Alexander. *The Quasi-War: The Politics and Diplomacy of the Undeclared War with France, 1797–1801.* New York: Charles Scribner's Sons, 1966.
Donovan, Frank R. *The Tall Frigates.* New York: Dodd, Mead & Co., 1962.
Dorwart, Jeffery M., and Jean K. Wolf. *The Philadelphia Navy Yard: From the Birth of the U.S. Navy to the Nuclear Age.* Philadelphia: University of Pennsylvania Press, 2000.
Drake, Samuel Adams. *Historic Mansions and Highways Around Boston.* Boston: Little, Brown, 1899.
Dudley, Wade. *Splintering the Wooden Wall: The British Blockade of the United States, 1812–1815.* Annapolis: Naval Institute Press, 2003.
Eckert, Edward K. *The Navy Department in the War of 1812.* Gainesville: University of Florida Press, 1973.
Elkins, Stanley M., and Eric McKitrick. *The Age of Federalism: The Early American Republic, 1788–1800.* New York: Oxford University Press, 1994.
Ellis, Joseph J. *After the Revolution: Profiles of Early American Culture.* New York: W. W.

Norton, 1979.
—. *American Sphinx: The Character of Thomas Jefferson.* New York: Alfred A. Knopf, 1996.
—. *Founding Brothers.* New York: Alfred A. Knopf, 2000.
—. *His Excellency: George Washington.* New York: Alfred A. Knopf, 2004.
—. *Passionate Sage: The Character and Legacy of John Adams.* New York: W. W. Norton, 1993.
Emmons, George Foster. *The Navy of the United States, from the Commencement, 1775 to 1853.* Washington, DC: Gideon & Co., 1853.
Fairburn, William Armstrong. *Merchant Sail.* 6 vols. Center Lovell, ME: Fairburn Marine Educational Foundation, 1945–55.
Faris, John Thomson. *The Romance of Old Philadelphia.* Philadelphia: J. B. Lippincott, 1918.
Ferguson, Eugene S. *Truxtun of the Constellation: The Life of Commodore Thomas Truxtun, U.S. Navy, 1755–1822.* Baltimore: Johns Hopkins University Press, 1959.
Ferling, John. *John Adams: A Life.* New York: Henry Holt, 1992.
Field, James A. *America and the Mediterranean World, 1776–1882,* Princeton: Princeton University Press, 1969.
Fleming, Thomas J. *Duel: Alexander Hamilton, Aaron Burr, and the Future of America.* New York: Basic Books, 1999.
Flexner, James Thomas. *George Washington and the New Nation.* Boston: Little, Brown, 1969.
—. *The Young Hamilton: A Biography.* Boston: Little, Brown, 1978.
Forester, C. S. *The Age of Fighting Sail: The Story of the Naval War of 1812.* Garden City, NY: Doubleday & Co., 1956.
Fowler, William M., Jr. *Jack Tars and Commodores: The American Navy, 1783–1815.* Boston: Houghton Mifflin, 1984.
—. *Rebels Under Sail.* New York: Charles Scribner's Sons, 1976.
Freeman, Joanne B. *Affairs of Honor: National Politics in the New Republic.* New Haven: Yale University Press, 2001.
Gardiner, Robert. *Frigates of the Napoleonic Wars.* Annapolis: Naval Institute Press, 2000.
—, ed. *The Naval War of 1812.* London: Caxton Publishing, 2001.
Gay, Peter. *The Enlightenment: The Rise of Modern Paganism.* New York: W. W. Norton, 1966.

Gilkerson, William. *Boarders Away: With Steel; The Edged Weapons and Polearms of the Classical Age of Fighting Sail, 1626–1826.* Lincoln, RI: Andrew Mowbray, 1991.

—. *Boarders Away II: With Fire; The Small Firearms and Combustibles of the Classical Age of Fighting Sail, 1626–1826.* Lincoln, RI: Andrew Mowbray, 1993.

Gillmer, Thomas. *Old Ironsides: The Rise, Decline, and Resurrection of USS Constitution.* New York: McGraw-Hill, 1996.

Gleaves, Albert. *James Lawrence, Captain, United States Navy, Commander of the Chesapeake.* New York: G. P. Putnam's Sons, 1904.

Gowans, Alan. *Styles and Types of North American Architecture.* New York: HarperCollins, 1992.

Grant, Bruce. *Isaac Hull, Captain of Old Ironsides: The Life and Fighting Times of Isaac Hull and the U.S. Frigate Constitution.* Chicago: Pellegrini, 1947.

Griffin, Martin I. J. *Commodore John Barry, "The Father of the American Navy": The Record of His Services for Our Country.* Philadelphia, 1903.

Gruppe, Henry E. *The Seafarers: The Frigates.* Alexandria, VA: Time-Life Books, 1979.

Guttridge, Leonard F., and Jay D. Smith. *The Commodores.* Annapolis: Naval Institute Press, 1984.

Harland, John. *Seamanship in the Age of Sail: An Account of the Ship-handling of the Sailing Man-of-War, 1600–1860, Based on Contemporary Sources.*Annapolis: Naval Institute Press, 1984.

Hawes, Alexander Boyd. *Off Soundings: Aspects of the Maritime History of Rhode Island.* Chevy Chase, MD: Posterity Press, 1999.

Hecht, Marie B. *Odd Destiny: The Life of Alexander Hamilton.* New York: Macmillan Publishing Co., 1982.

Henderson, James. *The Frigates: An Account of the Lesser Warships of the Wars from 1793 to 1815.* London: Adlard Coles, 1970.

Herman, Arthur. *To Rule the Waves: How the British Navy Shaped the Modern World.* New York: HarperCollins, 2004.

Hickey, Donald, R. *The War of 1812: A Forgotten Conflict.* Chicago: University of Illinois Press, 1989.

Hill, J.R., ed. *The Oxford Illustrated History of the Royal Navy.* New York: Oxford University Press, 1995.

Hollis, Ira N. *The Frigate Constitution: The Central Figure of the Navy Under Sail.* Boston: Houghton Mifflin, 1900.

Horseman, Reginald. *The War of 1812.* New York: Alfred A. Knopf, 1969.

Howarth, David, and Stephen. *Lord Nelson: The Immortal Memory.* London: Conway Maritime Press, 2004.

Howarth, Stephen. *To Shining Sea: A History of the United States Navy.* New York: Random House, 1991.

Ireland, Bernard. *Naval Warfare in the Age of Sail: War at Sea, 1756–1815.* New York: W. W. Norton, 2000.

Irwin, Ray W. *The Diplomatic Relations of the United States with the Barbary Powers, 1776–1816.* Chapel Hill, NC: University of North Carolina Press, 1931.

Isaacson, Walter. *Benjamin Franklin: An American Life.* New York: Simon & Schuster, 2003.

James, William. *Naval Occurrences of the War of 1812: A Full and Correct Account of the Naval War Between Great Britain and the United States of America, 1812–1815* (1817). London: Conway Maritime Press, 2004.

Keane, John. *Tom Paine: A Political Life.* Boston: Little, Brown, 1995.

King, Dean. *Harbors and High Seas: An Atlas and Geographical Guide to the Complete Aubrey-Maturin Novels of Patrick O'Brian.* New York: Owl Books, 2000.

—. *A Sea of Words: A Lexicon and Companion for Patrick O'Brian's Seafaring Tales.* New York: Henry Holt, 1995.

Kitzen, Michael L. S. *Tripoli and the United States at War: A History of American Relations with the Barbary States, 1785–1805.* Jefferson, NC: McFarland, 1993.

Koch, Adrienne. *Jefferson and Madison: The Great Collaboration.* New York: Alfred A. Knopf, 1950.

Lambert, Andrew. *War at Sea in the Age of Sail: 1650–1850,* London: Cassell, 2000.

Langley, Harold D. *A History of Medicine in the Early U.S. Navy.* Baltimore: Johns Hopkins University Press, 1995.

—. *Social Reform in the United States Navy, 1798–1862.* Urbana: University of Illinois Press, 1967.

Larkin, Jack. *The Reshaping of Everyday Life, 1790–1840.* New York: HarperCollins, 1988.

Lavery, Brian. *Arming and Fitting of English Ships of War, 1600–1815.* Annapolis: Naval Institute Press, 1989.

—. *Nelson's Navy: The Ships, Men and Organization, 1793–1815.* Annapolis: Naval Institute Press, 2000.

—, ed. *Shipboard Life and Organization, 1731–1815.* London: Navy Records Society, 1998.

Leiner, Frederick. *Millions for Defense, The Subscription Warships of 1798.* Annapolis: Naval Institute Press, 2000.

Lever, Darcy. *The Young Sea Officer's Sheet Anchor.* New York: Dover Publications, 1998.

Lewis, Charles L. *The Romantic Decatur.* Freeport, NY: Books for Libraries Press, 1937.

Lippincott, Horace Mather. *Early Philadelphia.* Philadelphia: J. B. Lippincott, 1917.

Long, David F. *Gold Braid and Foreign Relations: Diplomatic Activities of U.S. Naval Officers, 1798–1883.* Annapolis: Naval Institute Press, 1988.

—. *Ready to Hazard: A Biography of Commodore William Bainbridge, 1774– 1833.* Hanover, NH: University Press of New England, 1981.

Longridge, C. Nepean. *The Anatomy of Nelson's Ships.* Annapolis: Naval Institute Press, 1985.

Lossing, Benton J. *The Pictorial Field Book of the War of 1812.* New York: Harper & Bros., 1868.

Lovette, Leland P. *Naval Customs: Tradition and Usage.* Annapolis: Naval Institute Press, 1939.

Lyon, David. *Sea Battles in Close-Up: The Age of Nelson.* Annapolis: Naval Institute Press, 1996.

MacKenzie, Alexander Slidell. *Life of Stephen Decatur, Commodore in the Navy of the United States.* Boston: Little, Brown, 1846.

Magoun, F. Alexander. *The Frigate Constitution and Other Historic Ships.* New York: Dover Publications, 1987.

Mahan, Alfred T. *The Influence of Sea Power Upon the French Revolution and Empire, 1793–1815.* Westport, CT: Greenwood Press, 1968.

—. *The Influence of Sea Power Upon History: 1660–1793.* Boston: Little, Brown, 1890.

—. *Mahan on Naval Warfare.* London: S. Low, Marston & Co., 1919.

—. *Sea Power in Its Relation to the War of 1812.* Boston: Little, Brown, 1905.

Mahon, John K. *The War of 1812.* Gainesville: University of Florida Press, 1972.

Maloney, Linda. *Captain from Connecticut: The Life and Naval Times of Isaac Hull.* Boston: Northeastern University Press, 1986.

Malone, Dumas. *Jefferson and His Time.* 6 vols. Boston: Little, Brown, 1948–70.

Mapp, Alf J., Jr. *Thomas Jefferson: A Strange Case of Mistaken Identity.* New York: Madison Books, 1989.

Marolda, Edward J. *The Washington Navy Yard: An Illustrated History.* Washington, DC: Naval Historical Center, 1999.

Martin, Tyrone G. *Creating a Legend.* Chapel Hill, NC: Tyron Publishing Co., 1997.

—. *A Most Fortunate Ship.* Annapolis: Naval Institute Press, 1997.

—. *Undefeated: Old Ironsides in the War of 1812.* Chapel Hill, NC: Tyron Publishing Co., 1997.

—. *The U.S.S. Constitution's Finest Fight, 1815.* Mount Pleasant, SC: Nautical & Aviation Publishing Company, 2000.

Massie, Robert K. *Castles of Steel: Britain, Germany and the Winning of the Great War at Sea.* New York: Ballantine Books, 2003.

McCoy, Drew R. *The Elusive Republic: Political Economy in Jeffersonian America.* New York: W. W. Norton, 1980.

McCullough, David. *John Adams.* New York: Simon & Schuster, 2001.

—. *Mornings on Horseback.* New York: Simon & Schuster, 1981.

McKay, Richard C. *South Street: A Maritime History of New York.* New York: G. P. Putnam's Sons, 1934.

McKee, Christopher.*Edward Preble: A Naval Biography 1761–1867.* Annapolis: Naval Institute Press, 1991.

—. *A Gentlemanly and Honorable Profession.* Annapolis: Naval Institute Press, 1991.

Menig, D. W. *The Shaping of America.* Vol. 1. New Haven: Yale University Press, 1986.

Miller, John F. *American Ships of the Colonial and Revolutionary Periods.* New York: W. W. Norton, 1978.

Miller, Nathan. *Broadsides: The Age of Fighting Sail, 1775–1815.* Hoboken, NJ: John Wiley, 2000.

—. *The United States Navy: An Illustrated History.* Annapolis: Naval Institute Press, 1977.

Minnigerode, Meade. *Jefferson, Friend of France.* New York and London: G. P. Putnam's Sons, 1928.

Morison, Samuel Eliot. *John Paul Jones: A Sailor's Biography.* Boston: Little, Brown, 1959.

Morris, Edmund. *Theodore Rex.* New York: Random House, 2001.

Morris, Richard B. *The Forging of the Union, 1781–1789.* New York: HarperCollins, 1988.

—. *The Peacemakers: The Great Powers and European Independence.* New York: Harper & Row, 1965.

—. *Witnesses at the Creation.* New York: New American Library, 1985.

Nash, Howard P. *The Forgotten Wars. The Role of the U.S. Navy in the Quasi War with*

France and the Barbary Wars 1798–1805. London: A. S. Barnes & Co., 1968.
Neill, Peter, ed. *Maritime America.* New York: Balsam Press, 1988.
Nuxoll, Elizabeth M. "The Naval Movement of the Confederation Era," in William S. Dudley and Michael J. Crawford, eds., *The Early Republic and the Sea.* Washington, DC: Brassey's, 2001.
O'Brian, Patrick. *The Fortune of War.* New York: W. W. Norton, 1991.
—. *Men-of-War: Life in Nelson's Navy.* New York: W. W. Norton, 1974.
O'Brien, Conor Cruise. *The Long Affair: Thomas Jefferson and the French Revolution, 1785–1800.* Chicago: University of Chicago Press, 1996.
O'Neill, Richard, ed. *Patrick O'Brian's Navy.* Philadelphia: Running Press, 2003.
Padfield, Peter. *Broke and the Shannon.* London: Hodder & Stoughton, 1968.
Palmer, Michael A. *Stoddert's War: Naval Operations During the Quasi-War with France 1798–1801.* Columbia, SC: University of South Carolina Press, 1987.
Palmer, Thomas. *Victories of Hull, Jones, Decatur, Bainbridge.* Philadelphia, 1813.
Paullin, Charles Oscar. *Commodore John Rodgers, Captain, Commodore, and Senior Officer of the American Navy, 1773–1838.* Cleveland: A. H. Clark Co., 1910.
Peck, Taylor. *Round-Shot to Rockets: A History of the Washington Navy Yard and U.S. Naval Gun Factory.* Annapolis: Naval Institute Press, 1949.
Petrie, Donald. *The Prize Game: Lawful Looting on the High Seas in the Days of Fighting Sail.* Annapolis: Naval Institute Press, 1999.
Platt, Richard, and Stephen Biesty. *Cross Sections: Man of War.* London: Dorling Kindersley, 1993.
Pocock, Tom. *The Terror Before Trafalgar: Nelson, Napoleon, and the Secret War.* New York: W. W. Norton, 2003.
Poolman, Kenneth. *Guns Off Cape Ann: The Story of the Shannon and the Chesapeake.* Chicago: Rand McNally, 1962.
Pope, Dudley. *England Expects: Nelson and the Trafalgar Campaign.* Kent: Chatham, 1959.
—. *Life in Nelson's Navy.* Annapolis: Naval Institute Press, 1996.
Powell, J. H. *Bring Out Your Dead.* Philadelphia: University of Pennsylvania Press, 1949.
Powell, Nowland Van. *American Navies of the Revolutionary War.* New York: G. P. Putnam's Sons, 1974.
Pratt, Fletcher. *Preble's Boys: Commodore Preble and the Birth of American Sea Power.* New York: W. Sloane, 1950.
Price, Anthony. *The Eyes of the Fleet: A Popular History of Frigates and Frigate

Captains 1793–1815. New York: W. W. Norton, 1996.

Quincy, Edmund. *Life of Josiah Quincy*. Boston, 1868.

Randall, Willard Stern. *Thomas Jefferson: A Life*. New York: Henry Holt, 1993.

Robotti, Frances Diane, and James Vescovi. *The USS Essex and the Birth of the American Navy*. Holbrook, MA: Adams Media Corp., 1999.

Rodger, N. A. M. *The Command of the Ocean: A Naval History of Britain, 1649–1815*. New York: W. W. Norton, 2004.

—. *The Safeguard of the Sea: A Naval History of Britain, 1660–1649*. New York: W. W. Norton, 1998.

—. *The Wooden World: An Anatomy of the Georgian Navy*. London: William Collins, 1986.

Roosevelt, Theodore. *The Naval War of 1812; Or, The History of the United States Navy During the Last War with Great Britain, to Which Is Appended an Account of the Battle of New Orleans*. New York: G. P. Putnam's Sons, 1882.

Schama, Simon. *Citizens: A Chronicle of the French Revolution*. New York: Alfred A. Knopf, 1989.

Sears, Louis Martin. *Jefferson and the Embargo*. New York: Octagon Books, 1966.

Shellenberger, William H. *Cruising the Chesapeake: A Gunkholer's Guide*. Camden, ME: International Marine Publishing Co., 1990.

Silverstone, Paul H. *The Sailing Navy 1775–1854*. Annapolis: Naval Institute Press, 2001.

Smelser, Marshall. *Congress Founds the Navy*. South Bend, IN: University of Notre Dame Press, 1959.

—. *The Democratic Republic, 1801–1815*. New York: Harper & Row, 1968.

Smith, Edgar Newbold. *American Naval Broadsides: A Collection of Early Naval Prints (1745–1815)*. Philadelphia: Philadelphia Maritime Museum, 1974.

Smith, Page. *John Adams*. Garden City, NY: Doubleday & Co., 1962.

Smith, Richard Norton. *Patriarch: George Washington and the New American Nation*. Boston: Houghton Mifflin, 1993.

Sobel, Dava. *Longitude: The True Story of a Lone Genius Who Solved the Greatest Scientific Problem of His Time*. New York: Walker, 1995.

Sprout, Harold, and Margaret. *The Rise of American Naval Power, 1776–1918*. Annapolis: Naval Institute Press, 1939.

Stevens, William Oliver. *An Affair of Honor: The Biography of Commodore James Barron, U.S.N.* Norfolk, VA: Norfolk County Historical Society, 1969.

—. *Pistols at Ten Paces: The Story of the Code of Honor in America*. Boston: Houghton

Mifflin, 1940.
Symonds, Craig L. *The Naval Institute Historical Atlas of the U.S. Navy.* Annapolis: Naval Institute Press, 1995.
—. *Navalists and Antinavalists: The Naval Policy Debate in the United States, 1785–1827.* Newark, DE: University of Delaware Press, 1980.
Szatmary, David P. *Shays' Rebellion: The Making of an Agrarian Insurrection.* Amherst: University of Massachusetts Press, 1980.
Thomas, Evan. *John Paul Jones: Sailor, Hero, Father of the American Navy.* New York: Simon & Schuster, 2003.
Tolles, Frederick B. *Meeting House and Counting House: The Quaker Merchants of Colonial Philadelphia, 1682–1763.* Chapel Hill, NC: University of North Carolina Press, 1948.
Triber, Joyce E. *A True Republican: The Life of Paul Revere.* Amherst: University of Massachusetts Press, 1998.
Tuchman, Barbara W. *The First Salute: A View of the American Revolution.* New York: Alfred A. Knopf, 1988.
Tucker, Glenn. *Dawn Like Thunder: The Barbary Wars and the Birth of the U.S. Navy.* Indianapolis: Bobbs-Merrill, 1963.
Tucker, Spencer C. *Arming the Fleet: U.S. Navy Ordnance in the Muzzle- Loading Era.* Annapolis: Naval Institute Press, 1989.
—. *Stephen Decatur: A Life Most Bold and Daring.* Annapolis: Naval Institute Press, 2004.
—, and Frank T. Reuter. *Injured Honor: The Chesapeake-Leopard Affair.* Annapolis: Naval Institute Press, 1996.
Valle, James E. *Rocks and Shoals: Punishment in the Age of Fighting Sail 1800–1861.* Annapolis: Naval Institute Press, 1980.
Walters, Raymond, Jr. *Albert Gallatin, Jeffersonian Financier and Diplomat.* New York: The Macmillan Company, 1957.
Watson, Paul Barron. *The Tragic Career of Commodore James Barron, U.S. Navy.* New York: Coward-McCann, 1942.
Wertenbaker, Thomas J. *Norfolk: Historic Southern Port.* Durham, NC: Duke University Press, 1931.
Whipple, A. B. C. *The Seafarers: Fighting Sail.* Alexandria, VA: Time-Life Books, 1978.
—. *To the Shores of Tripoli: The Birth of the U.S. Navy and Marines.* New York: William Morrow, 1991.

Williams, Jack K. *Dueling in the Old South: Vignettes of Social History.* College Station: Texas A&M University Press, 1980.

Wills, Garry. *James Madison.* New York: Times Books, 2002.

Wolf, John Baptist. *The Barbary Coast: Algiers Under the Turks, 1500 to 1830.* New York: W. W. Norton, 1979.

Wood, Virginia Steele. *Live Oaking, Southern Timber for Tall Ships.* Annapolis: Naval Institute Press, 1981.

Wright, Esmond. *Fabric of Freedom: 1763–1800.* New York: Hill & Wang, 1961.

Wright, Louis B. *The First Americans in North Africa: William Eaton's Struggle for a Vigorous Policy Against the Barbary Pirates, 1799–1805.* Princeton: Princeton University Press, 1945.

Young, James Sterling. *The Washington Community 1800–1828.* New York: Columbia University Press, 1966.

Zacks, Richard. *The Pirate Coast: Thomas Jefferson, the First Marines, and the Secret Mission of 1805.* New York: Hyperion, 2005.

Zimmerman, James Fulton. *Impressment of American Seamen.* Port Washington, NY: Kennikat Press, 1925.

SECONDARY SOURCES: ARTICLES

Adamiak, Stanley J. "Benjamin Stoddert and the Quasi-War with France," *Naval History* 13(1) (1999):34–38.

Albion, Robert G. "The First Days of the Navy Department," *Military Affairs* 22 (Spring 1948): 1–11.

Allison, Robert J. "Sailing to Algiers: American Sailors Encounter the Muslim World," *American Neptune* 57(1) (1997):5–17.

Anderson, William G. "John Adams, the Navy, and the Quasi-War with France," *American Neptune* 30(2) (1970):117–32.

Baker, Maury. "Cost Overrun, An Early Naval Precedent: Building the First U.S. Warships, 1794–98," *Maryland Historical Magazine* 72(3) (1977):361–72.

Balinky, Alexander S. "Albert Gallatin, Naval Foe," *Pennsylvania Magazine of History and Biography* 82(3) (1958):293–304.

—. "Gallatin's Theory of War Finance," *William and Mary Quarterly,* 16(1) (1959):73–82.Bass, William P. "Who Did Design the First U.S. Frigates?," *Naval History* 5(2) (1991):49–54.

Bauer, K. Jack. "Naval Shipbuilding Programs, 1794–1860," *Military Affairs* 29 (Spring 1965): 29–40.

Bolander, L. H. "An Incident in the Founding of the American Navy," *United States Naval Institute Proceedings* 55 (June 1929): 491–94.

Calderhead, William L. "U.S.F. Constellation in the War of 1812–An Accidental Fleet-in-Being," *Military Affairs* 40(2) (1976):79–83.

Calkins, Carlos Gilman. "The American Navy and the Opinions of One of Its Founders, John Adams, 1735–1826," *United States Naval Institute Proceedings* 37 (June 1911):453–83.

Carr, James A. "John Adams and the Barbary Problem: The Myth and the Record," *American Neptune* 26(4) (1966): 231–57.

Dunne, William M. P., and Frederick C. Leiner. "An 'Appearance of Menace': The Royal Navy's Incursion in New York Bay, September 1807," *Log of Mystic Seaport* 44(4) (1993):86–92.

Eddy, Richard. "Defended by an Adequate Power: Joshua Humphreys and the 74-Gun Ships of 1799," *American Neptune* 51 (Summer 1991): 173–94.

Emery, William M. "Colonel George Claghorn, Builder of Constitution," *Old Dartmouth Historical Sketches,* no. 56. New Bedford, MA: Old Dartmouth Historical Society, January 1931.

Ferguson, Eugene S. "The Figure-head of the United States Frigate *Constellation,*" *American Neptune* 7 (October 1947): 255–60.

—. "The Launch of the United States Frigate *Constellation,*" *United States Naval Institute Proceedings* 73 (September 1947): 1090–95.

Fisher, Charles R. "The Great Guns of the Navy, 1797–1843," *American Neptune* 36(4) (1976):276–95.

Fowler, William M. "America's Super Frigates," *Mariner's Mirror* 59(1) (1973): 49–56.

Graves, Donald E. "Worthless is the Laurel Steeped in Female Tears," *Journal of the War of 1812* (Winter 2002).

Hayes, Frederic H. "John Adams and American Sea Power," *American Neptune* 15(1) (1965): 35–45.

Humphreys, Henry H. "Who Built the First United States Navy?," *Journal of American History* 10 (first quarter 1916): 49–89.

Hunt, Livingston. "Bainbridge Under the Turkish Flag," *United States Naval Institute Proceedings* 52 (June 1926): 1147–62.

Jones, Robert F. "The Naval Thought and Policy of Benjamin Stoddert, First Secretary of

the Navy, 1798–1801," *American Neptune* 24 (January 1964): 61–69.
Kaplan, L. S. "France and Madison's Decision for War, 1812," *Mississippi Valley Historical Review* 50 (1964): 652–71.
Kastor, Peter J. "Toward 'The Maritime War Only': The Question of Naval Mobilization, 1811–1812," *Journal of Military History* 61(3) (1997):455–80.
Larus, Joel. "Pell-Mell Along the Potomac," *William and Mary Quarterly,* 3rd ser. 17 (1960): 349–57.
Leiner, Frederick C. "Decatur and Naval Leadership," *Naval History* 15(5) (2001):30–34.
—. "The Norfolk War Scare," *Naval History* 7(2) (1993):36–38.
—. "The Subscription Warships of 1798," *American Neptune* 46(3)(1986):141–58.
Maps, James M. "A Long-Forgotten American Naval Cemetery," *American Neptune* 25(3) (1965):157–67.
Marden, Luis. "Restoring Old Ironsides," *National Geographic* (June 1997).
Martello, Robert. "Paul Revere's Last Ride: The Road to Rolling Copper," *Journal of the Early Republic* 20(2) (2000):219–39.
Martin, Tyrone G., and John C. Roach. "Humphreys's Real Innovation," *Naval History* 8 (March–April 1994): 32–37.
Mayhew, Dean R. "Jeffersonian Gunboats in the War of 1812," *American Neptune* 42(2) (1982):101–17.
McCullough, David. "Champion of the Navy," *Naval History* 15(5) (2001): 40–43.
McKee, Christopher. "Fantasies of Mutiny and Murder: A Suggested Psycho-History of the Seaman in the United States Navy, 1798–1815," *Armed Forces and Society* 4 (Winter 1978): 293–304.
Norton, Paul F. "Jefferson's Plans for Mothballing the Frigates," *United States Naval Institute Proceedings* 82(7) (1956):737–41.
Palmer, Aaron J. "Peace Upon Honorable Terms: The United States Ratification of the Treaty of Ghent," *Early American Review* IV(1) (Winter–Spring 2002): http:// www.earlyamerica.com/review/2002_winter_spring.
Paullin, Charles O. "Dueling in the Old Navy," *United States Naval Institute Proceedings* 35 (December 1909): 1155–97.
Pistell, Lawrence. "Benjamin Stoddert: Visionary Merchant Patriot," *Financial History* 68 (2000): 23–26.
Rohr, John A. "Constitutional Foundations of the United States Navy: Text and Context," *Naval War College Review* 45 (Winter 1992): 68–84.
Roosevelt, Franklin D. "Our First Frigates: Some Unpublished Facts About Their

Construction," *Transactions of the Society of Naval Architects and Marine Engineers* 22 (1914): 139–53.

Savageau, David LePere. "The United States Navy and Its 'Half War' Prisoners, 1798–1801," *American Neptune* 31 (July 1971): 159–76.

Scheina, Robert L. "Benjamin Stoddert, Politics, and the Navy," *American Neptune* 36(1) (1976):54–68.

Smith, Gene A. "A Means to an End: Gunboats and Thomas Jefferson's Theory of Defense," *American Neptune* 55(2) (1995):111–21.

—. "A Perfect State of Preservation: Thomas Jefferson's Dry Dock Proposal," *Virginia Cavalcade* 39(3) (1989):118–29.

Sofka, James R. "The Jeffersonian Idea of National Security: Commerce, the Atlantic Balance of Power, and the Barbary War, 1786–1805," *Diplomatic History* 21(4) (1997):519–44.

Sultana, Donald. "Samuel Taylor Coleridge, An American Naval Hero and a Mysterious Duellist in Malta," *Melita Historica* 11 (1993): 113–27.

Tucker, Spencer C. "American Naval Ordnance of the Revolution," *Nautical Research Journal* 22(1) (1976):21–30.

Westlake, Merle. "The American Sailing Navy: Josiah Fox, Joshua Humphreys and Thomas Tingey," *American Neptune* 59(1) (1999):21–41.

Williamson, Gene. "The Court of Last Resort," *American History* 33(6) (February 1999):3.

Wilson, Gary E. "The First American Hostages in Moslem Nations, 1784–1789," *American Neptune* 41 (July 1981): 208–23.

Wood, Daniel N. "The All-Volunteer Force in 1798," *United States Naval Institute Proceedings* 105 (June 1979): 45–48.

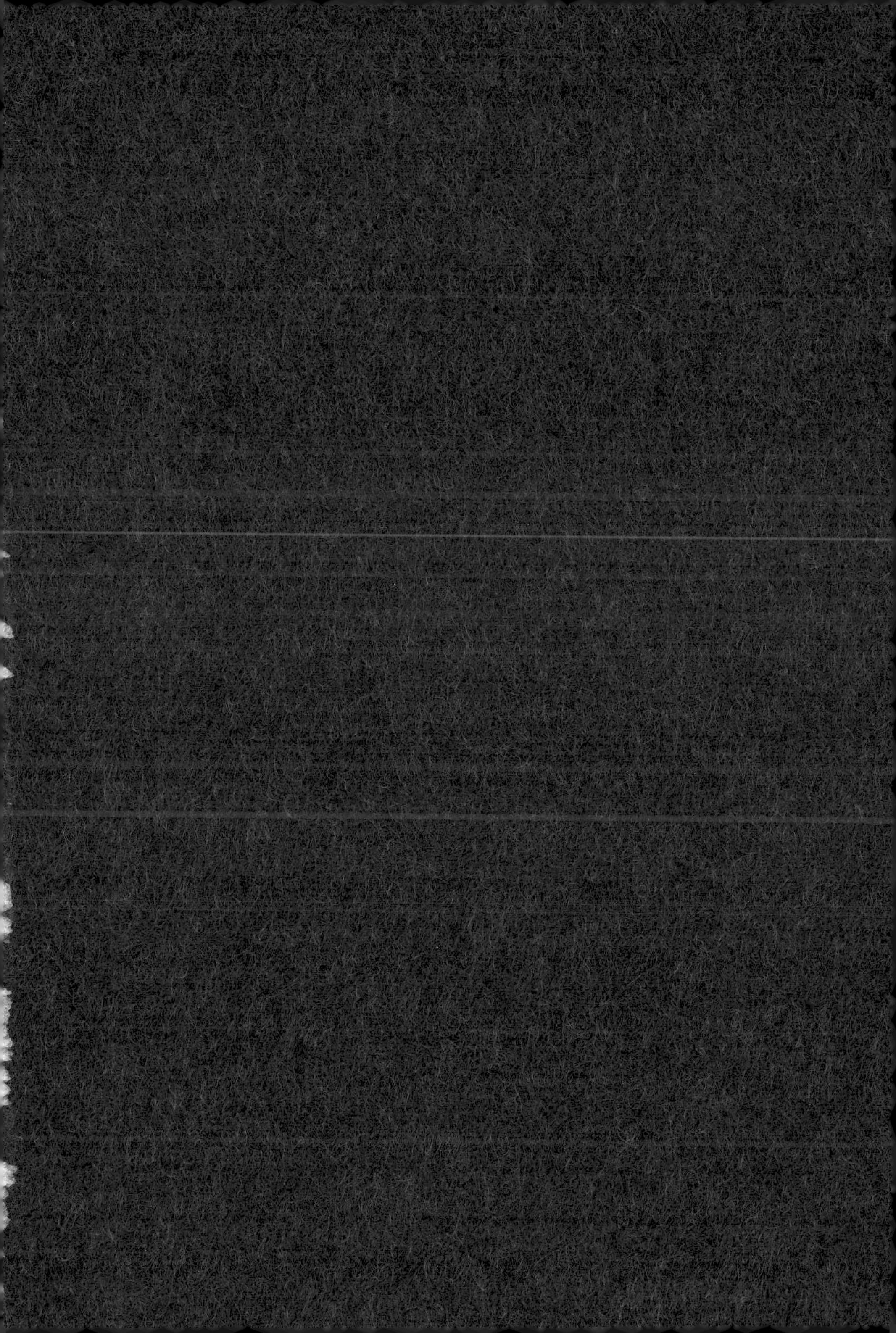

LAKE HURON
LAKE MICHIGAN
LAKE ERIE
NORTH WEST TER
INDIANA
OHIO
KENTUCKY
TENNE
VIRGINIA
NORTH CARO
SOUTH CAROLINA
GEORGIA
MISSISSIPPI TERRITORY
CHICKESAW
CHERO KEE INDIANS
CHACKTAW NATION
UPPER CREEKS
LOWER CREEKS
SEMANOLES
TALLASSEE
MOSSOOEES
W FLORIDA
EAST
OSAGE INDIANS
Missouri River
Illinois River
OHIO RIVER
In the Illinois are plenty of Fish particularly Cat Carp & Perch of an enormous size
On the banks of the Illinois are abundance of wild Grapes
Detroit
Malden
Pittsburg
Vincennes
Lexington
Frankfort
Danville
New Madrid
Knoxville
Augusta
Savannah
Charleston
Columbia
Raleigh
Natches
New Orleans
Mouth of the Mississippi
St Georges Sound
Bay of Apalacha
St Augustine
Anastasia
New Smyrna
St Helena Sound
Port Royal Ent.
Saltworks
Lead Mines
Sack Vill
Indian Vill
Fox Village
Winebagoe Vill
Fort Wayne
Ft Recovery
Ft Defiance
Ft Meigs
Dayton
Chilicothe
Marietta
Morgantown
Greenbrier
Fincastle
Clarksburg
Ferruginous Earth
Manchac
Concord
Pensacola
Mobile
Apalache
Andrew
Milledgeville
Louisville
Washington
Petersburg
Rockford
Salem
Camden
Georgetown
Mount Pleasant
Greenville
Franklin
Tellico
Greensburg
Harden
Elizabeth
Yellow Bank
Fort Jefferson
Fort Massac
Kaskaskias
Cahokia
St Louis
Rapids